QUESTÕES COMENTADAS de

LÍNGUA PORTUGUESA

JusClass

O presente livro possui Material de Apoio para acesso gratuito na plataforma JusClass.

Para acessar o material, siga as instruções a seguir:

1. Entre no site da Editora Juspodivm https://www.editorajuspodivm.com.br/, com seu login e senha;
2. Dentro de "Minha Conta", selecione a opção "Materiais Exclusivos" e clique no ícone de identificação do JusClass;
3. Em caso de dúvidas, esclarecimentos ou sugestões, acesse nossa Central de Atendimento https://www.editorajuspodivm.com.br/central-de-relacionamento

Caso tenha adquirido o seu exemplar em uma de nossas livrarias parceiras:

1. Acesse o QRCode abaixo;
2. Preencha o formulário com os dados solicitados;
3. Localize seu Código de Verificação - PIN, logo abaixo do QR Code;
4. Aguarde o e-mail com as informações de acesso;
5. Aproveite seu material!

PIN: JUS4544

Duda Nogueira

QUESTÕES COMENTADAS de

LÍNGUA PORTUGUESA

Mais de 1.000 questões

FGV

9ª edição | revista, atualizada e ampliada

2025

EDITORA JusPODIVM
www.editorajuspodivm.com.br

EDITORA *Jus*PODIVM
www.editorajuspodivm.com.br

Rua Canuto Saraiva, 131 – Mooca – CEP: 03113-010 – São Paulo – São Paulo
Tel: (11) 3582.5757
• Contato: https://www.editorajuspodivm.com.br/central-de-relacionamento

Diagramação: Lupe Comunicação e Design *(lupecomunicacao@gmail.com)*

Capa: Ana Caquetti

N778q Nogueira, Duda
Questões Comentadas de Língua Portuguesa - FGV / Duda Nogueira – 9. ed., rev., atual. e ampl. - São Paulo: Editora JusPodivm, 2025.

800 p.

ISBN: 978-85-442-6327-3

1. Português 2. Questões 3. Método de estudo. I. Nogueira, Duda. II. Título.

CDD 469.5

BIBLIOTECÁRIA RESPONSÁVEL

Ana Carolina Ribeiro Mois – CRB7 – RJ 007348/0

9.ª ed., *2.ª tir.:* out./2025; *3.ª tir.:* out./2025; *4.ª tir.:* nov./2025.

Apresentação

O livro abrange todo o conteúdo exigido pela banca **FGV**. As questões foram separadas por **partes, assuntos** e **níveis**: **1. médio**; **2. superior**; **3. difícil** – Carreiras Fiscais e de Controle.

É imprescindível entender os editais e, para isso, apresento a seguir uma tabela com o conteúdo estrutural do livro nas colunas 1 e 2; na coluna 3, demonstro como o assunto aparece no edital; na coluna 4, informo o número de questões comentadas sobre o assunto.

É de suma importância seguir a ordem, pois um assunto depende de outro.

Partes	Capítulos	Nos editais	Questões
II. Fonologia e Semântica	1. Acentuação	Acentuação gráfica; domínio da ortografia oficial.	13
	2. Ortografia e semântica	Domínio da ortografia oficial; ortografia; semântica; sinonímia, antonímia, polissemia, denotação e conotação.	99
	2.1. Nos últimos editais	Semântica: sentido próprio e figurado; antônimos, sinônimos, parônimos e hiperônimos. Polissemia e ambiguidade. Os dicionários: tipos; a organização de verbetes. Vocabulário: neologismos, arcaísmos, estrangeirismos; latinismos.	
III. Morfologia	1. Processos de formação das palavras	Processos de formação das palavras.	11
	2. Artigo, substantivo, adjetivo e preposição	Morfologia: reconhecimento, emprego e sentido das classes gramaticais. Classes de palavras. Flexão nominal da língua portuguesa: padrões regulares e formas irregulares.	12

Partes	Capítulos	Nos editais	Questões
III. Morfologia	3. Pronome	Padrões gerais de colocação pronominal no português; domínio dos mecanismos de coesão textual: emprego de elementos de referenciação; emprego das classes de palavras; morfologia: reconhecimento, emprego e sentido das classes gramaticais; mecanismos de flexão dos nomes.	30
	3.1. Nos últimos editais	Morfologia: reconhecimento, emprego e sentido das classes gramaticais. Mecanismos de coesão textual. Recursos de coesão; função referencial de pronomes. Sintaxe de colocação das palavras.	
	4. Verbo	Emprego de tempos e modos verbais; reconhecimento, emprego e sentido das classes gramaticais; mecanismos de flexão dos nomes e verbos.	46
IV. Sintaxe	1. Análise sintática	Domínio da estrutura morfossintática da oração e do período; reescrita de frases e parágrafos do texto: substituição de palavras ou de trechos de texto; reorganização da estrutura de orações e de períodos do texto; domínio dos mecanismos de coerência textual.	31
	1.1. Nos últimos editais	Transitividade e regência de nomes e verbos. Sintaxe: frase, oração e período; termos da oração. A oração e seus termos. Sintaxe de colocação das palavras. Efeitos de sentido da ordem de expressões na oração.	
	2. Período composto e conjunção	Domínio da estrutura morfossintática da oração e do período; reescrita de frases e parágrafos do texto; domínio dos mecanismos de coesão textual: emprego de elementos de referenciação, substituição e repetição, de conectores e de outros elementos de sequenciação textual; domínio dos mecanismos de coerência textual.	65
	2.1. Nos últimos editais	Processos de coordenação e subordinação. O período e sua construção. Período simples e período composto. Coordenação: processos, formas e sentidos. Subordinação: processos, formas e sentidos. Efeitos de sentido da ordem de expressões na oração e no período.	

Partes	Capítulos	Nos editais	Questões
IV. Sintaxe	3. Concordância	Concordância verbal e nominal. Reescrita de frases e parágrafos do texto.	26
	4. Regência	Regência verbal e nominal; transitividade e regência de nomes e verbos. Reescrita de frases e parágrafos do texto.	15
	5. Crase	Emprego do sinal indicativo de crase; transitividade e regência de nomes e verbos.	15
	6. Pontuação	Emprego dos sinais de pontuação. Reescrita de frases e parágrafos do texto; domínio dos mecanismos de coesão textual; domínio dos mecanismos de coerência textual; domínio da estrutura morfossintática da oração e do período.	31
V. Coesão, coerência e reescrita de frases	1. Coesão, coerência e reescrita de frases	Domínio dos mecanismos de coesão textual; emprego de elementos de referenciação, substituição e repetição, de conectores e outros elementos de sequenciação textual; reescritura de frases e parágrafos do texto; substituição de palavras ou de trechos de texto; retextualização de diferentes gêneros e níveis de formalidade.	209
	1.1. Nos últimos editais	Reescrita de frases: substituição, deslocamento, paralelismo; variação linguística: norma culta. Tipologia da frase portuguesa. Estrutura da frase portuguesa: operações de deslocamento, substituição, modificação e correção. Problemas estruturais das frases. Norma culta. Organização sintática das frases: termos e orações. Ordem direta e inversa.	
VI. Interpretação e compreensão textual	1. Interpretação e compreensão textual	Compreensão e interpretação de textos de gêneros variados; reconhecimento de tipos e gêneros textuais.	372
	1.1. Nos últimos editais	Interpretação e Compreensão de texto. Organização estrutural dos textos. Marcas de textualidade: coesão, coerência e intertextualidade. Modos de organização discursiva: descrição, narração, exposição, argumentação e injunção; características específicas de cada modo. Tipos textuais: informativo, publicitário, propagandístico, normativo, didático e divinatório; características específicas de cada tipo. Textos literários e não literários. Tipos de discurso. Registros de linguagem. Funções da linguagem. Elementos dos atos de comunicação.	
VII. Figuras e funções da linguagem	1. Figuras e funções da linguagem	Estilística – figuras de linguagem. Funções da linguagem.	25

Partes	Capítulos	Nos editais	Questões
VIII. Redação Oficial	1. Redação oficial	Correspondência oficial (conforme Manual de Redação da Presidência da República); adequação da linguagem ao tipo de documento; adequação do formato do texto ao gênero.	20
TOTAL DE QUESTÕES			**1.020**

Assuntos exigidos em provas de 2025 – ordem decrescente:

1	Interpretação e compreensão textual
2	Coesão, coerência e reescrita de frases
3	Semântica
4	Concordância
5	Pronome Verbo Crase Figuras e funções da linguagem
6	Artigo, substantivo, adjetivo e preposição Período composto Pontuação
7	Acentuação Análise sintática Regência
8	Processos de formação das palavras Crase Incluem: abreviação, abreviatura e siglas
9	Redação Oficial

Percebe-se a importância de **interpretação, compreensão, coesão, coerência e reescrita de frases**. Para que o estudo fique completo, há **QUADROS-RESUMO** na **PARTE IX**, com dicas teóricas.

Atenção! A banca começou a exigir detalhes gramaticais que não eram comuns em provas anteriores. Se for necessário, revise a parte teórica.

Sumário

PARTE I – EDITAIS SISTEMATIZADOS

Editais sistematizados **15**

1. TCE RR – FGV/2025 15
2. TRT 24 (RS) – FGV/2025 15
3. Prefeitura de Canaã dos Carajás – PA – FGV/2025 17
   3.1. Procurador do Município .....
   3.2. Nível Médio e Técnico .....
4. EBSERH – FGV/2025 18
5. TCE GO – FGV/2024 19
6. PC SC – FGV/2024 20

PARTE II – ACENTUAÇÃO, ORTOGRAFIA E SEMÂNTICA

Capítulo 1

Acentuação 25

1. Nível médio 25
2. Nível superior 30

Capítulo 2

Ortografia e semântica 33

1. Nível médio 33
2. Nível superior 59
3. Nível difícil 91

PARTE III – MORFOLOGIA

Capítulo 1

Processos de formação das palavras 103

1. Nível médio 103
2. Nível superior 106
3. Nível difícil 108

Capítulo 2

Artigo, substantivo, adjetivo, preposição e advérbio 111

1. Nível médio 111
2. Nível superior 115

Capítulo 3

Pronome 121

1. Nível médio 121
2. Nível superior 130
3. Nível difícil 140

Capítulo 4

Verbo 143

1. Nível médio 143
2. Nível superior 155
3. Nível difícil 171

PARTE IV – SINTAXE

Capítulo 1

Análise sintática 177

1. Nível médio 177
2. Nível superior 184
3. Nível difícil 195

Capítulo 2

Período composto 199

1. Nível médio 199
2. Nível superior 221
3. Nível difícil 236

Capítulo 3

Concordância 247

1. Nível médio 247
2. Nível superior 254
3. Nível difícil 261

Capítulo 4

Regência 265

1. Nível médio 265

2. Nível superior ... 271
3. Nível difícil ... 273

Capítulo 5
Crase ... 277
1. Nível médio ... 277
2. Nível superior ... 281
3. Nível difícil ... 285

Capítulo 6
Pontuação ... 287
1. Nível médio ... 287
2. Nível superior ... 297
3. Nível difícil ... 309

PARTE V – COESÃO, COERÊNCIA E REESCRITA DE FRASES

Capítulo 1
Coesão, coerência e reescrita de frases ... 315
1. Nível médio ... 315
2. Nível superior ... 350
3. Nível difícil ... 432

PARTE VI– INTERPRETAÇÃO E COMPREENSÃO TEXTUAL

Capítulo 1
Interpretação e compreensão textual ... 475
1. Nível médio ... 475
2. Nível superior ... 523
3. Nível difícil ... 654

PARTE VII – FIGURAS E FUNÇÕES DA LINGUAGEM

Capítulo 1
Figuras e funções da linguagem ... 743
1. Nível médio ... 743
2. Nível superior ... 749
3. Nível difícil ... 758

PARTE VIII – REDAÇÃO OFICIAL

Capítulo 1
Redação Oficial ... 763
1. Nível médio ... 763
2. Nível superior ... 768

PARTE IX – QUADROS-RESUMO

Capítulo 1
Interpretação e compreensão textual ... 777
1. Interpretar e compreender ... 777
2. Indução e dedução ... 777
3. Pressuposto e subentendido ... 778
4. Tipologia textual ... 778
4.1. Síntese ... 780
5. Gêneros textuais ... 780
6. Tipos de discurso ... 781
6.1. Exemplos em provas da Fundação Getulio Vargas ... 782
6.2. Mudanças ocorridas na transposição dos discursos ... 782
7. Tipos de argumentação ... 783
8. Tipos de narrador ... 783
9. Funções da linguagem ... 784
10. Elementos dos atos da comunicação ... 785
11. Figuras de linguagem ... 786

Capítulo 2
Coesão e coerência textual ... 789
1. Coesão textual ... 789
2. Coerência textual ... 790
3. Paralelismo ... 791

Capítulo 3
Semântica ... 793
1. Em editais recentes ... 793

Capítulo 4
Abreviação, Abreviatura e Sigla ... 795
1. Em editais recentes ... 795

PARTE I

Editais sistematizados

Editais sistematizados

Em 2025 e 2024, houve três tipos de editais da banca FGV.

Seu próximo concurso deverá seguir o modelo de um deles.

Confira o que é necessário estudar e onde encontrará no livro.

1. TCE RR – FGV/2025

2. TRT 24 (RS) – FGV/2025

Observação: editais idênticos.

TRT 24 (RS) **Cargos: Analista e Técnico Judiciário** **TCE RR** **Cargos: Auditor Substituto de Conselheiro, Auditor de Controle Externo, Analista Administrativo, Técnico Administrativo**		
Itens do edital	**No livro**	**Onde encontrar**
1. Interpretação e compreensão de texto. Organização estrutural dos textos. 2. Marcas de textualidade: coesão, coerência e intertextualidade. 3. Modos de organização discursiva: descrição, narração, exposição, argumentação e injunção; características específicas de cada modo. 4. Tipos textuais: informativo, publicitário, propagandístico, normativo, didático e divinatório; características específicas de cada tipo. Textos literários e não literários.	Interpretação e compreensão textual Coesão, coerência e reescrita de frases	PARTE VI – 1 PARTE V – 1
5. Tipologia da frase portuguesa. 6. Estrutura da frase portuguesa: operações de deslocamento, substituição, modificação e correção. Problemas estruturais das frases. Norma culta.	Coesão, coerência e reescrita de frases Análise sintática	PARTE V – 1 PARTE IV – 1

TRT 24 (RS) Cargos: Analista e Técnico Judiciário TCE RR Cargos: Auditor Substituto de Conselheiro, Auditor de Controle Externo, Analista Administrativo, Técnico Administrativo		
Itens do edital	**No livro**	**Onde encontrar**
Pontuação e sinais gráficos.	Pontuação Acentuação	PARTE IV – 6 PARTE II – 1
Organização sintática das frases: termos e orações. Ordem direta e inversa.	Análise sintática Período Composto Coesão, coerência e reescrita de frases	PARTE IV – 1 PARTE IV – 2 PARTE V – 1
7. Tipos de discurso. 8. Registros de linguagem.	Interpretação e compreensão textual	PARTE VI – 1
Funções da linguagem. 9. Elementos dos atos de comunicação.	Figuras e Funções da linguagem	PARTE VII – 1
10. Estrutura e formação de palavras. Formas de abreviação.	Processos de formação das palavras	PARTE III – 1
11. Classes de palavras; os aspectos morfológicos, sintáticos, semânticos e textuais de substantivos, adjetivos, artigos, numerais, pronomes, verbos, advérbios, conjunções e interjeições; os modalizadores.	Artigo, substantivo, adjetivo, preposição, advérbio Pronome Verbo Análise sintática Período composto Semântica Coesão, coerência e reescrita de frases	PARTE III – 2 PARTE III – 3 PARTE III – 4 PARTE IV – 1 PARTE IV – 2 PARTE II – 2 PARTE V – 1
12. Semântica: sentido próprio e figurado; antônimos, sinônimos, parônimos e hiperônimos. Polissemia e ambiguidade. Os dicionários: tipos; a organização de verbetes. 13. Vocabulário: neologismos, arcaísmos, estrangeirismos; latinismos.	Semântica	PARTE III – 2
14. Ortografia e acentuação gráfica.	Acentuação Ortografia e semântica	PARTE II – 1 PARTE II – 2
A crase.	Crase Regência	PARTE IV – 5 PARTE IV – 4

3. PREFEITURA DE CANAÃ DOS CARAJÁS – PA – FGV/2025

3.1. Procurador do Município

Itens do edital	No livro	Onde encontrar
Elementos de construção do texto e seu sentido: gênero do texto (literário e não literário, narrativo, descritivo e argumentativo); interpretação e organização interna.	Interpretação e compreensão textual Coesão, coerência e reescrita de frases	PARTE VI – 1 PARTE V – 1
Semântica: sentido e emprego dos vocábulos; campos semânticos; emprego de tempos e modos dos verbos na Língua Portuguesa.	Semântica Verbo	PARTE III – 2 PARTE III – 4
Morfologia: reconhecimento, emprego e sentido das classes gramaticais; processos de formação das palavras; mecanismos de flexão dos nomes e verbos.	Artigo, substantivo, adjetivo, preposição, advérbio Pronome Verbo Processos de formação das palavras Coesão, coerência e reescrita de frases	PARTE III – 2 PARTE III – 3 PARTE III – 4 PARTE III – 1 PARTE V – 1
Sintaxe: frase, oração e período; termos da oração; processos de coordenação e subordinação; concordância nominal e verbal; transitividade e regência de nomes e verbos; padrões gerais de colocação pronominal na Língua Portuguesa; mecanismos de coesão textual.	Análise sintática Período Composto Concordância Regência Pronome Coesão, coerência e reescrita de frases	PARTE IV – 1 PARTE IV – 2 PARTE IV – 3 PARTE IV – 4 PARTE III – 3 PARTE V – 1
Ortografia.	Ortografia e semântica	PARTE II – 2
Acentuação gráfica.	Acentuação	PARTE II – 1
Emprego do sinal indicativo de crase.	Crase Regência	PARTE IV – 5 PARTE IV – 4
Pontuação.	Pontuação	PARTE IV – 6
Estilística: figuras de linguagem.	Funções e Figuras de linguagem	PARTE VII – 1
Reescritura de frases: substituição, deslocamento, paralelismo; variação linguística: norma padrão.	Coesão, coerência e reescrita de frases	PARTE V – 1
14. Ortografia e acentuação gráfica.	Acentuação Ortografia e semântica	PARTE II – 1 PARTE II – 2
A crase.	Crase Regência	PARTE IV – 5 PARTE IV – 4

3.2. Nível Médio e Técnico

Itens do edital	No livro	Onde encontrar
Leitura, compreensão e interpretação de textos. Estruturação do texto e dos parágrafos.	Interpretação e compreensão textual Coesão, coerência e reescrita de frases	PARTE VI – 1 PARTE V – 1
Articulação do texto: pronomes e expressões referenciais, nexos, operadores sequenciais.	Pronome Conjunção/Período composto Coesão, coerência e reescrita de frases	PARTE III – 3 PARTE IV – 2 PARTE V – 1
Significação contextual de palavras e expressões. Equivalência e transformação de estruturas.	Ortografia e semântica Coesão, coerência e reescrita de frases	PARTE II – 2 PARTE V – 1
Sintaxe: processos de coordenação e subordinação.	Análise sintática Período Composto	PARTE IV – 1 PARTE IV – 2
Emprego de tempos e modos verbais.	Verbo	PARTE III – 4
Pontuação.	Pontuação	PARTE IV – 6
Estrutura e formação de palavras.	Processos de formação das palavras	PARTE III – 1
Funções das classes de palavras. Flexão nominal e verbal.	Artigo, substantivo, adjetivo, preposição, advérbio Pronome Verbo	PARTE III – 2 PARTE III – 3 PARTE III – 4
Pronomes: emprego, formas de tratamento e colocação.	Pronome	PARTE III – 3
Concordância nominal e verbal.	Concordância	PARTE IV – 3
Regência nominal e verbal.	Regência	PARTE IV – 4
Ortografia oficial.	Ortografia	PARTE II – 2
Acentuação gráfica.	Acentuação	PARTE II – 1

4. EBSERH – FGV/2025

Todos os cargos		
Itens do edital	**No livro**	**Onde encontrar**
1) Compreensão e interpretação de textos. 2) Tipologia textual e gêneros textuais.	Interpretação e compreensão textual	PARTE VI – 1
3) Ortografia oficial.	Ortografia	PARTE II – 2
4) Acentuação gráfica.	Acentuação	PARTE II – 1

Todos os cargos		
Itens do edital	**No livro**	**Onde encontrar**
5) Classes de palavras.	Artigo, substantivo, adjetivo, preposição, advérbio Pronome Verbo	PARTE III 2, 3, 4
6) Uso do sinal indicativo de crase.	Crase Regência	PARTE IV – 5 PARTE IV – 4
7) Sintaxe da oração e do período.	Análise sintática Período Composto	PARTE IV – 1 PARTE IV – 2
8) Pontuação.	Pontuação	PARTE IV – 6
9) Concordância nominal e verbal.	Concordância	PARTE IV – 3
10) Regência nominal e verbal.	Regência	PARTE IV – 4
11) Significação das palavras.	Semântica	PARTE III – 2

5. TCE GO – FGV/2024

Cargo: Analista de Controle Externo		
Itens do edital	**No livro**	**Onde encontrar**
Domínio da ortografia oficial.	Ortografia e semântica	PARTE II – 2
Emprego da acentuação gráfica.	Acentuação	PARTE II – 1
Emprego dos sinais de pontuação.	Pontuação	PARTE IV – 6
Emprego do sinal indicativo de crase.	Crase Regência	PARTE IV – 5 PARTE IV – 4
Flexão nominal e verbal.	Artigo, substantivo, adjetivo Verbo Concordância	PARTE III – 2 PARTE III – 4 PARTE IV – 3
Pronomes: emprego, formas de tratamento e colocação.	Pronome Coesão, coerência e reescrita de frases	PARTE III – 3 PARTE V – 1
Domínio dos mecanismos de coesão textual. A linguagem e a lógica. As estruturas linguísticas no processo de construção de mensagens adequadas. A pragmática na linguagem: o significado contextual.	Coesão, coerência e reescrita de frases Pronome Período composto	PARTE V – 1 PARTE III – 3 PARTE IV – 2
Emprego de tempos e modos verbais. Vozes do verbo.	Verbo	PARTE III – 4

Cargo: Analista de Controle Externo		
Itens do edital	**No livro**	**Onde encontrar**
Concordância nominal e verbal.	Concordância	PARTE IV – 3
Regência nominal e verbal.	Regência	PARTE IV – 4
Morfossintaxe.	Artigo, substantivo, adjetivo, preposição, advérbio Pronome Verbo Análise sintática Período composto	PARTE III – 2 PARTE III – 3 PARTE III – 4 PARTE IV – 1 PARTE IV – 2
Redação (confronto e reconhecimento de frases corretas e incorretas).	Coesão, coerência e reescrita de frases Pronome Verbo Análise sintática Período composto	PARTE V – 1 PARTE III – 3 PARTE III – 4 PARTE IV – 1 PARTE IV – 2
Compreensão e interpretação de textos de gêneros variados. Reconhecimento de tipos e gêneros textuais. Discurso direto, indireto e indireto livre. Adequação da linguagem ao tipo de documento. Os modos de organização discursiva: a descrição, a narração, a exposição informativa e a exposição argumentativa.	Interpretação e compreensão textual	PARTE VI – 1
Figuras de linguagem.	Figuras e funções da linguagem	PARTE VII – 1

6. PC SC – FGV/2024

Cargo: Delegado de Polícia		
Itens do edital	**No livro**	**Onde encontrar**
Compreensão e interpretação de textos de gêneros variados. Reconhecimento de tipos e gêneros textuais.	Interpretação e compreensão textual	PARTE VI – 1
Domínio da ortografia oficial.	Ortografia e semântica	PARTE II – 2
4 Domínio dos mecanismos de coesão textual. 4.1 Emprego de elementos de referenciação, substituição e repetição, de conectores e de outros elementos de sequenciação textual.	Coesão, coerência e reescrita de frases Pronome Período composto	PARTE V – 1 PARTE III – 3 PARTE IV – 2
4.2 Emprego de tempos e modos verbais.	Verbo	PARTE III – 4

Cargo: Delegado de Polícia		
Itens do edital	**No livro**	**Onde encontrar**
5 Domínio da estrutura morfossintática do período. 5.1 Emprego das classes de palavras. 5.2 Relações de coordenação entre orações e entre termos da oração. 5.3 Relações de subordinação entre orações e entre termos da oração.	Artigo, substantivo, adjetivo, preposição, advérbio Pronome Verbo Análise sintática Período composto	PARTE III – 2 PARTE III – 3 PARTE III – 4 PARTE IV – 1 PARTE IV – 2
5.4 Emprego dos sinais de pontuação.	Pontuação	PARTE IV – 6
5.5 Concordância verbal e nominal.	Concordância	PARTE IV – 3
5.6 Regência verbal e nominal.	Regência	PARTE IV – 4
5.7 Emprego do sinal indicativo de crase.	Crase Regência	PARTE IV – 5 PARTE IV – 4
5.8 Colocação dos pronomes átonos.	Pronome	PARTE III – 3
6 Reescrita de frases e parágrafos do texto. 6.1 Significação das palavras. 6.2 Substituição de palavras ou de trechos de texto. 6.3 Reorganização da estrutura de orações e de períodos do texto. 6.4 Reescrita de textos de diferentes gêneros e níveis de formalidade.	Coesão, coerência e reescrita de frases Ortografia e Semântica Pronome Verbo Análise sintática Período composto	PARTE V – 1 PARTE II – 2 PARTE III – 3 PARTE III – 4 PARTE IV – 1 PARTE IV – 2
7 Correspondência oficial (conforme Manual de Redação da Presidência da República). 7.1 Aspectos gerais da redação oficial. 7.2 Finalidade dos expedientes oficiais. 7.3 Adequação da linguagem ao tipo de documento. 7.4 Adequação do formato do texto ao gênero.	Redação Oficial	PARTE VII – 1

PARTE II

Acentuação, Ortografia e Semântica

CAPÍTULO 1

Acentuação

» **Nos editais:** Acentuação gráfica; domínio da ortografia oficial.

1. NÍVEL MÉDIO

01 **(FGV – TJ AP – Técnico Judiciário – 2024)** A opção em que as duas palavras nela apresentadas recebem acento gráfico corretamente, é:

a) dócil / maquinária;
b) autóctone / rúbrica;
c) hífen / táctil;
d) barbária / têxtil;
e) éter / cíclope.

COMENTÁRIOS:

Alternativa "a" – Erro: maquinaria – *conjunto de máquinas empregadas em um trabalho.*

Alternativa "b" – Erro: rubrica – *assinatura abreviada; abreviação da assinatura de alguém.*

Alternativa "c" – Hífen: paroxítona terminada em "n"; táctil: paroxítona terminada em "l".

Alternativa "d" – Erro: **barbaria** – *crueldade, ferocidade.*

Alternativa "e" – Erro: **ciclope** – *gigante com um só olho na testa.*

RESPOSTA: C

02 **(FGV – TJ AL – Técnico Judiciário – Área Judiciária – 2018)** Duas palavras do texto que obedecem à mesma regra de acentuação gráfica são:

a) indébita / também;
b) história / veículo;
c) crônicas / atribuídos;
d) coíba / já;
e) calúnia / plágio.

COMENTÁRIOS

Alternativa "a" – in-DÉ-bi-ta: proparoxítona; tam-BÉM: oxítona.

Alternativa "b" – his-TÓ-ria: paroxítona; ve-Í-cu-lo: proparoxítona.

Alternativa "c" – CRÔ-ni-cas: proparoxítona; a-tri-bu-Í-dos: hiato.

Alternativa "d" – co-Í-ba: hiato; JÁ: monossílabo.

Alternativa "e" – Paroxítonas terminadas em ditongo.

PRO	PAR	OXI
ca	**LÚ**	nia
	PLÁ	gio

RESPOSTA: E

03 **(FGV – Prefeitura de Salvador – 2017)** As palavras do texto acentuadas pela mesma regra de acentuação gráfica são:

a) cóclea / células.
b) frequências / destruídas.
c) responsável / média.
d) frágeis / música.
e) ondulatório / daí.

COMENTÁRIOS

Alternativa "a" – São proparoxítonas. Veja a separação das sílabas na tabela:

PRO	PAR	OXI
CÓ	cle	a
CÉ	lu	las

Alternativa "b" – Paroxítona terminada em ditongo e hiato.

Alternativa "c" – Paroxítona terminada em L e paroxítona terminada em ditongo.

Alternativa "d" – Paroxítona terminada em ditongo e proparoxítona.

Alternativa "e" – Paroxítona terminada em ditongo e hiato.

RESPOSTA: A

04 **(FGV – Prefeitura de Salvador – 2017)** A palavra *década* tem acento gráfico pela mesma razão que o vocábulo:

a) após.
b) trágica.
c) além.

d) ninguém.
e) matá-lo.

COMENTÁRIOS

Nota da autora: Dé-ca-da é uma palavra proparoxítona. Confira na tabela a seguir.

Alternativa "a" – Oxítona.

Alternativa "b" – São proparoxítonas.

PRO	PAR	OXI
DÉ	ca	da
TRÁ	gi	ca

Alternativa "c" – Oxítona.
Alternativa "d" – Oxítona.
Alternativa "e" – Oxítona.

RESPOSTA: B

05 **(FGV – Prefeitura de Salvador – 2017)** A palavra "sucuri" não leva acento em sua sílaba tônica.
Assinale a opção que apresenta outra palavra que não recebe acento pela mesma regra.

a) Lua.
b) Marejado.
c) Caju.
d) Ideia.
e) Rochedo.

COMENTÁRIOS

Nota da autora: A regra das palavras oxítonas é "recebem acento agudo ou circunflexo as palavras oxítonas terminadas das em 'a', 'e' ou 'o', seguidas ou não de 's'".

Alternativa "a" – Paroxítona terminada em "a".

Regra da paroxítona: acentuam-se as vogais 'a', 'e', 'o' das sílabas tônicas das **palavras paroxítonas** terminadas em **-l**, **-n**, **-r**, **-x** e **-ps**.

Alternativa "b" – Paroxítona terminada em "o".

Alternativa "c" – *Sucuri* e *caju* não pertencem a essa regra, pois são terminadas em "i" e "u", respectivamente.

Alternativa "d" – Ditongo aberto na paroxítona deixou de ser acentuado após a Reforma Ortográfica.

Alternativa "e" – Paroxítona terminada em "o".

RESPOSTA: C

06 **(FGV 2015)** As duas palavras que recebem acento gráfico por razões diferentes são:

a) homicídio / média;
b) país / juízes;
c) histórico / pública;
d) secretários / relatório;
e) está / é.

COMENTÁRIOS

Alternativa "a" – ho-mi-**cí**-dio e **mé**-dia = paroxítonas terminadas em ditongo.

Alternativa "b" – pa-**ís** e **ju-í**-zes = hiatos.

Alternativa "c" – his-**tó**-ri-co e **pú**-bli-cos = proparoxítonas.

Alternativa "d" – se-cre-**tá**-rios e re-la-**tó**-rio = paroxítonas terminadas em ditongo.

Alternativa "e" – Es-**tá**: oxítona terminada em "a"; é: monossílabo terminado em "e" aberto.

RESPOSTA: E

07 **(FGV 2013)** Assinale a alternativa que indica os vocábulos do texto que **não** são acentuados pela mesma regra de acentuação gráfica.

a) após / só.
b) Petrópolis / óbitos.
c) possuíam / constituídas.
d) através / também.
e) vácuo / municípios.

COMENTÁRIOS

Alternativa "a" – após: oxítona – regra: acentuam-se as oxítonas terminadas em a(s), e(s), o(s), em, ens.

só: monossílabo – regra: acentuam-se as oxítonas terminadas em a(s), e(s), o(s).

PRO	PAR	OXI
	a	**pós**

Alternativa "b" – Petrópolis / óbitos = **proparoxítonas.**

	PRO	PAR	OXI
Pe	**tró**	po	lis
	ó	bi	tos

Alternativa "c" – possuíam / constituídas são **hiato** e não precisamos inserir na tabela. Aliás, **não podemos** inserir.

pos – su – *í* – am

cons – ti – tu – *í* – das.

Alternativa "d" – através / também = **oxítonas.**

PRO	PAR	OXI
a	tra	**vés**
	tam	**bém**

Alternativa "e" – vácuo / municípios = **paroxítonas terminadas em ditongo.**

	PRO	PAR	OXI
		vá	cuo
mu	ni	**cí**	pios

RESPOSTA: A

08 **(FGV 2013)** As alternativas a seguir apresentam palavras do texto acentuadas pela mesma regra de acentuação, ***à exceção de uma***. Assinale-a:

a) será / está.

b) ônibus / últimos.

c) três / há.

d) política / econômica.

e) médio / saúde.

COMENTÁRIOS

Alternativa "a" – será / está = oxítonas.

PRO	PAR	OXI
	es	**tá**
	se	**rá**

Alternativa "b" – ônibus / últimos = proparoxítonas.

PRO	PAR	OXI
ô	ni	bus
úl	ti	mos

Alternativa "c" – três / há = **monossílabos** terminados em e(s) e a, respectivamente.

Alternativa "d" – política / econômica = proparoxítonas.

		PRO	PAR	OXI
	po	**lí**	ti	ca
e	co	**nô**	mi	ca

Alternativa "e" – médio: **mé.dio = paroxítona terminada em ditongo;** saúde: **sa.ú.de = hiato.**

RESPOSTA: E

2. NÍVEL SUPERIOR

01 **(FGV – SEEC RN – Professor de Língua Portuguesa – 2025)** Assinale a opção que mostra dois vocábulos com possibilidade de dupla pronúncia (os vocábulos estão propositalmente sem acento gráfico).

a) crisantemo / hieroglifo.
b) projetil / antifrase.
c) Gibraltar / reptil.
d) recorde / leucocito.
e) zangão / arquetipo.

COMENTÁRIOS:

Nota da autora: A banca exige palavras que possuem dupla prosódia. Confira, a seguir, a lista das palavras mais exigidas em concursos.

acróbata	acrobata
bênção	benção
crisântemo	crisantemo
hieróglifo	hieroglifo
Oceânia	Oceania
ortoépia	ortoepia
projéteis	projetis
projétil	projetil
répteis	reptis
réptil	reptil
xérox	xerox
Ájax	Ajax

Alternativa "a" – Duas possíveis pronúncias nos dois vocábulos:

Crisântemo / crisantemo

Hieróglifo / hieroglifo

Alternativa "b" – Dupla pronúncia: projétil / projetil; uma pronúncia: antífrase – *utilização de uma palavra, expressão ou frase com a significação (sentido) contrária à verdadeira.*

Alternativa "c" – Única pronúncia: Gibraltar (território britânico); dupla pronúncia: réptil / reptil.

Alternativa "d" – Dupla pronúncia: recorde / recorde (originária do inglês)*; uma pronúncia: leucótico.

***Observação:** vários gramáticos e dicionários não admitem que a palavra seja proparoxítona. A banca FGV seguiu a minoria por aceitar a dinamicidade da língua. Nesse caso, a sugestão é que assinale a opção em que não haja controvérsia.

Alternativa "e" – Ambas palavras possuem única pronúncia: zangão, arquétipo.

RESPOSTA: A

02 **(FGV – Prefeitura de Vitória – ES – PEB III – Língua Portuguesa – 2024)** Assinale a opção em que as duas palavras nela apresentadas recebem acento gráfico corretamente.

a) azíago / porém.
b) rêfrega / décano.
c) leucemía / protótipo.
d) álcali / aerólito.
e) tótens / Fênix.

COMENTÁRIOS:

Alternativa "a" – Erro: **aziago** – *que anuncia ou faz recear calamidade, azar.*

Alternativa "b" – Erros: **refrega** – *luta entre forças inimigas; briga, peleja.* / **decano** – *algo ou alguém que se distingue dos demais.*

Alternativa "c" – Erro: **leucemia** – *doença que se manifesta pelo aumento do número de glóbulos brancos no sangue (até 500.000 por mm3) e pela presença de células anormais, que revelam alteração dos órgãos hematopoéticos (medula óssea, baço, gânglios).*

Alternativa "d" – Álcali (proparoxítona): *substância com propriedades de base, que liberta hidroxila (OH-).*

Aerólito (proparoxítona): *meteorito formado por minerais, geralmente, composto por silicatos.*

Alternativa "e" – Erro: **totens** – *símbolos para uma tribo, clã, família ou pessoa.*

RESPOSTA: D

03 **(FGV – ALERJ – 2017)** Entre as palavras abaixo, aquela que só existe com acento gráfico é:

a) história;
b) evidência;
c) até;
d) país;
e) humanitárias.

COMENTÁRIOS

Alternativa "a" – do verbo historiar: historia.

Alternativa "b" – do verbo evidenciar: evidencia.

Alternativa "c" – do verbo atar: ate.

Alternativa "d" – substantivo masculino: pais.

Alternativa "e" – Paroxítona terminada em ditongo.

RESPOSTA: E

04 **(FGV – ALERJ – 2017)** Com relação aos ditongos ÉI/ÓI, o Novo Acordo Ortográfico retirou o acento gráfico do seguinte par de palavras:

a) destróier / caracóis;
b) jibóia / odisséia;
c) méier / alcalóide;
d) constrói / colméia;
e) pastéis / ovóide.

COMENTÁRIOS

Nota da autora: A regra é "retira-se o acento dos ditongos (quando há duas vogais na mesma sílaba) abertos **éi** e **ói** das palavras paroxítonas (as que têm a penúltima sílaba mais forte)".

Alternativa "a" – destroier: paroxítona terminada em "r"; caracóis: oxítona.

Alternativa "b" – ji-BOI-a; o-dis-SEI-a.

Alternativa "c" – paroxítona terminada em "r"; al-ca-LOI-de.

Alternativa "d" – oxítona; col-MEI-a.

Alternativa "e" – oxítona; o-VOI-de.

RESPOSTA: B

05 **(FGV – SEE PE – 2016)** Em uma prova de Português, uma das questões solicitava a separação silábica da palavra *importância* e o gabarito seguido pela professora era o de que a palavra deveria ser separada da seguinte forma: *im-por-tân-cia*. Assinale a opção que indica o comentário correto sobre a questão.

a) O gabarito está incorreto, porque se trata de uma palavra com hiato.
b) O gabarito está correto, já que essa é a única separação silábica possível.
c) O gabarito está correto, mas incompleto, pois outra separação é possível.
d) O gabarito está incorreto, pois a acentuação mostra que se trata de proparoxítono.
e) O gabarito está correto, pois se trata de um ditongo crescente e não de um hiato.

COMENTÁRIOS

Nota da autora: É comum a banca CESPE exigir o assunto. Em 2016, FGV também o exigiu: proparoxítona eventual.

Dá-se o nome de **proparoxítona eventual** ou **acidental** às palavras paroxítonas terminadas em ditongo crescente (semivogal + vogal).

Alternativa "a" – Não é hiato, ou seja, não ocorre encontro de dois sons vocálicos cujas vogais sejam separadas na divisão de sílabas. Para que haja hiato, são necessários dois esforços de voz para pronunciá-las, ao contrário do ditongo em que há um único esforço de voz e as vogais permanecem na mesma sílaba.

Alternativa "b" – Existe outra opção, como já mencionado.

Alternativa "c" – Paroxítona: im-por-tân-cia; proparoxítona eventual: im-por-tân-ci-a.

Alternativa "d" – No comando da questão, é paroxítona terminada em ditongo.

Alternativa "e" – Há outra possibilidade de separação, portanto está incompleto.

RESPOSTA: C

Ortografia e semântica

» **Nos editais:** Domínio da ortografia oficial; ortografia. Sentido próprio e figurado; antônimos, sinônimos, parônimos e hiperônimos. Polissemia e ambiguidade. Os dicionários: tipos; a organização de verbetes. Vocabulário: neologismos, arcaísmos, estrangeirismos; latinismos.

1. NÍVEL MÉDIO

01 **(FGV – EBSERH – Grupo Técnico em Análises Clínicas – 2025)** Assinale a frase em que a palavra sublinhada está empregada corretamente.

a) Chegamos meios cansados.
b) Ela estava meia abatida.
c) As frutas estavam meio caras.
d) Nos meio tempos, os times mudam.
e) Ficaram todos meios tristes com o ocorrido.

COMENTÁRIOS:

Alternativa "a" – Advérbio de intensidade não admite pluralização.

Correção: meio.

Dica: sentido de "um pouco".

Alternativa "b" – Advérbio de intensidade: meio.

Alternativa "c" – Advérbio de intensidade = sem pluralização.

Alternativa "d" – Numeral: possui sentido de "metade".

O numeral deve concordar com o substantivo plural: meios tempos.

Observação: não se trata de substantivo composto porque não está grafado com hífen.

Meio-tempo: intervalo de tempo.

Alternativa "e" – Advérbio de intensidade: meio.

RESPOSTA: C

02 **(FGV – 2024 – TRF 1 – Técnico Judiciário – Área Administrativa)** Entre as frases abaixo – do livro "A Cidade e as Serras", de Eça de Queiroz –, aquela em que a forma sublinhada está mal-empregada é:

a) "Quando um Sol que não avisto, nunca avistarei, morre de inanição nas profundidades, esse esguio galho de limoeiro, em baixo na horta, sente um secreto arrepio de morte...";

b) "– Então o sr. D. Jacinto?... O sr. D. Jacinto andava lá para debaixo, com o Silvério e com o Melchior, nos campos de Freixomil...";

c) "– Ando aí pelas terras desde o romper de alva! Pesquei já hoje quatro trutas magníficas... Lá embaixo, no Naves, um riachote que se atira pelo vale de Seranda... temos logo ao jantar essas trutas!";

d) "E aqui está o que decidi, depois de pensar. Mandei arranjar tantos caixões de chumbo, quantas as caveiras que se apanharam lá embaixo na Carriça, entre o lixo e o pedregulho";

e) "E não houve mais pássaro que cantasse, e os arroios fugiram para debaixo das ervas, com um lento murmúrio de choro".

COMENTÁRIOS:

Nota da autora: Vamos relembrar a diferença entre os termos sublinhados.

Em baixo (preposição + adjetivo): indica ênfase à ideia de algo estar em uma posição baixa, mas não como advérbio de lugar = **em estado de baixo.**

Indica estado ou condição.

Antônimo de **em cima.**

Embaixo (advérbio de lugar): local menos elevado, parte inferior = **debaixo, sob.**

Indica posição.

Antônimo de **sobre.** Sinônimo de **debaixo.**

Debaixo (advérbio de lugar): que se encontra numa posição inferior (menos elevada) a (algo ou alguém) = **sob, abaixo, embaixo.**

Antônimo de **acima, em cima.** Sinônimo de **embaixo.**

Alternativa "a" – **Embaixo** da horta: parte inferior, indicação de posição.

Alternativa "b" – Debaixo: posição inferior, menos elevada.

Alternativa "c" – Embaixo: parte inferior, indicação de posição.

Alternativa "d" – Embaixo: parte inferior, indicação de posição.

Alternativa "e" – Debaixo: posição inferior, menos elevada.

ALTERNATIVA CORRETA: A

03 **(FGV – 2024 – TRF 1 – Técnico Judiciário – Área Administrativa)** A frase abaixo em que houve ERRO no emprego da forma "há", em lugar de "a", é:

a) Não há nenhuma casa como a nossa;
b) Será que não há nada claro e direto na vida, como veem as crianças?
c) Sem elegância no coração, não há elegância;
d) A casa ficava há uma distância de vinte metros;
e) Ainda não encontrei o homem certo, pois há poucos homens bons para muitas mulheres boas.

COMENTÁRIOS:

Alternativa "a" – O verbo "haver" é impessoal e possui sentido de "existir": não existe nenhuma casa.

Alternativa "b" – O verbo "haver" é impessoal e possui sentido de "existir": não existe nada mais claro.

Alternativa "c" – O verbo "haver" é impessoal e possui sentido de "existir": não existe elegância.

Alternativa "d" – Deve-se usar a preposição "a" por indicar distância: fica **a** uma distância.

Usa-se, também, "a" para indicar tempo futuro: Ele chegará daqui a dois meses.

Dica: Há = passado / A = futuro.

Alternativa "e" – O verbo "haver" é impessoal e possui sentido de "existir": existem poucos homens bons.

ALTERNATIVA CORRETA: D

04 **(FGV – 2024 – TRF 1 – Técnico Judiciário – Área Administrativa)** A frase em que as palavras sublinhadas repetidas mostram significados diferentes é:

a) No Brasil é igual lá em casa: quem fala não manda e quem manda não fala;
b) Uma batalha perdida é uma batalha que se crê perdida;
c) A guerra é a guerra dos homens; a paz é a guerra das ideias;
d) Nas crises políticas, para o homem honrado, o mais difícil não é cumprir o seu dever e sim saber qual é esse dever;
e) Um refugiado africano precisa de menos calorias e menos roupas do que um refugiado de Kosovo?

COMENTÁRIOS:

Alternativa "a" – Mandar: *determinar ou exigir que alguém faça alguma coisa.*

Alternativa "b" – Batalha: *qualquer combate; peleja, luta.*

Alternativa "c" – Os vocábulos foram usados no sentido denotativo e no sentido conotativo, respectivamente.

1. A guerra é a **guerra** (dos homens): denotação – *luta armada entre nações ou entre partidos; combate, batalha.*

2. A paz é a **guerra** (das ideias): conotação – combate intelectual, confronto.

Alternativa "d" – Dever: *regra que se impõe através da moral, dos hábitos ou da lei.*

Alternativa "e" – Refugiado: *pessoa que, em razão de uma guerra ou por sua religião, etnia, orientação sexual, ideologia etc., foi obrigada a sair de sua terra natal e se mudar para outra, por ser alvo de perseguição.*

ALTERNATIVA CORRETA: C

05 **(FGV – 2024 – TRF 1 – Técnico Judiciário – Área Administrativa)** A frase abaixo em que houve troca indevida entre "afim" e "a fim" é:

a) A gente distorce a forma a fim de criar espaço;
b) O governo não está a fim de recuperar a popularidade;
c) O STF não fica a fim do Palácio do Planalto;
d) O Congresso não parece a fim de aprovar esse projeto;
e) A fim de mudar a lei, todos os partidos se movimentaram.

COMENTÁRIOS:

Nota da autora: Entenda a diferença entre os termos.

A fim: indica finalidade, vontade, interesse, intenção.
Sinônimos: para, com a finalidade de, com a intenção de, com o propósito de, com o objetivo de.

Afim: algo que é semelhante, parecido ou relacionado.

Fixe: **AFIN**idade = **AFIM.**

Alternativa "a" – com a finalidade de criar espaço.

Alternativa "b" – com o propósito de recuperar a popularidade.

Alternativa "c" – O STF não fica **relacionado com** o Palácio do Planalto = **afim.**

Alternativa "d" – com a intenção de aprovar esse projeto.
Alternativa "e" – com o objetivo de mudar a lei.

ALTERNATIVA CORRETA: C

06 **(FGV – 2024 – TRF 1 – Técnico Judiciário – Área Administrativa)** Em todas as frases abaixo há uma locução introduzida pela preposição "sem"; a frase em que a substituição proposta é adequada é:

a) É grande loucura querer ser sábio sem auxílio. / isolado;
b) A alma sem objetivo perde-se no mundo. / desinteressada;
c) Com o roubo ficou completamente sem dinheiro. / carente;
d) Estar sem fome é sinal de desequilíbrio físico. / inapetente;
e) Um casal sem filhos parece infeliz. / órfão.

COMENTÁRIOS:

Alternativa "a" – Isolado: só, solitário, separado dos outros homens. Não há relação com "sem auxílio".

Alternativa "b" – Desinteressada: desprovida de interesse; que não age por interesse; que não busca vantagens. Não há relação com "sem objetivo".

Alternativa "c" – Carente: que não tem posses; que não tem nada; carecente. Não há relação com "sem dinheiro".

Alternativa "d" – Inapetente: *que normalmente não sente ou que não está com apetite, com vontade de comer; anoréxico.*

Alternativa "e" – Órfão: que perdeu os pais ou um deles. Não existe relação com pessoa "sem filhos".

ALTERNATIVA CORRETA: D

07 **(FGV – AL – TO – Policial Legislativo II – 2024)** Assinale a opção que apresenta as duas palavras que devem ser grafadas com **es** e não com **ex**.

a) Excremento / expurgo.
b) Excusar / expontâneo.
c) Excomungar / expressar.
d) Extirpar / extorquir.
e) Exterminar / extremoso.

COMENTÁRIOS:

Alternativa "a" – Excremento: *matéria evacuada pelo corpo humano ou animal através de vias naturais; fezes ou outras substâncias como: urina, suor, muco nasal etc.; excreção.*

Expurgo: *liberação de impurezas.*

Alternativa "b" – Escusar: *perdoar; dar o perdão; desculpar alguém por alguma coisa.*

Espontâneo: *que ocorre naturalmente; cujo desenvolvimento não é premeditado; que não possui nem demonstra artificialismos; natural, sincero.*

Alternativa "c" – Excomungar: *expulsar, um ou mais integrantes, do convívio na igreja católica; afastar da comunhão da igreja.*

Expressar: *exprimir-se (manifestar) através de palavras, comportamentos e/ou atitudes: expressar um pensamento; expressar a beleza é o trabalho de um maquiador; expressava-se sem clareza.*

Alternativa "d" – Extirpar: *arrancar pela raiz.*

Extorquir: *exigir ou retirar alguma coisa de alguém através de violência, chantagem, força etc.*

Alternativa "e" – Exterminar: *matar; eliminar matando; destruir cruelmente.*

Extremoso: *carinhoso, afetuoso.*

RESPOSTA: B

08 **(FGV – TJ AP – Técnico Judiciário – 2024)** Abaixo aparecem cinco cartazes de rua; o cartaz que está inteiramente correto, é:

a) Vende-se plantas!

b) Não dobre a direita!

c) Estacionamento gratuíto.

d) Sanduíche mixto $R10.

e) Farmácia 24h.

COMENTÁRIOS:

Alternativa "a" – O verbo "vender" é transitivo direto e está acompanhado pelo pronome apassivador "se": voz passiva sintética.

Transpondo para a passiva analítica, teremos: plantas são vendidas.

O verbo deve concordar com o sujeito plural. Correção: **Vendem**-se plantas.

Alternativa "b" – Em locução adverbial formada por palavra feminina, o acento indicativo de crase é obrigatório: n]ao dobre **à direita**.

Alternativa "c" – Não pode haver acento agudo no vocábulo **gratuito**. Não se trata de hiato, uma palavra paroxítona terminada em "o".

Alternativa "d" – **Misto:** misturado, mesclado, combinado.

Alternativa "e" – Paroxítona terminada em ditongo: acentuada.

RESPOSTA: E

09 **(FGV- FHEMIG – Nível médio – 2023)** Assinale a opção em que houve a substituição adequada do termo coloquial sublinhado por um formal correspondente.

a) Temos que fazer sacrifícios de <u>cabo a rabo</u>, ou seja, do governo até o operário / continuamente.

b) Se o demônio com seus cascos e chifres chegar e disser: – Posso <u>dar uma mão</u>? Eu respondo: – Entra em forma aí e vai ajudando / auxiliar.

c) Minha bola de cristal está <u>pifada</u> / enganosa.

d) O Brasil é um investimento, uma fazenda que o homem da cidade comprou, lá <u>nos confins do Judas</u>, para ganhar dinheiro / em lugar satânico.

e) Só agora é que meus ex-funcionários <u>tiraram o pé da lama</u> / se atrasaram.

COMENTÁRIOS:

Alternativa "a" – Indica integralidade, totalidade.

Alternativa "b" – "dar uma mão" possui sentido de ajudar, auxiliar.

Alternativa "c" – Avariada. No sentido figurada: amalucada, que perdeu o juízo.

Alternativa "d" – Lugar distante.

Alternativa "e" – Saíram de uma situação embaraçosa, difícil.

RESPOSTA: B

10 **(FGV – FHEMIG – Nível médio – 2023)** O sufixo *-tério* também pode apresentar o valor de "lugar".

Assinale a opção em que o vocábulo destacado, formado com o sufixo *-tério*, tem seu significado corretamente indicado.

a) batistério – local de cultos batistas.
b) deletério – lugar de dor.
c) necrotério – lugar de autópsias.
d) biotério – lugar de moradia de biólogos.
e) monastério – lugar de monges.

COMENTÁRIOS:

Alternativa "a" – Local de batismos (na igreja).

Alternativa "b" – Refere-se a algo prejudicial à saúde, insalubre.

Alternativa "c" – Lugar em que são colocados os cadáveres.

Alternativa "d" – Local em que se mantêm animais vivos para estudos de laboratório.

Alternativa "e" – *Local específico onde vivem os monges; convento onde moram as pessoas que se exilam e vivem longe do convívio social, geralmente por convicções religiosas; mosteiro.*[1]

RESPOSTA: E

11 **(FGV – FHEMIG – Nível médio – 2023)** Assinale a opção em que o segmento formado pelo verbo *ter* + substantivo foi substituído por um só verbo de sentido equivalente.

a) Algumas das mais belas árvores genealógicas que vicejam por aí têm raízes no esterco / se erradicam.
b) Todas as famílias felizes têm semelhanças: cada família Infeliz é infeliz à sua maneira / se assimilam.
c) Famílias com bebê e famílias sem bebê têm dó umas das outras / se apenalizam.
d) Muitos cariocas só têm prazer no Carnaval / se aprazem.
e) Muitos médicos não têm tempo para o lazer / se voltam.

COMENTÁRIOS:

Alternativa "a" – Erradicar: *retirar pela raiz; arrancar todo o conteúdo de.*

Alternativa "b" – Assimilar: *incorporar, adquirir, entender algo por completo.*

Observação: pode significar, também, ***ficar semelhante*** *ou parecido com; tornar-se idêntico; apropriar.*

---

1. Dicionário Online de Português. Disponível em <www.dicio.com.br/monasterio/>. Acesso em 29 setembro 2023.

Como há mais de um significado, é necessário analisar todas as opções da banca para não haver engano.

Alternativa "c" – Não existe o vocábulo "apenalizar". O correto seria "penalizara": *ficar semelhante ou parecido com; tornar-se idêntico; apropriar.*

Alternativa "d" – Aprazer: *provocar ou **sentir** contentamento e **prazer**; causar deleite; tornar-se aprazível; agradar-se.*

Alternativa "e" – Voltar-se: *mover-se para o lado ou em torno; entregar-se, dedicar-se; dirigir-se, recorrer, apelar.*

Não possui relação alguma com tempo.

RESPOSTA: D

12 **(FGV – MPE SP – Oficial de Promotoria – 2023)** Um dos problemas da escrita está no emprego de palavras desnecessárias devido ao fato de seu significado já estar expresso em outra palavra da mesma frase.

Assinale a opção em que isso não ocorre.

a) Inauguraram um novo supermercado no bairro.
b) A economia deve apresentar crescimento zero este ano.
c) A viagem ficou totalmente grátis.
d) O jogador estava mancando visivelmente.
e) O teatro ficou completamente lotado.

COMENTÁRIOS:

Alternativa "a" – Inaugurar e novo. É impossível inaugurar algo que não seja novo.

Alternativa "b" – Crescimento zero: sem repetição. A ideia é de negação, ou seja, não houve crescimento.

Alternativa "c" – Totalmente e grátis. É impossível ser parcialmente grátis.

Alternativa "d" – Mancando e visivelmente. É impossível mancar e não ser visível.

Alternativa "e" – Completamente e lotado. É impossível estar lotado parcialmente.

RESPOSTA: B

13 **(FGV – MPE SP – Oficial de Promotoria – 2023)** Assinale a frase em que o vocábulo "mais" mostra valor semântico e de classe ***diferente*** das demais.

a) Cinco reais no bolso valem mais do que um amigo no palácio do governo.
b) Os clientes de mais dinheiro podem fazer muitas exigências.
c) Essa foi a ocasião em que cheguei mais perto da perfeição.
d) Os operários mais incapazes nunca são promovidos.
e) Eu quero que os adversários falem mais ainda.

COMENTÁRIOS:

Alternativa "a" – Modifica o verbo "valer": advérbio.

Alternativa "b" – Modifica o substantivo "dinheiro": pronome indefinido.

Alternativa "c" – Intensifica o advérbio "perto": advérbio.

Alternativa "d" – Intensifica o adjetivo "incapazes": advérbio.

Alternativa "e" – Intensifica o verbo "falar": advérbio.

RESPOSTA: B

14 **(FGV – MPE SP – Oficial de Promotoria – 2023)** Observe a frase: "A doença ocupacional das grandes potências é a megalomania".

Assinale a opção em que a palavra formada com o radical ***mania*** tem seu valor semântico corretamente indicado.

a) megalomania/mania de jogos eletrônicos.
b) cleptomania/mania de mentir.
c) piromania/mania de loucura.
d) melomania mania de música.
e) ninfomania mania de temas mitológicos.

COMENTÁRIOS:

Alternativa "a" – Mania de **grandeza**.

Alternativa "b" – Impulso anormal ou tendência incontrolável que leva alguém a **roubar**.

Alternativa "c" – Compulsão ou impulso mórbido de atear **fogo** às coisas.

Alternativa "d" – Paixão exagerada pela música.

Alternativa "e" – Desejo excessivo, anormal e permanente que ocorre em certas **mulheres ou fêmeas**.

RESPOSTA: D

15 **(FGV – MPE SP – Oficial de Promotoria – 2023)** Assinale a frase abaixo em que o processo utilizado para evitar a repetição de termos idênticos foi o da substituição por hiperônimo.

a) Primeiro a gente toma a decisão. Depois nós fazemos a reunião.
b) Um problema só surge quando estão presentes todas as condições para solucioná-lo.
c) Ele pretendia obter o emprego, mas não corria atrás dele.
d) Tinha a mania de interromper a nossa fala, coisa que me desagradava muito.
e) Os indígenas brasileiros sobreviveram em pequeno número, pois nem sempre os indivíduos dos povos originários foram bem-tratados.

COMENTÁRIOS:

Nota da autora: Hiperônimo é um termo com **sentido mais genérico** em relação a outro mais específico.

Hipônimo: termo com **sentido mais específico** em relação a outro com o sentido mais genérico.

Alternativa "a" – Gente: hiperônimo / nós: hipônimo.

Alternativa "b" – O pronome oblíquo "o" retoma "problema" e não é um hiperônimo.

Alternativa "c" – O pronome pessoal "ele" retoma "emprego" e não é um hiperônimo.

Alternativa "d" – "Coisa" é tudo o que existe ou que pode ter existência (real ou abstrata). É um hiperônimo.

Alternativa "e" – "indígenas brasileiros" e "indivíduos dos povos originários" são sinônimos, isto é, refere-se às mesmas pessoas.

RESPOSTA: D

16 **(FGV – MPE SP – Oficial de Promotoria – 2023)** Assinale a frase a seguir em que houve erro na expressão sublinhada.

a) Aos 40 anos, o homem já não sabe mais que trabalhar. Trabalhar é caminhar **de encontro a** nós mesmos.

b) Havia **cerca de** 200 candidatos à vaga de porteiro.

c) Somos felizes **graças à** esperança de ganhar na loteria.

d) Comemos saladas **em vez de** carne.

e) Fiquei **a baixo** dela na ordem de chegada.

COMENTÁRIOS:

Nota da autora: Questão de ortografia.

Alternativa "a" – Indica oposição, na direção oposta.

Alternativa "b" – Quantidade aproximada.

Alternativa "c" – Indica "com ajuda de" e refere-se a algo positivo, ou seja, possui valor eufórico.

Alternativa "d" – Significa "no lugar de".

Alternativa "e" – Fiquei *em posição inferior:* fiquei **abaixo.**

Dicas:

1. **abaixo** (advérbio) possui noção de posicionamento. Equivale a "em posição inferior", "em situação de menor importância", "em lugar menos elevado": Leia o arquivo abaixo. A classificação dele está abaixo do esperado. A temperatura está abaixo de 5 graus.

Substitua por **embaixo, sob, debaixo.**

2. **a baixo** equivale a "para baixo", "até embaixo". Geralmente a expressão é usada em contraposição a seus antônimos: Olhou-o de cima a baixo. Vistoriou o imóvel de alto a baixo. Rasgou a blusa de cima a baixo.

Substitua por **para baixo, até embaixo.**

RESPOSTA: E

17 **(FGV – CGU – Técnico Federal de Finanças e Controle/2022)** Um dos problemas muito comuns na estruturação de um texto é a presença de ambiguidade sintática, ou seja, a possibilidade de mais de um entendimento para uma só frase.

A frase abaixo que está livre de qualquer ambiguidade é:

a) Foram à loja e escolheram um carro rápido;
b) O pai disse ao menino que podia decidir o que quisesse;
c) Não os aceitaram no clube pelos preconceitos;
d) Os meninos escolheram brinquedos que eram muito divertidos;
e) O síndico encontrou-se com o porteiro para diminuir a sua preocupação.

COMENTÁRIOS:

Alternativa "a" – A escolha foi rápida ou o carro era rápido.

Alternativa "b" – O pai podia decidir ou o menino podia decidir.

Alternativa "c" – O preconceito era do clube ou o preconceito era dos que pretendiam ser sócios.

Alternativa "d" – Os brinquedos eram muito divertidos. O pronome relativo "que" equivale a "os quais" e retoma "brinquedos".

Alternativa "e" – A preocupação era do síndico ou a preocupação era do porteiro.

RESPOSTA: D

18 **(FGV – CGU – Técnico Federal de Finanças e Controle/2022)** Muitos que escrevem exploram a riqueza da polissemia, ou seja, a possibilidade de um vocábulo mostrar mais de um significado.

A frase abaixo em que a polissemia NÃO está presente é:

a) Os espelhos fariam muito bem em refletir um pouco antes de reenviar as imagens;
b) Dentro das cápsulas de viagens interplanetárias, o espaço é cada vez maior;
c) Nos exames finais, o mestre teve uma prova do pouco estudo do aluno;
d) Muitas das aldeias portuguesas estão quase desabitadas;
e) O ator declarava que a sua vida tinha sido um teatro.

COMENTÁRIOS:

Alternativa "a" – O verbo *refletir* pode estar ligado ao sentido de "espelhar", ou ao de "pensar", "imaginar".

Alternativa "b" – O substantivo *espaço* poder ser "extensão limitada", "lugar", ou a "região localizada além do sistema solar e da atmosfera".

Alternativa "c" – O substantivo *prova* poder significar "teste" ou "comprovação".

Alternativa "d" – As palavras possuem apenas um significado. Aldeia: pequena povoação menor que uma vila; portuguesa: pertencente a Portugal (país situado no continente europeu); desabitada: abandonada, despovoada.

Alternativa "e" – O substantivo *prova* pode ser "lugar em que se apresentam espetáculos" ou pode se referir ao "ato de encenar".

RESPOSTA: D

19 **(FGV – MPE SC – Auxiliar/2022)** Todas as frases abaixo mostram uma forma sublinhada, composta de **não + verbo**; substituindo essa forma por um só verbo, de sentido equivalente, a opção INADEQUADA, é:

a) As nações europeias pediram que o exército russo não avançasse em seus propósitos / recuasse;

b) O autor declarou que não dispunha de tempo para escrever os demais capítulos da novela / carecia;

c) Não aceitou a oferta pelo carro, por considerá-la baixa / recusou;

d) Não abriu a sua casa para evitar a curiosidade do público / fechou;

e) Por sua idade avançada, preferia não gastar dinheiro / economizar.

COMENTÁRIOS:

Alternativa "a" – *Avançar* é sinônimo de "seguir", "continuar". Antônimos = recuar, estagnar.

Alternativa "b" – *Dispor* é sinônimo de "possuir". Antônimo = carecia.

Alternativa "c" – *Aceitar* é sinônimo de "concordar", "admitir". Antônimo = recusar.

Alternativa "d" – *Abrir* é sinônimo de "acessar". *Não abrir* não pode ser antônimo de "fechar", pois a casa já estava fechada. A ideia é apenas de negação, não de oposição. *Fechar* não possui relação com *não abrir*. A casa continuou fechada, não foi aberta.

Alternativa "e" – *Gastar* é sinônimo de "consumir". Antônimo = economizar.

RESPOSTA: D

20 **(FGV – MPE SC – Auxiliar/2022)** Em todas as frases abaixo há orações adjetivas sublinhadas; a frase em que foi proposto um adjetivo adequado para a substituição de uma dessas orações, é:

a) Uma doença que se prolonga indefinidamente / hereditária;

b) Um mal que não mostra nenhuma gravidade / inocente;

c) Um vírus que pode ser transmitido a outros / crônico;

d) Uma gripe que vai passar logo / superficial;

e) Uma enfermidade que ataca o fígado / hepática.

COMENTÁRIOS:

Alternativa "a" – Hereditária: que se transmite dos ascendentes aos descendentes por hereditariedade natural, pelos genes; congênito.

Alternativa "b" – Inocente: que não ocasiona o mal; que é inofensivo ou puro; inócuo.

Alternativa "c" – Crônico: que dura muito, que permanece por um longo período na vida do paciente.

Alternativa "d" – Superficial: de importância reduzida; sem o mais importante.

Alternativa "e" – Hepática: conjunto de perturbações produzidas pela alteração de uma ou mais funções do fígado.

RESPOSTA: E

21 **(FGV – MPE SC – Auxiliar/2022)** O pensamento abaixo que mostra a presença de palavras sublinhadas de sentido oposto, é:

a) A ciência é o grande antídoto ao veneno do entusiasmo e da superstição;

b) A grande tragédia da ciência: o massacre de uma bela hipótese por parte de um horrível fato;

c) Não é possível que exista uma moral científica, mas também não é possível que haja uma ciência imoral;

d) O cientista não é o homem que fornece as verdadeiras respostas; é quem faz as verdadeiras perguntas;

e) O homem, quando sonha, é um deus, quando reflete, é um mendigo.

COMENTÁRIOS:

Alternativa "a" – Antônimos de "entusiasmo": *enfado, seriedade, indiferença.* De "superstição": *descrença, incredulidade.*

Alternativa "b" – Antônimos de "hipótese": *realidade, verdade, fato.* De "fato": *sonho, teoria, mentira, hipótese.*

Analisemos o contexto: "hipótese" está no sentido de "situação ou ação que pode se realizar ou não"; "fato" está no sentido de "acontecimento acabado", "evento".

Observação: houve recurso porque os vocábulos são antônimos, mas a banca argumentou.

ARGUMENTAÇÃO DA BANCA:

O gabarito oficial foi mantido, pois os termos encontram-se dicionarizados e bem contextualizados; os sinônimos são oposições de caráter obrigatório, no contexto, como ocorre na opção oficial.

Alternativa "c" – As classes gramaticais são distintas: a **moral** científica = substantivo (preceitos, regras que, estabelecidos e admitidos por uma sociedade, regulam o comportamento de quem dela faz parte.); ciência **imoral** = adjetivo (que se opõe à decência).

Alternativa "d" – Segundo o Dicionário de Antônimos Online[2], são antônimos de "resposta": *problema, interrogação;* ***pergunta****, pedido, questão; demanda.* Além disso, no contexto, há oposição entre "homem que **faz** as verdadeiras perguntas" e "homem que **fornece** as verdadeiras respostas".

Alternativa "e" – Antônimos de "deus":

RESPOSTA: D

2. www.antonimos.com.br.

Texto 1

Vejamos, agora, o que nos diz Machado de Assis sobre a autópsia: "Li um termo de autópsia. Nunca deixo de ler esses documentos, não para aprender anatomia, mas para verificar ainda uma vez como a língua científica é diferente da literária. Nesta, a imaginação vai levando as palavras belas e brilhantes, faz imagens sobre imagens, adjetiva tudo, usa e abusa de reticências, se o autor gosta delas. Naquela, tudo é seco, exato e preciso. O hábito externo é externo, o interno é interno; cada fenômeno, cada osso, é designado por um vocábulo único. A cavidade torácica, a cavidade abdominal, a hipóstase cadavérica, a tetania, cada um desses lugares e fenômenos não pode receber duas apelações, sob pena de não ser ciência."

(Adaptado. A Semana, 1830)

22 **(FGV – Técnico Policial de Necropsia – PC RJ/2022 – adaptada)** No texto 1, Machado de Assis nos fala da característica da linguagem da ciência de ser exata, de não ter mais de um significado. A frase abaixo que mostra um sentido unívoco, e não uma duplicidade de sentido, é:

a) Há duas palavras que abrem muitas portas: Puxe e Empurre;
b) Quem não se comunica se trumbica;
c) Quem pede a palavra nem sempre a devolve em condições;
d) Dizem que o silêncio vale ouro. Por isso ele é tão raro;
e) A única pessoa que escuta os dois lados da discussão é o sujeito do apartamento vizinho.

COMENTÁRIOS:

Alternativa "a" – "Abrir portas" pode significar *abrir caminhos* – no sentido figurado – ou a ação de puxar e empurrar – sentido denotativo.

Alternativa "b" – "Trumbicar", na linguagem popular, informal, significa *não se dar bem; ser malsucedido no que se propõe fazer; malograr, fracassar.* Não existe duplo sentido na informação.

Alternativa "c" – "Pedir a palavra": sentido de *dizer algo*. Outro sentido que não cabe no contexto: *solicitar, implorar.*

Alternativa "d" – "Vale **ouro**": no sentido figurado, possui sentido de *muita importância.* Outro sentido que não cabe no contexto: *elemento químico, metálico e de muito valor, com número atômico 79.*

Alternativa "e" – "Escutar os dois lados" pode indicar *compreensão* (sentido figurado), ou *ouvir* duas pessoas.

RESPOSTA: B

Texto 2

O médico legista João, responsável pela autópsia no corpo do empresário Pedro e dos outros membros da sua equipe, que morreram em um acidente de avião na tarde desta sexta-feira, falou sobre o exame preliminar dos corpos.

Embora o resultado final da autópsia – que irá determinar a causa das mortes – só será divulgado nos próximos vinte dias, depois do resultado dos exames de sangue, urina e vísceras, o legista esclareceu que todas as vítimas tiveram politraumatismo, ou seja, vários traumas no corpo, o que tornou impossível a sobrevivência de qualquer membro da equipe.

"A gravidade das lesões não permitiria a pessoa sobreviver. Foram muitas lesões letais em todos eles", disse o médico, esclarecendo que eles morreram de forma quase instantânea.

(Adaptado)

23 **(FGV – Técnico Policial de Necropsia – PC RJ/2022)** No texto 2, está presente a palavra *acidente*, que tem *incidente* como parônimo; a frase abaixo em que foi empregada a forma correta do vocábulo é:

a) auferir/aferir – O taxímetro estava marcando o preço certo, pois tinha sido aferido pouco antes;

b) acostumar/costumar – Os meninos de rua acostumavam jogar futebol depois do almoço;

c) aprender/apreender – O motorista causador do acidente teve sua carteira aprendida;

d) calda/cauda – As crianças comeram pêssego em cauda na sobremesa;

e) comprimento/cumprimento – Todo o time recebeu comprimentos pela conquista do título.

COMENTÁRIOS:

Nota da autora: Parônimos são palavras que possuem significados diferentes, mas são muito parecidas na escrita e na pronúncia.

Acidente: *batida; choque entre dois veículos ou entre um veículo e outra coisa e/ou pessoa.*

Incidente: *episódio inesperado ou circunstância acidental, não esperada, que altera a ordem normal das coisas.*

Alternativa "a" – O taxímetro tinha sido **conferido**, tinha sido **marcado.**

- **Auferir**: *obter como resposta; conseguir algo ou colher os resultados de uma ação.*

Sinônimos: interessar, conseguir, vencer.

- **Aferir**: *verificar, por comparação com um padrão, a exatidão das indicações de um instrumento; estabelecer a graduação de um instrumento; assinalar um sinal, marcar.*

Sinônimos: comparar, conferir, marcar.

Alternativa "b" – Os meninos de rua **costumavam** jogar futebol depois do almoço.

- **Costumar:** *ter por costume ou hábito.*

Sinônimos: usar, habituar, soer.

- **Acostumar:** *habituar.*

Sinônimos: afazer, avezar, habituar.

Observação: quando pronominal (acostumar-se), é sinônimo de "costumar".

Alternativa "c" – O motorista causador do acidente teve sua carteira **apreendida**.

- **Aprender:** *passar a ter conhecimento sobre; instruir-se.*

Sinônimos: estudar, instruir, compreender.

- **Apreender:** *provocar a apreensão de algo ou alguém; apanhar.*

Sinônimos: apresar, confiscar, tomar.

Alternativa "d" – As crianças comeram pêssego em **calda** na sobremesa.

- **Calda:** *líquido engrossado obtido pela fervura de água com açúcar, geralmente acompanha doces, pudins, compotas, frutas em conserva.*

Sinônimo: xarope.

- **Cauda:** *prolongamento posterior de certos animais vertebrados, bem mais fino e alongado que o restante do corpo; apêndice final da coluna vertebral; rabo.*

Sinônimos: rabo, rastro.

Alternativa "e" – Todo o time recebeu **cumprimentos** pela conquista do título.

- **Comprimento:** *tamanho de alguma coisa, medido de uma extremidade à outra.*

Sinônimos: distância, extensão, tamanho.

- **Cumprimentos:** *saudação cortês, geralmente no plural = meus cumprimentos.*[3]

Sinônimos: parabéns, felicitação.

RESPOSTA: A

Texto 3 – Machado de Assis e o fumo

1. "Quando fumo, parece que aspiro a eternidade. Enlevo-me todo e mudo de ser. Divina invenção!"
2. "Fumar é um mau vício, mas é o meu único vício."
3. "Fumar é a sentença fúnebre que nos acompanha em toda parte."
4. "O fumo impede as lágrimas, e ao mesmo tempo leva ao cérebro uma espécie de nevoeiro salutar."
5. "Depois da invenção do fumo não há solidão possível."

(Gentil de Andrade, Pensamentos e reflexões de Machado de Assis, RJ, 1990)

24 **(FGV – TCE PI – Assistente de Administração – 2021)** Observemos, agora, a frase 1 (texto 3); o tom da frase está envolto em religiosidade. Os três vocábulos da frase que pertencem a esse campo semântico são:

a) eternidade / enlevo-me / divina;

b) aspiro / enlevo-me / mudo;

c) ser / eternidade / divina;

d) mudo / eternidade / aspiro;

e) divina / aspiro / eternidade.

3. Dicionário Online de Português. Disponível em <www.dicio.com.br>. Acesso em 31 julho 2022 (com adaptações).

COMENTÁRIOS

Nota da autora: O tom da frase está envolto à religiosidade porque menciona "eternidade", "enlevo-me" e "divina".

Alternativa "a" – Eternidade: *duração que não possui começo nem fim*; **enlevar-se:** *extasiar-se, estar em êxtase;* **divina**: *relativo a Deus, inspirado ou proveniente de Deus.*

Alternativa "b" – *Aspirar* e *mudar* não se referem à religiosidade.

Alternativa "c" – *Ser* não possui relação semântica com religiosidade.

Alternativa "d" – *Mudo* e *aspirar* não possuem relação semântica com religiosidade.

Alternativa "e" – *Aspirar* não se refere à religiosidade.

RESPOSTA: A

25 **(FGV – TCE PI – Assistente de Administração – 2021)** As frases 3 e 4 do texto 3 mostram duas expressões adverbiais: "em toda parte" e "ao mesmo tempo".

Os advérbios que equivalem semanticamente a essas expressões são, respectivamente:

a) universalmente / simultaneamente;
b) localizadamente / paulatinamente;
c) localmente / progressivamente;
d) universalmente / cronologicamente;
e) situacionalmente / paulatinamente.

COMENTÁRIOS

Alternativa "a" – Universalmente: ***em toda a parte***; *em todo o mundo*. Simultaneamente: *de maneira simultânea; que ocorre de modo conjunto, em simultâneo,* ***ao mesmo tempo.***

Alternativa "b" – Localizadamente: *determina o lugar de*. Paulatinamente: *de maneira paulatina; de modo lento; em que há lentidão.*

Alternativa "c" – Localmente: *de modo local; que ocorre no local*. Progressivamente: *de maneira progressiva; que avança ou desenvolve de modo gradual.*

Alternativa "d" – Universalmente: ***em toda a parte***; *em todo o mundo*. Cronologicamente: *de modo cronológico; que segue a mesma ordem ou que se refere aos tempos; às datas.*

Alternativa "e" – Situacionalmente: *relativo a uma situação, a uma circunstância ou à maneira como algo está determinado num dado momento, circunstancialmente*. Paulatinamente: *de maneira paulatina; de modo lento; em que há lentidão.*

RESPOSTA: A

26 **(FGV – FUNSAÚDE CE – Assistente Administrativo – 2021)** "É a doença que torna a saúde agradável e boa, o mesmo faz a fome com a saciedade, e o cansaço, com o repouso".

Não há dúvida de que, nessa frase, há uma correspondência semântica entre doença/saúde, fome/saciedade e cansaço/repouso. A mesma correspondência não se estabelece adequadamente entre:

a) frio/calor;

b) nervosismo/tranquilidade;

c) medo/calma;

d) sede/bebida;

e) ignorância/estudo.

COMENTÁRIOS

Nota da autora: É necessário assinalar a opção em ocorra falta de compatibilidade de ideias.

Alternativa "a" – Pertencem ao mesmo campo semântico – temperatura. São vocábulos antagônicos.

Alternativa "b" – São palavras opostas.

Alternativa "c" – Deveria ser medo e **coragem**, ou **pressa** e calma.

Alternativa "d" – Palavras antagônicas, possuem sentido contrário.

Alternativa "e" – Pertencem ao mesmo campo de antonímia. *Ignorância* é "estado da pessoa desprovida de conhecimentos", isto é, sem estudo.

RESPOSTA: C

27 **(FGV – IMBEL – Cargos de Nível Médio – 2021)** Assinale a frase em que todos os termos estão empregados em sentido lógico, sem exemplos de linguagem figurada.

a) "A ignorância não é inocência, mas pecado."

b) "A cultura é o melhor conforto para a velhice."

c) "Nem mesmo os deuses lutam contra o destino."

d) "É melhor saber coisas inúteis do que não saber nada."

e) "As raízes da cultura são amargas, mas os frutos são doces."

COMENTÁRIOS

Nota da autora: A linguagem figurada possui sentido conotativo. Já a denotação é o sentido real da palavra.

Dica: conotativa = conto de fadas.

Alternativa "a" – Pecado = erro – sentido conotativo.

Alternativa "b" – Cultura = experiência, vivência – sentido conotativo.

Alternativa "c" – Deuses = pessoas eminentes, importantes – sentido conotativo.

Alternativa "d" – Inúteis = desnecessárias, sem utilidade – sentido denotativo.

Alternativa "e" – Raízes = origens; amargas = difíceis – sentidos conotativos.

RESPOSTA: D

28 **(FGV – Oficial de Justiça – TJ RS – 2020)** Na redação de um texto, pode ocorrer uma série de dificuldades com vocábulos da língua portuguesa; as palavras abaixo que estão graficamente corretas são:

a) advogado / metereologia;
b) bicabornato /astigmatismo;
c) babadouro / beneficência;
d) reinvindicação / bugigangas;
e) jaboticaba / cabelereiro.

COMENTÁRIOS

Alternativa "a" – Meteorologia: estudo dos fenômenos atmosféricos e das suas leis, principalmente com a intenção de prever as variações do tempo.

Alternativa "b" – Bicarbonato: sal ácido derivado do ácido carbônico (HCO3).

Alternativa "c" – Babadouro: pano que se põe no peito das crianças para não se sujarem com a baba ou a comida – é o mesmo que babador. **Beneficência**: ação de quem faz o bem; comportamento da pessoa que busca ajudar ou fazer bem ao próximo; bondade.

Alternativa "d" – Reivindicação: ação ou efeito de reivindicar; ação de exigir aquilo que se tem por direito ou que se acredita ter.

Alternativa "e" – Estão corretas as duas formas: jaboticaba e jabuticaba. O erro está na grafia de cabeleireiro.

RESPOSTA: C

29 **(FGV – Oficial de Justiça – TJ RS – 2020)** A frase abaixo em que a substituição do segmento sublinhado por um advérbio foi feita de forma adequada é:

a) Sem que se entendesse o motivo, o convidado aborreceu-se na festa / irresponsavelmente;
b) Ia à academia poucas vezes / habitualmente;
c) Dirigia com toda a atenção / atenciosamente;
d) Mesmo sem estudo realizou a tarefa a contento / intuitivamente;
e) Enfrentou as dificuldades com coragem / ferozmente.

COMENTÁRIOS:

Nota da autora: A questão gerou polêmica, mas, ao eliminar as opções mais descabidas e atentar-se ao contexto, chega-se à resposta.

Alternativa "a" – Imotivadamente: sem que houvesse motivo. Irresponsavelmente: *inconsequentemente; de modo imprudente, leviano.*

Alternativa "b" – Ocasionalmente: *de maneira eventual, que acontece em certas circunstâncias; eventualmente.* Habitualmente: *de modo habitual e constante.*

Alternativa "c" – Atentamente: *de uma maneira atenta; em que há atenção ou cuidado.* Atenciosamente: *delicadamente; em que há atenção ou gentileza.*

Alternativa "d" – Se não houve estudo e alcançou o objetivo, significa que seguiu a intuição, ou seja, realizou intuitivamente.

Alternativa "e" – Valentemente: *De modo valente; em que há coragem e/ou valentia; corajosamente.* Ferozmente: *de maneira feroz; em que há ferocidade.*

RESPOSTA: D

30 **(FGV – Oficial de Justiça – TJ RS – 2020)** Observe o texto a seguir, retirado de uma revista de computação.

"Por mais poderoso que seja, um computador sem programas adequados tem pouca utilidade. E um 'programa adequado' com certeza não é aquele aplicativo profissional, caro e sofisticado que, às vezes, já vem instalado. De nada adiantam funções, botões e janelas, se você não conseguir fazer alguma coisa com eles".

Um dos elementos que dá coerência aos textos é a ocorrência de vocábulos que estão dentro de um mesmo campo semântico; nesse texto, as palavras que pertencem ao mesmo bloco conceitual são:

a) computador, programas, aplicativo, janelas;
b) computador, programa, aplicativo, sofisticado;
c) programas, aplicativo, caro, instalado;
d) caro, sofisticado, instalado, funções;
e) poderoso, aplicativo, instalado, funções.

COMENTÁRIOS:

Alternativa "a" – Todos os vocábulos referem-se à informática – *ciência cujo objeto de estudo é o tratamento da informação por meio de computadores e de outros dispositivos de processamento de dados.*

Alternativa "b" – O adjetivo *sofisticado* não se refere exclusivamente à informática – *moderno, aprimorado, requintado.*

Alternativa "c" – O adjetivo *caro* significa que possui valor elevado e não se refere à informática. "Instalado" também não é exclusivo da informática: *montado; pronto para ser usado; funcionando perfeitamente.*

Alternativa "d" – Como já explicado, *caro, sofisticado* e *instalado* não se referem exclusivamente à informática. O substantivo *função* é sinônimo de ofício, trabalho, cargo, razão e obrigação.

Alternativa "e" – O adjetivo "poderoso", assim como os outros vocábulos, não possui relação apenas com a informática: *tem grande influência, forte, potente, possante.*

RESPOSTA: A

31 **(FGV – Oficial de Justiça – TJ RS – 2020)** Frase inicial: "Hoje se dá grande atenção aos espaços verdes na construção de novos condomínios". Acima está uma frase inicial, com uma ideia principal.

A seguir colocamos cinco opções de frases, que podem ou não estar relacionadas semanticamente com a ideia principal. A única frase que tem relação de sentido com a frase inicial é:

a) Nas praças há muitos bancos para que os idosos possam descansar;

b) No Jardim Zoológico há preocupação com o bem-estar dos animais selvagens;

c) Graças às clareiras urbanas, as crianças podem respirar um ar pouco poluído;

d) As árvores frutíferas apresentam a vantagem de produzir alimentos para a população mais pobre;

e) A poluição do ar é combatida principalmente pelas águas oceânicas.

COMENTÁRIOS:

Alternativa "a" – Não possui relação alguma com descanso.

Alternativa "b" – Se os espaços verdes estão na construção de condomínios, não se refere aos animais selvagens, mas sim às pessoas.

Alternativa "c" – A expressão "espaços verdes" está ligada à arborização e, consequentemente, à respiração de um ar menos poluído.

Alternativa "d" – Não há relação alguma com frutas e muito menos com a população mais pobre.

Alternativa "e" – A poluição é combatida pela implementação de áreas verdes, não pelas águas do oceano.

RESPOSTA: C

32 **(FGV – Oficial de Justiça – TJ RS – 2020)** Um problema da língua escrita é a polissemia das palavras, que pode gerar mais de um entendimento da frase. A frase abaixo em que isso ocorre com o termo sublinhado é:

a) Comprou **um romance** de estilo moderno;

b) Após dois anos, **perdeu** os óculos;

c) Vi o **automóvel** importado por meu tio;

d) Comprou **uma caixa** de ovos;

e) **Adquiriu** um terno na semana passada.

COMENTÁRIOS:

Alternativa "a" – Um significado apenas: *literatura narrativa em prosa, mais ou menos longa, na qual se relatam fatos imaginários (embora estruturados com verossimilhança), às vezes inspirados em histórias reais, cujo centro de interesse pode estar no relato de aventuras, no estudo de costumes ou tipos psicológicos, na crítica social etc.*

Alternativa "b" – Pode significar que **esqueceu** os óculos, ou que **deixou de possuir** os óculos.

Alternativa "c" – Um significado: *carro; qualquer veículo que, movido a motor, se destina ao transporte de pessoas ou cargas.*

Alternativa "d" – Um significado: *recipiente retangular de madeira, de cartão, de metal, de matéria plástica, ou feita em outro material apropriado.*

Alternativa "e" – Um significado: *passar a ser o dono de algo; participar na posse de uma propriedade ou bem; comprar.*

RESPOSTA: B

33 **(FGV – Oficial de Justiça – TJ RS – 2020)** A frase abaixo em que ocorre ambiguidade é:

a) Ninguém mais os encontrou de novo;
b) O cargo de oficial de justiça é importante;
c) A nomeação do Ministro foi surpreendente;
d) Tudo foi organizado para o julgamento;
e) As folhas do caderno despencaram.

COMENTÁRIOS:

Alternativa "a" – Eles não foram encontrados.

Alternativa "b" – O cargo é importante.

Alternativa "c" – Duas possibilidades: o Ministrou foi nomeado ou o Ministro nomeou alguém – sentido passivo ou sentido ativo.

Alternativa "d" – Organizaram tudo.

Alternativa "e" – Não há duplicidade de sentido.

RESPOSTA: C

34 **(FGV – Oficial de Justiça – TJ RS – 2020)** Algumas vezes, para reduzir-se a extensão do texto, ocorre a substituição de uma forma negativa por uma positiva equivalente. A frase abaixo em que isso foi feito de forma semanticamente adequada é:

a) Os projetos **não avançaram** nas Comissões / recuaram;
b) Vejo que os candidatos **não foram chamados** / desistiram;
c) Os turistas **não foram bem recebidos** / foram expulsos;
d) Os estudantes **não continuaram** no curso / fracassaram;
e) O presidente **não aceitou** o convite / declinou do.

COMENTÁRIOS:

Alternativa "a" – Recuar: *retroceder*. Não possui relação semântica com "não avançar", "não seguir".

Alternativa "b" – Desistir: *abandonar*. Não há relação com "não ser chamado".

Alternativa "c" – Expulso: *posto fora à força*. Não há relação com "não ser chamado".

Alternativa "d" – Fracassar: *falhar, frustrar*. Não há relação alguma com "não continuar".

Alternativa "e" – *Declinar* significa *rejeitar, recusar*: declinou do convite é a mesma ideia de "aceitou o convite".

RESPOSTA: E

35 **(FGV – Oficial de Justiça – TJ RS – 2020)** O segmento composto pelo verbo ter + substantivo foi substituído de forma semanticamente adequada em:

a) A velhinha **tem disposição para** o trabalho / se dedica ao;
b) A jovem **tinha vontade** de sair / gostava;
c) Os imigrantes **tinham necessidade dos** documentos / exigiam;
d) As cortinas **não tinham serventia** / se deterioravam;
e) O assaltante não **teve intenção de** fugir / pretendeu.

COMENTÁRIOS:

Alternativa "a" – *Dedicar-se* significa *empenhar-se por; buscar se entregar a algo ou alguém; entregar-se*. Não há relação com "ter disposição".

Alternativa "b" – *Gostar* é *ter compatibilidade com*, não possui relação com "ter vontade".

Alternativa "c" – *Exigir* é *reivindicar, requerer*, não significa "ter necessidade".

Alternativa "d" – *Deteriorar* é *pôr em mau estado; danificar, estragar*. Não indica que não tenha serventia.

Alternativa "e" – Ter intenção = pretender – *ter a intenção de fazer alguma coisa; possuir um objetivo; planejar.*

RESPOSTA: E

36 **(FGV – Oficial de Justiça – TJ RS – 2020)** A frase que exemplifica um caso de linguagem figurada é:

a) Tudo está muito bem nas férias dos funcionários;
b) O livro foi publicado com duzentas páginas;
c) O chocolate estava muito saboroso;
d) Tudo correu às mil maravilhas;
e) Nada acontece por acaso.

COMENTÁRIOS:

Alternativa "a" – As férias são época de repouso e não são apenas os funcionários que as têm.

Alternativa "b" – Indica a quantidade de páginas.

Alternativa "c" – O advérbio *muito* intensifica o adjetivo *saboroso.*

Alternativa "d" – Hipérbole: *figura de linguagem expressiva que enfatiza através do exagero da significação linguística* (**mil** maravilhas).

Alternativa "e" – Nada acontece de modo eventual: não existe linguagem figurada.

RESPOSTA: D

37 **(FGV – Oficial de Justiça – TJ RS – 2020)** Em todas as frases abaixo ocorre uma troca indevida do vocábulo sublinhado por seu parônimo; a única das frases cuja forma do vocábulo sublinhado está correta é:

a) O motorista **infligiu** as leis do trânsito;
b) O prisioneiro **dilatou** os comparsas do assalto;
c) Nada há que desabone a sua conduta **imoral**;
d) A cobrança é **bimestral**, ou seja, duas vezes por mês;
e) Os **cumprimentos** devem ser dados na entrada da festa.

COMENTÁRIOS:

Alternativa "a" – Infringiu: desrespeitou, transgrediu.

Alternativa "b" – Delatou: acusou, denunciou, culpou.

Alternativa "c" – Amoral: que não se opõe nem concorda com as regras morais.

Alternativa "d" – Quinzenal: que se faz de quinze em quinze dias.

Alternativa "e" – Cumprimento: saudação cortês.

RESPOSTA: E

38 **(FGV – Oficial de Justiça – TJ RS – 2020)** A frase a seguir em que os termos sublinhados podem ser considerados sinônimos é:

a) A **batata** está custando caro, como, aliás, todo **cereal**;
b) A **educação** é tarefa dos pais, e a **cultura**, do Estado;
c) A maior **greve** ocorreu em 1950; a **paralisação** durou um mês;
d) A **operação** e o **tratamento** foram demasiadamente caros;
e) As crianças adoram **doce**, principalmente **chocolate**.

COMENTÁRIOS:

Alternativa "a" – Batata não é cereal (plantas cujas sementes servem, principalmente, depois de reduzidas a farinha, para a alimentação do homem e dos animais: trigo, cevada, aveia, arroz, milho são cereais).

Alternativa "b" – Educação não é cultura (conjunto dos hábitos sociais e religiosos, das manifestações intelectuais e artísticas, que caracteriza uma sociedade).

Alternativa "c" – Greve: paralisação, parede.

Alternativa "d" – Tratamento não é operação (ação de um poder, de uma faculdade, de um agente que produz um efeito; ato ou efeito de operar).

Alternativa "e" – O chocolate pode não ser doce (sabor de açúcar ou de mel).

RESPOSTA: C

Texto para responder à questão.

A psicóloga Fernanda Furia escreveu uma reportagem sobre Inteligência Digital, que dizia o seguinte: Nas últimas décadas a nossa vida vem se tornando digital. Estamos a todo momento não somente usando diversas tecnologias como também sendo, sem perceber, profundamente influenciados por elas. Vivemos rodeados de tecnologias digitais acessíveis, intuitivas, disruptivas e extremamente atraentes, o que nos coloca em uma posição ao mesmo tempo de poder e de vulnerabilidade.

39 **(FGV – Técnico – Área Administrativa – MP RJ – 2019)** Sobre o vocabulário empregado nesse texto, a única indicação de significado equivocada é:

a) década = espaço de dez anos;

b) diversas tecnologias = tecnologias diferentes;

c) acessíveis = disponíveis;

d) disruptivas = que mostram quebra, interrupção;

e) vulnerabilidade = fraqueza.

COMENTÁRIOS:

Alternativa "a" – Década: *período composto por dez anos, decênio.*

Alternativa "b" – O sentido é alterado porque ocorreu alteração na classe gramatical: **diversas** tecnologias = **várias** tecnologias (pronome indefinido); tecnologias diferentes = adjetivo.

Alternativa "c" – Acessível: alcançável, atingido, disponível.

Alternativa "d" – Disruptiva: interruptiva, suspensiva.

Alternativa "e" – Vulnerabilidade: fragilidade, insegurança.

RESPOSTA: B

Texto 5

"No Paquistão, quando sou proibida de ir à escola, compreendo o quão importante é a educação. A educação é o poder das mulheres. (....) Nós percebemos a importância de nossa voz quando somos silenciados". É assim que a pequena notável enxerga o horizonte e – por meio das novas tecnologias – pôde fazer ecoar sua voz. Educação é um ato político, e se é na sociedade (seja física ou digital) o nascedouro de faíscas de perspectivas para um mundo mais igualitário, a escola deve ser o seu maior berçário.

Empoderamento educacional, Ivan Aguirra

40 **(FGV – Técnico – Área Administrativa – MP RJ – 2019)** O título dado ao texto de onde foi retirado o segmento (texto 5) inclui a palavra *empoderamento*; no caso do texto, esse termo significa:

a) a importância da educação em geral;

b) o poder político do ato de educar;

c) o valor advindo da educação para mulheres no Paquistão;

d) a importância do direito à fala numa sociedade machista;

e) a força trazida pelas novas tecnologias na educação.

COMENTÁRIOS:

Nota da autora: Empoderamento é *a ação de se tornar poderoso, de passar a possuir poder, autoridade, domínio sobre.*

Alternativa "a" – Refere-se à educação das mulheres no Paquistão.

Alternativa "b" – A educação é um ato político, não possui relação com empoderamento.

Alternativa "c" – Frase que indica a resposta: *A educação* (no Paquistão) *é o poder das mulheres.*

Alternativa "d" – É através da educação que a voz feminina pode ser ecoada. Isso também não possui ligação com empoderamento.

Alternativa "e" – Não se refere à tecnologia.

RESPOSTA: C

41 **(FGV – Técnico – Área Administrativa – MP RJ – 2019)** Em todas as palavras abaixo há elementos formais sublinhados que são de enorme uso em nossa língua; o valor semântico desses elementos está corretamente exemplificado em:

a) lugar: vind<u>ouro</u> e dur<u>adouro</u>;

b) doença: tubercul<u>ose</u> e celul<u>ose</u>;

c) golpe: cacet<u>ada</u> e molec<u>ada</u>;

d) possibilidade: manipulá<u>vel</u> e nomeá<u>vel</u>;

e) atividade: jornal<u>ismo</u> e raquit<u>ismo</u>.

COMENTÁRIOS:

Alternativa "a" – Sufixo nominal que exprime **ideia de possibilidade futura dessa realização**. Vindouro: pode acontecer futuramente; duradouro: tem capacidade para durar muito.

Alternativa "b" – Sufixo nominal que **exprime ideia de doença**, estado mórbido (tuberculose). O erro está no vocábulo *celulose* – hidrato de carbono que constitui a base dos tecidos vegetais e principalmente as paredes das células e das fibras.

Alternativa "c" – Sufixo nominal que **exprime ideias de conjunto, medida, ação, ferimento**. *Cacetada* possui tal ideia, mas *molecada* não – *bando de moleques.*

Alternativa "d" – É um sufixo nominal, de origem latina (*-bilis*), que **exprime a ideia de possibilidade, viabilidade.**

Alternativa "e" – *Jornalismo* é uma atividade, mas *raquitismo* não – *enfermidade que perturba o crescimento e a ossificação, resultante de deficiência de cálcio e fósforo no organismo, associada a insuficiência de vitamina D na alimentação.*

RESPOSTA: D

Texto 5

"No Paquistão, quando sou proibida de ir à escola, compreendo o quão importante é a educação. A educação é o poder das mulheres. (....) Nós percebemos a importância de nossa voz quando somos silenciados". É assim que a pequena notável enxerga o horizonte e – por meio das novas tecnologias – pôde fazer ecoar sua voz. Educação é um ato político, e se é na sociedade (seja física ou digital) o nascedouro de faíscas de perspectivas para um mundo mais igualitário, a escola deve ser o seu maior berçário.

Empoderamento educacional, Ivan Aguirra

42 **(FGV – Técnico – Área Administrativa – MP RJ – 2019)** Quando escrevemos, usamos linguagem lógica e linguagem figurada; o vocábulo ou segmento abaixo (texto 5) que representa a linguagem lógica é:

a) nascedouro;
b) faíscas;
c) berçário;
d) tecnologias;
e) horizonte.

COMENTÁRIOS:

Nota da autora: Questão de semântica por ser necessário analisar o sentido denotativo (real) e conotativo (figurado).

Alternativa "a" – Sentido figurado: princípio, origem.

Alternativa "b" – Sentido figurado: tudo o que se lhe pode comparar pelo brilho ou luz que derrama.

Alternativa "c" – Sentido figurado: início.

Alternativa "d" – Tecnologia (sentido denotativo): *ciência que estuda os métodos e a evolução num âmbito industrial.*

Alternativa "e" – Sentido figurado: perspectiva do futuro.

RESPOSTA: D

2. NÍVEL SUPERIOR

01 **(FGV – 2025 – TCE RR – Analista Administrativo – Tecnologia da Informação)** Um dos problemas da comunicação entre as pessoas é a possibilidade de ambiguidade da mensagem.

Assinale a frase em que há essa possibilidade de ambiguidade.

a) O secretário e a gerente da loja vão casar-se.
b) O ciclista percorreu 120 km em pouco tempo.
c) Ayrton Senna foi nosso melhor piloto de Fórmula 1.
d) Os celulares fazem parte do mundo moderno.
e) Os dentistas trabalham em nossa boca.

COMENTÁRIOS:

Nota da autora: Atente-se ao sujeito. Normalmente, a banca insere duplo sentido nesse termo.

Alternativa "a" – Sujeito: o secretário e a gerente. O casamento será entre eles, ou cada um irá se casar com outra pessoa.

Entenda melhor: o casamento será do secretário e da gerente; o casamento do secretário será com a funcionária; o casamento da gerente será com o vizinho.

Alternativa "b" – Um sentido: o ciclista percorreu a quilometragem.

Alternativa "c" – Um sentido: Senna foi nosso melhor piloto.

Alternativa "d" – Um sentido: os celulares fazem parte.

Alternativa "e" – Um sentido: os dentistas trabalham.

RESPOSTA: A

02 **(FGV – 2025 – TCE RR – Analista Administrativo – Tecnologia da Informação)** Assinale a frase em que a expressão sublinhada está bem empregada.

a) O ciclista perdeu o controle e foi ao encontro do muro.
b) O jornalista não estava ao par do tema.
c) Era iminente a chegada do temporal.
d) Os jogadores não eram boas companias.
e) Derrepente começou a chorar.

COMENTÁRIOS:

Alternativa "a" – O ciclista foi **de encontro ao** muro: *contra, em oposição a, para chocar-se com.*

Dica: "ao encontro" significa *estar de acordo com, em direção a, favorável a, para junto de.*

Alternativa "b" – Não estava **a par** do tema: *estar ciente ou informado de algo.*

Dica: a locução "ao par" indica relação de equivalência ou igualdade entre valores financeiros.

Alternativa "c" – E chegada *estava prestes a ocorrer, próxima, perto.*

Dica: não confundir com "eminente"– *que se sobressai, se destaca pela excelência ou pela superioridade; excelente.*

Alternativa "d" – Companhia: *presença de alguém junto com outra pessoa; presença, acompanhamento.*

Alternativa "e" – De repente: *de uma hora para outra; sem aviso prévio; de surpresa, improviso; de modo inesperado; às pressas.*

Dica: pode ser locução adverbial de modo ou de tempo.

RESPOSTA: C

03 **(FGV – 2025 – TCE RR – Analista Administrativo – Tecnologia da Informação)** Assinale a frase em que houve troca indevida entre A, À ou HÁ.

a) Estou a duas horas de casa.
b) Há cinco semanas te espero.
c) Fica a dois dias de viagem.
d) Não o vajo à luz do dia.
e) À quanto está a dúzia da laranja?

COMENTÁRIOS:

Alternativa "a" – A: tempo futuro.

Alternativa "b" – Há: tempo passado.

Alternativa "c" – A: tempo futuro.

Alternativa "d" – Acento indicativo de crase obrigatório em locução adverbial formada por palavra feminina.

> **Observação:** o substantivo "vagido" significa *choro de criança recém-nascida.* No sentido figurado, possui sentido de "lamento"," gemido". O verbo "vajar" é usado, também no sentido conotativo: não vajo = não lamento.

Alternativa "e" – Regra: não se usa crase antes de pronome interrogativo.

RESPOSTA: E

04 **(FGV – Perito Criminal Área II – PC MG – 2025)** Assinale a opção que indica a frase em que houve a troca indevida entre as expressões *ao pé*, *a pé*, *de pé* e *em pé*.

a) Minha casa está *ao pé* da serra.
b) Nada ficou *em pé* após o terremoto.
c) Os funcionários puseram-se *de pé* com a presença do chefe.
d) Preferiu caminhar *a pé* em vez de pegar um táxi.
e) Ajoelhou-se *a pé* da imagem da santa.

COMENTÁRIOS:

Nota da autora: Fixe as diferenças das expressões para evitar erro na próxima prova.

Ao pé	junto a	O presente estava ao pé da árvore.
Em pé	firme, irredutível	Finalmente ficou em pé.
De pé	posição vertical, erguido	Colocou a tela de pé.
A pé	*por meio de* - indica o meio	Saiu a pé.

Alternativa "a" – Está **junto à** serra.

Alternativa "b" – Nada ficou **firme**.

Alternativa "c" – Puseram-se **em posição vertical.**

Alternativa "d" – Caminhou **por meio d**os pés.

Alternativa "e" – O sentido é de estar junto à imagem da santa.

Correção: Ajoelhou-se **ao pé** da imagem.

RESPOSTA: E

05 **(FGV – Perito Criminal Área II – PC MG – 2025)** Um dos problemas mais graves da escrita é a presença de ambiguidades.

Assinale a opção que mostra a frase que ***não*** apresenta esse tipo de problema.

a) A professora disse que expulsou o aluno errado.
b) Conheço um jogador do futebol inglês.
c) O atleta enjoado participou do jogo.
d) Deixou desarrumada a sala.
e) Comprou o carro rápido.

COMENTÁRIOS:

Alternativa "a" – A expulsão da professora foi errada; o aluno expulso era o errado.

Alternativa "b" – O jogador é inglês; o futebol é inglês.

Alternativa "c" – A ambiguidade está no duplo sentido do vocábulo "enjoar": atleta com sensação de náusea (denotação); atleta antipático, desagradável (sentido conotativo, figurado).

Alternativa "d" – Possui um sentido apenas: a sala desarrumada.

Alternativa "e" – O carro é rápido; a compra foi rápida.

RESPOSTA: D

Texto 1

Problemas da Medicina

Um dos principais desafios da Medicina é a digitalização da saúde. Com o avanço da tecnologia, os prontuários eletrônicos se tornaram comuns, permitindo uma gestão mais eficiente das informações dos pacientes. No entanto, a implementação e a integração de sistemas digitais em larga escala podem ser complexas e demandam recursos significativos. Sem contar a necessidade de especialização e qualificação por parte de profissionais que, outrora, não lidavam com questões tecnológicas. Além disso, a segurança dos dados de saúde é uma preocupação constante, pois é necessário garantir a proteção das informações sensíveis dos pacientes contra violações e ataques variados, além de possíveis perdas de materiais essenciais para a vida dessas pessoas.

Texto 2

A distribuição de médicos

O Brasil enfrenta desafios na distribuição de médicos, especialmente em áreas rurais e remotas. A falta de profissionais de saúde nessas regiões resulta em dificuldades de acesso aos cuidados médicos básicos. Medidas estão sendo adotadas para incentivar a ida de médicos para áreas carentes, como o Programa Mais Médicos. No entanto, o desafio persiste em garantir uma distribuição equitativa e justa dos serviços de saúde em todo o país. Em grandes centros, como é o caso da cidade de São Paulo, há uma grande oferta de profissionais nas mais diversas especialidades. Em cidades menores, como as regiões ribeirinhas, é difícil encontrar até mesmo médicos generalistas, ou especializados em áreas como Clínica Geral e Pediatria. Assim, estabelecer um equilíbrio nesse assunto é uma demanda urgente para os órgãos governamentais.

06 **(FGV - EBSERH - Grupo Clínica Médica - 2025)** A seguir, aparecem segmentos dos Textos 1 e 2, compostos por elementos ligados pela conjunção aditiva "e". O exemplo em que os termos ligados podem ser considerados sinônimos, é:

a) a implementação e a integração de sistemas digitais em larga escala... (Texto 1).
b) Sem contar a necessidade de especialização e qualificação por parte de profissionais... (Texto 1).
c) a proteção das informações sensíveis dos pacientes contra violações e ataques variados... (Texto 1).
d) O Brasil enfrenta desafios na distribuição de médicos, especialmente em áreas rurais e remotas. (Texto 2).
e) especializados em áreas como Clínica Geral e Pediatria. (Texto 2).

COMENTÁRIOS:

Nota da autora: É imprescindível voltar aos textos, isto é, verificar o contexto e analisar os sentidos dos vocábulos ligados pela conjunção "e".

Alternativa "a" - No texto: *No entanto, **a implementação e a integração** de sistemas digitais em larga escala podem ser complexas e demandam recursos significativos.*

Implementação do sistema: *ato de colocar em execução ou em prática; realização, efetivação ou execução.*

Integração do sistema: *ação de incorporar, de unir os elementos num só grupo.*

Não pertencem ao mesmo campo semântico.

Alternativa "b" - No texto: ***Sem contar a necessidade de especialização e qualificação por parte de profissionais** que, outrora, não lidavam com questões tecnológicas.*

Especialização: *ação de especializar, de passar a possuir conhecimentos ou habilidades em determinada área.*

Sinônimos: *aperfeiçoamento, particularização.*

Qualificação: *ato ou efeito de qualificar, de determinar as qualidades de algo ou alguém.*

Sinônimos: capacidade, identificação, classificação.

No contexto: especialização é particular, restrita; qualificação é geral.

Dica: a banca FGV comumente exige a diferença entre o geral e o particular.

Alternativa "c" - No texto: *Além disso, a segurança dos dados de saúde é uma preocupação constante, pois é necessário garantir a proteção das informações sensíveis dos* *pacientes contra* ***violações e ataques variados****, além de possíveis perdas de materiais essenciais para a vida dessas pessoas.*

Violação: *desrespeito direcionado a algo santo ou sagrado; profanação.*
Sinônimos: crime, delito, contravenção, infração.

Ataque: *execução de uma ação ofensiva, geralmente violenta. Ofensa; ação de ofender, de causar dano moral.*

Sinônimos: ofensa, injúria, disputa.

No contexto, não há ligação com algo santo, ou seja, ambos os termos se referem a ofensas, injúrias, crimes, delitos.

Alternativa "d" – No texto: *O Brasil enfrenta desafios na distribuição de médicos, especialmente em áreas rurais e remotas.*

Rural: *referente ao campo; próprio do campo; situado no campo; agrícola, campestre.*
Remota: *que se efetiva à distância, afastado, longínquo.*

Pode haver área rural próxima à cidade. Não são palavras sinônimas, mas sim complementares.

Alternativa "e" – No texto: *Em cidades menores, como as regiões ribeirinhas, é difícil encontrar até mesmo médicos generalistas, ou especializados em áreas como Clínica Geral e Pediatria.*

Clínica Geral: *atuação na prevenção, diagnóstico e tratamento de uma ampla gama de doenças em adultos e idosos.*

Pediatria: *tratamento de doenças que acometem crianças.*

Observação: mais uma vez, a banca destaca a diferença entre o geral e o particular.

RESPOSTA: C

07 (FGV – Prefeitura de Macaé RJ – Analista de Auditoria Governamental- 2024) Assinale a opção em que a expressão sublinhada está empregada de modo ***incorreto***.

a) *Hein?! Repete, cutruca ordinária!* berrou a mulata, dando um passo ***de frente***.
b) Prédio para meter o do outro no chinelo; quatro janelas ***de frente***, oito de lado, com um terraço ao fundo.
c) Defronte justamente ficava a casa do Bruno e da mulher, toda mobiliada de novo, com um grande candeeiro de querosene ***em frente*** à entrada...
d) Durante o dia paravam ***em frente*** do armazém carroças e carroças com fardos e caixas trazidos da alfândega, em que se liam as iniciais de João Romão.
e) O sujeito fez sinal aos dois urbanos, que o acompanharam logo, e encaminharam-se todos para o interior da casa. Botelho, ***à frente*** deles, ensinava-lhes o caminho.

COMENTÁRIOS:

Alternativa "a" – Correção: um passo **à frente** = avançar.

Alternativa "b" – De frente = defronte, de face para.

Alternativa "c" – Em frente = diante, posição frontal.

Alternativa "d" – Em frente = diante, posição frontal.

Alternativa "e" – À frente = posição vantajosa em relação aos demais, primeiro.

RESPOSTA: A

08 **(FGV – Prefeitura de Macaé RJ – Analista de Auditoria Governamental- 2024)** Assinale a frase a seguir em que ***não*** ocorre oposição de termos.

a) Um ditado popular é uma sentença curta baseada em longa experiência.
b) Inspire experiência, expire poesia.
c) Os profetas do Aleijadinho não são barrocos, são bíblicos.
d) A arte é a trilha que leva de volta, da fantasia à realidade.
e) A boa história entra no auge quando a linha entre a realidade e a ficção fica ambígua.

COMENTÁRIOS:

Alternativa "a" – Oposição: curta x longa.

Alternativa "b" – Oposição: inspire x expire.

Alternativa "c" – Não existe oposição entre "barroco" e "bíblico".

Barroco: *estilo que, em múltiplas formas de expressão artística, se caracteriza pelo excesso de ornamentos e pela liberdade de formas.*

Bíblico: *relativo à Bíblia, à Sagrada Escritura, obra sagrada para os cristãos que contém o Antigo e o Novo Testamento.*

Alternativa "d" – Oposição: fantasia x realidade.

Alternativa "e" – Oposição: realidade x ficção.

RESPOSTA: C

09 **(FGV – Prefeitura de Abreu e Lima PE – Técnico em Controle Interno – 2024)** Nas abreviaturas comuns há uma série de princípios que são seguidos no uso.

Assinale a opção abaixo em que o exemplo dado corresponde ao princípio colocado anteriormente.

a) A ordem das letras do vocábulo deve ser obedecida: *general / g^{al}*.
b) Por motivo de clareza, devem-se incluir na abreviatura todas as consoantes finais na parte abreviada: *superfície / super.*
c) O plural de uma abreviatura é feito com a repetição dessa letra: *páginas / pp.*
d) As abreviaturas mantêm os acentos das palavras originais: *árabe / ar.*
e) Uma abreviatura não deve terminar em vogal: *Vossa Excelência / V. Exa.*

COMENTÁRIOS:

Nota da autora: A abreviação pode ser considerada tanto como parte dos processos de formação das palavras quanto como da ortografia.

Alternativa "a" – Nem sempre a ordem é obedecida: *Gen., G.al, Gal.*

Alternativa "b" – Deve-se incluir a parte mais significativa da palavra: *superf.*

Alternativa "c" – A letra deve ser repetida: pp. / A.A. (autores) / R.R. (Reverendíssimos).

Observação: em siglas, acrescenta-se o "s" minúsculo: IPVAs, PMs, CPIs.

Alternativa "d" – Normalmente as abreviaturas não mantêm os acentos.

Alternativa "e" – Não se trata de regra geral.

RESPOSTA: C

10 **(FGV – EPE – Analista de Pesquisa Energética – 2024)** Assinale a frase em que seria mais adequado o emprego de "ao invés de", em lugar de "em vez de".

a) Alguns países, em vez de desaparecer em função de seu mau governo, viveram graças a ele.
b) Em vez de prometer e não cumprir, seria melhor fazer coisas não prometidas, mas necessárias.
c) O banquete oferecia vinhos franceses em vez de vinhos nacionais.
d) A família tradicional usa telefone fixo em vez de telefone celular.
e) Em vez de viajar à Europa, os estudantes preferiram conhecer o interior do país.

COMENTÁRIOS:

Nota da autora: "Invés de" significa *ao contrário, ao inverso* e possui ideia de oposição. "Em vez de" significa *em lugar de*.

Alternativa "a" – Sentido de "em lugar de", "em troca de", "em substituição a". A expressão está correta.

Alternativa "b" – Existe oposição entre "prometer" e "não cumprir": invés de.

Alternativa "c" – Existe oposição entre "vinhos franceses" e "vinhos nacionais": invés de.

Alternativa "d" – Existe oposição entre "telefone fixo" e "telefone celular": invés de.

Alternativa "e" – Existe oposição entre "viajar à Europa" e "conhecer o interior do país": invés de.

RESPOSTA: A

11 **(FGV – Câmara Municipal de SP – Consultor Técnico Legislativo – 2024)** Assinale a frase que ***não*** apresenta uma oposição semântica entre dois termos (antônimos).

a) Todos julgam segundo a aparência, ninguém segundo a essência.
b) Os ignorantes julgam a interioridade a partir da exterioridade.
c) Nas grandes coisas, os homens se mostram como lhes convém se mostrar; nas pequenas, mostram-se como são.
d) Os homens mascaram seu demônio com o anjo mais belo que conseguem encontrar.
e) Pelas roupas rasgadas mostram-se os vícios menores: as vestes de cerimônia e as peles escondem todos eles.

COMENTÁRIOS:

Alternativa "a" – Aparência (exterioridade) x essência (interioridade, espírito, alma).

Alternativa "b" – Interioridade x exterioridade.

Alternativa "c" – Grandes x pequenas.

Alternativa "d" – Demônio x anjo.

Alternativa "e" – O vocábulo "roupas" é sinônimo de "vestes": *designação comum dada às peças de vestuário.*

RESPOSTA: E

12 **(FGV – Câmara Municipal de SP – Consultor Técnico Legislativo – 2024)** Assinale a frase a seguir que mostra a preposição PARA no valor semântico de "finalidade".

a) A natureza é apenas um nome para um efeito cuja causa é Deus.
b) Há boas razões para proteger a Terra: ela prolonga a lucratividade.
c) Para a pedra atirada, cair não é um mal, nem subir um bem.
d) O melhor exercício para um gato é outro gato.
e) Os galhos são raízes que se estendem para o alto do ar.

COMENTÁRIOS:

Nota da autora: A preposição "para" possui vários significados.

Indica a **orientação ou** o **sentido de**: caminharam para o exterior do hotel.

Num momento oportuno: adiaremos o compromisso para amanhã.

Que determina a **designação**, a **classificação**: filme proibido para menores.

Que **age contra**: remédio para dor de cabeça.

Com o propósito de (finalidade): estuda para entrar na faculdade.

Que **vai acontecer a qualquer momento**: o show está para terminar.

Segundo a opinião de: para o autor, o livro é ótimo.

Apropriado a: é um espetáculo para assistir ou para ouvir?

Tendo em consideração: para o dinheiro que gasta, ainda tem economias.

Que se preparou ou está apto: ela é a aluna para o trabalho.[4]

Alternativa "a" – Apropriado a.

Alternativa "b" – **Para que** há boas razões? **Para (a fim de)** proteger a Terra = finalidade.

Dica: para + verbo no infinitivo = finalidade.

Alternativa "c" – Tendo em consideração.

---

4 Dicionário Online de Português. Disponível em <https://www.dicio.com.br/para/>. Acesso 22 outubro 2024 (com adaptações).

Alternativa "d" – Apropriado a.

Alternativa "e" – Sentido de.
RESPOSTA: B

13 **(FGV – Câmara Municipal de SP – Consultor Técnico Legislativo – 2024)** Assinale a frase que está integralmente expressa com palavras em sentido lógico (não figurado).

a) Em mar calmo, todo homem é bom piloto.
b) Hoje não existem mais malandros, somente bandidos.
c) Escritores são aqueles cujas almas falam nas bibliotecas.
d) Taquígrafo é a pessoa que aposta corrida com as palavras.
e) Diplomata é um indivíduo cuja cor preferida é o arco-íris.

COMENTÁRIOS:

Alternativa "a" – Sentido figurado: mar calmo = situações tranquilas; piloto = guia.

Alternativa "b" – Sentidos lógicos, denotativos.

Malandro: *aquele que vive em busca de prazeres e diversões; quem gosta de viver de modo boêmio, sem trabalhar, na malandragem.*

Bandido: *indivíduo que vive de assaltos a mão armada; salteador, malfeitor.*

Alternativa "c" – Sentido figurado: almas = textos; falam = estão escritos.

Alternativa "d" – Sentido figurado: apostar corrida com as palavras = acompanha na escrita a rapidez da fala.

Alternativa "e" – Sentido figurado: arco-íris = várias cores, não há predileção.

RESPOSTA: B

14 **(FGV – Câmara Municipal de SP – Consultor Técnico Legislativo – 2024)** Assinale a frase abaixo que exemplifica uma definição do termo "felicidade".

a) Felicidade é um agora sem nenhuma pressa.
b) Felicidade é um modo de viajar, não um destino.
c) Felicidade é um fluxo de caixa positivo.
d) Felicidade é como uma flor que não se deve colher.
e) Felicidade é a qualidade de quem é feliz.

COMENTÁRIOS:

Nota da autora: "Definição" significa *explicação do sentido de uma palavra, vocábulo, expressão, pensamento, conceito.*

Alternativa "a" – Não existe relação semântica entre felicidade e tempo (agora).

Alternativa "b" – Não existe relação semântica entre felicidade e modo.

Alternativa "c" – Não existe relação semântica entre felicidade e dinheiro (caixa positivo).

Alternativa "d" – Não existe relação semântica entre felicidade e flor.

Alternativa "e" – Definição de felicidade: qualidade que quem é feliz.

Existe relação semântica entre "felicidade" e "feliz" (*que possui ou demonstra felicidade*).

RESPOSTA: E

15 **(FGV – Câmara Municipal de SP – Consultor Técnico Legislativo – 2024)** Abaixo aparecem cinco definições de um termo que é identificado ao final, entre parênteses; assinale a opção em que o termo indicado ***não*** está de acordo com a definição dada.

a) bolinho feito com carne picada ou moída, miolo de pão, ovos e diferentes temperos, e que, depois de frito, é servido geralmente com molho. (almôndega).
b) fato, ação, gesto ou palavra que intimida ou atemoriza. (processo).
c) preparação em pasta sólida e untuosa, em geral colorida, enformada num pequeno bastão para ser usado como cosmético nos lábios. (batom).
d) regime alimentar, especialmente o prescrito pelo médico a um doente ou a um convalescente. (dieta).
e) espaço fechado onde se eleva artificialmente a temperatura do ar, destinado a abrigar plantas e flores, cujo cultivo depende de calor. (estufa).

COMENTÁRIOS:

Alternativa "a" – Bolinho ou croquete de carne moída.

Alternativa "b" – "Processo" é uma ação, mas não é fato, gesto ou palavra que intimida. Processo: *ação contínua e prolongada que expressa continuidade na realização de determinada atividade.*

[Jurídico] *Ação judicial; procedimentos praticados por um órgão judicial ou pelas partes quando há um litígio, uma disputa se ser resolvida na justiça; ação.*

Alternativa "c" – Composto pastoso, oleoso que, em forma de bastão e em variadas cores, é usado como cosmético para dar cor aos lábios.

Alternativa "d" – Regime alimentar prescrito por um nutricionista, com a privação total ou parcial de alguns alimentos específicos.

Alternativa "e" – Espécie de galeria envidraçada, com aquecimento artificial, destinada à cultura de plantas de climas tropicais.

RESPOSTA: B

16 **(FGV – Câmara Municipal de SP – Consultor Técnico Legislativo – 2024)** Em cada item abaixo há um conjunto de três palavras, seguido de um hiperônimo, ou seja, uma palavra que abrange todas as anteriormente citadas. Assinale a opção em que o hiperônimo indicado é ***inadequado***.

a) livro – estátua – quadro / obra.
b) engenheiro – químico – enfermeiro / profissão.
c) rua – praça – avenida / logradouro.

d) estudantada – enxame – rebanho / conjunto.

e) conto – romance – novela / estilo.

COMENTÁRIOS:

Nota da autora: Lembre-se de que o **hiperônimo** possui sentido mais genérico em relação a outro mais específico, e de que o **hipônimo** possui sentido mais específico em relação a outro com o sentido mais genérico.

Alternativa "a" – Livro, estátua e quadro são tipos de obra – *resultado da ação, do trabalho.*

Alternativa "b" – Engenheiro, químico e enfermeiro são tipos de profissão – *trabalho habitual de uma pessoa através do qual ela consegue os meios necessários à sua sobrevivência; emprego, ofício.*

Alternativa "c" – Rua, praça e avenida são tipos de logradouro – *designação atribuída à rua, à praça, à via, ao parque ou a qualquer lugar de utilização pública.*

Alternativa "d" – Estudantada, enxame e rebanho são tipos de conjunto – *quantidade de elementos determinada que compõem um todo.*

Alternativa "e" – Conto, romance e novela são **gêneros** textuais, ou seja, são classificações que agrupam textos de acordo com suas características, como estrutura, função comunicativa, sociais e contextuais.

Também são gêneros textuais: crônica, editorial, anúncio publicitário, artigo de opinião, biografia e autobiografia, diário, notícia, propaganda, reportagem, fábula, manual de instruções, receita, texto didático etc.

Não são estilo – *conjunto de características que distinguem uma obra ou grupo de obras umas das outras; ou que* ***representam uma época ou movimento cultural****: estilo barroco; estilo shakespeariano.*

RESPOSTA: E

17 **(FGV – Câmara Municipal de SP – Consultor Técnico Legislativo – 2024)** Abaixo estão cinco frases com latinismos empregados na língua portuguesa; assinale a opção em que o latinismo tem seu significado indicado corretamente.

a) "...e se tal era o intuito, força é confessar que a publicidade tornava-se uma condição *sine qua non*. Em suma, poderia dever algumas atenções, mas não devia um real a ninguém." / sem exceção.

b) "Ali o recebem ruidosamente os companheiros. Conta-lhes a façanha. Contam-lhe outras idênticas; e trocam-se as impressões heroicas numa adjetivação *ad hoc*, que vai num crescendo do destalado ríspido ao temer o pronunciado num trêmulo enrouquecido e longo." / inadequada.

c) "...; as rezas dirigidas a S. Campeiro, canonizado *in partibus*, ao qual se acendem velas pelos campos;" / em vários lugares.

d) "Intercorrem ainda paragens menos estéreis, e nos trechos em que se operou a decomposição *in situ* do granito, originando algumas manchas argilosas, as copas virentes dos ouricurizeiros circuitam — parênteses breves abertos na aridez geral — as bordas das ipueiras." / em pequenas partes.

e) "Entre rapazes não deve haver cerimônias, mal-entendidos; somos colegas, temos de ser amigos, por conseguinte tratemo-nos desde já por "tu"! Não és da mesma opinião, ó Paiva? – *In totum*! respondeu este, abraçando Amâncio pela cintura." / Totalmente.

COMENTÁRIOS:

Nota da autora: Atente-se ao contexto e ao radical, pois é impossível memorizar todos os significados.

Alternativa "a" – *Sine qua non:* sem a qual não, indispensável, essencial.

Alternativa "b" – *Ad hoc:* para esse propósito, destinado a essa finalidade.

Alternativa "c" – *In partibus:* nas partes, em vários lugares.

Alternativa "d" – *In situ:* no lugar, situado em.

Alternativa "e" – *In totum:* no todo, totalmente, completamente.

RESPOSTA: E

18 **(FGV – AL PR – Analista Legislativo – 2024)** Assinale a frase cujo termo sublinhado está ***mal-empregado.***

a) Não havia nada na sala senão lixo.
b) Ele não tinha mais para aonde ir.
c) Ele viajou cerca de dez dias à procura do cachorro perdido.
d) Eles não vieram ao encontro, por quê?
e) Ficaram ricos graças ao prêmio da loteria.

COMENTÁRIOS:

Alternativa "a" – Se não: a não ser. Ideia de exclusão.

Alternativa "b" – Existem duas opções: Ele não tinha **para onde** ir. Ele não tinha **aonde** ir.

É impossível usar a preposição "para" seguida da preposição "a".

Usa-se uma, ou outra.

Alternativa "c" – Cerca de: aproximadamente.

Alternativa "d" – Sempre que a palavra "que" estiver no final da frase, deverá ser acentuada. Essa regra é aplicada na expressão "por que".

Alternativa "e" – A expressão causal positiva está correta: graças a.

RESPOSTA: B

19 **(FGV – Delegado de Polícia – SC – 2024)** Todas as frases abaixo foram retiradas de um dicionário de citações e em todas elas foram propostas trocas de vocábulos por outros mais adequados. Assinale a única troca ***inadequada*** entre elas.

a) O tempo perdido não se encontra nunca mais. / recupera.

b) Prazos largos para pagamento são fáceis de aceitar, pois a imaginação os faz infinitos. / cômodos.
c) O tempo explica tudo. Ele fala, e não precisa ser questionado antes de falar. / responder.
d) Espere pelo mais sábio dos conselhos: o tempo. / conselheiros.
e) Este presente dia é o único ponto da eternidade a que você tem direito. / hodierno.

COMENTÁRIOS:

Alternativa "a" – *Encontrar* é sinônimo de *recuperar, deparar, conseguir, obter.*

Alternativa "b" – No contexto, "largos" possui sentido de *amplos, vastos, grandes.*

"Cômodos" possui sentido de *apropriados, favoráveis, oportunos.*

A troca é inadequada.

Alternativa "c" – *Falar* é sinônimo de *dizer, conversar, discursar, comunicar.*

Os vocábulos pertencem ao mesmo campo de semântico de "responder".

Alternativa "d" – *Conselheiro* é a pessoa que guia, que orienta, ou seja, dá conselhos.

Alternativa "e" – Hodierno: *dia de hoje, atual, ocorre agora, presente.*

RESPOSTA: B

20 **(FGV – Delegado de Polícia – SC – 2024)** Assinale a frase abaixo em que o enunciador jogou com a dupla possibilidade de sentido do termo sublinhado.

a) Não se vê o futuro através da parte opaca do espelho.
b) O problema de ser pontual é que não há ninguém lá para elogiar você.
c) O tempo perdido não se encontra nunca mais.
d) Eu fiz um acordo de coexistência pacífica com o tempo.
e) O moinho não moe com águas passadas.

COMENTÁRIOS:

Alternativa "a" – Opaca: turva, sem claridade.

Alternativa "b" – Pontual: preciso, exato.

Alternativa "c" – Possui dois sentidos.

Literal (denotativo): tempo desaparecido.

Figurado (conotativo): tempo desperdiçado, que não se consegue trazer de volta, esquecido.

Alternativa "d" – Pacífica: calma, tranquila, ordeira.

Alternativa "e" – Passadas: antigas, envelhecidas, anteriores.

RESPOSTA: C

21 **(FGV – PJERJ – Programa de Residência – Direito – 2024)** Assinale a frase em que a locução prepositiva sublinhada tem seu significado corretamente indicado.

a) Qualquer pessoa desprovida de senso de humor está à mercê de todos. / à disposição de.
b) A vida ensina que jamais somos felizes senão à custa de certa ignorância. / pela existência de.
c) Muitas pessoas que parecem estar lutando contra a adversidade são felizes; muitas outras, em meio a grandes riquezas, são profundamente infelizes. / envolvidas com.
d) É melhor estar entre dois loucos do que perto de um imbecil. / nos arredores de.
e) A liberdade, não sendo fruto de todos os climas, não está ao alcance de todos os povos. / dentro das finalidades.

COMENTÁRIOS:

Nota da autora: É imprescindível encaixar a expressão no contexto sugerido.

Alternativa "a" – À mercê: *em completa dependência de uma pessoa ou coisa; sujeita a vontade de.*

Alternativa "b" – À custa de: *com o sacrifício de, por meio de.*

Alternativa "c" – Em meio a: *envolvidas com.*

Alternativa "d" – Perto de: *próximo, junto.*

Arredor: *por todos os lados, envolta.* O sentido é distinto.

Alternativa "e" – Ao alcance de: *estar a uma distância que pode ser atingida.*

Não possui relação alguma com fim, com propósito.

RESPOSTA: C

22 **(FGV – PJERJ – Programa de Residência – Direito – 2024)** As frases a seguir mostram vocábulos idênticos repetidos. Assinale a frase em que esses vocábulos mostram significados diferentes.

a) Quando faço o bem, sinto-me bem.
b) Toda alegria é uma vitória, e uma vitória é uma vitória, por menor que seja.
c) Ambos se prejudicam: quem promete demais e quem espera demais.
d) Quem cede sua liberdade em troca de um pouco de segurança temporária não merece nem liberdade nem segurança.
e) É verdade que a liberdade é preciosa. Tão preciosa que é preciso racioná-la.

COMENTÁRIOS:

Alternativa "a" – 1. Substantivo: causar alegria, felicidade; 2. Advérbio: de modo confortável.

Alternativa "b" – Vitória: conquista, êxito, sucesso.

Alternativa "c" – Demais: excessivamente, intensamente.

Alternativa "d" – Liberdade: independência absoluta e legal de um indivíduo, de uma cultura, povo ou nação, sendo nomeado como modelo.

Alternativa "e" – Preciosa: possui alto preço, grande valor.

RESPOSTA: A

23 (FGV – PJERJ – Programa de Residência – Direito – 2024) Assinale a frase em que o termo sublinhado está retomado por um hiperônimo e não por um sinônimo.

a) Todos reclamam de mudanças na Constituição, pois, na verdade, ninguém quer saber de reformas.

b) O contentamento do artista era imenso e sua alegria contaminou todos os presentes.

c) Há quem compre muitas frutas por preço baixo e há quem pague por esses produtos sete vezes mais.

d) Os quadros dos artistas populares ficaram expostos por toda a manhã, mas poucas pinturas foram vendidas.

e) O abajur era antigo, de modelo francês, e a luminária tinha ficado esquecida no porão por anos.

COMENTÁRIOS:

Nota da autora: Vamos relembrar?

Hiperônimos são palavras de sentido genérico, ou seja, palavras cujos significados são mais abrangentes do que os hipônimos.

Fixe: *hiper* = grande / *hipo* = menor.

Exemplos: Animais é hiperônimo de cachorro e gato.

Legume é hiperônimo de batata e quiabo.

Galáxia é hiperônimo de estrelas e planetas.

Ferramenta é hiperônimo de alicate.

Doença é hiperônimo de HPV.

Alternativa "a" – "mudança" é *transformação, alteração, modificação*, ou seja, é **sinônimo** de *reforma*.

Alternativa "b" – "contentamento" é **sinônimo** de *alegria, entusiasmo, prazer, satisfação.*

Alternativa "c" – "produtos" é **hiperônimo** de "frutas".

Produto: *resultado da produção; coisa produzida.*

Produto: grande x *frutas:* menor.

Confira exemplos de hipônimos para não reforçar:

Morango é hipônimo de fruta.

Verde é hipônimo de cor.

Brócolis é hipônimo de verdura.

Gripe e covid-19 são hipônimos de doença.

Alternativa "d" – "quadro" é **sinônimo** de *pintura, painel, tela, quadrado.*

Alternativa "e" – "abajur": *peça que recobre lâmpadas, candeeiros etc., para amortecer a intensidade da luz.*

"luminária": *conjunto de lâmpadas e focos de luz utilizados para iluminação.*

Os vocábulos pertencem ao mesmo campo semântico, isto é, são **sinônimos**.

RESPOSTA: C

24 **(FGV – AL MA – Consultor Legislativo – Direito/2023)** Assinale a frase em que a preposição para tem valor semântico diferente do das demais frases.

a) Eu gosto do trabalho. Ele me fascina. Posso sentar e olhar **para** ele por horas.
b) Os turistas caminharam **para** a catedral da cidade, famosa por suas pinturas.
c) **Para** o ministro, a luta contra as injustiças sociais deve ser o principal do programa presidencial.
d) A solução para resolver os problemas da pesquisa era ir **para** a biblioteca.
e) Um casal deve caminhar sempre **para** a mesma meta.

COMENTÁRIOS:

Alternativa "a" – Olhar "em direção".

Alternativa "b" – Caminharam "em direção".

Alternativa "c" – Sentido de "segundo a opinião" do ministro.

Alternativa "d" – Ir "em direção".

Alternativa "e" – Caminhar sempre "em direção".

RESPOSTA: C

25 **(FGV- AL MA – Consultor Legislativo – Direito/2023)** Assinale a frase que é expressa sem qualquer redundância, ou seja, emprego desnecessário de palavras.

a) Existe um só sucesso: ser capaz de viver a sua vida do seu próprio jeito.
b) A loja fora montada com esforço e sua primeira inauguração se daria brevemente.
c) Entre todas as nações foram os gregos aqueles que de forma mais bela sonharam o sonho da vida.
d) Quem é tão firme de caráter que não pode ser seduzido?
e) Os caçadores, em função do perigo, tinham conseguido um abrigo protegido contra as feras.

COMENTÁRIOS:

Alternativa "a" – Redundante: viver a sua vida.

Alternativa "b" – Redundante: primeira inauguração.

Alternativa "c" – Redundante: sonharam o sonho.

Alternativa "d" – Não há palavras ou expressões supérfluas ou excessivas.

Alternativa "e" – Redundante: abrigo protegido.

RESPOSTA: D

26 **(FGV- AL MA – Consultor Legislativo – Direito/2023)** Assinale a frase em que houve troca **indevida** entre os parônimos colocados entre parênteses.

a) Durante a conversa, ele não pôde deixar de fazer alusão à sua vida difícil (alusão / ilusão).

b) Ele evocou o heroísmo de seus comandados (evocou / invocou).

c) Diante daquela proposta inepta ele se limitou a bocejar (inepta / inapta).

d) A família perpetuava a memória do general, levando flores ao túmulo (perpetuava / perpetrava).

e) Pensando no futuro, o presidente se perdia em toda espécie de conjecturas (conjecturas / conjunturas).

COMENTÁRIOS:

Alternativa "a" – Alusão: *menção, citação.*

Ilusão: *engano, devaneio, ficção.*

Alternativa "b" – Ele **invocou** o heroísmo. = *suplicou, implorou, evocou.*

Evocar: ***invocar,** lembrar, recordar.*

Pegadinha da banca: são palavras sinônimas, não parônimas.

Alternativa "c" – Inepta: *incoerente, idiota, imbecil.*

Inapta: *incapaz, inábil.*

Alternativa "d" – Perpetuar: *eternizar, imortalizar.*

Perpetrar: *executar, cometer, realizar.*

Alternativa "e" – Conjectura: *preposição, suposição, hipótese.*

Conjuntura: *ocasião, evento, oportunidade.*

RESPOSTA: B

27 **(FGV- AL MA – Consultor Legislativo – Direito/2023)** Assinale a frase em que a substituição do adjetivo sublinhado por uma oração adjetiva de valor semântico equivalente foi feita de forma adequada.

a) O estilo é um modo muito simples de dizer coisas **complicadas** / que se complicam.

b) Serviço de emergência **disponível** só com 24 horas de antecedência / que se mostra disposto.

c) Meu animal **favorito** é o bife / que me favorece.

d) Moda, afinal, são apenas epidemias **induzidas** / que se induzem.

e) O poder não satisfaz, é como a droga que sempre exige doses **maiores** / que são mais perigosas.

COMENTÁRIOS:

Alternativa "a" – ... que são complexas.

Alternativa "b" – ... que mostra disponibilidade.

Alternativa "c" – ... que é preferido.

Alternativa "d" – ... que se induzem / que são induzidas.

Alternativa "e" – "Maior" não possui relação alguma com "perigoso". Alternativa eliminada facilmente.

RESPOSTA: D

28 **(FGV – SEDUC TO – Professor Regente – 2023)** Nas opções a seguir há uma frase inicial com um adjetivo sublinhado, seguida de uma frase em que esse adjetivo foi substantivado.

Assinale a opção em que essa modificação foi feita de forma adequada.

a) O bondoso homem socorreu o menino. / O homem bondoso socorreu o menino.

b) As nuvens cinzentas indicam chuva. / O cinzento das nuvens indica chuva.

c) As folhas do livro estavam amareladas. / Estavam amareladas as folhas do livro.

d) Os cabelos brancos mostravam a idade do juiz. / Os cabelos do juiz, brancos, mostravam sua idade.

e) Os velhos livros enfeitavam a estante. / Os livros velhos enfeitavam a estante.

COMENTÁRIOS:

Nota da autora: O substantivo nomeia, e o adjetivo qualifica.

Alternativa "a" – O homem é bondoso nos dois casos, ou seja, "bondoso" continua sendo adjetivo.

Alternativa "b" – Adjetivo: cinzentas; substantivo: cinzento.

Alternativa "c" – As folas estavam amareladas: adjetivo nos dois casos.

Alternativa "d" – Os cabelos são brancos: adjetivo nos dois casos.

Alternativa "e" – Os livros são velhos: adjetivo nos dois casos.

RESPOSTA: B

29 **(FGV – SEDUC TO – Professor Regente – 2023)** Assinale a opção que apresenta a frase que mostra uma troca indevida entre parônimos.

a) O vestuário dos funcionários de uma empresa é de vital importância para as vendas (vestiário/vestuário).

b) As fábricas de automóveis devem auferir lucros fantásticos este ano (auferir/aferir).

c) Nesses momentos delicados devemos sempre proceder com bastante descrição (descrição/discrição).

d) Em momentos de perigos iminentes, todos devemos ficar em estado de alerta (iminentes/eminentes).

e) O autor fez cessão dos direitos para uma instituição de caridade (cessão/seção).

COMENTÁRIOS:

Nota da autora: Basta encontrar a frase que está incorreta.

Alternativa "a" – Vestuário: *conjunto de peças das roupas que se vestem; roupa completa, traje.*

Vestiário: *lugar em que trocam e guardam a roupa os membros de uma empresa, associação, companhia teatral etc.*

Vocábulo empregado corretamente.

Alternativa "b" – Auferir: *obter como resposta; conseguir algo ou colher os resultados de uma ação.*

Aferir: *comparar as medidas com seus padrões específicos.*

Vocábulo empregado corretamente.

Alternativa "c" – Devemos proceder com bastante **discrição**: *sensatez; competência de quem sabe diferenciar o certo do errado.*

Descrição: *representação pormenorizada de algo ou de alguém.*

Sinônimo: exposição.

Alternativa "d" – Iminente: *que pode acontecer num momento muito próximo.*

Eminente: *que se sobressai, se destaca pela excelência ou pela superioridade; excelente.*

Vocábulo empregado corretamente.

Alternativa "e" – Cessão: *ação ou efeito de ceder, de oferecer algo a alguém; cedência.*

Seção: *ação ou efeito de secionar, de dividir em partes.*

Vocábulo empregado corretamente.

Observação: além de os vocábulos serem parônimos (parecidos), são também homônimos homófonos (possuem o mesmo som).

RESPOSTA: C

30 **(FGV- AL MA – Consultor Legislativo – Direito/2023)** Assinale a frase em que houve troca indevida entre *se não / senão*.

a) O único senão da prova era a presença de textos muito longos.
b) Só ocorrerá a prova de ciclismo se não chover.
c) Fará a prova senão ficará arrependido.
d) Comprará um carro novo se não tiver problemas econômicos.
e) Ninguém, se não ela, para fazer esse trabalho.

COMENTÁRIOS:

Nota da autora: Usa-se <u>**se não**</u> quando possuir sentido de caso não, quando não ou no caso de o "se" ser conjunção integrante e estiver introduzindo uma oração subordinada objetiva direta (Perguntei aos alunos se não queriam ser convocados.)

Usa-se **senão** quando possui sentido de **caso contrário, do contrário, de outro modo, a não ser, mas sim.**

É usado, também, como substantivo e possui sentido de **falha, defeito.**

Alternativa "a" – O único **defeito** da prova: senão.

Alternativa "b" – Caso não chova / **Quando não** chover.

Alternativa "c" – Caso contrário ficará arrependido.

Alternativa "d" – Caso não tenha / **Quando não** tiver.

Alternativa "e" – Ninguém, **a não ser** ela, para fazer esse trabalho = **senão.**

RESPOSTA: E

Texto – O futuro do plástico *(fragmento)*

Por Bruno Garattoni e Tiago Cordeiro

"[...]

Em setembro, um estudo publicado por cientistas chineses detectou, pela primeira vez, a presença de microplásticos (partículas com menos de 5 milímetros) na placenta humana. Eles analisaram as placentas de 17 gestantes, e todas continham quantidades 'muito abundantes' de microplásticos. [...]

Estamos expostos ao plástico antes mesmo de nascer. E, ao chegar a este mundo, somos bombardeados por ele. Literalmente. Em 2020, cientistas da Universidade Cornell, nos EUA, coletaram amostras de ar em 11 pontos do país – e descobriram que, nelas, 'chovem' mais de 1.000 toneladas de microplásticos por ano, o equivalente a 120 milhões de garrafas PET.

[...]

Mas suas principais fontes são a água e a comida. Um estudo da Universidade de Newcastle analisou a quantidade presente em alguns alimentos, como peixes, mariscos, sal, cerveja, água, mel e açúcar – e concluiu que cada adulto ingere em média 20 gramas de microplásticos, o equivalente a uma pecinha de Lego, por mês. E o cálculo não considera outros alimentos ou fontes, como os microplásticos presentes em cremes dentais ou liberados por panelas com o revestimento antiaderente danificado – que podem soltar mais de 9.000 pedacinhos a cada uso. Ou seja: não estamos apenas sendo soterrados pelo plástico. Ele já está dentro de nós.

[...].

A ilha transparente

Em 1997, o oceanógrafo Charles Moore estava voltando de uma regata entre Los Angeles e Honolulu, no Havaí, quando resolveu testar seu veleiro, o Alguita. Pegou uma rota tranquila, com pouco vento, no Giro do Pacífico Norte [...]. Mas, aí, viu pedaços de plástico boiando a esmo no meio do oceano.

Era a primeira observação da Grande Ilha de Lixo do Pacífico, um fenômeno que havia sido teorizado em 1988 por cientistas do governo americano. A ilha fica entre a costa oeste dos EUA e o Japão, e é formada por mais de 1,8 trilhão de detritos, que somam mais de 80 mil toneladas de plástico e se estendem por 1,6 milhão de quilômetros quadrados – o tamanho do estado do Amazonas.

Só que a ilha não é bem como as pessoas imaginam, com uma gigantesca maçaroca flutuante. Em sua maior parte, ela é invisível a olho nu. Isso porque o lixo vai se fragmentando – e 80% dele já está na forma de microplásticos.

Eles são muito pequenos, e ficam espalhados por uma área gigantesca. Por isso, a ilha é difícil de ver – seja de barco ou por imagens de satélite.

Mas causa um impacto ambiental enorme: afeta mais de 700 espécies. Os animais marinhos podem ficar presos na ilha de lixo, ou ingerir plástico em quantidades nocivas. Além disso, como os pedacinhos de plástico deixam a água ligeiramente turva, reduzem o acesso das algas marinhas à luz do sol, podendo desregular seriamente a cadeia alimentar.

A bactéria mutante

A usina nuclear de Chernobyl é um dos pontos mais contaminados do mundo. Quando seu reator 4 explodiu, em 1986, a radioatividade no local chegou a incríveis 300 sieverts por hora: o equivalente a 3 milhões de exames de raio-X, e suficiente para matar uma pessoa em cerca de 1 minuto. [...]

Mas foi ali que, em 1991, pesquisadores acharam algo incrível: um fungo radiotrófico, ou seja, capaz de se alimentar de radiação. Ele se chama Cryptococcus neoformans, e a ciência já o conhecia; mas essa sua nova habilidade, não. [...] Décadas mais tarde, em 2016, algo parecido aconteceu – só que com o plástico. Um grupo de pesquisadores estava testando amostras do solo perto de uma usina de reciclagem de garrafas PET na cidade de Sakai, no Japão. Eles encontraram uma bactéria capaz de 'comer' esse material, transformando-o em energia para sobreviver.

O micróbio foi batizado de Ideonella sakaiensis, e passou a ser estudado em laboratório. O segredo dessa bactéria está numa enzima que ela produz: a PETase, que decompõe esse tipo de plástico [o plástico produzido a partir do polietileno tereftalato, ou PET, e que pode ser encontrado nas garrafas plásticas que recebem esse nome]. Nos anos seguintes, outras pesquisas descobriram dezenas de PETases, fabricadas por vários micro-organismos. Elas decompõem o plástico em poucos dias – acelerando muito a degradação natural, que leva séculos.

Cientistas da Universidade do Texas criaram uma versão alterada da enzima, que se chama FAST-PETase e funciona incrivelmente bem: basta aplicá-la sobre o plástico, deixar o material numa temperatura de 30 a 50 graus (fácil de atingir e manter num galpão ou tonel levemente aquecido, por exemplo), e a natureza faz todo o resto. Um a sete dias depois, dependendo da temperatura ambiente, você tem plástico novo.

Sem precisar derreter o material, usar aditivos nem lidar com substâncias tóxicas. E a enzima não só decompõe o plástico, ela o refaz: repolimeriza as moléculas do material, montando novamente as cadeias de átomos que formam o PET (e o tornam tão flexível e resistente).

Também há testes com novos métodos de reaproveitamento. A empresa holandesa Ioniqa, por exemplo, inventou uma técnica que permite reciclar as garrafas PET infinitas vezes, como é feito com as latinhas de alumínio. (No método tradicional, isso não acontece: o plástico perde qualidade após cada reciclagem, e você precisa adicionar uma porcentagem cada vez maior de material 'virgem', ou seja, novo, para fazer as garrafas.)

[...]

Em suma: vem aí uma série de inovações que podem aumentar muito a reciclagem. 'Agora dá para começar a enxergar uma verdadeira economia circular em torno do plástico', disse o químico Hal Alper, um dos criadores da enzima FAST-PETase, ao anunciá-la.

[...]"

Disponível em: https://super.abril.com.br/ciencia/o-futuro-do-plastico.
Acesso em: 04/01/2023

31 **(FGV – CGM RJ – Contador – 2023)** Em função do seu potencial didático, a linguagem figurada costuma ser amplamente utilizada em reportagens sobre conteúdos científicos, cuja compreensão nem sempre é trivial para o leitor leigo.

Dentre as passagens abaixo, a única em que a palavra sublinhada NÃO apresenta sentido figurado é:

a) "Eles **analisaram** as placentas de 17 gestantes." (1º parágrafo);
b) "E, ao chegar a este mundo, somos **bombardeados** por ele." (2º parágrafo);
c) "e descobriram que, nelas, **'chovem'** mais de 1.000 toneladas de microplásticos por ano, o equivalente a 120 milhões de garrafas PET." (2º parágrafo);
d) "Ou seja: não estamos apenas sendo **soterrados** pelo plástico." (4º parágrafo);
e) "Eles encontraram uma bactéria capaz de **'comer'** esse material, transformando-o em energia para sobreviver." (12º parágrafo).

COMENTÁRIOS:

Alternativa "a" – Analisaram: averiguaram, estudaram, exploraram as placentas de maneira minuciosa, com riqueza de detalhes.

Alternativa "b" – Não possui sentido de *lançar bombas ou obuses sobre um objetivo.*

Alternativa "c" – Não possui sentido de *cair água, em gotas, das nuvens.*

Sentido conotativo: cair ou sobrevir em abundância.

Alternativa "d" – Não possui sentido de *cobertos pelo plástico, enterrados, sepultados.*

Alternativa "e" – Não possui sentido de *ingerir algum alimento, levando à boca e engolindo.*

RESPOSTA: A

32 **(FGV – TJ RN – Analista Judiciário – Área Judiciária – Direito/2023)** A frase abaixo que mostra ambiguidade em função de NÃO se poder distinguir agente e paciente, é:

a) O chefe encontrou o funcionário em seu gabinete;
b) A criação da instituição demorou mais do que se esperava;

c) João e Maria se casaram ontem;
d) Encontrei o assaltante andando pela rua;
e) Chamar os bombeiros já ficou na moda.

COMENTÁRIOS:

Nota da autora: É preciso ter muita atenção ao comando da questão, pois não exige somente a frase ambígua, mas também o motivo de existir – entre agente e paciente.

Alternativa "a" – A ambiguidade está no pronome possessivo "seu" – o gabinete é do chefe ou do funcionário?

Não se trata de agente e paciente.

Alternativa "b" – Duplo sentido: a instituição criou (agente) ou a instituição foi criada (paciente).

Alternativa "c" – Verbo pronominal e sem ambiguidade: João se casou com Maria, e Maria se casou com João.

Alternativa "d" – A ambiguidade está no agente: quem estava andando pela rua?

Eu estava andando pela rua / O assaltante estava andando pela rua.

Alternativa "e" – A ambiguidade está no agente: quem chamar os bombeiros?

Eu chamar os bombeiros / Ele(a) chamar os bombeiros / Você chamar os bombeiros.

RESPOSTA: B

33 **(FGV – TJ RN – Analista Judiciário – Área Judiciária – Direito/2023)** Os segmentos destacados em cada uma das frases foram substituídos por um só vocábulo de mesmo sentido, com a ajuda de um afixo (prefixo e sufixo); a única frase em que esse procedimento foi feito de forma adequada, é:

a) O paciente mostrava uma inflamação conjunta dos órgãos do sistema urinário / uma conjuntivite;
b) A câmara descoberta há pouco tempo na pirâmide do Egito foi uma enorme surpresa arqueológica / pré-descoberta;
c) Analisar-se a si mesmo continuamente é um bom caminho para a paz interior / autoanalisar-se;
d) O Rio de Janeiro está sendo visitado de novo / retrovisitado;
e) Tudo estava explicado de forma geográfica / geoidemente.

COMENTÁRIOS:

Alternativa "a" – Às vezes a banca ajuda, não é? Conjuntivite: inflamação da conjuntiva (*membrana mucosa que forra a parte anterior do globo ocular*).

Alternativa "b" – O prefixo "pré" indica anterioridade, antecipação. Correção: recém-descoberta.

Observação: essa palavra é formada por justaposição, não por prefixo (recém = ainda agora, recentemente).

Alternativa "c" – Analisar-se a si mesmo = autoanalisar-se.

Alternativa "d" – O prefixo "retro" indica anterioridade, antecipação. Correção: revisitado.

Observações: o prefixo "re" significa repetição, a palavra "retrovisitado" não existe.

Alternativa "e" – O sufixo "mente" indica modo, mas o vocábulo "geoidemente" não existe.

Observação: "geoide" é o nome dado à forma geométrica da Terra.

RESPOSTA: C

34 **(FGV – AGENERSA – Analista Técnico – 2023)** Assinale a opção que indica a frase em que ocorreu a troca **indevida** de uma palavra por seu parônimo.

a) Fazei grande **provisão** de papel e tinta que te proporcionarei oportunidade de escrever grandes façanhas.

b) Aquilo que pensamos saber com frequência nos impede de **aprender**.

c) Como todas as outras pessoas, historiadores são mais **perceptivos** depois que as coisas obedecem.

d) Graves **incidentes** ocorrem nas rodovias nos finais de semana, alguns deles com vítimas.

e) Costureira **decente** não perde a linha.

COMENTÁRIOS:

Alternativa "a" – Fazei grande **reserva/abastecimento** de papel.

Provisão: *ação de prover, abastecer.*

Previsão: *o que se realiza com antecedência e que poderá ocorrer futuramente.*

Alternativa "b" – Impede de **estudar**.

Aprender: *passar a ter conhecimento sobre; instruir-se.*

Apreender: *entender mentalmente; compreender. Provocar a apreensão de algo ou alguém; apanhar.*

Alternativa "c" – Historiadores possuem a **habilidade de perceber, de compreender fácil.**

Perceptivo: *relacionado com percepção, com a capacidade de perceber, de compreender através dos sentidos ou da inteligência.*

Perspectivo ou perspético: *plano perspectivo, plano que apresenta as dimensões dos objetos com as modificações decorrentes da perspectiva.*

Alternativa "d" – *Incidente* e *acidente* são sinônimos quando utilizados no sentido de "situação inesperada". No contexto, são parônimos e não se equivalem, pois possui sentido de "batida, choque entre veículos": menciona rodovias e vítimas.

Correção: Graves **acidentes** ocorrem nas rodovias nos finais de semana.

Incidente: *episódio inesperado ou circunstância acidental, não esperada, que altera a ordem normal das coisas.*

Acidente: *batida; choque entre dois veículos ou entre um veículo e outra coisa e/ou pessoa. Ocorrência; situação inesperada.*

Alternativa "e" – Costureira **distinta, honesta.**

Decente: *que demonstra decência, decoro, excesso de pudor; decoroso.*

Docente: *pessoa que ministra aulas; o responsável pelo ensino de; professor.*[5]

RESPOSTA: D

35 **(FGV – DPE RS – Analista/Contabilidade – 2023)** A frase que mostra um <u>problema</u> de construção por haver trocado o emprego entre dois parônimos, é:

a) Houve uma enorme afluência de público no dia da inauguração (afluência / influência);
b) O fogo consumiu todos os produtos do galpão (consumiu / consumou);
c) O reitor da universidade é considerado uma pessoa eminente (eminente / iminente);
d) O médico, pela infecção, lhe havia prescrito antibióticos (prescrito / proscrito);
e) Havia dormido mal e estava com humor pouco social (social / sociável).

COMENTÁRIOS:

Alternativa "a" – Certo. **Afluência** de público: *excesso de movimentação de pessoas ou de coisas que se direcionam para o mesmo local; afluxo.*

Influência: *ação que uma pessoa ou coisa exerce sobre outra; influxo.*

Alternativa "b" – Certo. **Consumiu** produtos: *debilitou, abateu.*

Consumou: *completou, acabou, concluiu; praticou, realizou.*

Alternativa "c" – Certo. Pessoa **eminente**: *que se sobressai, se destaca pela excelência ou pela superioridade; excelente.*

Iminente: *que está prestes a ocorrer; que se pode realizar a qualquer momento.*

Alternativa "d" – Certo. **Prescrever**: *passar a receita de um medicamento, tratamento; receitar.*

Proscrever: *proibir; não aceitar nem permitir; julgar negativamente; condenar a; banir.*

Alternativa "e" – O humor estava pouco **sociável**, não pouco social.

Sociável: *convívio agradável; civilizado, afável.*

Social: *diz respeito à sociedade e aos cidadãos que dela fazem parte.*

RESPOSTA: E

36 **(FGV – DPE RS – Analista/Contabilidade – 2023)** A frase abaixo que mostra uma forma <u>**inadequada**</u> do termo sublinhado é:

5. Dicionário Online de Português. Disponível em <www.dicio.com.br>. Acesso em 12 junho 2023, com adaptações.

a) Trabalho duro nunca matou ninguém, mas **por que** arriscar?;

b) Se disserem que o crime não compensa, você tem que lembrar que é **porque**, quando compensa, não é crime;

c) É de justiça, e não de caridade, que o mundo precisa, mas **por quê**?;

d) Tem gente que se acha honesta só **porque** não sabia da mamata;

e) Não sei **porque** dizem que a justiça é cega.

COMENTÁRIOS:

Nota da autora: Questão de ortografia.

Alternativa "a" – Além de ser uma frase interrogativa, é possível encaixar a palavra "razão" posposta.

Lê-se: por que razão arriscar?

Alternativa "b" – Trata-se de uma explicação.

Alternativa "c" – A palavra "quê", quando usada em final de frase, deve ser acentuada.

Alternativa "d" – É uma explicação.

Alternativa "e" – Cabe a palavra "razão" posposta (como ocorreu na alternativa "a") e deve ser escrito separadamente.

Lê-se: Não sei **por que** razão dizem que a justiça é cega.

RESPOSTA: E

37 **(FGV – MPE SP – Analista de Promotoria – 2023)** Os dicionários se formam normalmente com definições dos verbetes neles inseridos.

Entre as definições a seguir, assinale aquela que apresenta um modelo diferente das demais.

a) Vadiagem s. f.: ação de vadiar.

b) Conservação s. f.: ação de conservar, de manter intacto ou no mesmo estado.

c) Displicentemente adv.: de uma maneira displicente.

d) Antropófago adj. e s.: que se alimenta de carne humana.

e) Obséquio s. m. favor, gentileza.

COMENTÁRIOS:

Alternativa "a" – Classe gramatical (substantivo feminino) + definição.

Alternativa "b" – Classe gramatical (substantivo feminino) + definição.

Alternativa "c" – Classe gramatical (advérbio) + definição.

Alternativa "d" – Classes gramaticais (adjetivo e substantivo) + definição.

Alternativa "e" – Classe gramatical (substantivo masculino) + **sinônimos**.

Perceba que não há definição do vocábulo.

Se mantivesse o modelo, estaria assim: *ação de obsequiar, de fazer favores a alguém.*

RESPOSTA: E

38 **(FGV – MPE SP – Analista de Promotoria – 2023)** Em todas as frases a seguir há exemplos de um tipo de vocábulo. Assinale a frase em que esse tipo está corretamente identificado.

a) Latinismo: "A gente tava (*sic*) cansado de esperar o ônibus".
b) Neologismo: "Estava todo mundo de cara amarrada".
c) Estrangeirismo: "Os alemães não têm uma língua delicada".
d) Arcaísmo: "Na Idade Média, tudo era religiosidade".
e) Regionalismo: "Nunca tantos deveram tanto a tão poucos".

COMENTÁRIOS:

Alternativa "a" – "*sic*": palavra latina (advérbio) – *põe-se entre parênteses depois de uma palavra, expressão ou frase, para indicar que a citação é textualmente exata, e que por ela não se responsabiliza quem a faz, seja qual for sua forma*[6].

Alternativa "b" – "de cara amarrada": linguagem coloquial.

Alternativa "c" – Não existe palavra alguma que foi emprestada de outra língua.

Alternativa "d" – Não existe palavra (ou expressão) antiquada, que caiu em desuso.

Alternativa "e" – Não há particularidade linguística de uma determinada região geográfica.

RESPOSTA: A

39 **(FGV – SME SP – Professor de Ensino Fundamental II e Médio – 2023)** As opções a seguir apresentam frases que mostram ambiguidade, **à exceção de uma**. Assinale-a.

a) O bandido que tinha fugido da prisão no mês passado foi assassinado.
b) A nomeação do novo ministro trouxe muita apreensão para o mercado financeiro.
c) O repórter esportivo viu o craque passeando pelo mercado de Qatar.
d) O filhote do cachorro mordeu a perna de um transeunte.
e) Os que se vacinarem já terão direito ao passaporte.

COMENTÁRIOS:

Alternativa "a" – O bandido fugiu da prisão no mês passado, ou o bandido foi assassinado no mês passado. Basta deslocar o adjunto adverbial:

- O bandido que, no mês passado, tinha fugido da prisão foi assassinado.

- O bandido que tinha fugido da prisão foi assassinado no mês passado.

Alternativa "b" – O ministro foi nomeado, ou o ministro nomeou alguém.

- É preciso pensar no sentido ativo e no sentido passivo.

Alternativa "c" – Quem estava passeando pelo mercado de Qatar? O repórter esportivo, ou o craque.

6 Dicionário Online de Português. Disponível em <www.dicio.com.br/sic/>. Acesso em 29 agosto 2023.

- Encontre o sujeito de "passeando".

Alternativa "d" – Quem mordeu a perna de um transeunte foi o filhote do cachorro.

Alternativa "e" – Os que vacinarem a si mesmos, ou os que forem vacinados por alguém.

- É necessário pensar no sentido reflexivo e no sentido passivo.

RESPOSTA: D

40 **(FGV – SME SP – Professor – 2023)** Analise o fragmento a seguir, retirado de uma redação escolar.

"Amanhã, eu irei diretamente a uma livraria e comprarei esse livro, que passará a fazer parte de minha biblioteca."

O contexto de produção desse segmento utiliza uma série de vocábulos cujos significados não são fixos, mas podem variar conforme a situação comunicativa.

Assinale a opção que apresenta o termo de significação variável, dependente da situação.

a) Amanhã.
b) diretamente.
c) livraria.
d) fazer parte.
e) biblioteca.

COMENTÁRIOS:

Nota da autora:

Para possuir significação variável, pode indicar outro sentido. Não se refere a classes gramaticais.

Tente encaixar a palavra em outro contexto para facilitar o entendimento.

Alternativa "a" – É variável porque depende do dia em que a frase foi escrita ou falada.

Exemplo: se foi falada/escrita ontem, amanhã é hoje; se falada/escrita hoje, amanhã será amanhã.

Variações: amanhã, hoje, ontem.

Alternativa "b" – *Diretamente* é invariável: *em que não há obstáculo, de maneira direta, minuciosamente perfeito.*

Ela veio diretamente para a casa. O meridiano passa diretamente neste ponto. Eles estão diretamente ligados um ao outro.

Alternativa "c" – *Livraria* é invariável: *estabelecimento comercial em que se vendem livros.*

Alternativa "d" – *Fazer parte* é invariável: *pertencer.*

Alternativa "e" – *Biblioteca* é invariável: *coleção de livros que se dispõe de maneira ordenada; local onde essas coleções são guardadas; edifício público ou particular onde é* *possível consultar, ler ou pegar emprestado, livros; conjunto das obras de um grande autor ou área.*

RESPOSTA: A

41 **(FGV – PC AM – Escrivão/2022)** Assinale a frase em que se comete um erro de grafia.

a) A seção em que trabalho é a mais procurada.
b) A adolescência é uma fase difícil.
c) Essas coisas nunca passam despercebidas.
d) Nunca mais vi aqueles facínoras.
e) Chegaram as encomendas atravez do correio.

COMENTÁRIOS:

Alternativa "a" – Seção: *cada um dos departamentos que compõe um serviço, público ou particular; repartição.*

Alternativa "b" – Adolescência: *período do desenvolvimento humano definido pela transição entre a juventude e a idade adulta; fase que se inicia após a puberdade.*

Alternativa "c" – Despercebidas: *que não se consegue perceber nem notar.*

Alternativa "d" – Facínoras: *pessoas que cometem crimes de maneira cruel e perversa; perversas.*

Alternativa "e" – Através: *por meio de* (advérbio).

RESPOSTA: E

42 **(FGV – PC AM – Escrivão/2022)** Assinale a frase publicitária que não se utiliza de um duplo sentido.

a) Nesta padaria, os donos também metem a mão na massa.
b) Neste livro, as páginas de memórias ruins estão em branco.
c) Nesta livraria, os livros estão empilhados nos balcões.
d) Nesta confeitaria, tudo é doce.
e) Este é um vinho seco, não molha a garganta.

COMENTÁRIOS:

Alternativa "a" – "Meter a mão na massa": denotação (fazer pão), ou conotação (trabalhar).

Alternativa "b" – Não existem memórias ruins, ou não foram mencionadas.

Alternativa "c" – Os livros estão no balcão: indicação de lugar.

Alternativa "d" – Pode referir-se ao sabor, ou à suavidade.

Alternativa "e" – "Seco" pode ser o tipo do vinho, ou o fato de ser desprovido de umidade.

RESPOSTA: C

43 **(FGV – PC AM – Escrivão/2022)** Nos dicionários, as palavras dos verbetes são geralmente definidas e essas definições começam por um termo de valor geral (hiperônimo).

Identifique a definição a seguir em que o termo inicial de caráter geral foi bem escolhido.

a) O caderno é um utensílio escolar.
b) O jogador é um personagem do futebol.
c) O martelo é um objeto do carpinteiro.
d) O cachorro é um réptil muito amado.
e) O grafiteiro é um escultor mal compreendido.

COMENTÁRIOS:

Alternativa "a" – Não se trata de um objeto que se usa, para simplificar a fabricação de um produto, ou seja, não é utensílio. Caberia "objeto" – mencionado na alternativa "c".

Alternativa "b" – Personagem: *pessoa que chama atenção por suas características particulares, pela posição que ocupa na sociedade ou pelas situações em que está presente.* Isso significa que o caráter foi muito bem escolhido.

Alternativa "c" – Não se trata de coisa material que pode ser percebida pelos sentidos (visão, audição, tato, olfato e paladar). Aqui caberia "utensílio".

Alternativa "d" – Cachorro não é réptil – não possui o corpo coberto por placas ou escamas, com respiração pulmonar e fecundação interna.

Alternativa "e" – O grafiteiro pinta, o escultor faz peças, não há relação alguma entre eles.

RESPOSTA: B

44 **(FGV – PC AM – Escrivão/2022)** Um fenômeno bastante comum em nossa língua é o emprego numeroso de anglicismos, ou seja, vocábulos provenientes da língua inglesa.

Assinale a frase em que o estrangeirismo está adequadamente substituído por palavra portuguesa.

a) O *shopping* tem horário de funcionamento colocado em pequeno cartaz na porta / loja.
b) Os comerciantes deviam fazer estudos de *marketing*, antes de abrirem seus estabelecimentos / economia.
c) A modelo dizia jamais ter usado *shampoo* brasileiro, por sua má qualidade / sabonete bactericida.
d) Os meninos de hoje trocam qualquer atividade por um *game* / jogo de cartas.
e) Obtive todas essas informações no *site* da própria empresa / sítio.

COMENTÁRIOS:

Alternativa "a" – Compras, centro comercial. Não há somente "lojas": *estabelecimento comercial que disponibiliza, num mesmo local, variados tipos de serviços, lojas, cinemas, teatros etc.*

Alternativa "b" – Comercialização, propaganda. *Conjunto de procedimentos e estratégias de otimização dos lucros que, através de pesquisas de mercado, busca adequar os produtos às necessidades dos consumidores; estudo de mercado.*

Alternativa "c" – No Brasil, é **"xampu"**. *Sabão líquido ou substância saponácea, usada como sabão, para lavagem dos cabelos.*

Alternativa "d" – É jogo, mas não especificamente *de cartas*.

Alternativa "e" – *Site:* local, lugar, sítio.

Sinônimos de "sítio": *chácara, campo, fazenda, povoação, aldeia, site, local, lugar.*

RESPOSTA: E

45 **(FGV – SSP AM – Técnico de nível superior/2022)** Todas as frases abaixo estão construídas com comparações explícitas ou em linguagem figurada (metáfora). Assinale a opção em que o motivo da comparação está identificado de forma correta.

a) As grandes portas do refeitório se abriram e vomitaram três fiscais da saúde pública em roupas discretas / aparência suja dos fiscais.

b) A coluna de soldados nada mais era que um barco perdido, levado pelas forças da natureza e por seu destino / a distância em relação a um ponto seguro.

c) A história é uma galeria de quadros com poucos originais e muitas cópias / a beleza.

d) Ontem é um cheque cancelado, amanhã é uma nota promissória e hoje é o único dinheiro vivo que você tem / o fracasso em atividades.

e) Juventude é um presente da natureza, mas a idade é um trabalho de arte / estado de perfeição.

COMENTÁRIOS:

Alternativa "a" – Vomitaram: sentido figurado. Indica que surgiram três fiscais. A sujeira (ideia de vômito) está relacionada ao refeitório, não aos fiscais.

Alternativa "b" – Comparação (soldados e barcos): os soldados estavam perdidos. O motivo está incorreto.

Alternativa "c" – Comparação: história e galeria de quadros. Não faz referência à beleza.

Alternativa "d" – Cheque cancelado: passado, fato ocorrido; amanhã: futuro; hoje: presente.

Alternativa "e" – Comparação: juventude e maturidade. Motivo: a idade madura é um trabalho de arte – é belo, é perfeito.

RESPOSTA: E

3. NÍVEL DIFÍCIL

01 **(FGV – Auditor do Estado – SEFAZ RS – 2025)** As frases a seguir mostram uma locução adjetiva sublinhada e um adjetivo que a substitui.

Assinale a frase em que o adjetivo substituto está adequado.

a) As atitudes das mulheres são firmes / fêmeas.
b) O quadro mostra partes pintadas de branco / branqueadas.
c) O fim do ano está por um fio / iminente.
d) O secretário está com uma roupa fora de moda / disforme.
e) A menina mostrava-se de bons modos / modelar.

COMENTÁRIOS:

Alternativa "a" – Fêmeas: animais do sexo feminino.

Alternativa "b" – Branqueadas: tornaram-se brancas, clareadas.

Alternativa "c" – Iminente: pode acontecer em um momento muito próximo.

Por um fio: algo que está prestes a acontecer.

Alternativa "d" – Disforme: desproporcional, irregular.

Alternativa "e" – Modelar: trabalhar como modelo ou desfilar apresentando artigos da moda.

RESPOSTA: C

02 **(FGV – 2025 – TCE RR – Auditor de Controle Externo)** Assinale a frase em que a grafia do termo sublinhado está correta.

a) Os anciãos morrem **por que** já não são amados.
b) Todo homem tem o seu anjo bom e o seu anjo **mal**.
c) Aprendi muito com meus mestres, **mas** com meus companheiros.
d) Desejo que as armas deem lugar **a** paz.
e) Uma **sessão** de cinema vale uma terapia.

COMENTÁRIOS:

Alternativa "a" – Conjunção: **porque**.
Alternativa "b" – Adjetivo: **mau.**
A banca foi simpática ao inserir o antônimo de "mau".

Dica: "mal" é antônimo de "bem" e pode ser substantivo ou advérbio.

Alternativa "c" – A ideia é: aprendi **mais** com meus companheiros. É advérbio e refere-se à quantidade. É antônimo de "menos".

Dica: a conjunção "mas" indica oposição, adversidade e não cabe no contexto.

Alternativa "d" – Deem lugar a algo: a preposição "a" foi exigida. Preposição "a" + artigo definido feminino "a" que acompanha o substantivo feminino "paz" = à.

Em caso de dúvida, substitua o substantivo feminino por um masculino e veja se resulta em "ao": deem lugar **AO** poder.

Alternativa "e" – Sessão: tempo de duração de um espetáculo, programa.

RESPOSTA: E

03 **(FGV – Auditor de Controle Externo – TCE PI – 2025)** Assinale a frase que mostra a presença de antônimos em sua estruturação.

a) Para grandes males, grandes remédios.
b) A distância mais longa é entre a cabeça e o coração.
c) Depois do jantar descansarás ou andarás mil passos.
d) Sabemos que tudo pode ser comum ou extraordinário.
e) Os médicos devem inserir fé e esperança nos pacientes.

COMENTÁRIOS:

Alternativa "a" – *Mal* não é antônimo de *remédio.*

Antônimos de "mal": bem, benefício, proveito, préstimo.

Alternativa "b" – *Cabeça* e *coração* não são vocábulos antônimos.

Alternativa "c" – *Descansar* não é antônimo de *andar.*

Antônimos de "descansar": cansar, fadigar, derrear, esgotar, exaurir.

Alternativa "d" – Comum: *caracterizado pela simplicidade; simples*[7].

Extraordinário: *que* ***não é comum****, banal, ordinário; excepcional, incrível*[8].

Alternativa "e" – *Fé* e *esperança* não são vocábulos antônimos.

Antônimos de "fé": desconfiança, descrença, dúvida, incerteza, receio, suspeita.

RESPOSTA: D

04 **(FGV – Auditor de Controle Externo – TCE PI – 2025)** Assinale a frase que está inteiramente em linguagem lógica, sem conotação (linguagem figurada).

a) Dinheiro fala.
b) Êxtase: descobrir uma nova camada de bombons sob a primeira.
c) Se você ficar com medo da guerra, coma uma bomba de chocolate.
d) Se você tem alguma coisa importante a dizer, embrulhe-a em chocolate.
e) Lavo muita roupa no tanque e só ando de bicicleta. Acho que isso faz o corpo ficar em forma.

---

7 Dicionário Online de Português. Disponível em <www.dicio.com.br/comum>. Acesso 17 março 2025, com adaptações.

8 Dicionário Online de Português. Disponível em <www.dicio.com.br/extraordinario>. Acesso 17 março 2025, com adaptações.

COMENTÁRIOS:

Alternativa "a" – Conotação: personifica "dinheiro", ou seja, dá característica humana (falar) a objeto/coisa (dinheiro) = dinheiro não fala.

Alternativa "b" – Conotação: exagera a ideia de "êxtase" – *condição daquele que está emocionalmente fora de si ou tomado por sensações adversas, intensas e contundentes.*

Alternativa "c" – Conotação: o vocábulo "bomba" foi usado para se referir à guerra.

Alternativa "d" – Conotação: "embrulhar" palavras.

Alternativa "e" – Denotação: lavar roupa no tanque, andar de bicicleta, corpo em forma.

RESPOSTA: E

Atenção: o texto a seguir refere-se à próxima questão.

"Quando deve ocorrer uma auditoria empresarial?

É preciso se livrar da convicção de que uma auditoria só é necessária quando as coisas não vão bem – porque ela deve ser feita quando está tudo bem, quando tudo está em perfeitas condições, pois isso pode garantir a ordem nos negócios a longo prazo.

Quanto maior a empresa, mais provável é que os pontos-chave exijam auditorias completas e frequentes – isso pode ser feito por especialistas internos qualificados ou consultores externos.

Para determinar se sua empresa precisa de uma auditoria, considere se as informações em uma área específica são suficientemente transparentes, claras e seguras. Se não, definitivamente indica a necessidade de uma análise aprofundada.

Outra orientação muito importante é conversar com os funcionários. Eles sabem melhor do que ninguém se os processos são seguidos e se os requisitos burocráticos e legais são cumpridos. Portanto, comece uma conversa."

(Redator Ponto Tel / 20/10/2021)

05 **(FGV – CGE SC – Auditor do Estado – Direito/2023)** Em todos os segmentos abaixo há a presença de dois termos sublinhados.

Assinale a opção em que a presença do segundo termo é dispensável, por ser sinônimo perfeito do primeiro.

a) porque ela deve ser feita quando está tudo bem, quando tudo está em perfeitas condições.

b) mais provável é que os pontos-chave exijam auditorias completas e frequentes.

c) isso pode ser feito por especialistas internos qualificados ou consultores externos.

d) as informações em uma área específica são suficientemente transparentes, claras e seguras.

e) Eles sabem melhor do que ninguém se os processos são seguidos e se os requisitos burocráticos e legais são cumpridos.

COMENTÁRIOS:

Nota da autora:

Os sinônimos perfeitos possuem significados idênticos.

Alternativa "a" – "quando está tudo bem" é equivalente a "quando tudo está em perfeitas condições": sinônimos perfeitos.

Alternativa "b" – Basta perceber que os dois vocábulos não possuem noção de tempo – é o caso apenas do adjetivo "frequente".

Completo: *que contém todos os elementos necessários; que não tem nada a faltar; inteiro, acabado, integral.*

Frequente: *que se repete de maneira contínua, continuado.*

Alternativa "c" – Os vocábulos "internos" e "externos" são antônimos.

Alternativa "d" – Transparente (no sentido figurado): *característica daquilo que é facilmente percebido; evidente, claro; inequívoco.* É sinônimo de "claro", mas não de "seguro".

Seguro: *que expressa confiança; que não duvida nem hesita; confiante, cauteloso.*

Algo pode ser transparente e claro, e não ser seguro.

Alternativa "e" – Burocrático: *relativo à burocracia, ao sistema administrativo do serviço público.*

Legal: *de acordo com as leis judiciais; estabelecido, definido, aprovado pela lei ou que nela tem sua origem.*

RESPOSTA: A

Atenção: o texto a seguir refere-se à próxima questão.

"Estamos em 2022 e, neste momento, a maioria das transações bancárias, segundo o Banco Central, é realizada na modalidade Pix. Essa modalidade já superou a TED e o DOC.

Sabemos que no Brasil existe muita sonegação, muitas empresas, principalmente as menores, não declaram tudo aquilo que movimentam. Porém, do outro lado da mesa, está a Receita Federal — com supercomputadores e com analistas bem treinados para auditar as milhares de informações que chegam aos bancos de dados do órgão.

As Secretarias de Fazenda Estaduais e as Prefeituras estão se modernizando cada vez mais (é o caso do DF, que possui a Malha Fiscal), com o uso de tecnologia para tratamento das informações recebidas através das obrigações acessórias, a fim de evitar a sonegação fiscal por parte das empresas e não deixar de arrecadar tributos.

A Receita Federal, através do sistema SPED (Sistema Público de Escrituração Digital), montou uma verdadeira armadilha para as pessoas físicas e jurídicas que não declaram suas movimentações financeiras.

O que antes era feito em papel passou a ser digital e online, ou seja, hoje em dia a Receita Federal pode identificar uma operação clandestina antes mesmo de ser concluída.

E, a partir de 2023, será possível cruzar a movimentação bancária gerada pelas empresas (de qualquer porte) com as informações repassadas pelas instituições financeiras, intermediadores financeiros e instituições de pagamento para arrecadar os tributos devidos nessas operações.

Não importa a forma de transferência utilizada pelas empresas, TED, DOC, Pix etc. Tudo será informado para o fisco e, como já dissemos, no caso do Pix, a informação será retroativa."

(Arvi Consultoria)

06 **(FGV – CGE SC – Auditor do Estado – Direito/2023)** *"A Receita Federal, através do sistema SPED (Sistema Público de Escrituração Digital), montou uma verdadeira armadilha para as pessoas físicas e jurídicas que não declaram suas movimentações financeiras."*

Nesse segmento do texto, o vocábulo "verdadeira" mostra o mesmo significado que na seguinte frase:

a) Os caixas dos supermercados verificam sempre se as cédulas de alto valor recebidas são verdadeiras.

b) As verdadeiras afirmações de Cristo deviam ser ouvidas com mais atenção, pois, não sendo falsas, geram o bem.

c) As moedas achadas no navio naufragado são verdadeiras e foram cunhadas no século X.

d) Os supercomputadores são verdadeiros espiões contra o crime.

e) A única afirmação verdadeira do ministro foi desprezada pelos ouvintes.

COMENTÁRIOS:

Nota da autora:

O vocábulo "verdadeira", no trecho, possui sentido de "autêntica", "verídica", "real", "certa".

Alternativa "a" – Sentido de "autênticas".

Alternativa "b" – Sentido de "não são mentiras", "não são fraudes".

Alternativa "c" – Sentido de "autênticas".

Alternativa "d" – São espiões autênticos, verídicos, reais, certos.

Alternativa "e" – Sentido de "verídica". Perceba que o sentido do vocábulo, aqui, não abrange toda a ideia do trecho nem da alternativa anterior.

Opte sempre pela alternativa mais completa.

RESPOSTA: D

07 **(FGV – TCE ES – Analista de Controle Externo – Direito/2023)** Quatro das frases abaixo mostram um termo anafórico (termo que se refere a um outro termo anterior) sublinhado; a frase em que esse termo tem um antecedente definido SEM ambiguidade, é:

a) O amor é como fogo: para que dure é preciso alimentá-**lo**;

b) Tenha cuidado ao emprestar dinheiro a um amigo. Você pode perdê-**lo**;

c) Uma emoção deixa de ser paixão assim que formamos uma clara e distinta ideia acerca **dela**;
d) A verdadeira amizade é como a saúde, só se percebe seu valor ao perdê-**la**;
e) A infelicidade é não saber o que se quer e fazer um esforço enorme para consegui-**lo**.

COMENTÁRIOS:

Alternativa "a" – Alimentar o amor, ou alimentar o fogo.

Alternativa "b" – Pode perder o dinheiro, ou pode perder o amigo.

Alternativa "c" – Acerca da emoção, ou acerca da paixão.

Alternativa "d" – Ao perder a amizade, ou ao perder a saúde?

Alternativa "e" – O pronome oblíquo refere-se à ideia de fazer esforço sem saber o que se quer.

RESPOSTA: E

08 **(FGV – TCE ES – Analista de Controle Externo – Direito/2023)** Todas as frases abaixo mostram verbos ligados à ação de "ver".
A frase em que o verbo sublinhado NÃO está adequadamente empregado, por não ter seu sentido adequado ao contexto, é:

a) O atirador **mirou** com cuidado o alvo pretendido;
b) O caçador **vislumbrou** o animal entre a folhagem;
c) No museu, pessoas **observam** desatentas os inúmeros quadros;
d) Ao entrarem na Capela Sistina, os turistas **contemplam** obrigatoriamente as pinturas do teto;
e) O daltonismo não permitia que ele **distinguisse** o verde do vermelho.

COMENTÁRIOS:

Alternativa "a" – Mirou: *observou*, ***olhou*** = o alvo.

Alternativa "b" – Vislumbrou: ***enxergou*** = o animal.

Alternativa "c" – Observam: *analisam, notam*, ***veem***. É impossível as pessoas observarem e estarem desatentas. Se observam, estão atentas.

Alternativa "d" – Contemplava: ***olhava***, *via, analisava* = as pinturas.

Alternativa "e" – Distinguisse: *diferenciar* (o verde do vermelho), ***enxergar*** (o verde e o amarelo).

RESPOSTA: C

09 **(FGV – TCE ES – Analista de Controle Externo – Direito/2023)** Em todas as opções abaixo há uma frase que foi reescrita, com o deslocamento de termos, mantendo-se o sentido original.
A frase em que essa reescritura foi feita de forma adequada, é:

a) Se a chama que está dentro de ti se apagar, as almas que estão ao teu lado morrerão de frio / Se se apagar a chama que está dentro de ti, morrerão de frio as almas que estão ao teu lado;

b) Como a lâmpada, só podemos ser úteis quando nossa luz vem de dentro / Quando nossa luz vem de dentro, só podemos ser úteis, como a lâmpada;

c) É melhor dar do que emprestar, e custa aproximadamente o mesmo / Custa aproximadamente o mesmo dar ou emprestar;

d) Se procuras uma mão disposta a te ajudar, tu a encontrarás no final do teu braço / Se procuras no final do teu braço, tu encontrarás uma mão disposta a te ajudar;

e) Quem fica na ponta dos dedos não se conserva de pé durante muito tempo / Quem não se conserva de pé durante muito tempo fica na ponta dos dedos.

COMENTÁRIOS:

Nota da autora:

Para facilitar, divida as orações ou trechos.

Alternativa "a"

Se a chama que está dentro de ti se apagar = Se se apagar a chama que está dentro de ti;

as almas que estão ao teu lado morrerão de frio = morrerão de frio as almas que estão ao teu lado.

O sentido foi mantido.

Alternativa "b" – Na primeira frase, compara "lâmpada" com "nós"; na segunda, a comparação foi descartada e inserida uma restrição à lâmpada.

Alternativa "c" – Na reescrita, a ideia *do que é melhor* foi suprimida.

Alternativa "d" – Na primeira, a condição está relacionada a procurar ajuda; na segunda, a condição está relacionada ao lugar.

Alternativa "e" – A causa foi alterada para consequência. A ideia da primeira é: ficar na ponta dos dedos.

- Quem não se conserva de pé durante muito tempo? (consequência)
- Quem fica na ponta dos dedos. (causa)

RESPOSTA: A

10 **(FGV – TCE ES – Analista de Controle Externo – Direito/2023)** Entre as frases abaixo, aquela que mostra uma estruturação coerente, sem qualquer contradição lógica, é:

a) Serviço de emergência disponível só com 24 horas de antecedência;

b) Eu mataria por um prêmio Nobel da paz;

c) Eu caminho devagar, mas nunca caminho para trás;

d) Pontualidade é a coincidência de duas pessoas chegarem com o mesmo atraso;

e) Eu não sei o que quero fazer de minha vida, mas eu o farei.

COMENTÁRIOS:

Alternativa "a" – Emergência é imprevisto. Seria impossível saber antecipadamente.

Alternativa "b" – Se é da paz, não pode assassinar. Paz: calmaria, concórdia, harmonia.

Alternativa "c" – Caminho devagar e para frente. Não há contradição lógica.

Alternativa "d" – Se chegaram com atraso, não houve pontualidade.

Alternativa "e" – Não há como fazer o que não se sabe.

RESPOSTA: C

11 **(FGV – TCE AM – Auditor Técnico Controle Externo – MP – 2021)** A frase abaixo que se utiliza somente de linguagem lógica, NÃO ocorrendo exemplo de linguagem figurada, é:

a) "Sonho com o dia em que a justiça correrá como água e a retidão como um caudaloso rio" – Martin Luther King Junior;

b) "Peço perdão, em nome de todos os católicos, por todas as injustiças contra os não católicos no decorrer da história" – Papa João Paulo II;

c) "A beleza é bela quando pode ser vendida. A justiça é justa quando pode ser comprada" – Eduardo Galeano;

d) "A justiça é uma troca" – Friedrich Nietzsche;

e) "A justiça pode irritar porque é precária. A verdade não se impacienta porque é eterna" – Ruy Barbosa.

COMENTÁRIOS:

Nota da autora: Conotação (linguagem figurada) é aquilo que uma palavra pode sugerir, além do seu sentido literal, através de associações com outras palavras, outros contextos, outros seres ou objetos.

Alternativa "a" – Conotação: **justiça correr como água** e **retidão como um caudaloso rio**.

Alternativa "b" – A frase do Papa está no sentido denotativo, não utilizou conotação.

Alternativa "c" – Conotação: **vender** a beleza e **comprar** a justiça. O verbo "vender" significa *transferir a propriedade de (**bem ou mercadoria**) em troca de pagamento convencionado*. Não é o caso.

Alternativa "d" – Conotação: a justiça **é uma troca**. "Trocar" significa *substituição de uma coisa ou pessoa por outra*.

Alternativa "e" – Conotação: a **justiça irritar** e a **verdade não se impacienta.**

RESPOSTA: B

12 **(FGV – SEFAZ ES – Auditor Fiscal – 2021)** Assinale a opção em que a expressão sublinhada está adequadamente empregada.

a) Graças à inflação, os preços dispararam.

b) Cerca de 37,4% dos preços subiram.
c) Todos estamos afim de enriquecer.
d) O capitalista foi de encontro a um grande negócio.
e) Ao invés de ganhar, todos tiveram prejuízo.

COMENTÁRIOS

Alternativa "a" – Por que os preços dispararam? (consequência) / **Porque** houve inflação (causa). Essa expressão denota algo positivo, no caso, é algo negativo.

Alternativa "b" – O valor percentual é exato, não aproximado. A expressão deveria ser retirada para que houvesse coerência.

Alternativa "c" – Possui sentido de "com o desejo, vontade, disposição para fazer alguma coisa": **a fim**.

Alternativa "d" – Ir *de encontro a* algo = ir contra (não é o caso). A ideia é de *estar de acordo com, ir em direção a*, ou seja, deveria ser usada a expressão **ao encontro de**.

Alternativa "e" – Os termos indicam oposição – ganhar x ter prejuízo – e a expressão está correta. Se possuísse ideia de "no lugar de", deveria ser usada a expressão "em vez de".

RESPOSTA: E

PARTE III

Morfologia

CAPÍTULO 1

Processos de formação das palavras

» **Nos editais:** Processos de formação de palavras. Abreviação. Abreviatura.

1. NÍVEL MÉDIO

01 **(FGV – 2024 – TRF 1 – Técnico Judiciário – Área Administrativa)** Observe a seguinte frase:

"A UERJ é uma grande universidade e está entre as melhores do país, segundo as pesquisas".

afirmativa correta sobre os componentes ou estrutura dessa frase é:

a) a leitura dessa sigla tanto pode ser feita por soletração como pode ser feita como um vocábulo;

b) toda sigla incluída num texto deve ser desenvolvida entre parênteses, colocados após o seu emprego;

c) nessa sigla deveriam ser colocados pontos após cada letra maiúscula;

d) essa sigla deveria incluir outras letras para torná-la mais facilmente pronunciável;

e) caso houvesse necessidade de separação silábica da sigla ao final de uma linha, a única forma possível seria UE-RJ.

COMENTÁRIOS:

Alternativa "a" – Como a sigla é composta por mais de três letras, pode ser lida através da soletração (U-E-R-J) ou como um vocábulo (UERJ).

Alternativa "b" – Não existe obrigatoriedade de estar entre parênteses.

Alternativa "c" – Não podem ser utilizados pontos em siglas.

Alternativa "d" – Trata-se do conjunto de letras iniciais da palavra que nomeia a Universidade e é pronunciável facilmente: UERJ.

Alternativa "e" – A forma possível é U-ERJ. É necessário haver uma vogal em cada sílaba.

ALTERNATIVA CORRETA: A

02 **(FGV – 2024 – TRF 1 – Técnico Judiciário – Área Administrativa)** Nas frases abaixo há duas formas sublinhadas, sendo a segunda uma forma abreviada da primeira.

A opção em que essa forma abreviada se mostra INADEQUADA é:

a) Na cidade havia um estacionamento especial para motocicletas e muitas motos ficavam ali todo o dia.

b) Os automóveis foram criados há mais de um século e hoje os autos são uma atração à parte nas cidades.

c) Houve uma festança na comemoração do aniversário da cidade e a população vai lembrar-se dessa festa por anos.

d) Os filmes que envolvem pornografia são parcialmente proibidos, mas a indústria de filmes pornô continua firme.

e) A poliomielite foi extinta no Brasil há alguns anos, mas alguns casos de pólio reapareceram há pouco.

COMENTÁRIOS:

Alternativa "a" – Moto: abreviação de motocicleta.

Alternativa "b" – Auto: abreviação de automóvel.

Alternativa "c" – Não se trata de abreviação, mas sim de aumentativo.

Festa: comemoração de um fato ou de uma data; cerimônia, celebração.

Festança: grande festa.

Festa: Comemoração de um fato ou de uma data; cerimônia, celebração

Festança: folia = grande festa

Alternativa "d" – Pornô: abreviação de pornografia.

Alternativa "e" – Pólio: abreviação de poliomielite.

ALTERNATIVA CORRETA: C

03 **(FGV – MPE SP – Oficial de Promotoria – 2023)** As frases abaixo mostram um advérbio formado com o sufixo – mente.

Assinale a frase em que esse advérbio indica *modo*.

a) A personalidade do homem determina antecipadamente o grau de sua fortuna.

b) A boa sorte nunca chega tardiamente.

c) O homem esquece mais facilmente a morte do pai do que a perda do patrimônio.

d) Nunca faça antes o que pode ser feito posteriormente.

e) Constantemente nos enganamos com o nosso próximo.

COMENTÁRIOS:

Alternativa "a" – Quando determina? Antecipadamente = advérbio de tempo.

Alternativa "b" – Quando chega? Tardiamente = advérbio de tempo.

Alternativa "c" – Como o homem esquece a morte? Facilmente = advérbio de modo.

Alternativa "d" – Quando pode ser feito? Posteriormente = advérbio de tempo.

Alternativa "e" – Quando nos enganamos? Constantemente = advérbio de tempo.

RESPOSTA: C

04 **(FGV – TJ AL – Técnico Judiciário – Área Judiciária – 2018)** A palavra do texto que NÃO segue o mesmo processo de formação que as demais é:

a) ressentimento;

b) covardia;

c) legislação;

d) importante;

e) veículo.

COMENTÁRIOS

Nota da autora: Palavras derivadas são aquelas que se originam de outras. Exemplos: pedreiro → pedra, tabuleiro → tábua; desonra → honra.

- **Derivação prefixal:** há acréscimo antes do radical = INfeliz.
- **Derivação sufixal:** há acréscimo após o radical = felizMENTE.

Alternativa "a" – Derivação sufixal de ressentir.

Alternativa "b" – Derivação sufixal de covarde.

Alternativa "c" – Derivação sufixal de legislar.

Alternativa "d" – Derivação sufixal de importar.

Alternativa "e" – Palavra primitiva, ou seja, dá origem a outras palavras.

RESPOSTA: E

05 **(FGV – TJ AL – Técnico Judiciário – Área Judiciária – 2018)** O item abaixo em que os dois vocábulos citados NÃO fazem parte da mesma família de palavras é:

a) falir / falência;

b) provir / provisão;

c) deter / detenção;

d) dispensar / dispensa;

e) fugir / fuga.

COMENTÁRIOS

Nota da autora: Palavras que pertencem à mesma família possuem o mesmo radial e são chamadas de palavras **cognatas**.

Alternativa "a" – Falência: Ato ou efeito de **falir**; quebra.

Alternativa "b" – *Provisão* é originário do verbo **prover**. Provisão: **Ação de prover**, de abastecer com o necessário; abastecimento. Prover: *abastar, abastecer, aprovisionar, fornecer, guarnecer, munir, rechear, sortir.*

Procedência é cognata de *provir: possuir a procedência em; proceder.*

Alternativa "c" – Detenção: Pena que consiste na prisão provisória, permanente ou preventiva de alguém. Condição da pessoa ou do que se encontra **detido**, preso.

Alternativa "d" – Dispensa: Ato de **dispensar**, de não estar obrigado a; escusa.

Alternativa "e" – Fuga: Ação ou efeito de **fugir**.

RESPOSTA: B

2. NÍVEL SUPERIOR

01 **(FGV – Câmara Municipal de SP – Consultor Técnico Legislativo – 2024)** Muitas formas de superlativo de adjetivos se utilizam de radicais latinos, daí que mostrem diferenças em relação ao radical do adjetivo atual. Assinale o superlativo abaixo que utiliza o radical atual do adjetivo.

a) Todas as coisas que hoje se creem antiquíssimas já foram novas.
b) Nessa época todos os morros da região estavam com seus cimos congeladíssimos.
c) Hoje em dia, notam-se pessoas paupérrimas andando pelas ruas de bairros chiques.
d) Por causa da doença, o senador voltou ao Congresso magérrimo, com as feições abatidas.
e) Com as demolições, todo o chão estava coberto de escombros, aspérrimo e muito sujo.

COMENTÁRIOS:

Nota da autora: Radical é a raiz da palavra, ou seja, é a parte que contém seu significado principal e da qual derivam outras palavras.

Exemplos: **livro**, **livr**aria, **livr**eiro; **amig**o **amiz**ade; **cabel**o, **cabel**udo, **cabel**adura.

Alternativa "a" – antiquíssimas: do latim – *antiquus* = muito antigo. O adjetivo não é atual.

Alternativa "b" – congeladíssimos: do latim – *congelo* = muito congelado. O adjetivo é atual e muito utilizado no Brasil.

Alternativa "c" – paupérrimas: do latim – *pauperrimus* = muito pobre. O adjetivo não é atual.

Alternativa "d" - magérrimo: do latim – *macerrimus* = muito magro. O adjetivo não é atual.

Alternativa "e" - aspérrimo: do latim – *asper* = muito áspero, rude. O adjetivo não é atual.

RESPOSTA: B

02 **(FGV – AL TO – Analista Legislativo – 2024)** Muitas palavras portuguesas mostram o prefixo A- sem qualquer valor semântico, sendo equivalentes ao mesmo vocábulo sem esse prefixo. Assinale a palavra a seguir que exemplifica esse A protético.

a) amostrar
b) abraçar
c) atenuar
d) aguardar
e) aparar

COMENTÁRIOS:

Nota da autora: O "a" protético deverá possuir significado artificial, ou seja, não irá alterar a palavra.

Alternativa "a" – "Amostrar" é sinônimo de "mostrar": *Mostrar; pôr na presença de alguém; tornar alguma coisa conhecida.*

Alternativa "b" – Abraçar: *mostrar; pôr na presença de alguém; tornar alguma coisa conhecida.*

Não existe a palavra "braçar".

Alternativa "c" – Atenuar: *ficar brando, menos intenso; amenizar.*

Não existe a palavra "tenuar".

Alternativa "d" – Aguardar: *esperar algo ou alguém; esperar, expectar.*

O verbo "guardar" não possui relação alguma com "aguardar": *vigiar para defender, salvaguardar.*

Alternativa "e" – Aparar: *tomar, receber, segurar, agarrar (objeto atirado por outrem).*

O verbo "parar" não possui relação com o verbo "parar".

RESPOSTA: A

03 **(FGV – Consultor Legislativo – AL – RO/2018 – adaptada)** "Afinal, por toda parte onde olhasse – na escola, em família, nas ruas, em clubes ou igrejas – eu me via cercado de pessoas que não queriam conhecer **coisíssima** alguma...[1]"

Nesse segmento, o termo sublinhado tem uma formação muito especial, pois

a) forma um superlativo de um adjetivo.

1. *Olavo de Carvalho, Diário do Comércio, 10/01/2011.*

b) cria um advérbio a partir de um nome.
c) acrescenta o sufixo -íssimo a um substantivo.
d) inventa uma palavra não dicionarizada.
e) traz como palavra primitiva um vocábulo sem significado.

COMENTÁRIOS:

Nota da autora: Questão de processos de formação das palavras e de classes gramaticais.

Alternativa "a" – O vocábulo "coisa" é um substantivo.

Alternativa "b" – É um substantivo, não cria advérbio.

Alternativa "c" – Coisa: radical + íssimo: sufixo feminino = coisíssima.

Alternativa "d" – A palavra existe, está no VOLP – Vocabulário Ortográfico da Língua Portuguesa.

Alternativa "e" – Possui significado: *tudo o que existe ou que pode ter existência (real ou abstrata).*

RESPOSTA: C

3. NÍVEL DIFÍCIL

01 (FGV – Prefeitura de Nova Iguaçu RJ – Auditor Fiscal do Tesouro Municipal – 2024) Leonardo da Vinci, certa vez, definiu arte como aquilo que "diz o indizível, exprime o inexprimível e traduz o intraduzível".

Sobre o processo de formação das palavras destacadas, assinale a alternativa ***incorreta***.

a) Os prefixos atribuem ao radical um sentido de negação.
b) Os prefixos ligam-se ao radical por meio da vogal temática -i.
c) São adjetivos formados a partir de verbos.
d) São palavras formadas por derivação parassintética.
e) Todas podem ser transformadas em orações adjetivas.

COMENTÁRIOS:

Nota da autora: Na próxima prova, pode ser pedido outro prefixo que indica negação.

Indicam negação: in-. im-, a-, an-, anti-, contra-, des-.

Alternativa "a" – Como mencionado na nota, o prefixo "in" possui ideia de negação.

Alternativa "b" – **IN**dizível: que **não** se pode dizer.

INexprimível: que **não** se consegue exprimir.

INtraduzível: que **não** se pode traduzir.

Alternativa "c" – São adjetivos porque qualificam e derivam, respectivamente, dos verbos dizer, exprimir e traduzir.

Alternativa "d" – A derivação é parassintética em todos os casos porque há prefixo e sufixo.

Dica: o sufixo –vel é usado em palavras que derivam de verbo.
Outros exemplos: amável, absorvível, comestível, defensável.

Alternativa "e" – Podem ser transformadas em orações adjetivas:

diz o que **não** se pode dizer, exprime o que **não** se consegue exprimir e traduz o que **não** se pode traduzir.

RESPOSTA: B

02 **(FGV – Auditor de Controle Externo – TCE PI – 2025)** Leia o fragmento a seguir.

Temo que deveríamos tornar o mundo honesto antes de honestamente dizer a nossos filhos que a honestidade é a melhor política. (Bernard Shaw)

Nesse pensamento aparecem três palavras da mesma família: honesto, honestamente e honestidade.

Assinale a opção que apresenta três palavras que pertencem também a uma mesma família e repetem, respectivamente, as mesmas classes gramaticais.

a) legível – legalmente – leitura.
b) correto – corretamente – correção.
c) elegível – eleitoralmente – eleitoral.
d) distinguido – distintamente – distinto.
e) punibilidade – impunemente – punição.

COMENTÁRIOS:

Nota da autora: Para facilitar, analise primeiro as classes gramaticais = **adjetivo, advérbio, substantivo.** Depois confira os radicais (raiz da palavra).

Alternativa "a" – Adjetivo, advérbio, substantivo, mas os **radicais** são **distintos**.

Alternativa "b" – Adjetivo, advérbio, substantivo. Os radicais pertencem à mesma família.

Alternativa "c" – Adjetivo, advérbio, **adjetivo:** eliminada.

Alternativa "d" – Adjetivo, advérbio, **adjetivo:** eliminada.

Alternativa "e" – **Substantivo**, advérbio, substantivo: eliminada.

RESPOSTA: B

03 **(FGV – Fiscal – Nível Superior – Pref. de Salvador – BA/2019)** *"Com abordagens diretas ou indiretas, a cultura baiana continua em destaque na "Festa Literária Internacional de Paraty", evento fluminense considerado como um dos principais festivais literários da América do Sul. A nova curadora da "Flip 2019", a publisher e jornalista Fernanda Diamant acaba de anunciar o escritor fluminense Euclides da Cunha como o "Autor Homenageado" no evento que começa em 10 de julho, no balneário histórico de Paraty".*

Tribuna da Bahia, 07/11/2018.

Assinale a opção que indica a palavra que tem processo de formação distinta das demais.

a) abordagens.
b) literários.
c) jornalista.
d) fluminense.
e) destaque.

COMENTÁRIOS:

Alternativa "a" – Derivação sufixal de vocábulo pluralizado (ens).

Alternativa "b" – Derivação sufixal que se refere a nome técnico (ios).

Alternativa "c" – Derivação sufixal relativo à profissão (ista).

Alternativa "d" – Derivação sufixal que se refere à origem (ense).

Alternativa "e" – Ocorreu derivação regressiva: o substantivo destaque vem do verbo destacar.

RESPOSTA: E

CAPÍTULO 2

Artigo, substantivo, adjetivo, preposição e advérbio

» **Nos editais:** Classes de palavras. Flexão nominal da língua portuguesa: padrões regulares e formas irregulares.

1. NÍVEL MÉDIO

01 **(FGV – 2024 – TRF 1 – Técnico Judiciário – Área Administrativa)** Todas as frases abaixo mostram um adjetivo sublinhado; a frase em que esse adjetivo tem valor de qualidade é:

a) Trabalhamos com o propósito de tornar nossos produtos obsoletos, antes que nossos concorrentes o façam.
b) Quando você contrata pessoas mais inteligentes que você, prova que é mais inteligente que elas.
c) O protesto papal ocorreu num momento de turbulência política na Igreja.
d) Os processos demorados tiram a credibilidade do sistema judiciário.
e) Na inflação capitalista, os preços sobem; na inflação socialista, os produtos somem.

COMENTÁRIOS:

Nota da autora: Adjetivo de qualidade possui valor subjetivo, isto é, refere-se a uma característica pessoal.

Alternativa "a" – Trabalhamos (agora) para que os produtos se tornem (futuro) "obsoletos" (antiquados, antigos). O adjetivo refere-se a tempo, indica estado: **adjetivo de estado**.

Dica: denota estado atual.

Alternativa "b" – É **adjetivo de qualidade** por possuir caráter subjetivo. Note que existe comparação.

Dicas: os indivíduos podem atribuir valores distintos; é perceptível visualmente quando se trata de característica física.

Alternativa "c" – "Papal" é **adjetivo de relação** porque possui relação com Papa. Esse tipo de adjetivo pode indicar procedência, finalidade, matéria, origem, tempo etc.

Dica: deriva de um substantivo.

Alternativa "d" – Se os processos são "demorados", indica uma relação de estado – pode ser algo transitório ou permanente: **adjetivo de estado.**

Dica: denota estado atual.

Alternativa "e" – "Capitalista" refere-se ao tipo da inflação, ou seja, possui valor de procedência: **adjetivo de relação.**

Dica: deriva de um substantivo.

RESPOSTA: B

02 **(FGV – TJ AP – Técnico Judiciário – 2024)** A opção abaixo em que os dois adjetivos indicados NÃO variam em número nem em gênero, é:

a) rosa / creme;

b) branco / firme;

c) constante / frequente;

d) melhor / superior;

e) marrom / atuante.

COMENTÁRIOS:

Alternativa "a" – A regra da pluralização do adjetivo é clara: quando o substantivo for usado para indicar qualidade, não admitirá flexão de número.

Blusas **rosa**, calças **creme**.

Dica: existe **a rosa**, existe **o creme**.

Alternativa "b" – São adjetivos e admitem pluralização.

Alternativa "c" – São adjetivos e admitem pluralização.

Alternativa "d" – São adjetivos e admitem pluralização.

Alternativa "e" – São adjetivos e admitem pluralização.

RESPOSTA: A

03 **(FGV – MPE SP – Oficial de Promotoria – 2023)** Todas as frases abaixo contêm adjetivos; assinale a frase em que esse adjetivo tem o valor de qualificação.

a) Na guerra contra a pobreza, a lista de mortos é **impublicável**.

b) Na inflação **capitalista** os preços sobem.

c) A indústria **farmacêutica** não tem remédio.

d) A crença de nosso cliente é o nosso **maior** patrimônio.

e) Não mexa no que está **quieto**.

COMENTÁRIOS:

Nota da autora: o adjetivo qualificativo pertence à categoria de adjetivos descritivos e expressam uma **qualidade** do assunto: *O poderoso computador. O céu azul. O enorme planeta.*

Alternativa "a" – Lista impublicável: não pode ser publicada (ação).

Alternativa "b" – Do capitalismo: não é característica.

Alternativa "c" – De farmácia: área de negócio.

Alternativa "d" – Patrimônio grande (refere-se ao tamanho), é uma qualidade.

Alternativa "e" – Indica estado.

RESPOSTA: D

04 **(FGV – MPE SP – Oficial de Promotoria – 2023)** Assinale a frase em que o adjetivo **bom/boa** tem valor objetivo.

a) Os clientes aperfeiçoaram o sistema de tornar impossível a boa propaganda.

b) O melhor do marketing é uma boa tabela de preços.

c) Perdoar é, além do mais, um bom negócio.

d) Existem dias de bom tempo em que é melhor divertir-se do que fazer negócio.

e) O dinheiro é um bom cosmético.

COMENTÁRIOS:

Nota da autora: O **adjetivo objetivo** atribui uma característica ao substantivo sem dar uma opinião que está visível a todos.

O **adjetivo subjetivo** também atribui uma característica ao substantivo, mas é algo pessoal e as pessoas podem, ou não, discordar.

Alternativa "a" – Boa propaganda: pode ser boa para você e péssima para outros – valor subjetivo.

Alternativa "b" – Boa tabela: pode ser boa para você e ruim para outros – valor subjetivo.

Alternativa "c" – Bom negócio: pode ser bom para você e péssimo para outros – valor subjetivo.

Alternativa "d" – Bom tempo: característica visível a todos, indiscutível. Exemplo: céu azul.

Alternativa "e" – Bom cosmético: pode ser bom para você e ruim para outros – valor subjetivo.

RESPOSTA: D

05 **(FGV – Técnico Médio – DPE – RJ/2019)** "Até mesmo de um corpúsculo disforme pode sair um espírito realmente forte e virtuoso".

Nessa frase, há uma forma diminutiva de *corpo*; a frase abaixo em que o diminutivo sublinhado perdeu o sentido original de diminutivo e passou a significar outra realidade é:

a) Havia na parede uma portinhola por onde se compravam as entradas para o jogo;
b) Era uma revistinha francesa que cabia no bolso da camisa;
c) Os alunos verificaram na folhinha as datas previstas para as provas finais;
d) Comeu muitos biscoitinhos de araruta, gostosíssimos;
e) Apesar de ser um vidrinho bem diminuto, o preço era alto.

COMENTÁRIOS:

Alternativa "a" – Diminutivo: *pequena porta, especialmente de automóvel ou de trem.*

Alternativa "b" – Diminutivo: revista pequena, pois cabia no bolso – era menor que o bolso.

Alternativa "c" – Folhinha não é uma folha pequena, mas sim um calendário. Significado de **calendário:** ***folhinha****; impresso que traz os dias, as semanas e os meses do ano, acrescentando os feriados, as fases da lua e as festas oficiais de um país.*

Alternativa "d" – Diminutivo: pequenos biscoitos.

Alternativa "e" – Diminutivo: o vidro era pequeno, mas o preço era alto.

RESPOSTA: C

06 **(FGV – Técnico – MPE – AL/2018)** Os substantivos coletivos em língua portuguesa podem ser específicos ("cardume" só se aplica a peixes) e gerais ("grupo" se aplica a uma grande diversidade de elementos).

Assinale a opção em que o termo precedido da preposição **de** tem a função de especificar um termo coletivo geral anterior.

a) "mercadinho de bairro".
b) "maços de espinafre".
c) "consumiria de imediato".
d) "postos de combustível".
e) "comportamento de muita gente".

COMENTÁRIOS:

Alternativa "a" – Mercadinho: pequeno mercado. Além de não ser um substantivo coletivo, o sufixo é diminutivo.

Alternativa "b" – Maço: *conjunto de coisas (papéis, cédulas, cartas) atadas pelo mesmo liame, ou contidas no mesmo invólucro (cigarros etc.)*. Especifica que há vários espinafres e é classificado como substantivo coletivo.

Alternativa "c" – *Consumir* é verbo. Descartada facilmente a alternativa.

Alternativa "d" – Posto: lugar destinado a atendimento público. Pode ser de combustível, de saúde, telefônico etc. Não se trata de um substantivo coletivo.

Alternativa "e" – Comportamento: *modo de se comportar, de proceder, de agir diante de algo ou alguém.* Não é substantivo coletivo.

RESPOSTA: B

2. NÍVEL SUPERIOR

01 **(FGV – Prefeitura de Abreu e Lima PE – Técnico em Controle Interno – 2024)** Os adjetivos podem ser empregados com gradação, nos graus comparativo e superlativo.

Assinale a frase que se mostra no grau comparativo.

a) O presidente é mais falante que atuante.
b) O ministro é o mais simpático do grupo.
c) Os batedores de carteira são rapidíssimos.
d) Todos os alunos são muito inteligentes.
e) Nem todos os secretários são bastante cultos.

COMENTÁRIOS:

Nota da autora:

O grau **comparativo** pode ser **de igualdade** (tão... quanto), **de superioridade** (mais... que), **de inferioridade** (menos... que).

O grau **superlativo** exagera e pode ser **absoluto sintético** (adjetivo + sufixo = amabilíssimo), **absoluto analítico** (acréscimo do advérbio + adjetivo = imensamente amável), **relativo de superioridade** (relação entre dois elementos = o mais... de / o mais... dentre), **relativo de inferioridade** (relação entre dois elementos = o menos... de / o menos... dentre).

Alternativa "a" – Comparativo de superioridade: **mais** falante **que** atuante.

Observação: a comparação é feita entre duas qualidades do sujeito e não entre dois sujeitos.

Alternativa "b" – Superlativo relativo de superioridade: **o mais** simpático **do** grupo.

Alternativa "c" – Superlativo absoluto sintético: adjetivo + sufixo = **rapidíssimos**.

Alternativa "d" – Superlativo absoluto analítico: advérbio + adjetivo = **muito inteligentes**.

Alternativa "e" – Superlativo absoluto analítico: advérbio + adjetivo = **bastante cultos**.

RESPOSTA: A

02 **(FGV – Prefeitura de Abreu e Lima PE – Técnico em Controle Interno – 2024)** Assinale a frase abaixo em que o vocábulo ***melhor*** mostra uma classe gramatical diferente das demais.

a) Dinheiro é o melhor cosmético.

b) A melhor forma de emagrecer é ser mãe em tempo integral.

c) Se há alguma coisa que queremos mudar em uma criança, devemos primeiro verificar se não é melhor fazer essa mudança em nós mesmos.

d) Não há melhor amigo nem parente do que nós mesmos.

e) As aulas presenciais ensinam melhor que as aulas à distância.

COMENTÁRIOS:

Nota da autora: O vocábulo "melhor" pode ser **adjetivo** (sentido de *muito bom, excelente, superior*), **advérbio** (no sentido de *satisfatoriamente, corretamente*), **substantivo** (no sentido de que *algo ou alguém está acima de todas as coisas ou pessoas*).

Dica: O adjetivo admite pluralização, e o advérbio não admite.

Alternativa "a" – Adjetivo: excelente cosmético – qualifica o substantivo.

Pluralização possível: dinheiro e sanidade são os melhores remédios.

Alternativa "b" – Adjetivo: excelente forma – qualifica o substantivo.

Pluralização possível: As melhores formas.

Alternativa "c" – Adjetivo: é bom fazer essa mudança em nós mesmos – qualifica a oração destacada.

Alternativa "d" – Adjetivo: excelente amigo – qualifica o substantivo.

Pluralização possível: Não há melhores amigos.

Alternativa "e" – Advérbio: ensinam corretamente, ensinam satisfatoriamente.

Não é aceitável a pluralização.

RESPOSTA: E

03 **(FGV – Câmara Municipal de SP – Consultor Técnico Legislativo – 2024)** Assinale a frase em que as palavras repetidas pertencem a classes diferentes.

a) Um tolo ensinado é mais tolo do que um tolo ignorante.

b) Eu não sou teimoso; um teimoso é aquele que teima comigo.

c) Não discuta com um bobo, pois se torna tão bobo quanto ele.

d) O seu cão será sempre um cão, não importa a coleira.

e) Um grande professor será sempre um grande homem.

COMENTÁRIOS:

Nota da autora: O gabarito foi alterado de "d" para "c". Questão discutível.

Alternativa "a" – É mais tolo: adjetivo; um tolo: substantivo.

Alternativa "b" – Sou teimoso: adjetivo; um teimoso: substantivo.

Alternativa "c" – Um bobo: substantivo; torna-se bobo: adjetivo.

Alternativa "d" – O seu cão: substantivo; será um cão: substantivo.

Alternativa "e" – Grande professor: adjetivo; grande homem: adjetivo.

RESPOSTA: C

04 **(FGV – SES MT – Médico Cirurgião Geral – 2024)** Assinale a frase que ***não*** exemplifica o caso de um adjetivo com valor adverbial.

a) Comecei de cima e trabalhei duro até chegar embaixo.

b) Você não aprende a manter firme sua posição no mundo ficando de guarda, mas atacando e sendo atacado.

c) Por que com tão curta a vida organizamos tantos projetos?

d) Tão rápido foge a vida que toda sorte é boa, em tão breve jornada.

COMENTÁRIOS:

Alternativa "a" – Possui valor adverbial porque está indicando circunstância do verbo "trabalhar": trabalhei como? Duro = modo.

Alternativa "b" – Possui valor adverbial porque está indicando circunstância do verbo "manter": manter como? Firme = modo.

Alternativa "c" – A vida é curta: o vocábulo indica uma qualidade do substantivo "vida", ou seja, não possui valor adverbial.

Alternativa "d" – Possui valor adverbial porque está indicando circunstância do verbo "fugir": como a vida foge? rápido = modo.

RESPOSTA: C

05 **(FGV – SES MT – Médico Cirurgião Geral – 2024)** Nas frases a seguir há várias formas de adjetivos referentes aos substantivos sublinhados. Assinale a opção em que a forma de adjetivação está identificada ***inadequadamente***.

a) Como todos os soldados, João também tinha cabelo curto. / adjetivo.

b) Apesar de pianista, o artista mostrava mãos grosseiras, rudes. / locução.

c) O livro que o professor recomendara, esgotou rapidamente. / oração adjetiva.

d) José era considerado um cabeça-de-vento. / substantivo composto.

COMENTÁRIOS:

Alternativa "a" – "Curto" qualifica o substantivo "cabelo".

Alternativa "b" – São dois adjetivos: grosseiras e rudes. Não é uma locução, ou seja, não assumem o valor de um único adjetivo.

Alternativa "c" – O "que" é um pronome relativo: retoma "livro" e pode ser substituído por "o qual". Inicia a oração subordinativa adjetiva restritiva.

Alternativa "d" – "cabeça-de-vento" é um substantivo composto porque possui mais de uma palavra.

RESPOSTA: B

06 **(FGV – Câmara de Fortaleza CE – Analista de Redação – 2024)** A preposição DE mostra inúmeros valores semânticos. Assinale a frase em que essa preposição tem seu valor corretamente indicado.

a) Com o assalto, a casa ficou cercada de policiais / agente.

b) O bule de chá ficou horas sobre a mesa / continente.

c) Os quadros de Picasso valem fortunas / propriedade.

d) Os homens de cultura são educados / assunto.

e) Chegaram de táxi, mas atrasados / modo.

COMENTÁRIOS:

Alternativa "a" – Se a casa ficou cercada de policiais, significa que os policiais a cercaram, isto é, os policiais agiram. A oração está na voz passiva analítica e possui agente da passiva.

Alternativa "b" – Continente (o que contém algo) é o bule, não a preposição "de".

Alternativa "c" – Indica autoria, foi ele quem fez. Pode pertencer a outra pessoa, por exemplo.

Alternativa "d" – Indica posse: eles possuem cultura.

Alternativa "e" – Indica meio.

RESPOSTA: A

07 **(FGV – AL MA – Consultor Legislativo – Direito/2023)** Observe o início de uma descrição, em que alguns artigos estão destacados.

"**Um** casal dirigia-se a **um** restaurante do centro da cidade para comemorar 20 anos de casados; **o** restaurante estava repleto, mas havia ainda algumas mesas disponíveis; logo que se sentaram numa delas, **um** garçom aproximou-se e entregou-lhes **o** cardápio".

Sobre um desses artigos, assinale a afirmativa correta.

a) "Um casal" mostra o artigo indefinido para indicar nenhuma importância narrativa.

b) o termo "o restaurante" mostra o artigo definido por já haver sido citado anteriormente.

c) o elemento "um restaurante" mostra o artigo indefinido para mostrar que se trata de um restaurante qualquer, sem sofisticação.

d) "um garçom" mostra um emprego inadequado do artigo indefinido.

e) "o cardápio" traz um artigo definido por ser um elemento inesperado na situação narrada.

COMENTÁRIOS:

Alternativa "a" – Mostra que se trata de um casal qualquer e possui importância narrativa.

Alternativa "b" – Primeiro menciona que um casal dirigia-se a **um restaurante**; depois, menciona que **o restaurante** estava repleto.

Observação: possui função anafórica, pois retoma um termo citado na outra oração.

Alternativa "c" - Mostra que se trata de um restaurante qualquer, mas em hipótese alguma indica que não seja sofisticado.

Alternativa "d" - Apenas indefine, ou seja, foi qualquer garçom, não individualiza.

Alternativa "e" - O artigo serve para individualizar o cardápio, isto é, trata-se de um cardápio específico: o cardápio do restaurante.

RESPOSTA: B

CAPÍTULO 3

Pronome

» **Nos editais:** Padrões gerais de colocação pronominal no português; domínio dos mecanismos de coesão textual: emprego de elementos de referenciação; emprego das classes de palavras; morfologia: reconhecimento, emprego e sentido das classes gramaticais; mecanismos de flexão dos nomes.

1. NÍVEL MÉDIO

01 **(FGV – EBSERH – Grupo Técnico em Análises Clínicas – 2025)** Assinale a frase em que a colocação do pronome oblíquo está correta.

a) Me mostraram a prova do crime.
b) Deram-me três dias de prazo.
c) Não deu-me a menor importância.
d) Quem viu-me fazer isso?
e) Ninguém observou-me durante a corrida.

COMENTÁRIOS:

Alternativa "a" – É inadmissível iniciar frase com pronome oblíquo: Mostraram-me.

Alternativa "b" – Ênclise correta.

Alternativa "c" – O advérbio atrai o pronome oblíquo: **Não** me deu.

Alternativa "d" – O pronome interrogativo atrai o pronome oblíquo: **Quem** me viu...

Alternativa "e" – O pronome indefinido atrai o pronome oblíquo: **Ninguém** me observou.

RESPOSTA: B

02 **(FGV – TJ AP – Técnico Judiciário – 2024)** A frase em que a forma do pronome demonstrativo sublinhada está bem empregada, é:

a) Desde quando você tem esta marca de nascença, aí no ombro?

b) A verdade sobre um homem reside em primeiro lugar nisso que ele esconde;

c) As almas têm ilusões assim como as aves têm asas. São essas que lhe permitem voar;

d) "Os sábios dizem que a vossa luz se apagará um dia", disseram os pirilampos às estrelas. Estas, porém, não disseram nada;

e) Prefiro isso: o paraíso pelo clima e o inferno pelas companhias.

COMENTÁRIOS:

Nota da autora: Lembre-se de que o pronome demonstrativo pode se referir ao espaço, aos elementos, ao tempo e às ideias (retomar ou citar – anáfora e catáfora).

Alternativa "a" – A marca está no receptor, isto é, não próxima do emissor.

Correção (espaço): **essa.**

Alternativa "b" – O que ele esconde está distante.

Correção (espaço): **naquilo.**

Alternativa "c" – Retoma o termo mais próximo (asas).

Correção (elemento): **estas.**

Alternativa "d" – As estrelas não disseram nada. Como retoma o último termo mencionado, está correto.

Alternativa "e" – Catáfora – a ideia será mencionada.

Correção (ideia): **isto.**

RESPOSTA: D

03 **(FGV – AL TO – Técnico Legislativo – 2024)** As perguntas a seguir apresentam o pronome pessoal oblíquo em ênclise (após o verbo); assinale a que mostra formulação ***incorreta***, porque só admite próclise.

a) Os dois bandidos evadiram-se do presídio em Mossoró?

b) Onde podemos vê-los?

c) Eles dedicar-se-iam às tarefas com prazer.

d) Numa entrevista como esta, isto pergunta-se?

e) Quem dir-me-á tantas barbaridades, senão ele?

COMENTÁRIOS:

Alternativa "a" – Sem fator atrativo: ênclise.

Alternativa "b" – Sem fator atrativo: ênclise.

Alternativa "c" – Sem fator atrativo: ênclise.

Alternativa "d" – Sem fator atrativo: ênclise.

Observação: o pronome demonstrativo não atrai o pronome oblíquo.

Alternativa "e" – Oração iniciada por palavra interrogativa: próclise obrigatória.

Além disso, perceba que o pronome "quem" é invariável. Palavras invariáveis atraem o pronome oblíquo.

RESPOSTA: E

04 **(FGV – Câmara de Fortaleza CE – Agente Administrativo – 2024)** Assinale a frase em que houve troca indevida entre O/LHE.

a) Geralmente aqueles que não têm nada a dizer conseguem levar o máximo de tempo para fazê-lo.
b) Quando você fica mais velho, começam a lhe atribuir virtudes que você jamais possuiu.
c) O povo é como uma cera mole, tudo depende da mão que o modele.
d) Toda idade tem seus frutos; o que falta é saber recolher-lhes.
e) Quanto melhor se enche a vida, menos tempo se tem de perdê-la.

COMENTÁRIOS:

Alternativa "a" – O verbo "fazer" é transitivo direto = fazê-lo.

Alternativa "b" – O verbo "atribuir" é transitivo direto e indireto = atribuir virtudes a você = lhe.

Alternativa "c" – O verbo "modelar" é transitivo direto = que o modele.

Alternativa "d" – O verbo "recolher" é transitivo direto e não admite o pronome "lhe".

Correção: **recolhê-los.**

Alternativa "e" – O verbo "perder" é transitivo direto = perdê-la.

RESPOSTA: D

05 **(FGV – MPE SP – Oficial de Promotoria – 2023)** As frases abaixo mostram exemplos de demonstrativos; assinale a frase em que o emprego desse demonstrativo está correto.

a) O melhor sinal de ser bom é este: não temer nem dever, e o maior da maldade é não temer nem pagar.
b) Não se envolva com seu chefe. Se acontecer, não conte aquilo a pessoa alguma.
c) Nesta terra em que você está não há segurança, apenas oportunidades.
d) No mundo existem aqueles que choram e esses que vendem lenços.
e) Não é ignorante este que faz tolice, e sim esse que, feita, não a sabe encobrir.

COMENTÁRIOS:

Alternativa "a" – Pronome catafórico: irá mencionar uma ideia.

Observação: nesse caso, usam-se *este, esta, isto.*

Alternativa "b" – Pronome anafórico: retoma o que foi mencionado (Não se envolva com seu chefe). Correção: não conte **isso** a pessoa alguma.

Alternativa "c" – Quanto ao posicionamento, a terra está próxima do receptor. Correção: **Nessa** terra.

Alternativa "d" – Aqueles (distantes) e **estes** (próximos) que vendem lenços.

Alternativa "e" – Este (próximo) e **aquele** (distante) que não a sabe encobrir.

RESPOSTA: A

06 **(FGV – AGENERSA – Assistente Técnico de Regulação – 2023)** Todos os pensamentos a seguir têm demonstrativos.

Assinale a frase que mostra o emprego correto desses demonstrativos.

a) As coisas em si mesmas não são boas nem más. É o pensamento que as torna deste ou daquele jeito.

b) Entre a notícia e o boato a diferença é que este pode ser forjado enquanto aquele não pode.

c) Pelas notícias de ontem, o jornal de hoje faz temer as de amanhã; tanto estes quanto aqueles são terríveis.

d) As boas notícias e as más notícias podem ser dadas a qualquer hora, mas essas devem ser dadas pela manhã.

e) A má informação e a falta de informação são igualmente desesperadoras, mas aquele é mais grave.

COMENTÁRIOS:

Nota da autora: Questão de pronome e de coesão textual.

Quando há dois elementos que são retomados, usa-se "este" (e suas variações) para o elemento mais próximo e "aquele" (e suas variações) para o elemento distante.

Alternativa "a" – Deste jeito (último termo mencionado): coisas más; daquele jeito (termo mais distante): coisas boas.

Alternativa "b" – "Este": o boato; "**aquela**": a notícia.

Alternativa "c" – tanto **estas** (as notícias de amanhã); quanto **aquelas** (as notícias de ontem).

Alternativa "d" – mas **estas** (as más notícias).

Alternativa "e" – mas **aquela** (a má informação).

RESPOSTA: A

Texto 2 – Campanha

"Antes que comecem os mimimis, um aviso: não tenho absolutamente nada contra aqueles que fumam. A decisão de enviar mais de 4 mil substâncias tóxicas para dentro do corpo e correr o risco de morrer precocemente com um câncer na boca, laringe, estômago ou pulmão é pessoal. Só não soltem fumaça na casa de não-fumantes, combinado?"

(Publicidade, Guilherme Dantas, 2013)

07 **(FGV – TCE PI – Assistente de Administração – 2021)** "Antes que comecem os mimimis, um aviso: não tenho absolutamente nada contra aqueles que fumam."

Nesse primeiro segmento do texto 2, o autor usa adequadamente o demonstrativo aqueles, referindo-se a pessoas indeterminadas; a frase abaixo em que o emprego dos demonstrativos se mostra adequado é:

a) João e Pedro são fumantes; estra, de cigarros; esse, de charutos;
b) João, Pedro e Fernando são fumantes; este, de cigarros; esse, de cachimbo e aquele, de charutos;
c) João e Maria são fumantes; estra, de cigarros; aquele, de charutos;
d) Maria e Fernando são fumantes; este, de charutos; aquele, de cigarros;
e) João, Pedro e Maria são fumantes; esta, de cigarros; esse, de charutos e aquele, de cachimbo.

COMENTÁRIOS:

Nota da autora: Para retomar três elementos, a banca FGV opta pelo uso de numerais ordinais.

Alternativa "a" – Para retomar elementos (pessoas, no caso), usa-se "este" para o mais próximo (Pedro) e "**aquele**" para o mais distante (João).

Alternativa "b" – Como retoma três elementos, deve-se optar por numerais ordinais: o terceiro (Fernando), de cigarros, o segundo (Pedro), de cachimbo e o primeiro (João), de charutos.

Alternativa "c" – Esta (Maria) e aquele (João).

Alternativa "d" – Este (Fernando), de charutos; aquela (Maria), de cigarros.

Alternativa "e" – Três elementos retomados: a terceira (Maria), de cigarros; o segundo (Pedro), de charutos e o primeiro (João), de cachimbo.

RESPOSTA: C

08 **(FGV – IMBEL – Cargos de Nível Médio – 2021)** Segundo a norma culta, assinale a frase em que o demonstrativo sublinhado está bem empregado.

a) "Nada é gratuito **nesse** mundo em que vivemos."
b) "É preciso sempre desculpar-se por ter agido bem – nada fere mais do que **isso**."
c) "Marido e mulher amavam os hóspedes, porque sem **aqueles** acabavam brigando."
d) "**Isto** que é estrangeiro tem sempre uma aparência aristocrática para nós."
e) "Não quero que as pessoas sejam muito gentis; **isto** me poupa do trabalho de gostar muito delas."

COMENTÁRIOS:

Nota da autora: Os pronomes demonstrativos podem referir-se ao espaço, a elementos (pessoas ou coisas), a ideias e a tempo.

1. **Espaço**

Isto	Para o que está próximo do emissor.	Aqui
Isto	Para o que está próximo do receptor.	Aí
Aquilo	Para o que está distante.	Lá

Este processo parece com **aquele** caso que **esse** juiz mencionou.

2. **Pessoas ou elementos**

Este	Para o elemento mais próximo do pronome.
Aquele	Para o elemento mais distante do pronome.

O ator e o cantor compareceram. **Este** cantou durante duas horas; **aquele** apresentou trechos da nova peça teatral.

Observação: A banca FGV não admite o uso de pronome demonstrativo para retomar **três elementos**. Deve-se, nesse caso, optar por usar numerais ordinais.

3. **Ideias**

Isso	Para retomar ideia mencionada na oração ou no período anterior.	Anáfora
Isso	Para citar uma ideia.	Catáfora

A vacina está fazendo efeito na população. **Isso** era o que esperávamos desde o início.

Desejo **isto** a todos: vacina, alimento, moradia, saúde e amor.

Dica: isSo vem antes; isTo vem depois (pense no alfabeto).

4. **Tempo**

Este	Para tempo presente.
Esse	Para passado recente ou futuro próximo.
Aquele	Para passado ou futuro distante.

Este momento que o país enfrenta é muito delicado.

Esse ano que passou também não foi fácil.

Em 2019, éramos mais livres. **Naquele** ano, não existia pandemia e não houve mais de quinhentas mil mortes.

Alternativa "a" – O mundo em que vivemos: **neste** mundo.

Alternativa "b" – O pronome é anafórico e retoma a informação mencionada na oração anterior – *desculpar-se por ter agido bem.*

Alternativa "c" – Retoma o termo mais próximo do pronome (hóspedes): **estes**.

Alternativa "d" – Quanto ao espaço, o que está distante é **aquele**.

Alternativa "e" – O pronome é anafórico e retoma a informação mencionada na oração anterior – *as pessoas muito gentis*. O pronome correto é **isso**.

RESPOSTA: B

09 **(FGV – Oficial de Justiça – TJ RS – 2020 – adaptada)** Uma estratégia para evitar-se a repetição de palavras consiste na substituição da segunda ocorrência da palavra por um pronome pessoal. A frase em que isso foi feito de forma adequada é:

a) **Os meninos** procederam mal, por isso **lhes** condenaram;
b) Comprei **o livro** ontem, mas vou revendê-**lo**;
c) Os chefes deram **as ordens**, por isso **os** obedeci;
d) **João** estava na festa, mas não **no** viram sair;
e) **As meninas** estavam no shopping, mas não encontrei-**las**.

COMENTÁRIOS:

Alternativa "a" – O verbo *condenar* é transitivo direto: **os** condenaram.

Alternativa "b" – O verbo *comprar* é transitivo direto e o verbo termina em "r": revendê-los.

Alternativa "c" – O verbo *obedecer* é transitivo indireto: **lhes** obedeci.

Alternativa "d" – O verbo *ver* é transitivo direto: **não o viram. Dica**: o advérbio atrai o pronome oblíquo.

Alternativa "e" – O verbo *encontrar* é transitivo direto: **não as encontrei**. O advérbio atrai o pronome oblíquo.

RESPOSTA: B

10 **(FGV – Oficial de Justiça – TJ RS – 2020)** Observe as frases a seguir.

Comprei calças de lã na Europa.

O preço das calças foi baixo.

A forma adequada de juntar essas duas frases numa só, de modo a evitar a repetição da palavra calças, é:

a) Comprei calças de lã na Europa, que o preço foi baixo;
b) Comprei calças de lã na Europa, onde o preço foi baixo;
c) Comprei calças de lã na Europa, cujo preço foi baixo;
d) Comprei calças de lã na Europa em que o preço foi baixo;
e) Comprei calças de lã na Europa em onde o preço foi baixo.

COMENTÁRIOS:

Nota da autora: Perceba que existe uma relação de posse: o preço **da calça**.

Alternativa "a" – Faltou a ideia de posse, o pronome relativo retoma o termo anterior e o período ficou sem sentido.

Alternativa "b" – Não retoma "Europa" e não exige a preposição "em", logo não pode ser usado o pronome "onde".

Alternativa "c" – O pronome relativo "cujo" concorda com o termo posterior e indica posse do termo anterior: o preço da calça foi baixo.

Alternativa "d" – A preposição "em" não foi exigida e o pronome relativo "que" não possui ideia de posse.

Alternativa "e" – Não retoma "Europa", não exige a preposição "em" e não existe a forma "em onde".

RESPOSTA: C

Texto para responder à questão.

Crianças infelizes

Uma em cada onze crianças com idade entre 8 e 16 anos está infeliz, segundo um estudo divulgado em janeiro deste ano [2012] pela *Children's Society*.

Apesar de a pesquisa trazer à tona uma realidade do Reino Unido, especialistas brasileiros em saúde infantil afirmam que esse não é um problema exclusivo das crianças britânicas. Para **eles**, mais do que infelizes, elas estão ansiosas, estressadas, deprimidas e sobrecarregadas. "As crianças de hoje estão desconfortáveis com a infância", diz a Coordenadora da Unidade de Psiquiatria da Infância e Adolescência da Universidade Federal de São Paulo (Unifesp).

Veja, 12 de fevereiro de 2012.

11 **(FGV – Prefeitura de Salvador – 2017)** *"Para eles, mais do que infelizes, elas estão ansiosas...".*
Nesse caso, os pronomes sublinhados referem-se, respectivamente, a

a) meninos / meninas.
b) especialistas / crianças britânicas.
c) brasileiros / crianças brasileiras.
d) estudiosos brasileiros / crianças de hoje.
e) especialistas / crianças com menos de 8 anos.

COMENTÁRIOS

Nota da autora: Questão de pronome e coesão textual. Basta retornar ao texto e substituir os pronomes pelos substantivos a que se referem.

Alternativa "a" – Nem cita tais palavras.

Alternativa "b" – *Apesar de a pesquisa trazer à tona uma realidade do Reino Unido, especialistas brasileiros em saúde infantil afirmam que esse não é um problema exclusivo das crianças britânicas. Para* ***eles*** (= para os especialistas brasileiros), *mais do que infelizes,* ***elas*** (= as crianças britânicas) *estão ansiosas, estressadas, deprimidas e sobrecarregadas.*

Alternativa "c" – Para os **especialistas** brasileiros, não para os brasileiros; não cita crianças brasileiras.

Alternativa "d" – Especialistas e não estudiosos. Especialistas podem não ser atentos, aplicados, eis a pegadinha da banca.

Perceba a diferença:

1. Especialista: *que se dedica exclusivamente ao estudo ou à prática de uma ciência, uma arte, uma profissão.*
2. Estudioso: *pessoa dada ao estudo das ciências e das artes. Diligente, aplicado, atento.*

Alternativa "e" – Crianças com idade entre 8 e 16 anos, não com menos de 8 anos.

RESPOSTA: B

Charge para a questão.

12 **(FGV – 2014)** A fala do menino inclui a frase "Eu quero ir para esse lugar aí...". Nesse caso, emprega-se a forma esse do demonstrativo porque:

a) se refere a algo distante no tempo.
b) se refere a algo distante no espaço.
c) se refere a algo socialmente distante.
d) se refere a algo anteriormente expresso.
e) se refere a algo dito ironicamente.

COMENTÁRIOS

Questão de pronome demonstrativo.

RESPOSTA: D

– O pronome demonstrativo, na charge, refere-se à ideia e tal ideia foi expressa na frase escrita no muro, ou seja, já foi mencionada.

Dica:

Pronome demonstrativo para ideias

– Anáfora: retoma ideia e pode ser frases, períodos ou parágrafo. Usa-se **isso**.

– Catáfora: refere-se à ideia que será citada. Usa-se **isto**.

Fixe: **ca**táfora **c**ita / anáfora retoma.

Alternativa "a" – O demonstrativo não se refere a algo distante no tempo.

Alternativa "b" – Para se referir a algo distante no espaço, seria usado **aquele/aquilo.**

Alternativa "c" – Se interpretarmos, sim, mas não é o caso da questão, pois se trata de regra gramatical.

Alternativa "e" – O pronome demonstrativo não se refere a algo dito ironicamente, embora todos saibamos que um plano sem miséria é algo muito distante de nossa realidade social. Mais uma vez: a questão avalia a teoria gramatical, isto é, o porquê do uso do pronome demonstrativo.

2. NÍVEL SUPERIOR

01 **(FGV – Perito Criminal Área II – PC MG – 2025)** Os pronomes de tratamento mostram diferentes formas e direcionamentos.

Assinale a opção em que o tratamento indicado mostra corretamente a quem ele se dirige.

a) Vossa Santidade / santos.
b) Vossa Reverência / ministros.
c) Vossa Alteza / autoridades em geral.
d) Vossa Senhoria / pessoas íntimas.
e) Vossa Excelência / altas autoridades.

COMENTÁRIOS:

Alternativa "a" – Vossa Santidade: Papa.

Alternativa "b" – Vossa Reverência: Sacerdotes.

Alternativa "c" – Vossa Alteza: autoridades monárquicas – príncipes, duques, arquiduques.

Alternativa "d" – Vossa Senhoria: autoridades (políticos, diretores, chefes). Usado em comunicações formais, em correspondências comerciais e oficiais.

Alternativa "e" – Vossa Excelência: autoridades de alto escalão – Presidente da República, ministros, deputados, embaixadores.

RESPOSTA: E

02 **(FGV – EPE – Advogado – 2024)** Um dos empregos mais frequentes dos pronomes possessivos é sua utilização para dar ideia de posse de algo.

Assinale a opção que apresenta a frase que exemplifica esse uso.

a) Um estadista é um homem calmo que conta suas mentiras por rotina.
b) Se sua causa é boa, faça um acordo; se é má, promova um pleito.
c) Uma dorme comigo, e a outra me pariu. É mais do que justo contratar minha mulher e minha mãe.
d) Quanto à minha reeleição, é um sonho impossível.
e) Quem ama o mundo como sua casa merece confiança para governar um império.

COMENTÁRIOS:

Nota da autora: O pronome possessivo pode indicar posse, aproximação numérica, hábito e pode possuir ideia de cortesia, ironia e afetividade.

Alternativa "a" – conta **suas** mentiras: hábito = sempre conta.

Alternativa "b" – **sua** causa: ironia (pelo contexto: promova um pleito).

Alternativa "c" – **minha** mulher e **minha** mãe indicam afetividade.

Alternativa "d" – **minha** reeleição: ironia (pelo contexto: é impossível)

Alternativa "e" – A casa **de alguém**: **sua** casa = posse.

RESPOSTA: E

03 **(FGV – PJERJ – Programa de Residência – Direito – 2024)** Assinale a frase em que houve a troca indevida entre onde/aonde.

a) Onde aumentam os bens, aumentam aqueles que os devoram.
b) Banco é o lugar onde você pode pedir dinheiro emprestado, se provar que não precisa dele.
c) A habilidade de um líder está em levar as pessoas de onde elas estão para aonde elas nunca estiveram.
d) Aonde quer chegar toda essa gente?
e) Quem perdeu sua bolsa está livre para ir aonde quiser.

COMENTÁRIOS:

Nota da autora: Fique de olho na regência e na classe gramatical.

Alternativa "a" – Advérbio: indica lugar – *no lugar que.*

Alternativa "b" – Pronome relativo: equivale a "em que".

Retoma "lugar". Na ordem direta: você pode pedir dinheiro emprestado **no** lugar = onde.

Alternativa "c" – Levar as pessoas **de** um lugar **para** outro lugar.

Correção: levar as pessoas de onde elas estão para **onde** elas nunca estiveram.

Dica: perceba que a preposição "a" não é regida por termo algum.

Alternativa "d" – Essa gente quer chegar **a** algum lugar: aonde.

Alternativa "e" – Ir **a** algum lugar: aonde.

RESPOSTA: C

04 **(FGV – TJ RJ – Programa de Residência – 2024)** Assinale a frase em que a forma pronominal que retoma termos anteriores está identificada ***inadequadamente***.

a) O que tiveres de fazer, faze-o depressa. / pronome demonstrativo.
b) Seja sempre mais esperta que as pessoas que a contrataram. / pronome relativo, pronome pessoal.
c) Cada qual é responsável por seu próprio naufrágio. / pronome possessivo.
d) Tenho uma relação saudável com o dinheiro: gasto tudo o que ganho. / pronome pessoal.
e) Nada é ilegal se cem empresários decidem fazê-lo. / pronome demonstrativo.

COMENTÁRIOS:

Alternativa "a" – O pronome demonstrativo "o" retoma a oração "o que tiveres de fazer". Equivale a "isso".

Alternativa "b" – as pessoas que (*as quais*) = pronome relativo; a = pronome pessoal oblíquo.

Alternativa "c" – Seu = pronome possessivo.

Alternativa "d" – Tudo = pronome indefinido; o = pronome demonstrativo; que = pronome relativo.

Alternativa "e" – O "o" é pronome demonstrativo e equivale a "isso".

RESPOSTA: D

05 **(FGV – IMBEL – Advogado – 2021)** Assinale a opção que apresenta a frase em que o termo "onde" não é empregado corretamente.

a) "Não sei mais onde amarrei meu burro."
b) "Onde falta o dinheiro, tudo desmorona."
c) "Nunca se vai ao lugar onde mora a fera."
d) "Em toda iniciativa pensa bem onde queres chegar."
e) "Quem tem fome não tem escolha: seu espírito não vem de onde ele gostaria, mas da fome."

COMENTÁRIOS

Alternativa "a" – Advérbio de lugar.

Alternativa "b" – Advérbio de lugar.

Alternativa "c" – Pronome relativo: retoma "lugar" e equivale a "em que".

Alternativa "d" – Advérbio de lugar, mas a regência está incorreta: queres chegar **a** = **aonde.**

Alternativa "e" – Advérbio de lugar.

RESPOSTA: D

06 **(FGV – PC RN – Agente e Escrivão – 2021)** A opção em que o termo **onde** está bem empregado é:

a) "Não importa onde a polícia vá, ela será sempre bem-vinda;
b) Não sei onde vou, mas quero chegar bem;
c) Onde quer que você esteja, este deve ser o seu ponto de partida;
d) Queria saber onde você quer chegar;
e) Onde você quer dirigir-se após o almoço?

COMENTÁRIOS

Alternativa "a" – O verbo posterior exige a preposição "a": vai **a** algum lugar = **aonde.**

Alternativa "b" – O verbo posterior exige a preposição "a": vou **a** algum lugar = **aonde.**

Alternativa "c" – É advérbio e indica *o lugar em que, em qual lugar, em qual parte.*

Alternativa "d" – O verbo posterior exige a preposição "a": chegar **a** algum lugar = **aonde**.

Alternativa "e" – O verbo posterior exige a preposição "para": dirigir-se **para** algum lugar = **para** onde.

Dica: Quanto ao verbo "**dirigir-se**", é preferível usar a preposição "**para**" que indica **direção.** Usa-se a preposição "**a**" quando possuir sentido de **aproximar-se de uma pessoa** para lhe dizer ou pedir alguma coisa: dirigiu-se ao advogado com muito arrependimento.

RESPOSTA: C

07 **(FGV – ALERJ – 2017)** A frase abaixo que apresenta ERRO no uso de pronome é:

a) Em se tratando de eleições, aquela foi a mais difícil;
b) Amemo-nos uns aos outros;
c) Alguém deseja segui-lo;
d) Ele foi-se afastando devagar;
e) Eu tinha examinado-o vagarosamente.

COMENTÁRIOS

Nota da autora: atraem o pronome oblíquo, isto, é ocorre próclise quando temos palavras com sentido negativo, advérbios, pronome relativo, indefinido e demonstrativo, preposição seguida de gerúndio e conjunção subordinativa.

Alternativa "a" – Próclise (pronome antes do verbo) em preposição seguida de gerúndio.

Alternativa "b" – Não se inicia frase com pronome oblíquo, logo a ênclise (pronome após o verbo) é obrigatória.

Alternativa "c" – Não havendo fator atrativo: ênclise.

Alternativa "d" – Não havendo fator atrativo: ênclise.

Alternativa "e" – Em locuções verbais nas quais o verbo principal ocorre no particípio, não havendo fator de próclise, o pronome deve permanecer depois do verbo auxiliar: **Eu tinha-o examinado** ou **Eu o tinha examinado** (por questão fonética – de sonoridade).

RESPOSTA: E

08 **(FGV – ALERJ – 2017)** Se substituíssemos os complementos dos verbos abaixo por pronomes pessoais oblíquos enclíticos, a única forma INADEQUADA seria:

a) impregna a vida cotidiana / impregna-a;
b) entender os debates / entendê-los;
c) ganha destaque / ganha-o;
d) supõe um conhecimento / supõe-lo;
e) marcaram sua história / marcaram-na.

COMENTÁRIOS

Nota da autora: Para acrescentar "o" e "a" ao verbo, se terminar em R, S, Z, é preciso acrescentar L e suprimir a última consoante. Se terminar em M, ÃO, ÕE, acrescenta-se o M.

Alternativa "a" – Verbo transitivo direto + a.

Alternativa "b" – Verbo transitivo direto terminado em "r": entendê-lo.

Alternativa "c" – Verbo transitivo direto + o.

Alternativa "d" – O verbo termina em "õe" e deve acrescentar o "m" ao pronome. Correção: **supõe-no.**

Alternativa "e" – Verbo transitivo direto terminado em "m": marcaram-na.

RESPOSTA: D

09 **(FGV – Analista da Defensoria Pública – Analista Jurídico – DPE – RO/2016)** "Se no banco da escola ou no banco dos réus. Anteontem, o Congresso Nacional sinalizou que prefere a segunda opção". A forma correta dos demonstrativos na substituição do termo sublinhado é:

a) esse/àquele;
b) este/àquele;
c) aquele a esse;
d) aquele a este;
e) esse a este.

COMENTÁRIOS

Nota da autora: Questão de pronome e regência.

Vamos, antes, lembrar o emprego dos pronomes demonstrativos.

Demonstra no espaço	isto – este – esta	próximo ao emissor
	isso – esse – essa	próximo ao receptor
	aquilo – aquele – aquela	distante
Retoma elementos (pessoas ou coisas)	este – esta	mais próximo
	aquele – aquela	mais distante
Para ideias	isto – catáfora	ideia que será citada
	isso – anáfora	retoma ideia

Alternativa "b" – Para retomar elementos, os demonstrativos *esta* e *este* referem-se ao elemento mais próximo do pronome; *aquele* e *aquela* referem-se ao mais distante. Entenda melhor:

banco da escola	**banco dos réus**	→	prefere **este àquele**

- **este**: banco dos réus; **aquele**: banco da escola.
- Quanto à regência, o verbo *preferir* é transitivo direto e indireto – algo **a** algo – e pelo fato de ocorrer a junção da preposição "a" com o pronome demonstrativo "aquele", o uso de crase é obrigatório.

Alternativa "a" – *Esse* é usado para retomar ideias, ou para se referir a algo que está próximo do receptor. Exemplo: Esse livro que está em sua mão.

Alternativa "c" – Além de não poder ser usada a forma *esse*, o pronome *aquele* retoma o elemento mais distante, ou seja, o banco da escola.

Alternativa "d" – Ordem inversa, como já explicado.

Alternativa "e" – Não cabe o uso de *esse* por retomar elemento e não ideia.

RESPOSTA: B

10 **(FGV – Analista do Ministério Público – Administrativa – MP-RJ/2016)** "No outro polo, verifica-se um crescimento da autossegregação..."; a função do pronome SE, nesse segmento, se repete na seguinte frase:

a) "Os abusos, como os dentes, nunca se arrancam sem dores" (Marquês de Maricá);

b) "O aborto é perigoso, porque, se fracassa, pode produzir uma criança" (Sofocleto);

c) "Meu desejo sincero seria que nossa Academia Brasileira não se esquecesse tanto de que é também de... letras" (Afonso Arinos);

d) "Envergonhar-nos-íamos frequentemente de nossas ações mais belas se o mundo visse os motivos que as produzem" (La Rochefoucauld);

e) "Ao lermos os grandes autores, temos a impressão de que todos se conheceram uns aos outros" (Elias Canetti).

COMENTÁRIOS

Nota da autora: Questão de pronome e vozes verbais.

Alternativa "a" – Nos dois casos, trata-se de pronome apassivador.

1. Verifica-se um crescimento: verbo transitivo direto + se = voz passiva sintética. Na passiva analítica (verbo ser + particípio): um crescimento é verificado.
2. Nunca se arrancam: verbo transitivo direto + se = voz passiva sintética. Na passiva analítica: nunca são arrancados.

Alternativa "b" – Se fracassa = caso fracasse: conjunção condicional.

Alternativa "c" – Parte integrante do verbo. *Esquecer-se* é verbo pronominal.

Alternativa "d" – Se o mundo visse = caso o mundo visse: conjunção condicional.

Alternativa "e" – Pronome reflexivo recíproco: uns aos outros.

DICA: reflexivo – ele mesmo, ele próprio; **reflexivo recíproco** – um a outro.

RESPOSTA: A

11 **(FGV – Analista do Ministério Público – Administrativa – MP-RJ/2016)** "É assim mesmo que está, e é irritante, o ser humano está em um estado de nervos que ele não está mais se controlando..."; a frase abaixo em que as duas ocorrências do vocábulo QUE pertencem à mesma classe gramatical é:

a) "Alma grande é aquela que percebe que o cachorro está com fome e lhe dá de beber" (La Serna);

b) "O arqueiro que ultrapassa o alvo falha tanto como aquele que não o alcança" (Montaigne);

c) "Mas a ambição do homem é tão grande que, para satisfazer uma vontade presente, não pensa no mal que dentro em breve daí pode resultar" (Maquiavel);

d) "Não há encosta, por mais íngreme que seja, que duas pessoas juntas não possam galgar" (Ibsen);

e) "As pessoas vaidosas dizem o que pensam para os outros pensarem que elas sabem mais" (Nouailles).

COMENTÁRIOS

Alternativa "a" – aquela que = aquela **a qual**: pronome relativo; percebe **isto**: conjunção integrante.

Alternativa "b" – O "que" é pronome relativo: arqueiro **o qual**; como aquele **o qual**.

Alternativa "c" – de modo que: conjunção consecutiva; mal **o qual**: pronome relativo.

Alternativa "d" – que a encosta seja: conjunção comparativa; encosta **a qual**: pronome relativo.

Alternativa "e" – "o" + "que": pronome demonstrativo + pronome relativo; pensarem **isto**: conjunção integrante.

RESPOSTA: B

Texto para responder à questão.

Semana Nacional do Trânsito

Estamos no último dia da Semana Nacional do Trânsito e vamos encerrar falando sobre o tema que foi bem escolhido pelo Denatran: Seja Você a Mudança no Trânsito.

Vivemos numa sociedade que tem o hábito de responsabilizar o Estado, autoridades e governos pelas mazelas do país. Em muitos casos são críticas absolutamente procedentes, mas, quando o tema é segurança no trânsito, não nos podemos esquecer que quem faz o trânsito são seres humanos, ou seja, somos nós.

Deveríamos aproveitar a importância desta semana para refletir sobre nosso comportamento como pedestres, passageiros, motoristas, motociclistas, ciclistas, pais, enfim, como cidadãos cujas ações tem reflexo na nossa segurança, assim como dos demais. O pedestre que não respeita a faixa coloca em risco sua vida e também a do motorista e de terceiros. Muitas vezes para desviar de um pedestre e evitar seu atropelamento, um motorista perde o controle do veículo e provoca um acidente grave com outras pessoas que nada têm a ver com o comportamento do pedestre. Não precisamos nem aprofundar as consequências dos motoristas que andam em excesso de velocidade, sob efeito de álcool, ou que dirigem uma carreta cansados. São todos fatores humanos que contribuem para o que chamamos de acidente.

(.....) Nesta semana nacional do trânsito pelo menos mil pessoas vão ter morrido nas ruas e nas estradas. Não podemos mais tolerar esses números e, para que isso mude realmente, é preciso que você e cada um de nós sejamos de fato os agentes da mudança na direção de um trânsito mais seguro. Com certeza você pode contribuir para isso, aproveite esta semana para refletir e conversar sobre o tema com seus entes queridos e amigos, afinal, quem morre no trânsito é amigo ou parente de alguém. Ninguém está livre disso.

Rodolfo Alberto Rizzotto (adaptado)

12 **(FGV – Analista Judiciário – Escrivão Judicial – TJ – PI/2016)** No texto, o autor emprega a primeira pessoa do plural em muitos segmentos. O segmento do texto abaixo que mostra um valor desse emprego diferente dos demais é:

a) "Estamos no último dia da Semana Nacional do Trânsito";

b) "... vamos encerrar falando sobre o tema que foi bem escolhido pelo Denatran: Seja Você a Mudança no Trânsito";

c) "Vivemos numa sociedade que tem o hábito de responsabilizar o Estado, autoridades e governos pelas mazelas do país";

d) "não podemos esquecer que quem faz o trânsito são seres humanos, ou seja, somos nós";

e) "Deveríamos aproveitar a importância desta semana para refletir sobre nosso comportamento como pedestres".

COMENTÁRIOS

Alternativa "a" – Nós todos estamos.

Alternativa "b" – Quem vai encerrar a Semana? O palestrante. O uso da primeira pessoa do plural, no contexto, indica um plural de modéstia, evitando marca de individualismo.

Alternativa "c" – Nós todos vivemos.

Alternativa "d" – Nós todos não podemos esquecer.

Alternativa "e" – Nós todos deveríamos aproveitar.

RESPOSTA: B

13 **(FGV – Analista Judiciário – Escrivão Judicial – TJ – PI/2016)** "Nesta semana nacional do trânsito pelo menos mil pessoas vão ter morrido nas ruas e nas estradas. Não podemos mais tolerar esses números e, para que isso mude realmente, é preciso que você e cada um de nós sejamos de fato os agentes da mudança na direção de um trânsito mais seguro. Com certeza você pode contribuir para isso, aproveite esta semana para refletir e conversar sobre o tema com seus entes queridos e amigos, afinal, quem morre no trânsito é amigo ou parente de alguém. Ninguém está livre disso".

Nesse parágrafo, há um conjunto de demonstrativos empregados de forma correta. O comentário inadequado sobre seu emprego é:

a) "nesta semana" / a forma "esta" se refere ao momento presente da enunciação;

b) "tolerar esses números" / a forma "esses" se refere ao número de mortos citado anteriormente;

c) "para que isso mude" / a forma "isso" se refere ao alto número de acidentes fatais;

d) "você pode contribuir para isso" / a forma "isso" se refere à mudança do número de mortos;

e) "ninguém está livre disso" / a forma "disso" se refere à possibilidade de ter um amigo ou parente morto no trânsito.

COMENTÁRIOS

Nota da autora: Os pronomes demonstrativos referem-se, também, a tempo. Vamos entender melhor?

Pronome	Tempo	Exemplo
Este	atual, ato da fala ou da escrita.	Neste instante, estou estudando.
Esse	anterior relativamente próximo ao momento da fala ou da escrita.	No mês passado prestei concursos. Nesse mês, fui aprovado.
Aquele	distante do ato da fala ou da escrita.	Ele nasceu na década de quarenta. Naquela época, a vida era mais tranquila.

Alternativa "a" – O pronome "esta" refere-se ao momento da escrita (tempo).

Alternativa "b" – Pronome anafórico: retoma ideia mencionada anteriormente.

DICA: o pronome catafórico (isto) refere-se a algo que será citado.

Alternativa "c" – Pronome anafórico: retoma ideia mencionada anteriormente.

Alternativa "d" – "Isso" retoma a ideia mencionada anteriormente: *é preciso que você e cada um de nós sejamos de fato os agentes da mudança na direção de um trânsito mais seguro.*

Alternativa "e" – Pronome anafórico: retoma ideia mencionada anteriormente.

RESPOSTA: D

14 **(FGV – MPRJ – Analista – Área Administrativa/2016)** "Essas pessoas sofrem com as grandes distâncias dos locais de residência com os centros comerciais e os locais onde trabalham"; a frase abaixo em que o vocábulo *onde/aonde* foi mal empregado é:

a) "Muitos suicidas se detiveram no limiar da morte ao pensar no café aonde vão todas as noites para sua partida de dominó" (Balzac);
b) "Onde há casamento sem amor, vai haver amor sem casamento" (Franklin);
c) "Circo é o lugar onde se permite a cavalos, pôneis e elefantes verem homens, mulheres e crianças bancarem idiotas" (Ambrose Bierce);
d) "As pessoas onde é difícil achar defeitos devem ser difíceis de achar" (Nouailles);
e) "Os Lusíadas se tornaram para nós um pesadelo, porque ninguém sabia onde o diabo escondia o sujeito da oração naqueles versos retorcidos" (Fernando Sabino).

COMENTÁRIOS

Alternativa "a" – Retoma "café". Ordem direta: vão todas as noites **ao café** = aonde vão.

Alternativa "b" – Advérbio e indica "o lugar em que".

Alternativa "c" – Retoma "circo". Ordem direta: verem homens, mulheres e crianças bancarem idiotas **no circo** = onde.

Observação: claro que nesse caso, a preposição "em" é dispensável.

Alternativa "d" – O pronome relativo retoma o substantivo "pessoas". Na ordem direta, temos: é difícil achar defeitos **nas pessoas**. Podem ser usados os pronomes **em que** ou **nas quais**, pois a preposição "em" é exigida. *Onde* não cabe por não retomar lugar físico.

Alternativa "e" – Ninguém sabia **isto**. "Onde" liga a oração subordinada substantiva objetiva direta, ou seja, é **conjunção integrante**.

DICA – A conjunção integrante pode ser representada por *que, se, onde* e *como*.

RESPOSTA: D

15 **(FGV – Analista Portuário – CODEBA/2016)** As virtudes e os perfumes são da natureza; _____ duram pouco e _____ perduram por longo tempo, mas ambos perdem a essência quando expostos.

As formas dos demonstrativos que preenchem corretamente as lacunas são:

a) estes / aqueles.
b) aqueles / estes.
c) esses / aqueles.
d) estes / aquelas.
e) esses / aquelas

COMENTÁRIOS

RESPOSTA: D

Nota da autora: Para ganhar tempo – algo essencial na hora da prova -, vamos trabalhar por eliminação.

Relembrando a teoria: Pronomes demonstrativos usados como referentes.

- Este(s), esta(s) e isto fazem referência a algo sobre o qual ainda se vai falar:

  São estes os assuntos que temos a tratar: o aumento dos salários, as férias dos funcionários e as horas extras.

- Esse(s), essa(s) e isso fazem referência a algo que já foi citado anteriormente:
  Sua participação nas Olimpíadas de Matemática, isso é o que mais desejamos agora.

- Este e aquele são empregados quando se faz referência a termos já mencionados, como se exemplifica a seguir:

  Pedro e Paulo são alunos que se destacam na classe: este pela rapidez com que resolve os exercícios de Matemática, aquele pela criatividade na produção de textos.

Dica complementar – em relação ao tempo

- Este(s), esta(s) e isto indicam o tempo presente em relação à pessoa que fala:

  Esta tarde irei ao supermercado fazer as compras do mês.

- Esse(s), essa(s) e isso indicam o tempo passado próximo ao momento da fala:

  Essa noite dormi mal, tive pesadelos horríveis.

- Aquele(s), aquela(s) e aquilo indicam um afastamento no tempo, tempo remoto:

Naquele tempo, os jovens de famílias ricas iam estudar na França.[1]

Podemos, agora, voltar à questão.

1. Foram mencionados: virtudes e perfumes;
2. *O que duram pouco? Os perfumes* = está próximo do pronome: estes. Eliminadas B, C e E;
3. O que perduram por longo tempo? As virtudes = está distante do pronome: **aquelas**. Eliminada A pela concordância no masculino.

Fácil, não é?

3. NÍVEL DIFÍCIL

As questões da área fiscal foram exigidas também como **coesão, coerência e reescrita de frases** – disponíveis na PARTE V.

01 **(FGV – Prefeitura de Nova Iguaçu RJ – Auditor Fiscal do Tesouro Municipal – 2024)** Assinale a opção em que o uso da próclise é obrigatório.

a) Os convidados que não dançavam se haviam espalhado por várias partes da casa.
b) Não lhe posso contar o que aconteceu depois desse dia.
c) E ele se pôs a caminho, mas a pé, para poupar o tostão do bonde.
d) Em se tratando de música, ele era o especialista.
e) Depois deste feito, Clara se sentiu completamente só no mundo.

COMENTÁRIOS:

Alternativa "a" – A colocação pronominal deve ser analisada na locução verbal "haviam espalhado".

Regra com verbo auxiliar + particípio: não havendo fator atrativo, o pronome pode estar após o verbo auxiliar (haviam) ou antes dele.

Dica: nunca haverá pronome oblíquo após o particípio.

Alternativa "b" – Deve ser analisada a locução "posso contar".

Regra com verbo auxiliar + infinitivo: havendo fator atrativo, o pronome pode ser usado antes do verbo auxiliar ou depois do verbo principal = não lhe posso contar / não posso contar-lhe.

Dica: não pode estar após o verbo auxiliar nesse caso.

Alternativa "c" – Não há fator atrativo, o pronome pode ser proclítico ou enclítico: Ele se pôs, ele pôs-se.

Alternativa "d" – Verbo no gerúndio antecedido pela preposição "em": próclise obrigatória.

Dica: atente-se à fonologia (sonoridade). É impossível o pronome vir após o verbo.

---

1. Fonte: http://www.infoescola.com/portugues/pronome-demonstrativo/.

Alternativa "e" – Não há fator atrativo, o pronome pode ser proclítico ou enclítico: Clara se sentiu, Clara sentiu-se.

RESPOSTA: D

02 **(FGV – Prefeitura de Nova Iguaçu RJ – Auditor Fiscal do Tesouro Municipal – 2024)** Assinale a alternativa em que o elemento destacado possui classificação morfológica ***diferente*** dos demais.

a) À festa do doutor Campos, seguiram-se outras a **que** Ricardo deu a honra de sua presença e alegria da sua voz.

b) O major até mandara buscar o sulfato de cobre para a solução em **que** ia lavar a batata inglesa a plantar nos intervalos dos pés.

c) Repinicou o violão e continuou a cantar os lábios de Carola, **onde** encontrava a ilusão que adoça a vida.

d) Tinha, entretanto, pertencido a uma modesta roda de boêmios literatos e poetas, na **qual**, a par da poesia e de coisas de literatura, se discutia muita política.

e) Sentindo **que** a alcunha lhe era dirigida, não perdeu a dignidade, não prorrompeu em doestos e insultos.

COMENTÁRIOS:

Alternativa "a" – Pronome relativo: retoma "outras".

Lê-se: Ricardo deu a honra de sua presença **a** outras festas.

Alternativa "b" – Pronome relativo: retoma "solução".

Lê-se: Ia lavar a batata inglesa **na** solução (em).

Alternativa "c" – Pronome relativo: retoma "lábios de Carola".

Lê-se: encontrava a ilusão **nos** lábios de Carola (em algum lugar).

Alternativa "d" – Pronome relativo: retoma "roda".

Lê-se: Discutia-se muita política **na** roda de boêmios e poetas (em).

Alternativa "e" – O vocábulo "que" inicia a oração subordinada substantiva objetiva direta (complementa o verbo "sentir") e é classificado como **conjunção integrante**.

Dica: cabe o pronome catafórico "isto" antes dele. A ideia é de que algo será mencionado = sentindo isto.

RESPOSTA: E

Texto 3

"Um dos grandes problemas enfrentados pelos moradores das grandes cidades brasileiras é a deficiente infraestrutura de transportes. As pessoas demoram muito tempo para se deslocarem, sem condições mínimas de conforto, tendo muitas vezes que encarar longas distâncias em pé, em ônibus lotados.

Este problema tem origem em meados do século XX, quando o Brasil passou por um processo de industrialização que aconteceu de forma rápida e descontrolada. Houve migração muito grande de pessoas para as cidades, o que levou à supervalorização do preço dos terrenos e imóveis.

A solução, para as pessoas de renda mais baixa, foi estabelecer moradia em zonas mais afastadas, além de favelas e ocupações irregulares. As ofertas de empregos e serviços, no entanto, ficou concentrada nos bairros mais nobres, o que exige deslocamento de grandes distâncias pelos trabalhadores."

03 **(FGV – TCE PI – Auditor Controle Externo – 2021 – adaptada)** O segundo parágrafo do texto 3 se inicia com o pronome este, em referência a um termo anterior, podendo ser substituído por esse.

A única frase a seguir em que os demonstrativos empregados mostram a utilização adequada é:

a) Ônibus e trens são transportes urbanos; esses mais demorados que aqueles;
b) Automóveis, trens e ônibus são transportes das grandes cidades; estes menos caros que esses;
c) Automóveis, trens e ônibus são transportes urbanos; estes menos rápidos; esses mais velozes e aqueles mais caros;
d) Automóveis e ônibus são transportes urbanos; estes mais populares e aqueles para minorias;
e) Automóveis, trens e ônibus são transportes urbanos; estes, esses e aqueles igualmente desconfortáveis.

COMENTÁRIOS

Nota da autora: Para retomar elementos, usa-se "este" para o mais próximo e "aquele" para o mais distante. Para retomar três elementos, a banca FGV opta pelo uso de numerais ordinais.

Alternativa "a" – Os trens são mais demorados e está mais próximo do pronome: **estes**.

Alternativa "b" – Há três elementos. São menos caros: trens e ônibus. Correção: o segundo e o terceiro são menos caros que o primeiro (automóveis).

Alternativa "c" – Há três elementos. Ônibus são menos rápidos; trens mais velozes e automóveis mais caros. Correção: o terceiro menos rápido; o segundo mais veloz e o primeiro mais caro.

Alternativa "d" – Simples: ônibus (mencionado por último) são mais populares; automóveis (mencionado no início) são para minorias.

Alternativa "e" – Mais uma vez retoma três elementos. São desconfortáveis: trens e ônibus, que são transportes urbanos.

Existem duas opções de correção:

1. o segundo e o terceiro são igualmente desconfortáveis. Refere-se apenas a trens e ônibus.

2. todos são desconfortáveis, exceto o primeiro. Nesse caso, incluem-se os transportes urbanos.

RESPOSTA: D

CAPÍTULO 4

Verbo

» **Nos editais:** Emprego de tempos e modos verbais; reconhecimento, emprego e sentido das classes gramaticais; mecanismos de flexão dos nomes e verbos.

1. NÍVEL MÉDIO

01 **(FGV – Prefeitura de Canaã dos Carajás PA – Agente de Serviços Gerais – 2025)** Assinale a opção que indica a frase que representa uma ordem.

a) Siga os bons exemplos.
b) Faça como eu: economize.
c) Proibido jogar lixo no regato.
d) Ama o próximo como a ti mesmo.
e) Não deixe para amanhã o que pode fazer hoje.

COMENTÁRIOS:

Nota da autora: Assunto comum em provas recentes da banca.

Atente-se ao fato de que o verbo pode estar conjugado no imperativo afirmativo ou no imperativo negativo e não indicar ordem.

A banca exige que você substitua o(s) vocábulo(s). Confira os comentários.

Alternativa "a" – Trata-se de um conselho, de uma sugestão.

Dica: não há obrigatoriedade.

Alternativa "b" – Conselho, sugestão.

Alternativa "c" – Existe obrigatoriedade. Equivale a NÃO JOGUE LIXO NO REGATO.

Alternativa "d" – Conselho, sugestão.

Alternativa "e" – Conselho, sugestão.

RESPOSTA: C

02 **(FGV – 2024 – TRF 1 – Técnico Judiciário – Área Administrativa)** Verbos abundantes são aqueles que possuem mais de uma forma de valor equivalente, o que ocorre principalmente no particípio.

A alternativa que mostra uma forma INADEQUADA de particípio é:

a) matar / matado e morto;
b) morrer / morrido e morto;
c) soltar / soltado e solto;
d) suspender / suspendido e suspenso;
e) romper / rompido e rupto.

COMENTÁRIOS:

Nota da autora: Quanto ao emprego do particípio, é necessário atentar-se ao verbo auxiliar.

Ao lado de TER ou HAVER	Forma regular – termina em -ado, -ido
Ao lado de SER ou ESTAR	Forma irregular – forma curta

Sugestão: elabore frases para evitar erro.

Alternativa "a" – Ele havia/tinha matado – Ele foi/estava morto.

Alternativa "b" – Ele havia/tinha morrido – Ele foi/estava morto.

Alternativa "c" – Ele havia/tinha soltado – Ele foi/estava solto.

Alternativa "d" – Ele havia/tinha suspendido – Ele foi/estava suspenso.

Alternativa "e" – Ele havia/tinha rompido – Ele foi/estava **roto.**

RESPOSTA: E

03 **(FGV – TJ AP – Técnico Judiciário – 2024)** A frase abaixo que exemplifica a voz passiva, é:

a) Basta ver um promontório, uma montanha, um mar e um rio, para ter visto todos;
b) O cão foi criado especialmente para as crianças. É o deus da brincadeira;
c) Meus cachorros são mais saudáveis que muita gente que frequenta a praia;
d) Procura na natureza e, se souberes encontrar, acharás o que procurares;
e) Pode o cão ladrar contra todos, mas não pode morder senão os que dele se aproximam.

COMENTÁRIOS:

Alternativa "a" – Voz ativa: sujeito implícito (ou oculto) = [ele] batava ver.

Alternativa "b" – Verbo "ser" + particípio = voz passiva analítica (foi criado).

Observação: não há o agente da passiva, mas a oração está na voz passiva.

Alternativa "c" – Voz ativa: meus cachorros são saudáveis.

Alternativa "d" – Voz ativa: sujeito implícito = tu.

Alternativa "e" – Voz ativa: o cão pode ladrar.

RESPOSTA: B

04 **(FGV – Prefeitura de São José dos Campos SP – Assistente em Gestão – 2024)**
Assinale a frase que ***não*** mostra simultaneidade temporal.

a) Marchava, marcando o ritmo no tambor.
b) Estuda enquanto o primo brinca na sala.
c) Toda vez que corria, assobiava para distrair-se.
d) Quando a TV anunciou o programa, ele se levantou.
e) Feliz com a notícia, pulava, berrando.

COMENTÁRIOS:

Nota da autora: Se não mostra simultaneidade, as ações não acontecem ao mesmo tempo.

Alternativa "a" – Ações simultâneas: marchava e marcava o ritmo.

Alternativa "b" – Ações simultâneas: ele estudava e o primo brincava.

Alternativa "c" – Ações simultâneas: corria e assobiava.

Alternativa "d" – Primeiro a TV anunciou o programa, depois ele se levantou.

As ações não aconteceram juntas.

Alternativa "e" – Ações simultâneas: pulava e berrava.

RESPOSTA: D

05 **(FGV – AGENERSA – Assistente Técnico de Regulação – 2023)**

*__**Conto**__ o que me __**contaram**__.*

(Heródoto)

Assinale a opção que apresenta as duas formas verbais que podem substituir corretamente as formas sublinhadas, mantendo-se os tempos verbais.

a) Divulguei / divulgaram.
b) Comunico / comunicam.
c) Expressei / expressaram.
d) Falo / falam.
e) Digo / disseram.

COMENTÁRIOS:

Nota da autora:
conto = presente do indicativo (1ª pessoa singular);

contaram = pretérito perfeito do indicativo (3ª pessoa plural).

Alternativa "a" – Pretérito perfeito do indicativo (1ª singular) / pretérito perfeito do indicativo (3ª plural).

Alternativa "b" – presente do indicativo (1ª singular) / presente do indicativo (3ª plural).

Alternativa "c" – pretérito perfeito do indicativo (1ª singular) / pretérito perfeito do indicativo (3ª plural).

Alternativa "d" – presente do indicativo (1ª singular) / presente do indicativo (3ª singular).

Alternativa "e" – presente do indicativo (1ª singular) / pretérito perfeito do indicativo (3ª plural).

RESPOSTA: E

06 **(FGV – TJ RO – Técnico Judiciário – 2021)** "A Polícia Militar foi informada que o criminoso, usando um alicate grande, teria cortado o cadeado do portão da residência, porém, o cachorro da casa começou a latir e o homem fugiu. Populares seguiram o criminoso, acionaram a Polícia Militar, ele recebeu voz de prisão e foi encaminhado para a Central de Flagrantes." (Rondoniagora, 17/09/2021)

Esse segmento de texto é predominantemente narrativo; as duas formas verbais que mostram sequência cronológica são:

a) foi informada / usando;
b) usando / teria cortado;
c) teria cortado / começou a latir;
d) seguiram / acionaram;
e) recebeu / foi encaminhado.

COMENTÁRIOS:

Alternativa "a" – Primeiro: o criminoso usou um alicate. O verbo no gerúndio inicia uma oração adjetiva restritiva: o criminoso **que** usava um alicate grande. Segundo: a Polícia Militar foi informada.

Alternativa "b" – As ações são simultâneas e a locução "teria cortado" refere-se a uma ação futura hipotética – futuro do pretérito composto do indicativo (formado pelo verbo *ter* no futuro + particípio).

Alternativa "c" – O tempo composto refere-se a uma ação futura hipotética, como mencionado acima. O cachorro começou a latir quando ele, supostamente, cortou o cadeado: ações simultâneas.

Alternativa "d" – Os dois verbos estão no pretérito perfeito do indicativo e indicam ações que aconteceram ao mesmo tempo: seguiram o criminoso [e] acionaram a polícia.

Alternativa "e" – Primeiro: recebeu voz de prisão; segundo: foi encaminhado para a Central de Flagrantes. Pretérito perfeito do indicativo (1) + locução verbal indicadora de voz passiva analítica. Na ativa, equivale a "encaminhou" – pretérito perfeito do indicativo.

RESPOSTA: E

07 **(FGV – FUNSAÚDE CE – Médico – 2021)** A frase abaixo que, ao contrário das demais, não apresenta uma estrutura na voz passiva:

a) Avalia-se a inteligência de um indivíduo pela quantidade de incertezas que ele é capaz de suportar;

b) Má é uma opinião que não pode ser mudada;

c) Um problema está, de início, resolvido, se está bem colocado;

d) Se você quiser ser uma ponte, precisa estar preparado para ser pisado;

e) De erro em erro descobre-se a verdade inteira.

COMENTÁRIOS

Alternativa "a" – Verbo transitivo direto (avalia) + se (pronome apassivador) = voz passiva sintética.

Na analítica: a inteligência de um indivíduo é avaliada.

Alternativa "b" – Verbo *ser* + particípio (mudada) = voz passiva analítica.

Alternativa "c" – Verbo "estar" + particípio = voz ativa (o sujeito pratica a ação).

Alternativa "d" – Verbo *ser* + particípio (pisado) = voz passiva analítica.

Alternativa "e" – Verbo transitivo direto (descobre) + se (pronome apassivador) = voz passiva sintética.

Na analítica: a verdade inteira é descoberta.

RESPOSTA: C

- Dica complementar

Segundo o gramático Celso Cunha, ao usar outros verbos, o sujeito pode sofrer a ação.

Também podem indicar **voz passiva analítica**:

- "estar", "andar" e "viver" (indicando estado) + particípio

Ele ESTÁ CERCADO de amigos.

Na ativa: amigos os cercam.

- "ficar" (indicando mudança de estado) + particípio

Ele FICOU RODEADO de (por) curiosos.

Na ativa: curiosos o rodearam.

- "ir" e "vir" (indicando movimento) + particípio

A mala IA (VINHA) CARREGADA pelo turista.

Na ativa: o turista carregava a mala.

Dúvida recorrente:

- Isso significa que a alternativa está na voz passiva?

- Não. Perceba que não existe o agente da passiva, como no exemplo mencionado pelo gramático. Fique de olho em sua próxima prova, pois a banca FGV, às vezes, gosta de massacrar.

08 **(FGV – IMBEL – Cargos de Nível Médio – 2021)**

*"Não sei **ver** nada do que vejo; **vejo** bem apenas o que relembro."*

A mesma relação entre as formas verbais sublinhadas se repete de forma correta em:

a) fazer / faço.
b) prover / provo.
c) comprar / comprei.
d) trazer / trazia.
e) dizer / diz.

COMENTÁRIOS

Nota da autora: O primeiro verbo está no **infinitivo**; o segundo, na **primeira pessoa do singular do presente do indicativo.**

Alternativa "a" – Infinitivo + 1.ª pessoa do singular do presente do indicativo.

Alternativa "b" – Infinitivo + **provejo.**

Alternativa "c" – Infinitivo + **compro.**

Alternativa "d" – Infinitivo + **trago.**

Alternativa "e" – Infinitivo + **digo.**

RESPOSTA: A

09 **(FGV – IMBEL – Cargos de Nível Médio – 2021)** Um pensamento célebre diz: *"Conhece-te a ti mesmo."*

Assinale a opção que mostra a variação formal de pessoa dessa frase imperativa que está gramaticalmente **errada**.

a) Conheçamo-nos a nós mesmos.
b) Conheçam-se a vocês mesmos.
c) Conhecei-vos a vós mesmos.
d) Conheça-se a você mesmo.
e) Conheço-me a mim mesmo.

COMENTÁRIOS

Nota da autora: Relembrar a formação do modo imperativo afirmativo é aconselhável.

Alternativa "a" – 1.ª pessoa do **plural: perde o "s" por ter acréscimo do pronome.**

Alternativa "b" – 3.ª pessoa do plural.

Alternativa "c" – 2.ª pessoa do plural.

Alternativa "d" – 3.ª pessoa do singular.

Alternativa "e" – Não existem a primeira pessoa do singular (eu) no imperativo.

RESPOSTA: E

Texto 4

"Nos anos que antecederam a Segunda Guerra Mundial, alguns escritores, pressentindo certamente a era tecnológica que se avizinhava e o conflito bélico que **abalaria** as raízes de um universo ainda estruturado com base na Nação-Estado, dedicaram-se à antevisão do mundo do futuro. H.G. Wells, Aldous Huxley, George Orwell, entre outros, iniciando a série de *Science-fiction*, procuraram descrever a sociedade do futuro, como uma projeção das linhas que as descobertas científicas indicavam como prováveis. Em todas essas profecias havia uma constante: o mundo novo não conheceria mais a liberdade, pelo menos com a latitude e o conceito que dela então se tinha".

(L. G. Nascimento Silva. A liberdade e o computador. Revista brasileira de estudos pedagógicos. Rio de Janeiro, nº 116, 1969)

10 **(FGV - Técnico Médio - DPE - RJ/2019)** O emprego do tempo verbal (texto 4) "abalaria" mostra o seguinte valor semântico:

a) denotação de uma ação passada vista como futura;
b) expressão de incerteza sobre fatos atuais;
c) sinalização de uma ação que ocorreu antes de outra ação passada;
d) indicação de um fato que seria consequência certa e imediata de outro, que não ocorreu;
e) anunciação de um fato atual, que ocorre no momento em que se fala.

COMENTÁRIOS:

Alternativa "a" – O verbo está conjugado no futuro do pretérito do indicativo. Denota uma ação passada vista como futura por indicar condição.

Alternativa "b" – Não indica incerteza, mas sim condição.

Alternativa "c" – A ação poderá ocorrer no futuro.

Alternativa "d" – Não pode ser certo pelo fato de o futuro do pretérito ser um tempo condicional. Lembre-se de que o pretérito imperfeito do subjuntivo também é condicional: abalaria (futuro do pretérito do indicativo) se pudesse (pretérito imperfeito do subjuntivo).

Alternativa "e" – Caso se referisse a um fato atual, o verbo estaria conjugado no presente do indicativo. (abala).

RESPOSTA: A

11 **(FGV - Técnico - MPE - AL/2018)** "A dona, diligente, **havia conseguido** algumas verduras."

A forma verbal sublinhada poderia ser adequadamente substituída por duas outras formas, que são:

a) conseguira / tinha conseguido.
b) conseguira / conseguiu.
c) tinha conseguido / conseguiu.
d) conseguia / conseguira.
e) conseguiria / conseguiu.

COMENTÁRIOS:

Nota da autora: A questão trata da equivalência entre o tempo composto (pretérito mais-que-perfeito composto do indicativo) e o tempo simples (pretérito mais-que-perfeito do indicativo). Lembre-se de que *haver* ou *ter* conjugado no pretérito imperfeito do indicativo + particípio = terminação "ra" (e suas variações) no tempo simples.

Alternativa "a" – Havia conseguido e tinha conseguido = conseguiria. Essas formas expressam um fato ocorrido antes de outro fato já terminado: Eles tinham estudado quando fizeram a prova.

Alternativa "b" – Não equivale ao pretérito perfeito do indicativo (conseguiu).

Alternativa "c" – Não equivale ao pretérito perfeito do indicativo (conseguiu).

Alternativa "d" – Não equivale à forma simples do pretérito imperfeito do indicativo (conseguia).

Alternativa "e" – Não equivale à forma simples do futuro do pretérito do indicativo (conseguiria) nem ao pretérito prefeito do indicativo (conseguiu).

RESPOSTA: A

Fragmento do texto ***Ressentimento e Covardia***[1] para responder à questão.

Tenho comentado aqui na Folha em diversas crônicas, os usos da internet, que se ressente ainda da falta de uma legislação especifica que coíba não somente os usos mas os abusos deste importante e eficaz veículo de comunicação. A maioria dos abusos, se praticados em outros meios, seriam crimes já especificados em lei, como a da imprensa, que pune injúrias, difamações e calúnias, bem como a violação dos direitos autorais, os plágios e outros recursos de apropriação indébita. (...)

12 (FGV – TJ AL – Técnico Judiciário – Área Judiciária – 2018) "**Tenho comentado** aqui na *Folha*"; o tempo verbal destacado nesse segmento inicial do parágrafo indica uma ação que:

a) se iniciou e terminou no passado;
b) mostra início indeterminado e continuidade no presente;
c) indica repetição sem determinação de tempo;
d) se iniciou no passado e termina no presente;
e) se localiza antes de outra ação também passada.

1. Carlos Heitor Cony, *Folha de São Paulo*, 16/05/2006 – adaptado.

COMENTÁRIOS

Nota da autora: Questão de tempo composto.

Alternativa "a" - Não terminou.

Alternativa "b" - Não se sabe quando começou a comentar e fica claro que a ação ainda continua. O **pretérito perfeito composto do indicativo** é usado para indicar uma ação repetida que tem ocorrido no passado, prolongando-se até ao presente. É a formação de locução verbal com o auxiliar **ter** ou **haver** no Presente do Indicativo e o principal no particípio, indicando fato que tem ocorrido com frequência ultimamente.

Alternativa "c" - Indica repetição com determinação de tempo: passado e presente.

Alternativa "d" - Não terminou.

Alternativa "e" - Ainda está acontecendo.

RESPOSTA: B

13 **(FGV - TJ AL - Técnico Judiciário - Área Judiciária - 2018)** "E em caso de falsear a verdade propositadamente, é obrigado pela justiça a desmentir e dar espaço ao contraditório".

O verbo *falsear* apresenta como forma errada de conjugação:

a) falseiamos;
b) falseias;
c) falseemos;
d) falseie;
e) falseiam.

COMENTÁRIOS

Nota da autora: A banca exige a conjugação do verbo *falsear* no presente do indicativo (ações certas) e no presente do subjuntivo (ações duvidosas).

	Presente do indicativo	Presente do subjuntivo
eu	Falseio	Falseie
tu	Falseias	Falseies
ele	Falseia	Falseie
nós	**Falseamos**	Falseemos
vós	Falseais	Falseeis
eles	Falseiam	Falseiem

Alternativa "a" - No presente do indicativo e na primeira pessoa do plural, conjuga-se: **falseamos.**

Alternativa "b" - Segunda pessoa do singular - presente do indicativo.

Alternativa "c" - Primeira pessoa do plural - presente do subjuntivo.

Alternativa "d" – Primeira e terceira pessoas do singular – presente do subjuntivo.

Alternativa "e" – Terceira pessoa do plural – presente do indicativo.

RESPOSTA: A

14 **(FGV – TJ AL – Técnico Judiciário – Área Judiciária – 2018)** "... que circulam por aí e que não podem ser desmentidos ou esclarecidos caso por caso".

Nesse segmento do texto, a locução "podem ser" forma uma só oração por tratar-se de uma locução não verbal; a forma abaixo que constitui duas orações por NÃO se tratar de locução verbal é:

a) querem ser;
b) devem ser;
c) gostam de ser;
d) vão ser;
e) fazem ser.

COMENTÁRIOS

Alternativa "a" – Locução verbal é a junção de um ou mais verbos que exercem a função morfológica de um único verbo. Querem ser: são.

Alternativa "b" – Devem ser: são.

Alternativa "c" – A preposição entre os verbos desconfigura o conceito de locução verbal.

Alternativa "d" – Vão ser: serão.

Alternativa "e" – Os verbos causativos (deixar, fazer, mandar) e os sensitivos (ver, ouvir, sentir) não formam locuções verbais com infinito e gerúndio.

Dica 1: recurso mnemônico **DEFAMA-VOS** (**de**ixar/**fa**zer/**ma**ndar/**ver**/**o**uvir/**s**entir);

Dica 2: insira o pronome **ele** entre os verbos. Se fizer sentido, não será uma locução verbal.

RESPOSTA: E

15 **(FGV – Técnico Portuário – CODEBA/2016)** "Esta é a conclusão de uma equipe internacional de cientistas **após uma revisão de diversos estudos relacionados ao assunto**, publicada na edição desta semana da revista 'Science'".

Assinale a opção que indica a forma oracional adequada correspondente ao trecho destacado.

a) "após reverem diversos estudos relacionados ao assunto".
b) "após que reviram diversos estudos relacionados ao assunto".
c) "após revirem diversos estudos relacionados ao assunto".
d) "depois que revissem diversos estudos relacionados ao assunto".
e) "depois que tivessem revisto diversos estudos relacionados ao assunto".

COMENTÁRIOS

Alternativa "a" – A oração indica tempo, mas o verbo "rever" deve ficar no infinitivo pessoal por não indicar tempo exato.

Relembrando: o infinitivo pessoal atribui um agente ao processo verbal. Conjugação: rever, reveres, rever, revermos, reverdes, reverem.

Alternativa "b" – Forma totalmente inadequada.

Alternativa "c" – Não caba a conjugação do verbo no futuro do subjuntivo por não se tratar de ação duvidosa.

Alternativa "d" – Conjugar o verbo no pretérito imperfeito do subjuntivo daria ideia de condição e não cabe no contexto.

Alternativa "e" – Além de não caber o pretérito imperfeito do subjuntivo, não há como usar tempo composto (ter + particípio).

RESPOSTA: A

Trecho para a questão.

A sociedade moderna, com o corre-corre, a falta de tempo para o cuidado espiritual e o imediatismo fez com que as pessoas desenvolvessem com mais facilidade algumas doenças psicossomáticas. O pânico e a depressão são duas delas, assim como a normose. (...)

16 **(FGV 2015)** A forma "fez com que as pessoas desenvolvessem" pode ser reescrita, com correta correspondência de tempos verbais, de várias formas; a forma INADEQUADA é:

a) faz as pessoas desenvolverem;
b) faz com que as pessoas desenvolvam;
c) faria com que as pessoas desenvolvessem;
d) fará com que as pessoas desenvolvam;
e) tinha feito com que as pessoas tenham desenvolvido.

COMENTÁRIOS

RESPOSTA: E

Tinha feito com que as pessoas tivessem desenvolvido: pede a correta correspondência de tempos verbais e o segundo verbo indica condição = pretérito imperfeito do subjuntivo.

a) presente do indicativo + infinitivo.

b) presente do indicativo + presente do subjuntivo = ação certa e outra duvidosa.

c) futuro do pretérito do indicativo + pretérito imperfeito do subjuntivo = tempos condicionais.

d) futuro do presente + presente do subjuntivo = certeza e dúvida (não se sabe se desenvolverão).

17 **(FGV – 2014)** As frases a seguir apresentam exemplos de voz passiva, à exceção de uma. Assinale-a.

a) "A primeira, que deu nome às várias fantasias de um mundo perfeito que viriam depois, foi inventada por sir Thomas Morus em 1516".

b) "Na Utopia de Morus o direito à educação e à saúde seria universal, a diversidade religiosa seria tolerada e a propriedade privada, proibida".

c) "O governo seria exercido por um príncipe eleito, que poderia ser substituído se mostrasse alguma tendência para a tirania, e as leis seriam tão simples que dispensariam a existência de advogados".

d) "Além disso, o príncipe deveria ser sempre homem e as mulheres tinham menos direitos que os homens".

e) "Quando surgiu e se popularizou o automóvel anunciou-se uma utopia possível".

COMENTÁRIOS

Existem dois tipos de voz passiva:

Analítica: ser + particípio

Sintética: verbo transitivo direto ou verbo transitivo direto e indireto + se

DICA QF – QUESTÃO FUTURA

A banca pode retirar (deixar implícito) o verbo SER na voz passiva analítica. Dificultaria, mas você estará seguro e saberá o que fazer.

Os testes resolvidos por alunos.

Opa! Transportemos a oração acima para a voz ativa: Alunos resolveram os testes.

Assim sendo, deduzimos que o verbo ser está implícito e que se trata de voz passiva: Os testes (foram) resolvidos por alunos.

Gabarito: D

– O sujeito é ativo (o príncipe) e os dois verbos não são SER + PARTICÍPIO: deveria ser equivale a seria = VOZ ATIVA.

a. SER + particípio = foi inventada.

b. SER + particípio = seria tolerada.

c. SER + particípio = seria exercido.

e. VERBO TRANSITIVO DIRETO + SE = anunciou-se uma utopia possível.

Dica:

Para não haver engano, transponha para a voz passiva analítica: Uma utopia possível foi anunciada.

18 **(FGV – 2014)** "Dizem que ele se inspirou nas descobertas recentes do Novo Mundo, e mais especificamente do Brasil, para descrever sua sociedade ideal, que significaria um renascimento para a humanidade, livre dos vícios do mundo antigo". A forma reduzida "para descrever" poderia ser adequadamente substituída por

a) para que fosse descrita.

b) para ser descrita.

c) para que descrevesse.
d) para que descreva.
e) para que tivesse sido descrita.

COMENTÁRIOS

A coerência está diretamente ligada à clareza e ao sentido; o verbo, a vozes verbais; a pontuação, à análise sintática. É impossível pontuar sem saber fazer a correta análise sintática da oração.

RESPOSTA: C – A dica para o uso do tempo verbal correto está no verbo posterior (significaria). Se foi usado o futuro do pretérito do indicativo, há certeza de que a ação é condicional. Assim, o outro tempo que também indica condição deve ser usado: pretérito imperfeito do subjuntivo (descrevesse).

DICA: Tempos condicionais: pretérito imperfeito do subjuntivo (descrevesse) e futuro do pretérito do indicativo (significaria). Para fixar, lembre-se da terminação dos dois verbos: se ria. Pode-se, também, inverter a ordem e ser usado o ria se, mas de qualquer forma, temos o SERIA.

Alternativa "a" – Ao inserir o verbo ser + particípio, a oração passa para a voz passiva e o sentido é alterado.

Alternativa "b" – Mais uma vez, voz passiva analítica.

Dica: se há duas alternativas na voz passiva analítica, descartamo-las, pois não podem existir duas alternativas como resposta, certo?

Alternativa "d" – Não cabe o uso do verbo no presente do subjuntivo porque temos o verbo subsequente que indica condição.

Alternativa "e" – Totalmente descabida, porque, além de colocar a oração na voz passiva, acrescentou-se o verbo ter.

2. NÍVEL SUPERIOR

01 **(FGV – 2025 – TCE RR – Analista Administrativo – Tecnologia da Informação)** Assinale a frase em que a forma do gerúndio está mal-empregada pelo fato de as ações expressas não poderem ser simultâneas.

a) Entrou no recinto cantando o hino nacional.
b) Encontrei Pedro passeando pelo parque.
c) Tendo sido advertido, passou a obedecer.
d) Chovendo muito, não sairia de casa.
e) Acordou, escrevendo uma reclamação para a empresa.

COMENTÁRIOS:

Alternativa "a" – Entrou e estava cantando: ações que podem acontecer ao mesmo tempo.

Alternativa "b" – Encontrei Pedro, e ele estava passeando: ao mesmo tempo.

Alternativa "c" – Primeiro ele foi advertido, depois obedeceu. O gerúndio foi bem empregado para demonstrar que a ação foi concluída antes da ação expressa na outra oração.

Alternativa "d" – Estava chovendo e, no mesmo momento, resolveu não sair.

Alternativa "e" – Primeiro ele acordou, depois ele escreveu uma reclamação. É possível acordar escrevendo.

Seria possível: acordou abrindo a boca.

RESPOSTA: E

02 **(FGV – 2025 – TCE RR – Analista Administrativo – Tecnologia da Informação)** As frases abaixo foram modificadas da forma de voz passiva com o verbo **ser** para a forma de voz passiva com o pronome **se.**

Assinale a frase em que a modificação foi feita de forma correta.

a) Este ano será editada uma nova Constituição / se editará.
b) O limão é usado como desinfetante / usou-se.
c) A parede é demolida por risco de desabar / demoliu-se.
d) Os pássaros foram assustados pelo ruído / assustou-se.
e) Os crimes foram esclarecidos / Esclareceu-se.

COMENTÁRIOS:

Alternativa "a" – O verbo "ser" está conjugado no futuro do presente do indicativo (será) = verbo na sintética: editará.

Dica: o pronome deve estar proclítico porque a locução adverbial "este ano" é fator atrativo.

Alternativa "b" – é (presente do indicativo) usado = **usa**-se.

Alternativa "c" – é (presente do indicativo) demolida = **demole**-se.

Alternativa "d" – foram (pretérito perfeito do indicativo) assustados = **assustaram**-se.

Alternativa "e" – foram (pretérito perfeito do indicativo) esclarecidos = **esclareceram**-se.

RESPOSTA: A

03 **(FGV – Perito Criminal Área II – PC MG – 2025)** Na produção de textos, devemos ter cuidado com o emprego do gerúndio.

Assinale a opção que indica a frase em que ele está bem empregado.

a) Fumando, entrou na sala.
b) Arrastando os pés, sentou-se.
c) Levantou-se, dirigindo-se à saída.
d) Ficou quieto, reclamando após meia hora.
e) Entrou no teatro, sentando-se na primeira fila.

COMENTÁRIOS:

Nota da autora: Atente-se a ações que ocorrem juntas, simultaneamente.

Alternativa "a" – O gerúndio indica ação contínua. Na frase, há simultaneidade: **estava fumando** e entrou na sala.

Dica: as ações ocorrem ao mesmo tempo.

Alternativa "b" – É impossível indicar simultaneidade: primeiro arrastou os pés, depois se sentou.

Correção: arrastou os pés, sentou-se.

Alternativa "c" – Sem simultaneidade: primeiro se levantou, depois se dirigiu.

Correção: levantou-se, dirigiu-se à saída.

Alternativa "d" – Sem simultaneidade: primeiro reclamou, depois ficou quieto.

Correção: ficou quieto, após reclamar meia hora.

Alternativa "e" – Sem simultaneidade: primeiro entrou, depois se sentou.

Correção: entrou no teatro, sentou-se na primeira fila.

RESPOSTA: A

04 **(FGV – Prefeitura de Abreu e Lima PE – Técnico em Controle Interno – 2024)** As formas de particípio são classificadas, em muitos casos, como adjetivos.

Assinale a frase em que a forma sublinhada corresponde à de um particípio, sem equivaler a um adjetivo, substantivado ou não.

a) Não é raro ver-se, nas grandes crises da vida, os órgãos humanos adquirirem uma sensibilidade **desconhecida**.
b) Ainda bem que você é meu filho, senão eu iria me sentir desconfortável emprestando todo este dinheiro a um **desconhecido**.
c) Descobri que eu era um bebê não *desejado* quando vi meus brinquedos de banheira: uma torradeira e um rádio.
d) Um irmão é um amigo **dado** pela natureza.
e) Só conheço três maneiras de existir na sociedade: sendo mendigo, ladrão ou **assalariado**.

COMENTÁRIOS:

Nota da autora: A banca não quis facilitar. Poderia ter mencionado no comando (como faz a FCC) para assinalar a frase em que está na voz passiva analítica.

Alternativa "a" – Lê-se: a sensibilidade é desconhecida: adjetivo qualificando o substantivo "sensibilidade".

Alternativa "b" – O verbo "emprestar" é bitransitivo (algo a alguém). Objeto indireto: a um desconhecido = adjetivo substantivado – está acompanhado pelo artigo indefinido.

Alternativa "c" – Lê-se: um bebê não era desejado: adjetivo qualificando o substantivo "bebê".

Observação: o advérbio "não" foi inserido para confundir o candidato.

Alternativa "d" – Encaixando o verbo "ser" antes do verbo, fica evidente que a oração está na voz passiva sintética, ou seja, trata-se de um particípio (ser + particípio).

Transponha para a voz ativa: é um amigo que a natureza deu.

Alternativa "e" – Os três termos que compõem o aposto explicativo são classificados como adjetivos.

Dica: acompanham o verbo "ser" = sendo mendigo, [sendo] ladrão, [sendo] assalariado.

RESPOSTA: D

05 **(FGV – PJERJ – Programa de Residência – Direito – 2024)** Assinale a frase que ***não*** mostra um exemplo de voz passiva pronominal (com o pronome SE).

a) Ninguém se prejudicou por haver calado, mas sim por haver falado.
b) O resumo da sabedoria é este: nunca é perdido o tempo que se consagra ao trabalho.
c) Nem todo problema que se tem com a namorada se deve ao modo capitalista de produção.
d) De quantas infâmias se compõe um êxito?
e) O sol nunca se põe no mesmo lugar.

COMENTÁRIOS:

Alternativa "a" – Passividade: ninguém **foi prejudicado** (ser + particípio).

Alternativa "b" – Passividade: o tempo nunca **é perdido** (ser + particípio).

Alternativa "c" – Passividade: nem todo problema que **se tem** = é tido (verbo transitivo direto + se).

Alternativa "d" – Passividade: **compõe-se** um êxito = é composto (verbo transitivo direto + se).

Alternativa "e" – Voz ativa. O verbo "pôr", nesse caso, não é transitivo direto ou bitransitivo – transitivo direto e indireto.

Dica: apenas os dois verbos mencionados podem indicar passividade.

RESPOSTA: E

06 **(FGV – SES MT – Médico Cirurgião Geral – 2024)** Assinale a frase em que ***não*** está presente a construção de voz passiva com o pronome *se*.

a) O casamento é uma escola onde *se* aprende algo com o outro.
b) Alugou-*se* uma casa à beira-mar para as férias, mas os temporais acabaram com os sonhos.
c) Nunca *se* é demasiado velho para crescer.
d) Fazem-nos na época atual constituições para os povos como *se* fariam vestidos para as pessoas sem se lhes tomar as medidas.

COMENTÁRIOS:

Alternativa "a" – Verbo transitivo + se = voz passiva sintética.

Na passiva analítica: onde algo é aprendido.

Alternativa "b" – Verbo transitivo + se = voz passiva sintética.

Na passiva analítica: uma casa foi alugada.

Alternativa "c" – Para ser voz passiva, o verbo que vem ao lado do pronome apassivador "se" deve ser transitivo direto ou transitivo direto e indireto (bitransitivo). Na oração, o verbo é de ligação (ser), ou seja, a oração está na voz ativa.

Alternativa "d" – Verbo transitivo + se = voz passiva sintética.

Na passiva analítica: como vestidos seriam feitos.

RESPOSTA: C

07 **(FGV – SEDUC TO – Professor Regente – 2023)** Verbos abundantes são aqueles que possuem duas ou mais formas equivalentes.

Assinale a opção que só apresenta verbos abundantes do particípio.

a) aceitar – entregar – matar.

b) entregar – trabalhar – enxugar.

c) expressar – falar – comprar.

d) alugar – premiar – soltar.

e) expulsar – isentar – saltar.

COMENTÁRIOS:

Alternativa "a" – Aceito/aceitado; entregue/entregado; morto/matado.

Alternativa "b" – Entregue/entregado; **trabalhado** (uma forma apenas); enxuto/enxugado.

Alternativa "c" – Expresso/expressado; **falado** (uma forma apenas); **comprado** (uma forma apenas).

Alternativa "d" – **Alugado** (uma forma apenas); **premiado** (uma forma apenas); solto/soltado.

Alternativa "e" – Expulso/expulsado; isento/isentado; **saltado** (uma forma apenas).

RESPOSTA: A

08 **(FGV – TJ RN – Analista Judiciário – Área Judiciária – Direito/2023)** A opção abaixo em que a forma verbal destacada mostra fatos anteriores em relação aos outros é:

a) Quando a guerra da Ucrânia terminar, muitos vão voltar ao país;

b) Ela já terminara os exercícios quando os pais chegaram para levá-la;

c) O diretor entrou em sala quando a maioria já saíra;

d) O professor estava no quadro quando o aluno entrou;

e) Todos vão saber o resultado amanhã à tarde.

COMENTÁRIOS:

Nota da autora: Perceba, rapidamente, que há duas opções com o mesmo verbo. Elimine-as.

Alternativa "a" – O futuro do subjuntivo refere-se à ação futura duvidosa.

Alternativa "b" – O pretérito mais-que-perfeito do indicativo indica uma ação que ocorreu antes de outra ação passada.

Alternativa "c" – O pretérito perfeito do indicativo refere-se a uma ação passada e finalizada.

Alternativa "d" – Mesmo verbo e mesmo tempo da alternativa anterior. É impossível haver duas respostas.

Alternativa "e" – A locução verbal "vão saber" equivale a "saberão" e o tempo é futuro.

RESPOSTA: B

09 **(FGV – TJ TO – Contador – Distribuidor/2022)** A frase abaixo em que o emprego do gerúndio mostra adequação, é:

a) Seu pai ficou doente na terça, morrendo no domingo;
b) Caiu um raio na mata, incendiando muitas árvores;
c) Dormiu um pouco, levantando-se depois;
d) Entrou na sala, deitando-se logo no sofá;
e) Subiu as escadas cantando sambas.

COMENTÁRIOS:

Nota da autora: O gerúndio indica ações simultâneas ou prolongadas.

Alternativa "a" – Ficou doente, depois morreu.

Alternativa "b" – Caiu um raio, depois incendiou.

Alternativa "c" – Dormiu, depois se levantou.

Alternativa "d" – Entrou, depois se deitou.

Alternativa "e" – Cantava samba enquanto subia as escadas: as ações são simultâneas.

RESPOSTA: E

10 **(FGV – Analista – Área Administrativa – MP RJ – 2019 – adaptada)** Na frase "Ele sempre preocupou-se em comprar o mais barato, mas seus irmãos nem sempre fizeram isso", o verbo *fazer* substitui toda uma oração.

A frase abaixo em que ocorre o mesmo é:

a) O árbitro marcou corretamente todas as faltas, mas o bandeirinha fez o contrário;
b) Enquanto o professor copiava o exercício no quadro, os alunos faziam os exercícios no caderno;
c) Nem todos os policiais fazem as mesmas coisas todos os dias;
d) Quando os carros deram a partida, os mecânicos faziam outras tarefas;
e) Enquanto a lua iluminava o terreno, a empregada fazia as velas iluminarem a sala.

COMENTÁRIOS:

Nota da autora: O **verbo vicário** fica no lugar de outro verbo, que substitui um verbo para não se repetir. Isso é possível porque, em determinado contexto, o verbo vicário é sinônimo daquele do qual faz as vezes. Os que mais se empregam com essa finalidade são ***fazer*** e ***ser***. ***Fizeram* retoma o verbo *comprar*.**

Alternativa "a" – *Fez* retoma *marcou*: o árbitro marcou corretamente, mas o bandeirinha marcou o contrário.

Alternativa "b" – Duas ações distintas: o professor copiava; os alunos faziam.

Alternativa "c" – Existe apenas um verbo e não retoma outra ação.

Alternativa "d" – Duas ações distintas: os carros deram; os mecânicos faziam.

Alternativa "e" – Duas ações distintas: a lua iluminava; o empregado fazia.

RESPOSTA: A

11 **(FGV – Advogado – AL – RO/2018)** "O levantamento **foi feito** pelo Sindicato das Mantenedoras de Ensino Superior (Semesp) com 99 instituições."

Essa frase do texto exemplifica a voz passiva; assinale a forma verbal correspondente à que está sublinhada, na voz ativa.

a) fez-se.
b) fazia.
c) fazia-se.
d) fizera.
e) fez.

COMENTÁRIOS:

Nota da autora: É necessário transpor a oração da voz passiva analítica (verbo *ser* + particípio) para a voz ativa.

Alternativa "a" – Continua na voz passiva, embora seja sintética e o agente da passiva deveria ser retirado.

Alternativa "b" – O tempo verbal foi alterado de pretérito perfeito do indicativo para pretérito imperfeito do indicativo. Isso não pode acontecer em hipótese alguma.

Alternativa "c" – Além de ter alterado o verbo, a oração continua na voz passiva porque o verbo é transitivo direto seguido de "se" – pronome apassivador.

Alternativa "d" – O tempo verbal foi alterado de pretérito perfeito do indicativo para pretérito mais-que-perfeito do indicativo.

Alternativa "e" – O agente da passiva passa a ser sujeito e o sujeito passa a ser o objeto direto. É preciso retirar o verbo *ser* e colocar o verbo na mesma conjugação do verbo *ser* (pretérito perfeito do indicativo):

O levantamento	foi feito	pelo sindicato...
sujeito paciente	verbo ser + particípio	agente da passiva

O sindicato	fez	o levantamento
sujeito	verbo no pretérito perfeito do indicativo	objeto direto

RESPOSTA: E

12 **(FGV – Analista Administrativo – TJ – SC/2018 – adaptada)** A frase que NÃO exemplifica a voz passiva é:

a) "Vivemos em uma sociedade onde a eficiência e os resultados são valorizados";
b) "Aparentemente, apenas os mais inteligentes estão destinados a obter sucesso";
c) "Eles devem ser observados, analisados e desconstruídos";
d) "Eles são guiados por valores e preocupados em fazer uso da bondade";
e) "Se procurarmos agora no dicionário o termo sabedoria, será encontrada uma definição simples".

COMENTÁRIOS:

Nota da autora: Na **voz passiva**, o sujeito sofre a ação. Existem dois tipos: **analítica** (verbo *ser* + particípio) e **sintética** (verbo transitivo direto ou verbo transitivo direto e indireto + se).

Alternativa "a" – São valorizados: passiva analítica. Na ativa: Valorizam os resultados (sujeito indeterminado – verbo na terceira pessoa do plural).

Alternativa "b" – Voz ativa: o sujeito pratica a ação.

Alternativa "c" – Ser observados: passiva analítica. Na ativa: Devem observá-los, analisá-los e desconstruí-los.

Alternativa "d" – São guiados: passiva analítica. Na ativa: Valores os guiam.

Alternativa "e" – Será encontrada: passiva analítica. Na ativa: Se nós procurarmos agora no dicionário o termo sabedoria.

RESPOSTA: B

13 **(FGV – TJ AL – Analista Judiciário – Oficial de Justiça Avaliador – 2018 – adaptada)** "O flagrante de dois assessores trocando figurinhas durante uma sessão foi divulgado pelas redes sociais e a cena se espalhou". O segmento "foi divulgado pelas redes sociais" é exemplo de voz passiva; se a mesma frase fosse colocada na voz ativa, a forma verbal adequada seria:

a) divulgaram;
b) divulgaram-se;
c) divulgou-se;
d) divulgam-se;
e) divulga-se.

COMENTÁRIOS:

Nota da autora: O agente da passiva passa a ser sujeito na voz ativa. Como não há, o sujeito obrigatoriamente deve ser indeterminado.

Alternativa "a" – Para indeterminar o sujeito, basta colocar o verbo na terceira pessoa do plural: **divulgaram**. Não se sabe quem divulgou.

Alternativa "b" – Voz passiva sintética: verbo transitivo direto + se (pronome apassivador) e a concordância está incorreta (divulgou-se o flagrante).

Alternativa "c" – Voz passiva sintética.

Alternativa "d" – Voz passiva sintética e o tempo foi alterado de pretérito perfeito do indicativo para presente do indicativo. A concordância este, também, errada.

Alternativa "e" – Voz passiva sintética. Tempo alterado, como visto na alternativa anterior.

RESPOSTA: A

14 **(FGV – TJ AL – Analista Judiciário – Oficial de Justiça Avaliador – 2018 – adaptada)** "Se eu falasse, ninguém acreditaria".

O emprego de tempos verbais nesse segmento está correto, segundo a norma culta; a frase abaixo em que se mantém a correção gramatical é:

a) Se eu falasse, ninguém acreditava;
b) Se eu falo, ninguém acreditaria;
c) Caso eu falasse, ninguém acreditava;
d) Caso eu fale, ninguém acredita;
e) Se eu falava, ninguém acreditaria.

COMENTÁRIOS:

Nota da autora: Questão de correlação de tempos verbais. Precisa relembrar as correlações mais exigidas pelas bancas? Vamos lá.

- ✓ Presente do indicativo + Presente do subjuntivo:
- ✓ Exijo que você faça o teste.
- ✓ Pretérito perfeito do indicativo + Pretérito imperfeito do subjuntivo:
- ✓ Exigi que ele fizesse o teste.
- ✓ Presente do indicativo + Pretérito perfeito composto do subjuntivo:
- ✓ Espero que ele tenha feito o teste.
- ✓ Pretérito imperfeito do indicativo + Mais-que-perfeito composto do subjuntivo:
- ✓ Queria que ele tivesse feito o teste.
- ✓ Futuro do subjuntivo + Futuro do presente do indicativo:
- ✓ Se você fizer o teste, ficarei feliz.

✓ Pretérito imperfeito do subjuntivo + Futuro do pretérito do indicativo:
✓ Se você fizesse o teste, leria suas respostas.
✓ Pretérito mais-que-perfeito composto do subjuntivo + Futuro do pretérito composto do indicativo:
✓ Se você tivesse feito o teste, teria lido suas respostas.
✓ Futuro do subjuntivo + Futuro do presente do indicativo:
✓ Quando você fizer o teste, dormirei.
✓ Futuro do subjuntivo + Futuro do presente composto do indicativo:
✓ Quando você fizer o teste, já terei dormido.[2]

Alternativa "a" – Acreditaria.

Alternativa "b" – Acredita.

Alternativa "c" – Acreditaria.

Alternativa "d" – Opção 1: pretérito imperfeito do subjuntivo (falasse) + futuro do pretérito do indicativo (acreditaria); opção 2: presente do subjuntivo (fale) + presente do indicativo (acredita).

Alternativa "e" – Falasse.

RESPOSTA: D

15 **(FGV – TJ AL – Analista Judiciário – Área Judiciária – 2018)** A frase do texto que NÃO exemplifica a ocorrência de voz passiva é:

a) "Diante do número de casos de preconceito explícito e agressões, somos levados ao questionamento...";

b) "...corre o risco de estar tornando-se irracionalmente intolerante";

c) "No último ano, foram registradas dezenas de casos de intolerância religiosa...";

d) "Preconceito não se tolera, se combate";

e) "...muitas ocorrências que deveriam ser registradas como 'intolerância religiosa'...".

COMENTÁRIOS:

Nota da autora: Existem dois tipos de voz passiva.

1. Passiva analítica = verbo ser + particípio;

2. Passiva sintética = verbo transitivo direto ou verbo transitivo direto e indireto + se (pronome apassivador).

Alternativa "a" – Voz passiva analítica = somos levados.

Alternativa "b" – Voz ativa.

2. Uol vestibular. Disponível em: <http://vestibular.uol.com.br/resumo-das-disciplinas/portugues/correlacao-verbal.htm>. Acesso em: 8 de junho 2016, alterado.

Alternativa "c" – Voz passiva analítica = foram registrados.

Alternativa "d" – Voz passiva sintética (verbos transitivos diretos + se) = não se tolera; ...se combate = preconceito não é tolerado; preconceito é combatido (na passiva analítica).

Alternativa "e" – Voz passiva analítica = deveriam ser registrados.

RESPOSTA: B

16 **(FGV – TJ AL – Analista Judiciário – Área Judiciária – 2018)** "O tamanho desse problema **rompeu** fronteiras e **torna-se** uma praga mundial".

Nesse segmento do texto, as duas formas verbais pertencem a tempos diferentes; isso ocorre por:

a) erro nesse emprego, já que ambos deveriam ser do mesmo tempo verbal;
b) indicação respectiva de uma ação passada e de um fato atual;
c) tentativa de dar destaque a uma realidade do presente;
d) demonstração de um fato já completado e outro que se encontra em fase inicial;
e) desejo de mostrar que fatos atuais são decorrentes de ações passadas.

COMENTÁRIOS:

Alternativa "a" – Não há erro, pois os fatos acontecem em tempos distintos.

Alternativa "b" – *Rompeu* está no pretérito perfeito do indicativo e indica uma ação passada e finalizada; *torna-se* está no presente do indicativo e refere-se a uma ação atual, que acontece no momento da escrita.

Alternativa "c" – Não existe destaque, são duas informações.

Alternativa "d" – Um fato completado sim, mas nada indica que o outro esteja em fase inicial, mas sim que está acontecendo.

Alternativa "e" – Isso até se aplica na psicologia, mas nos tempos verbais, não. Se houvesse "de modo que" no lugar da conjunção "e", a segunda oração seria consecutiva, mas a ideia é apenas de adição e a questão é de tempo verbal, não de período composto. Não pode divagar.

RESPOSTA: B

17 **(FGV – TJ AL – Analista Judiciário – Área Judiciária – 2018)** "Até porque, nessa toada, a intolerância irracional ganha terreno, e nós vamos ficando cada vez mais irracionalmente intolerantes com aquilo que não deveríamos ser".

A forma verbal "deveríamos ser" forma uma locução verbal como os vocábulos abaixo:

a) queremos ser;
b) mandamos ser;
c) deixemos ser;
d) vimos ser;
e) ouvimos ser.

COMENTÁRIOS:

Nota da autora: Locução verbal são dois verbos – auxiliar e principal (gerúndio ou infinitivo) – que indicam apenas uma ação. **Verbos que não formam locução verbal:** causativos – *fazer, deixar, manda* – **e sensitivos** – *ver, ouvir e sentir.* São usados comumente como auxiliares quando ligados à noção de aspecto verbal: *ser, estar* (em algumas construções), **começar a, deixar de, voltar a, continuar a, pôr-se a, ir, vir e estar.**

Alternativa "a" – Deveríamos ser = seríamos; queremos ser = somos.

Alternativa "b" – *Mandar* não forma locução.

Alternativa "c" – *Deixar* não forma locução.

Alternativa "d" – *Vir* também não forma locução.

Alternativa "e" – *Ouvir* não forma locução.

RESPOSTA: A

18 **(FGV – MPE BA – 2017)** "Estou há pouco mais de dois anos morando na China, leitor, e devo dizer que a minha admiração pelos chineses só tem feito crescer".

O emprego da forma verbal "tem feito" é perfeitamente adequada ao contexto, já que esse tempo verbal expressa ações:

a) completamente passadas;
b) que se repetiram no passado;
c) que se iniciaram no presente;
d) iniciadas no passado que continuam no presente;
e) iniciadas no presente e de duração indeterminada.

COMENTÁRIOS

Nota da autora: Como a banca está exigindo a formação dos tempos compostos nas últimas provas, é viável relembrar alguns detalhes.

Tempos compostos do INDICATIVO		
Tempo	**Conjugação**	**Valor**
Pretérito Perfeito	O verbo auxiliar ter ou haver é conjugado no **presente do indicativo**: tenho estudado, tens estudado.	fato que tem ocorrido com frequência ultimamente.
Pretérito Mais-que--perfeito	O verbo auxiliar ter ou haver é conjugado no **pretérito imperfeito do indicativo**: tinha estudado, tinhas estudado.	possui o mesmo valor que o Pretérito Mais-que-perfeito do Indicativo simples.
Futuro do Presente	O verbo auxiliar ter ou haver é conjugado no **futuro do presente do indicativo**: terei estudado, terás estudado.	possui o mesmo valor que o Futuro do Presente simples do Indicativo.

Futuro do Pretérito	O verbo auxiliar ter ou haver é conjugado no **futuro do pretérito**: teria estudado, terias estudado.	possui o mesmo valor que o Futuro do Pretérito simples do Indicativo.

Tempos compostos do SUBJUNTIVO		
Tempo	**Conjugação**	**Valor**
Pretérito Perfeito	O verbo auxiliar ter ou haver é conjugado no **presente do subjuntivo**: tenha estudado, tenhas estudado.	indica desejo de que algo já tenha ocorrido.
Pretérito Mais-que--perfeito	O verbo auxiliar ter ou haver é conjugado no **pretérito imperfeito do subjuntivo**: tivesse estudado, tivesses estudado.	possui o mesmo valor que o Pretérito Imperfeito do Subjuntivo simples.
Futuro	O verbo auxiliar ter ou haver é conjugado no **futuro do subjuntivo**: tiver estudado, tiveres estudado.	possui o mesmo valor que o Futuro do Subjuntivo simples.

Tempos compostos das FORMAS NOMINAIS		
Forma	**Conjugação**	**Valor**
Infinitivo Pessoal	O verbo auxiliar ter ou haver é conjugado no infinitivo pessoal: ter brincado, teres brincado.	ação passada em relação ao momento da fala.
Infinitivo Impessoal	O verbo auxiliar ter ou haver é conjugado no infinitivo impessoal: ter estudado.	
Gerúndio	O verbo auxiliar ter ou haver é conjugado no gerúndio: tendo brincado.	

Alternativa "a" – Pretérito perfeito simples do indicativo.

Alternativa "b" – Pretérito imperfeito simples do indicativo.

Alternativa "c" – Presente simples do indicativo.

Alternativa "d" – **Tempo e modo**: pretérito perfeito composto do indicativo; **valor**: fato que tem ocorrido com frequência ultimamente, ou seja, iniciou no passado (por isso pretérito) e continuam no presente.

Alternativa "e" – Pretérito imperfeito simples do indicativo.

RESPOSTA: D

19 **(FGV – IBGE – 2017)** A frase abaixo que mostra uma voz verbal diferente das demais é:

a) "...desestabilizando completamente o ecossistema";

b) "...afloram as várias atividades humanas que as provocaram, ou estão provocando";

c) "Dentre essas ações, as principais talvez sejam...";
d) "... todos esses animais, de uma forma ou de outra, rendem expressivos lucros";
e) "Atualmente, quando se mencionam 'espécies em extinção'...".

COMENTÁRIOS

Alternativa "a" – Voz ativa.

Alternativa "b" – Voz ativa: as várias atividades humanas afloram.

Alternativa "c" – Voz ativa: as principais sejam.

Alternativa "d" – Voz ativa: todos esses animais rendem.

Alternativa "e" – O verbo *mencionar* é transitivo direto seguido de "se" (pronome apassivador) e indica que a oração está na **voz passiva sintética**. Transpondo para a passiva analítica (verbo ser + particípio), tem-se: quando 'espécies em extinção' são mencionadas.

RESPOSTA: E

20 **(FGV – ALERJ – 2017)** A forma verbal abaixo corretamente conjugada é:

a) Todos se entreteram com os novos jogos;
b) Os turistas reouveram seus pertences;
c) O repórter interviu na discussão;
d) Quando o ver de novo, dar-lhe-ei o recado;
e) Ele se manteu no cargo até o último momento.

COMENTÁRIOS

RESPOSTA: letra "b" – O verbo *reaver* é conjugado como o verbo *haver* nas pessoas que possuem o "v". Veja no presente do indicativo:

hei	-
hás	-
há	-
ha**v**emos	rea**v**emos
ha**v**eis	rea**v**eis
hão	-

No pretérito perfeito do indicativo: houve, houveste, houve, houvemos, houvestes, **houveram = reouveram.**

21 **(FGV – Analista Judiciário – Escrivão Judicial – TJ – PI/2016)** Entre os segmentos abaixo, aquele que se refere a uma ação potencial, e não real, é:

a) "Um Plano de Contingência para o Trânsito necessita de planejamento prévio...".

b) "que venham a causar transtornos nos principais corredores viários de uma cidade".
c) "O aumento progressivo da frota de veículos provoca congestionamentos...".
d) "Nesses casos, passam a exigir ações mais criativas e diferenciadas, ...".
e) "...devendo ser planejadas por equipes de técnicos especializados, com a parceria das universidades".

COMENTÁRIOS

Alternativa "a" – Verbo no presente do indicativo refere-se a uma ação real, certa: necessita.

Alternativa "b" – Ação potencial exprime possibilidade, ou seja, o verbo está no modo subjuntivo: venham – presente do subjuntivo.

Alternativa "c" – Provoca: presente do indicativo.

Alternativa "d" – Passam: presente do indicativo.

Alternativa "e" – Devendo ser planejadas (voz passiva) = devem ser planejadas. Devem: presente do indicativo.

RESPOSTA: B

22 **(FGV – Analista Judiciário – Escrivão Judicial – TJ – PI/2016)** "Seja você a mudança no trânsito"; a forma de reescrever-se essa mesma frase que mostra uma incorreção da forma verbal no imperativo é:

a) sê tu a mudança no trânsito;
b) sejamos nós a mudança no trânsito;
c) sejam vocês a mudança no trânsito;
d) seja ele a mudança no trânsito;
e) sejai vós a mudança no trânsito.

COMENTÁRIOS

Nota da autora: Imprescindível relembrar a formação do imperativo afirmativo.

	Presente do indicativo (1)	**Imperativo afirmativo (3)**	**Presente do indicativo (2)**
eu	Sou	-	Seja
tu	És	**sê**	Sejas
ele	É	seja	← Seja
nós	Somos	sejamos	← Sejamos
vós	Sois	**sede**	Sejais
eles	São	sejam	← Sejam

Perceba que a segunda pessoa do singular (tu) e a segunda do plural (vós) não são retiradas do presente do indicativo. É uma peculiaridade e por isso a banca exigiu tal conjugação.

Alternativa "e" – A segunda pessoa do plural do imperativo afirmativo é "sede" vós. Não existe a forma *sejai* pelo fato de nunca ser retirado o "s" dos verbos do presente do subjuntivo. Comum é retirar o "s" do presente do indicativo, mas aqui se trata de exceção.

Alternativa "a" – Correto: sê tu – não é retirado o "s" do presente do indicativo.

Alternativa "b" – A primeira pessoa do plural é retirada do presente do subjuntivo.

Alternativa "c" – A terceira pessoa do plural é retirada do presente do subjuntivo.

Alternativa "d" – A terceira pessoa do singular é retirada do presente do subjuntivo.

RESPOSTA: E

Trecho para responder à questão.

Em 1997 foram criados os rodízios para diminuir a circulação de veículos em determinados horários na capital paulista. Também foram feitas ciclovias (17,5 km) e campanhas de conscientização. Mas nada disso resolveu o caos no trânsito. (...)

23 **(FGV – Analista Judiciário – Escrivão Judicial – TJ – PI/2016 – adaptada)** No trecho, há duas formas verbais na voz passiva: "foram criadas" e "foram feitas". A opção pela voz passiva faz com que as ações realizadas:

a) não mostrem seus agentes;
b) se localizem em passado distante;
c) se processem simultaneamente;
d) sejam atribuídas a agentes diferentes;
e) indiquem ações potenciais e não reais.

COMENTÁRIOS

Alternativa "a" – Os sujeitos são pacientes: os rodízios foram criados; ciclovias e campanhas de conscientização foram feitas. Não há informação de quem criou e de quem fez, isto é, o termo preposicionado que age na voz passiva não foi informado.

Alternativa "b" – Os verbos estão no pretérito perfeito do indicativo e referem-se a ações finalizadas, não indicam que são distantes.

Alternativa "c" – Ações que acontecem ao mesmo tempo ocorrem com verbos no pretérito imperfeito do indicativo – usados em textos descritivos.

Alternativa "d" – Nem cita os agentes, como comentado.

Alternativa "e" – Não possui relação com ações potenciais (duvidosas) e reais (certas)

RESPOSTA: A.

3. NÍVEL DIFÍCIL

01 **(FGV – 2025 – TCE RR – Auditor Substituto de Conselheiro)** Assinale a frase estruturada na voz passiva.

a) Deus me livre de ser inteligente.
b) Pelos modos do aluno, julga-se o professor.
c) Alguns homens de criação são vulcões extintos.
d) Amar-se a si mesmo é um começo de uma aventura.
e) Freios são necessários para o nosso equilíbrio.

COMENTÁRIOS:

Nota da autora: A voz passiva pode ser analítica (verbo "ser" + particípio) ou sintética (verbo transitivo direto ou verbo transitivo direto e indireto + se).

Na passiva analítica, p verbo "ser" pode estar implícito.

Exemplo: Ela escutada por todos. = Ela [foi] escutada por todos.

Na ativa, equivale a "todos a escutou".

Alternativa "a" – Voz ativa.

Alternativa "b" – Voz passiva sintética: verbo transitivo direto + pronome apassivador.

Na passiva sintética: o professor é julgado.

Alternativa "c" – Voz ativa: sujeito + verbo de ligação + predicativo do sujeito.

Alternativa "d" – Voz reflexiva formada por verbo reflexivo: amar-se = amar a si próprio.

Alternativa "e" – Voz ativa: sujeito + verbo de ligação + predicativo do sujeito.

RESPOSTA: B

02 **(FGV – 2025 – TCE RR – Auditor Substituto de Conselheiro)** *Se isto te convier, faze rapidamente.* Assinale a opção que mostra formas que repetem os mesmos tempos verbais e as mesmas pessoas dos termos sublinhados.

a) chegar / chegue.
b) colocar / coloque.
c) tiver / tenha.
d) pôr / põe.
e) vir / vê.

COMENTÁRIOS:

Nota da autora:

O verbo "**convier**" está conjugado na **terceira pessoa do singular do futuro do subjuntivo.**

O verbo "**fazer**" está conjugado na **segunda pessoa do singular do imperativo afirmativo.**

Alternativa "a" – Erro: o verbo está na terceira pessoa do singular do imperativo afirmativo (chegue).

Correção: chega.

Alternativa "b" – Erro: o verbo está na terceira pessoa do singular do imperativo afirmativo (coloque).

Correção: coloca.

Alternativa "c" – Erro: o verbo está na terceira pessoa do singular do imperativo afirmativo (tenha).

Correção: tem.

Alternativa "d" – Erro: o verbo está no infinitivo (pôr).

Correção: na terceira pessoa do singular do futuro do subjuntivo = puser.

Alternativa "e" – O verbo "**ver**" está conjugado na **terceira pessoa do singular do futuro do subjuntivo.**

O verbo "**ver**" está conjugado na **segunda pessoa do singular do imperativo afirmativo.**

RESPOSTA: E

03 **(FGV – Prefeitura de Nova Iguaçu RJ – Auditor Fiscal do Tesouro Municipal – 2024)** A partir da leitura dos fragmentos a seguir, retirados do romance *Torto Arado*, de Itamar Vieira Junior, assinale a opção em que o valor semântico expresso pela forma verbal destacada está corretamente justificado.

a) Todos temeram, por algum tempo, que Crispina **tivesse** uma recaída do seu acesso de loucura. /ação que exprime duratividade quanto ao fato relatado.

b) Fui tomada por uma intensa ansiedade quando **comecei a sentir** tontura e enjoo quase diários./ ação que indica um evento que se prolonga até o momento atual.

c) Encontrei Belonísia agachada no mesmo pé de buriti de onde eu **havia retirado** os frutos. / ação iniciada no passado tomada em relação a outra ação também no passado.

d) Mas a surra **repercutiu** mais em seu íntimo do que o ardor e o machucado na pele. / ação que exprime dúvida do enunciador diante do enunciado.

e) Ao **chegarmos** a casa, só estavam Zezé e Domingas, pequenos, acompanhados de Dona Tonha. / ação que indica um presente histórico, com objetivo de dar vivacidade a fatos do passado.

COMENTÁRIOS:

Nota da autora: Questão de verbo e semântica.

Alternativa "a" – O pretérito imperfeito do subjuntivo indica condição ou hipótese. No contexto, é uma hipótese: pode ou não ter uma recaída.

Alternativa "b" – É uma locução verbal e indica uma ação que foi iniciada. Não há indicação de prolongamento.

Dica: seria prolongada se o verbo estivesse no pretérito imperfeito do indicativo (começava). O verbo está no pretérito perfeito (comecei).

Alternativa "c" - Pretérito mais-que-perfeito composto do indicativo: formado por "ter" ou "haver" conjugado no pretérito imperfeito e possui o mesmo valor do pretérito mais-que-perfeito simples (retirara).

Refere-se a uma ação passada que possui relação com outra ação também passada.

Dica! Em casos de tempos compostos, substitua os dois verbos por um a fim de facilitar o entendimento: havia retirado = retirara.

Alternativa "d" - O pretérito perfeito do indicativo refere-se a uma ação passada e finalizada e, consequentemente, é certa.

Alternativa "e" - O verbo está infinitivo pessoal (primeira pessoa do plural) e é impossível referir-se ao presente histórico.

Dica: como o próprio nome demonstra, ocorre presente histórico quando o verbo está conjugado no presente do indicativo e refere-se a um fato passado.

Exemplo: Em 1.900 acontece a Revolução.

É usado para dar maior vivacidade ao acontecimento.

RESPOSTA: C

Texto 3

"De origem ainda incerta, o pão, base da alimentação da quase totalidade dos seres humanos, é conhecido desde o período Neolítico. Inicialmente, era feito de grãos de cereais triturados com pedras, amassado com água e colocado sobre pedras quentes ou debaixo de cinzas para assar, o que resultava em um pão achatado, duro e seco".

04 **(FGV - CGE PB - Auditor de Contas Públicas - 2024)** Observe a seguinte frase:

"Se as crianças se entretessem, a babá não teria intervindo para lhes auxiliar na brincadeira".

Nessa frase, o(s) erro(s) existente(s) é(são):

a) apenas na conjugação do verbo "intervir";
b) apenas na conjugação do verbo "entreter";
c) na conjugação do verbo "entreter" e na regência de "auxiliar";
d) na conjugação do verbo "entreter" e na colocação do pronome "lhes";
e) na conjugação dos verbos "entreter" e "intervir" e na regência do verbo "auxiliar".

COMENTÁRIOS:

Alternativa "a" - O verbo "intervir" é conjugado como o verbo "vir". No gerúndio, mantém a forma dele também: vindo = intervindo. Não existe erro.

Alternativa "b" - Há erro também na regência do verbo "auxiliar".

Alternativa "c" - O verbo "entreter" é conjugado como o verbo "ter".

No pretérito imperfeito do subjuntivo: **tivessem** = **entretivessem**.

O verbo "auxiliar" é transitivo direto e não admite o pronome oblíquo "lhe" = para **auxiliá-las**.

Alternativa "d" – Não há erro na colocação pronominal porque o verbo está no infinitivo – admite-se tanto a próclise como a ênclise.

Alternativa "e" – O verbo "intervir" está correto.

RESPOSTA: C

05 **(FGV – SEFAZ MT – Fiscal de Tributos Estaduais – 2023)** Todas as frases a seguir foram escritas em segunda pessoa do singular.

Assinale a opção que indica a frase que está corretamente modificada para a terceira pessoa.

a) Tu te entretiveste toda a manhã com as crianças. / Você se entreteu toda a manhã com as crianças.

b) Faz de conta que o dinheiro é teu e gasta-o como queiras. / Faça de conta que o dinheiro é seu e gasta-o como queira.

c) Tu intervieste no momento certo. / Você interviu no momento certo.

d) Ri livremente porque o riso é sinal de felicidade. / Rias livremente porque o riso é sinal de felicidade.

e) Sê feliz com os teus. / Seja feliz com os seus.

COMENTÁRIOS:

Alternativa "a" – O verbo *entreter* é conjugado como o verbo "ter". Na 3ª pessoa do pretérito perfeito do indicativo: **entreteve.**

Alternativa "b" – Verbo *gastar* na 3ª pessoa do imperativo afirmativo: **gaste**.

Alternativa "c" – O verbo *intervir* é conjugado como o verbo "vir". Na 3ª pessoa do pretérito perfeito do indicativo: **interveio.**

Alternativa "d" – Verbo *rir* na 3ª pessoa do imperativo afirmativo: **ria**.

Alternativa "e" – Verbo *ser* na 3ª pessoa do imperativo afirmativo: seja.

RESPOSTA: E

PARTE IV

Sintaxe

CAPÍTULO 1

Análise sintática

» **Nos editais:** Domínio da estrutura morfossintática da oração e do período; reescrita de frases e parágrafos do texto: substituição de palavras ou de trechos de texto; reorganização da estrutura de orações e de períodos do texto; domínio dos mecanismos de coerência textual.

1. NÍVEL MÉDIO

01 **(FGV – FHEMIG – Nível médio – 2023)** As preposições têm dois valores básicos: podem ter valor gramatical, quando são exigidas por um termo anterior, com presença obrigatória, e valor nocional quando são empregadas para acrescentar alguma informação ao texto.

Assinale a opção em que a preposição **de** mostra valor nocional.

a) O primeiro passo para conhecer-se é desconfiar de si mesmo.

b) O jovem não precisa de razões para viver.

c) As crianças necessitam mais de modelos que de críticos.

d) Um cão velho já não deve latir, pois já não é capaz de morder.

e) O maior homem do mundo é aquele que não perde seu coração de criança.

COMENTÁRIOS:

Nota da autora: As preposições podem mostrar valor relacional ou nocional.

Valor relacional: não possui valor semântico e é exigida pelo verbo ou pelo nome.

Valor nocional: possui valor semântico e não é exigida por verbo ou nome.

Dica: quando o termo preposicionado possuir função de objeto indireto ou de complemento nominal, a **preposição** será **relacional**.

Alternativa "a" – Faz parte do objeto indireto do verbo "desconfiar".

Alternativa "b" – Faz parte do objeto indireto do verbo "precisar".

Alternativa "c" – Faz parte do objeto indireto do verbo "necessitar".

Alternativa "d" – Faz parte do complemento nominal do predicativo "capaz".

Alternativa "e" – A expressão "de criança" possui função de adjunto adnominal do objeto direto "seu coração de criança".

Perceba que possui sentido ativo: a criança possui coração.

RESPOSTA: E

Texto 1

Vejamos, agora, o que nos diz Machado de Assis sobre a autópsia: "Li um termo de autópsia. Nunca deixo de ler esses documentos, não para aprender anatomia, mas para verificar ainda uma vez como a língua científica é diferente da literária. Nesta, a imaginação vai levando as palavras belas e brilhantes, faz imagens sobre imagens, adjetiva tudo, usa e abusa de reticências, se o autor gosta delas. Naquela, tudo é seco, exato e preciso. O hábito externo é externo, o interno é interno; cada fenômeno, cada osso, é designado por um vocábulo único. A cavidade torácica, a cavidade abdominal, a hipóstase cadavérica, a tetania, cada um desses lugares e fenômenos não pode receber duas apelações, sob pena de não ser ciência."

(Adaptado. A Semana, 1830)

02 **(FGV – Técnico Policial de Necropsia – PC RJ/2022)** No texto 1, observemos os seguintes exemplos: "termo de autópsia" e "abusa de reticências". Nos dois segmentos há o emprego da preposição DE, sendo que só no segundo caso ela é obrigatória, já que é exigida pelo verbo anterior. A frase abaixo em que a preposição DE tem uso obrigatório é:

a) Os cemitérios estão cheios de gente insubstituível;
b) A paciência é a mais heroica de todas as virtudes;
c) A paciência é de gosto amargo, mas seu fruto é doce;
d) A inteligência é uma espécie de paladar;
e) Os livros são de grande utilidade.

COMENTÁRIOS:

Alternativa "a" – A expressão "de gente insubstituível" possui função de complemento nominal do predicativo do sujeito e a preposição é obrigatória. "Cheios": termo regente; "de gente insubstituível": termo regido.

Os cemitérios	estão	cheios	**de gente insubstituível.**
sujeito	verbo de ligação	predicativo do sujeito	**complemento nominal**

Alternativa "b" – Poderia ser usada a preposição "entre", ou seja, não é obrigatório o uso da preposição "de".

Alternativa "c" – O verbo de ligação (é) não exige preposição: a paciência é gosto amargo.

Alternativa "d" – Perceba que "de paladar" equivale a "palatável". Quando essa substituição pode ser feita, a preposição não é obrigatória.

Alternativa "e" – O verbo de ligação (são) não exige preposição: os livros são muito úteis.

RESPOSTA: A

03 **(FGV – Técnico – Área Administrativa – MP RJ – 2019)** A leitura de todos os bons livros é como uma conversa com todos os homens de melhor qualidade dos séculos passados. (Descartes)

Os termos que desempenham igual função nessa frase são:

a) de todos os bons livros / de melhor qualidade;
b) de todos os bons livros / dos séculos passados;
c) com todos os homens / dos séculos passados;
d) com todos os homens / de melhor qualidade;
e) de todos os bons livros / com todos os homens.

COMENTÁRIOS:

Nota da autora: O complemento nominal está ligado a um nome, é preposicionado e possui sentido passivo. O adjunto adnominal possui sentido ativo. Fixe: adjunto adnominal = sentido ativo.

Alternativa "a" – Complemento nominal (sentido passivo) e adjunto adnominal (sentido ativo: os homens possuíam a melhor qualidade).

Alternativa "b" – Complemento nominal e adjunto adverbial de tempo.

Alternativa "c" – Complemento nominal e adjunto adverbial de tempo.

Alternativa "d" – Complemento nominal e adjunto adnominal.

Alternativa "e" – "A leitura de todos os bons livros": todos os bons livros são lidos = sentido passivo – **complemento nominal**. "Conversa com todos os homens": alguém conversou com os homens, não foram eles que conversaram = sentido passivo – **complemento nominal**.

RESPOSTA: E

Texto 3

"Perseguido pelo branco, o negro no Brasil escondeu as suas crenças nos terreiros das macumbas e dos candomblés. O folclore foi a válvula pela qual ele se comunicou com a civilização branca, impregnando-a de maneira definitiva. As suas primitivas festas cíclicas – de religião e magia, de amor, de guerra, de caça e de pesca... – entremostraram-se assim disfarçadas e irreconhecíveis. O negro aproveitou as instituições aqui encontradas e por elas canalizou o seu inconsciente ancestral: nos autos europeus e ameríndios do ciclo das janeiras, nas festas populares, na música e na dança, no carnaval..."

(Luís da Câmara Cascudo. Antologia do folclore brasileiro – Volume I. São Paulo, Martins, 1956)

04 **(FGV – Técnico Médio – DPE – RJ/2019)** Os termos sublinhados no texto 3 são conectores; o sentido INADEQUADO de um desses conectores é:

a) pelo / agente de ação;
b) nos / lugar;
c) com / companhia;
d) e / adição;
e) por / meio.

COMENTÁRIOS:

Alternativa "a" – A ideia é: o branco persegue. (É) perseguido pelo branco = agente da ação.

Alternativa "b" – Onde o negro escondeu? Nos terreiros = lugar.

Alternativa "c" – Para indicar companhia, a preposição deveria fazer parte de um adjunto adverbial. A expressão "com a civilização branca" possui função de objeto indireto do verbo pronominal *comunicar-se.*

Alternativa "d" – Possui ideia de *mais* = adição. Perceba que cabe a conjunção "e" e equivale ao vocábulo *também.*

Alternativa "e" – A preposição pode ser substituída por *através delas* = meio.
RESPOSTA: C

05 **(FGV – Técnico Tributário – SEFIN – RO/2018)** Todos os segmentos textuais abaixo trazem termos precedidos da preposição **de.**
Assinale a opção que apresenta o termo cuja preposição é uma exigência de um termo anterior.

a) "luzes indicadoras **de** direção".
b) "faixa **de** pedestres".
c) "dias **de** chuva".
d) "faixas exclusivas **de** ônibus".
e) "equipamentos **de** segurança".

COMENTÁRIOS:

Alternativa "a" – A direção é indicada pelas luzes: sentido passivo = complemento nominal.

Alternativa "b" – Os pedestres possuem faixas: sentido ativo = adjunto adnominal.

Alternativa "c" – A chuva possui dias: sentido ativo = adjunto adnominal.

Alternativa "d" – Ônibus possuem faixas: sentido ativo = adjunto adnominal.

Alternativa "e" – A segurança possui equipamentos: sentido ativo = adjunto adnominal.

DICA – Outra forma de resolver a questão, é tentar encontrar um substantivo que derive de verbo: **indicadores→ indicar.**

RESPOSTA: A

06 **(FGV – TJ AL – Técnico Judiciário – Área Judiciária – 2018)** "Tenho comentado aqui na *Folha* em diversas crônicas, os usos da internet, **que** se ressente ainda da falta de uma legislação específica **que** coíba não somente os usos mas os abusos deste importante e eficaz veículo de comunicação".

Sobre as ocorrências do vocábulo *que*, nesse segmento do texto, é correto afirmar que:

a) são pronomes relativos com o mesmo antecedente;
b) exemplificam classes gramaticais diferentes;
c) mostram diferentes funções sintáticas;
d) são da mesma classe gramatical e da mesma função sintática;
e) iniciam o mesmo tipo de oração subordinada.

COMENTÁRIOS

Nota da autora: Questão de análise sintática (função do "que") e de morfologia (classes gramaticais).

Alternativa "a" – Antecedentes distintos: "internet" e "legislação específica".

Alternativa "b" – Classes gramaticais iguais.

Alternativa "c" – Possuem a mesma função sintática.

Alternativa "d" – Morfologicamente, são pronomes relativos; sintaticamente, são sujeitos. É importante ressaltar que as duas orações são subordinadas adjetivas por possuírem pronome relativo.

Alternativa "e" – A primeira oração é subordinada adjetiva explicativa (com pontuação) e a segunda é subordinada restritiva (sem pontuação).

RESPOSTA: D

07 **(FGV – TJ AL – Técnico Judiciário – Área Judiciária – 2018)** O segmento sublinhado que exerce uma função sintática **diferente** das demais é:

a) "Tenho comentado aqui na *Folha* em diversas crônicas, **os usos da internet**";
b) "...que se ressente ainda da falta de uma legislação específica que coíba não somente **os usos mas os abusos deste importante e eficaz veículo de comunicação**";
c) "A maioria dos abusos, se praticados em outros meios, seriam **crimes já especificados em lei**";
d) "...como a da imprensa, que pune **injúrias, difamações e calúnias, bem como a violação dos direitos autorais, os plágios e outros recursos de apropriação indébita**";
e) "Como digo repetidas vezes, me valendo do óbvio, **a comunicação virtual está em sua pré-história**".

COMENTÁRIOS

Alternativa "a" – Objeto direto de "tenho comentado".

Alternativa "b" – Objeto direto de "coíba".

Alternativa "c" – Predicativo do sujeito, pois o verbo "seriam" é de ligação.

Alternativa "d" – Objeto direto de "pune".

Alternativa "e" – Objeto direto de "digo".

RESPOSTA: C

08 **(FGV – SEPOG RO – 2017)** *"O coração é um músculo oco, por* onde *passa o sangue"*. Assinale a opção que apresenta a frase em que o vocábulo *onde* exerce idêntica função.

a) Não sei por onde passa o sangue de nosso corpo.
b) Onde estão os médicos do coração desse hospital?
c) Ignoro, como muita gente, onde se localiza o coração em nosso corpo.
d) O coração era o local onde se localizava o amor.
e) Queria saber onde nasce o sangue de nosso corpo.

COMENTÁRIOS

Alternativa "d" – No comando da questão, *onde* retoma "músculo oco" e equivale a **no qual, no qual**. Sendo assim, é um pronome relativo; na alternativa, é também pronome relativo por retomar "local" e equivaler a **no qual, em que.**

Observação: sempre coloque na ordem direta para não confundir = o sangue passa **n**o músculo oco (em algum lugar); o amor localiza-se **n**o local. Perceba que para usar o "onde", a preposição "em" será exigida.

Alternativa "a" – Advérbio: em qual lugar; em que parte.

Alternativa "b" – Advérbio interrogativo.

Alternativa "c" – Advérbio: em qual lugar; em que parte.

Alternativa "e" – Advérbio: em qual lugar; em que parte.

RESPOSTA: D

09 **(FGV 2013)** Uma das maneiras de estabelecer-se a diferença entre adjunto adnominal e complemento nominal é a de ver-se a diferença entre agente (adjunto) e paciente (complemento).

Assinale a alternativa em que o termo sublinhado funciona como adjunto adnominal.

a) Desenvolvimento de remédios.
b) Uso de animais.
c) Vítima de diversos tipos de moléstias.
d) Emprego de cobaias.
e) Eliminação do sofrimento físico.

COMENTÁRIOS

Questão de análise sintática – diferença entre adjunto adnominal e complemento nominal.

RESPOSTA: C

- Antes de comentar o gabarito, é válido relembrar a teoria.

Adjunto adnominal – termo preposicionado, dentro do sujeito e com sentido ativo.

Complemento nominal – termo preposicionado, dentro do sujeito e com sentido passivo.

Fixe: Adjunto **a**dnominal = ativo (temos o **A** em todos os termos).

Na alternativa **c**, diversos tipos de moléstias atacaram as vítimas = sentido ativo = adjunto adnominal.

Alternativa "a" – Desenvolvimento de remédios = os remédios **foram desenvolvidos** por alguém = sentido passivo: complemento nominal.

Alternativa "b" – Uso de animais = os animais **foram usados** por alguém = sentido passivo: complemento nominal.

Alternativa "d" – Emprego de cobaias = as cobaias **foram empregadas (usadas)** por alguém = sentido passivo: complemento nominal.

Alternativa "e" –Eliminação do sofrimento físico = o sofrimento físico **foi eliminado** por alguém = sentido passivo: complemento nominal.

10 **(FGV 2013)** Assinale a alternativa cujo termo sublinhado exerce função **diferente** da dos demais.

a) Conjunto de políticas.

b) Redução de riscos.

c) Situações de desastres.

d) Presenças de ameaças.

e) Condições de vulnerabilidade.

COMENTÁRIOS

Questão de análise sintática, embora a banca não tenha especificado. Normalmente é preciso avaliar se o termo preposicionado é complemento nominal ou adjunto adnominal, como ocorreu em questão anterior.

RESPOSTA: B

- Equivale a **os riscos foram reduzidos** e possui sentido passivo = complemento nominal.

Alternativa "a" –Conjunto de políticas = sentido ativo: as políticas possuem um conjunto = adjunto adnominal.

Alternativa "c" – Situações de desastres = sentido ativo: as desastre possuem situações = adjunto adnominal.

Alternativa "d" – Presenças de ameaças = sentido ativo: as ameaças estão presentes = adjunto adnominal.

Alternativa "e" –Condições de vulnerabilidade sentido ativo: a vulnerabilidade possui condições = adjunto adnominal.

Fixe:

Adjunto **a**dnominal = sentido **a**tivo.

Complemento nominal = sentido passivo.

2. NÍVEL SUPERIOR

01 **(FGV – Prefeitura de Abreu e Lima PE – Técnico em Controle Interno – 2024)** Entre as frases abaixo, assinale aquela em que a substituição proposta é adequada, por tratar-se do único caso de adjunto adnominal.

a) Poetas são engarrafadores de nuvens (nebulosos).

b) A arte, mesmo a mais pessimista, é uma proposição de felicidade (feliz).

c) Como faço uma escultura? Simplesmente retiro do bloco de mármore (marmóreo) tudo o que não é necessário.

d) A necessidade de dinheiro (monetária) traz grandes dificuldades às famílias pobres.

e) A arte é a busca do dispensável (inútil).

COMENTÁRIOS:

Alternativa "a" – Sujeito + verbo de ligação + predicativo do sujeito.

Análise que a banca exige: se está dentro do predicativo, já qualifica e não há necessidade de haver a substituição.

Alternativa "b" – Sujeito + verbo de ligação + predicativo do sujeito. Sem necessidade de substituição.

Alternativa "c" – O verbo "retirar" é bitransitivo: retiro algo (tudo o que não é necessário) de algo (do bloco de mármore).

Objeto indireto: do bloco de mármore / núcleo: bloco / de mármore: adjunto adnominal.

Alternativa "d" – O termo preposicionado está dentro do sujeito. Possui sentido passivo: dinheiro é necessário = complemento nominal.

Observação: se possuísse sentido <u>a</u>tivo, seria <u>a</u>djunto <u>a</u>dnominal.

Alternativa "e" – Sujeito + verbo de ligação + predicativo do sujeito. Sem necessidade de substituição.

RESPOSTA: C

02 **(FGV – Prefeitura de Abreu e Lima PE – Técnico em Controle Interno – 2024)** Nas frases abaixo há dois adjetivos sublinhados.

Assinale a frase em que esses adjetivos exercem uma função sintática diferente.

a) Afinal, o que é Deus? Uma <u>**eterna**</u> criança brincando eternamente no jardim <u>**eterno**</u>.

b) Eu tive uma <u>**grande**</u> vantagem que meus filhos não tiveram. Eu nasci <u>**pobre**</u>.

c) A juventude é coisa <u>**suspeita**</u> mesmo quando a fidelidade é <u>**certa**</u>.

d) Com dinheiro pode-se construir uma casa **esplêndida**, mas não uma **boa** família.
e) Mães são necessidade **biológica**. Os pais, uma intervenção **social**.

COMENTÁRIOS:

Alternativa "a" – Adjuntos adnominais – do sujeito e do adjunto adverbial de lugar, respectivamente.

Alternativa "b" – Na primeira frase, é **adjunto adnominal** do objeto direto "uma grande vantagem". Na segunda frase, é **predicativo do sujeito**.

Lê-se: eu (sujeito) nasci (verbo intransitivo) [e era] pobre (predicativo).

Alternativa "c" – Predicativo do sujeito nos dois casos.

Dica: estão após o verbo de ligação.

Alternativa "d" – Adjuntos adnominais – do objeto direto nos dois casos.

Lê-se: mas não [se pode construir] uma boa família.

Alternativa "e" – Predicativo do sujeito nos dois casos.

Dica: no primeiro caso, o verbo de ligação está explícito; no segundo, implícito.

Lê-se: os pais [são] uma intervenção social.

RESPOSTA: B

03 **(FGV – AL PR – Analista Legislativo – 2024)** A simplicidade tem a ver com o emprego de termos acessíveis, com a sintaxe direta, com frases sem rebuscamento. Assinale a frase que se mostra em ordem direta.

a) Todos os canalhas, segundo penso, foram crianças infelizes.
b) É uma criança sábia aquela que conhece o próprio pai.
c) O sorriso da filha adoça a fúria do pai.
d) Sempre é obra da mãe o futuro de um filho.
e) De todos os animais, os meninos são os mais difíceis de domar.

COMENTÁRIOS:

Alternativa "a" – Com intercalação = com rebuscamento.

Ordem direta e sem rebuscamento: Todos os canalhas foram crianças infelizes.

Alternativa "b" – Está na ordem inversa e possui rebuscamento.

Ordem direta sem rebuscamento: a criança que conhece o próprio pai é sábia.

Alternativa "c" – Ordem direta (sujeito + verbo + complemento) e sem rebuscamento.

Alternativa "d" – Está na ordem inversa e possui rebuscamento.

Ordem direta sem rebuscamento: o futuro de um filho é obra da mãe.

Alternativa "e" – Está na ordem inversa e possui rebuscamento.

Ordem direta sem rebuscamento: os meninos são os mais difíceis de domar.

RESPOSTA: C

04 **(FGV – Prefeitura de São José dos Campos SP – Analista – 2024)** Na língua portuguesa, empregamos a preposição A em alguns casos de objeto direto; entre as frases abaixo, assinale aquela que exemplifica um caso diferente de objeto direto preposicionado.

a) Aquele a quem o crime beneficia é quem o cometeu.
b) Se queres mandar, governa a ti próprio.
c) No Brasil, 15% da população não tem do que reclamar; os outros 85% não têm a quem reclamar.
d) Amar a Deus sobre todas as coisas.
e) O sonegador a um governante enganou.

COMENTÁRIOS:

Nota da autora: Existe objeto direto preposicionado quando o verbo não exige preposição, mas ela aparece. Dica: pode ser retirada.

Alternativa "a" – O verbo "beneficiar" é transitivo direto e a preposição pode ser retirada: Aquele quem o crime beneficia.

Alternativa "b" – O verbo "governar" é transitivo direto e a preposição pode ser retirada: governa ti próprio.

Alternativa "c" – No contexto, o verbo "reclamar" é transitivo indireto: reclamar a alguém. Isso significa que se trata de um objeto indireto e que a preposição não pode ser retirada.

Alternativa "d" – O verbo "amar" é transitivo direto e a preposição pode ser retirada: Amar Deus.

Alternativa "e" – O verbo "enganar" é transitivo direto e a preposição pode ser retirada: O sonegador um governante enganou.

RESPOSTA: C

05 **(FGV – AL MA – Consultor Legislativo – Direito/2023)** O verbo *ficar* pode ser empregado como verbo de ligação, com o sentido de "mudança de estado", equivalente a "tornar-se".

Assinale a frase que serve de exemplo para esse emprego.

a) Nossos corpos são onde nós **ficamos**, nossos espíritos são o que nós somos.
b) Os homens não podem **ficar** parados no mesmo lugar.
c) Onde **fica** o bairro da Prainha nesta cidade?
d) Os livros mais caros **ficam** nas prateleiras mais altas.
e) A justiça pode **ficar** cega, mas tem dispositivos de escuta muito sofisticados.

COMENTÁRIOS:

Alternativa "a" – Intransitivo. Sentido de *estar localizado em um determinado ponto.*
Alternativa "b" – Intransitivo. Sentido de *perdurar, subsistir.*

Alternativa "c" – Intransitivo. Sentido de *estar localizado em um determinado ponto.*

Alternativa "d" – Intransitivo. Sentido de *estar localizado em um determinado ponto.*

Alternativa "e" – A justiça pode tornar-se cega = mudança de estado.

RESPOSTA: E

06 **(FGV – MPE SP – Analista de Promotoria – 2023)** Assinale a frase que mostra os seus termos sintáticos em ordem direta.

a) Se você está gostando da viagem, provavelmente não vai gostar do destino.

b) A Inglaterra é o paraíso das mulheres, o purgatório dos homens e o inferno dos cavalos.

c) Homens realmente educados são os autodidatas.

d) São as perguntas que fazem o filósofo.

e) Para o biólogo, o homem é um animal como os demais.

COMENTÁRIOS:

Nota da autora: Para estar na ordem direta, a oração precisa iniciar com o sujeito, ter um verbo em seguida e seu complemento (ou um predicativo, ou um adjunto adverbial).

Alternativa "a" – Há um período composto por duas orações (há duas locuções verbais).

O período está na **ordem inversa** porque se inicia com a oração subordinada adverbial condicional.

Quanto à ordem das duas orações, também estão na ordem inversa:

Começa com a conjunção condicional, não com o sujeito;

Começa com o adjunto adverbial, não com o sujeito.

Alternativa "b" – **Sujeito** (A Inglaterra) **+ verbo de ligação** (é) **+ predicativo do sujeito** (o paraíso das mulheres, o purgatório dos homens e o inferno dos cavalos).

Alternativa "c" – Se não houvesse o adjunto adverbial (realmente), a oração estaria na ordem direta. A estrutura ficaria assim: sujeito (Homens educados) + verbo de ligação (são) + predicativo do sujeito (autodidatas).

Alternativa "d" – A oração começa com o verbo de ligação (são), é impossível estar na ordem direta.

Ordem direta (retirando o pronome relativo): As perguntas (sujeito) fazem (verbo transitivo direto) o filósofo (objeto direto).

Alternativa "e" – A oração começa com a preposição "para", ou seja, é impossível estar na ordem direta porque não pode haver preposição no sujeito.

Ordem direta: O homem é um animal como os demais para um biólogo.

RESPOSTA: B

07 **(FGV – TJ RN – Analista Judiciário – Área Judiciária – Direito/2023)** A opção abaixo em que está presente uma forma interrogativa indireta é:

a) A classe política declarou-se satisfeita após a publicação do calendário eleitoral;
b) Os sindicatos e os representantes patronais retomaram seus afazeres;
c) As empresas de computação ainda não sabem quando vão instalar os novos computadores;
d) Por que todos os adolescentes parecem inventar o mundo de novo?
e) Todos sabem quanto custa esse automóvel.

COMENTÁRIOS:

Nota da autora: é válido relembrar os **tipos de frases** – assunto estudado em análise sintática.

Tipos de frases	Definição	Exemplos	Pontuação
Exclamativas	são empregadas quando o emissor quer manifestar **emoção.**	Que dia!	Ponto de exclamação.
Declarativas	representam a **constatação de um fato** pelo emissor.	**Declarativa afirmativa**: O gabarito será divulgado terça-feira. **Declarativa negativa**: O gabarito não será divulgado terça-feira.	Ponto final.
Imperativas	são utilizadas para emissão de **ordens, conselhos e pedidos.**	**Imperativa afirmativa**: Estude com bons materiais! **Imperativa negativa:** Não perca tempo estudando errado.	Ponto de exclamação.
Interrogativas	ocorrem quando **o emissor faz uma pergunta** na mensagem.	**Interrogativa direta**: Quer ser convocado logo? **Interrogativa indireta**: Gostaria de saber a data da convocação.	Ponto de interrogação.
Optativas	expressam um desejo.	Espero que tudo dê certo!	Ponto de exclamação.

Observação: Na frase interrogativa, o emissor possui a vontade de saber algo.

Alternativa "a" – Frase declarativa.

Alternativa "b" – Frase declarativa.

Alternativa "c" – Equivale a: Quando vão instalar os novos computadores? Observação: perceba que o emissor quer saber algo.

Alternativa "d" – Frase interrogativa direta: possui o ponto de exclamação.

Alternativa "e" – Frase declarativa.

RESPOSTA: C

08 **(FGV – Consultor Legislativo – AL – RO/2018)** A frase de Aristóteles está em ordem sintática inversa. Assinale a opção que apresenta essa mesma frase na ordem direta.

a) No ser humano, o desejo de conhecer é natural.
b) O desejo de conhecer, no ser humano, é natural.
c) É natural o desejo de conhecer no ser humano.
d) O desejo de conhecer é natural no ser humano.
e) O desejo de conhecer é, no ser humano, natural.

COMENTÁRIOS:

Nota da autora: Ordem direta = sujeito + verbo + complemento (ou predicativo).

Alternativa "a" – A oração inicia-se com o adjunto adverbial.

Alternativa "b" – Há intercalação de adjunto adverbial entre o sujeito e o verbo.

Alternativa "c" – A oração inicia-se com o verbo seguido do predicativo.

Alternativa "d" – O desejo de conhecer (sujeito) + verbo de ligação (é) natural (predicativo do sujeito) + adjunto adverbial.

Alternativa "e" – Há intercalação do adjunto adverbial entre o verbo de ligação é o predicativo.

RESPOSTA: D

09 **(FGV – Analista Judiciário – Oficial de Justiça Avaliador – TJ – AL/2018)** Nos trechos, aparecem três ocorrências da preposição DE.

1. "troca-troca de figurinhas";
2. "roubo de figurinha";
3. "mensagens de celular".

Sobre o emprego dessa preposição nesses casos, é correto afirmar que:

a) os termos precedidos da preposição DE indicam pacientes dos vocábulos anteriores;
b) os termos precedidos da preposição DE indicam agentes dos termos anteriores;
c) os termos "de figurinha" e "de celular" são complementos dos termos anteriores;
d) os termos "de figurinhas" e "de celular" são adjuntos dos vocábulos precedentes;
e) os termos "de figurinhas" e "de figurinha" são complementos dos vocábulos precedentes.

COMENTÁRIOS:

Nota da autora: Mais uma vez a banca FGV exige a diferença entre adjunto adnominal e complemento nominal. Vamos relembrar? O termo preposicionado ligado a um substantivo será adjunto adnominal se possuir sentido ativo; será complemento nominal se possuir sentido passivo.

Alternativa "a" – Em 1 e 2 possuem sentido passivo e são complementos nominais.

Alternativa "b" – Em 3 é agente e possui função sintática de adjunto adnominal.

Alternativa "c" – Apenas "de figurinha" é complemento.

Alternativa "d" – Apenas "de celular" possui função de adjunto.

Alternativa "e" – São complementos nominais dos substantivos precedentes.

1. As figurinhas são trocadas: sentido passivo = complemento nominal;
2. A figurinha é roubada: sentido passivo = complemento nominal;
3. O celular possui as mensagens: sentido ativo = adjunto adnominal.

RESPOSTA: E

10 (FGV – Analista Legislativo – Câmara de Salvador – BA/2018) O segmento abaixo que apresenta dois complementos (direto e indireto) é:

a) "garantir aos cidadãos o acesso pleno";
b) "coloca a população em risco";
c) "investindo poucos recursos nos serviços públicos";
d) "haja risco para a vida das pessoas";
e) "conseguem atuar em regiões de conflitos".

COMENTÁRIOS:

Nota da autora: Verbos que admitem dois complementos são denominados bitransitivos.

Alternativa "a" – Transitivo direto e indireto: garantir algo (o acesso pleno = objeto direto) a alguém (aos cidadãos).

Alternativa "b" – Transitivo direto: coloca alguém (a população = objeto direto).

Alternativa "c" – Transitivo direto: investindo algo (poucos recursos = objeto direto).

Alternativa "d" – Transitivo direto: haja algo (risco = objeto direto).

Alternativa "e" – Transitivo direto: conseguem algo (atuar = objeto direto).

RESPOSTA: A

11 (FGV – TJ AL – Analista Judiciário – Área Judiciária – 2018) O termo sublinhado abaixo que exerce uma função sintática **diferente** das demais é:

a) "Hoje, fala-se muito sobre intolerância religiosa, mas, muito mais do que sermos **tolerantes**...";

b) "somos levados ao questionamento se nossa sociedade corre o risco de estar tornando-se irracionalmente **intolerante**";

c) "O tamanho desse problema rompeu fronteiras e torna-se **uma praga mundial**";

d) "Até porque, nessa toada, a intolerância irracional ganha terreno, e nós vamos ficando **cada vez mais irracionalmente intolerantes**";

e) "No último ano recebemos denúncias de ataques **contra religiões de matriz africana**".

COMENTÁRIOS:

Alternativa "a" – sermos (verbo de ligação) + **predicativo.**

Alternativa "b" – *estar tornando-se* equivale a *torna-se* (verbo de ligação) + **predicativo.**

Alternativa "c" – torna-se (verbo de ligação) + **predicativo.**

Alternativa "d" – *vamos ficando* equivale a *ficar* + **predicativo.**

Alternativa "e" – recebemos (verbo transitivo direto) denúncias de ataque (objeto direto) contra religiões de matriz africana: **complemento nominal.**

RESPOSTA: E

12 **(FGV – TJ AL – Analista Judiciário – Área Judiciária – 2018)** A frase em que o vocábulo SE mostra a função de indeterminar o sujeito é:

a) "...somos levados ao questionamento SE nossa sociedade corre o risco...";

b) "SE deveriam servir para mostrar indignação...";

c) "No campo da religiosidade, o fanatismo SE mostra cada dia mais presente...";

d) "Hoje, fala-SE muito sobre intolerância religiosa...";

e) "Preconceito não SE tolera, se combate".

COMENTÁRIOS:

Alternativa "a" – Sujeito: nós. Conjunção condicional (caso nossa sociedade corresse o risco).

Alternativa "b" – Conjunção condicional (caso devessem).

Alternativa "c" – Sujeito: o fanatismo. Parte integrante do verbo *mostrar.*

Alternativa "d" – O verbo é intransitivo e o "se" é índice de indeterminação do sujeito. A expressão *sobre intolerância religiosa* é adjunto adverbial de assunto. Também indeterminam o sujeito, acompanhados do SE, os verbos de ligação e os transitivos indiretos.

Alternativa "e" – Sujeito: preconceito. O verbo *tolerar* é transitivo direto e o SE é pronome apassivador. A oração está na voz passiva sintética. Na passiva analítica: preconceito não é tolerado.

RESPOSTA: D

13 **(FGV – Analista do Ministério Público – Administrativa – MP-RJ/2016)** Os verbos de estado indicam: estado permanente, estado transitório, mudança de estado, aparência de estado e continuidade de estado. A frase que mostra um verbo de estado com valor de mudança de estado é:

a) "áreas que antes eram baratas e de fácil acesso";
b) "tornam-se mais caras";
c) "habitantes que sofrem com esse processo são trabalhadores com baixos salários";
d) "Além disso, à medida que as cidades crescem";
e) "a grande maioria da população pobre busque por moradias em regiões ainda mais distantes".

COMENTÁRIOS

RESPOSTA: B

Nota da autora: Os verbos que indicam estado permanente, estado transitório, mudança de estado, aparência de estado e continuidade de estado são **verbos de ligação.**

Na "b": Se se tornam mais caras, significa que não eram tão caras, houve mudança de estado. Outro exemplo para entender melhor: Tornou-se estudioso por necessidade. Ele não era estudioso.

Alternativa "a" – O verbo "ser" indica permanência de estado. Exemplo: Ele é estudioso.

Alternativa "c" – São trabalhadores: estado permanente; *sofrer* indica ação – verbo transitivo indireto no contexto: sofre por algo.

Alternativa "d" – *Crescer* indica ação e não estado – verbo intransitivo.

Alternativa "e" – *Buscar* indica ação e é transitivo indireto no contexto (buscar por algo).

14 **(FGV – Analista Judiciário – Escrivão Judicial – TJ – PI/2016)** Entre os termos sublinhados abaixo, aquele que exerce a função de complemento é:

a) áreas <u>da cidade</u>;
b) campanhas <u>de conscientização</u>;
c) cidades <u>de médio porte</u>;
d) cobrança <u>de pedágio</u>;
e) número <u>de vítimas</u>.

COMENTÁRIOS

Nota da autora: Vamos relembrar?

Termo preposicionado com sentido <u>A</u>tivo = <u>A</u>djunto <u>A</u>dnominal; com sentido passivo = complemento nominal.

Alternativa "a" – A cidade possui áreas: sentido ativo.

Alternativa "b" – A conscientização que existe nas campanhas: sentido ativo.

Alternativa "c" – O médio porte das cidades: ativo.

Alternativa "d" – O pedágio é cobrado: sentido passivo. Alguém o cobra.

Alternativa "e" – As vítimas possuem número: ativo.

RESPOSTA: D

15 **(FGV – MPRJ – Analista – Área Administrativa/2016)** "Dentre os problemas sociais urbanos, merece destaque a questão da segregação urbana, fruto da concentração de renda no espaço das cidades e da falta de planejamento público que vise à promoção de políticas de controle ao crescimento desordenado das cidades".

Nesse período, o termo que se liga sintaticamente a um termo anterior, de forma diferente dos demais, é:

a) concentração **de renda**;
b) espaço **das cidades**;
c) falta **de planejamento**;
d) promoção **de políticas**;
e) crescimento **das cidades**.

COMENTÁRIOS

Alternativa "b" – Todos os termos são preposicionados, portanto é indispensável saber se possuem sentido ativo ou passivo. Em "espaço das cidades", o sentido é ativo: a cidade possui espaço. Função: adjunto adnominal.

Alternativa "a" – A renda foi concentrada = sentido passivo. Função: complemento nominal.

Alternativa "c" – O planejamento sofreu a falta = sentido passivo. Função: complemento nominal.

Alternativa "d" – Políticas foram promovidas = sentido passivo. Função: complemento nominal.

Alternativa "e" – As cidades sofreram a ação do crescimento = sentido passivo. Função: complemento nominal.

DICA – Sentido ativo: adjunto adnominal; sentido passivo: complemento nominal.

RESPOSTA: B

Texto para responder à questão.

Do relatório à pizza

Nos últimos anos, relatórios produzidos **por Comissões Parlamentares de Inquérito** têm merecido destaque na mídia nacional **por impactos das denúncias que investigam.** Algumas das sessões de inquérito são transmitidas **por canais de televisão** e acompanhadas **por milhares de brasileiros interessados** no resultado das investigações conduzidas **por seus representantes legislativos**. Muitos jornais publicam trechos dos relatórios produzidos por essas comissões de inquérito. De modo geral, porém, as expectativas dos eleitores são frustradas quando veem relatórios que apontam responsabilidades por crimes de corrupção e desvio de verbas públicas serem "engavetados" sem que os responsáveis sejam punidos.

(João Montanaro, Folha de São Paulo, 19-05-2012)

16 **(FGV – Analista Portuário – CODEBA/2016)** No texto, o termo que exerce uma função sintática diferente das demais é:

a) por Comissões Parlamentares de Inquérito.
b) por impactos das denúncias que investigam.
c) por canais de televisão.
d) por milhares de brasileiros interessados.
e) por seus representantes legislativos.

COMENTÁRIOS

RESPOSTA: B

Nota da autora: a banca FGV é tão peculiar que você acerta a questão encontrando as quatro alternativas que devem ser excluídas e não a resposta. Não entendeu? Explico:

Alternativa "a" – relatórios produzidos **por Comissões Parlamentares de Inquérito** = agente da passiva: comissões... produziram relatórios (na voz ativa).

- (foram) produzidos.

Alternativa "c" – sessões de inquérito são transmitidas **por canais de televisão** = agente da passiva: canais de televisão transmitem sessões de inquérito (voz ativa).

Alternativa "d" – acompanhadas **por milhares de brasileiros interessados** = agente da passiva: milhares de brasileiros... acompanham as sessões de inquérito (voz ativa).

= (foram) acompanhadas.

Alternativa "e" – conduzidas **por seus representantes legislativos** = agente da passiva: seus representantes conduziram a investigação (voz ativa).

= (foram conduzidas)

Opções para não errar:

1. Encaixar o verbo SER;
2. Se o termo for preposicionado, transponha a oração para a voz ativa: o agente da passiva passa a ser sujeito.

Quanto à alternativa **"b":** indica causa. **Por que** têm merecido destaque na mídia nacional? **Por** impactos das denúncias que investigam.

17 **(FGV – Analista Portuário – CODEBA/2016)** "Relatórios de circulação restrita são dirigidos a leitores de perfil bem específico". No caso desse segmento do texto, a preposição a é de uso gramatical, pois é exigida pela regência do verbo dirigir.

Assinale a opção que indica a frase em que a preposição "a" introduz um adjunto e não um complemento.

a) O Brasil dá Deus **a** quem não tem nozes, dentes etc.

b) É preciso passar o Brasil **a** limpo.

c) Um memorando serve não para informar **a** quem o lê, mas para proteger quem o escreve.

d) Quem é burro pede **a** Deus que o mate e ao diabo que o carregue.

e) O desenvolvimento é uma receita dos economistas para promover os miseráveis **a** pobres – e, às vezes, vice-versa.

COMENTÁRIOS

RESPOSTA: B

Nota da autora: Questão de análise sintática e regência. É necessário analisar sintaticamente os termos em que há preposição. Objeto indireto é complemento verbal, óbvio.

- Como passar o Brasil? Passar **a limpo**: adjunto adverbial de modo.

Alternativa "a" – O verbo *dar* é transitivo direto e indireto; **a quem** = objeto indireto.

Alternativa "c" – *Informar* **a alguém** = objeto indireto.

Alternativa "d" – *Pede* algo **a alguém** = objeto indireto.

Alternativa "e" – *promover* alguém **a algo** = objeto indireto.

3. NÍVEL DIFÍCIL

01 **(FGV – Auditor Público Interno CGM – Prefeitura de Cuiabá – 2025)** A frase abaixo em que a preposição sublinhada tem valor semântico, não sendo exigida por nenhum termo anterior, é:

a) Desconfiai sempre <u>de</u> afirmações alheias.

b) Alguém que tenha um milhão <u>de</u> euros sente-se tão bem como se fosse rico.

c) Não é preciso muito para ser um produtor <u>de</u> codornas. Você coloca um casal numa gaiola e é tudo.

d) Eu me disporia a tentar entender a mágica se me convencessem <u>de</u> que alguém entende.

e) Às vezes, precisamos <u>de</u> uma mudança para transformar uma obrigação cansativa numa interessante experiência.

COMENTÁRIOS:

Nota da autora: Primeiro, é necessário saber a função sintática dos termos iniciados pela preposição – alternativas "a", "d" e "e" são facilmente eliminadas. A análise aprofundada deve ser em "b" e "c".

A banca exige a diferença entre **preposição nocional e relacional.**

Alternativa "a" – O verbo *desconfiar* é transitivo indireto: de afirmações = objeto indireto.

Preposição exigida pelo termo anterior e obrigatória.

Alternativa "b" – O verbo *ter* é transitivo direto: um milhão de euros = objeto direto.

A preposição não foi exigida pelo verbo, ou seja, é nocional: está ligada a "milhão" e indica posse.

Dica: as **preposições nocionais** possuem relações semânticas.

As **preposições relacionais** são exigidas pelo verbo ou pelo nome e não possuem valor semântico.

Alternativa "c" – A preposição é exigida pelo substantivo "produtor" e não possui valor semântico. É relacional.

Alternativa "d" – O verbo *convencer-se* é transitivo indireto: de que alguém entende = oração subordinada substantiva objeta indireta.

Preposição exigida pelo termo anterior, mas não é obrigatória por iniciar oração objetiva indireta.

Alternativa "e" – O verbo *precisar* é transitivo indireto: de uma mudança = objeto indireto.

Preposição exigida pelo termo anterior e obrigatória.

RESPOSTA: B

02 **(FGV – Prefeitura de Nova Iguaçu RJ – Auditor Fiscal do Tesouro Municipal – 2024)** Assinale a opção em que é possível identificar sujeito expresso no enunciado.

a) Observa-se o uso excessivo de telas pelas crianças.
b) Fala-se muito em defesa da democracia.
c) Acredita-se que a inteligência artificial traz ameaça à criatividade.
d) Disseram que as colheitas serão melhores.
e) Houve muito tumulto na última sessão.

COMENTÁRIOS:

Alternativa "a" – O verbo "observar" é transitivo direto e está acompanhado pelo pronome apassivador "se". A oração está na voz passiva sintética.

Transpondo para a passiva analítica, fica evidente que existe sujeito: o uso excessivo de telas pelas crianças é observado.

Alternativa "b" – O verbo "falar" é intransitivo, o "se" é índice de indeterminação do sujeito: sujeito indeterminado.

Alternativa "c" – O verbo "acreditar" é transitivo indireto, o "se" é índice de indeterminação do sujeito: sujeito indeterminado.

Alternativa "d" – O verbo "dizer" está conjugado na terceira pessoa do plural: sujeito indeterminado.

Alternativa "e" – O verbo "haver" é impessoal porque possui sentido de "existir": oração sem sujeito.

RESPOSTA: A

Charge para responder à questão.

03 **(FGV – Auditor de Controle Interno – Pref. de Niterói – RJ/2018)** Assinale a frase a seguir em que a preposição **de** é uma exigência de um termo anterior.

a) "um grupo **de** pesquisadores do Imazon."
b) "indicadores **de** sustentabilidade da cidade de Belém."
c) "Armados **de** GPS, trena e suor."
d) "debate recente sobre os dados **de** cobertura."
e) "50 milhões **de** hectares."

COMENTÁRIOS:

Nota da autora: Vamos pensar de outra forma a fim de facilitar. Se o termo preposicionado puder ser retirado sem que haja alteração de sentido, será adjunto adnominal; se indicar passividade, será complemento nominal e a preposição será sempre exigida pelo termo anterior.

Alternativa "a" – Equivale a "um grupo do Imazon" = adjunto adnominal.

Alternativa "b" – A sustentabilidade é indicada: sentido passivo = complemento nominal.

Alternativa "c" – Os termos preposicionados também podem ser retirados = adjunto adnominal.

Alternativa "d" – Sobre os dados: o termo preposicionado também pode ser retirado = adjunto adnominal.

Alternativa "e" – O termo preposicionado pode ser retirado = adjunto adnominal.

RESPOSTA: B

04 **(FGV – Auditor Fiscal Tributário da Receita Municipal – SMF Cuiabá/2016)** Assinale a opção que indica a frase que se encontra na ordem direta.

a) "Das coisas mais marcantes da adolescência, minha memória traz os tempos de estudo e dúvidas sobre o futuro".

b) "De forma contrária às principais críticas que se ouve hoje, meus anos de Ensino Médio foram, sim, muito significativos para uma formação dita cidadã, e não só voltada aos vestibulares".

c) "Hoje trabalhando com educação, tenho plena consciência de que um ensino inovador pode surgir a partir de práticas consideradas tradicionais".

d) "uma roda de conversa na escola pode ser tão ou mais revolucionária quanto qualquer aplicativo educacional".

e) "É disso que trata a educação".

COMENTÁRIOS

Alternativa "d" – Ordem direta: a oração tem que ser iniciada por sujeito. Os adjuntos adverbiais devem estar no final da oração, ou intercalados. O que poder revolucionário? Uma roda de conversa: sujeito.

Estão na ordem direta:

Alternativa "a" – Minha memória (sujeito) traz, das coisas mais marcantes da adolescência, os tempos de estudo e dúvidas sobre o futuro.

Alternativa "b" – Meus anos de Ensino Médio (sujeito) foram, sim, muito significativos para uma formação dita cidadã, e não só voltada aos vestibulares, de forma contrária às principais críticas que se ouve hoje.

Alternativa "c" – (Eu: sujeito simples e implícito) tenho plena consciência, hoje trabalhando com educação, de que um ensino inovador pode surgir a partir de práticas consideradas tradicionais.

Alternativa "e" – A educação (sujeito) trata disso.

RESPOSTA: D

CAPÍTULO 2

Período composto

» **Nos editais:** Domínio da estrutura morfossintática da oração e do período; reescrita de frases e parágrafos do texto; domínio dos mecanismos de coesão textual: emprego de elementos de referenciação, substituição e repetição, de conectores e de outros elementos de sequenciação textual; domínio dos mecanismos de coerência textual.

1. NÍVEL MÉDIO

01 **(FGV – 2024 – TRF 1 – Técnico Judiciário – Área Administrativa)** A frase em que a substituição da oração reduzida sublinhada por uma oração desenvolvida de mesmo significado foi feita de forma adequada é:

a) Sirvo-me dos animais para instruir os homens. / Sirvo-me dos animais para a instrução dos homens.

b) A ave julga prestar um serviço ao peixe ao erguê-lo no ar. / A ave julga que prestou um serviço ao peixe ao erguê-lo no ar.

c) A flor não nasceu para decorar a casa, embora o morador pense o contrário. / A flor não nasceu para a decoração da casa, embora o morador pense o contrário.

d) Todas as coisas são difíceis antes de se tornarem fáceis. / Todas as coisas são difíceis antes de que se tornassem fáceis.

e) A vida que esse povo viveu não o deixou viver. / A vida que esse povo viveu não deixou que ele vivesse.

COMENTÁRIOS:

Nota da autora: Para desenvolver a oração, é necessário retirar o verbo da forma nominal (infinitivo, gerúndio ou particípio), conjugá-lo e inserir conjunção (ou locução conjuntiva) ou pronome relativo – se a oração for adjetiva.

Dica: fique de olho na conjunção verbal da oração anterior.

Alternativa "a" – sirvo-me… para que eu instrua (presente do subjuntivo – ação duvidosa).

Alternativa "b" – julga... que ela presta um serviço (presente do indicativo – ação certa).

Alternativa "c" – nasceu... que ela decore (presente do subjuntivo – ação duvidosa).

Alternativa "d" – são... que elas se tornem (presente do subjuntivo – ação duvidosa).

Alternativa "e" – viveu... não deixou que ele vivesse (pretérito imperfeito do subjuntivo – ação condicional).

RESPOSTA: E

02 **(FGV – SES MT – Técnico em Enfermagem – 2024)** Assinale a opção que apresenta a frase em que a oração subordinada sublinhada está corretamente classificada.

a) A traição é uma arte e deve ser cometida como crime perfeito para que o parceiro jamais saiba. / subordinada adverbial concessiva.

b) Quanto mais proeminentes são as leis e a ordem, mais ladrões e assaltantes haverá. / subordinada adverbial conformativa.

c) Todas as coisas são difíceis antes de se tornarem fáceis. / subordinada adverbial modal.

d) A acusação é apenas um infortúnio enquanto não verificada pela prova. / subordinada adverbial temporal.

COMENTÁRIOS:

Alternativa "a" – Subordinada adverbial final: para quê?

Alternativa "b" – Subordinada adverbial proporcional: ideias simultâneas.

Alternativa "c" – Subordinada adverbial temporal: quando as coisas são difíceis?

Alternativa "d" – Subordinada adverbial temporal: quando a acusação é um infortúnio?

RESPOSTA: D

03 **(FGV – Prefeitura de São José dos Campos SP – Técnico Tributário – 2024)** Assinale a opção em que a conjunção E mostra valor de adição e não se oposição.

a) A rosa vive uma hora, e o cipreste, cem anos.

b) Conheço um pouco sobre a natureza, e nada sobre o homem.

c) Meu principal objetivo na vida é fazer as pessoas, felizes, e isso é quase impossível.

d) Deus fez a vida para ser praticada e não para ser conhecida.

e) A vida se vive e se escreve.

COMENTÁRIOS:

Alternativa "a" – Oposição: uma hora x cem anos.

Alternativa "b" – Oposição: conheço x não conheço.

Alternativa "c" – Oposição: fazer x ser impossível.

Alternativa "d" – Oposição: praticada x conhecida.

Alternativa "e" – Ideias aditivas (e até simultâneas): vive + escreve.

RESPOSTA: E

04 **(FGV – TJ RJ – Mediador Judiciário – 2024)** Assinale a frase em que o termo sublinhado indica simultaneidade temporal.

a) Enquanto houver vida, há esperança.
b) Assim que chegou a banda, a música começou.
c) Após a pandemia, alguns hábitos de higiene mudaram.
d) As encomendas para a festa chegaram em seguida.
e) Iniciada a confusão, a polícia chegou de imediato.

COMENTÁRIOS:

Alternativa "a" – Há vida e há esperança: as ações acontecem ao mesmo tempo.

Alternativa "b" – Primeiro a banda chegou, depois a música começou.

Alternativa "c" – Primeiro aconteceu a pandemia, depois alguns hábitos de higiene mudaram.

Alternativa "d" – As encomendas chegaram depois.

Alternativa "e" – Primeiro a confusão iniciou, depois a polícia chegou.

RESPOSTA: A

05 **(FGV – FHEMIG – Nível médio – 2023)** Assinale a opção em que a conjunção **e** mostra valor de *consequência*.

a) A liberdade não é nada senão a distância entre a caça **e** o caçador.
b) Nós todos apoiamos a liberdade, mas usamos a mesma palavra **e** não queremos dizer todos a mesma coisa.
c) A liberdade leva ao humor **e** o humor conduz à liberdade.
d) Ria **e** o mundo rirá com você.
e) O sorriso custa menos que a eletricidade **e** dá mais luz.

COMENTÁRIOS:

Nota da autora: É fundamental lembrar que para haver consequência, haverá uma causa.

Alternativa "a" – Adição: liga as palavras "caça" e "caçador".

Alternativa "b" – Oposição: equivale a "mas" = usamos **a mesma palavra** mas **não queremos dizer** todos **a mesma coisa.**

Alternativa "c" – Simultaneidade: os fatos acontecem ao mesmo tempo.

Alternativa "d" – Existe a relação de causa e consequência:

Por que o mundo rirá com você?	**Porque** você rirá.
a pergunta é a **consequência**	a resposta é a **causa**

Alternativa "e" – Oposição: equivale a "mas" = o sorriso **custa menos** que a eletricidade, mas **dá mais luz.**

RESPOSTA: D

06 **(FGV – TJ RO – Técnico Judiciário – 2021)** "Um homem de 44 anos foi preso na noite desta quinta-feira (16), após tentar furtar uma residência, localizada na rua Duque de Caxias entre Rafael Vaz e Silva e Guanabara, em Porto Velho. A Polícia Militar foi informada que o criminoso, usando um alicate grande, teria cortado o cadeado do portão da residência, porém, o cachorro da casa começou a latir e o homem fugiu. Populares seguiram o criminoso, acionaram a Polícia Militar, ele recebeu voz de prisão e foi encaminhado para a Central de Flagrantes." (Rondoniagora, 17/09/2021)

Na frase "o cachorro da casa começou a latir e o homem fugiu", a conjunção E mostra o mesmo valor em:

a) O ladrão chegou perto da casa e observou o cenário;
b) O bandido usou o alicate e cortou o cadeado;
c) A Polícia Militar chegou e o bandido ficou com medo;
d) O meliante foi preso e encaminhado para a delegacia;
e) Os assaltos e furtos são comuns nas grandes cidades.

COMENTÁRIOS:

Nota da autora:

Por que o homem fugiu? → a pergunta é a consequência.

Porque o cachorro começou a latir. → a resposta é a **causa.**

A conjunção "e" está indicando causa.

Alternativa "a" – Sequência de ações: adição.

Alternativa "b" – Sequência de ações: adição.

Alternativa "c" – **Por que** o bandido ficou com medo? **Porque** a polícia chegou. = causa.

Alternativa "d" – Sequência de ações: adição.

Alternativa "e" – A conjunção "e" liga os núcleos do sujeito.

RESPOSTA: C

07 **(FGV – IMBEL – Cargos de Nível Médio – 2021)** Um jornalista americano afirmou:

"Os ricos são diferentes de você e de mim. Eles têm mais crédito."

Se reescrevêssemos este pensamento, substituindo o ponto entre os períodos por uma conjunção, a opção inadequada seria:

a) já que.
b) porque.
c) dado que.
d) visto que.
e) entretanto.

COMENTÁRIOS:

Nota da autora: Existe uma relação clara de causa e consequência.

Por que os ricos são diferentes de você e de mim	**Porque** eles têm mais crédito.
A pergunta é a consequência.	A resposta é a causa.

Alternativa "a" – A locução conjuntiva "já que" indica causa.

Alternativa "b" – A conjunção "porque" pode indicar causa ou explicação.

Alternativa "c" – A locução conjuntiva "dado que" indica causa.

Alternativa "d" – A locução conjuntiva "visto que" indica causa.

Alternativa "e" – É uma conjunção coordenada adversativa e não cabe no contexto.

RESPOSTA: E

08 **(FGV – Oficial de Justiça – TJ RS – 2020)** Na frase "A natureza faz o homem feliz e bom, **mas** a sociedade o corrompe e torna-o miserável", a conjunção sublinhada pode ser adequadamente substituída por:

a) no entretanto;
b) embora;
c) visto que;
d) portanto;
e) contudo.

COMENTÁRIOS:

Nota da autora: a banca exige a diferença entre coordenação (adversativa) e subordinação (concessiva). A conjunção "mas" é coordenada adversativa.

Alternativa "a" – A locução "no entretanto" significa *entrementes, meio-tempo* e não indica oposição, como ocorre com a locução "no entanto".

Alternativa "b" – Conjunção subordinada adverbial concessiva.

Alternativa "c" – Conjunção subordinada adverbial causal.

Alternativa "d" – Conjunção coordenada conclusiva.

Alternativa "e" – Conjunção coordenada adversativa.

RESPOSTA: E

09 **(FGV – Técnico Judiciário – Área Judiciária – TJ CE – 2019)** "Tive professores ruins. Foi uma boa escola".

Esse pensamento de um poeta alemão é composto de dois períodos; a conjunção que pode ligá-los de forma adequada ao sentido pretendido por seu autor é:

a) Tive professores ruins, por isso foi uma boa escola;
b) Tive professores ruins, apesar disso foi uma boa escola;
c) Tive professores ruins, foi, porém, uma boa escola;
d) Tive professores ruins, à medida que foi uma boa escola;
e) Tive professores ruins, caso tenha sido uma boa escola.

COMENTÁRIOS:

Nota da autora: O simples fato de haver duas opções (b, c) que indicam oposição, a ideia de concessão e a ideia de adversidade são descartadas. É necessário ressaltar que se pede o sentido pretendido pelo autor. A questão gerou polêmica.

Alternativa "a" – A ideia é de conclusão e cabem as conjunções *logo, por isso, pois, portanto, assim, então, por conseguinte* etc.

Alternativa "b" – Não é concessão, pois, embora pareça, as ideias não opostas. O poeta passa a mensagem que teve professores ruins e por isso precisou estudar.

Alternativa "c" – Não é adversidade.

Alternativa "d" – Não se trata de ações simultâneas, não pode indicar proporcionalidade.

Alternativa "e" – Não é uma condição.

RESPOSTA: A

10 **(FGV – Técnico Judiciário – Área Judiciária – TJ CE – 2019)** Machado de Assis escreveu certa vez sobre a justiça: "É claro que a justiça, sendo cega, não vê se é vista, e então não cora".

A forma oracional de gerúndio "sendo cega" poderia ser adequadamente substituída por:

a) pois é cega;
b) embora seja cega;
c) a fim de ser cega;
d) já que é cega;
e) à medida que é cega.

COMENTÁRIOS:

Alternativa "a" – Não indica conclusão.

Alternativa "b" – Não é concessão, isto é, as ideias não são opostas.

Alternativa "c" – Não indica finalidade.

Alternativa "d" – A oração original está na forma reduzida e indica causa. Oração desenvolvida: **Já que a justiça é cega**, não vê se é vista.

Alternativa "e" – As ações não ocorrem ao mesmo tempo, a oração não é proporcional.

RESPOSTA: D

11 **(FGV – Técnico Judiciário – Área Técnico Administrativa – TJ CE – 2019)** "É natural desejar que se faça justiça".

Se transformarmos a oração reduzida "desejar" em uma oração desenvolvida, a forma adequada será:

a) que se deseje que se faça justiça;
b) o desejo de que se faça justiça;
c) que se desejasse que se faça justiça;
d) o desejo de que seja feita justiça;
e) desejarmos que se faça justiça.

COMENTÁRIOS:

Nota da autora: A oração que deve ser desenvolvida, ou seja, da qual se retira a forma nominal (infinitivo) e na qual se acrescenta a conjunção, é subordinada substantiva subjetiva. Isso significa que possui função de sujeito oracional – possui verbo.

Alternativa "a" – É preciso inserir a conjunção integrante e conjugar o verbo: que (conjunção) se deseje – verbo no presente do subjuntivo.

Alternativa "b" – Ocorreu nominalização, isto é, a oração foi transformada em nome – substantivo (desejo).

Alternativa "c" – Caso o primeiro verbo fosse conjugado no pretérito imperfeito do subjuntivo, o segundo também deveria ser: desejasse e **fizesse**. Isso é correlação de tempos verbais.

Alternativa "d" – Ocorreu nominalização, isto é, a oração foi transformada em nome – substantivo (desejo).

Alternativa "e" – Não foi inserida conjunção e o verbo continua na forma nominal – infinitivo pessoal.

RESPOSTA: A

Texto 4

"Nos anos que antecederam a Segunda Guerra Mundial, alguns escritores, pressentindo certamente a era tecnológica que se avizinhava e o conflito bélico que abalaria as raízes de um universo ainda estruturado com base na Nação-Estado, dedicaram-se à antevisão do mundo do futuro. H.G. Wells, Aldous Huxley, George Orwell, entre outros, iniciando a série de *Science-fiction*, procuraram descrever a sociedade do futuro, como uma projeção das linhas que as descobertas científicas indicavam como prováveis. Em todas essas profecias havia uma constante:

o mundo novo não conheceria mais a liberdade, pelo menos com a latitude e o conceito que dela então se tinha".

(L. G. Nascimento Silva. A liberdade e o computador. Revista brasileira de estudos pedagógicos. Rio de Janeiro, nº 116, 1969).

12 **(FGV – Técnico Médio – DPE – RJ/2019)** No texto 4, há uma série de fragmentos de orações adjetivas sublinhados; o adjetivo que substitui adequadamente um desses fragmentos é:

a) que antecederam a Segunda Guerra Mundial / antecipadores da Segunda Guerra Mundial;

b) que se avizinhava / eminente;

c) que abalaria as raízes de um universo / abalador das raízes de um universo;

d) que as descobertas científicas indicavam como prováveis / cientificamente identificadoras;

e) que dela então se tinha / ultrapassado.

COMENTÁRIOS:

Nota da autora: Questão de período composto e semântica. A banca vem repetindo o raciocínio desde 2018. Além de exigir semântica (significado das palavras), é necessário pensar nas orações reduzidas (sem pronome relativo e com verbo na forma nominal) e nas orações desenvolvidas (com pronome relativo e verbo não conjugado na forma nominal).

Alternativa "a" – Anteceder indica tempo: *realizar-se antes*. Antecipar é sinônimo de adiantar, acelerar algo. Não pertencem ao mesmo campo semântico.

Alternativa "b" – Avizinhar-se significa *aproximar-se* e não possui relação alguma com *eminente* – excelente, notável, ilustre.

Alternativa "c" – Note que, na oração desenvolvida, há pronome relativo seguido do verbo *abalar*, conjugado no futuro do pretérito do indicativo. Na oração reduzida, foi usado o mesmo verbo na forma nominal de infinitivo, substantivando-o e retirando o pronome relativo.

Alternativa "d" – Não há motivo para mudar a classe gramatical de adjetivo para advérbio (científica e cientificamente). Além disso, o vocábulo "identificadoras" não possui relação semântica com o substantivo *descobertas*.

Alternativa "e" – Ultrapassado significa *antiquado, obsoleto* e não é sinônimo de *ter*.

RESPOSTA: C

13 **(FGV – Técnico – MPE – AL/2018)** "A crise não trouxe apenas danos sociais e econômicos. Mostrou também danos morais".

Assinale a opção que indica o conectivo adequado que deve ser empregado na união dos dois períodos desse segmento do texto.

a) e.
b) pois.
c) logo.
d) visto que.
e) mas.

COMENTÁRIOS:

Nota da autora: As orações não possuem dependência sintática, ou seja, são coordenadas. Na mesma prova, a banca exigiu outra análise do período – como coesão textual.

Alternativa "a" – Conjunção coordenada aditiva. Não deve ser utilizada por já haver o vocábulo aditivo "também" na segunda oração e pelo fato de existir uma explicação no segundo período.

Alternativa "b" – A conjunção *pois*, além de ser coordenada, pode ser substituída por *porque* e indica explicação.

Alternativa "c" – Não se trata de uma conclusão, não pode ser usada uma conjunção coordenada conclusiva.

Alternativa "d" – A locução seria usada se as orações fossem subordinadas (dependentes sintaticamente) e houvesse relação de causa e consequência.

Alternativa "e" – Esta alternativa gerou polêmica, mas a banca não acatou os argumentos. Note que a alternativa "a" foi descartada por analisarmos a palavra "também". Se fizéssemos a mesma análise aqui, caberia a ideia de adição (mas também), mas há duas importantes observações: 1. Alguns gramáticos (raros) não aceitam que o vocábulo "também" venha acompanhado da conjunção "mas"; 2. "Mas também" indicaria adição, não explicação.

RESPOSTA: B

14 **(FGV – Técnico Judiciário – TJ – SC/2018)** Há uma série de ligações lógicas entre várias passagens do texto 1; o valor semântico correto de uma dessas ligações é:

a) "Disse que todo mundo ia rir de mim, **por causa das** meias vermelhas" / consequência;
b) "Mas ela disse que tinha um motivo muito forte **para** me colocar as meias vermelhas" / causa;
c) "Na hora do recreio ficava afastado dos colegas, **como** se estivesse procurando alguma coisa" / conformidade;
d) "Quando ela passar por mim, em qualquer lugar em que eu esteja, ela vai me encontrar e me levará **com** ela." / companhia;
e) "**Quando** ela passar por mim, em qualquer lugar em que eu esteja, ela vai me encontrar e me levará com ela." / lugar.

COMENTÁRIOS:

Alternativa "a" – **Por que** todo mundo ia rir de mim? Por causa das meias vermelhas: causa.

Alternativa "b" – **Para que** ela tinha um motivo muito forte? Para me colocar as meias vermelhas: finalidade.

Alternativa "c" – A conjunção equivale a **conforme**: conformidade.

Alternativa "d" – Levará **com quem**? Com ela: companhia.

Alternativa "e" – **Quando** ela vai me encontrar? Quando ela passar por mim: tempo.

RESPOSTA: D

15 **(FGV – Técnico Judiciário – TJ – SC/2018 – adaptada)** "Ele era um garoto triste. Procurava estudar muito[1]".

Esse fragmento de texto é formado por duas orações. A respeito da estrutura, a afirmativa correta é:

a) a segunda oração é consequência da primeira;
b) a primeira oração é condição da segunda;
c) as duas orações são independentes semanticamente;
d) a segunda oração é explicação da primeira;
e) as duas orações são interdependentes.

COMENTÁRIOS:

Nota da autora: A banca avalia a diferença entre subordinação e coordenação. Subordinação: orações que possuem dependência sintática; coordenação: orações que possuem independência sintática.

Alternativa "a" – Para indicar consequência, deveria ser subordinada e possuir também a relação de causa, pois onde há causa, há consequência. Não cabe a locução *de modo que*.

Alternativa "b" – Para indicar condição, o período deveria ser subordinado e caber a conjunção *se*, ou *caso*.

Alternativa "c" – São independentes quanto ao significado e quanto a sintaxe, ou seja, são orações coordenadas assindéticas (sem conjunção): Ele era um garoto triste. (Ele) procurava estudar muito.

Alternativa "d" – Não há conjunção, logo não pode ser coordenada sindética explicativa.

Alternativa "e" – Seriam interdependentes se fossem subordinadas. As orações possuem dependência sintática, são coordenadas.

RESPOSTA: C

---

1. *Carlos Heitor Cony, Crônicas.*

Texto 2 – Os Estatutos do Homem (segmento)

Artigo VIII

Fica decretado que a maior dor
sempre foi e será sempre
não poder dar-se amor a quem se ama
e saber que é a água
que dá à planta o milagre da flor.

Thiago de Mello, *Os Estatutos do Homem*

O texto 2 é parte de um poema moderno de Thiago de Mello.

16 **(FGV – Técnico Judiciário – TJ – SC/2018)** "não poder dar-se amor a quem se ama"; a forma reduzida desse verso pode ser corretamente substituída por:

a) que não se pudesse dar amor;
b) que não se pode dar amor;
c) que não se pôde dar amor;
d) que não se podia dar amor;
e) que não se possa dar amor.

COMENTÁRIOS:

Nota da autora: Questão de período composto e verbo. É fundamental voltar ao texto e encontrar a oração a que a reduzida está subordinada. Ao desenvolver a oração, nota-se que o é preciso usar o pronome relativo para retomar o substantivo "dor". Sabe-se, então, que a oração deverá ser adjetiva. Importante também notar que a ação é hipotética e deve ser usado o verbo no presente do subjuntivo.

Alternativa "a" – O pretérito imperfeito do subjuntivo que indica condição, não hipótese.

Alternativa "b" – Utilizar o verbo no presente do indicativo indica certeza.

Alternativa "c" – O verbo não pode estar no pretérito perfeito do indicativo, pois não há ideia de ação concluída.

Alternativa "d" – O verbo no futuro do pretérito do indicativo possui noção de condição e acarreta erro.

Alternativa "e" – A maior dor que não se possa dar amor: a hipótese, ou seja, a ideia irreal está explícita pelo fato de o verbo estar conjugado no presente do subjuntivo.

RESPOSTA: E

Texto 1

Ao assumir a direção de um carro, o pacato e humilde senhor Andante se transforma no terrível senhor Volante, modelo de arrogância e violência. Protagonizada pelo personagem Pateta, a cena do desenho clássico da Disney (1950) ilustra uma situação comum até hoje no trânsito, onde os motoristas descarregam toda sorte de frustrações. São condutores que não usam as luzes indicadoras de direção (**conhecidas como piscas ou setas**) nas conversões – e apontam o dedo médio para os pedestres que lhes chamam a atenção por isso –, **ou ultrapassam pela direita – inclusive pelo acostamento das rodovias** –, ignoram as faixas de pedestres **e dirigem veículos com pneus carecas ou amortecedores vencidos.**

Não por acaso, o fator humano é responsável pela maioria dos acidentes. Dirigir defensivamente é essencial **para prevenir os desastres ou pelo menos minimizar suas consequências.** De acordo com o professor Adilson Lombardo, especialista em segurança no trânsito, a direção defensiva passa por uma série de comportamentos ligados à inteligência emocional e ao raciocínio lógico. "É preciso avaliar o risco, analisar as possibilidades, **reduzir a velocidade perto de escolas ou em dias de chuva**, não fazer ultrapassagens perigosas", ensina. Na prática, são medidas simples, que podem ser resumidas em duas: bom senso e respeito às normas.

Para o especialista, um trânsito mais seguro depende do comportamento mais inteligente não apenas do condutor de veículo automotor, mas também do pedestre e do ciclista. Assim como o motorista tem de respeitar a preferência do pedestre na faixa de segurança nos casos em que não há semáforo, o pedestre precisa atravessar na faixa e respeitar a sinalização luminosa, quando houver. Bicicletas, por sua vez, não devem trafegar em pistas exclusivas de ônibus, e cabe ao ciclista usar os equipamentos de segurança obrigatórios, como o capacete.

Lombardo lembra que as pessoas costumam transferir muitos de seus comportamentos para o trânsito. "O carro não é uma extensão do corpo", adverte. "O motorista deve seguir as regras e respeitar o próximo, demonstrando gentileza e educação."

Adaptado de *Gazeta do Povo.com.br*. Curitiba, 22/08/2009.

17 **(FGV – SEFIN RO – 2018 – Técnico Tributário)** Assinale a opção que apresenta o segmento em que a conjunção ou tem valor alternativo, e não valor aditivo.

a) "conhecidas como piscas **ou** setas".
b) "... **ou** ultrapassam pela direita – inclusive pelo acostamento das rodovias".
c) "e dirigem veículos com pneus carecas **ou** amortecedores vencidos".
d) "... para prevenir os desastres **ou** pelo menos minimizar suas consequências".
e) "reduzir a velocidade perto de escolas **ou** em dias de chuva".

COMENTÁRIOS

Nota da autora: A dica está no fato de que, nos outros casos, há possibilidade de as ações ocorrerem ao mesmo tempo, isto é, serem simultâneas.

Alternativa "a" – Conhecidas como piscas **e** conhecidas como setas.

Alternativa "b" – São condutores que não usam as luzes indicadoras de direção **e** condutores que ultrapassam pela direita.

Alternativa "c" – **Além de** os pneus estarem carecas, os amortecedores estão vencidos.

Alternativa "d" – Indica escolha: ou previne desastres, ou minimiza suas consequências.

Alternativa "e" – Reduzir a velocidade perto de escolas **e** reduzir a velocidade em dias de chuva.

RESPOSTA: D

18 **(FGV – SEFIN RO – 2018 – Técnico Tributário)** Em todos os segmentos a seguir há a presença de um conector sublinhado.

Assinale a opção que apresenta o conector que tem seu significado indicado corretamente.

a) "**Para** o especialista, um trânsito mais seguro depende do comportamento mais inteligente ..." / finalidade.

b) "... mais inteligente não apenas do condutor de veículo automotor, **mas também** do pedestre e do ciclista" / adição

c) "Assim como o motorista tem de respeitar a preferência do pedestre na faixa de segurança nos casos em que não há semáforo, o pedestre precisa atravessar na faixa e respeitar a sinalização luminosa, **quando** houver" / condição.

d) "... cabe ao ciclista usar os equipamentos de segurança obrigatórios, **como** o capacete" / modo.

e) "ilustra uma situação comum até hoje no trânsito, **onde** os motoristas descarregam toda sorte de frustrações" / tempo.

COMENTÁRIOS

Alternativa "a" – Equivale a *conforme o especialista:* conformidade.

Alternativa "b" – Indicam adição: *e, nem,* ***mas também****, como também, além de (disso, daquilo), tanto... quanto, bem como, ademais* etc.

Alternativa "c" – Indica tempo: **quando** o pedestre precisa atravessar na faixa e respeitar a sinalização luminosa? Quando houver.

Alternativa "d" – Equivale a *como o capacete* (deve ser usado): comparação.

Alternativa "e" – Retoma "trânsito" e equivale a **em que**: pronome relativo.

RESPOSTA: B

Texto para responder à questão.

Ressentimento e Covardia

Tenho comentado aqui na *Folha* em diversas crônicas, os usos da internet, que se ressente ainda da falta de uma legislação específica que coíba não somente os usos mas os abusos deste importante e eficaz veículo de comunicação. A maioria dos abusos, se praticados em outros meios, seriam crimes já especificados em lei, como a da imprensa, que pune injúrias, difamações e calúnias, bem como a violação dos direitos autorais, os plágios e outros recursos de apropriação indébita.

No fundo, é um problema técnico que os avanços da informática mais cedo ou mais tarde colocarão à disposição dos usuários e das autoridades. Como digo repetidas vezes, me valendo do óbvio, a comunicação virtual está em sua pré-história.

Atualmente, apesar dos abusos e crimes cometidos na internet, no que diz respeito aos cronistas, articulistas e escritores em geral, os mais comuns são os textos atribuídos ou deformados que circulam por aí e que não podem ser desmentidos ou esclarecidos caso por caso. Um jornal ou revista é processado se publicar sem autorização do autor um texto qualquer, ainda que em citação longa e sem aspas. Em caso de injúria, calúnia ou difamação, também. E em caso de falsear a verdade propositadamente, é obrigado pela justiça a desmentir e dar espaço ao contraditório.

Nada disso, por ora, acontece na internet. Prevalece a lei do cão em nome da liberdade de expressão, que é mais expressão de ressentidos e covardes do que de liberdade, da verdadeira liberdade.

(Carlos Heitor Cony, *Folha de São Paulo*, 16/05/2006 – adaptado).

19 **(FGV – TJ AL – Técnico Judiciário – Área Judiciária – 2018)** O texto mostra uma série de elementos aditivados por meio de diferentes processos; o trecho em que NÃO ocorre qualquer tipo de aditivação é:

a) "... que se ressente ainda da falta de uma legislação específica que coíba não somente os usos mas os abusos deste importante e eficaz veículo de comunicação";
b) "A maioria dos abusos, se praticados em outros meios, seriam crimes já especificados em lei, como a da imprensa";
c) "... que pune injúrias, difamações e calúnias";
d) "...bem como a violação dos direitos autorais";
e) "... a violação dos direitos autorais, os plágios e outros recursos de apropriação indébita.

COMENTÁRIOS

Alternativa "b" – Ocorre comparação e não aditivação, pois há verbo implícito. Lê-se: A maioria dos abusos, se praticados em outros meios, seriam crimes já especificados em lei, como a da imprensa (**é**).

Perceba, a seguir, que o sinal "+" pode ser substituído pela conjunção aditiva "e".

Alternativa "a" – usos + abusos.

Alternativa "c" – injúrias, difamações + calúnias.

Alternativa "d" – Voltando ao primeiro parágrafo: pune injúrias, difamações e calúnias + a violação dos direitos autorais.

Alternativa "e" – violação dos direitos autorais, os plágios + outros recursos de apropriação.

RESPOSTA: B

20 **(FGV – TJ AL – Técnico Judiciário – Área Judiciária – 2018)** Muitos termos do texto aparecem ligados pela conjunção E; ocorre **inadequação** na troca de posição dos elementos sublinhados em:

a) "... que coíba não somente os usos mas os abusos deste **importante** e **eficaz** veículo de comunicação";

b) "... que pune **injúrias**, **difamações** e **calúnias**";

c) "bem como a violação dos direitos autorais, **os plágios** e **outros recursos de apropriação indébita;**

d) "...os avanços da informática mais cedo ou mais tarde colocarão à disposição **dos usuários** e **das autoridades**";

e) "Um jornal ou revista é processado se publicar sem autorização do autor um texto qualquer, ainda que **em citação longa** e **sem aspas**".

COMENTÁRIOS

Alternativa "c" – Ao iniciar com o pronome indefinido "outros", a coerência é prejudicada. Os plágios são recursos de apropriação indébita; os plágios e os outros recursos.

Alternativa "a" – eficaz e importante veículo: ideia mantida.

Alternativa "b" – pune injúrias, calúnias e difamação: é a mesma ideia.

Alternativa "d" – colocarão à disposição das autoridades e dos usuários: ideia mantida.

Alternativa "e" – ainda que sem aspas e em citação longa: ideia idêntica.

RESPOSTA: C

21 **(FGV – TJ AL – Técnico Judiciário – Área Judiciária – 2018)** O segmento abaixo em que a conjunção **OU** tem valor claramente alternativo é:

a) "No fundo, é um problema técnico que os avanços da informática mais cedo ou mais tarde colocarão à disposição dos usuários e das autoridades";

b) "Atualmente, apesar dos abusos e crimes cometidos na internet, no que diz respeito aos cronistas, articulistas e escritores em geral, os mais comuns são os textos atribuídos ou deformados";

c) "...que circulam por aí e que não podem ser desmentidos ou esclarecidos caso por caso";

d) "Um jornal ou revista é processado se publicar sem autorização do autor um texto qualquer, ainda que em citação longa e sem aspas";

e) "Em caso de injúria, calúnia ou difamação, também".

COMENTÁRIOS

Alternativa "a" – São vocábulos opostos, logo são excludentes: *cedo* versus *tarde*.

Nos demais casos, a conjunção "ou" equivale à conjunção "e".

Alternativa "b" – Atribuídos **e** deformados = adição, inclusão.

Alternativa "c" – Desmentidos **e** esclarecidos = adição, inclusão.

Alternativa "d" – Jornal **e** Revista = adição, inclusão.

Alternativa "e" – Injúria, calúnia **e** difamação = adição, inclusão.

RESPOSTA: A

22 **(FGV – TJ AL – Técnico Judiciário – Área Judiciária – 2018)** "Tenho comentado aqui na *Folha* em diversas crônicas, os usos da internet, que se ressente ainda da falta de uma legislação específica que coíba não somente os usos mas os abusos deste importante e eficaz veículo de comunicação".

Sobre a estrutura oracional desse primeiro período do texto, é correto afirmar que possui:

a) orações coordenadas e subordinadas;

b) duas orações subordinadas;

c) uma oração coordenada;

d) quatro orações;

e) duas orações coordenadas.

COMENTÁRIOS

Nota da autora: É necessário dividir as orações. Lembre-se que para ser uma oração, é necessário haver verbo.

Alternativa "b" – Existem duas orações subordinadas adjetivas.

1. Tenho comentado aqui na *Folha* em diversas crônicas, os usos da internet, = oração principal;

2. **que** se ressente ainda da falta de uma legislação específica = **oração subordinada adjetiva explicativa** (possui pronome relativo e pontuação);

3. **que** coíba não somente os usos mas os abusos deste importante e eficaz veículo de comunicação = **oração subordinada adjetiva restritiva** (possui pronome relativo e não possui pontuação);

Alternativa "a" – A oração coordenada possui independência sintática e não consta no trecho mencionado.

Alternativa "c" – Não há coordenação.

Alternativa "d" – São três orações.

Alternativa "e" – Não há coordenação.

RESPOSTA: B

23 **(FGV – TRT 12 – 2017 – Técnico Judiciário – Área Administrativa)** *Embora não sejam as primeiras mulheres perdidas para estas águas escuras* é uma oração que poderia ser reescrita em forma reduzida de infinitivo e mantendo-se o sentido original, da seguinte forma:

a) Apesar de não serem as primeiras mulheres perdidas para estas águas escuras.

b) Mesmo não sendo as primeiras mulheres perdidas para estas águas escuras.

c) Por não serem as primeiras mulheres perdidas para estas águas escuras.

d) Não sendo, portanto, as primeiras mulheres perdidas para estas águas escuras.

e) A fim de não serem as primeiras mulheres perdidas para estas águas escuras.

COMENTÁRIOS

Alternativa "a" - *Embora* é conjunção concessiva, isto é, indica oposição; *apesar de* possui a mesma ideia. Note que a conjugação verbal deve ser alterada: Embora não sejam (presente do subjuntivo); apesar de não serem (infinitivo pessoal).

DICA:

Ao	+ infinitivo	= tempo
Por	+ infinitivo	= causa
Para	+ infinitivo	= finalidade
A	+ infinitivo	= condição
Apesar de	+ infinitivo	= concessão

Alternativa "b" - Deveria ter sido usado a locução adverbial **mesmo que** e o verbo deveria estar no pretérito imperfeito do subjuntivo para que o sentido fosse mantido: **mesmo que não fosse.**

DICA: *Embora* **demonstra** um fato inegável; *mesmo que*, uma ideia verdadeira ou falsa, ou seja, uma hipótese. O sentido, de qualquer forma, mudaria.

Alternativa "c" - *Por não serem:* causa.

Alternativa "d" - *Portanto*: conclusão.

Alternativa "e" - *A fim de:* finalidade.

RESPOSTA: A

24 **(FGV - TRT 12 - 2017 - Técnico Judiciário - Área Administrativa)** Uma campanha educacional tem como slogan: *A educação é um caminho para proteger a vida*. A forma de oração reduzida *para proteger a vida* pode ser nominalizada da seguinte forma:

a) A fim de proteger a vida.
b) Para dar proteção à vida.
c) A fim de a vida ser protegida.
d) Para a proteção da vida.
e) Para proteger-se a vida.

COMENTÁRIOS

Nota da autora: *Nominalizar* é substantivar. O verbo deve assumir a forma de substantivo.

Alternativa "d" - Além da nominalização, é pedida a forma reduzida, ou seja, sem conjunção. *Proteger* a vida = a **proteção** da vida.

Alternativa "a" - Há locução conjuntiva: *a fim de* e não ocorreu substantivação.

Alternativa "b" - Foi inserido o verbo "dar".

Alternativa "c" – Há locução conjuntiva: *a fim de* e não ocorreu substantivação.

Alternativa "e" – Não há substantivo.

RESPOSTA: D

25 **(FGV – TRT 12 – 2017 – Técnico Judiciário – Área Administrativa)** No número 18, ano V, da revista Scientific American Brasil aparece o seguinte resumo de um artigo:

Sociedade conduzida por dados

Os rastros digitais que deixamos diariamente são mais reveladores que imaginamos. Isso pode se tornar tanto um pesadelo para a privacidade quanto a base de um mundo mais próspero e saudável.

A expressão *tanto... quanto* repete o mesmo valor semântico no seguinte texto:

a) Os paulistas trabalham tanto quanto os cariocas.
b) Tanto quanto os jovens, os idosos enfrentam problemas.
c) Choveu tanto no Rio quanto em São Paulo.
d) As chuvas causaram tanto prejuízo quanto o causado pelo sol do último verão.
e) Os prisioneiros engordaram tanto quanto os policiais.

COMENTÁRIOS

Nota da autora: A questão gerou polêmica, mas tem um segredo para conseguir resolvê-la – *tanto... quanto* não está indicando comparação.

Alternativa "b" – **Ideias aditivas**: 1. Torna um pesadelo para a privacidade **e** para a base; 2. Os jovens **e** os idosos enfrentam problemas.

Alternativa "a" – Comparação entre paulistas e cariocas.

Alternativa "c" – Comparação entre Rio e São Paulo.

Alternativa "d" – Comparação entre chuva e sol.

Alternativa "e" – Comparação entre prisioneiros e policiais.

RESPOSTA: B

26 **(FGV – TRT 12 – 2017 – Técnico Judiciário – Área Administrativa)** *...a base de um mundo mais próspero e saudável.* A conjunção **E** realiza a adição dos dois adjetivos ao final dessa frase; o pensamento abaixo em que essa mesma conjunção mostra um valor diferente é:

a) Quem tem razão ri E não se encoleriza.
b) As pessoas dizem que o bom é a vida, E eu prefiro a leitura.
c) Somos o que não parecemos E parecemos o que não somos.
d) Somente Deus E eu somos capazes de fazer algo a partir do nada.
e) A ignorância tem asas de águia E olhos de coruja.

COMENTÁRIOS

Alternativa "b" – A conjunção *e* está indicando ideias oposta – equivale a *mas* (conjunção adversativa) – e está ligando orações com sujeitos distintos: as pessoas (sujeito do verbo *dizer*) e nós (sujeito do verbo *parecer*). A vírgula anteposta à conjunção deixa a ideia ainda mais clara.

Alternativa "a" – Adição: ri + não se encoleriza.

Alternativa "c" – Adição: o que não parecemos + o que não somos.

Alternativa "d" – Adição: Deus + eu.

Alternativa "e" – Adição: asas de águia + olhos de coruja.

RESPOSTA: B

Trecho para responder à questão.

(...) As vítimas se contam às dezenas e incluem músicos, jornalistas, carteiros etc. Um ofício relativamente poupado até aqui é o de médico. Até aqui. **A crer no médico e "geek" Eric Topol, autor de "The Patient Will See You Now"** (o paciente vai vê-lo agora), está no forno uma revolução da qual os médicos não escaparão, mas que terá impactos positivos para os pacientes. (...)

Folha de São Paulo online – Coluna Hélio Schwartsman – 17/01/2016.

27 **(FGV – Técnico do MP – Administrativa – MP – RJ/2016 – adaptada)** No trecho "A crer no médico e "geek" Eric Topol"; essa oração reduzida equivale semanticamente a:

a) embora creiamos;

b) quando cremos;

c) se crermos;

d) à medida que cremos;

e) para que crêssemos.

COMENTÁRIOS

Nota da autora: Vamos relembrar? A oração reduzida não possui conjunção ou pronome relativo; possui verbo na forma nominal (gerúndio, particípio ou infinitivo). Para desenvolvê-la, é necessário tirar o verbo da forma nominal e acrescentar conjunção ou pronome relativo.

DICA

Ao + infinitivo = tempo

Por + infinitivo = causa

Para + infinitivo = finalidade

A + infinitivo = condição

Apesar de + infinitivo = concessão

Alternativa "c" – *A crer* indica condição e equivale a **se crermos**.

Alternativa "a" – Não há ideia de concessão.

Alternativa "b" – Não indica tempo.

Alternativa "d" – Não indica proporção.

Alternativa "e" – Não indica finalidade.

RESPOSTA: C

28 **(FGV – Técnico do MP – Administrativa – MP – RJ/2016 – adaptada)** "está no forno uma revolução da qual os médicos não escaparão, / mas que terá impactos positivos para os pacientes". O emprego da conjunção "mas" supõe uma oposição entre o primeiro e o segundo segmento desse trecho. Tal oposição se verifica entre os seguintes termos:

a) estar no forno / ter impactos positivos;
b) revolução / impactos positivos;
c) médicos / pacientes;
d) não escapar / ter impactos;
e) médicos não escaparão / impactos positivos para os pacientes.

COMENTÁRIOS

Alternativa "b" – Está no forno uma revolução (ação de incitar uma revolta; rebelião) versus terá impactos positivos. Oposição entre algo ruim e algo bom.

Alternativa "a" – Estar para acontecer e impactos positivos possuem ideias adicionais.

Alternativa "c" – Os médicos não escaparão e será bom para os pacientes.

Alternativa "d" – Os médicos não escaparão e terá impacto positivo para os pacientes.

Alternativa "e" – Não há, mais uma vez, oposição.

RESPOSTA: B

29 **(FGV – Técnico Portuário – CODEBA/2016)** "A atividade humana alterou os sistemas naturais da Terra a tal ponto e deixou marcas tão evidentes no registro geológico do planeta **que, se os especialistas assim decidirem, as gerações futuras não deverão ter problemas em identificar o chamado Antropoceno, a "era dos humanos**".

A parte destacada desse segmento, em relação ao trecho anterior, representa

a) uma conclusão.
b) uma explicação.
c) uma consequência.
d) uma condição.
e) uma finalidade.

COMENTÁRIOS

Alternativa "c" – Simples. Encaixe a locução conjuntiva "de modo que" entre as orações, lembrando que onde há causa, há consequência.

1. ... de modo que as gerações futuras não deverão ter problemas em identificar o chamado Antropoceno = consequência.
2. Por que as gerações futuras não deverão ter problemas em identificar o chamado Antropoceno? Porque a atividade humana alterou os sistemas naturais da Terra e deixou marcas tão evidentes no registro geológico do planeta = causa.

3. Indicam consequência: **de sorte que, de modo que, sem que (= que não), de forma que, de jeito que, que (tendo como antecedente na oração principal uma palavra como tal, tão, cada, tanto, tamanho)** etc.

Alternativa "a" – Não pode indicar conclusão por serem orações subordinadas – possuem dependência sintática. Indicam conclusão as coordenadas que possuem ***logo, portanto*** *e* ***pois*** (equivalendo a logo). Usa-se ainda: ***então, assim, por isso, por conseguinte, de modo que, em vista disso*** etc.

Alternativa "b" – Também usada para ligar orações coordenadas. Usam-se: ***que, porque*** *e* ***pois*** (equivalendo a porque).

Alternativa "d" – Indicam condição as orações subordinadas que possuem ***se, caso, contanto que, salvo se, a não ser que, desde que, a menos que, sem que*** etc.

Alternativa "e" – Oração subordinada: ***para que, a fim de que, que, porque (= para que)*** etc.

RESPOSTA: C

30 **(FGV – 2015)** "Com isso, o custo de manter a família cresce e cria a necessidade de a mulher ter fonte de renda para o sustento da casa."

O segmento "para o sustento da casa" pode ser adequadamente substituído pela seguinte oração desenvolvida:

a) para sustentar a casa.
b) para que sustente a casa.
c) para que a casa fosse sustentada.
d) para a casa ser sustentada.
e) para que sustentem a casa.

COMENTÁRIOS

RESPOSTA: B

Transportar a oração reduzida (sem conjunção) para oração com conjunção (desenvolvida): cria a necessidade de a mulher ter fonte de renda para que sustente a casa = oração subordinada adverbial final (para quê?).

a) Sem conjunção = oração reduzida.

c) A oração foi transposta para a voz passiva.

d) Sem conjunção = oração reduzida.

e) Erro de concordância: o verbo deve concordar com o sujeito simples e singular "a mulher".

Trecho para a questão.

A sociedade moderna, com o corre-corre, a falta de tempo para o cuidado espiritual e o imediatismo fez com que as pessoas desenvolvessem com mais facilidade algumas doenças psicossomáticas. O pânico e a depressão são duas delas, assim como a normose. A última é uma "prima" menos conhecida e, por isso mesmo, menos identificada, segundo especialistas. (...)

31 **(FGV 2015)** "O pânico e a depressão são duas delas, assim como a normose"; em relação ao período anterior, esse segundo período do texto funciona como:

a) explicação;

b) exemplificação;

c) comparação;

d) conclusão;

e) modalização.

COMENTÁRIOS

RESPOSTA: B

Exemplificação, ou seja, através de exemplos, pois cita duas doenças psicossomáticas: o pânico e a depressão.

a) Não desenvolve, não faz compreender.

c) Não compara.

d) Não conclui.

e) Não há modalização. Significado: fenômeno discursivo em que um sujeito falante se coloca como fonte de referências pessoais, temporais, espaciais, e, ao mesmo tempo, toma uma atitude em relação ao que diz ou ao seu coenunciador. Ela pode ser evidenciada nas manifestações escritas e orais da linguagem, nos mais variados contextos.

32 **(FGV 2015)** "A sociedade moderna, com o corre-corre, a falta de tempo para o cuidado espiritual e o imediatismo fez com que as pessoas desenvolvessem com mais facilidade algumas doenças psicossomáticas. O pânico e a depressão são duas delas, assim como a normose. A última é uma "prima" menos conhecida e, por isso mesmo, menos identificada, segundo especialistas". O conectivo sublinhado que tem seu valor semântico corretamente indicado é:

a) para / direção;

b) com / companhia;

c) assim como / exemplificação;

d) por isso / conclusão;

e) segundo / conformidade.

COMENTÁRIOS

RESPOSTA: E

Segundo = conforme (regra).

a) Finalidade.

b) Modo.

c) Adição.

d) Consequência – sentido de "por consequência", "dessa forma".

2. NÍVEL SUPERIOR

01 **(FGV – Perito Criminal Área II – PC MG – 2025)** Assinale a opção que apresenta a frase que mostra uma *oração concessiva.*

a) A fantasia não tem limites, ainda que a arte os tenha.

b) Não devemos nunca nos acostumar com a vida, pois isso seria a morte.

c) Uma forma de expressão estabelecida é também uma forma de opressão.

d) É muito mais fácil perdoar um inimigo depois que acertamos as contas com ele.

e) Quanto mais tempo discutimos, tanto mais longe nos achamos do fim da discussão.

COMENTÁRIOS:

Alternativa "a" – Substitua para facilitar: **embora** a arte os tenha, **apesar de** a arte os ter = concessão (evento contrário).

Alternativa "b" – **porque** isso seria a morte, **já que** isso seria a morte: causal.

Alternativa "c" – Não há conectivo no período.

Estrutura: sujeito + verbo de ligação + advérbio + predicativo do sujeito.

Observação: possui oração reduzida = estabelecida.

Desenvolvendo-a: uma forma de expressão <u>que é estabelecida</u> = oração subordinada adjetiva restritiva reduzida de particípio.

Alternativa "d" – **quando** acertamos as contas: temporal.

Alternativa "e" – Oração comparativa: quanto mais... tanto mais...

RESPOSTA: A

02 **(FGV – AL PR – Analista Legislativo – 2024)** Assinale a frase em que a modificação de uma oração reduzida para uma desenvolvida tenha sido feita de forma ***<u>inadequada</u>***.

a) Quero pesar menos para namorar mais / Quero pesar menos para mais namoro.

b) Algumas pessoas saem sem dizer adeus / Algumas pessoas saem sem que digam adeus.

c) Nada existiu de errado com homens possuírem riquezas / Nada existiu de errado com homens que possuíssem riquezas.

d) O operário tem que provar que é bom para ser respeitado / O operário tem que provar que é bom para que seja respeitado.

e) É o encontro com as outras pessoas que faz a vida valer a pena / É o encontro com as outras pessoas que faz com que a vida valha a pena.

COMENTÁRIOS:

Nota da autora: Para desenvolver uma oração, é necessário inserir uma conjunção (ou locução conjuntiva), ou pronome relativo (se adjetiva) e conjugar o verbo, ou seja, retirá-lo da forma nominal – gerúndio, particípio ou infinitivo.

Alternativa "a" – Desenvolvendo: **para que namore** mais.

Alternativa "b" – sem dizer = sem que digam.

Alternativa "c" – possuírem riquezas = que possuíssem riquezas.

Alternativa "d" – para ser respeitado = para que seja respeitado.

Alternativa "e" – a vida valer a pena = com que a vida valha a pena.

RESPOSTA: A

03 **(FGV – AL MA – Consultor Legislativo – Direito/2023)** O adjetivo pode ser substituído por algumas outras palavras ou estruturas de valor equivalente.

Assinale a frase em que a adjetivação relacionada ao substantivo sublinhado é realizada por meio de uma oração desenvolvida.

a) O **homem** que se vende recebe sempre mais do que vale.
b) Os **lutadores** determinados a vencer são adversários difíceis.
c) Não confie nas **mulheres** de mais de quarenta anos.
d) Os **livros** escritos no Romantismo são sentimentais.
e) As **frutas** alimentam o corpo e a alma.

COMENTÁRIOS:

Alternativa "a" – O homem **que se vende** = o homem vendido.

A oração "que se vende" é subordinativa adjetiva restritiva (possui pronome relativo e não possui pontuação).

Alternativa "b" – Oração reduzida de particípio: lutadores **determinados** = lutadores que são determinados a vencer.

Alternativa "c" – É impossível ser uma oração desenvolvida porque não possui pronome relativo.

Correção: Não confie nas mulheres **que possuem** mais de quarenta anos.

Alternativa "d" – Oração reduzida de particípio: livros **escritos** = livros que escreveram / livros que foram escritos.

Alternativa "e" – Não é oração desenvolvida.

Correção: As frutas **que alimentam** o corpo e a alma.

RESPOSTA: A

04 **(FGV – DPE RS – Analista/Contabilidade – 2023)** Em todas as opções abaixo há uma frase composta de duas orações; a opção em que a relação entre elas é de justaposição, ou seja, não mostra relação de coordenação ou subordinação, é:

a) Político profissional jamais tem medo do escuro. Tem medo é da claridade;
b) Um estadista é um político que se coloca a serviço da nação. Um político é um estadista que coloca a nação a seu serviço;

c) Democracia é como nadar. Aprende-se praticando;
d) Políticos são interessados em pessoas. Moscas são interessadas em cachorros;
e) A democracia é bonita na teoria. Na prática, é uma falácia.

COMENTÁRIOS:

Nota da autora: Justaposição é unir duas orações simples sem um nexo.

Alternativa "a" – Há nexo: Político profissional jamais tem medo do escuro. [Político profissional] tem medo é da claridade.

Alternativa "b" – Há nexo: Um estadista é um político **que** se coloca a serviço da nação. Um político é um estadista **que** coloca a nação a seu serviço.
As duas orações são subordinadas adjetivas restritivas.

Alternativa "c" – Há nexo: Democracia é como nadar. Aprende-se [a nadar] praticando.

Alternativa "d" – As orações possuem sujeitos distintos, ou seja, não há nexo, não há vínculo, conexão.
Políticos são interessados em pessoas. Moscas são interessadas em cachorros.

Alternativa "e" – Há nexo: A democracia é bonita na teoria. Na prática, [a democracia] é uma falácia.

RESPOSTA: D

Atenção: o texto a seguir refere-se à próxima questão.

No prefácio do livro "Reflexões sobre a Língua Portuguesa", datado de 1863, seu autor, Francisco José Freire, diz o seguinte: "Entendimento e linguagem são dois irmãos gêmeos, e gêmeos unidos em um só corpo por órgãos comuns, e por tal disposição, que a nutrição e a vida de um alimenta sempre e vivifica o outro; assim como as enfermidades de cada um deles passam logo, e se comunicam a ambos.".

05 **(FGV – SEAD AP – Pedagogo – 2023)** Na construção desse pensamento, o enunciador utiliza frequentemente a conjunção E.

Assinale a frase em que, em lugar de aditiva, essa conjunção tem valor adversativo.

a) "Entendimento e linguagem são dois irmãos gêmeos".
b) "e gêmeos unidos em um só corpo por órgãos comuns".
c) "que a nutrição e a vida de um".
d) "alimenta sempre e vivifica o outro".
e) "as enfermidades de cada um deles passam logo, e se comunicam a ambos".

COMENTÁRIOS:

Nota da autora: Quando a banca é muito bondosa, ela mantém a vírgula anteposta à conjunção "e" para indicar a adversidade.

Alternativa "a" – Ideia de adição: entendimento e linguagem.

Alternativa "b" – Ideias opostas: Entendimento e linguagem são dois irmãos gêmeos, **mas** gêmeos unidos em um só corpo por órgãos comuns. A conjunção "e" possui valor de adversidade.

Alternativa "c" – Ideia de adição: a nutrição e a vida.

Alternativa "d" – Ideia de adição: alimenta e vivifica.

Alternativa "e" – Ideia de adição: passam e se comunicam.

RESPOSTA: B

06 **(FGV – MPE SC – Analista em Administração/2022)** A forma da oração reduzida abaixo que foi adequadamente substituída por uma oração desenvolvida, de mesmo sentido, é:

a) Foi necessário vacinarem-se as pessoas no momento adequado / Foi necessário que as pessoas se vacinassem no momento adequado;

b) Chegando ao trabalho, mandarei as cartas / Na chegada ao trabalho, mandarei as cartas;

c) O chefe pediu para chegarmos sem atraso / O chefe pediu que cheguemos sem atraso;

d) Era natural os alunos preferirem sair antes da hora / Era natural a preferência dos alunos por saíram antes da hora;

e) Saíram todos da sala para poderem fotografá-la / Saíram todos da sala para uma possível fotografia.

COMENTÁRIOS:

Nota da autora: Para desenvolver a oração reduzida, é necessário retirar a forma nominal do verbo, conjugá-lo e inserir conjunção (ou pronome relativo – no caso de oração adjetiva).

Alternativa "a" – Vacinarem-se as pessoas = que as pessoas se vacinassem – oração subordinada substantiva subjetiva.

Alternativa "b" – Chegando ao trabalho = quando chegar ao trabalho – oração subordinada adverbial temporal.

Alternativa "c" – Para chegarmos = que chegássemos – oração subordinada substantiva objetiva direta.

Alternativa "d" – Os alunos preferirem = que os alunos preferissem – oração subordinada substantiva subjetiva.

Alternativa "e" – Para poderem fotografá-la = para que pudessem fotografá-la – oração subordinada adverbial final.

RESPOSTA: A

07 **(FGV – Prefeitura Paulínia – Advogado do CREAS – 2021)** Assinale a opção que apresenta a frase em que a oração reduzida foi substituída adequadamente por uma oração desenvolvida.

a) Há apenas um dever: o **de sermos felizes** / de que fôssemos felizes.

b) Felicidade é como um beijo: você deve compartilhar **para aproveitá-lo** / para que o aproveitasse.

c) Felicidade é a única coisa que podemos dar **sem possuir** / sem que a possuamos.

d) As pessoas mais felizes são aquelas que não têm nenhuma razão específica **para serem felizes**, exceto pelo fato de que elas são / para terem felicidade.

e) Você não será feliz com mais **até ser feliz com o que você já tem** / até que sejam felizes com o que você já tem.

COMENTÁRIOS:

Nota da autora: Para desenvolver a oração reduzida, é necessário inserir uma conjunção – ou uma locução conjuntiva –, passar o verbo da forma nominal – gerúndio, particípio ou infinitivo – para o modo indicativo ou subjuntivo. É importante manter a concordância, a correlação de tempo verbal e ficar de olho na voz verbal.

Alternativa "a" – o de que sejamos felizes.

Alternativa "b" – para que o aproveite.

Alternativa "c" – sem que a possuamos.

Alternativa "d" – para que sejam felizes.

Alternativa "e" – até que seja feliz com o que já tem.

RESPOSTA: C

08 **(FGV – FUNSAÚDE CE – Médico – 2021)**

"Que sorte possuir uma grande inteligência: nunca te faltam bobagens para dizer".

Nesse pensamento, os dois pontos só não podem ser adequadamente substituídos por:

a) Visto que;

b) Sem que;

c) Já que;

d) Uma vez que;

e) Porque.

COMENTÁRIOS:

Nota da autora: Para ganhar tempo, perceba que quatro alternativas indicam causa. Elimine-as. A locução conjuntiva "sem que" pode indicar exclusão, condição, causa ou concessão.

Alternativa "a" – Para substituir por "visto que", seria necessário haver relação de causa e efeito/consequência. Não é o caso.

Alternativa "b" – No contexto, há valor de concessão, ou seja, possui sentido de "ter permissão para realizar algo". A expressão "sem que" denota exatamente isso. A ideia é esta: se possui grande inteligência, pode dizer bobagens.

A ideia é esta: quem possui grande inteligência não fala bobagens.

Alternativa "c" – Não indica causa.

Alternativa "d" – Não indica causa.

Alternativa "e" – Nem causa nem explicação.

RESPOSTA: B

09 **(FGV – Analista – Área Administrativa – MP RJ – 2019 – adaptada)** "Frase com certa sutileza malvada embutida. Dá conta implicitamente de que, havendo ocasião, surge inevitavelmente o ladrão".

Nesse segmento, há uma forma reduzida de gerúndio, que equivale explicitamente a:

a) já que há ocasião;
b) quando há ocasião;
c) se houver ocasião;
d) embora haja ocasião;
e) conforme haja ocasião.

COMENTÁRIOS:

Nota da autora: A oração "havendo ocasião" é classificada como subordinada adverbial condicional reduzida de gerúndio por indicar condição e por não possuir conjunção, mas sim o verbo na forma nominal. É preciso desenvolver essa oração, ou seja, inserir uma conjunção e retirar o verbo da forma nominal, conjugando-o. Note que o ladrão surge *se houver ocasião* – condição.

Alternativa "a" – Não indica causa – já que.

Alternativa "b" – Não indica tempo – quando.

Alternativa "c" – Se houver: a conjunção condicional "se" foi inserida e o verbo foi conjugado no futuro do subjuntivo, isto é, retirou-se a forma nominal.

Alternativa "d" – Não indica concessão – embora.

Alternativa "e" – Não indica conformidade – conforme.

RESPOSTA: C

Texto 1.

DESEJO DE CONHECER

"É natural no ser humano o desejo de conhecer." Quando li pela primeira vez essa sentença inicial da *Metafísica* de Aristóteles, mais de quarenta anos atrás, ela me pareceu um grosso exagero. **Afinal, por toda parte onde olhasse – na escola, em família, nas ruas, em clubes ou igrejas – eu me via cercado de pessoas**

que não queriam conhecer coisíssima alguma, que estavam perfeitamente satisfeitas com suas ideias toscas sobre todos os assuntos, e que julgavam um acinte a mera sugestão de que, se soubessem um pouco mais a respeito, suas opiniões seriam melhores.

Precisei viajar um bocado pelo mundo para me dar conta de que Aristóteles se referia à natureza humana em geral, e não à cabeça dos brasileiros. De fato, o traço mais conspícuo da mente dos nossos compatriotas era o desprezo humano pelo conhecimento, acompanhado de um neurótico temor reverencial aos seus símbolos exteriores: diplomas, cargos, espaço na mídia. (fragmento adaptado)

Olavo de Carvalho, Diário do Comércio, 10/01/2011.

10 **(FGV – Consultor Legislativo – AL – RO/2018)** Leia o fragmento a seguir.

"Afinal, por toda parte onde olhasse – na escola, em família, nas ruas, em clubes ou igrejas – eu me via cercado de pessoas que não queriam conhecer coisíssima alguma...".

Em relação ao segmento anterior do texto, esse fragmento tem valor de:

a) consequência.
b) localização espacial.
c) explicação.
d) conclusão.
e) localização temporal.

COMENTÁRIOS:

Alternativa "a" – Seria consequência de coubesse a locução consecutiva *de modo que*.

Alternativa "b" – Indicam espaço os vocábulos que estão entre os travessões.

Alternativa "c" – Cabe a substituição por **porque** e possui valor explicativo: ela me pareceu um grosso exagero, porque por toda parte onde olhasse eu me via cercado de pessoas.

Alternativa "d" – Não cabe a conjunção *logo*, portanto não conclui.

Alternativa "e" – Não cabe a pergunta "quando?", por isso não pode indicar tempo.

RESPOSTA: C

11 **(FGV – Analista Administrativo – TJ – SC/2018 – adaptada)** "Inteligência e sabedoria não são a mesma coisa. **Entretanto**, na linguagem cotidiana, usamos os dois termos indistintamente[2]".

Nesse segmento, o conector "entretanto" só NÃO pode ser substituído de forma semanticamente adequada por:

---

2. Disponível em: *https:amentemaravilhosa.com.br/inteligencia-e-sabedoria/.*

a) contudo;
b) todavia;
c) conquanto;
d) no entanto;
e) porém.

COMENTÁRIOS:

Nota da autora: A conjunção "entretanto" é **coordenada** adversativa e indica oposição. A coordenação refere-se a orações independentes sintaticamente. São coordenadas: aditiva, adversativa, alternativa, conclusiva e explicativa. A subordinação refere-se a orações que possuem dependência sintática. São ela: integrante, temporal, final proporcional, causal, condicional, consecutiva, comparativa e concessiva.

Alternativa "a" – Conjunção coordenada adversativa.

Alternativa "b" – Conjunção coordenada adversativa.

Alternativa "c" – Conjunção **subordinada** concessiva, indica oposição e pode ser substituída por *embora*.

Alternativa "d" – Conjunção coordenada adversativa.

Alternativa "e" – Conjunção coordenada adversativa.

RESPOSTA: C

12 **(FGV – Analista Legislativo – Câmara de Salvador – BA/2018)** "Assim, seus membros conseguem chegar a regiões remotas e/ou sob forte bombardeio para atender os que estão feridos e sob risco de vida".

Se transformarmos a oração reduzida sublinhada em forma de oração desenvolvida, teremos:

a) para que se atendam os que estão feridos;
b) para atenção dos que estão feridos;
c) para atendimento dos que estão feridos;
d) para que se atenda os que estão feridos;
e) para que se atendesse os que estão feridos.

COMENTÁRIOS:

Nota da autora: Para desenvolver uma oração, é preciso conjugar o verbo que está na forma nominal – no caso, infinitivo – e inserir uma conjunção ou locução conjuntiva. A oração subordinada é adverbial final, pois cabe a pergunta "para quê?".

Alternativa "a" – Foi inserida a locução conjuntiva e o verbo foi conjugado no presente do subjuntivo por indicar dúvida – não se sabe se irão atender. Importante: o verbo *atender* é transitivo direto está acompanhado pelo pronome "se". Isso indica que a oração está na voz passiva e o verbo deve concordar com o sujeito: atendam-se os (aqueles = pronome demonstrativo com função de sujeito). Equivale, na passiva analítica, a: para que os que estão feridos sejam atendidos.

Alternativa "b" – Inserir o substantivo *atenção* altera o sentido da oração e o verbo foi conjugado no presente do indicativo, referindo-se a uma ação certa.

Alternativa "c" – A oração continua sendo reduzida (de gerúndio).

Alternativa "d" – Concordância incorreta. Retificação: para que se atendam. Explicação aprofundada na alternativa "a".

Alternativa "e" – Além de a concordância estar errada, o verbo foi conjugado no pretérito imperfeito do subjuntivo – tempo condicional.

RESPOSTA: A

13 **(FGV – Analista Legislativo – Câmara de Salvador – BA/2018)** O item abaixo em que o conector sublinhado tem seu substituto corretamente indicado é:

a) "O conjunto de leis nacionais, **assim como** de tratados e declarações internacionais" / de modo que;

b) "Há, **no entanto**, inúmeras situações..." / no entretanto;

c) "atuam **de forma a** evitar que haja risco" / de modo a;

d) "**Por meio de** acordos internacionais..." / Conforme;

e) "**sem que** essa ação fosse entendida como uma posição política" / a menos que.

COMENTÁRIOS:

Alternativa "a" – Assim como: comparação; de modo que: consequência.

Alternativa "b" – No entanto: locução coordenada adversativa – equivale a *mas*; no entretanto: locução que caiu em desuso e que significa *entrementes, interim, meio-tempo*.

Alternativa "c" – As duas locuções indicam consequência do fato apresentado anteriormente. Por serrem consecutivas, equivalem a *de modo que*.

Alternativa "d" – Locução prepositiva que indica relação de instrumento; conforme é subordinada adverbial conformativa e indica regra.

Alternativa "e" – Sem que: exclusão ou causa; a menos que: oposição.

RESPOSTA: C

14 **(FGV – TRT 12 – 2017 – Analista Judiciário – Áreas Administrativa e Judiciária)** Observe o seguinte texto:

Os robôs já sabem discernir e reagir à fala graças a softwares de reconhecimento de voz como a Siri do iPhone; mas as máquinas inteligentes ainda têm dificuldades com a maioria dos outros sons. "Em certo sentido esse é um problema mais simples, no entanto não tem havido muito trabalho com ruídos ambientais", avalia o roboticista Joseph Romano, da Rething Robotics, em Boston. "Isso não tem sido uma prioridade para o feedback robótico".

Como outros textos, este também apresenta conectores, ou palavras de ligação, que organizam o texto por meio da ordenação das diferentes ideias. Entre os conectores abaixo, aquele que apresenta seu valor semântico de forma adequada, de acordo com o texto, é:

a) e / alternativa;
b) graças a / consequência;
c) com / referência;
d) no entanto / concessão;
e) para / finalidade.

COMENTÁRIOS

Alternativa "c" – *Referência* é esclarecimento: não são quaisquer dificuldades, são dificuldades **com os sons.**

Alternativa "a" – Adição: sabem discernir e reagir.

Alternativa "b" – Causa: por causa de softwares.

Alternativa "d" – Adversidade: é um problema simples, mas não tem havido muito trabalho.

Alternativa "e" – Não indica finalidade, pois é um complemento nominal: não tem sido (= não é) uma prioridade (predicativo do sujeito) **para alguma coisa** (para o feedback = complemento nominal).

Exemplo de *para* indicando finalidade: Estou para ser funcionário público. Estudou para quê? Qual foi a finalidade?

RESPOSTA: C

15 **(FGV – Analista do Ministério Público – Administrativa – MP-RJ/2016)** "A comunicação entre as redes internacionais ligadas ao crime organizado são realizadas para negociar armas e drogas". A oração reduzida sublinhada teria como forma nominalizada equivalente:

a) para que se negociem armas e drogas;
b) para a negociação de armas e drogas;
c) para que sejam negociadas armas e drogas;
d) para que se negociassem armas e drogas;
e) para o negócio de armas e drogas ser realizado.

COMENTÁRIOS

Nota da autora: Oração reduzida não possui conjunção ou pronome relativo; o verbo fica na forma nominal – particípio, gerúndio ou infinitivo. Para desenvolvê-la, basta inserir a conjunção ou pronome relativo e retirar o verbo da forma nominal. Além disso, no comando da questão, exige a transformação do verbo em nome, ou seja, em substantivo.

RESPOSTA: B

1. Pergunta à oração principal: são organizadas **para quê?**
2. Resposta indicando finalidade e com conjunção (oração desenvolvida): **para que** negociem armas e drogas. Atenção! No comado da questão, não exige que desenvolva a oração.
3. Transposição do verbo *negociar* para substantivo (forma nominalizada): para a negociação de armas e drogas.

Alternativa "a" – A oração foi desenvolvida e transposta para a voz passiva sintética – verbo transitivo direto + se. Não ocorreu nominalização.

Alternativa "c" – A oração foi desenvolvida e transposta para a voz passiva analítica – verbo ser + particípio. Não ocorreu nominalização.

Alternativa "d" – A oração foi desenvolvida e transposta para a voz passiva sintética – verbo transitivo direto + se. Não ocorreu nominalização.

Alternativa "e" – A oração também foi transposta para a passiva analítica e foram acrescentados verbos desnecessários – ser realizado.

16 **(FGV – Analista da Defensoria Pública – Analista Jurídico – DPE – RO/2016)**
"O Estatuto da Criança e do Adolescente, o ECA, é uma lei bem justa e generosa, ainda largamente ignorada em suas medidas de proteção e promoção".

A inclusão de uma vírgula entre os dois segmentos faz supor a implícita existência de um conector entre eles; tal conector deveria representar:

a) uma concessão, como "ainda que";
b) uma adversidade, como "porém";
c) uma conclusão, como "logo";
d) uma explicação, como "pois";
e) uma proporcionalidade, como "à medida que".

COMENTÁRIOS

Alternativa "b" – As ideias são opostas e por isso cabem as conjunções adversativas *porém, mas, contudo, todavia.*

*O ECA é uma lei bem **justa e generosa*** versus *lei **ignorada** em suas medidas de proteção e promoção.*

Alternativa "a" – São orações que possuem independência sintática (coordenadas) e "ainda que" indica concessão, isto é, subordinação (orações que possuem dependência sintática.

Alternativa "c" – Não conclui.

Alternativa "d" – Não explica.

Alternativa "e" – Não se trata de ideias simultâneas – não acontecem ao mesmo tempo.

RESPOSTA: B

17 **(FGV – Analista Judiciário – Escrivão Judicial – TJ – PI/2016)** "Um Plano de Contingência para o Trânsito necessita de planejamento prévio para lidar com situações emergenciais e atuar em casos que venham a causar transtornos". Respeitando-se o paralelismo, as formas que podem substituir adequadamente as formas nominais sublinhadas são:

a) que lide / que atue;
b) que lide / que atuem;
c) que lidasse / que atuasse;
d) a liderança / a atuação;
e) a lide / atuante.

COMENTÁRIOS

Nota da autora: É preciso passar as orações reduzidas de infinitivo (lidar e atuar) para orações desenvolvidas. Como? Retirando a forma nominal e inserindo conjunção.

Alternativa "a" – A ideia é de finalidade: para que lide, para que atue. Não sabemos se acontecerá ou não, por isso os verbos devem estar no presente do subjuntivo – ação hipotética.

Alternativa "b" – Um planejamento (sujeito) que lide e que **atue.**

Alternativa "c" – A ideia de condição (pretérito imperfeito do subjuntivo) caberia se o verbo da oração principal estivesse no futuro do subjuntivo – necessitaria.

Alternativa "d" – Transformou em substantivo, não desenvolvendo a oração.

Alternativa "e" – Sem o menor sentido tais substituições.

RESPOSTA: A

18 **(FGV – Analista Judiciário – Escrivão Judicial – TJ – PI/2016)** A oração adjetiva abaixo sublinhada que deveria vir introduzida com um pronome relativo precedido de preposição é:

a) "lidar com situações emergenciais e atuar em casos que venham a causar transtornos nos principais corredores viários de uma cidade".
b) "O aumento progressivo da frota de veículos provoca congestionamentos que muitas vezes impedem que os procedimentos planejados de emergência sejam adotados".
c) "O gerenciamento de acidentes de trânsito, como a velocidade que se desfaz o local de uma batida numa via estrutural".
d) "Situações como obras, fechamento de ruas e de faixas de tráfego, enchentes, alagamentos das vias e quedas de encostas e árvores, que impedem a circulação normal de veículos".
e) "Podemos fazer analogia com um infarto e um AVC, que impedem o fluxo de sangue...".

COMENTÁRIOS

Nota da autora: Questão de período composto, regência e pronome relativo.

Alternativa "c" – O pronome relativo retoma "velocidade". Na ordem direta: O local de uma batida se desfaz com a velocidade. Forma correta: a velocidade **com que** se desfaz.

Alternativa "a" – Retoma "casos" e o relativo possui função de sujeito e não pode haver preposição: casos que venham.

Alternativa "b" – "congestionamentos" possui função de sujeito: congestionamentos impedem = que impedem. Sujeito: que.

Alternativa "d" – O relativo também é sujeito, pois retoma "obras, fechamento de ruas e de faixas de tráfego, enchentes, alagamentos das vias e quedas de encostas e árvores".

Alternativa "e" – Sujeito, novamente: infarto e AVC impedem o fluxo de sangue.

RESPOSTA: C

19 **(FGV – IBGE – Técnico em Informações Geográficas e Estatísticas/2016)** "Ao chegar aos 60 anos de idade, 60% dos brasileiros já não vivem em suas cidades de origem". A primeira oração desse período pode ser adequadamente substituída por:

a) quando chegam aos 60 anos de idade;
b) quando chegarem aos 60 anos de idade;
c) quando chegaram aos 60 anos de idade;
d) quando cheguem aos 60 anos de idade;
e) quando chegassem aos 60 anos de idade.

COMENTÁRIOS

Alternativa "a" – *Ao* indica tempo e equivale a *quando;* a dica está na conjugação do segundo verbo (vivem) no presente do indicativo: quando chegam (presente do indicativo).

Alternativa "b" – O segundo verbo deveria ser alterado para **viverão** se o primeiro verbo estivesse no futuro do subjuntivo (chegarem).

Alternativa "c" – O segundo verbo deveria ser alterado para **viviam** (pretérito imperfeito do indicativo) se o primeiro verbo estivesse no pretérito perfeito do indicativo (chegaram).

Alternativa "d" – Impossível usar o presente do subjuntivo acompanhado de *quando.*

Alternativa "e" – O segundo verbo deveria ser alterado para **viveriam** (futuro do pretérito do indicativo – tempo condicional) se o primeiro verbo estivesse no pretérito imperfeito do subjuntivo (chegassem – também tempo condicional).

RESPOSTA: A

20 **(FGV – IBGE – Técnico em Informações Geográficas e Estatísticas/2016)** Entre os conectivos destacados abaixo, aquele que tem seu valor semântico corretamente indicado é:

a) "O valor recebido pelo primeiro grupo representa apenas 1,4% de todos os rendimentos gerados por trabalho no país, **enquanto** os 10% mais ricos concentraram 40,3% do total de rendimento" / adversidade;
b) "De uma forma geral, **porém**, a desigualdade no país continua apresentando uma melhora gradual" / explicação;
c) "**Depois de** anos de aumento vertiginoso, o número de residências com computador teve a primeira leve queda" / lugar;

d) "O IBGE classifica **como** "desocupadas" pessoas que não estão empregadas" / comparação;

e) "A queda vem sendo quase constante de 2001 para cá, **embora** tenha permanecido no mesmo patamar entre 2011 e 2013" / concessão.

COMENTÁRIOS

Alternativa "e" – Ideias opostas (conjunção concessiva): *há queda* **versus** *permanece no mesmo patamar*. Indicam concessão: embora, ainda que, mesmo que, apesar de, se bem que.

Alternativa "a" – Não indica oposição; é comparação.

Alternativa "b" – Oposição, adversidade: mas, porém, contudo, todavia etc.

Alternativa "c" – **Quando** teve a primeira leve queda? Tempo.

Alternativa "d" – Trata-se de preposição, pois possui o sentido de *na qualidade de, com caráter de, na posição de*. Perceba que não pode ser conjunção conformativa, já que não há ideia de regra, de conformidade.

RESPOSTA: E

21 **(FGV – IBGE-Tecnologista-Economia/2016)** A frase abaixo em que a substituição de uma oração reduzida por uma desenvolvida equivalente é inadequada é:

a) "Sou como uma planta do deserto. Uma única gota de orvalho é suficiente **para me alimentar**". (Leonel Brizola) / para que eu me alimente;

b) "Você nunca realmente perde **até parar de tentar**". (Mike Ditka) / até que pare de tentar;

c) "Uma rua sem saída é apenas um bom lugar **para se dar a volta**". (Naomi Judd) / para que se dê a volta;

d) "Amor é um truque sujo que nos impuseram **para obter a continuidade de nossa espécie**". (Somerset Maugham) / para que se obtivesse a continuidade de nossa espécie;

e) "O amor é a asa que Deus deu ao homem **para voar até Ele**". (Roger Luján) / para que voe até Ele.

COMENTÁRIOS

RESPOSTA: E

Nota da autora: Questão de período composto e correlação verbal.

Perceba que na alternativa "e" o tempo verbal está incorreto: Deus **deu** (pretérito perfeito do indicativo) ao homem para que **voasse** (pretérito imperfeito do subjuntivo). Com a inserção da conjunção, é necessário usar o tempo condicional.

Motivo: correlação verbal correta = pretérito perfeito do indicativo + pretérito imperfeito do subjuntivo.

Outras correlações verbais exigidas:

- presente do indicativo + presente do subjuntivo (exijo, faça);

- presente do indicativo + pretérito perfeito composto do subjuntivo (espero, tenha feito);
- pretérito imperfeito do indicativo + mais-que-perfeito composto do subjuntivo (queria, tivesse feito);
- futuro do pretérito + pretérito mais-que-perfeito composto do subjuntivo (gostaria, tivesse feito);
- futuro do subjuntivo + futuro do presente do indicativo (fizer, ficarei);
- pretérito imperfeito do subjuntivo + futuro do pretérito do indicativo (fizesse, leria);
- pretérito mais-que-perfeito composto do subjuntivo + futuro do pretérito composto do indicativo (tivesse feito, teria lido);
- futuro do subjuntivo + futuro do presente do indicativo (fizer, dormirei);
- futuro do subjuntivo + futuro do presente composto do indicativo (fizer, terei dormido).

Alternativa "a" – é suficiente para que eu me **alimente**: presente do indicativo + presente do subjuntivo.

Alternativa "b" – perde até que **pare** de tentar: presente do indicativo + presente do subjuntivo.

Alternativa "c" – é apenas um bom lugar para que se **dê** a volta: presente do indicativo + presente do subjuntivo.

Alternativa "d" – impuseram para que se **obtivesse**: pretérito perfeito do indicativo + pretérito imperfeito do subjuntivo.

22 **(FGV – IBGE-Tecnologista-Economia/2016)** "Sem pedir licença, pegou o cartaz e com o giz escreveu outro conceito"; a oração "Sem pedir licença" pode ser adequadamente substituída pela seguinte oração desenvolvida:

a) Sem que pedisse licença;
b) Sem o pedido de licença;
c) Sem que peça licença;
d) Sem a petição de licença;
e) Sem que havia pedido licença.

COMENTÁRIOS

RESPOSTA: A

Nota da autora: Questão de período composto e correlação verbal. O raciocínio é idêntico ao da questão anterior: Sem que pedisse licença, pegou o cartaz = pretérito imperfeito do subjuntivo (pedisse) + pretérito perfeito do indicativo (pegou, escreveu).

Alternativa "b" – Não há verbo e também não existe conjunção, isto é, a oração não foi desenvolvida.

Alternativa "c" – A incorreção está no uso de verbo no presente do subjuntivo.

Alternativa "d" – Sem verbo e sem conjunção mais uma vez.

Alternativa "e" – Não cabe o verbo no pretérito imperfeito do indicativo.

3. NÍVEL DIFÍCIL

01 **(FGV – Auditor Público Interno CGM – Prefeitura de Cuiabá – 2025)** Observe a seguinte frase:

"Na política a gente consegue eliminar os piores, mas nunca consegue eleger os melhores".

Se substituirmos a oração reduzida "eleger os melhores" por uma oração desenvolvida, a forma adequada dessa oração seria:

a) a eleição dos melhores.
b) que se elejam os melhores.
c) que fossem eleitos os melhores.
d) que se elegessem os melhores
e) elegerem-se os melhores

COMENTÁRIOS:

Notas da autora:

1. A banca exige dois assuntos: correlação de tempo verbais e período composto – transposição da oração reduzida para a oração desenvolvida.

2. A oração reduzida de infinitivo é subordinativa substantiva objetiva direta.

É reduzida por não possuir conjunção e pelo fato de o verbo não estar conjugado (em tempo e modo).

Para desenvolvê-la, é necessário retirar o verbo da forma nominal (infinitivo), inserir conjunção integrante e conjugar o tempo.

3. Quanto à correlação verbal, é viável relembrar as mais exigidas.

- **Presente do indicativo + Presente do subjuntivo:**

  Exijo que você faça o teste.

- **Pretérito perfeito do indicativo + Pretérito imperfeito do subjuntivo:**

  Exigi que ele fizesse o teste.

- **Presente do indicativo + Pretérito perfeito composto do subjuntivo:**

  Espero que ele tenha feito o teste.

- **Pretérito imperfeito do indicativo + Mais-que-perfeito composto do subjuntivo:**

  Queria que ele tivesse feito o teste.

- **Futuro do subjuntivo + Futuro do presente do indicativo:**

  Se você fizer o teste, ficarei feliz.

- **Pretérito imperfeito do subjuntivo + Futuro do pretérito do indicativo:**

  Se você fizesse o teste, leria suas respostas.

- **Pretérito mais-que-perfeito composto do subjuntivo + Futuro do pretérito composto do indicativo:**

  Se você tivesse feito o teste, teria lido suas respostas.

- **Futuro do subjuntivo + Futuro do presente do indicativo:**

  Quando você fizer o teste, dormirei.

- **Futuro do subjuntivo + Futuro do presente composto do indicativo:**

  Quando você fizer o teste, já terei dormido.

Alternativa "a" – Ocorreu nominalização: transposição do verbo (eleger) para substantivo (eleição).

Alternativa "b" – nunca consegue **eleger os melhores** = nunca consegue **que se elejam os melhores.**

Perceba que a oração foi transposta da voz ativa para a passiva sintética (verbo + se).

Outro detalhe importante: atentar-se ao tempo verbal da oração anterior (consegue – presente do indicativo).

"Consegue" indica certeza; "elejam" indica hipótese – presente do subjuntivo.

Alternativa "c" – Poderia transpor para a passiva analítica (verbo "ser" + particípio), mas o tempo correto deveria ser o presente do subjuntivo: que **sejam** eleitos os melhores.

Alternativa "d" – Problema no tempo verbal: não indica condição – pretérito imperfeito do subjuntivo.

Alternativa "e" – Problema no tempo verbal: não cabe o futuro do subjuntivo.

RESPOSTA: B

02 **(FGV – Prefeitura de Nova Iguaçu RJ – Auditor Fiscal do Tesouro Municipal – 2024)** Na frase "**se** para toda ação existe uma reação, é importante pensar nas consequências de cada ato", a palavra destacada expressa uma ideia de

a) condição.
b) causa.
c) consequência.
d) tempo.
e) complementariedade.

COMENTÁRIOS:

Alternativa "a" – É impossível substituir a conjunção "se" por "caso": não é condição.

Exemplo: Se prestasse atenção, não erraria. = Caso prestasse atenção, não erraria.

Alternativa "b" – Existe consequência (a importância de pensar). Se há consequência, há causa.

- **Por que** é importante pensar nas consequências de cada ato?

  (a pergunta é a consequência)

- **Porque** para toda ação existe uma reação.

  (a resposta é a causa)

Alternativa "c" – A consequência é a outra oração, como mencionado no comentário da alternativa anterior.

Alternativa "d" – Não cabe a pergunta "quando?".

Alternativa "e" – Não é complementar.

RESPOSTA: B

03 **(FGV – SEFAZ MT – Fiscal de Tributos Estaduais – 2023)** Assinale a opção em que a segunda oração do período indica uma consequência.

a) Já que todos estavam dormindo, a festa acabou.
b) A música era tão alta, que ninguém conseguiu dormir.
c) Dormir à tarde é muito bom, pois ficamos mais espertos.
d) Consultava os dicionários porque assim conseguia ler.
e) Decidiu viajar para a Europa, ainda que custasse caro.

COMENTÁRIOS:

Alternativa "a" – Há uma explicação, uma **justificativa** na primeira oração, e a segunda não indica consequência.

A locução conjuntiva "já que", nesse caso, é explicativa, não causal.

Lê-se: a festa acabou porque todos estavam dormindo.

Alternativa "b" – É possível encaixar a locução "de modo que", ou seja, indica consequência.

Alternativa "c" – A conjunção "pois" pode ser substituída por "porque": explicação.

Alternativa "d" – A conjunção "porque" indica causa, nunca consequência.

Alternativa "e" – A locução conjuntiva "ainda que" é concessiva, equivale a "embora".

RESPOSTA: B

04 **(FGV – SEFAZ MG – Auditor Fiscal da Receita Estadual – Tributação – 2023)** As frases a seguir mostram orações reduzidas, que foram (I) nominalizadas ou (II) modificadas para orações desenvolvidas.

Assinale a opção em que isso **não** foi feito de forma adequada.

a) Não se pode descobrir novas terras sem **aceitar** perder de vista a costa por um longo tempo. / (I) sem a aceitação; (II) sem que se aceite.
b) Não se pode descobrir novas terras sem aceitar **perder** de vista a costa por um longo tempo. / (I) sem a perca; (II) sem que se perca.
c) A viagem da descoberta consiste não em **achar** novas paisagens, mas em ver com novos olhos. / (I) no achado de; (II) em que se ache.
d) A viagem da descoberta consiste não em achar novas paisagens, mas em **ver** com novos olhos. / (I) na visão; (II) em que se veja.
e) Errar é humano, mas é preciso um computador para realmente **pisar** no tomate. / (I) uma pisada real; (II) que realmente se pise.

COMENTÁRIOS:

Nota da autora:

I. nominalização = ocorre alteração na classe gramatical (verbo → substantivo);

II. oração desenvolvida = retirar a forma nominal (conjugar o verbo) e inserir conjunção ou pronome relativo (se for oração adjetiva).

Alternativa "a" – I. Aceitar (verbo) – aceitação (substantivo); II. Aceitar (oração reduzida de infinitivo) – sem que se aceite (oração desenvolvida).

Alternativa "b" – I. Perder (verbo) – **perda** (substantivo); II. Perder (oração reduzida de infinitivo) – sem que se perca (oração desenvolvida).

Alternativa "c" – I. Achar (verbo) – achado (substantivo); II. Achar (oração reduzida de infinitivo) – sem que se **achem** (oração desenvolvida).

No segundo caso, o verbo é transitivo direto e está acompanhado pelo pronome apassivador "se", ou seja, a oração está na voz passiva sintética e o verbo devem, obrigatoriamente, concordar com o sujeito: em que se **achem** novas paisagens (sujeito). Ocorreu erro de concordância.

Na passiva analítica: em que novas paisagens sejam achadas.

Alternativa "d" – I. Ver (verbo) – visão (substantivo); II. Ver (oração reduzida de infinitivo) – sem que se veja (oração desenvolvida).

Alternativa "e" – I. Pisar (verbo) – pisada (substantivo); II. Pisar (oração reduzida de infinitivo) – realmente se pise (oração desenvolvida).

RESPOSTA: C

Observação: na alternativa "b" a nominalização do verbo "perder" é o substantivo "perda", não "perca" (verbo – ou substantivo feminino que se refere ao peixe dos lagos e dos rios mansos). Isso significa que a B também está errada.

Em síntese, há duas respostas: B e C, mas a banca não aceitou o recurso.

Motivo provável: existe o substantivo "perca", embora não caiba no contexto. De qualquer maneira, ocorreu nominalização.

Até o momento, o gabarito foi mantido.

SEFA
Secretaria de Estado de Fazenda

CONCURSO PÚBLICO
EDITAL Nº 01/2022 – SEFAZ-MG
GABARITOS DEFINITIVOS DA PROVA
APLICADA NO DIA 08/01/2023

FGV CONHECIMENTO

Auditoria e Fiscalização - MANHÃ - TIPO 1

1	2	3	4	5	6	7	8	9	10	11	12	13	14	15	16	17	18	19	20
D	C	A	B	E	C	E	A	D	C	B	E	C	C	*	D	D	B	C	D
21	22	23	24	25	26	27	28	29	30	31	32	33	34	35	36	37	38	39	40
A	E	B	E	C	B	A	E	C	A	B	D	E	B	B	E	B	A	E	C
41	42	43	44	45	46	47	48	49	50	51	52	53	54	55	56	57	58	59	60
D	*	E	D	A	C	C	A	D	B	*	E	E	B	E	A	D	*	D	A
61	62	63	64	65	66	67	68	69	70	71	72	73	74	75	76	77	78	79	80
A	C	D	C	C	E	A	D	E	B	B	E	D	C	A	D	*	D	B	*

(*) Questão anulada

05 **(FGV – TCE ES – Analista de Controle Externo – Direito/2023)** A frase abaixo em que NÃO está presente qualquer oração de valor condicional, é:

a) Eu sou realmente fácil de lidar, uma vez que as pessoas aprendam a me venerar;

b) Um megalômano é um homem que pensa que se ele não tivesse nascido, o mundo precisaria saber por quê;

c) O mundo não gira em torno de você... Só quando você bebe demais;

d) Caso o diabo pense que pode fazer as pessoas piores, ele é um otimista;

e) Dê autoridade a um homem, desde que você queira conhecê-lo verdadeiramente.

COMENTÁRIOS:

Alternativa "a" – Condicional: uma vez que = **se** as pessoas aprenderem a me venerar.

Alternativa "b" – Condicional: **se** ele não tivesse nascido.

Alternativa "c" – Temporal: só **quando** você bebe mais.

Alternativa "d" – Condicional: **caso** o diabo pense.

Alternativa "e" – Condicional: desde que = **se** você quiser conhecê-lo.

RESPOSTA: C

Texto 1

"A Estrada de Ferro Mauá é a primeira ferrovia do Brasil e uma das principais estradas de ferro antigas. Implementada em 1852 e com início das operações, 2 anos depois, em 1854, a ferrovia teve papel essencial para o avanço econômico para o país, que viveria uma transição para se tornar uma república.

A estrada tinha a função de ligar o Porto de Mauá, em Magé (RJ), até o município de Fragoso. Na época, foi construída com uma capacidade de 14,5 km de extensão.

Essa ferrovia, que faz parte do quadro de estradas de ferro antigas, e é uma das mais importantes, justamente por dar início às operações desse setor, foi construída por Irineu Evangelista de Sousa, o Barão de Mauá.

O setor ferroviário já se apresentava como uma importante solução em outros países, principalmente na Europa e nos Estados Unidos. Justamente por isso é que o empresário Irineu decidiu implementar esse novo negócio, trazendo uma nova perspectiva para a produção nacional, visto que a partir disso se tornou possível levar os insumos produzidos com mais facilidade.

A Estrada de Ferro Mauá seguia um trajeto específico: abastecia os trens nas plantações de café no Vale do Paraíba, seguindo até a cidade de Magé. A partir daí, os produtos eram posicionados em embarcações para chegar até a cidade do Rio de Janeiro.

Essa prática facilitou muito o transporte do café, que era o principal produto do mercado interno e externo nacional. Antes, esse transporte era feito por tração animal, demorando muito tempo e enfrentando dificuldades maiores do que nas estradas de ferro antigas.

A operação da Estrada de Ferro Mauá durou até o fim do período imperial, em meados de 1888, já tendo perdido a sua importância."

(Massa, 23/06/2021)

06 **(FGV – Auditor de Controle Externo – TCE – PI/2021)** Por se tratar de um texto informativo, é natural que o texto 1 apresente uma série de relações lógicas com ideia de causa; o segmento abaixo que foge a essa relação é:

a) parágrafo 3 – "...justamente por dar início às operações desse setor";

b) parágrafo 4 – "Justamente por isso é que o empresário Irineu decidiu implementar esse novo negócio,...";

c) parágrafo 4 – "...visto que a partir disso se tornou possível levar os insumos produzidos com mais facilidade.";

d) parágrafo 4 – "...trazendo uma nova perspectiva para a produção nacional...";

e) parágrafo 7 – "...já tendo perdido a sua importância."

COMENTÁRIOS:

Nota da autora: Questão de compreensão textual e período composto. É fundamental saber que onde há causa, há consequência.

Alternativa "a" – Por que é uma das rodovias mais importantes? (consequência) / **Porque** deu início às operações desse setor. (causa)

Alternativa "b" – Por que trouxe uma nova perspectiva para a produção nacional? (consequência) / **Porque** o empresário Irineu decidiu implementar esse novo negócio.

Alternativa "c" – Por que esse novo negócio trouxe uma nova perspectiva para a produção nacional? (consequência) / **Porque** tornou possível levar os insumos produzidos com mais facilidade. (causa)

Alternativa "d" – A oração é subordinada adjetiva explicativa reduzida de gerúndio. Ao desenvolvê-la, fica claro que retoma "esse novo negócio". Lê-se: o empresário Irineu decidiu implementar esse novo negócio, **que** trouxe uma nova perspectiva para a produção nacional. Sendo adjetiva, é impossível indicar causa.

Alternativa "e" – Por que a operação da Estrada de Ferro Mauá durou até o fim do período imperial? (consequência) / **Porque** perdeu sua importância. (causa)

RESPOSTA: D

Texto 2

"Não sou nem otimista, nem pessimista. Os otimistas são ingênuos, e os pessimistas amargos. Sou um realista esperançoso. Sou um homem da esperança. Sei que é para um futuro muito longínquo. Sonho com o dia em que o sol de Deus vai espalhar justiça pelo mundo todo."

Ariano Suassuna (1927 – 2014). Fonte: https://citacoes.in/citacoes-de-justica/

07 **(FGV – TCE AM – Auditor Técnico Controle Externo – MP – 2021)** No texto de Suassuna (texto 2) há uma série de relações lógicas entre as frases que devem ser inferidas pelo leitor, pois não aparecem verbalizadas em conectivos. A relação lógica entre os segmentos abaixo – separados por duas barras inclinadas – que está corretamente indicada é:

a) Não sou nem otimista // nem pessimista – oposição;

b) Não sou nem otimista, nem pessimista // Os otimistas são ingênuos, e os pessimistas amargos – explicação;

c) Os otimistas são ingênuos, e os pessimistas amargos // Sou um realista esperançoso – comparação;

d) Sou um realista esperançoso // Sou um homem da esperança – causa;

e) Sou um homem da esperança // Sei que é para um futuro muito longínquo – conclusão.

COMENTÁRIOS:

Alternativa "a" – Adição: não sou otimista **e** não sou pessimista.

Alternativa "b" – Não sou otimista nem pessimista **porque** otimistas são ingênuos, e pessimistas são amargos: explicação.

Alternativa "c" – Oposição: cabe a inserção da conjunção "mas".

Alternativa "d" – Conclusão: cabe a inserção da conjunção "logo".

Alternativa "e" – Oposição: sou um homem da esperança, **mas** sei que é para um futuro longínquo.

RESPOSTA: B

Texto 3

"Um dos grandes problemas enfrentados pelos moradores das grandes cidades brasileiras é a deficiente infraestrutura de transportes. As pessoas demoram muito tempo para se deslocarem, sem condições mínimas de conforto, tendo muitas vezes que encarar longas distâncias em pé, em ônibus lotados.

Este problema tem origem em meados do século XX, quando o Brasil passou por um processo de industrialização que aconteceu de forma rápida e descontrolada. Houve migração muito grande de pessoas para as cidades, o que levou à supervalorização do preço dos terrenos e imóveis.

A solução, para as pessoas de renda mais baixa, foi estabelecer moradia em zonas mais afastadas, além de favelas e ocupações irregulares. As ofertas de empregos e serviços, no entanto, ficou concentrada nos bairros mais nobres, o que exige deslocamento de grandes distâncias pelos trabalhadores."

08 **(FGV – Auditor de Controle Externo – TCE – PI/2021)** O primeiro parágrafo do texto 3 é composto por dois períodos; sobre a estruturação desses períodos, é correto afirmar que:

a) o segundo período é a ampliação detalhada do primeiro;

b) o primeiro período tem suas consequências explicitadas no segundo;
c) o segundo período indica as razões da opinião expressa no primeiro;
d) o primeiro período destaca o maior dos problemas das grandes cidades brasileiras;
e) o segundo período indica tão-somente os problemas do transporte em ônibus.

COMENTÁRIOS:

Nota da autora: Questão de compreensão textual e de período composto.

Alternativa "a" – O segundo período indica as **consequências do primeiro.**

Alternativa "b" – O primeiro período é **a causa das consequências** explicitadas no segundo.

Alternativa "c" – **Por que** as pessoas demoram muito para se deslocarem? (consequência) / **Porque** a infraestrutura de transportes é deficiente (causa, razão).

Alternativa "d" – O primeiro período destaca **um dos grandes problemas** enfrentados **pelos moradores** das grandes cidades brasileiras. Afirmar que é o maior problema é extrapolação.

Alternativa "e" – O segundo período indica **as consequências do primeiro** – o fato de a infraestrutura de transportes ser deficiente nas grandes cidades brasileiras.

RESPOSTA: C

09 (FGV – TCE PI – Auditor Controle Externo – 2021 – adaptada)

"[Cabe ao município] organizar e prestar, diretamente ou sob regime de concessão ou permissão, os serviços públicos de interesse local, incluído o de transporte coletivo, que tem caráter essencial".

Nesse segmento, ocorre o emprego da conjunção OU (sublinhada) com o mesmo valor semântico que mostra no seguinte trecho, retirado de uma gramática da língua portuguesa:

a) "O Antunes, das duas uma: ou não compreendia bem ou não ouvia nada do que lhe dizia o seu companheiro";
b) "Ou lia, ou fingia ler para impressionar os demais passageiros";
c) "Tu por um lado ou eu por outro o acautelaremos das horas más";
d) "Tu ou os teus filhos vereis a revolução dos espíritos e costumes";
e) "Ou João ou Carlos será eleito presidente do clube".

COMENTÁRIOS

Nota da autora: A conjunção "ou" pode possuir valor de exclusão ou de inclusão (adição). No segmento, indica exclusão.

Alternativa "a" – Não exclui, a ideia é de que possa indicar uma ou outra, como diz

Alternativa "b" – Também não ocorre exclusão: lia e fingia – duas ações.

Alternativa "c" – Tu e eu = nós acautelaremos. O verbo está na primeira pessoa do plural e refere-se aos dois pronomes.

Alternativa "d" – Tu e teus filhos = vós vereis. O verbo está na segunda pessoa do plural e refere-se aos dois pronomes.

Alternativa "e" – Um ou outro: exclusão. Haverá apenas um presidente eleito.

RESPOSTA: E

10 **(FGV – Auditor de Controle Interno – Pref. de Niterói – RJ/2018)** "O incauto, **ao ler tal informação**, poderia concluir que a área das matas brasileiras teria aumentado nas últimas décadas [...]".

A frase sublinhada poderia ser corretamente substituída por:

a) "quando lesse tal informação,"
b) "enquanto lesse tal informação,"
c) "apesar da leitura de tal informação,"
d) "no momento em que lia tal informação,"
e) "se leu tal informação,"

COMENTÁRIOS:

Nota da autora: Questão de período composto e verbo. É pedido para transpor a oração reduzida (sem conjunção e com verbo na forma nominal – infinitivo) para oração desenvolvida (com conjunção e verbo conjugado, ou seja, não pode estar na forma nominal).

Alternativa "a" – A oração é subordinada adverbial: quando o incauto poderia concluir? Quando lesse tal informação.

Alternativa "b" – Indicaria proporcionalidade e o sentido seria alterado.

Alternativa "c" – Indicaria concessão e o sentido também seria alterado.

Alternativa "d" – Embora indique tempo, a informação é alterada pelo fato de indicar uma ação já ocorrida.

Alternativa "e" – Indicaria condição e o sentido seria alterado.

DICA para FGV:

ao + infinitivo = **tempo**; **a** + infinitivo = **condição**; **por** + infinitivo = **causa**; **para** + infinitivo = **finalidade**; **apesar de** + infinitivo = **concessão.**

RESPOSTA: A

Texto para responder à questão.

Há sempre o inesperado

Quem não nasceu de novo por causa de um inesperado?

Iniciei-me no exílio antropológico quando – de agosto a novembro de 1961 – fiz trabalho de campo entre os índios gaviões no sul do Pará. Mas, como os exilados também se comunicam, solicitei a uma respeitável figura do último reduto urbano que visitamos, uma cidadezinha na margem esquerda do rio Tocantins, que cuidasse da correspondência que Júlio César Melatti, meu companheiro de aventura, e eu iríamos receber. Naquele mundo sem internet, telefonemas eram impossíveis e cartas ou pacotes demoravam semanas para ir e vir.

Recebemos uma rala correspondência na aldeia do Cocal. E, quando chegamos à nossa base, no final da pesquisa, descobrimos que nossa correspondência havia sido violada.

Por quê? Ora, por engano, respondeu o responsável, arrolando em seguida o inesperado e ironia que até hoje permeiam a atividade de pesquisa de Brasil. Foi quando soubemos que quem havia se comprometido a cuidar de nossas cartas não acreditava que estávamos "estudando índios". Na sua mente, éramos bons demais para perdermos tempo com uma atividade tão inútil quanto estúpida. Éramos estrangeiros disfarçados - muito provavelmente americanos - atrás de urânio e outros metais preciosos. Essa plausível hipótese levou o nosso intermediário ao imperativo de "conferir" a correspondência.

Mas agora que os nossos rostos escalavrados pelo ordálio do trabalho de campo provavam como estava errado, ele, pela primeira vez em sua vida, acreditou ter testemunhado dois cientistas em ação.

Há sempre o inesperado.

Roberto da Matta. *O GLOBO*. Rio de Janeiro, 18/10/2017.

11 **(FGV - SEFIN-RO - Auditor Fiscal de Tributos Estaduais - 2018)** Assinale a opção que apresenta o segmento do texto em que a conjunção **e** tem valor adversativo (oposição), e não aditivo (adição).

a) "... meu companheiro de aventuras, **e** eu iríamos receber".
b) "... demoravam semanas para ir **e** vir".
c) " E quando chegamos à nossa base...".
d) "... arrolando em seguida o inesperado **e** a ironia...".
e) "... atrás de urânio **e** outros metais preciosos".

COMENTÁRIOS:

Alternativa "a" - Adição: meu companheiro + eu.

Alternativa "b" - Adição: ir + vir.

Alternativa "c" - A conjunção "e" está no sentido de *mas, porém, contudo, todavia* e indica oposição.

Alternativa "d" - Adição: inesperado + ironia.

Alternativa "e" - Adição: urânio + outros metais.

RESPOSTA: C

CAPÍTULO 3

Concordância

» **Nos editais:** Concordância verbal e nominal. Reescrita de frases e parágrafos do texto.

1. NÍVEL MÉDIO

01 **(FGV – ALTO – Técnico Legislativo – 2024)** Assinale a opção que apresenta a frase em que houve ***erro*** de concordância da palavra sublinhada.

a) O presidente fez questão de deixar bem claras as suas intenções.

b) O STF qualificou de antidemocrático aqueles atos.

c) O governo chinês torna visíveis os erros das ditaduras.

d) Os enfermeiros tiveram reconhecidos os direitos de greve.

e) Tomei emprestados à biblioteca vários livros.

COMENTÁRIOS:

Alternativa "a" – As intenções **claras**: certo.

Alternativa "b" – Aqueles atos **antidemocráticos**: correção.

Alternativa "c" – Os erros **visíveis**: certo.

Alternativa "d" – Os direitos **reconhecidos**: certo.

Alternativa "e" – Vários livros **emprestados**: certo.

RESPOSTA: B

02 **(FGV – TJ AP – Técnico Judiciário – 2024)** A frase em que a forma da palavra "anexo" está em desacordo com as regras de concordância, é:

a) Em anexo a este documento estão as fotos pedidas;

b) Anexo vão os recibos das compras anteriores;

c) As declarações anexas estão sem reconhecimento legal;

d) As fotos e os recibos da compra estão anexos;

e) Anexas ao pacote das camisas estão as obras pedidas.

COMENTÁRIOS:

Alternativa "a" – Como o adjetivo "anexo" está acompanhado pela preposição "de", deve permanecer invariável.

Alternativa "b" – Os recibos vão **anexos**.

Alternativa "c" – As declarações **anexas**.

Alternativa "d" – As fotos e os recibos estão **anexos**.

Alternativa "e" – As obras estão **anexas**.

RESPOSTA: B

03 **(FGV – MPE SP – Oficial de Promotoria – 2023)** Raros são o secretário ou secretária que, enviando a alguém um documento ou um livro, não comece a carta escrevendo "Anexo lhe envio".

Assinale a frase abaixo que está em desacordo com as normas gramaticais cultas.

a) Anexo lhe envio os documentos e as fotos.
b) Em anexo lhe envio os documentos e as fotos.
c) Anexos lhe envio os documentos e as fotos.
d) Envio-lhe os documentos e as fotos anexos.
e) Envio-lhe, em anexo, os documentos e as fotos.

COMENTÁRIOS:

Alternativa "a" – Os documentos e as fotos estão anexos: **Anexos** lhe envio os documentos e as fotos.

Alternativa "b" – Ao utilizar a preposição "em" anteposta, a expressão fica invariável.

Alternativa "c" – Concorda com os dois substantivos (masculino + feminino = masculino plural).

Alternativa "d" – Concorda com os dois substantivos (masculino + feminino = masculino plural).

Alternativa "e" – Ao utilizar a preposição "em" anteposta, a expressão fica invariável.

RESPOSTA: A

04 **(FGV – IMBEL – Cargos de Nível Médio – 2021)**

*"Onde **intervém** o favor e as doações, **abate-se** os obstáculos e **desfaz-se** as dificuldades."*

Em termos de norma culta, podemos dizer que:

a) as três formas sublinhadas estão corretas.
b) as três formas sublinhadas estão incorretas.
c) somente as duas primeiras formas estão corretas.
d) somente as duas últimas formas estão corretas.
e) somente está correta a primeira forma.

COMENTÁRIOS:

Alternativa "a" – Apenas a primeira está correta. A segunda e a terceira não concordam com os sujeitos plurais – "obstáculos" e "dificuldades", respectivamente. Nesses dois casos, os verbos são transitivos diretos (abate algo, desfaz algo) e as orações estão na voz passiva sintética.

Para evitar erro, transponha-as para a passiva analítica (verbo *ser* + particípio): os obstáculos são abatidos = **abatem-se**; as dificuldades são desfeitas = **desfazem-se**.

Alternativa "b" – A primeira está correta.

Alternativa "c" – Somente a primeira forma está correta.

Alternativa "d" – As duas últimas estão incorretas.

Alternativa "e" – No primeiro caso, o verbo está anteposto ao sujeito composto e pode concordar tanto com o núcleo mais próximo quanto com os dois.

RESPOSTA: E

Texto 2

"Em linhas gerais a arquitetura brasileira sempre conservou a boa tradição da arquitetura portuguesa. De Portugal, desde o descobrimento do Brasil, vieram para aqui os fundamentos típicos da arquitetura colonial. Não se verificou, todavia, uma transplantação integral de gosto e de estilo, porque as novas condições de vida em clima e terras diferentes impuseram adaptações e mesmo improvisações que acabariam por dar à do Brasil uma feição um tanto diferente da arquitetura genuinamente portuguesa ou de feição portuguesa. E como arquitetura portuguesa, nesse caso, cumpre reconhecer a de característica ou de estilo barroco".

(Luís Jardim, Arquitetura brasileira. Cultura, SP, 1952).

05 **(FGV – Técnico Médio – DPE – RJ/2019)** No texto 2 há uma série de adjetivos que se referem a substantivos e com eles concordam; a opção em que essa relação de concordância está <u>errada</u> é:

a) integral / transplantação;
b) novas / condições;
c) terras / diferentes;
d) diferente / feição;
e) barroco / característica ou estilo.

COMENTÁRIOS:

Nota da autora: Para facilitar, coloque o verbo *ser* entre o substantivo (nomeia) e o adjetivo (qualifica).

Alternativa "a" – Uma transplantação é integral.

Alternativa "b" – As condições são novas.

Alternativa "c" – **O clima e as terras** são diferentes.

Alternativa "d" – Uma feição é diferente.

Alternativa "e" – Característica ou estilo são barrocos.

RESPOSTA: C

06 **(FGV – Prefeitura de Salvador – 2017)** Se colocarmos a frase *"havia um menino"* no plural, a forma correta será:

a) "haviam uns meninos".
b) "haviam meninos".
c) "haviam os meninos".
d) "havia os meninos".
e) "havia uns meninos".

COMENTÁRIOS

Nota da autora: A questão gerou polêmica porque alguns gramáticos admitem a pluralização do artigo indefinido "um" como "alguns" (pronome indefinido). A banca considerou como forma correta o artigo indefinido "uns". De qualquer forma, por saber que o *haver*, quando impessoal (sentido de *existir*), não admite pluralização, chegaria à resposta.

Alternativa "e" – **havia** uns meninos.
Alternativa "a" – Verbo no singular: havia.
Alternativa "b" – Verbo no singular: havia; faltou o artigo, ou o pronome indefinido.
Alternativa "c" – Verbo no singular: havia; trocou o artigo indefinido pelo definido.
Alternativa "d" – Ocorreu a troca do artigo indefinido pelo artigo definido.
RESPOSTA: E

07 **(FGV – Técnico do MP – Administrativa – MP – RJ/2016)** "Muitos sites de saúde estão a serviço exclusivamente dos patrocinadores, geralmente empresas de produtos e equipamentos médicos, além da indústria farmacêutica que, em alguns casos, interferem no conteúdo e na linha editorial, pois estão interessados em vender seus produtos". Sobre a concordância nesse segmento, a afirmação inadequada é:

a) "muitos" concorda com "sites";
b) "interessados" deveria ser substituído por "interessadas";
c) "editorial" concorda exclusivamente com "linha";
d) "médicos" se refere a "produtos e equipamentos";
e) "farmacêutica" concorda com "indústria".

COMENTÁRIOS

Nota da autora: Questão de concordância nominal.

Alternativa "b" – As empresas estão **interessadas:** concordância nominal.

Alternativa "a" – O pronome indefinido concorda com o substantivo masculino plural.

Alternativa "c" – Se concordasse também com "conteúdo", seria utilizada a forma *editoriais*.

Alternativa "d" – O adjetivo posposto aos dois substantivos concorda com os dois termos.

Alternativa "e" – O adjetivo concorda com o substantivo feminino singular.

RESPOSTA: B

08 **(FGV – Técnico Portuário – CODEBA/2016)** Assinale a opção em que a concordância entre os termos está incorreta.

a) As várias eras, éons, períodos, épocas e idades.
b) Os vários períodos, éons, eras, épocas e idades.
c) Os éons, eras, períodos, épocas e idades várias.
d) As várias períodos, éons, eras, épocas e idades.
e) O éons, eras, épocas, períodos e idades vários.

COMENTÁRIOS

Alternativa "d" – Questão tão fácil que chega a assustar por possuir peculiaridade. Concordância nominal: o pronome indefinido e o artigo devem concordar em gênero com o substantivo a que se refere: **Os vários** períodos (substantivo masculino).

Alternativa "a" – Artigo e pronome concordam com o substantivo mais próximo = as várias eras.

Alternativa "b" – Artigo e pronome concordam com o substantivo mais próximo = os vários períodos.

Alternativa "c" – O pronome indefinido pode concordar com o substantivo mais próximo = idades várias (várias idades). O artigo está se referindo a todos os substantivos, por isso no plural.

Alternativa "e" – O pronome indefinido pode concordar com todos os substantivos, como há substantivos masculinos e femininos, o masculino manda = vários. Quanto à forma, podem ser usadas **éon, éons** e **aeon**, com o artigo no singular (pasmem). O artigo concorda com o substantivo mais próximo.

RESPOSTA: D

09 **(FGV – 2014)** "...na qual não haveria, entre outros atrasos, violência e religião". Assinale a forma verbal que substitui erradamente a forma verbal sublinhada.

a) deveria haver.
b) deveria existir.
c) poderiam haver.
d) poderiam existir.
e) poderia haver.

COMENTÁRIOS

Questão de concordância e análise sintática.

RESPOSTA: C

– O verbo haver, quando impessoal (sentido de existir, ou indicando tempo decorrido), não admite pluralização. Assim, a forma correta seria poderia haver ou poderiam existir.

Dica:

Haver: singular = havia questões / devia haver questões / há de haver questões.

Existir: plural = existiam questões / deviam existir questões / hão de existir questões.

Alternativa "a" – Ao lado do haver = singular.

Alternativa "b" – Ao lado do existir = plural ou singular. Pegadinha: se o verbo estiver anteposto ao sujeito composto, pode concordar com o primeiro núcleo ou com os dois, ou seja, verbo no singular ou no plural.

Alternativa "d" – O verbo está concordando com os dois núcleos (violência e religião).

Alternativa "e" – Ao lado do haver = singular.

Dica: Sujeito anteposto:

Violência e religião não haveria (ou existiriam).
Violência e religião não deveria haver (ou deveriam existir).
Violência e religião não poderia haver (ou não poderiam existir).

Fácil demais!

10 **(FGV 2013)** "É inegável que a opção pelo emprego de animais no desenvolvimento de fármacos implica uma discussão ética. Mas a questão não é se o homem deve ou não recorrer a cobaias; cientistas de todo o mundo, inclusive de países com pesquisas e indústria farmacêutica mais avançadas que o Brasil, são unânimes em considerar que a ciência ainda não pode prescindir totalmente dos testes com organismos vivos, em razão da impossibilidade de se reproduzir em laboratório toda a complexidade das cadeias de células".

Sobre a concordância nominal e verbal desse segmento do texto, é correto afirmar que:

a) o adjetivo "inegável" concorda com "opção".
b) o adjetivo "avançadas" concorda com "pesquisas".
c) o adjetivo "unânimes" concorda com "países".
d) a forma verbal "implica" concorda com o sujeito "discussão".
e) a forma verbal "deve" concorda com o sujeito "questão".

COMENTÁRIOS

Questão de concordância verbal, nominal e período composto.

Concordância verbal: o verbo deve concordar com o sujeito; exceto o verbo ser, em alguns casos.

Concordância nominal: os termos que acompanham o substantivo devem com ele concordar.

RESPOSTA: C

– Quem são unânimes em considerar que a ciência (...)? Os países são unânimes em considerar. Concordância correta.

Alternativa "a" – o adjetivo "inegável" concorda com a oração subordinada substantiva subjetiva – por possuir função de sujeito – 'que a opção pelo emprego de animais no desenvolvimento de fármacos implica uma discussão ética'.

Alternativa "b" – o adjetivo "avançadas" concorda com pesquisas e indústria farmacêutica.

Dica: O que são mais avançadas?

Alternativa "d" – a forma verbal "implica" concorda com o sujeito a opção pelo emprego de animais.

Dica: O que implica?

Alternativa "e" – a forma verbal "deve" concorda com o sujeito o homem.

Dica: Quem deve ou não recorrer às cobaias?

11 **(FGV 2013)** "Particularmente, após o desastre da Região Serrana (RJ) em 2011, uma série de iniciativas importantes ocorreu". Nesse período, a forma verbal "ocorreu" concorda com o núcleo do sujeito "série".

Assinale a alternativa em que há dupla possibilidade de concordância verbal.

a) "Entre 1990 e 2010, mais de 96 milhões de pessoas foram afetadas por desastres no Brasil".

b) "Destas, mais de 6 milhões tiveram de deixar suas moradias..."

c) "...quase 3,5 mil morreram imediatamente após os mesmos".

d) "A redução de riscos de desastres deve hoje constituir o cerne da política brasileira para os desastres".

e) "Dados do IBGE revelam que apenas 1,2% dos municípios possuíam plano municipal de redução de riscos".

COMENTÁRIOS

RESPOSTA: E

– Façamos a pergunta ao verbo para encontrarmos o sujeito (primeira etapa): quem possuíam plano municipal? 1,2% dos municípios = sujeito.

O sujeito é formado de numeral (porcentagem) + substantivo plural. Sendo assim, pode concordar com o numeral 1 (possui) ou com o substantivo plural municípios (possuem).

Encontre sujeito (sublinhado) e verbo (em negrito).

Alternativa "a" – "Entre 1990 e 2010, mais de 96 milhões de pessoas foram afetadas por desastres no Brasil".

Alternativa "b" – "Destas, mais de 6 milhões tiveram de deixar suas moradias..."

Alternativa "c" – "...quase 3,5 mil morreram imediatamente após os mesmos".

Alternativa "d" – "A redução de riscos de desastres deve hoje constituir o cerne da política brasileira para os desastres".

12 **(FGV 2013)** Assinale a alternativa em que o verbo sublinhado poderia ser flexionado em outro número (singular ou plural).

a) "A dependência do tabaco e de outras substâncias ENVOLVE um conjunto particular de áreas cerebrais".

b) "Os pesquisadores questionaram se um treino destinado a influir na dependência poderia ajudar os fumantes a REDUZIR o consumo de tabaco".

c) "Os estudos sobre tabagismo normalmente RECRUTAM quem deseja diminuir ou livrar-se do hábito de fumar".

d) "Entre os voluntários havia 27 fumantes, com uma idade média de 21 anos, e que FUMAVAM uma média de dez cigarros por dia".

e) "Muitos dos participantes só se deram conta que TINHAM reduzido o consumo de cigarros".

COMENTÁRIOS

RESPOSTA: C

– Não gostei desta questão e não concordo com o gabarito, mas a banca gostou e concordou, por isso temos de "engolir".

Sujeito: Os estudos sobre tabagismo = concordância com o núcleo estudos (recrutam) ou com o adjunto adnominal tabagismo (recruta). Portanto, essa regra não existe em gramática alguma. Vamos analisar as outras alternativas para tentar esclarecer, mas a correta é a alternativa B.

Alternativa "a" – A dependência (núcleo do sujeito) do tabaco e de outras substâncias envolve = verbo singular.

Alternativa "b" – ajudar os fumantes (núcleo do sujeito) a reduzir ou reduzirem. Resposta correta, segundo as regras gramaticais.

Alternativa "d" – 27 fumantes (sujeito) fumavam = sujeito plural e verbo plural.

Alternativa "e" – Muitos dos participantes (sujeito) só se deram conta que tinham reduzido = sujeito plural e verbo plural.

2. NÍVEL SUPERIOR

01 **(FGV – Câmara Municipal de SP – Consultor Técnico Legislativo – 2024)** Assinale a frase abaixo em que a concordância da forma de particípio sublinhada mostra erro.

a) Fica confirmado perante o tribunal a autoria da carta.

b) Merecem ser admiradas, apesar de tudo, as obras de Wagner.

c) Os autores sabem que esse direito não lhes é assegurado.

d) Tem sido demonstrado tais filmes serem falsos.

e) Nos é permitido ter acesso a esses documentos.

COMENTÁRIOS:

Nota da autora: É fundamental colocar as orações na ordem direta.

Alternativa "a" - A autoria da carta fica **confirmada.**

Alternativa "b" - As obras merecem ser admiradas.

Alternativa "c" - Esse direito não lhes é assegurado.

Alternativa "d" - O sujeito é oracional e a oração está na voz passiva analítica = singular.

Tais filmes serem falsos (sujeito) tem sido demonstrado.

Alternativa "e" - O sujeito também é oracional, ou seja, possui verbo = singular.

Ter acesso a esses documentos nos é permitido.

RESPOSTA: A

02 **(FGV - TJ MS - Analista Judiciário - 2024 - adaptada)** Nas alternativas abaixo, vemos, à esquerda, uma passagem de um texto[1] e, à direita, essa mesma passagem reescrita com uma modificação. O único caso em que essa modificação NÃO produz erro quanto à flexão ou grafia de uma forma verbal é:

a) "Trata-se de uma planta robusta e viçosa, que cresce rápido e dá muitos frutos: [...]" → Tratam-se de plantas robustas e viçosas, que crescem rápido e dão muitos frutos;

b) "A bananeira domesticada, cujas frutas nós comemos, não tem sementes." → As bananeiras domesticadas, cujas frutas nós comemos, não tem sementes;

c) "A bananeira domesticada, cujas frutas nós comemos, não tem sementes." → A bananeira domesticada, cujas frutas nós comemos, não possue sementes;

d) "A bananeira domesticada, cujas frutas nós comemos, não tem sementes." → Na bananeira domesticada, cujas frutas nós comemos, não há sementes;

e) "E voilà: desenvolveram bananeiras que produzem frutos sem sementes" → E voilà: desenvolveu-se bananeiras que produzem frutos sem sementes.

COMENTÁRIOS:

Nota da autora: Questão de concordância e de ortografia.

Alternativa "a" - Concordância: o verbo "tratar" é transitivo indireto e está acompanhado pelo índice de indeterminação do sujeito "se": singular.

Correção: **Trata-se** de plantas robustas e viçosas.

Alternativa "b" - Concordância: as bananeiras não **têm** sementes.

Alternativa "c" - Ortografia: não **possui** sementes.

Alternativa "d" - Concordância e ortografia corretas.

1. Texto - A bananeira está em perigo. Conheça as soluções. (Fragmento; adaptado). Disponível em: https://super.abril.com.br/ciencia/o-futuro-dabanana.

Alternativa "e" – O verbo "desenvolver" é transitivo direto e está seguido do pronome apassivador "se": voz passiva sintética e possui sujeito.

Transpondo para a passiva analítica: bananeiras foram desenvolvidas.

Correção: **desenvolveram**-se bananeiras.

RESPOSTA: D

03 **(FGV – Câmara Municipal de São Paulo SP – Consultor Legislativo – 2024)** Assinale a frase abaixo em que a concordância da forma de particípio sublinhada mostra ***erro***.

a) Fica confirmado perante o tribunal a autoria da carta.
b) Merecem ser admiradas, apesar de tudo, as obras de Wagner
c) Os autores sabem que esse direito não lhes é assegurado.
d) Tem sido demonstrado tais filmes serem falsos.
e) Nos é permitido ter acesso a esses documentos.

COMENTÁRIOS:

Alternativa "a" – Na ordem direta: a autoria da carta fica **confirmada.**

Alternativa "b" – Obras **admiradas.**

Alternativa "c" – Direito **assegurado.**

Alternativa "d" – Sujeito oracional (possui verbo) = verbo no singular.

– O que tem sido demonstrado?

– Tais filmes serem falsos = sujeito.

Alternativa "e" – Sujeito oracional = verbo no singular.

– O que é permitido?

– Ter acesso a esses documentos = sujeito.

RESPOSTA: A

04 **(FGV – TJ AP – Analista Judiciário – 2024)** A frase abaixo em que há a possibilidade de dupla concordância nominal na palavra sublinhada, é:

a) O que têm essas mulheres de estranhas?;
b) Os alto-falantes estavam colocados no fundo do palco;
c) Veja os nomes abaixo assinados;
d) Era um crime de leso-patriotismo;
e) É proibida a entrada de bebida alcoólica na festa.

COMENTÁRIOS:

Alternativa "a" – Coloque na ordem direta para evitar erro: O que essas mulheres têm de **estranho**?

Alternativa "b" – Alto-falantes: o substantivo composto é composto por advérbio + adjetivo. O advérbio é invariável.

Alternativa "c" – "Abaixo" é advérbio: invariável.

Alternativa "d" – O adjetivo "leso" concorda com o substantivo "patriotismo".

Alternativa "e" – O artigo definido feminino manda na concordância: a entrada é **proibida**.

Dica: sem o artigo, o adjetivo ficaria no masculino = entrada proibido.

RESPOSTA: A

05 **(FGV – Advogado – AL – RO/2018)** Assinale a frase a seguir em que a concordância verbal com porcentagens está **incorreta.**

a) 25,7% do total de calouros se matricularam.
b) 30% da imprensa mostraram esse mesmo dado.
c) 1,7% do jornal se ocuparam dessa notícia.
d) 5,8% do público leitor comentou os dados fornecidos.
e) 1,3% dos leitores se interessaram pela notícia.

COMENTÁRIOS:

Alternativa "a" – O verbo concorda com o numeral 25.

Alternativa "b" – O verbo concorda com o numeral 30.

Alternativa "c" – O verbo deve concordar com o numeral 1 ou com o substantivo singular "jornal": **1**,7% do **jornal** se **ocupou**.

Alternativa "d" – O verbo concorda com o substantivo "público".

Alternativa "e" – O verbo concorda com o substantivo plural "leitores".

RESPOSTA: C

06 **(FGV – Redator – AL – RO/2018)** Em todas as frases a seguir foram sublinhados o adjetivo e o termo substantivo a que ele se refere e com que concorda; assinale a frase em que essa referência está indicada corretamente.

a) "Ser marido é um **trabalho** de tempo **integral**."
b) "A **cachaça** de Minas é das mais **saborosas** do país."
c) "Os maridos das **mulheres** de que gostamos são sempre uns **imbecis**."
d) "É preciso realmente que um **homem** morra para que outros possam apurar o seu **justo** valor."
e) "Há **quem** esteja **disposto** a morrer para fazer com que morram os seus inimigos."

COMENTÁRIOS:

Alternativa "a" – *Um trabalho* qualifica a oração *ser marido*; integral concorda com *tempo.*

Alternativa "b" – *Saborosas* concorda com o substantivo implícito *cachaças.*

Alternativa "c" – O adjetivo *imbecis* concorda com *maridos:* os maridos são imbecis.

Alternativa "d" – O adjetivo *justo* concorda com o substantivo *valor: valor justo.*

Alternativa "e" – O adjetivo *disposto* concorda com *quem.*

RESPOSTA: E

Texto para responder à questão.

Texto 2 – A Copa do Mundo da Rússia só começa no dia 22 de junho, mas a febre dos álbuns com os jogadores das seleções já se espalhou e chegou até ao plenário de uma assembleia legislativa brasileira. O flagrante de dois assessores trocando figurinhas durante uma sessão foi divulgado pelas redes sociais e a cena se espalhou.

No post, que teve mais de 16 mil compartilhamentos e 26 mil curtidas no Twitter, o internauta chega a especular que seriam deputados, mas a direção da casa esclareceu tratarem-se de assessores. "Votação importante hoje (19/02) e os deputados ao invés de estarem trabalhando e fazendo jus ao salário superior a 25 mil reais, **estão trocando e colando figurinha da Copa do Mundo em meio à votação**. Se eu falasse, ninguém acreditaria", diz o post.

Outro post com mais de 40 mil compartilhamentos traz um vídeo mostrando que a troca ocorreu enquanto uma deputada discursava sobre uma proposta.

A direção da casa legislativa confirmou que as imagens foram feitas durante a sessão da quarta feira e esclareceu que elas mostram dois "assessores de deputados" trocando figurinhas durante a sessão. "O comportamento não é justificável. Os gabinetes dos deputados aos quais os assessores pertencem, já foram informados, e cabe aos parlamentares decidir como proceder". (adaptado)

07 **(FGV – TJ AL – Analista Judiciário – Oficial de Justiça Avaliador – 2018 – adaptada)** O segmento em que há um erro gramatical na forma verbal sublinhada é:

a) "No post, que teve mais de 16 mil compartilhamentos e 26 mil curtidas no Twitter, o internauta chega a especular que **seriam** deputados, ...";
b) "...mas a direção da casa esclareceu **tratarem**-se de assessores";
c) "Votação importante hoje (19/02) e os deputados ao invés de **estarem** trabalhando e fazendo jus ao salário superior a 25 mil reais...";
d) "...**estão** trocando e colando figurinha da Copa do Mundo em meio à votação";
e) "Se eu falasse, ninguém **acreditaria**", diz o post.

COMENTÁRIOS:

Nota da autora: Na alternativa "d", é necessário voltar ao texto para encontrar o sujeito.

Alternativa "a" – O verbo concorda com "deputados": correta a concordância.

Alternativa "b" – O verbo *tratar* é transitivo indireto e o "se" é índice de indeterminação de sujeito, isso significa que não admite pluralização.

Observação: admitem pluralização ao lado de "se" (pronome apassivador) os verbos transitivos diretos e os verbos transitivos diretos e indiretos por indicarem voz passiva sintética e pelo fato de o verbo ter que concordar com o sujeito.

Alternativa "c" – O verbo concorda com o sujeito "deputados".

Alternativa "d" – Os deputados (sujeito) estão trocando e colando figurinhas.

Alternativa "e" – Ninguém (sujeito) acreditaria.

RESPOSTA: B

08 **(FGV – Analista da Procuradoria – Processual – PGE – RO/2016 – adaptada)** "mães e pais contaminados"; a forma de reescrever-se esse mesmo segmento que mostra um desvio da norma culta é:

a) pais e mães contaminadas;
b) pais e mães contaminados;
c) contaminados pais e mães;
d) contaminadas mães e pais;
e) contaminados mães e pais.

COMENTÁRIOS

Alternativa "e" – Adjetivo anteposto a dois substantivos: concorda com o termo mais próximo (**contaminadas**) quando não há artigo. A forma *contaminada* não concorda com "mães", mas com os dois substantivos.

Alternativa "a" – Adjetivo posposto a dois substantivos pode concordar com o mais próximo (contaminadas), ou com os dois (contaminados).

Alternativa "b" – Adjetivo posposto a dois substantivos pode concordar com o mais próximo (contaminadas), ou com os dois (contaminados).

Alternativa "c" – Adjetivo anteposto a dois substantivos: concorda com o termo mais próximo (contaminados).

Alternativa "d" – Adjetivo anteposto a dois substantivos: concorda com o termo mais próximo (contaminadas).

RESPOSTA: E

09 **(FGV – IBGE – Técnico em Informações Geográficas e Estatísticas/2016)** Uma falha de digitação ocasionou um erro de concordância no seguinte trecho:

a) "mais de metade da população (57,5%) tem no máximo o ensino médio completo";
b) "32% não completaram o ensino fundamental";
c) "Mas a frequência escolar como um todo vêm aumentando";
d) "98,5% nesta faixa etária estão na escola";
e) "Aqui também há disparidades regionais".

COMENTÁRIOS

Alternativa "c" – O que vem aumentando? A **frequência** escolar = sujeito. O verbo deve concordar com o sujeito: a frequência escolar **vem** aumentando (verbo *vir*).

Alternativa "a" – mais da metade da população (sujeito) tem.

Alternativa "b" – 32% (sujeito) completaram.

Alternativa "d" – 98,5% (sujeito) estão.

Alternativa "e" – Verbo *haver* impessoal (sentido de existir) = singular. *Disparidades regionais*: objeto direto.

DICA – Perceba a diferença entre o uso dos dois verbos e as respectivas funções sintáticas.

Há	**disparidades**
V.T.D.	**O.D.**

Oração sem sujeito = verbo no singular.

Existem	**disparidades**
Intransitivo	sujeito

Sujeito simples no plural = verbo no plural.

RESPOSTA: C

10 **(FGV – IBGE – Técnico em Informações Geográficas e Estatísticas/2016)** A concordância verbal que mostra um caso idêntico a "Água e luz avançam" é:

a) "As piores médias estão no Norte (21,2%), no Nordeste (41,1%) e no Centro-Oeste (46,5%)";

b) "De um ano para o outro, 1,2 milhão de casas passaram a contar com esgoto";

c) "Norte e Nordeste registraram o menor tempo médio na escola";

d) "o número de residências com computador teve a primeira leve queda em 2014, de 49,5% para 49,2%";

e) "o número de crianças em situação de trabalho infantil era quase o triplo do número atual".

COMENTÁRIOS

Alternativa "c" – Sujeito composto (água e luz) = verbo no plural (avançam); sujeito composto (Norte e Nordeste) = verbo no plural (registraram). O verbo deve concordar com o sujeito composto sempre que estiver anteposto ao verbo.

Alternativa "a" – Sujeito simples plural (médias).

Alternativa "b" – Sujeito simples plural (casas).

Alternativa "d" – Sujeito simples singular (número).

Alternativa "e" – Sujeito simples singular (número).

RESPOSTA: C

3. NÍVEL DIFÍCIL

01 **(FGV – CGE PB – Auditor de Contas Públicas – 2024)** A frase abaixo em que a concordância verbal está inadequada, é:

a) Quantos anos haverá que ela nos visitou?;

b) Deve ir em cinco anos que viajei para a Europa;

c) Cinco anos está fazendo que nos encontramos;

d) Deve estar passando dois minutos das seis horas;

e) Há de fazer duas semanas que comprei o carro novo.

COMENTÁRIOS:

Alternativa "a" – O verbo "haver" refere-se a tempo decorrido: singular.

Alternativa "b" – A locução adverbial "em cinco anos" não manda na concordância: verbo no singular.

Alternativa "c" – O verbo "fazer" refere-se a tempo decorrido: singular.

Alternativa "d" – Na ordem direta para evitar erro: dois minutos **devem** estar passando.

Alternativa "e" – O verbo "fazer" refere-se a tempo decorrido: singular. Se há verbo auxiliar, deve seguir a regra (há de fazer).

RESPOSTA: D

02 **(FGV – SEFAZ ES – Auditor Fiscal – 2021)** A frase abaixo em que a concordância do verbo sublinhado apresenta **incorreção** é:

a) 50% do grupo **receberam** a vacina.

b) Um terço dos capixabas já **foi vacinado**.

c) A maior parte dos turistas também **foi** vacinada.

d) **Chegaram** um milhão do total adquirido esta semana.

e) Mais da metade dos capixabas **vai** receber a segunda dose.

COMENTÁRIOS:

Alternativa "a" – Porcentagem + substantivo singular = duas concordâncias: **50%** do grupo **receberam** ou 50% do **grupo recebeu**.

Alternativa "b" – Expressão partitiva + especificador no plural = duas concordâncias: **Um terço** dos capixabas já **foi vacinado** ou Um terço **dos capixabas** já **foram vacinados**.

Alternativa "c" – Expressão partitiva + especificador no plural = duas concordâncias: **A maior parte** dos turistas também **foi** vacinada ou A maior parte **dos turistas** também **foram** vacinados.

Alternativa "d" – **Um** milhão do total **chegou**. O vocábulo "milhão" é substantivo e o verbo deve concordar com o numeral (um).

Alternativa "e" – Expressão partitiva + especificador no plural = duas concordâncias: **Mais da metade** dos capixabas **vai** receber ou Mais da metade dos **capixabas vão** receber.

RESPOSTA: D

03 **(FGV – Auditor de Controle Interno – Pref. de Niterói – RJ/2018)** "...precisava saber quantos metros quadrados de praças e áreas verdes havia em cada bairro." A forma verbal *havia* pode ser adequadamente substituída por:

a) podiam haver.
b) devia existir.
c) existia.
d) devia haver.
e) eram possível haver.

COMENTÁRIOS:

Nota da autora: O verbo *haver* é impessoal, pois possui o sentido de *existir*. Nesse caso, não admite pluralização. Fixe: haver = singular; existir plural.

Alternativa "a" – **Podia** haver: singular. Se o verbo *haver* não admite plural, o verbo auxiliar também não admite.

Alternativa "b" – **Deviam** existir: plural. O verbo *existir* admite pluralização e o verbo auxiliar também. A regra para fixar a igual à mencionada na nota.

Alternativa "c" – **Existiam**: plural.

Alternativa "d" – Devia haver: verbo auxiliar no singular por acompanhar o impessoal *haver*.

Alternativa "e" – **Era** possível haver: singular.

RESPOSTA: D

04 **(FGV – TCE/BA – Analista de Controle Externo/2013)** "Pesquisa realizada pelo Instituto Patrícia Galvão e o Data Popular revela que 54% das pessoas entrevistadas disseram conhecer uma mulher que já foi agredida por um parceiro, enquanto 56% afirmaram que conhecem um homem que já agrediu uma companheira". Nas expressões de porcentagem, a concordância do verbo tanto se realiza com o número (54) quanto com o termo partitivo (das pessoas entrevistadas). Assinale a alternativa em que a forma verbal só pode aparecer no plural.

a) 32% do povo brasileiro não creem nos políticos.
b) 1,6% dos cariocas pertencem à classe dos milionários.
c) 3% do nosso grupo apoiaram o projeto.
d) 2,5% de nós condenaram a aprovação da lei.
e) 56% da biblioteca foram queimados.

COMENTÁRIOS

Alternativa "d" – Se concordar com o numeral, deve permanecer no plural (condenaram); se concordar com o pronome pessoal da primeira pessoa do plural, óbvio que também deve permanecer no plural (condenamos).

Alternativa "a" – Pode concordar com o substantivo masculino singular *povo* = crê.

Alternativa "b" – Pode concordar com o numeral = **1**,6% pertence.

Alternativa "c" – Pode concordar com o substantivo coletivo masculino singular *grupo* = apoiou.

Alternativa "e" – Pode concordar com o substantivo feminino singular *biblioteca* = foi queimada.

RESPOSTA: D

CAPÍTULO 4

Regência

» **Nos editais:** Regência verbal e nominal; transitividade e regência de nomes e verbos. Reescrita de frases e parágrafos do texto.

1. NÍVEL MÉDIO

01 **(FGV – Câmara de Fortaleza CE – Agente Administrativo – 2024)** Assinale a frase abaixo em que a preposição A – sozinha ou combinada – ***não*** é uma exigência da regência de um outro termo, mostrando um valor semântico específico.

a) Aos sonhos não importa o preço.

b) O despertar dá aos sonhos uma fama que eles não merecem.

c) Uma vez que somos destinados ao fracasso, tenhamos paciência.

d) Prefira afrontar o mundo servindo a sua consciência a afrontar a sua consciência servindo ao mundo.

e) Podemos nos defender de um ataque, mas somos indefesos a um elogio.

COMENTÁRIOS:

Nota da autora: Questão de regência e de análise sintática.

A preposição "de" será exigida pelo termo anterior se a expressão posterior possuir função sintática de **complemento nominal** ou de **objeto indireto.**

Alternativa "a" – Ordem direta: o preço não importa aos sonhos: objeto indireto.

Alternativa "b" – O verbo "dar" é bitransitivo e "aos sonhos" possui função de objeto direto.

Alternativa "c" – Complemento nominal do predicativo do sujeito "destinados".

Alternativa "d" – O verbo "preferir" é bitransitivo e a oração "a afrontar a sua consciência" é objetiva indireta.

Alternativa "e" – A expressão "a um elogio" equivale a "perante um elogio", ou seja, é adjunto adverbial e a preposição não foi exigida por um termo anterior.

RESPOSTA: E

02 **(FGV – AL PR – Técnico Legislativo – 2024)** Assinale a frase em que a preposição DE é uma exigência da regência de um termo anterior.

a) O sorriso da filha adoça a fúria DE um pai.
b) DE todos os animais, os meninos são os mais difíceis de domar.
c) Espera DE teu filho o que fizeste com teu pai.
d) Ter crianças é como ter um jogo DE boliche instalado no seu cérebro.
e) Nunca se ouviu dizer que filho valente tivesse nascido DE pai temeroso.

COMENTÁRIOS:

Nota da autora: Questão de regência e de análise sintática.

A preposição "de" será exigida pelo termo anterior se a expressão posterior possuir função sintática de **complemento nominal** ou de **objeto indireto.**

Alternativa "a" – Adjunto adnominal do objeto direto "a fúria de um pai".

Alternativa "b" – Trata-se de uma expressão comparativa. A preposição não foi exigida por termo anterior.

Alternativa "c" – O verbo "esperar" é bitransitivo: espera algo de alguém. A expressão "de teu filho" possui função de objeto indireto e a preposição foi exigida pelo verbo anterior.

Alternativa "d" – Adjunto adnominal do objeto direto "um jogo de boliche".

Alternativa "e" – Trata-se de uma expressão adverbial e a preposição não foi exigida por termo anterior.

RESPOSTA: C

03 **(FGV – IMBEL – Cargos de Nível Médio – 2021)**

"A história é um pesadelo do qual estou tentando acordar."

Nesta frase emprega-se corretamente a expressão "do qual" em função de ter sido empregado o verbo "acordar".

Assinale a opção em que o termo sublinhado está empregado corretamente.

a) "A cultura histórica tem o objetivo de manter viva a consciência de que a sociedade humana tem do próprio passado."
b) "A história é uma galeria de quadros de onde há poucos originais e muitas cópias."
c) "Compra não o que consideras oportuno, mas no que te falta."
d) "A maior parte das coisas de que dizemos e fazemos não é necessária."
e) "Esses são os problemas de que devemos falar na reunião."

COMENTÁRIOS:

Nota da autora: O pronome relativo retoma "pesadelo". Colocando a oração posterior ao relativo na ordem direta até encaixar o termo retomado, temos: eu estou tentando acordar de um pesadelo. Podem ser usadas estas formas: "de que" ou "do qual".

Alternativa "a" – Retoma "consciência". Lê-se: a sociedade tem consciência do passado = "que" ou "a qual". Não foi exigida preposição alguma pelo verbo "ter" – é transitivo direto (tem algo).

Alternativa "b" – Retoma "galeria de quadros". Lê-se: há poucos originais e muitas cópias na galeria de quadros = "em que", "na qual" ou "onde".

Alternativa "c" – Compra o que te falta. O verbo comprar é transitivo direto.

Alternativa "d" – Retoma "coisas". Lê-se: dizemos e fazemos coisas = "que" ou "as quais".

Alternativa "e" – Retoma "problemas". Lê-se: devemos falar dos problemas = "de que" ou "dos quais".

RESPOSTA: E

Texto 2

"Em linhas gerais a arquitetura brasileira sempre conservou a boa tradição da arquitetura portuguesa. De Portugal, desde o descobrimento do Brasil, vieram para aqui os fundamentos típicos da arquitetura colonial. Não se verificou, todavia, uma transplantação integral de gosto e de estilo, porque as novas condições de vida em clima e terras diferentes impuseram adaptações e mesmo improvisações que acabariam por dar à do Brasil uma feição um tanto diferente da arquitetura genuinamente portuguesa ou de feição portuguesa. E como arquitetura portuguesa, nesse caso, cumpre reconhecer a de característica ou de estilo barroco".

(Luís Jardim, *Arquitetura brasileira. Cultura, SP, 1952).*

04 **(FGV – Técnico Médio – DPE – RJ/2019)** As preposições, em língua portuguesa, ora são empregadas por uma exigência gramatical de um termo anterior, ora por necessidades semânticas, não sendo de emprego obrigatório.

No texto 2, o único exemplo de emprego obrigatório, exigido gramaticalmente, é:

a) "boa tradição da arquitetura portuguesa";
b) "De Portugal, desde o descobrimento do Brasil";
c) "fundamentos típicos da arquitetura colonial";
d) "transplantação integral de gosto";
e) "uma feição um tanto diferente da arquitetura genuinamente portuguesa".

COMENTÁRIOS:

Nota da autora: Nesse caso, o termo preposicionado precisa possuir função de **complemento nominal**, isto é, deve possuir **sentido passivo**. Lembre-se de que a preposição no complemento nominal é obrigatória. O adjunto adnominal possui sentido ativo e indica posse. Fixe: adjunto adnominal = ativo; complemento nominal = paciente.

Alternativa "a" – Adjunto adnominal: a arquitetura possui boa tradição (posse).

Alternativa "b" – Adjunto adverbial de lugar (origem).

Alternativa "c" – Adjunto adnominal: a arquitetura possui fundamentos típicos (posse).

Alternativa "d" – Complemento nominal (sentido passivo): o gosto foi transplantado.

Alternativa "e" – Adjunto adnominal: a arquitetura possui uma feição (posse).

RESPOSTA: D

05 **(FGV – Técnico Médio – DPE RJ – 2019)** Os erros de regência – má escolha da preposição utilizada – são muito comuns; a frase abaixo em que a preposição está corretamente utilizada, segundo a tradição gramatical, é:

a) João, residente à Rua Santa Clara;

b) Ninguém se lembra o lugar onde nasceu;

c) Nenhum condômino obedece o regulamento do prédio;

d) Como enfermeira, assistiu ao médico na operação;

e) O acusado respondeu às perguntas do juiz.

COMENTÁRIOS:

Alternativa "a" – Reside **na** Rua – exige a preposição "em" no adjunto adverbial de lugar.

Alternativa "b" – 1. Ninguém **se** lembra **do** lugar; 2. Ninguém lembra o lugar. Os verbos *esquecer* e *lembrar* exigem a preposição "de" quando pronominais.

Alternativa "c" – Obedece **ao** regulamento – a preposição "a" é exigida.

Alternativa "d" – O período é ambíguo, pode haver dois sentidos: 1. O sentido do verbo *assistir* pode ser de *ajudar* = transitivo direto (sem preposição) – assistiu **o** médico; 2. O sentido pode ser de *ver* = transitivo indireto (com a preposição "a") – assistiu **ao** médico.

Alternativa "e" – Respondeu a algo – o verbo exige a preposição "a" + o artigo definido feminino plural "as" = às.

QUESTÃO ANULADA. Gabarito preliminar: E. Após recursos, foi anulada por haver ambiguidade na alternativa "d". Justificativa da banca: *erro de formulação.*

06 **(FGV – Técnico – MPE – AL/2018)** "A dona, diligente, havia conseguido algumas verduras e avisou à clientela."

Dentre as formas de reescrever um segmento desse trecho, assinale a que está gramaticalmente ***incorreta***.

a) Avisou à clientela de que havia conseguido verduras.

b) Avisou à clientela que havia conseguido verduras.

c) Avisou a clientela de que havia conseguido verduras.

d) Avisou à clientela ter conseguido verduras.

e) Avisou a clientela de ter conseguido verduras.

COMENTÁRIOS:

Nota da autora: O verbo *avisar* é transitivo direto (havia conseguido algumas verduras – objeto direto) e indireto (à clientela – objeto indireto).

Alternativa "a" – Não pode haver dois objetos indiretos para o mesmo verbo. Opções: Avisou **à** clientela **que** havia conseguido verduras. Avisou **a** clientela **de que** havia conseguido verduras.

Alternativa "b" – Objeto indireto: à clientela; objeto direto: que havia conseguido verduras.

Alternativa "c" – Objeto direto: a clientela; objeto indireto: de que havia conseguido verduras.

Alternativa "d" – Objeto indireto: à clientela; objeto direto: ter conseguido verduras.

Alternativa "e" – Objeto direto: a clientela; objeto indireto: de ter conseguido verduras.

RESPOSTA: A

07 **(FGV – Técnico do MP – Administrativa – MP – RJ/2016 – adaptada)** "está no forno uma revolução da qual os médicos não escaparão, mas que terá impactos positivos para os pacientes". Nesse segmento, o termo "da qual" é decorrente da regência do verbo "escapar"; a frase abaixo em que o termo sublinhado está erradamente empregado é:

a) essa é uma revolução com a qual discordamos;
b) esses são os fatos contra os quais lutamos;
c) essas são as dificuldades com as quais nos defrontamos;
d) esses são os resultados aos quais aludimos;
e) essa é a mudança à qual visamos.

COMENTÁRIOS

Nota da autora: É imprescindível fazer passo a passo para que não haja dúvida.

1. Veja qual termo o pronome relativo retoma;
2. Com os termos pospostos ao pronome relativo, monte frase até que surja esse termo
3. Veja se exige preposição. Se exigir, insira-a antes do pronome relativo.

No comando da questão:

1. Retoma "revolução";
2. Os médicos não escaparão **de** uma revolução;
3. Revolução **da qual** não escaparão.

RESPOSTA: A

1. Retoma "revolução";
2. Discordamos **da** revolução;
3. Revolução **da qual** discordamos.

Alternativa "b" – lutamos contra os fatos = contra os quais, contra que.

Alternativa "c" – defrontamos com as dificuldades = com que ou com as quais.

Alternativa "d" – aludimos aos resultados = a que ou aos quais.

Alternativa "e" – visamos à mudança = a que ou a à qual.

08 **(FGV 2013)** No segmento *"Isto significa combinar um conjunto de políticas não só para o durante os riscos e situações de desastres, o que avançamos bem, mas também e principalmente para o antes e o depois dos mesmos"*, há um erro de construção, por omissão da preposição EM antes de "o que avançamos bem" (no que avançamos bem).

Assinale a alternativa que apresenta um erro no emprego da preposição antes de pronome relativo.

a) Os desastres a que nos referimos ocorreram há um ano.
b) As verbas de que foram reparadas as pontes, são federais.
c) Os problemas de que se ocuparam, dizem respeito aos reparos.
d) Os perigos com que se depararam, são variados.
e) As soluções por que lutaram, demoraram a chegar.

COMENTÁRIOS

Questão de regência e pronome relativo.

RESPOSTA: B

Para aquecer, vamos, primeiro, fazer o passo a passo da frase do enunciado:

1) O relativo **que** retoma o pronome demonstrativo **o** que se refere a situações de desastre;
2) Ordem direta com os termos pospostos ao relativo: Avançamos bem **nas** situações de desastre;
3) A preposição **em** foi exigida e deve ser inserida antes do relativo: **no que** avançamos.

Na alternativa **b**:

1) O relativo retoma verbas;
2) Ordem direta com os termos pospostos ao relativo: As pontes foram reparadas **com** as verbas;
3) A preposição **com** foi exigida e deve ser inserida antes do relativo: As verbas **com** que foram reparadas as pontes, são federais.

Alternativa "a" – Os desastres a que nos referimos ocorreram há um ano = referimo-nos **aos desastres** = **a que** ou **aos quais** – retoma os desastres.

Alternativa "c" – Os problemas de que se ocuparam, dizem respeito aos reparos = ocuparam-se **de problemas** = **de que** ou **dos quais** – retoma os problemas.

Alternativa "d" – Os perigos com que se depararam, são variados = depararam-se **com perigos** = **com que** ou **com os quais** – retoma os perigos.

Alternativa "e" – As soluções por que lutaram, demoraram a chegar = lutamos **pelas soluções** = **por que** ou **pelas quais** – retoma as soluções.

09 **(FGV 2013)** *"A crise que o país atravessa..."*. Nesse segmento temos uma oração adjetiva não precedida de preposição porque o verbo *"atravessar"* não a exige. Assinale a alternativa em que a frase apresenta ***erro*** quanto à regência.

a) A crise a que o país assiste, é muito grave.
b) Os remédios de que o Brasil necessita, são de conhecimento público.

c) Os problemas com que nos deparamos, são os de sempre.
d) Os argumentos a que nos opomos, são falsos.
e) As soluções com que sugerimos, não foram aceitas.

COMENTÁRIOS

RESPOSTA: E

– Vamos "picotar" as informações porque são muitas.

1) Temos uma oração adjetiva = para termos uma oração adjetiva, é necessário ter **pronome relativo**, ou seja, o **que** pode ser substituído por **o (a) qual** e suas variações. A crise **que** o país atravessa equivale a A crise **a qual** o país atravessa;

2) O relativo retoma **a crise**;

3) Ordem direta da oração (com os termos pospostos ao relativo até encaixar o termo retomado pelo pronome relativo): O país atravessa **a crise**. O verbo *atravessar* é transitivo direto e não exige preposição.

Você se pergunta: mas o **a** que acompanha **crise** não é preposição?

Eu respondo: não, é artigo! Se ficar em dúvida, coloque no plural.

Dica: o artigo admite plural; a preposição não admite por ser invariável. Simples assim.

– Alternativa **e**:

1) O relativo retoma **as soluções**;
2) Ordem direta da oração: Sugerimos **soluções**. O verbo *solucionar* é transitivo direto e não exige preposição = **que** ou **as quais**.
3) A preposição **com** deve ser retirada da oração: **As soluções que sugerimos, não foram aceitas.**

Alternativa "a" – A crise a que o país assiste, é muito grave = o país assiste **à crise = a que** ou **à qual.**

Alternativa "b" – Os remédios de que o Brasil necessita, são de conhecimento público = o Brasil necessita **de remédios = de que** ou **dos quais.**

Alternativa "c" – Os problemas com que nos deparamos, são os de sempre = deparamo-nos **com problemas = com que** ou **com os quais.**

Alternativa "d" – Os argumentos a que nos opomos, são falsos = opomo-nos **aos problemas = a que** ou **ao quais.**

2. NÍVEL SUPERIOR

01 **(FGV – IBGE – Recenseador – 2017)** "Porque o império romano crescia e eles precisavam indicar o clã a que a pessoa pertencia ou o lugar onde tinha nascido". Nesse segmento há o emprego correto do termo "que" precedido da preposição "a" em razão de estar na mesma oração o verbo "pertencer", que exige essa preposição. A frase abaixo que está correta nesse mesmo aspecto é:

a) O prato que mais gosta é lagosta.

b) O local que fui na semana passada é bastante interessante.
c) Esta é a cena a que todos aplaudiram.
d) Esse foi o questionário a que eles preencheram.
e) Essas foram as ordens a que eles obedeceram.

COMENTÁRIOS

Nota da autora: Veja qual é o termo que o pronome relativo retoma; coloque a oração posposta ao relativo na ordem direta até encaixar o termo retomado; caso exija preposição, deverá ser inserida antes do pronome relativo.

Alternativa "e" – Retoma "ordens". Ordem direta: eles obedeceram **às** ordens = **a que**, ou **às quais.**

Alternativa "a" – Gosta **de** lagosta: de que, do qual.

Alternativa "b" – Fui **ao** local: a que, aonde.

Alternativa "c" – Todos aplaudiram a cena (não exige preposição: verbo transitivo direto): que, a qual.

Alternativa "d" – Eles preencheram o questionário (não exige preposição: verbo transitivo direto): que, o qual.

RESPOSTA: E

02 **(FGV – ALERJ – 2017)** A regência verbal está correta na seguinte frase:

a) Os imigrantes aspiram uma vida mais tranquila;
b) Os alunos obedeciam rigorosamente o inspetor;
c) O guarda presenciou ao assalto de longe;
d) O assaltante agrediu a vítima sem necessidade;
e) Os patrões pagaram a faxineira o serviço feito.

COMENTÁRIOS

Alternativa "d" – O verbo *agredir* é transitivo direto, ou seja, não exige preposição.

Correções:

Alternativa "a" – No sentido de "almejar" exige a preposição "a": aspiram a uma vida.

Alternativa "b" – Obedeciam ao inspetor.

Alternativa "c" – Presenciou o assalto.

Alternativa "e" – Quando se refere à pessoa, o verbo "pagar" exige a preposição "a": pagaram à faxineira.

RESPOSTA: D

03 **(FGV – Analista do Ministério Público – Administrativa – MP-RJ/2016)** "que vise à promoção de políticas de controle"; nesse segmento emprega-se corretamente a regência do verbo visar, que muda de sentido conforme seja transitivo direto ou transitivo indireto.

O verbo abaixo em que NÃO ocorre a mesma possibilidade de dupla regência e duplo sentido é:

a) aspirar;

b) assistir;

c) carecer;

d) chamar;

e) precisar.

COMENTÁRIOS

Alternativa "c" – Carece **de** algo, não há outra regência possível.

Alternativa "a" – No sentido de *almejar*: transitivo indireto (a algo); no sentido de *respirar*: transitivo direto (algo).

Alternativa "b" – No sentido de *ver*: transitivo indireto (a algo); no sentido de *dar assistência*: transitivo direto (alguém).

Alternativa "d" – No sentido de *convocar* é transitivo direto (alguém); no sentido de *denominar* ou *apelidar* pode ser transitivo direto ou transitivo indireto (alguém ou a alguém); no sentido de *invocar:* transitivo indireto (por alguém).

Alternativa "e" – No sentido de *marcar com precisão*: verbo transitivo direto (algo – precisou a hora); no sentido de necessitar: verbo transitivo indireto (de algo).

RESPOSTA: C

3. NÍVEL DIFÍCIL

Texto 4

"Em oposição aos meus apaixonados sentimentos de justiça e deveres sociais, sempre experimentei a total ausência de me aproximar dos homens e das sociedades humanas. Apraz-me sentir-me só. Nunca me entreguei de corpo e alma a um círculo de amigos, ao Estado, nem à minha própria família. Pelo contrário, sempre senti nesses laços o indefinível sentimento de ser um estranho em seu desejo de solidão."

Albert Einstein

01 **(FGV – TCE AM – Auditor Técnico Controle Externo – MP – 2021)** O segmento (texto 4) abaixo em que a preposição "de" NÃO é exigida por nenhum termo anterior é:

a) "sentimentos de justiça";

b) "aproximar dos homens";

c) "me entreguei de corpo";

d) "sentimento de ser um estranho";

e) "desejo de solidão".

COMENTÁRIOS:

Nota da autora: Para a preposição ser exigida, o termo regido deve possuir função sintática de objeto indireto (se ligado ao verbo) ou de complemento nominal (se ligado ao nome).

Alternativa "a" – Complemento nominal – sentimentos DE algo.

Alternativa "b" – Objeto indireto – aproxima-se DE alguém.

Alternativa "c" – A expressão "de corpo e alma" possui função de adjunto adverbial de modo e não se trata de um termo regido.

Alternativa "d" – Complemento nominal – sentimentos DE alguém.

Alternativa "e" – Complemento nominal – desejo DE algo.

RESPOSTA: C

02 (FGV – TCE PI – Auditor Controle Externo – 2021 – adaptada)

"Essa prática facilitou muito o transporte do café, que era o principal produto do mercado interno e externo nacional. Antes, esse transporte era feito por tração animal, demorando muito tempo e enfrentando dificuldades maiores do que nas estradas de ferro antigas. A operação da Estrada de Ferro Mauá durou até o fim do período imperial, em meados de 1888, já tendo perdido a sua importância."

(Massa, 23/06/2021).

Todos os segmentos sublinhados são introduzidos pela preposição DE; o exemplo em que essa preposição é uma exigência de um termo anterior é:

a) do café;
b) do mercado interno;
c) de ferro antigas;
d) da Estrada de Ferro Mauá;
e) do período imperial.

COMENTÁRIOS

Nota da autora: A banca exige análise sintática. A preposição pode fazer parte de um complemento verbal (objeto indireto), de um complemento nominal (preposição obrigatória e sentido passivo) ou de um adjunto adnominal (indicação de posse e sentido ativo). Neste caso, a preposição é facultativa.

Alternativa "a" – Facilitou o transporte de algo – do café. O substantivo "transporte" exige a preposição "de". Trata-se de um complemento nominal. Analisemos:

Essa prática	facilitou	muito	o transporte	do café.
sujeito	V.T.D.	adj. adv. intensidade	O.D.	complemento nominal

Observação: o complemento nominal possui sentido passivo, o adjunto adnominal possui sentido ativo. A ideia é de passividade: o café será transportado.

Alternativa "b" - A preposição não foi exigida pelo substantivo "produto". A expressão "do mercado interno" apenas define o sentido de produto e possui valor de posse, isto é, trata-se de um adjunto adnominal.

Observação: perceba que possui sentido ativo - o mercado interno teria o produto.

Alternativa "c" - A preposição não foi exigida pelo substantivo "estrada". A expressão indica posse, ou seja, é adjunto adnominal.

Alternativa "d" - A preposição não foi exigida pelo substantivo "operação".

Alternativa "e" - A preposição não foi exigida pelo substantivo "fim", apenas define seu sentido, como ocorreu na alternativa "b".

RESPOSTA: A

03 **(FGV - Auditor Fiscal Tributário da Receita Municipal - SMF Cuiabá/2016)** Assinale a opção que indica a frase em que a preposição ***de*** tem sua presença na frase por uma exigência de um termo anterior.

a) "minha memória traz os tempos de estudo".
b) "meus anos de Ensino Médio foram, sim, muito significativos".
c) "tenho plena consciência de que um ensino inovador pode surgir".
d) "uma roda de conversa na escola".
e) "nos permite entrar em contato de forma sistemática".

COMENTÁRIOS

Nota da autora: Questão de regência e análise sintática.

Alternativa "c" - Regência: tenho consciência **de** algo = complemento nominal do objeto direto "plena consciência" - tem algo.

Alternativa "a" - Adjunto adnominal do objeto direto: os tempos de estudos.

Alternativa "b" - Adjunto adnominal do sujeito: meus anos de Ensino Médio.

Alternativa "d" - Adjunto adnominal do sujeito: uma roda de conversa.

Alternativa "e" - Como entra em contato? De forma sistemática: adjunto adverbial de modo.

RESPOSTA: C

CAPÍTULO 5

Crase

» **Nos editais:** Emprego do sinal indicativo de crase; transitividade e regência de nomes e verbos.

1. NÍVEL MÉDIO

01 **(FGV – Prefeitura de São José dos Campos SP – Técnico Tributário – 2024)** Assinale a frase em que o acento grave da crase está corretamente empregado.

a) Quem não amar à Deus, Deus não castiga.

b) Quando os deuses querem nos punir, eles respondem à nossas preces.

c) Os homens dão mais fé àquilo que não entendem.

d) Se alguém não vos recebe e não dá ouvidos à vossas palavras, sai daquela casa e sacudi o pó de vossos pés.

e) A religião não é outra coisa que a sombra do universo projetada sobre à inteligência humana.

COMENTÁRIOS:

Alternativa "a" – Não pode haver o acento indicativo de crase antes de palavra masculina.

Alternativa "b" – Não há crase em singular (a) + plural (nossas).

Motivo: não há artigo, apenas uma preposição.

Alternativa "c" – O verbo "dar" é bitransitivo e exige a preposição "a" no objeto indireto.

Preposição "a" + pronome demonstrativo "aquilo" = àquilo.

Alternativa "d" – Não há crase em singular (a) + plural (nossas).

Também não há crase antes de pronome de tratamento.

Exceções: Senhora, Senhorita, Dona e Madame.

Alternativa "e" – É impossível haver duas preposições próximas, ou seja, após "sobre", o "a" só pode ser artigo e, consequentemente, não admite o sinal indicativo de crase.

RESPOSTA: C

02 **(FGV – TJ RJ – Mediador Judiciário – 2024)** Assinale a frase que mostra um mau emprego do acento grave indicativo da crase.

a) Pensa de manhã. Age ao meio-dia. Come à tarde. Dorme à noite.

b) O futuro não pertence à ninguém. Não há precursores, apenas há atrasados.

c) A História parte da Verdade e ruma em direção à Mentira.

d) O tempo presente é semelhante à massa de argila; o tempo passado, ao pó; o tempo futuro, ao cântaro.

e) O passado e o futuro nada são se comparados à severidade de hoje.

COMENTÁRIOS:

Alternativa "a" – As locuções adverbiais "à tarde" e "à noite" exigem o acento indicativo de crase por serem formadas por palavras femininas.

Alternativa "b" – Não pode haver crase antes de pronome indefinido.

Dica: há exceção. Pode haver crase antes de **outra** e **outras**.

Exemplo: prefiro aquela à outra.

Troque pelo pronome masculino e veja que resultará em "ao" = prefiro aquela **ao** outro.

Alternativa "c" – Regência: em direção **a** algo + artigo definido "a" que acompanha o substantivo feminino "Mentira" = à.

Substituindo: em direção **ao** projeto.

Alternativa "d" – Regência: semelhante **a** algo + artigo definido "a" que acompanha o substantivo feminino "argila" = à.

Substituindo: semelhante **ao** projeto.

Alternativa "e" – Regência: comparados **a** algo + artigo definido "a" que acompanha o substantivo feminino "severidade" = à.

Substituindo: comparados **ao** projeto.

RESPOSTA: B

03 **(FGV – Técnico Judiciário – Área Judiciária – TJ CE – 2019)** "Todos aqueles que devem deliberar sobre questões dúbias devem também manter-se imunes ao ódio e à simpatia, à ira e ao sentimentalismo".

Nesse pensamento de um historiador latino, ocorreu duas vezes a utilização correta do acento grave indicativo de que houve crase; a frase abaixo em que esse mesmo acento está equivocado é:

a) Quem perdoa uma culpa encoraja à cometer muitas outras;

b) A aspiração à glória é a última da qual se conseguem libertar os homens mais sábios;

c) Quem aspira à sumidade, raras vezes consegue passar do meio;

d) Veja o que ocorreu com muitos intelectuais, condenados à fama imortal;

e) Todos somos levados à obediência eterna a Deus.

COMENTÁRIOS:

Alternativa "a" – Não pode haver crase antes de verbo.

Alternativa "b" – O verbo *aspirar* está no sentido de *almejar* e exige a preposição "a". Substituindo por uma palavra masculina da mesma classe gramatical, resulta em "ao": a aspiração **ao** cargo. Resultou em "ao", há crase.

Alternativa "c" – Aspira **ao** cargo: a preposição "a" foi exigida pelo verbo *aspirar*.

Alternativa "d" – Condenados **a** algo: **ao** azar.

Alternativa "e" – Levados **a** algo: **ao** medo.

RESPOSTA: A

04 **(FGV – TJ AL – Técnico Judiciário – Área Judiciária – 2018)** "No fundo, é um problema técnico que os avanços da informática mais cedo ou mais tarde colocarão à disposição dos usuários e das autoridades".

O acento grave indicativo da crase empregado nesse segmento é devido ao mesmo fator da seguinte frase:

a) À noite, todos os gatos são pardos;
b) Pagar à vista é coisa rara hoje em dia;
c) Entregou o livro à aluna;
d) Saiu à procura da namorada;
e) Ficava contente à proporção que superava os obstáculos.

COMENTÁRIOS

Alternativa "d" – São locuções prepositivas formadas por palavras femininas – *disposição* e *procura*, respectivamente.

Alternativa "a" – Locução adverbial de tempo.

Alternativa "b" – Locução adverbial de modo.

Alternativa "c" – Objeto indireto do verbo *entregar*.

Alternativa "e" – Locução conjuntiva, pois liga duas orações. Indica proporcionalidade, ou seja, ações simultâneas.

RESPOSTA: D

05 **(FGV 2013)** Observem-se as quatro ocorrências do acento grave indicativo da crase nas frases a seguir.

I. *"que levavam à morte prematura".*
II. *"legou à Humanidade doses substanciais de fármacos".*
III. *"impensável viver sem eles à disposição".*
IV. *"em relação à escala do uso de animais".*

Um dos princípios do uso desse acento é o que o indica em locuções adverbiais. Nesse caso, serve(m) de exemplo:

a) apenas III.
b) apenas I, II e IV.
c) apenas IV.
d) apenas I e II.
e) apenas II e III.

COMENTÁRIOS

Questão de crase. Para ganhar tempo e não correr risco de errar, trabalhe por substituição da palavra feminina por uma masculina que seja da mesma classe gramatical. O sentido não interessa, interessa apenas se resulta em **ao** ou não. Em caso afirmativo, há crase; resultando apenas em **a**, não haverá crase. Simples assim.

Detalhe: há algumas regras que não podem ser esquecidas. Quem avisa professora é.

Gabarito: ANULADA – Analisemos juntos.

I. *levavam à morte* (substantivo) = levavam **ao** sucesso. Resultou em **ao**? Crase!

II. *legou à Humanidade doses substanciais de fármacos* = levou **ao** homem.

III. *viver sem eles à disposição* = crase obrigatória por se tratar de locução adverbial de modo formada por palavra feminina.

IV. *em relação à escala do uso de animais* = em relação **ao** trabalho.

Itens comentados, agora é hora de entender o porquê de a questão ter sido anulada. O único item que possui locução é o III, portanto **a resposta correta seria alternativa A.**

06 **(FGV 2013)** Assinale a alternativa em que o emprego do acento grave indicativo da crase ocorre por razão ***distinta*** da dos demais.

a) *"...e não recebe em troca serviços públicos à altura".*
b) *"Acrescentar o adjetivo hediondo à corrupção de pouco adianta..."*.
c) *"...recentemente incorporadas à economia formal"*.
d) *"...dar respostas concretas e rápidas ás demandas feitas nas ruas..."*.
e) *"...e não às questões que ninguém fez"*.

COMENTÁRIOS

RESPOSTA: A

– **à altura**: locução adverbial de modo.

Alternativa "b" – *"Acrescentar o adjetivo hediondo à corrupção de pouco adianta..."* = acrescentar algo **a algo** (objeto indireto). Facilitando: substitua a palavra feminina por masculina: adjetivo hediondo **ao** homem.

Alternativa "c" – *"...recentemente incorporadas à economia formal"* = incorporadas **a algo** (complemento nominal): incorporadas **ao** vazio.

Alternativa "d" – *"...dar respostas concretas e rápidas às demandas feitas nas ruas..."* = dar algo **a algo** (objeto indireto): dar respostas concretas e rápidas às demandas: **aos** pedidos.

Alternativa "e" – *"...e não às questões que ninguém fez" = e não* **aos** problemas.

Percebeu que apenas em um caso temos locução adverbial e a preposição não foi exigida por verbo ou nome? Era essa a análise exigida pela bela banca FGV.

2. NÍVEL SUPERIOR

01 **(FGV – Delegado de Polícia – SC – 2024)** Assinale a frase abaixo em que o emprego do acento grave indicativo da crase é optativo.

a) Qualquer pessoa desprovida de senso de humor está à mercê de todos.

b) A vida ensina que jamais somos felizes senão à custa de certa ignorância.

c) Quando à noite não conseguir dormir, pare de contar ovelhas e converse com o pastor.

d) Um louco é alguém que crê em tudo o que vem à mente.

e) Quanto mais felizes somos, menos atenção prestamos à nossa felicidade.

COMENTÁRIOS:

Alternativa "a" – Crase obrigatória: locução prepositiva formada por palavra feminina.

Alternativa "b" – Crase obrigatória: locução prepositiva formada por palavra feminina.

Alternativa "c" – Crase obrigatória: locução adverbial formada por palavra feminina.

Alternativa "d" – Crase obrigatória: o verbo "vir" exige a preposição "a", e o substantivo feminino "mente" admite o artigo feminino "a".

Alternativa "e" – O acento indicativo de crase é facultativo antes do pronome possessivo feminino.

RESPOSTA: E

Fragmento de texto para responder à questão.

"Mas também tem um ponto fraco: as bananeiras são geneticamente idênticas, clones umas das outras. Isso significa que uma doença poderia arrasar a produção mundial. Entenda o que ameaça a banana – e a corrida para tentar salvá-la."[1]

02 **(FGV – TJ MS – Analista Judiciário – 2024 – adaptada)** Nas alternativas a seguir, há versões modificadas dos três períodos que compõem a passagem acima. A única modificação que acarreta erro quanto ao uso do acento grave é:

a) Mas também tem um ponto fraco: as bananeiras são geneticamente idênticas umas às outras;

b) Isso leva à conclusão de que uma doença poderia arrasar a produção mundial;

c) Isso significa que uma doença poderia causar prejuízos à produção mundial;

1. Disponível em: https://super.abril.com.br/ciencia/o-futuro-dabanana.

d) Entenda o que ameaça a banana – e o esforço para que se chegue à uma maneira de salvá-la;

e) Entenda o que traz ameaças à banana – e a corrida para tentar salvá-la.

COMENTÁRIOS:

Alternativa "a" – A banca gosta de exceções.

Regra: não há crase antes de pronome indefinido.

Exceção: antes de "outra" e "outras".

Alternativa "b" – Leva **a** algo + artigo definido "a" = à.

Substituindo por masculino: leva **ao** fato.

Alternativa "c" – Causar prejuízos **a** algo + artigo definido "a" = à.

Substituindo por masculino: poderia causar prejuízos **aos** fatos.

Alternativa "d" – Não pode haver o sinal indicativo de crase antes de artigo indefinido.

Substitua e veja que não resulta em "ao": para que se chegue **a** um ponto.

Alternativa "e" – Traz ameaças **a** algo + artigo definido "a" = à.

Substituindo por masculino: traz ameaças **aos** fatos.

RESPOSTA: D

03 **(FGV – DNIT – Analista Administrativo – 2024)** Assinale a frase, retirada do romance Memorial de Aires, de Machado de Assis, em que o emprego do acento grave indicativo da crase antes dos demonstrativos aquele, aquela, aqueles, aquelas, aquilo está **equivocado**.

a) Quis perguntar-lhe se nos mares que percorreu viu algum peixe semelhante àquele que anda agora em volta dela, mas não há intimidade para tanto, e a cortesia opunha-se.

b) — Não disse isto a ninguém, conselheiro, nem à madrinha nem ao padrinho. Se lho faço aqui é que não ouso fazê-lo àqueles dois, e não tenho terceira pessoa a quem o diga.

c) A cara dele tinha a expressão de prazer que dá o serviço inesperado; àquele gosto de descobrir papéis que podem ser importantes fazia-o risonho, olhos escancarados, quase comovido.

d) Era nomeada nas gazetas, pertencia àquela dúzia de nomes planetários que figuram no meio da plebe de estrelas. O marido era capitalista e diretor de um banco.

e) Era também um modo de fazer cessar a conversação, estando a casa próxima. Não contava com o pai de Flora, que à fina força lhe quis mostrar, àquela hora, uma novidade, aliás uma velharia, um documento de valor diplomático.

COMENTÁRIOS:

Nota da autora: Questão de regência e de crase. É necessário saber a regência do verbo, ou do nome anteposto ao pronome demonstrativo.

Dica: substitua o pronome demonstrativo por um substantivo masculino e veja se resulta em "ao".

→ **AO no masculino = crase no feminino.**

Alternativa "a" – Regência: semelhante **a** algo = àquele.

Substituição: semelhante AO peixe.

Alternativa "b" – Regência: não ouso fazê-lo **a** alguém = àquele.

Substituição: não ouso fazê-lo AO homem.

Alternativa "c" – É inadmissível haver preposição no sujeito.

- O que o fazia sorrir?

- aquele gosto de descobrir papéis. = sujeito.

Alternativa "d" – Regência: pertencia **a** algo = àquela.

Substituição: pertencia AO nome.

Alternativa "e" – Locução adverbial: àquela hora.

RESPOSTA: C

04 **(FGV – PC RN – Agente e Escrivão – 2021)** "É minha opinião que não se deve dizer mal de ninguém, e ainda menos da polícia. A polícia é uma instituição necessária à ordem e à vida da cidade."

(Machado de Assis, A Semana – 1871)

Nesse texto, Machado emprega corretamente o acento grave indicativo da crase; a frase abaixo em que esse mesmo acento está empregado de forma adequada é:

a) Os clientes pagaram a compra à crédito;
b) A ordem é necessária à todo grupo social;
c) Ninguém abandonou o local à correr;
d) O motorista deu à documentação ao policial;
e) Todos os policiais saíram à mesma hora.

COMENTÁRIOS

Nota da autora: Há dois pronomes demonstrativos que admitem o artigo: mesma e própria. Se admitem artigo, admitem também o acento indicativo de crase. Substitua por vocábulos masculinos e veja que resulta em "ao" – preposição "a" + artigo "a". "Ao" no masculino = "à" no feminino.

Alternativa "a" – Não pode haver o sinal indicativo de crase antes de palavra masculina. Exceção: se a expressão "à moda de" estiver implícita.

Alternativa "b" – Não pode haver o sinal indicativo de crase antes de palavra masculina nem antes de pronome indefinido. Exceção: pode haver antes de "outra".

Alternativa "c" – Não pode haver o sinal indicativo de crase antes de verbo.

Alternativa "d" – O verbo *dar* é bitransitivo (deu algo a alguém). Como o primeiro complemento é objeto direto, não pode haver crase. Substitua: deu o documento ao policial. Não resultou em "ao", não há crase no feminino.

Alternativa "e" – O pronome demonstrativo "mesma" admite crase. Substitua: saíram ao mesmo horário. AO = À.

RESPOSTA: E

05 **(FGV – MPRJ – Analista – Área Administrativa/2016 – adaptada)** Nos trechos, há quatro ocorrências do acento grave indicativo da crase: "vise à promoção de políticas de controle"(1), "tornando-os inacessíveis à grande massa populacional"(2), "Além disso, à medida que as cidades crescem"(3) e "que às vezes não contam com saneamento básico"(4).

Os casos de crase que correspondem à união de preposição + artigo definido são:

a) 1 e 2;
b) 1 e 4;
c) 2 e 3;
d) 3 e 4;
e) todos eles.

COMENTÁRIOS

RESPOSTA: A

Nota da autora: Em questões assim, é aconselhável trabalhar por eliminação.

1. vise à promoção: visa **a** algo (preposição) + artigo definido feminino (a) que acompanha o substantivo feminino "promoção". Eliminadas C e D;
2. inacessíveis à grande massa: inacessíveis **a** algo (preposição) + artigo definido feminino (a) que acompanha o substantivo feminino "massa". Sugiro que retire o adjetivo "grande" para facilitar a análise. Eliminada B;
3. *à medida que* é locução conjuntiva formada por substantivo feminino (medida). Eliminada E, resposta encontrada;
4. *às vezes* é locução adverbial de tempo – formada por substantivo feminino (vezes).

06 **(Delegado de Polícia – AP/ 2010 – FGV)** O acento indicativo de crase foi corretamente empregado apenas em:

a) o cidadão não atende à apelos sem fundamento.
b) no artigo, o autor citou à necessária reforma do Estado.
c) convencemos à todos da necessidade de um pacto social.
d) o debatedor não se rendeu àqueles discursos demagógicos.
e) os governantes dispuseram-se à colaborar.

COMENTÁRIOS

Alternativa "d" – Se errar a regência, erra a questão. Vamos à dica?

Mesmo se tratando de pronome demonstrativo, retiremo-lo: o debatedor não se rendeu **aos** discursos. Resultou em **ao** (s), descobrimos que há preposição + artigo. Resultado: há o acento indicativo no pronome demonstrativo: não se rendeu **àqueles** discursos.

Alternativa "a" – Não se usa o acento indicativo de crase antes de palavra masculina.

Alternativa "b" – Citou **a** necessária reforma = citou **o** necessário tópico.

Alternativa "c" – Não se usa crase antes de pronome indefinido.

Alternativa "e" – Não se usa crase antes de verbo.

RESPOSTA: D

3. NÍVEL DIFÍCIL

01 **(FGV – 2025 – TCE RR – Auditor de Controle Externo)** Assinale a frase em que o acento grave da crase está empregado corretamente.

a) Vou à Portugal, mas volto em dez dias.
b) Entregarei à Pedro o prêmio alcançado.
c) O prisioneiro confessou à força.
d) Os homens esquecem à morte do pai.
e) Um competente se engana de acordo com às regras.

COMENTÁRIOS:

Alternativa "a" – "Portugal" indica lugar, é o substantivo masculino e não exige artigo.

Dica: voltei de = sem crase.

Quando resulta em "voltei da", há crase = Voltei da Alemanha (substantivo feminino que exige artigo).

Alternativa "b" – Não se usa o acento indicativo de crase antes de nome próprio masculino.

Alternativa "c" – O verbo possui regência múltipla. No contexto, é transitivo indireto: confessou a algo = preposição + artigo definido "a" resultam em crase.

Dica: substitua por um substantivo masculino e veja que resulta em "ao" (preposição + artigo): confessou ao bairro.

Alternativa "d" – O verbo "esquecer" é transitivo direto: não exige preposição = crase proibida.

Substituindo por palavra masculina da mesma classe gramatical, não resulta em "ao": esquecem o fato.

Alternativa "e" – A locução "de acordo com" termina com preposição e isso evidencia que é impossível haver outra preposição em seguida.

Substituindo, não resulta em "ao": de acordo com os problemas.

RESPOSTA: C

02 **(FGV – TCE/BA – Analista de Controle Externo/2013)** Em todas as frases a seguir está presente o acento grave indicativo da crase.

I. "A entrega do Relatório Final da Comissão Parlamentar Mista de Inquérito da Violência Contra a Mulher (CP-MIVCM) à presidente Dilma Rousseff".

II. "...foi um marco na luta das mulheres brasileiras pela garantia de seus direitos, principalmente, o enfrentamento à violência de gênero".

III. "o que garante o atendimento especializado no SUS às vítimas de violência".

IV. "o que assegura benefício temporário da Previdência às vítimas".

Assinale a opção em que o acento grave é devido à junção de uma preposição de regência verbal mais um artigo definido feminino.

a) Somente na frase II.
b) Somente na frase IV.
c) Somente nas frases I e III.
d) Somente nas frases I e II.
e) Somente nas frases II e IV.

COMENTÁRIOS

RESPOSTA: B

Nota da autora: questão regência verbal e nominal e crase.

I. A entrega a alguém = completa o nome;
II. Enfrentamento a algo = completa o nome;
III. Atendimento especializado a algo = completa o nome;
IV. Assegura algo a alguém = a preposição foi exigida pelo verbo *assegurar* seguida do substantivo feminino plural *vítimas* – que pede o artigo feminino plural como acompanhamento. Correta.

CAPÍTULO 6

Pontuação

» **Nos editais:** Emprego dos sinais de pontuação. Reescrita de frases e parágrafos do texto; domínio dos mecanismos de coesão textual; domínio dos mecanismos de coerência textual; domínio da estrutura morfossintática da oração e do período.

1. NÍVEL MÉDIO

01 **(FGV – ADAB – Técnico em Fiscalização – 2024)** Assinale a opção em que houve o emprego adequado dos sinais de pontuação ou sinais gráficos.

a) Diplomacia é lembrar o aniversário de uma mulher, e esquecer a sua idade (quando é alta).

b) Os franceses nunca esqueceram Napoleão Bonaparte: os ingleses também não.

c) O objetivo da guerra não é morrer por seu país; mas fazer o outro sujeito morrer pelo dele.

d) Aqui jaz, muito a contragosto, Albert Einstein.

e) O movimento, ecológico, está ajudando a preservar inúmeras espécies (de políticos).

COMENTÁRIOS:

Alternativa "a" – A conjunção "e" é aditiva.

Regra: *Normalmente antes da conjunção e a vírgula não se utiliza, pois, sendo uma conjunção coordenativa aditiva, serve para ligar dois termos ou duas orações de idêntica função*[1].

---

1. CUNHA, Celso e CINTRA, Lindley. Nova Gramática do Português Contemporâneo.

Alternativa "b" – O sinal de dois pontos deveria ser substituído por ponto e vírgula ou por ponto final.

Alternativa "c" – Antes da conjunção coordenativa adversativa, deve-se usar vírgula.

Alternativa "d" – As vírgulas demarcam intercalação entre o verbo e o objeto direto.

Lê-se: Aqui jaz Albert Einstein.

Alternativa "e" – Sujeito: o movimento ecológico. Não cabe a vírgula separando o adjunto adnominal nem a vírgula entre o sujeito e o verbo.

RESPOSTA: D

02 **(FGV – TJ AP – Técnico Judiciário – 2024)** A pontuação é um elemento importante na clareza da frase. A opção abaixo em que o emprego da vírgula é devido à elipse do verbo, é:

a) Quando se morre, é por muito tempo;
b) Eu percebo, sem nenhum temor, a desunião das moléculas de minha existência;
c) Nada resume um homem, nem sequer suas ideias;
d) Ele tinha a mesma doença que eu, só que a minha é pior;
e) A rosa vive uma hora; o cipreste, cem anos.

COMENTÁRIOS:

Nota da autora: Elipse do verbo é a omissão do verbo.

Definições: **elipse** é a omissão de uma ou de várias palavras que são dispensáveis para a compreensão da frase. **Zeugma** é a omissão de um termo mencionado anteriormente no enunciado.

Síntese: zeugma é um tipo de elipse.

Alternativa "a" – A vírgula demarca deslocamento da oração subordinada adverbial.

Alternativa "b" – As vírgulas intercalam o adjunto adverbial entre o verbo e o complemento (objeto direto).

Alternativa "c" – A elipse ocorre no final da frase, ou seja, não é sinalizada pela vírgula.

Lê-se: Nada resume um homem, nem sequer suas ideias [resumem].

Alternativa "d" – Na frase daria para encaixar o substantivo "doença", mas há duas importantes observações: no comando, pede elipse do verbo, não do substantivo; não existe vírgula demarcando a elipse.

Lê-se: Ele tinha a mesma doença que eu, só que a minha [doença] é pior;

Alternativa "e" – Elipse do verbo "viver": A rosa vive uma hora; o cipreste [vive] cem anos.

RESPOSTA: E

Texto 1

Vejamos, agora, o que nos diz Machado de Assis sobre a autópsia: "Li um termo de autópsia. Nunca deixo de ler esses documentos, não para aprender anatomia, mas para verificar ainda uma vez como a língua científica é diferente da literária. Nesta, a imaginação vai levando as palavras belas e brilhantes, faz imagens sobre imagens, adjetiva tudo, usa e abusa de reticências, se o autor gosta delas. Naquela, tudo é seco, exato e preciso. O hábito externo é externo, o interno é interno; cada fenômeno, cada osso, é designado por um vocábulo único. A cavidade torácica, a cavidade abdominal, a hipóstase cadavérica, a tetania, cada um desses lugares e fenômenos não pode receber duas apelações, sob pena de não ser ciência."

(Adaptado. A Semana, 1830)

03 **(FGV – Técnico Policial de Necropsia – PC RJ/2022)** No texto 1, Machado de Assis fala das reticências e do seu uso por parte dos autores que gostam delas. A frase abaixo em que o emprego das reticências expressa uma emoção intensa é:

a) Isso não é... um pouco... como dizer?... estranho?
b) Mas... a barata... a barata... você conseguiu pegá-la?
c) Como sua vida está em perigo, ele vive agora em X..., pequena cidade europeia;
d) Júlio casou ontem e, salvo um milagre (ou de... você sabe do que estou falando...), vai poder aproveitar o verão antes de nascer o primeiro bebê;
e) Os vândalos estão de volta para fazer m... nas passeatas.

COMENTÁRIOS:

Alternativa "a" – As reticências expressam hesitação, incerteza, dúvida.

Alternativa "b" – Além do uso das reticências, a repetição da palavra "barata" reforça a ideia de emoção extrema.

Alternativa "c" – A letra X representa algo desconhecido. Ao inserir as reticências, fica claro que se refere a algo que não pode ser elucidado, ou seja, é uma citação incompleta.

Curiosidade: *o significado da letra "x" remonta à palavra árabe para "coisa", ou šay'. Em textos antigos, como o Al-Jabr, um manuscrito escrito em Bagdá em 820 d.C. que estabeleceu as regras da álgebra, variáveis matemáticas eram chamadas de coisas. Por exemplo, uma equação podia ser lida como "três coisas igual a 15", a "coisa" sendo o número 5. Mais tarde, quando o Al-Jabr foi traduzido para o antigo espanhol, a palavra šay' foi escrita como "xei". Em seguida, foi abreviada como "x"*[2].

Alternativa "d" – As reticências indicam que a citação está incompleta.

Alternativa "e" – As reticências ocultam a palavra.

RESPOSTA: B

04 **(FGV – Técnico Policial de Necropsia – PC RJ/2022)** Em todas as frases abaixo foram realizados deslocamentos de termos e foram acrescentadas vírgulas nas frases modificadas; a única frase em que a vírgula está correta é:

2. Porque a letra "X" é usada para representar o desconhecido? (hypescience.com)

a) Os críticos são gente que fracassou na literatura e na arte / Os críticos são gente que fracassou na arte, e na literatura;
b) Na arte não existe passado nem futuro / Na arte não existe futuro, nem passado;
c) A obra-prima é uma variedade do milagre / Uma variedade do milagre, é a obra--prima;
d) O futebol é o mais popular dos esportes / Dos esportes, o futebol é o mais popular;
e) Dois mais três são cinco / Três mais dois, são cinco.

COMENTÁRIOS:

Alternativa "a" – A expressão "na arte e na literatura" possui função de adjunto adverbial de lugar e o conectivo "e" adiciona: vírgula desnecessária.

Alternativa "b" – A conjunção "nem" adiciona e a vírgula é desnecessária.

Alternativa "c" – Não pode haver pontuação entre sujeito e verbo ou entre sujeito e predicado.
Exceção: se houver intercalação: Uma variedade do milagre, hoje em dia, é a obra-prima. Lê-se: Uma variedade do milagre é a obra-prima.

Alternativa "d" – A oração não se inicia com sujeito, ou seja, houve inversão e a vírgula é obrigatória.

Alternativa "e" – Não pode haver pontuação entre sujeito e verbo ou entre sujeito e predicado.

RESPOSTA: D

05 (FGV – IMBEL – Cargos de Nível Médio – 2021)
"Diz-se da melhor companhia: sua conversa é instrutiva; seu silêncio, formativo."

O emprego da vírgula é justificado na frase acima pela mesma razão em que ocorre na seguinte frase:

a) "A imaginação não faz castelos no ar, mas transforma cabanas em castelos no ar."
b) "O homem ama a companhia, mesmo que seja apenas a de uma vela que queima."
c) "Para o desesperado, a partida não parece menos impossível do que o retorno."
d) "Ai de quem é só, pois se cai não tem quem o levante."
e) "Beber pouco é bom. Não beber, trágico."

COMENTÁRIOS

Nota da autora: A vírgula indica zeugma, ou seja, omissão de um verbo já mencionado na oração anterior. Lembre-se de que zeugma é um tipo de elipse.

Alternativa "a" – A vírgula é obrigatória antes da conjunção adversativa "mas".

Alternativa "b" – A vírgula separa a oração subordinada adverbial concessiva.

Alternativa "c" – A vírgula demarca inversão, isto é, o período não está na ordem direta.

Alternativa "d" – A vírgula separa a oração coordenada explicativa. A conjunção "pois" possui o valor de "porque".

Alternativa "e" – A vírgula está no lugar do verbo "ser". Ocorreu zeugma: não beber [é] trágico.

RESPOSTA: E

Texto 5

"No Paquistão, quando sou proibida de ir à escola, compreendo o quão importante é a educação. A educação é o poder das mulheres. (....) Nós percebemos a importância de nossa voz quando somos silenciados". É assim que a pequena notável enxerga o horizonte e – por meio das novas tecnologias – pôde fazer ecoar sua voz. Educação é um ato político, e se é na sociedade (seja física ou digital) o nascedouro de faíscas de perspectivas para um mundo mais igualitário, a escola deve ser o seu maior berçário.

Empoderamento educacional, Ivan Aguirra

06 **(FGV – Técnico – Área Administrativa – MP RJ – 2019)** O sinal gráfico do texto 5 que mostra seu sentido de forma correta é:

a) as aspas indicam que o trecho selecionado é de grande importância para o texto;
b) os parênteses com pontos em seu interior indicam que algo foi censurado no texto original;
c) os parênteses com palavras em seu interior indicam a presença de uma informação esquecida anteriormente;
d) as letras maiúsculas no início de Paquistão e Educação foram empregadas pelo mesmo motivo;
e) os pequenos travessões que destacam *por meio das novas tecnologias* inserem uma nova informação no texto.

COMENTÁRIOS:

Alternativa "a" – As aspas indicam uma citação.

Alternativa "b" – Indica que há algo além do que foi mencionado, não tem a ver com censura.

Alternativa "c" – As palavras explicam a "sociedade".

Alternativa "d" – Os motivos são distintos: Paquistão – país; Educação – vocábulo que inicia uma oração.

Alternativa "e" – Exatamente: indica o meio pelo qual ela enxerga o horizonte e pôde fazer ecoar sua voz.

RESPOSTA: E

07 **(FGV – Técnico Judiciário – TJ – SC/2018)** Ele falou, com simplicidade: "No ano passado, quando fiz aniversário, minha mãe me levou ao circo. Colocou em mim essas meias vermelhas. Eu reclamei. Comecei a chorar. Disse que todo mundo ia rir de mim, por causa das meias vermelhas.

Mas ela disse que tinha um motivo muito forte para me colocar as meias vermelhas. Disse que se eu me perdesse, bastaria ela olhar para o chão e quando visse um menino de meias vermelhas, saberia que o filho era dela."

Sobre os sinais de pontuação e sinais gráficos empregados nesse segmento do texto, é correto afirmar que:

a) as aspas são empregadas para destacar um segmento importante da narrativa;
b) o emprego de vírgula após "Ele falou" é obrigatório;
c) o emprego de dois pontos após "colocar as meias vermelhas" seria também adequado;
d) o emprego de ponto entre "Eu reclamei" e "Comecei a chorar" é incorreto, já que se deveria empregar a conjunção "e";
e) o emprego de uma vírgula antes de "quando visse um menino de meias vermelhas" é optativo.

COMENTÁRIOS:

Alternativa "a" – As aspas foram utilizadas no discurso direto, indicam a fala do menino.

Alternativa "b" – A oração está na ordem direta: sujeito + verbo + adjunto adverbial de modo. A vírgula é facultativa. Se houve inversão do adjunto adverbial (Com simplicidade, ele falou) ou intercalação (Ele, com simplicidade, falou), a pontuação seria obrigatória.

Alternativa "c" – O sinal de dois pontos indicaria uma explicação, um esclarecimento do motivo de para colocar as meias vermelhas no menino.

Alternativa "d" – São orações coordenadas, possuem independência sintática e estão corretos tanto o uso do ponto final (assindética) como a inserção da conjunção aditiva (sindética).

Alternativa "e" – É obrigatório para intercalar a oração subordinada adverbial temporal. Leia o que está em negrito: **Disse que se eu me perdesse, bastaria ela olhar para o chão e,** quando visse um menino de meias vermelhas, **saberia que o filho era dela**.

RESPOSTA: C

08 **(FGV – SEPOG RO – Técnico em Tecnologia da Informação – 2017)** *"Temos uma notícia triste: o coração não é o órgão do amor."*

Nesse caso, o emprego dos dois pontos se justifica porque:

a) se esclarece a seguir o sentido de palavras anteriores.
b) é explicada uma afirmação precedente.
c) se mostra a conclusão de um raciocínio.
d) se explicita o termo "notícia triste".
e) se retifica um erro cometido.

COMENTÁRIOS

Alternativa "d" - Explicitar é *tornar explícito, claro, sem margem para ambiguidades* o que é uma notícia triste.

Os dois pontos servem: para anunciar a fala de personagens nas histórias de ficção, anunciar uma citação, anunciar uma enumeração, indicar um esclarecimento, resultado ou resumo do que se disse, antes de orações apositivas e na invocação das correspondências.

Alternativa "a" - *Esclarecer e explicar* são sinônimos. *Explicar* seria para uma palavra cujo significado deva ser divulgado para auxiliar na compreensão do texto. Não ocorre no contexto.

Alternativa "b" - Como visto, não explica.

Alternativa "c" - Não conclui, pois não cabe a conjunção "logo".

Alternativa "e" - Não há erro.

RESPOSTA: D

Texto para responder à questão.

Por que sentimos calafrios e desconforto ao ouvir certos sons agudos - como unhas arranhando um quadro-negro?

Esta é uma reação instintiva para protegermos nossa audição. A cóclea (parte interna do ouvido) tem uma membrana que vibra de acordo com as frequências sonoras que ali chegam. A parte mais próxima ao exterior está ligada à audição de sons agudos; a região mediana é responsável pela audição de sons de frequência média; e a porção mais final, por sons graves. As células da parte inicial, mais delicadas e frágeis, são facilmente destruídas - razão por que, ao envelhecermos, perdemos a capacidade de ouvir sons agudos. Quando frequências muito agudas chegam a essa parte da membrana, as células podem ser danificadas, pois, quanto mais alta a frequência, mais energia tem seu movimento ondulatório. Isso, em parte, explica nossa aversão a determinados sons agudos, mas não a todos. Afinal, geralmente não sentimos calafrios ou uma sensação ruim ao ouvirmos uma música com notas agudas.

Aí podemos acrescentar outro fator. Uma nota de violão tem um número limitado e pequeno de frequências - formando um som mais "limpo". Já no espectro de som proveniente de unhas arranhando um quadro-negro (ou de atrito entre isopores ou entre duas bexigas de ar) há um número infinito delas. Assim, as células vibram de acordo com muitas frequências e aquelas presentes na parte inicial da cóclea, por serem mais frágeis, são lesadas com mais facilidade. Daí a sensação de aversão a esse sons agudos e "crus".

Ronald Ranvaud, *Ciência Hoje*, nº 282.

09 **(FGV – Prefeitura de Salvador – 2017)** No título do texto, o segmento após o travessão é uma:

a) explicação de um termo anterior.
b) exemplificação de "sons agudos".
c) comparação de "sons agudos" com "unhas arranhando um quadro-negro".
d) conclusão feita a partir da parte inicial do texto.
e) uma finalidade da produção de sons agudos.

COMENTÁRIOS

Nota da autora: O travessão é empregado **no discurso direto, para indicar a fala da personagem ou a mudança de interlocutor nos diálogos; para separar expressões ou frases explicativas, intercaladas; para destacar algum elemento no interior da frase, servindo muitas vezes para realçar o aposto; para substituir o uso de parênteses, vírgulas e dois-pontos, em alguns casos.**

Alternativa – Note que no comando da questão está clara a citação do título do texto. Um **exemplo** de som agudo são as unhas arranhando um quadro-negro.

Alternativa "a" – Não explica o som agudo, como mencionado na questão anterior.

Alternativa "c" – Não compara, pois afirma que as unhas arranhando um quadro-negro é um som agudo.

Alternativa "d" – Não há conclusão no título.

Alternativa "e" – Não menciona "para quê?".

RESPOSTA: B

10 **(FGV – Agente Penitenciário – MA/2013)** "'Morar' em uma caixa de metal sob um sol de escaldar não deve ser nada agradável".

Nesse período do texto, o vocábulo 'morar' aparece entre aspas porque:

a) recebe um sentido especial, de valor positivo.
b) indica uma expressão de autoria alheia.
c) mostra um termo empregado em sentido afetivo.
d) destaca um termo importante para o sentido do texto.
e) apresenta um significado irônico.

COMENTÁRIOS

Alternativa "e" – As aspas indicam clara ironia, já que morar em uma caixa de metal sob um sol de escaldar não é agradável. O uso das aspas foi citado em questões anteriores.

Alternativa "a" – Não é sentido positivo.

Alternativa "b" – Não é autoria alheia, o nome do autor foi citado.

Alternativa "c" – Longe de ser afetividade.

Alternativa "d" – Não é termo importante.

RESPOSTA: E

11 **(FGV – 2014)** Assinale a alternativa em que se deixou de empregar uma vírgula, contrariando as regras de pontuação.

a) *"Quando surgiu e se popularizou o automóvel anunciou-se uma utopia possível".*

b) *"No futuro previsto os carros ofereceriam transporte rápido e lazer inédito em estradas magnetizadas para guiá-los mesmo sem motorista".*

c) *"Isso se os carros não voassem, ou se não houvesse um helicóptero em cada garagem".*

d) *"Nada disso aconteceu".*

e) *"Foi outra utopia que pifou".*

COMENTÁRIOS

Não se usa vírgula entre sujeito e verbo (sujeito e predicado) e entre verbo e complemento.

RESPOSTA: A

– Ocorre inversão, ou seja, a oração não se inicia com o sujeito e por isso a vírgula é obrigatória.

É necessário marcar a inversão da oração adverbial temporal: *"**Quando surgiu e se popularizou o automóvel**, anunciou-se uma utopia possível".*

DICA:

Inversão de locução adverbial longa ou oração adverbial = vírgula obrigatória
Inversão de advérbio até três palavras = vírgula facultativa

DICA:

A vírgula é opcional depois de adjunto adverbial deslocado que tenha até três palavras. Use a vírgula para destacar a informação do adjunto adverbial:

- Hoje, todos os envolvidos na criação e os que nele trabalharam e trabalham têm motivo de sobra para comemorar – disse o senador.
- Hoje todos os envolvidos na criação e os que nele trabalharam e trabalham têm motivo de sobra para comemorar – disse o senador.
- No país, foram eleitos 77 prefeitos e 1.204 vereadores filiados ao partido, o que representa crescimento de 42,9% e de 54,4% com relação a 2008, respectivamente.
- No país foram eleitos 77 prefeitos e 1.204 vereadores filiados ao partido, o que representa crescimento de 42,9% e de 54,4% com relação a 2008, respectivamente.
- Na terça-feira, a comissão temporária que examina a modernização do Código de Defesa do Consumidor (CDC) debateu a necessidade de regras para publicidade infantil.
- No mês passado, os governos do Brasil, África do Sul, Índia e China, grupo chamado de Basic, finalizaram declaração conjunta sobre as medidas de redução de emissões de gases de efeito estufa.

Use sempre a vírgula para separar o adjunto adverbial longo que estiver deslocado.

- Na reunião de ontem, a CRE aprovou a indicação de Affonso Emílio de Alencastro Massot para o cargo de embaixador no Líbano e a de Arnaldo Caiche D'Oliveira, que já responde pelo Benin, para exercer cumulativamente o cargo de embaixador no Níger.[3]

Alternativa "b" – *"No futuro previsto os carros ofereceriam transporte rápido e lazer inédito em estradas magnetizadas para guiá-los mesmo sem motorista".* = **Deslocamento (inversão) de adjunto adverbial de tempo com três palavras.**

Alternativa "c" – *"Isso se os carros não voassem, ou se não houvesse um helicóptero em cada garagem".* = **A vírgula separa oração alternativa.**

Alternativa "d" – *"Nada disso aconteceu".* = **Não se usa vírgula em orações na ordem direta**: sujeito + verbo.

Alternativa "e" – *"Foi outra utopia que pifou".* = **Não se usa vírgula em oração subordinada adjetiva** (que: pronome relativo) **restritiva.**

12 **(FGV)** Quanto ao emprego dos sinais de pontuação, assinale a frase incorreta.

a) Embora seja difícil aceitar uma derrota, o conceito de democracia implica reconhecer que o desejo da maioria deve ser respeitado.

b) É preciso não esquecer um fato: a justiça social deve ser perseguida, apesar de existir desigualdade de forças políticas e econômicas entre os atores sociais.

c) Propomo-nos, apesar da paixão envolvida no assunto, a trazer ao foco do debate o tema da ética, que é e será sempre o centro de nossas preocupações.

d) O jeitinho e a cordialidade, traços definidores do caráter brasileiro, segundo alguns, precisam ser redefinidos à luz do processo histórico que constituiu a brasilidade.

e) Mais complexas ainda, são as reflexões acerca das relações sociais baseadas na trocas de favores: sejam eles legalmente concebidos ou desviantes da norma geral.

COMENTÁRIOS

RESPOSTA: E

– Mais complexas**, ainda,** são as reflexões acerca das relações sociais baseadas nas trocas de **favores. Sejam** eles legalmente concebidos ou desviantes da norma geral.

Alternativa "a" – A vírgula separa inversão da oração subordinada adverbial concessiva.

Alternativa "b" – Os dois pontos explicam o fato.

Alternativa "c" – Intercalação: **Propomo-nos**, apesar da paixão envolvida no assunto, **a trazer ao foco do debate o tema**; a última vírgula separa oração adjetiva (pronome relativo) explicativa (generaliza).

Alternativa "d" – Intercalações: **O jeitinho e a cordialidade**, traços definidores do caráter brasileiro, segundo alguns, **precisam ser redefinidos à luz do processo histórico que constituiu a brasilidade.**

3. Fonte: http://www12.senado.gov.br/manualdecomunicacao/redacao-e-estilo/estilo/adverbio-deslocado.

Dica:

Oração subordinada adjetiva explicativa: com pontuação (generaliza: todos).

Oração subordinada adjetiva restritiva: sem pontuação (especifica: apenas).

2. NÍVEL SUPERIOR

01 **(FGV – 2025 – TCE RR – Analista Administrativo – Tecnologia da Informação)** Assinale a frase abaixo que está corretamente pontuada.

a) A Internet é uma solução, à procura de um problema.
b) Vencer é 90% suor e 40%, técnica.
c) Os tempos futuros trarão, muitíssimos, outros inventos.
d) Cheguei atrasado e ela, adiantada.
e) Os erros, mais curtos, são os melhores.

COMENTÁRIOS:

Alternativa "a" – Vírgula desnecessária porque a oração está na ordem direta: sujeito + verbo de ligação + predicativo do sujeito + adjunto adverbial.

Alternativa "b" – Ocorre paralelismo e a vírgula é proibida:

Vencer é → 90% suor

→ 40% técnica.

Observação: existe erro lógico (90 e 40%), mas a banca não se preocupa com isso no comando.

Alternativa "c" – As vírgulas são desnecessárias porque a oração está na ordem direta, não há deslocamento nem aposto: sujeito + verbo transitivo direto + objeto direto.

Observação: "muitíssimos" é adjunto adnominal do complemento verbal. Não é adjunto adverbial por estar pluralizado.

Alternativa "d" – A vírgula demarca zeugma (omissão do verbo).

Lê-se: Cheguei atrasado e ela [chegou] adiantada.

Alternativa "e" – Vírgulas proibidas: os erros mais curtos (sujeito) + verbo de ligação + predicativo do sujeito.

Observação: "mais curtos" possui função de adjunto adnominal do sujeito.

RESPOSTA: D

02 **(FGV – Perito Criminal Área II – PC MG – 2025)** As frases a seguir mostram a presença de vírgulas. Assinale aquela em que a justificativa para essa presença se mostra adequada.

a) Tiradentes, nosso herói, deu nome a uma cidade. / *separar elemento anteposto.*
b) Ministro, temos reunião marcada. / *presença de aposto.*
c) A juventude tem vantagens, claro! / *separar elementos externos inseridos na frase.*

d) Rio de Janeiro, 1º de dezembro de 2024. / *separar o vocativo.*
e) Ele é flamenguista e eu, vascaíno. / *isolar termos explicativos.*

COMENTÁRIOS:

Alternativa "a" – Separa o aposto explicativo de "Tiradentes".

Alternativa "b" – Presença de vocativo – com quem se fala, a quem se dirige.

Alternativa "c" – Separa uma interjeição que possui sentido de *sem dúvida, certamente.*

Alternativa "d" – Separa o local da data.

Alternativa "e" – Demarca zeugma, ou seja, a omissão de um verbo já mencionado.

Lê-se: Ele é flamenguista e eu sou vascaíno.

Observação: como os sujeitos são distintos, é aconselhável inserir vírgula antes da conjunção aditiva "e".

RESPOSTA: C

03 **(FGV – Câmara Municipal de SP – Consultor Técnico Legislativo – 2024)** Todas as frases abaixo mostram o emprego de uma vírgula.

Assinale a frase em que esse emprego está corretamente justificado.

a) Bahia, 22 de abril de 1500 / separar ou isolar o vocativo.
b) Os pessimistas, devemos deixá-los de lado / indicar a supressão de verbo já enunciado.
c) Em toda revolução, há as pessoas que a fazem e as que se aproveitam dela / separar ou isolar o adjunto adverbial deslocado.
d) Só existem três coisas que param no ar: beija-flor, helicóptero e Dadá Maravilha / isolar expressões de valores diversos.
e) O São Paulo não precisa de um psicólogo, mas sim de um psiquiatra / isolar o aposto.

COMENTÁRIOS:

Alternativa "a" – Separa o local da data.

Alternativa "b" – Indica inversão do complemento direto pleonástico. Sujeito implícito: nós.

Alternativa "c" – Separa ou isola o adjunto adverbial – inversão, deslocamento.

Alternativa "d" – Isola o aposto explicativo de "três coisas"; isola enumeração.

Alternativa "e" – Separa a oração coordenada adversativa.

Dica: antes da conjunção "mas" (quando indica oposição), a vírgula é obrigatória.

RESPOSTA: C

04 **(FGV – AL SC – Analista Legislativo III – 2024)** Assinale a frase em que se comete um ***erro*** de pontuação.

a) Riso. O mais inocente de todos os diuréticos.

b) Todos os maus são bebedores de água: está bem provado com o dilúvio.
c) Para o homem sensual, todo alimento é doce.
d) O doutor Riso e o doutor Sono: os dois melhores médicos que existem.
e) Eu prefiro consultar médicos, mas ela videntes.

COMENTÁRIOS:

Alternativa "a" – O ponto final está enfatizando o substantivo "riso".

Alternativa "b" – O sinal de dois-pontos introduz uma explicação.

Dica: pode ser encaixada a conjunção "porque".

Alternativa "c" – A vírgula demarca deslocamento, ou seja, a oração não está na ordem direta.

Alternativa "d" – O sinal de dois-pontos introduz um aposto explicativo.

Alternativa "e" – Ocorre omissão de termos e a vírgula é obrigatória para demarcar a elipse.

Correção: Eu prefiro consultar médicos, mas ela, videntes.

Lê-se: Eu prefiro consultar médicos, mas ela [prefere consultar] videntes.

RESPOSTA: E

05 **(FGV – TJ AP – Analista Judiciário – 2024)** A pontuação foi criada para que os textos se tornassem mais claros. Uma das regras do emprego da vírgula é sua utilização para marcar uma oração adverbial antecipada, como na seguinte frase:

a) Como seriam venturosos os agricultores, se conhecessem a sua fortuna;
b) A natureza é grande nas grandes coisas, mas é grandiosa nas pequenas coisas;
c) O trabalho do lavrador é o trabalho natural do homem, o único que acalma as paixões e vigoriza o corpo;
d) Sentar-se à sombra, num belo dia, e repousar o olhar sobre a verdura é o repouso mais perfeito;
e) Quando a última árvore morrer e o último rio for envenenado, você vai perceber que o dinheiro não alimenta.

COMENTÁRIOS:

Alternativa "a" – A vírgula separa a oração adverbial condicional que está no final do período.

Alternativa "b" – A oração separa oração coordenada adversativa.

Alternativa "c" – A vírgula separa o aposto explicativo de "trabalho natural do homem".

Alternativa "d" – As vírgulas demarcam intercalação do adjunto adverbial de tempo.

Alternativa "e" – Oração subordinada adverbial temporal: Quando a última árvore morrer e o último rio for envenenado.

RESPOSTA: E

Texto – O futuro do plástico *(fragmento)*

Por Bruno Garattoni e Tiago Cordeiro

"[...]

Em setembro, um estudo publicado por cientistas chineses detectou, pela primeira vez, a presença de microplásticos (partículas com menos de 5 milímetros) na placenta humana. Eles analisaram as placentas de 17 gestantes, e todas continham quantidades 'muito abundantes' de microplásticos. [...]

Estamos expostos ao plástico antes mesmo de nascer. E, ao chegar a este mundo, somos bombardeados por ele. Literalmente. Em 2020, cientistas da Universidade Cornell, nos EUA, coletaram amostras de ar em 11 pontos do país – e descobriram que, nelas, 'chovem' mais de 1.000 toneladas de microplásticos por ano, o equivalente a 120 milhões de garrafas PET.

[...]

Mas suas principais fontes são a água e a comida. Um estudo da Universidade de Newcastle analisou a quantidade presente em alguns alimentos, como peixes, mariscos, sal, cerveja, água, mel e açúcar – e concluiu que cada adulto ingere em média 20 gramas de microplásticos, o equivalente a uma pecinha de Lego, por mês. E o cálculo não considera outros alimentos ou fontes, como os microplásticos presentes em cremes dentais ou liberados por panelas com o revestimento antiaderente danificado – que podem soltar mais de 9.000 pedacinhos a cada uso. Ou seja: não estamos apenas sendo soterrados pelo plástico. Ele já está dentro de nós.

[...].

A ilha transparente

Em 1997, o oceanógrafo Charles Moore estava voltando de uma regata entre Los Angeles e Honolulu, no Havaí, quando resolveu testar seu veleiro, o Alguita. Pegou uma rota tranquila, com pouco vento, no Giro do Pacífico Norte [...]. Mas, aí, viu pedaços de plástico boiando a esmo no meio do oceano.

Era a primeira observação da Grande Ilha de Lixo do Pacífico, um fenômeno que havia sido teorizado em 1988 por cientistas do governo americano. A ilha fica entre a costa oeste dos EUA e o Japão, e é formada por mais de 1,8 trilhão de detritos, que somam mais de 80 mil toneladas de plástico e se estendem por 1,6 milhão de quilômetros quadrados – o tamanho do estado do Amazonas.

Só que a ilha não é bem como as pessoas imaginam, com uma gigantesca maçaroca flutuante. Em sua maior parte, ela é invisível a olho nu. Isso porque o lixo vai se fragmentando – e 80% dele já está na forma de microplásticos.

Eles são muito pequenos, e ficam espalhados por uma área gigantesca. Por isso, a ilha é difícil de ver – seja de barco ou por imagens de satélite.

Mas causa um impacto ambiental enorme: afeta mais de 700 espécies. Os animais marinhos podem ficar presos na ilha de lixo, ou ingerir plástico em quantidades nocivas. Além disso, como os pedacinhos de plástico deixam a água ligeiramente turva, reduzem o acesso das algas marinhas à luz do sol, podendo desregular seriamente a cadeia alimentar.

A bactéria mutante

A usina nuclear de Chernobyl é um dos pontos mais contaminados do mundo. Quando seu reator 4 explodiu, em 1986, a radioatividade no local chegou a incríveis 300 sieverts por hora: o equivalente a 3 milhões de exames de raio-X, e suficiente para matar uma pessoa em cerca de 1 minuto. [...]

Mas foi ali que, em 1991, pesquisadores acharam algo incrível: um fungo radiotrófico, ou seja, capaz de se alimentar de radiação. Ele se chama Cryptococcus neoformans, e a ciência já o conhecia; mas essa sua nova habilidade, não. [...] Décadas mais tarde, em 2016, algo parecido aconteceu – só que com o plástico. Um grupo de pesquisadores estava testando amostras do solo perto de uma usina de reciclagem de garrafas PET na cidade de Sakai, no Japão. Eles encontraram uma bactéria capaz de 'comer' esse material, transformando-o em energia para sobreviver.

O micróbio foi batizado de Ideonella sakaiensis, e passou a ser estudado em laboratório. O segredo dessa bactéria está numa enzima que ela produz: a PETase, que decompõe esse tipo de plástico [o plástico produzido a partir do polietileno tereftalato, ou PET, e que pode ser encontrado nas garrafas plásticas que recebem esse nome]. Nos anos seguintes, outras pesquisas descobriram dezenas de PETases, fabricadas por vários micro-organismos. Elas decompõem o plástico em poucos dias – acelerando muito a degradação natural, que leva séculos.

Cientistas da Universidade do Texas criaram uma versão alterada da enzima, que se chama FAST-PETase e funciona incrivelmente bem: basta aplicá-la sobre o plástico, deixar o material numa temperatura de 30 a 50 graus (fácil de atingir e manter num galpão ou tonel levemente aquecido, por exemplo), e a natureza faz todo o resto. Um a sete dias depois, dependendo da temperatura ambiente, você tem plástico novo.

Sem precisar derreter o material, usar aditivos nem lidar com substâncias tóxicas. E a enzima não só decompõe o plástico, ela o refaz: repolimeriza as moléculas do material, montando novamente as cadeias de átomos que formam o PET (e o tornam tão flexível e resistente).

Também há testes com novos métodos de reaproveitamento. A empresa holandesa Ioniqa, por exemplo, inventou uma técnica que permite reciclar as garrafas PET infinitas vezes, como é feito com as latinhas de alumínio. (No método tradicional, isso não acontece: o plástico perde qualidade após cada reciclagem, e você precisa adicionar uma porcentagem cada vez maior de material 'virgem', ou seja, novo, para fazer as garrafas.)

[...]

Em suma: vem aí uma série de inovações que podem aumentar muito a reciclagem. 'Agora dá para começar a enxergar uma verdadeira economia circular em torno do plástico', disse o químico Hal Alper, um dos criadores da enzima FAST-PETase, ao anunciá-la.

[...]"

Disponível em: https://super.abril.com.br/ciencia/o-futuro-do-plastico.
Acesso em: 04/01/2023

06 **(FGV – CGM RJ – Contador – 2023)** Todas as alternativas abaixo apresentam passagens retiradas de *O futuro do plástico* nas quais foi empregado o sinal gráfico das aspas.

A alternativa em que a função desse sinal está INCORRETAMENTE identificada é:

a) "Eles analisaram as placentas de 17 gestantes, e todas continham quantidades 'muito abundantes' de microplásticos." (1º parágrafo) – chamar atenção para um uso redundante;

b) "e descobriram que, nelas, 'chovem' mais de 1.000 toneladas de microplásticos por ano" (2º parágrafo) – sinalizar uso conotativo;

c) "Eles encontraram uma bactéria capaz de 'comer' esse material, transformando-o em energia para sobreviver." (12º parágrafo) – indicar imprecisão terminológica;

d) "e você precisa adicionar uma porcentagem cada vez maior de material 'virgem', ou seja, novo, para fazer as garrafas". (16º parágrafo) – sinalizar uso conotativo;

e) "'Agora dá para começar a enxergar uma verdadeira economia circular em torno do plástico', disse o químico Hal Alper" (17º parágrafo) – marcar discurso direto.

COMENTÁRIOS:

Alternativa "a" – Abundante (adjetivo): *em quantidade maior do que a suficiente.* Muito: advérbio de intensidade – reforça o adjetivo, não é redundante.

Alternativa "b" – O verbo foi usado no sentido figurado.

Alternativa "c" – A bactéria não possui boca, ou seja, existe imprecisão terminológica.

Alternativa "d" – Após o vocábulo, está a explicação do sentido: novo. O sentido é figurado.

Alternativa "e" – É a reprodução da fala do químico.

RESPOSTA: A

07 **(FGV – PC AM – Escrivão/2022)** Observe a seguinte frase:

"O neurótico constrói um castelo no ar. O psicótico mora nele. O psiquiatra cobra o aluguel." (Jerome Lawrence)

Se trocarmos a pontuação entre as frases por conectivos, a forma adequada será:

a) O neurótico constrói um castelo no ar, mas o psicótico mora nele ao passo que o psiquiatra cobra o aluguel.

b) O neurótico constrói um castelo no ar enquanto o psicótico mora nele e o psiquiatra cobra o aluguel.

c) O neurótico constrói um castelo no ar embora o psicótico more nele, mas o psiquiatra cobra o aluguel.

d) O neurótico constrói um castelo no ar e o psicótico mora nele, contudo o psiquiatra cobra o aluguel.

e) O neurótico constrói um castelo no ar ainda que o psicótico more nele, enquanto o psiquiatra cobra o aluguel.

COMENTÁRIOS:

Nota da autora: Há quatro opções indicando contraste e oposição. Basta eliminá-las.

Alternativa "a" – Não existe oposição entre a primeira e a segunda oração, não cabe a **conjunção adversativa** "mas". A terceira não indica simultaneidade, não cabe a locução conjuntiva "ao passo que".

Alternativa "b" – "Enquanto" indica ações simultâneas, proporcionais e equivale a "à medida que"; a última oração adiciona informação.

Alternativa "c" – Não existem **concessão** e **adversidade**, consequentemente não cabem "embora" nem "mas".

Alternativa "d" – Não existe **adversidade**, não cabe a conjunção "contudo".

Alternativa "e" – Não existe **concessão**, não cabe a locução conjuntiva "ainda que".

RESPOSTA: B

08 **(FGV – TJ MS – Analista Judiciário – Área Fim/2022)** "na natureza nada é perfeito e tudo é perfeito as árvores podem ser retorcidas vergadas de modos estranhos e ainda assim são belas".

Observe esse pensamento, transcrito sem os sinais de pontuação originais e todo ele em letras minúsculas.

A forma correta de redigi-lo é:

a) Na natureza, nada é perfeito, e tudo é perfeito. As árvores podem ser retorcidas, vergadas de modos estranhos, e ainda assim são belas.

b) Na natureza nada é perfeito e tudo é perfeito! As árvores podem ser retorcidas, vergadas de modos estranhos e ainda assim são belas.

c) Na natureza, nada é perfeito e tudo é perfeito; as árvores podem ser retorcidas, vergadas de modos estranhos e ainda assim são belas.

d) Na natureza nada é perfeito e tudo é perfeito; as árvores podem ser retorcidas, vergadas de modos estranhos e ainda assim são belas.

e) Na natureza, nada é perfeito e tudo é perfeito. As árvores podem ser retorcidas, vergadas de modos estranhos, e ainda assim são belas.

COMENTÁRIOS:

Alternativa "a"

- **Na natureza,**: deslocamento do adjunto adverbial (por possuir apenas duas palavras, a vírgula é facultativa);
- **nada é prefeito, e tudo é perfeito**: a conjunção "e" possui valor adversativo e a vírgula é obrigatória (equivale a "mas");
- **retorcidas [e] vergadas**: a vírgula substitui a conjunção "e" que coordena termos;
- **modos estranhos, e ainda assim são belas**: a vírgula antes da conjunção "e" é obrigatória por ser se tratar de adversidade (equivale a "mas").

Alternativa "b" – Faltaram as vírgulas antes das duas conjunções adversativas "e". Quanto ao ponto de exclamação, poderia ser utilizado.

Alternativa "c" – Faltaram as vírgulas antes das duas conjunções adversativas "e". Quanto ao sinal de ponto e vírgula, poderia ser utilizado por separar orações coordenadas.

Alternativa "d" – Faltaram as vírgulas antes das duas conjunções adversativas "e". O sinal de ponto e vírgula poderia ser usado por separar orações coordenadas.

Alternativa "e" – Faltou vírgula antes da primeira conjunção "e" por ser adversativa – conforme mencionado na primeira alternativa.

Observação: o gabarito preliminar era E. A banca alterou para E porque a segunda conjunção é adversativa.

RESPOSTA: A

09 **(FGV – Técnico Superior Jurídico – DPE – RJ/2019)** "Pensar mal amiúde significa tornar mau. Na vida das nações (1) não menos que na dos indivíduos (2) os primeiros momentos de uma trajetória imprimem (3) no que está nascendo (4) traços de teimosa permanência".

(Eduardo Giannetti, O Elogio do Vira-Lata e outros ensaios. 1ª. ed. São Paulo: Companhia das Letras, 2018. p. 13).

Nesse segmento inicial de um texto, poderiam ser usadas vírgulas nas posições dos seguintes números:

a) apenas em (1) e (2);
b) apenas em (2) e (4);
c) apenas em (3) e (4);
d) apenas em (1), (2) e (4);
e) em (1), (2), (3) e (4).

COMENTÁRIOS:

Alternativa "a" – Em 3 e 4 há intercalação.

Alternativa "b" – 1: inversão; 3: intercalação.

Alternativa "c" – 1: inversão; 2: intercalação.

Alternativa "d" – 3: intercalação.

Alternativa "e" – 1. A vírgula demarca inversão do adjunto adverbial; 2. As vírgulas separam intercalação. Lê-se: Na vida das nações, os primeiros momentos de uma trajetória imprimem traço; 3. A vírgula intercala a oração entre o verbo transitivo direto e o objeto direto; 4. A vírgula finaliza a intercalação entre o verbo transitivo direto e o objeto direto.

RESPOSTA: E

10 **(FGV – Analista Judiciário – Oficial de Justiça Avaliador – TJ – AL/2018)** "'Votação importante hoje (19/02) e os deputados ao invés de estarem trabalhando e fazendo jus ao salário superior a 25 mil reais, estão trocando e colando figurinha da Copa do Mundo em meio à votação. Se eu falasse, ninguém acreditaria', diz o post".

Sobre o emprego de pontuação e de sinais gráficos nesse segmento do texto 2, é correto afirmar que:

a) não deveria haver vírgula após "25 mil reais";
b) os parênteses explicam um termo anterior;
c) as aspas indicam que o trecho foi literalmente reproduzido;
d) o acento grave em "à votação" está errado;
e) a datação (19/02) deveria aparecer entre vírgulas.

COMENTÁRIOS:

Alternativa "a" – A banca FGV é repleta de pegadinhas! A vírgula pode ser mantida, desde que seja inserida outra vírgula após "os deputados". A explicação está incompleta, por isso não é a resposta correta.

Alternativa "b" – Os parênteses especificam a data, não explica.

Alternativa "c" – A prova é que se trata de discurso direto – foi escrito na primeira pessoa.

Alternativa "d" – "Em meio **a**" algo: a preposição faz parte da locução + o artigo definido feminino "a" que acompanha o substantivo *votação* = crase.

Alternativa "e" – Poderia ser entre travessões, entre vírgulas ou entre parênteses.

RESPOSTA: C

Texto para responder à questão.

A Copa do Mundo da Rússia só começa no dia 22 de junho, mas a febre dos álbuns com os jogadores das seleções já se espalhou e chegou até ao plenário de uma assembleia legislativa brasileira. O flagrante de dois assessores trocando figurinhas durante uma sessão foi divulgado pelas redes sociais e a cena se espalhou.

No post, que teve mais de 16 mil compartilhamentos e 26 mil curtidas no Twitter, o internauta chega a especular que seriam deputados, mas a direção da casa esclareceu tratarem-se de assessores. "Votação importante hoje (19/02) e os deputados ao invés de estarem trabalhando e fazendo jus ao salário superior a 25 mil reais, estão trocando e colando figurinha da Copa do Mundo em meio à votação. Se eu falasse, ninguém acreditaria", diz o post.

Outro post com mais de 40 mil compartilhamentos traz um vídeo mostrando que a troca ocorreu enquanto uma deputada discursava sobre uma proposta.

A direção da casa legislativa confirmou que as imagens foram feitas durante a sessão da quarta feira e esclareceu que elas mostram dois

"assessores de deputados" trocando figurinhas durante a sessão. "O comportamento não é justificável. Os gabinetes dos deputados aos quais os assessores pertencem, já foram informados, e cabe aos parlamentares decidir como proceder". (adaptado)

11 (FGV – Analista Judiciário – Oficial de Justiça Avaliador – TJ – AL/2018 – adaptada) "A direção da casa legislativa confirmou que as imagens foram feitas durante a sessão de quarta feira e esclareceu que elas mostram dois 'assessores de deputados' trocando figurinhas durante a sessão".

Nesse segmento, o trecho "assessores de deputados" aparece entre aspas a fim de:

a) copiar palavras do regimento interno;
b) criticar a atitude dos funcionários da assembleia;
c) repetir a informação do autor do post;
d) corrigir uma informação falsa;
e) destacar a autoria do delito.

COMENTÁRIOS:

Nota da autora: Questão de pontuação e interpretação de texto.

Alternativa "a" – Absolutamente nada indica que foi retirado do regimento interno.

Alternativa "b" – Não há crítica no segmento, mas sim no período posterior: *o comportamento não é justificável.*

Alternativa "c" – Não ocorre repetição porque a informação do autor é oposta (ideia exposta no período posterior).

Alternativa "d" – Não se trata de assessores de deputados, mas sim de deputados, logo a informação é falsa.

Alternativa "e" – O erro está ao afirmar que se trata de um delito.

RESPOSTA: D

Texto para responder às questões.

CHINA

Estou há pouco mais de dois anos morando na China, **leitor**, e devo dizer que a minha admiração pelos chineses só tem feito crescer. É um país que tem coesão e rumo, como notou o meu colega de coluna neste jornal Cristovam Buarque, que passou recentemente por aqui.

Coesão e rumo. Exatamente o que falta ao nosso querido país. E mais o seguinte: uma noção completamente diferente do tempo. Trata-se de uma civilização milenar, com mentalidade correspondente. Os temas são sempre tratados com uma noção de estratégia e visão de longo prazo. E paciência. A paciência que, como disse Franz Kafka, é uma segunda coragem.

Nada de curto praxismo, do imediatismo típico do Ocidente, que têm sido tão destrutivos e desagregadores.

Esse traço do chinês é até muito conhecido no resto do mundo. Há uma famosa observação do primeiro-ministro Chou En-Lai, muito citada, que traduz essa noção singular do tempo. Em certa ocasião, no início dos anos 1970, um jornalista estrangeiro lançou a pergunta: "Qual é afinal, primeiro-ministro, a sua avaliação da Revolução Francesa?" Chou En-Lai respondeu: "É cedo para dizer".

Recentemente, li aqui na China que essa célebre resposta foi um simples mal-entendido. Com os percalços da interpretação, Chou En-Lai entendeu, na verdade, que a pergunta se referia à revolta estudantil francesa de 1968! Pronto. Criou-se a lenda.

Pena que tenha sido um mal-entendido. Seja como for, é indubitável que para os chineses o tempo tem outra dimensão. Para uma civilização de quatro mil anos ou mais, uma década tem sabor de 15 minutos.

(*O Globo*, 15/9/2017).

12 **(FGV – MPE BA – Analista Técnico – 2017)** O segundo parágrafo do texto começa por "Coesão e rumo", seguido de ponto. Tal pontuação tem como função:

a) valorizar o diagnóstico de Cristovam Buarque;

b) destacar diferenças entre China e Brasil;

c) mostrar as duas vertentes que serão analisadas a seguir;

d) demonstrar os pontos de reflexão explorados no texto;

e) indicar valores da sociedade chinesa milenar.

COMENTÁRIOS

Nota da autora: Questão de pontuação e interpretação.

Alternativa "b" – A **China** *é um país que tem coesão e rumo.* → *Coesão e rumo.* → *Exatamente o que falta ao **nosso querido país**.* Diferença entre os países: não há coesão e rumo no Brasil, apenas na China.

Alternativa "a" – Trata-se apenas do que Cristovam Buarque notou em relação à China.

Alternativa "c" – Não analisa apenas o fato de a China possuir coesão e rumo.

Alternativa "d" – Como mencionado, não reflete apenas sobre a coesão e o rumo.

Alternativa "e" – Cita a sociedade chinesa milenar bem após a pontuação do início do segundo parágrafo.

RESPOSTA: B

13 **(FGV – MPE BA – Analista Técnico – 2017)** No início do texto, o termo "leitor" aparece entre vírgulas pela mesma razão que elas são empregadas em:

a) "Há uma famosa observação do primeiro-ministro Chou En-Lai, muito citada, que traduz essa noção singular do tempo";

b) "Em certa ocasião, no início dos anos 1970, um jornalista estrangeiro lançou a pergunta...";

c) "Qual é afinal, primeiro-ministro, a sua avaliação da Revolução Francesa?";

d) "Recentemente, li aqui na China que essa célebre resposta foi um simples mal-entendido";

e) "É um país que tem coesão e rumo, como notou o meu colega de coluna neste jornal Cristovam Buarque...".

COMENTÁRIOS

Alternativa "c" – *Leitor* e *primeiro-ministro* possuem função de vocativo, ou seja, são termos que servem para chamar, invocar ou interpelar um ouvinte real ou hipotético.

Alternativa "a" – Intercalação. Lê-se: Há uma famosa observação do primeiro-ministro Chou En-Lai que traduz essa noção singular do tempo.

Alternativa "b" – As duas vírgulas indicam inversão de duas locuções adverbiais de tempo: *Em certa ocasião* e *no início dos anos 1970*.

Alternativa "d" – Inversão do advérbio de tempo.

Alternativa "e" – A vírgula separa a oração subordinada adverbial conformativa = conforme notou o meu colega.

RESPOSTA: C

Charge para responder à questão.

14 (FGV – Analista da Defensoria Pública – Analista Jurídico – DPE – RO/2016)
Na grafia da fala do personagem da charge há a utilização de sinais de pontuação e de sinais gráficos; a afirmativa correta sobre a presença desses sinais é:

a) a presença de vocativos (casamento, filhos, saúde) obriga o uso de vírgulas;
b) as reticências ao final mostram que o personagem pensava dizer algo mais;
c) as reticências ao início indicam uma reflexão prévia do tripulante;
d) as vírgulas após os substantivos mostram a omissão de formas verbais;
e) os pontos de exclamação indicam surpresa diante das perguntas do turista.

COMENTÁRIOS

Nota da autora: Fundamental lembrar a diferença entre elipse e zeugma.

- **Elipse**: caracteriza-se pela omissão de um termo facilmente identificado. Não precisa já ter sido citado.

- **Zeugma**: é um tipo especial de elipse, uma vez que também se caracteriza pela omissão de um termo na oração; porém, no zeugma, ocorre a omissão de um termo anteriormente expresso.

Alternativa "d" – Ocorre elipse do verbo "estar": casamento está ok! Filhos estão ok! Saúde está ok!

Alternativa "a" – Em hipótese alguma, o piloto está invocando o casamento, os filhos e a saúde. Sendo assim, não pode ser vocativo. Exemplo de vocativo: **Filhos**, viajarei amanhã. Vocativo é com quem se fala, quem está sendo invocado.

Alternativa "b" – As reticências usadas antes e depois indicam que há mais falas do piloto.

Alternativa "c" – As reticências usadas antes e depois indicam que há mais falas do piloto.

Alternativa "e" – Indicam afirmação, pois estão "OK".

RESPOSTA: D

3. NÍVEL DIFÍCIL

01 **(FGV – Prefeitura de Nova Iguaçu RJ – Auditor Fiscal do Tesouro Municipal – 2024)** Assinale a alternativa que apresenta um uso correto dos recursos de pontuação.

a) Os candidatos, mais preparados, para participar do concurso de ingresso ao magistério público fizeram a sua inscrição pela internet.

b) Os candidatos, mais preparados para participar do concurso de ingresso ao magistério público fizeram sua inscrição pela internet.

c) Os candidatos mais preparados para participar do concurso de ingresso ao magistério público, fizeram sua inscrição pela internet.

d) Os candidatos mais preparados para participar, do concurso de ingresso ao magistério público fizeram sua inscrição pela internet.

e) Os candidatos, mais preparados para participar do concurso de ingresso ao magistério público, fizeram sua inscrição pela internet.

COMENTÁRIOS:

Alternativa "a" – Erros: vírgula antes de "para" e falta de vírgula após "público" para demarcar intercalação.

Lê-se: Os candidatos fizeram sua inscrição pela internet.

Alternativa "b" – Erro: falta de vírgula após "público" para demarcar intercalação.

Alternativa "c" – Erro: falta de vírgula após "candidatos" para demarcar intercalação.

Alternativa "d" – Erros: vírgula após "participar" e falta de vírgulas para demarcar intercalação do aposto explicativo.

Alternativa "e" – As vírgulas intercalam o aposto explicativo de "candidatos".

RESPOSTA: E

02 **(FGV – SEFAZ MT – Fiscal de Tributos Estaduais – 2023)** Nas opções a seguir há segmentos contínuos de um mesmo texto. Assinale a opção que mostra o segmento bem pontuado.

a) Hoje em dia, quando a educação mais elaborada, e o gosto mais cultivado reduziram a um conjunto de regras a arte de agradar aos demais, nossa conduta é governada por uma servilidade baixa e enganosa, de modo que todo preceito de polidez exige constante obediência.

b) As boas maneiras nos são ditadas, e, devemos sempre seguir seus comandos, nunca nossa própria natureza.

c) Sob essa incessante restrição, já não ousamos parecer, como de fato, somos.

d) Naquele rebanho de ovelhas, a que chamamos sociedade, cada homem, em situação semelhante, faz exatamente as mesmas coisas que os outros.

e) Assim, não há mais nenhuma amizade sincera, nenhuma estima, nenhuma confiança segura.

COMENTÁRIOS:

Alternativa "a" – Elimine esta opção porque não pode haver vírgula dentro do sujeito composto: a educação mais **elaborada e** o gosto mais cultivado reduziram. Núcleos: "educação" e "gosto".

Alternativa "b" – A vírgula antes da conjunção "e" é facultativa porque os sujeitos são distintos, mas a vírgula após essa conjunção está incorreta: As boas maneiras nos são ditadas, **e devemos** sempre seguir seus comandos...

Alternativa "c" – A intercalação deve ser da expressão "de fato": Sob essa incessante restrição, já não ousamos parecer como, de fato, somos.

Lê-se: como somos.

Alternativa "d" – Há pronome relativo e a oração é adjetiva. No contexto, a ideia é de restrição, não de explicação e as vírgulas não podem ser usadas: Naquele rebanho de ovelhas **a que chamamos sociedade** cada homem...

Alternativa "e" – A primeira vírgula demarca uma conclusão (assim) e as posteriores separam elementos da enumeração.

Dica: note que pode ser inserida a conjunção "e" entre as expressões.

RESPOSTA: E

Texto para responder às questões.

Há sempre o inesperado

Quem não nasceu de novo por causa de um inesperado?

Iniciei-me no exílio antropológico quando – de agosto a novembro de 1961 – fiz trabalho de campo **entre os índios gaviões** no sul do Pará. **Mas, como os exilados também se comunicam**, solicitei a uma respeitável figura do último reduto urbano que visitamos, uma cidadezinha na margem esquerda do rio Tocantins, que cuidasse da correspondência que Júlio César Melatti, meu companheiro de aventura, e eu iríamos receber. Naquele mundo sem internet, telefonemas eram impossíveis e cartas ou pacotes **demoravam semanas para ir e vir**.

Recebemos uma rala correspondência na aldeia do Cocal. **E, quando chegamos à nossa base, no final da pesquisa, descobrimos que nossa correspondência havia sido violada.**

Por quê? Ora, por engano, respondeu o responsável, arrolando em seguida o inesperado e ironia **que até hoje permeiam a atividade** de pesquisa de Brasil. Foi quando soubemos que quem havia se comprometido a cuidar de nossas cartas não acreditava que estávamos "estudando índios". Na sua mente, éramos bons demais para perdermos tempo com uma atividade tão inútil quanto estúpida. Éramos estrangeiros disfarçados – muito provavelmente americanos – **atrás de urânio e outros metais preciosos.** Essa plausível hipótese levou o nosso intermediário ao imperativo de "conferir" a correspondência.

Mas agora que os nossos rostos escalavrados pelo ordálio do trabalho de campo provavam como estava errado, ele, pela primeira vez em sua vida, acreditou ter testemunhado dois cientistas em ação.

Há sempre o inesperado.

Roberto da Matta. *O GLOBO*. Rio de Janeiro, 18/10/2017.

03 **(FGV – SEFIN RO – 2018 – Auditor Fiscal)** Assinale a opção que apresenta o segmento do texto em que a conjunção **e** tem valor adversativo (oposição), e não aditivo (adição).

a) "... meu companheiro de aventuras, **e** eu iríamos receber".
b) "... demoravam semanas para ir **e** vir".
c) "E quando chegamos à nossa base...".
d) "... arrolando em seguida o inesperado **e** a ironia...".
e) "... atrás de urânio **e** outros metais preciosos".

COMENTÁRIOS

Alternativa "c" – A conjunção "e" possui sentido adversativo (de "mas"), pois as ideias são opostas: Recebemos uma rala correspondência na aldeia do Cocal, **mas** havia sido violada.

Alternativa "a" – Meu companheiro + eu.

Alternativa "b" – Ir + vir.

Alternativa "d" – O inesperado + a ironia.

Alternativa "e" – Atrás de urânio e (atrás) de outros metais.

RESPOSTA: C

04 **(FGV – SEFIN RO – 2018 – Auditor Fiscal)** Assinale a opção em que o conector sublinhado tem corretamente indicado o seu significado.

a) "**entre** os índios gaviões no sul do Pará" / companhia.
b) "Mas, **como** os exilados também se comunicam" / modo.
c) "... demoravam semanas **para** ir e vir" / direção.
d) "... que **até** hoje permeiam a atividade" / inclusão.
e) "... **atrás de** urânio e outros metais preciosos" / finalidade.

COMENTÁRIOS

Alternativa "e" – Para indicar finalidade, deve-se fazer a pergunta "para quê?". Veja a ideia: **para que** éramos estrangeiros disfarçados? Para (a fim de) irmos atrás de urânio e outros metais preciosos.

Alternativa "a" – Onde fiz o trabalho? **Lugar.**

Alternativa "b" – Por que solicitei a uma respeitável figura do último reduto urbano que visitamos? **Causa.**

Alternativa "c" – A preposição está ligada ao verbo *demoravam* (demoravam para algo) e não possui ideia de lugar, ou direção.

Alternativa "d" – Aqui, cabe a noção de **tempo** por se tratar de uma locução adverbial: até hoje.

Observação: a preposição *até* possui ideia de limite. Exemplo: Estudamos até as 23h.

RESPOSTA: E

05 **(FGV – Agente de Fiscalização – TCM-SP – 2015 – adaptada)** Nos trechos, há duas oportunidades em que o autor empregou dois pontos (:):

1. – "...as mesmas mazelas dos presídios para adultos: superpopulação, maus-tratos, desprezo por ações de educação...";
2. – "...para uma conclusão que dele se dissocia: seria contraproducente enviar jovens delinquentes...".

Sobre essas duas ocorrências desses sinais de pontuação, a afirmação correta é:

a) as duas ocorrências precedem enumerações;
b) as duas ocorrências introduzem exemplificações;
c) as duas ocorrências mostram explicações;
d) só a primeira ocorrência introduz uma explicação;
e) só a segunda ocorrência prepara uma explicitação.

COMENTÁRIOS

Alternativa "e" – Em 1, **cita** quais são as mazelas; em 2, **explica** a conclusão de que dele se dissocia.

DICA – Usa-se o sinal de dois-pontos: para anunciar a fala de personagens nas histórias de ficção; para anunciar uma citação; para anunciar uma enumeração; antes de orações apositivas; para indicar um esclarecimento, resultado ou resumo do que se disse; na invocação das correspondências.

Alternativa "a" – Não há enumeração em 1 e em 2.

Alternativa "b" – Não existem exemplos.

Alternativa "c" – No primeiro caso, há citação e não exemplificação.

Alternativa "d" – Apenas na segunda ocorrência existe explicação.

RESPOSTA: E

PARTE V

Coesão, coerência e reescrita de frases

CAPÍTULO 1

Coesão, coerência e reescrita de frases

» **Nos editais:** Domínio dos mecanismos de coesão textual; emprego de elementos de referenciação, substituição e repetição, de conectores e outros elementos de sequenciação textual; reescritura de frases e parágrafos do texto; substituição de palavras ou de trechos de texto; retextualização de diferentes gêneros e níveis de formalidade.

1. NÍVEL MÉDIO

01 **(FGV – 2024 – TRF 1 – Técnico Judiciário – Área Administrativa)** A tradução de uma passagem bíblica mostra o seguinte texto: "Se alguém não vos recebe e não dá ouvidos a vossas palavras, sai daquela casa ou daquela cidade e sacudi o pó de vossos pés".

A afirmação correta sobre a estruturação desse fragmento textual é:

a) a forma verbal correta do verbo "sacudir" seria "sacode".

b) os vocábulos "vos", "vossas", "sai" e "sacudi" estão alinhados com o pronome "vós".

c) o termo "daquela casa ou daquela cidade" não mostra um antecedente explícito.

d) as ações de não receber e não dar ouvidos mostra uma atitude de desconhecimento da mensagem a ser transmitida.

e) a ação de sacudir o pó dos pés indica a preocupação básica com a higiene por parte dos peregrinos.

COMENTÁRIOS:

Alternativa "a" – O verbo deve ser conjugado na segunda pessoa do plural (vós) do imperativo afirmativo. Isso significa que deve ser retirada do presente do indicativo (menos a consoante "s"): eu sacudo, tu sacodes, ele sacode, nós sacudimos, **vós sacudis**, eles sacodem.

No imperativo: **sacudi vós**.

Observação: a forma "sacode" é incabível porque está conjugada na segunda pessoa do singular (tu): sacode tu.

Alternativa "b" – O verbo "sai" está conjugado na segunda pessoa do singular (tu).

As segundas pessoas do imperativo afirmativo são formadas pelas segundas pessoas do presente do indicativo menos a consoante "s".

Observação: as outras pessoas são retiradas do presente do subjuntivo sem que haja alteração.

Dica: não existe a primeira pessoa no imperativo afirmativo nem no negativo.

Confira a tabela para entender melhor.

Presente do indicativo	→	Imperativo afirmativo	←	Presente do subjuntivo
Eu saio		x		Que eu saia
Tu sais →	- s	**SAI** tu		Que tu saias
Ele sai		Saia você		← Que ele saia
Nós saímos		Saiamos nós		← Que nós saiamos
Vós sais →	- s	**SAÍ** vós		Que vós saiais
Eles saem		Saiam vocês		← Que eles saiam

Alternativa "c" – Os dois pronomes demonstrativos possuem valor de pronomes indefinidos por se tratar de qualquer casa, de qualquer cidade.

Não existe antecedente explícito.

Alternativa "d" – A mensagem pode ser conhecida. O que fica evidente é insignificância da mensagem.

Alternativa "e" – Refere-se ao ato de sair do local e nada levar de lá. Retrata o mesmo desprezo de alguém que não deu ouvido às palavras. Não há ligação alguma com higiene.

RESPOSTA: C

02 **(FGV – 2024 – TRF 1 – Técnico Judiciário – Área Administrativa)** O célebre orador Padre Antônio Vieira disse certa vez: "Nós somos o que fazemos. O que não se faz não existe. Portanto, só existimos nos dias em que fazemos. Nos dias em que não fazemos, apenas duramos".

A afirmação correta sobre a estruturação e significação desse fragmento textual é:

a) "existir" e "durar" correspondem, respectivamente, a uma vida inútil e útil.

b) o texto incentiva os ouvintes a praticarem o bem através de ações positivas.

c) a frase "O que não se faz não existe" é uma redundância óbvia, podendo ser retirada, sem prejuízo, do texto.

d) a consequência do que é dito pelo orador é que todos nós somos frutos de nossas obras.

e) os dois últimos períodos da frase mostram uma explicação dos períodos anteriores.

COMENTÁRIOS:

Alternativa "a" – "existir" corresponde a uma vida útil: só existimos nos dias em que fazemos; "durar" corresponde a uma vida inútil: nos dias em que não fazemos, apenas duramos.

A ordem foi alterada.

Alternativa "b" – O texto incentiva a fazer algo, não menciona ações positivas ou negativas.

Alternativa "c" – A informação não é supérflua, não pode ser retirada.

Alternativa "d" – Nossas obras equivalem a "fazer", e só existimos se fizermos algo.

Alternativa "e" – Trata-se de uma conclusão.

Dica: o penúltimo período é iniciado pela conjunção conclusiva "portanto".

RESPOSTA: D

03 **(FGV – 2024 – TRF 1 – Técnico Judiciário – Área Administrativa)** Em muitas frases, a expressão "é que" só tem valor enfático, não participando da estruturação sintática da frase; a opção abaixo em que essa expressão tem valor enfático é:

a) Não passa o tempo: nós é que mudamos!
b) O que a história nos ensina é que a história não ensina nada.
c) O diabo é que ele também quase que não se aguentava nas pernas e sentia os olhos a fecharem-se-lhe de cansaço.
d) E o fato é que aquelas três casinhas, tão engenhosamente construídas, foram o ponto de partida do grande cortiço de São Romão.
e) Só lhe digo é que muito mal se sairá quem quiser meter-se cá com a minha vida!

COMENTÁRIOS:

Nota da autora: Se possui valor enfático, pode ser retirada sem que ocorra prejuízo de sentido.

Quando isso ocorre, trata-se de uma expressão de realce ou expletiva.

Alternativa "a" – Expressão de realce: pode ser retirada.

Lê-se: Não passa o tempo: nós mudamos!

Alternativa "b" – Cabe o pronome catafórico "isto" antes do "que". A ideia é de que algo será mencionado.

Isso indica que há uma conjunção integrante (que), a qual inicia uma oração subordinada substantiva.

Lê-se: O que a história nos ensina é **isto**:

No caso, a oração é substantiva objetiva direta (ensina algo a alguém).

Alternativa "c" – Conjunção integrante, como ocorreu na frase anterior.

Lê-se: O diabo é **isto**:

A oração é subordinada substantiva predicativa.

Alternativa "d" – Conjunção integrante.

Lê-se: O fato é **isto**:

A oração é subordinada substantiva predicativa.

Alternativa "e" – Conjunção integrante.

Lê-se: Só lhe digo **isto**:

A oração é subordinada substantiva objetiva direta (digo algo a alguém).

Observação: nesse caso, pode ser retirado o verbo "ser", mas não o vocábulo "que". A banca tentou confundir seu cérebro.

RESPOSTA: A

04 **(FGV – 2024 – TRF 1 – Técnico Judiciário – Área Administrativa)** Entre as frases abaixo, aquela que mostra repetição por meio do paralelismo sintático, isto é, a repetição de uma mesma estrutura, é:

a) Quando o governo não consegue conciliar governo e povo, nessa hora o governo deve dissolver o povo.
b) O inimigo avança, nós recuamos; o inimigo acampa, nós acossamos; o inimigo se cansa, nós atacamos; o inimigo recua, nós perseguimos.
c) Dois exércitos que combatem são um grande exército que se suicida.
d) O que sabe governar sempre encontra os que sabem obedecer.
e) Ainda não é o fim, tampouco o começo do fim, mas é com certeza o fim do começo.

COMENTÁRIOS:

Alternativa "a" – As estruturas são distintas: o governo não consegue conciliar governo e povo x o governo deve dissolver o povo.

Para serem iguais: o governo não consegue conciliar governo e povo x o governo deve dissolver governo e povo.

Alternativa "b" – As estruturas são distintas: verbo pronominal – cansar-se.

Para serem iguais: o inimigo cansa, nós atacamos.

Alternativa "c" – As estruturas são distintas: combatem x suicida-se (verbo pronominal).

Para serem iguais: que se combatem e que se suicida.

Alternativa "d" – Ocorre paralelismo sintático:

	o	que	sabe	governar
1	pronome demonstrativo (aquele)	pronome relativo função de sujeito (retoma o demonstrativo)	verbo transitivo direto	objeto direto

	os	que	sabem	governar
2	pronome demonstrativo (aqueles)	pronome relativo função de sujeito (retoma o demonstrativo)	verbo transitivo direto	objeto direto

Alternativa "e" – As estruturas são distintas: faltou o verbo "ser" na segunda oração.

Para serem iguais: Ainda não é o fim, tampouco é o começo do fim, mas é com certeza o fim do começo.

RESPOSTA: D

05 **(FGV – 2024 – TRF 1 – Técnico Judiciário – Área Administrativa)** A oração adversativa abaixo sublinhada que estabelece entre os segmentos indicados uma relação de real oposição é:

a) Sejam numerosas as tuas relações, mas os teus conselheiros, um entre mil.
b) Não é sábio quem sabe muitas coisas, mas quem sabe coisas úteis.
c) A beleza é uma letra que se vence à vista, mas a sabedoria tem o seu vencimento a prazo.
d) Muitos recebem conselhos, mas só os sábios os aproveitam.
e) Os sábios descreem, mas os tolos creem.

COMENTÁRIOS:

Nota da autora: Atente-se ao comando, pois menciona **real** oposição, ou seja, é necessário que haja vocábulos antônimos.

Alternativa "a" – Oposição sem antônimos: relações numerosas, um conselheiro entre mil.

Com oposição real: se houvesse antônimo de "numerosas" e "relações".

Alternativa "b" – Não existe oposição: saber muitas coisas, saber coisas úteis.

Com oposição real: se houvesse antônimo de "sábio" e "muitas coisas".

Alternativa "c" – Comparação entre vencer à vista (beleza) e vencimento a prazo (sabedoria).

Com oposição real: se houvesse antônimo de "beleza" e "à vista".

Alternativa "d" – Não existe oposição: receber conselhos e aproveitar os conselhos.

Com oposição real: se houvesse antônimo de "muitos" e "conselho".

Alternativa "e" – Oposição real porque existem antônimos.

Oposição de sábios: tolos; oposição de descrer: crer.

RESPOSTA: E

06 **(FGV – AL PR – Técnico Legislativo – 2024)** Observe a seguinte frase, citação de um antigo jornalista: "Como são mal-educadas as crianças, hoje, na maioria".

Sobre a estruturação desse pensamento, assinale a afirmativa correta.

a) O vocábulo "mal-educadas" está escrito erradamente, devendo ser grafado em duas palavras "mal educadas".

b) O vocábulo "Como" imprime intensidade ao adjetivo da frase.

c) O termo "as crianças" funciona como complemento do verbo "ser".

d) O termo "na maioria' mostra que todas as crianças modernas mostram problemas de educação.

e) O termo "mal-educadas" mostra ambiguidade.

COMENTÁRIOS:

Alternativa "a" – Está no sentido de "sem educação", "malcriado", "grosseiro" e exige o hífen.

Alternativa "b" – É um advérbio e exprime intensidade.

Lê-se: **Quão** são mal-educadas as crianças!

Alternativa "c" – Funciona como sujeito do verbo "ser".

Na ordem direta: as crianças são mal-educadas.

Alternativa "d" – "Na maioria" é grande parte; "todas" é o número máximo, ou seja, não são todas as crianças.

Alternativa "e" – Possui apenas um sentido: crianças grosseiras, malcriadas, em educação.

RESPOSTA: B

07 **(FGV – TJ AP – Técnico Judiciário – 2024)** Observe a frase a seguir.

"Os deuses brincam com os homens como se fossem bolas."

O problema estrutural dessa frase é:

a) a incoerência;

b) a ambiguidade;

c) um erro de pontuação;

d) a troca indevida de parônimos;

e) a falta de coesão.

COMENTÁRIOS:

Alternativa "a" – Existe nexo entre as ideias, existe ligação.

Alternativa "b" – O sujeito do verbo "ser" não está explícito: quem são as bolas? Os Deuses ou os homens?

Correção: Os deuses brincam com os homens como se estes (os homens) fossem bolas.

Alternativa "c" – Não há necessidade de inserir pontuação alguma no período.

Alternativa "d" – Não existem palavras parecidas.

Alternativa "e" – Não falta elemento coesivo, falta o sujeito para evitar ambiguidade.

RESPOSTA: B

08 **(FGV – AL TO – Policial Legislativo II – 2024)** Os textos a seguir mostram elementos de coesão em relação ao termo sublinhado; assinale a opção em que *todos* os termos seguintes, em coesão com ele, estão indicados.

a) Geralmente, entre nossos *motivos* de agir, há um mais forte que os demais: aquele que não é declarado. – *um, os demais, aquele, que*

b) O que empobrece o homem não são seus atos, mas os desejos que ele possui. – *ele.*

c) O dinheiro, recebem-no todos os que trabalham e o perdem todos os irresponsáveis. – *no, que, o.*

d) Qual pode ser a vida que começa pelos gritos da mãe, que a dá, e o choro do filho que a recebe? – *que, que, a.*

e) Meu filho! Deus te enviou a este mundo. Cultiva-o e não te apresses em sair dele. – *o.*

COMENTÁRIOS:

Alternativa "a" – há um [motivo] mais forte que os demais [motivos]: aquele [motivo] que não é declarado. No último caso, o vocábulo "que" é pronome relativo – retoma "motivo" e equivale a "o qual".

Alternativa "b" – ele possui = o homem possui. Faltou inserir a coesão do pronome possessivo em "seus atos" = os atos do homem.

Alternativa "c" – recebem-no = recebem o dinheiro; o perdem = perdem o dinheiro.

→ "que": pronome relativo o qual retoma o pronome demonstrativo "os" (aqueles) = não retoma "dinheiro". Errado.

Alternativa "d" – a vida que = a vida a qual começa; a mãe dá a vida; o filho recebe a vida.

→ o segundo "que" é um pronome relativo que retoma "mãe", não "a vida": mãe a qual dá a vida. Errado.

Alternativa "e" – cultiva este mundo.

→ não te apresses em sair dele = deste mundo. Faltou "dele". Errado.

RESPOSTA: A

09 **(FGV – SES MT – Técnico em Enfermagem – 2024)** Assinale a opção em que a eliminação da negação da frase, mantendo-se o sentido original, é feita de forma ***inadequada***.

a) Não é possível comprar um carro novo se não vendermos o velho / É impossível comprar um carro novo se conservamos o velho.

b) Existem leis, mas não quem as proteja. / Existem leis, mas falta quem as proteja.

c) Aos crimes das nações, Deus não perdoa. / Aos crimes das nações, Deus castiga.

d) A acusação é apenas um infortúnio enquanto não verificada pela prova. / A acusação é apenas um infortúnio enquanto comparada com a prova.

COMENTÁRIOS:

Nota da autora: Se dividir os trechos, entenderá melhor e não errará.

Alternativa "a" – Sentidos mantidos: não é possível = é impossível / não vender = conservar.

Alternativa "b" – Sentido mantido: não existe = falta.

Alternativa "c" – Negação de "Deus não perdoa" é "Deus perdoa".

Sentido alterado: a punição e o castigo não possuem relação com a ausência de perdão.

Alternativa "d" – Sentidos mantidos: *comparar,* segundo o dicionário, é "examinar, verificar, equiparar, conferir, opor[1]". Não verificada = comparada.

RESPOSTA: C

10 **(FGV – MPE SP – Oficial de Promotoria – 2023)** Entre as marcas de textualidade está a coerência.

Assinale a frase abaixo que mostra **incoerência** na expressão utilizada.

a) O jogo não saiu do 0 X 0.
b) O beque foi o autor de um gol contra.
c) O gol do Vasco da Gama foi feito nos descontos.
d) O jogador foi expulso sob vaias.
e) O atacante foi substituído logo ao início do segundo tempo.

COMENTÁRIOS:

Alternativa "a" – É uma ideia lógica: não houve gol.

Alternativa "b" – Beque: *jogador de futebol que ocupa posição na defesa; zagueiro.*

Ele pode fazer um gol contra.

Alternativa "c" – Descontos (tempo que foi retirado): foi feito nos **acréscimos**.

Observação: não descontou o tempo, acrescentou o tempo.

Alternativa "d" – Ser expulso é lógico, é coerente.

Alternativa "e" – O atacante pode ser substituído: existe lógica.

RESPOSTA: C

11 **(FGV – MPE SP – Oficial de Promotoria – 2023)** A Bíblia diz:

"As flores apareceram na terra, e os pássaros começaram a cantar".

Entre as duas ações citadas nesse segmento, a relação lógica é a de

1. Dicionário Online de Português. Disponível em < https://www.dicio.com.br/comparar/>. Acesso em 26 junho 2024.

a) ensino / aprendizado.
b) necessidade / ação.
c) ação / efeito.
d) causa / consequência.
e) motivação / ação.

COMENTÁRIOS:

Alternativa "a" – *As flores aparecerem na terra* não indica ensino nem *os pássaros cantando indica* aprendizado.

Alternativa "b" – Não se trata de necessidade, apenas de ação (no segundo caso).

Alternativa "c" – É um evento (as flores aparecerem na terra), e, no segundo caso, não é efeito.

Alternativa "d" – Os pássaros não começaram a cantar porque as flores apareceram.

Alternativa "e" – Motivação, ânimo, interesse: as flores aparecem na terra / ação: os pássaros começaram a cantar.

RESPOSTA: E

12 **(FGV – MPE SP – Oficial de Promotoria – 2023)** Assinale a opção que mostra uma frase em que o deslocamento de termos modifica o seu sentido original.

a) Antes que eles nos jantem, temos de almoçá-los / Temos de almoçá-los antes que eles nos jantem.
b) Um hoje vale por dois amanhãs / Um vale hoje por dois amanhãs.
c) Quando um trabalho fala por si, não interrompa / Não interrompa, quando um trabalho fala por si.
d) Dinheiro é como um braço ou uma perna: use-o ou perca-o / Dinheiro é como um braço ou uma perna: perca-o ou use-o.
e) O melhor amigo é o dinheiro / O dinheiro é o melhor amigo.

COMENTÁRIOS:

Alternativa "a" – A noção temporal foi mantida.

Alternativa "b" – No primeiro caso, "hoje" é substantivo; no segundo caso, a ideia foi alterada, ou seja, refere-se a tempo: vale hoje (vale quando?).

Alternativa "c" – A ideia condicional foi mantida – se um trabalho fala por si.

Alternativa "d" – O sentido foi mantido, não importando a ordem.

Alternativa "e" – Embora as funções sintáticas terem sido trocadas (sujeito por predicativo e predicativo por sujeito), a ideia foi mantida.

RESPOSTA: B

13 **(FGV – MPE SP – Oficial de Promotoria – 2023)** Assinale a opção em que a modificação da frase verbal por uma forma nominal foi realizada corretamente.

a) A função de todos os diretores executivos é destruir boas ideias / é a destrutividade das boas ideias.

b) Os negócios de hoje em dia consistem em convencer a multidão / na conveniência da multidão.

c) O protesto é a mais alta forma de colaborar / de colaboracionismo.

d) A presença é a chave para participar de negócios globais / para a partição de negócios globais.

e) Os anúncios contêm as únicas verdades que merecem crer-se em um jornal / que merecem crédito em um jornal.

COMENTÁRIOS:

Alternativa "a" – Destruir = destruição.

Alternativa "b" – Convencer = convencimento.

Alternativa "c" – Colaborar = colaboração.

Observação: colaboracionista significa *que ou aquele que colabora com o inimigo; designação que se deu, na Segunda Guerra Mundial, aos que colaboravam com o inimigo.* No contexto, não cabe a ideia de inimigo.

Alternativa "d" – Participar = participação.

Alternativa "e" – Crer = crédito.

Crédito possui ideia de valimento, de confiança, de crença.

RESPOSTA: E

14 **(FGV – MPE SP – Oficial de Promotoria – 2023)** Assinale a frase em que a troca de posição dos termos sublinhados provoca **modificação** de sentido.

a) Há **certas coisas** que o dinheiro não pode comprar.

b) Não são os **grandes planos** que dão certo; são os pequenos detalhes.

c) É uma **tarefa inútil** procurar um homem honrado na prisão.

d) Um **farto jantar** lubrifica os negócios.

e) O deputado praticou um **ato vergonhoso**.

COMENTÁRIOS:

Alternativa "a" – Algumas coisas e coisas corretas: sentido alterado.

Alternativa "b" – De qualquer forma os planos são grandes: o adjetivo antes do substantivo possui a finalidade de enfatizar a qualidade.

Alternativa "c" – De qualquer forma a tarefa é inútil.

Alternativa "d" – De qualquer forma o jantar é farto: o adjetivo antes do substantivo possui a finalidade de enfatizar a qualidade.

Alternativa "e" – De qualquer forma o ato é vergonhoso.

RESPOSTA: A

15 **(FGV – AGENERSA – Assistente Técnico de Regulação – 2023)** O gerente geral mandou afixar, à porta da fábrica, um cartaz com a seguinte frase:

Os operários só podem entrar na fábrica até as 7h.

As opções a seguir apresentam diferentes maneiras de se reescrever essa frase. Assinale a que tem o seu sentido original **modificado**.

a) Só os operários podem entrar na fábrica até as 7h.
b) Os operários podem entrar na fábrica só até as 7h.
c) Só até as 7h os operários podem entrar na fábrica.
d) Os operários somente podem entrar na fábrica até as 7h.
e) Os operários podem entrar na fábrica somente até as 7h.

COMENTÁRIOS:

Alternativa "a" – No cartaz, o advérbio "só" está se referindo à locução verbal "podem entrar" e delimita o tempo: podem entrar só até as 7h.

Na reescrita, o advérbio refere-se aos operários: apenas os operários podem entrar. O sentido foi alterado.

Alternativa "b" – O advérbio continua se referindo à locução verbal e delimitando o tempo.

Alternativa "c" – Mantém a informação: podem entrar até as 7h.

Alternativa "d" – Por ser advérbio, possui sentido de "somente". Continua se referindo à locução verbal e delimitando o tempo.

Observação: quando possui sentido de "sozinho", é classificado morfologicamente como adjetivo e admite pluralização.

Exemplo: Saíram sós = saíram sozinhos.

Alternativa "e" – Sentido de "somente", por der advérbio, e a referência foi mantida.

RESPOSTA: A

16 **(FGV – CGU – Técnico Federal de Finanças e Controle/2022)** Observe o seguinte texto, retirado de um livro de Sociologia:

"Os escravos tinham o direito legal de casar-se, mas os que desejavam **fazê-lo** enfrentavam alguns obstáculos, entre outros motivos porque os escravos superavam enormemente o número de escravas."

Nesse texto, aparece um emprego especial do verbo *fazer*, que só NÃO se repete na seguinte frase:

a) Algumas pessoas construíram casas à beira da via férrea e nunca se declararam arrependidas de o terem feito;
b) Ela caminhava todos os dias por duas horas todas as manhãs; eu também já fiz isso;
c) Ler romances de Machado de Assis é uma tarefa agradável; não fazê-lo é perda de oportunidade de progresso;
d) Todos os estudantes cumpriram as suas tarefas; João foi o único a não fazer a redação;
e) Plantar árvores frutíferas é útil e agradável; o agricultor que faz isso pode ganhar muito dinheiro.

COMENTÁRIOS:

Nota da autora: O verbo "fazer" é vicário: substitui outro verbo para evitar repetição.

A ideia é esta: Os escravos tinham o direito legal de casar-se, mas os que desejavam **casar** enfrentavam alguns obstáculos.

Alternativa "a" – "terem feito" retoma "construíram casas à beira da via férrea".

Alternativa "b" – "fiz" retoma "caminhava todos os dias por duas horas todas as manhãs".

Alternativa "c" – "fazer" retoma "Ler romances de Machado de Assis".

Alternativa "d" – Não há verbo que retoma outro: cumpriram as tarefas, não fazer a redação.

Alternativa "e" – "faz" retoma "Plantar árvores frutíferas".

RESPOSTA: D

17 **(FGV – CGU – Técnico Federal de Finanças e Controle/2022)** Abaixo aparecem pequenos textos publicitários; a opção em que o texto vem acompanhado de uma característica adequadamente identificada é:

a) Roupas Fax: um monstro de elegância / a formação de um superlativo por meio da significação de um substantivo;
b) Conhaque Barcelona: macio sabor / a indicação de uma qualidade estranha, que desperta curiosidade no consumidor;
c) Vinho Málaga: um vinho de anos que não tem hora / o emprego de uma expressão popular em uma frase com tom erudito;
d) Fanta, fantástico refrigerante / utilização de uma estratégia poética, que é a rima;
e) Rexona não te abandona / transposição de uma frase que estabelece discordância entre a expressão e o conteúdo.

COMENTÁRIOS:

Alternativa "a" – *Monstro*, no sentido figurado, significa "coisa gigantesca". Superlativo: **muito** elegante.

Alternativa "b" – *Macio:* suave, agradável. Não possui qualidade estranha.

Alternativa "c" – *Málaga:* uva colhida nas imediações da cidade de Málaga. Não existe tom erudito – *excesso de cultura e conhecimento.*

Alternativa "d" – Não há rima, há aliteração: repetição de sons consonantais (**fanta** – **fant**ástico)

Alternativa "e" – Não estabelece ação ou efeito de discordar.

RESPOSTA: A

18 **(FGV – MPE SC – Auxiliar/2022)** A opção abaixo em que uma expressão popular foi substituída inadequadamente por linguagem formal, é:

a) Disse que ficou com dois rapazes na festa / Disse que namorou dois rapazes na festa;
b) Invadiram a casa e logo se mandaram / Invadiram a casa e logo fugiram;
c) Ficou zangado e deu uma bronca nos filhos / Ficou zangado e recriminou os filhos;
d) A menina deixou de lado o namorado / A menina desgostou do namorado;
e) Após o encontro, João ficou com o pé atrás / Após o encontro, João ficou desconfiado.

COMENTÁRIOS:

Alternativa "a" – *Ficar*, na linguagem popular, significa "namorar sem compromisso durante um curto período de tempo".

Alternativa "b" – *Mandar-se* possui sentido de "sair de um lugar", "partir inesperadamente", isto é, significa "fugir".

Alternativa "c" – *Bronca* é uma repreensão áspera; *dar bronca* é recriminar.

Alternativa "d" – *Deixar de* lado significa desprezar, não dar importância. *Desgostar* é contrariar, desagradar, aborrecer. Os sentidos são distintos.

Alternativa "e" – *Ficar com o pé atrás* é desconfiar, não ter confiança na pessoa ou na situação que possa acontecer.

RESPOSTA: D

19 **(FGV – Técnico Policial de Necropsia – PC RJ/2022)** "O laudo de necropsia é um documento elaborado **pelo** Instituto Médico Legal. **Após** ser gerado **pelo** IML, é encaminhado **para** a Delegacia de Trânsito **em** sua localidade. O prazo estimado **para** liberação do laudo é de aproximadamente trinta dias **após** o óbito, **mediante** apresentação dos documentos necessários." (Adaptado)

Nesse texto, foram destacadas várias ocorrências de conectores; a afirmação correta sobre um deles é:

a) as duas ocorrências de *pelo* mostram valores diferentes;
b) as duas ocorrências de *após* mostram sentidos diferentes;
c) as duas ocorrências de *para* mostram sentidos diferentes;
d) o conector *em* indica relação de tempo;
e) o conector *mediante* indica relação de finalidade.

COMENTÁRIOS:

Alternativa "a" – Os valores são iguais: referem-se aos termos agentes das ações – o Instituto Médico Legal elaborou; a Delegacia de Trânsito encaminhou. As orações estão na voz passiva analítica (verbo "ser" + particípio + preposição).

Alternativa "b" – Indicam tempo e equivalem a "em seguida", "depois".

Alternativa "c" – Em "encaminhado para", indica direção; em "para liberação", indica finalidade.

Alternativa "d" – Indica relação locativa.

Alternativa "e" – É uma preposição e equivale a "através de", não indica finalidade.

RESPOSTA: C

20 **(FGV – Técnico Policial de Necropsia – PC RJ/2022)** "O médico legista João, responsável pela autópsia no corpo do empresário Pedro e dos outros membros da sua equipe, **que** morreram em um acidente de avião na tarde desta sexta-feira"; nesse segmento do texto 2, o pronome relativo sublinhado se refere a Pedro e aos outros membros da sua equipe.

A frase abaixo em que foi corretamente indicado o termo referido pelo vocábulo em destaque é:

a) Quem usa sapato sabe onde ele o aperta / sapato;
b) Má é uma opinião que não pode ser mudada / má;
c) É mais fácil lutar por princípios do que aplicá-los / princípios;
d) Cada dia que surge constitui uma nova vida para quem sabe viver / uma nova vida;
e) Aprenda as regras das jogadas e depois as esqueça / jogadas.

COMENTÁRIOS:

Alternativa "a" – O termo sublinhado é advérbio de lugar e não retoma termo algum, ou seja, não é um elemento coesivo.

Alternativa "b" – O pronome relativo retoma "**opinião**" e equivale a "a qual".

Alternativa "c" – Lê-se: do que aplicar os princípios. O pronome pessoal oblíquo retoma "**princípios**".

Alternativa "d" – O pronome relativo retoma "**dia**" e equivale a "o qual".

Alternativa "e" – Lê-se: esqueça as regras das jogadas. O pronome pessoal oblíquo retoma "**regras da jogada**".

RESPOSTA: C

21 **(FGV – TJ RO – Técnico Judiciário – 2021)** "Em um passeio numa praia do Havaí (EUA), a menina Abbie Graham, 9 anos, encontrou uma garrafa lançada ao mar há 37 anos por alunos de uma escola do Japão, como parte de um projeto de estudo das correntes marítimas." (Tudo Bem, 17/09/2021)

Nesse texto, a preposição EM inicial mostra o mesmo valor em:

a) As moedas estão em uma pequena bolsa;
b) A pintura foi feita em um pedaço do teto;
c) Minha família está em situação difícil;
d) Seu discurso se apoia em falsos argumentos;
e) A notícia foi dada em uma sessão da Câmara.

COMENTÁRIOS:

Nota da autora: A preposição "em" é indicadora de tempo. **Quando** a menina encontrou uma garrafa? **Em** um passeio = durante um passeio – *em certo momento*.

Significados da preposição "em": **noção de lugar; onde; com relação a, em matéria de; caracterização** ou **modo; condição** ou **estado; mudança de estado; tempo; preço** ou **valor.**

Alternativa "a" – **Onde** as moedas estão? Lugar.

Alternativa "b" – Onde a pintura foi feita? Lugar.

Alternativa "c" – Indicação de estado.

Alternativa "d" – Como se apoia? Indicação de modo ou caracterização.

Alternativa "e" – Quando a notícia foi dada? **Em** uma sessão da Câmara = durante um passeio – *em certo momento.*

RESPOSTA: E

22 **(FGV – TJ RO – Técnico Judiciário – 2021)** "Nos últimos dias, intensificaram-se os sinais de atividade sísmica nas Canárias, comunidade autônoma espanhola, que levou à retirada de animais e de 40 pessoas com problemas de mobilidade. O vulcão entrou em erupção no início da tarde, pelas 15h e 15 minutos locais (14h15 GMT). A ilha está sob alerta amarelo." (Metro, 19/09/2021)

Sobre um componente desse segmento, é correto afirmar que:

a) o emprego de "intensificaram-se" mostra que as atividades sísmicas já ocorriam antes;
b) "atividade sísmica" é um exemplo de atuação do mar em direção à terra;
c) "comunidade autônoma espanhola" pretende mostrar ao leitor mudanças na política espanhola em relação a colônias;
d) "problemas de mobilidade" se refere àqueles que não possuíam meios econômicos para deslocar-se;
e) "sob alerta amarelo" se refere às leis de circulação do tráfego na região afetada.

COMENTÁRIOS:

Alternativa "a" – "Intensificar" significa *tornar mais extenso.* Se ficaram mais intensas, fica evidente que as atividades já existiam.

Alternativa "b" – O vocábulo "sísmica" é relativo aos tremores ou abalos de terra. No texto, refere-se ao vulcão.

Alternativa "c" – É aposto explicativo de Canárias.

É conhecido pelo nome de ***Ilhas Canárias*** *um arquipélago localizado no continente africano, a pouca distância do litoral marroquino. Com uma área de 7446 km², ligeiramente maior que a do Distrito Federal, as ilhas constituem uma* ***comunidade autônoma espanhola****, cuja capital administrativa é partilhada entre duas cidades: Las Palmas de Gran Canaria e Santa Cruz de Tenerife.*

Alternativa "d" – A expressão "problemas de mobilidade" refere-se àqueles que não conseguem se movimentar. Não há relação alguma com a economia.

Alternativa "e" – Alerta amarelo: *aviso de situação meteorológica com potencial de tornar-se perigosa. Mantenha-se informado sobre as condições meteorológicas previstas e não corra risco desnecessário.* Não há relação alguma com tráfego.

RESPOSTA: A

23 **(FGV – TJ RO – Técnico Judiciário – 2021)** A afirmativa abaixo que mostra uma contradição interna é:

a) O casal tem dois filhos, mas a menina é mais inteligente que o menino;

b) Eu adoro passear sozinho; meu amigo João também, por isso podemos passear juntos;

c) Para passar o tempo, os guardas penitenciários jogam cartas durante o expediente;

d) O jornaleiro não estava vendendo jornais ontem porque o distribuidor não os entregou em sua banca;

e) Os alunos reclamaram das notas de comportamento que lhes foram atribuídas, sem qualquer explicação.

COMENTÁRIOS:

Nota da autora: ocorre contradição quando as ideias se contradizem e a lógica do texto é interrompida.

Alternativa "a" – Possui lógica: a menina é mais inteligente; o menino é menos inteligente.

Alternativa "b" – Se os dois gostam de passear sozinhos, não há lógica em passearem juntos.

Alternativa "c" – Possui lógica: apenas quando há tempo durante o expediente, os guardas jogam cartas.

Alternativa "d" – Possui lógica: o distribuidor não entregou os jornais, não há como vendê-los.

Alternativa "e" – Possui lógica: não havendo explicação para as notas de comportamento, os alunos reclamaram.

RESPOSTA: B

24 **(FGV – IMBEL – Cargos de Nível Médio – 2021)** Há um erro de construção na frase a seguir.

"Nenhum bem pode fundamentar-se na força, mesmo que a força fosse divina."

Assinale a opção que o indica.

a) "fosse" deve ser substituído por "seja".

b) "divina" deve ser substituído por "de Deus"

c) "Nenhum" deve ser substituído por "Nem um".

d) "mesmo que" deve ser substituído por "embora".

e) "fundamentar-se" deve ser substituído por "se fundamentar".

COMENTÁRIOS:

Nota da autora: Exige conhecimento de correlação de tempos verbais. As mais exigidas são:

- Presente do indicativo → presente do modo subjuntivo – quero / faça.
- Futuro do subjuntivo → futuro do presente do indicativo – fizer / ficarei.
- Pretérito perfeito do indicativo → pretérito imperfeito do subjuntivo – pedi / fizesse.
- Pretérito imperfeito do subjuntivo → futuro do pretérito do indicativo – fizesse / ficaria.
- Pretérito mais que perfeito composto do subjuntivo → futuro do pretérito composto do indicativo – tivesse feito / teria ficado.

Alternativa "a" – O primeiro verbo está no presente do indicativo (pode), a segunda oração é concessiva e exige o verbo no presente do subjuntivo por indicar hipótese (seja).

Alternativa "b" – O sentido é idêntico. Divino: *relativo a Deus; inspirado ou proveniente de Deus.*

Alternativa "c" – Nenhum: pronome indefinido – pode ser substituído por "algum"; nem um: conjunção + numeral – sentido de "nem sequer um", "nem mesmo um" ou "nem um único".

Alternativa "d" – A locução conjuntiva "mesmo que" e a conjunção "embora" são concessivas, ou seja, equivalem-se.

Alternativa "e" – Como se trata de uma locução verbal formada por verbo auxiliar + infinitivo, as duas opções estão corretas: sem fator atrativo, o pronome pode ser enclítico ao verbo auxiliar ou ao verbo principal.

RESPOSTA: A

25 (FGV – IMBEL – Cargos de Nível Médio – 2021)

"Minha história foi composta ***como*** *uma aquisição* ***para*** *a eternidade, não* ***para*** *ser ouvida* ***por*** *ocasião do triunfo na competição* ***de*** *um dia."*

Na frase acima, o conector que mostra seu valor semântico corretamente é:

a) como / modo.
b) para / tempo.
c) para / direção.
d) por / causa.
e) de / propriedade.

COMENTÁRIOS:

Alternativa "a" – Minha história foi composta **como** [foi composta] uma aquisição = **comparação.**

Alternativa "b" – Foi composta para **quando**? Para sempre, **para** a eternidade = **tempo.**

Alternativa "c" – Para que ela foi composta? Qual a **finalidade**? Não para ser ouvida por ocasião do triunfo.

Alternativa "d" – Não ser ouvida **quando**? Na ocasião do triunfo = **tempo.**

Alternativa "e" – Em qual competição? Na competição **de** um dia = especificidade.

RESPOSTA: B

26 **(FGV – IMBEL – Cargos de Nível Médio – 2021)**

"O pessimismo, depois que você se acostuma com ele, é tão agradável quanto o otimismo."

Assinale a opção que mostra a maneira de reescrever essa frase que modifica o seu sentido original.

a) O pessimismo, após acostumar-se com ele, é tão agradável quanto o otimismo.
b) Tão agradável quanto o otimismo é o pessimismo, após acostumar-se com ele.
c) O pessimismo é tão agradável quanto o otimismo, depois que você se acostuma com ele.
d) O pessimismo é tão agradável quanto o otimismo, desde que você se acostume com ele.
e) Depois que você se acostuma com o pessimismo, ele é tão agradável quanto o otimismo.

COMENTÁRIOS:

Alternativa "a" – A ideia de tempo permanece: depois = após.

Alternativa "b" – A ideia de tempo, também, permanece: depois = após.

Alternativa "c" – Houve alteração na ordem, e o sentido foi mantido.

Alternativa "d" – A locução conjuntiva "desde que" denota condição e altera o sentido original da frase que indica tempo (depois).

Alternativa "e" – Ocorreu, também, alteração na ordem, e não afetou o sentido.

RESPOSTA: D

27 **(FGV – IMBEL – Cargos de Nível Médio – 2021)** Todas as frases a seguir estruturam-se a partir de uma comparação, à exceção de uma. Assinale-a.

a) "O sono é um rastejar do homem dentro de si mesmo."
b) "Sem dúvida o sonho é para o espírito o que o sono é para o corpo."
c) "Quem conhece os outros é sábio; quem conhece a si mesmo é iluminado."
d) "É tão difícil observar a si mesmo quanto olhar para trás sem se voltar."
e) "Para o socialismo, assim como para a religião cristã, a pior propaganda são os seus sequazes."

COMENTÁRIOS:

Alternativa "a" – O sono é como um rastejar do homem dentro de si mesmo.

Alternativa "b" – O sonho é para o espírito como o sono é para o corpo.

Alternativa "c" – Não compara quem conhece os outros com quem conhece a si mesmo.

Alternativa "d" – Observar assim mesmo como olhar para trás sem se voltar.

Alternativa "e" – Para o socialismo como para a religião cristã.

RESPOSTA: C

28 **(FGV – IMBEL – Cargos de Nível Médio – 2021)** Assinale a opção que apresenta o pensamento que se estrutura a partir de uma **oposição**.

a) "A ciência comete suicídio quando adota um credo."

b) "Não há nenhum mal no átomo, apenas na alma dos homens."

c) "Uma ciência que hesita em esquecer seus fundadores está perdida."

d) "O cientista não é o homem que fornece as verdadeiras respostas; é quem faz as verdadeiras perguntas."

e) "É preciso observar simplesmente; o espírito do observador deve ser passivo, ou seja, deve calar-se; ele ouve a natureza e escreve o que ela dita."

COMENTÁRIOS:

Nota da autora: Se indica oposição, cabe a conjunção adversativa "mas". Simples assim o raciocínio.

Alternativa "a" – Indica tempo.

Alternativa "b" – Refere-se primeiro à parte (átomo – pequeno) e depois ao todo (homens).

Alternativa "c" – O pronome relativo não acompanhado por pontuação indica restrição: apenas está perdida a ciência que hesita em esquecer seus fundadores. Não é toda ciência que está perdida.

Alternativa "d" – Não fornece verdadeiras respostas, mas faz verdadeiras perguntas. Além de encaixar a conjunção, são usados vocábulos opostos: respostas e perguntas.

Alternativa "e" – Há explicação, não oposição.

RESPOSTA: D

29 **(FGV – Oficial de Justiça – TJ RS – 2020)** Observe a frase a seguir.

É importante aprender muitas coisas / É importante o aprendizado de muitas coisas.

O mesmo processo de substituição de um verbo por um substantivo correspondente foi feito de forma adequada em:

a) É impossível **ocultar** a desonestidade / É impossível **o ocultismo** da desonestidade;

b) **Morrer** é o ato final da existência humana / **A mortandade** é o ato final da existência humana;

c) **Enfrentar** as dificuldades é o caminho da felicidade / **O enfrentamento** das dificuldades é o caminho da felicidade;

d) **Oferecer** amizade é atitude rara / **O ofertório** de amizade é atitude rara;

e) O mais difícil é **viver** / O mais difícil é **a vivacidade**.

COMENTÁRIOS:

Nota da autora: Questão de nominalização – transformar o verbo em substantivo.

Alternativa "a" – Ocultismo: *ciência que trata dos fenômenos que parecem não ter explicação pelas leis naturais, como a levitação, a telepatia*. Não possui relação alguma com o verbo *ocultar*.

Alternativa "b" – Mortandade: *quantidade de pessoas que morrem numa determinada época; mortalidade.* Não se refere ao verbo *morrer*, mas à quantidade de pessoas que morrem.

Alternativa "c" – Enfrentamento: *ação de **enfrentar**, de encarar de frente um problema.*

Alternativa "d" – Ofertório: *parte da missa durante a qual o padre oferece a deus o pão e o vinho, antes de consagrá-los.* Não há relação com o verbo *oferecer*.

Alternativa "e" – Vivacidade: *que contém vitalidade; que expressa vigor ou força.* Não se refere ao verbo *viver*.

RESPOSTA: C

30 **(FGV – Técnico – Área Administrativa – MP RJ – 2019)** A introdução do nº 13 da revista *Educatrix* diz o seguinte: Antes de iniciar a leitura, pare e pense com quantas pessoas você compartilhou informações hoje. Agora mesmo, neste exato momento, nós estamos trocando bagagens culturais: a história da vida de quem escreve daqui e a de quem lê daí. Há, de fato, uma premissa básica para a sobrevivência humana: o viver em comunidade e a vivência compartilhada.

Sobre a estruturação desse texto, é correto afirmar que:

a) as formas verbais *pare e pense* indicam uma ordem para que o leitor possa realizar corretamente a leitura do texto;
b) no segmento *Agora mesmo, neste exato momento* há uma construção enfática, já que há redundância nos termos;
c) as formas *daqui e daí* mostram uma oposição entre autor e leitores em relação às mensagens;
d) a expressão *de fato* indica uma confirmação de algo negado anteriormente;
e) nos segmentos *viver em comunidade e vivência compartilhada* há uma obrigatória interdependência.

COMENTÁRIOS:

Alternativa "a" – Indicam ordem por estarem conjugadas no imperativo afirmativo, mas não indicam que possa realizar **corretamente** a leitura.

Alternativa "b" – Há ênfase, há realce, há redundância, pois são termos sinônimos: agora mesmo = neste exato momento.

Alternativa "c" – As formas mostram uma adição, uma soma. Não existe oposição.

Alternativa "d" – Indica confirmação de algo mencionado posteriormente, não de algo negado anteriormente.

Alternativa "e" – Não há dependência entre uma coisa e outra, há soma (emprego da conjunção aditiva "e").

RESPOSTA: B

Texto 1

O trecho a seguir é a primeira pergunta de uma entrevista em que o entrevistador (E) questiona a física Cássia Fernandez (CF) sobre criatividade:

(E) – Muito se fala sobre criatividade. Mas qual a definição mais aceita sobre o que é ser uma pessoa criativa?

(CF) – Existem definições gerais de criatividade, utilizadas pelo senso comum, mas não existe um consenso no mundo acadêmico. À medida que as pesquisas se aprofundam, vemos que o tema é mais e mais complexo. Contudo, não se pode abrir mão de buscar tornar essa definição mais precisa para que as estratégias educacionais sejam mais efetivas.

31 **(FGV – Técnico – Área Administrativa – MP RJ – 2019)** No texto 1 há um conjunto de segmentos que podem se apresentar sob a forma nominal em lugar da forma verbal; a opção em que essa substituição NÃO mantém o sentido original é:

a) o que é ser uma pessoa criativa = a existência de uma pessoa criativa;
b) à medida que as pesquisas se aprofundam = com o aprofundamento das pesquisas;
c) que o tema é mais e mais complexo = a maior complexidade do tema;
d) de buscar tornar essa definição mais precisa = da busca de mais precisão nessa definição;
e) que as estratégias educacionais sejam mais efetivas = mais efetividade das estratégias educacionais.

COMENTÁRIOS:

Alternativa "a" – O verbo "ser" não possui a mesma ideia do substantivo "existência". Ser: *possuir identidade, particularidade ou capacidade inerente*. Existência: *condição de tudo o que existe, do que tem vida; estado de quem está vivo ou de quem se mantém vivo.*

Alternativa "b" – Aprofundar → aprofundamento.

Alternativa "c" – Ser mais complexo → complexidade.

Alternativa "d" – Buscar → busca; mais precisa → mais precisão.

Alternativa "e" – Sejam mais efetivas → mais efetividade.

RESPOSTA: A

Texto para responder à questão.

Uma segunda pergunta da mesma entrevista com a Cássia Fernandez (texto 1) é a seguinte:

(E) – A busca de uma educação mais criativa se deve ao desenvolvimento da Pedagogia ou a uma pressão crescente do mundo do trabalho?

(CF) – Hoje, a busca pela criatividade vem como demanda do mercado. **Sou contra essa visão utilitária, mas é assim que funciona**. Em um mundo onde a automação avança, onde há um fluxo gigantesco de dados, precisamos cada vez mais da criatividade. O mercado busca esse perfil profissional e a educação vem se pautando por isso. Ocorre que o modelo educativo tradicional não deixa espaço nenhum para a criatividade, pois tudo se baseia na repetição, como um modelo fordista.

32 **(FGV – Técnico – Área Administrativa – MP RJ – 2019)** *Sou contra essa visão utilitária, mas é assim que funciona.*

Essa frase pode ser reescrita de vários modos; a única forma que altera o seu sentido original é:

a) Mesmo sendo contra essa visão utilitária, é assim que funciona;
b) Apesar de ser contra essa visão utilitária, é assim que funciona;
c) É assim que funciona a despeito de eu ser contra essa visão utilitária;
d) Ainda que eu seja contra essa visão utilitária, é assim que funciona;
e) É assim que funciona a menos que eu seja contra essa visão utilitária.

COMENTÁRIOS:

Nota da autora: Questão de coesão textual e período composto. A conjunção "mas" é adversativa e possui ideia de oposição.

Alternativa "a" – A expressão "mesmo sendo" é concessiva e possui também ideia de oposição.

Alternativa "b" – A locução conjuntiva "apresar de" é concessiva: oposição.

Alternativa "c" – A locução "a despeito de" é concessiva: oposição.

Alternativa "d" – "Ainda que" indica concessão: oposição.

Alternativa "e" – A locução "a menos que" é condicional e o sentido foi alterado.

RESPOSTA: E

Texto 2

O professor tenta exaustivamente explicar o conteúdo seguidas vezes, muda o ponto de vista, muda o esquema exposto na lousa, exemplifica de duas, três, quatro formas diferentes. A cada pausa, chama atenção de diferentes grupos de alunos, que insistem em não prestar atenção. (....) Já transpirando e quase rouco de tanto aumentar o tom de voz, o professor chama a atenção de um aluno que ri alto.

— Fica de boa, profe. Depois eu vejo isso aí no YouTube.

33 **(FGV – Técnico – Área Administrativa – MP RJ – 2019)** — Fica de boa, profe. Depois eu vejo isso aí no YouTube.

A característica que NÃO está presente nessa frase dita pelo aluno do texto 2 é:

a) emprego de gíria;
b) transcrição oral de uma abreviatura;
c) o emprego de isso com valor pejorativo;
d) falha na estruturação gramatical;
e) o uso de aí para marcar distância.

COMENTÁRIOS:

Alternativa "a" – "Ficar de boa" é gíria e significa "fique tranquilo".

Alternativa "b" – "profe" é abreviação de professor.

Alternativa "c" – O aluno riu alto e disse que procuraria "isso" no YouTube. O sentido é pejorativo por possuir o intuito de insultar, depreciar, ofender.

Alternativa "d" – Não ocorre falha na estruturação gramatical e a mensagem foi passada.

Alternativa "e" – Indica que está distante do aluno.

RESPOSTA: D

Texto para responder à questão.

> <u>Ler nas entrelinhas</u>. Esta frase dá conta de uma das muitas sutilezas da escrita, indicando que num texto até o que não está escrito deve ser lido, pois o sentido vai muito além das palavras, situando-se no contexto, para que não se perca "o espírito da coisa". (Deonísio da Silva)

34 **(FGV – Técnico – Área Administrativa – MP RJ – 2019)** Um segmento <u>incoerente</u> retirado desse texto é:

a) Esta frase dá conta de uma das muitas sutilezas da escrita;
b) num texto até o que não está escrito deve ser lido;
c) pois o sentido vai muito além das palavras;
d) o sentido (....) situando-se no contexto;
e) para que não se perca "o espírito da coisa".

COMENTÁRIOS:

Nota da autora: Incoerência é a falta de ligação entre ideias e fatos, sendo o resultado ilógico.

Alternativa "a" – Exemplifica as sutilezas: coerente.

Alternativa "b" – Se não está escrito, não há como ser lido.

Alternativa "c" – O sentido vai além: coerente.

Alternativa "d" – O sentido está no contexto: coerente.

Alternativa "e" – A fim de não perder algo: coerente.

RESPOSTA: B

35 **(FGV – Técnico – Área Administrativa – MP RJ – 2019)** A única frase abaixo que se mostra coerente é:

a) Os imbecis deixam as suas impressões digitais no que dizem.
b) Jamais diga uma mentira que não possa provar.
c) A razão é um sol severo: ilumina, mas cega.
d) Ninguém pode me calar, a menos que amarrem minhas mãos nas costas.
e) É como dizia o comentarista: que empate o melhor!

COMENTÁRIOS:

Alternativa "a" – É impossível haver tato (impressões digitais) na fala.

Alternativa "b" – Se é mentira, não pode haver prova.

Alternativa "c" – O sol ilumina, se for acentuado, pode cegar. Há coerência.

Alternativa "d" – Amarrar as mãos não impede alguém de falar.

Alternativa "e" – O melhor vence e não empata.

RESPOSTA: C

Texto 3

Os velhos estão sempre aconselhando os jovens a guardar dinheiro. Digo que este é um mau conselho. Não guardem um centavo; invistam em si mesmo apenas. Eu nunca economizei um dólar sequer antes dos 40 anos de idade. (Henry Ford)

36 **(FGV – Técnico – Área Administrativa – MP RJ – 2019)** A frase de Henry Ford (texto 3) foi traduzida com um erro gramatical, que é:

a) emprego de *mau* em lugar de mal;
b) *em si mesmo* em lugar de em si mesmos;
c) *sequer* em lugar de se quer;
d) a má colocação de *apenas* na frase;
e) a redundância desnecessária em *de idade*.

COMENTÁRIOS:

Alternativa "a" – O adjetivo *mau* qualifica o substantivo *conselho* e é antônimo de *bom*. **Dica:** *mal* é substantivo (o mal que ele não me fez) ou advérbio (dormiu mal).

Alternativa "b" – Concordância: o verbo está conjugado na terceira pessoa do plural (vocês) do imperativo afirmativo e a forma correta é (vocês) invistam em **si mesmos**. Se estivesse no singular, estaria correta: (você) invista em si mesmo.

Alternativa "c" – Sequer: advérbio que significa *ao menos, tampouco, pelo menos*. Se quer: encontro da conjunção *se* com o verbo *quer*. A expressão é sinônima de *se pretende* ou *se deseja*.

Alternativa "d" – Apenas: de maneira exclusiva, que tem capacidade de excluir os demais, somente.

Alternativa "e" – Não ocorre uso abusivo de palavras. Trata-se apenas de uma ênfase.

RESPOSTA: B

37 **(FGV – Técnico – Área Administrativa – MP RJ – 2019)** *Velhos* e *jovens* no texto 3 são originalmente adjetivos que se encontram substantivados; o mesmo ocorre na seguinte frase:

a) Os homens realmente educados são os autodidatas;
b) O que a escultura faz ao mármore, a instrução faz à alma humana;

c) Você é único. Se isso não é suficiente, algo se perdeu;
d) É difícil uma pessoa sentir-se confortável sem ter a própria aprovação;
e) O homem sem educação é a caricatura de si mesmo.

COMENTÁRIOS:

Nota da autora: Eles são **velhos** = adjetivo (qualifica). Os **velhos** faltaram = substantivo (nomeia – o artigo o acompanha).

Alternativa "a" – Os homens são **autodidatas** = adjetivo. Os **autodidatas** = substantivo.

Alternativa "b" – A alma é **humana** = adjetivo.

Alternativa "c" – Você é **único** = adjetivo.

Alternativa "d" – É **difícil** = adjetivo.

Alternativa "e" – O homem é a **caricatura** = adjetivo. Se fosse "a caricatura é o homem", teríamos um substantivo + um adjetivo, respectivamente.

RESPOSTA: A

38 **(FGV – Técnico – Área Administrativa – MP RJ – 2019)** A frase abaixo em que ocorre uma falha gramatical é:

a) Cada um deve dedicar-se à sua própria educação até o último dia;
b) Não se trata de ler muito de tudo. É necessário digerir-se o que se lê;
c) Não pretendas ser demasiado justo nem saber mais do que lhe convém;
d) Nascemos príncipes e a educação faz de nós sapos;
e) O amor-próprio ofendido não perdoa jamais.

COMENTÁRIOS:

Alternativa "a" – A crase antes do pronome possessivo feminino é facultativa.

Alternativa "b" – A segunda oração está na voz passiva sintética (verbo transitivo direto + se) e não ocorre falha gramatical.

Alternativa "c" – Não há uniformidade de tratamento: não pretendas (tu – segunda pessoa do singular) e lhe (terceira pessoa do singular). Opções de reescrita: **não pretenda** (terceira pessoa do singular) e **lhe; não pretendas** e **te.**

Alternativa "d" – Período com duas orações e sujeito distintos (nós e a educação).

Alternativa "e" – Sujeito + adjunto adverbial de negação + verbo + adjunto adverbial de tempo. Não há falha.

RESPOSTA: C

Texto 4

Assim que toca o sinal indicando o fim das aulas, um grupo de alunos sai correndo das salas. Eles não estão com pressa de ir embora, como seria de se esperar após nove horas e meia de atividade escolar, mas para ir ao pátio, onde vão ensaiar para a fanfarra ou treinar handebol. Em um colégio onde 30% dos alunos repetiam ou abandonavam os estudos, houve um receio inicial em aumentar o tempo de classe, com o período integral. A solução surpreendeu, fez aumentar o interesse dos jovens pelos estudos e melhorou os indicadores educacionais da unidade.

39 **(FGV – Técnico – Área Administrativa – MP RJ – 2019)** No texto 4, o segundo período do primeiro parágrafo, em relação ao período anterior, mostra:

a) uma exemplificação;
b) uma justificativa;
c) uma explicitação;
d) uma quebra de expectativa;
e) uma incoerência flagrante.

COMENTÁRIOS:

Alternativa "a" – Não é um exemplo.

Alternativa "b" – Não está justificando.

Alternativa "c" – Não explica.

Alternativa "d" – Quando sai correndo, há pressa. O grupo saiu correndo, mas não estavam com pressa. Houve quebra de expectativa por caber a conjunção adversativa "mas" para ligar as orações.

Alternativa "e" – Não se trata de contradição incontestável (flagrante).

RESPOSTA: D

Texto 5

"No Paquistão, quando sou proibida de ir à escola, compreendo o quão importante é a educação. A educação é o poder das mulheres. (....) Nós percebemos a importância de nossa voz quando somos silenciados". É assim que a pequena notável enxerga o horizonte e – por meio das novas tecnologias – pôde fazer ecoar sua voz. Educação é um ato político, e se é na sociedade (seja física ou digital) o nascedouro de faíscas de perspectivas para um mundo mais igualitário, a escola deve ser o seu maior berçário.

Empoderamento educacional, Ivan Aguirra

40 **(FGV – Técnico – Área Administrativa – MP RJ – 2019)** No texto 5 são utilizados alguns meios linguísticos com função específica; o item abaixo em que os exemplos citados NÃO correspondem ao elemento destacado é:

a) voz passiva: sou proibida / somos silenciados;
b) conexão entre orações: quando sou proibida / quando somos silenciados;
c) intensificação de grau: quão importante / mais igualitário;
d) palavras de coesão com os antecedentes: assim / berçário;
e) adjetivação: político / igualitário.

COMENTÁRIOS:

Alternativa "a" – As duas orações estão na voz passiva analítica (verbo *ser* + particípio). Vejamos as orações na voz passiva e na voz ativa, respectivamente: **sou proibida** de ir à escola = **proíbem-me** se ir à escola; **somos silenciados** = **silenciam-nos**. Note que nos dois casos não foi citado o agente do passiva, por isso o verbo na ativa deve permanecer na terceira pessoa do plural.

Alternativa "b" – As duas orações são subordinadas adverbiais temporais: 1. Quando compreendo o quão importante é a educação? Quando sou proibida de ir à escola = tempo; 2. Quando nós percebemos a importância de nossa voz? Quando somos silenciados = tempo.

Alternativa "c" – Ocorre intensificação do grau nos dois casos: quão importante = muito importante; mundo mais igualitário.

Alternativa "d" – "Berçário" é predicativo do sujeito "escola". "Assim" retoma a ideia mencionada anteriormente que está entre aspas, não se refere a *berçário*.

Alternativa "e" – O adjetivo qualifica o substantivo nos dois casos: o ato é **político** (adjetivo de "ato"); o mundo é **igualitário** (adjetivo de "mundo").

RESPOSTA: D

41 **(FGV – Técnico Judiciário – Área Judiciária – TJ CE – 2019)** O vocábulo "maior" se refere prioritariamente a realidades que tenham uma extensão física; nesse caso, a frase abaixo em que esse vocábulo foi bem empregado é:

a) Para maiores informações, leia o Código Penal;
b) Um dos maiores freios aos delitos não é a crueldade das penas;
c) Não é a intensidade da pena, mas sua extensão, que traz os maiores resultados;
d) A maior punição de um crime não provém da lei;
e) Já está lotada a maior prisão do país.

COMENTÁRIOS:

Alternativa "a" – Para mais informações: quantidade.

Alternativa "b" – Sinônimo de *melhor* e não indica tamanho.

Alternativa "c" – Indica quantidade: mais resultados.

Alternativa "d" – Sinônimo de *melhor* e não indica tamanho.

Alternativa "e" – Refere-se a tamanho: a prisão é muito grande.

RESPOSTA: E

42 **(FGV – Técnico Judiciário – Área Judiciária – TJ CE – 2019)** Uma das leis da textualidade é a coerência; a frase abaixo em que a coerência está presente é:

a) Antes do Código Penal não existiam crimes;
b) As prisões ensinam a recuperação imoral a criminosos;
c) Desejo ser incluído fora desse julgamento;
d) Ter má fama quando morto não importa;
e) Passar muito tempo estudando é preguiça.

COMENTÁRIOS:

Alternativa "a" – Se não existissem, não criariam o Código Penal.

Alternativa "b" – As prisões devem ensinar a recuperação moral.

Alternativa "c" – É impossível ser incluído fora. Incluído: dentro, incluso, contido.

Alternativa "d" – Depois de morrer, podem falar mal, não há importância alguma.

Alternativa "e" – Quem tem preguiça não passa muito tempo estudando.

RESPOSTA: D

43 **(FGV – Técnico Judiciário – Área Judiciária – TJ CE – 2019)** "Há uma espécie de conforto na autocondenação. Quando nos condenamos, pensamos que ninguém mais tem o direito de fazê-lo".

Sobre a estruturação desse pensamento, a única afirmação adequada é:

a) o segundo período funciona como uma explicação do primeiro;
b) o termo "Quando" indica uma condição da ação seguinte;
c) o pronome "nos" só se refere aos autores da frase;
d) o verbo fazer em "fazê-lo" tem o sentido de "produzir algo";
e) o pronome "lo" se refere a "direito".

COMENTÁRIOS:

Alternativa "a" – Os períodos são coordenados, ou seja, são independentes sintaticamente e podem ser unidos pela conjunção *porque:* Quando nos condenamos, pensamos que ninguém mais tem o direito de fazê-lo, **porque** há uma espécie de conforto na autocondenação.

Alternativa "b" – Indica tempo.

Alternativa "c" – Refere-se aos autores e ao leitor, a ideia é de generalização: todos nós.

Alternativa "d" – O verbo *fazer* é vicário: fica no lugar de outro, que substitui um verbo para não o repetir. Substitui o verbo *condenar.*

Alternativa "e" – Ninguém tem o direito de fazer "isso": o pronome é demonstrativo anafórico e retoma a ideia anteposta: condenarmo-nos.

RESPOSTA: A

44 **(FGV – Técnico Judiciário – Área Judiciária – TJ CE – 2019)** "Há uma espécie de conforto na autocondenação. Quando nos condenamos, pensamos que ninguém **mais** tem o direito de fazê-lo".

A frase abaixo em que o vocábulo "mais" mostra o mesmo valor que na frase acima é:

a) A certeza de um castigo é sempre **mais** intensa que o temor de outro mais severo;
b) A certeza de um castigo é sempre mais intensa que o temor de outro **mais** severo;
c) Quanto mais a pena for rápida e próxima do delito, tanto **mais** justa e útil ela será;
d) Não se enforca um homem por ele ter roubado cavalos, mas para que cavalos não sejam **mais** roubados;
e) A leitura de um livro **mais** não modificará a visão que temos da Justiça.

COMENTÁRIOS:

Nota da autora: Questão de classes gramaticais. É importante entender que o "mais" não está intensificando.

Alternativa "a" – O advérbio intensifica o adjetivo *intensa*.

Alternativa "b" – O advérbio intensifica o adjetivo *severo*.

Alternativa "c" – O advérbio intensifica o adjetivo *justa*.

Alternativa "d" – O advérbio intensifica o adjetivo *roubados*.

Alternativa "e" – Trata-se de um pronome adjetivo indefinido e não intensifica. Possui sentido de "algo mais", assim como em "ninguém mais".
RESPOSTA: E

45 **(FGV – Técnico Judiciário – Área Judiciária – TJ CE – 2019)** "O fim das penas não é **atormentar**, **perseguir** e **afligir** um ser sensível... Seu fim é apenas **impedir** que o réu cause novos danos aos seus concidadãos e **dissuadir** os outros de fazerem o mesmo".
Se quiséssemos nominalizar todas as ações sublinhadas, deveríamos trocar os verbos por substantivos; nesse caso, a substituição inadequada seria:

a) atormentar um ser sensível / atormentação de um ser sensível;
b) perseguir um ser sensível / perseguição de um ser sensível;
c) afligir um ser sensível / aflição de um ser sensível;
d) impedir que o réu cause novos danos / impedimento de o réu causar novos danos;
e) dissuadir os outros / dissuasão dos outros.

COMENTÁRIOS:

Alternativa "a" – O ser é atormentado, há sentido passivo nas duas informações.

Alternativa "b" – O ser é perseguido nas duas afirmações – sentido passivo.

Alternativa "c" – Ao nominalizar o verbo, o sentido foi alterado: alguém aflige um ser sensível, ou seja, causa sofrimento (valor passivo do "ser") versus o ser sensível sente aflição (valor ativo).
Alternativa "d" – O ser é impedido nas duas informações – sentido passivo.

Alternativa "e" – O ser é dissuadido nas informações – sentido passivo.

RESPOSTA: C

46 **(FGV – Técnico Judiciário – Área Judiciária – TJCE – 2019)** "Quanto mais a pena for rápida e próxima do delito, tanto mais justa e útil ela será".
Nesse pensamento, há uma correlação entre dois termos precedidos por "Quanto mais" e "tanto mais", que são:

a) mais rápida e mais próxima do delito;
b) mais justa e mais útil;

c) mais rápida / mais justa;
d) mais rápida e próxima / mais justa e útil;
e) mais próxima / mais útil.

COMENTÁRIOS:

Alternativa "a" – As expressões estão ligadas apenas a "quanto mais".

Alternativa "b" – Estão ligadas apenas a "tanto mais".

Alternativa "c" – Faltou informação, ocorreu quebra de paralelismo.

Alternativa "d" – Quanto **mais → rápida e próxima**; tanto **mais → justa é útil**.

Alternativa "e" – Aqui também faltou informação e ocorreu quebra de paralelismo.

RESPOSTA: D

47 **(FGV – Técnico Judiciário – Área Judiciária – TJ CE – 2019)** A frase abaixo que foi construída <u>exclusivamente</u> por linguagem formal é:

a) Primeiro a gente enlouquece e depois vê no que dá;
b) A vida é curta demais para vivê-la ao lado de um filho da mãe;
c) Tem pessoas que discordam de mim e outras, que são inteligentes;
d) Me deram como castigo uma pena de dez anos;
e) Somente o que perdi é meu para sempre.

COMENTÁRIOS:

Alternativa "a" – A gente = nós.

Alternativa "b" – Filho da mãe = sentido pejorativo usado para desqualificar alguém.

Alternativa "c" – Tem = há.

Alternativa "d" – Colocação pronominal: a próclise é obrigatória porque não se deve iniciar oração com o pronome oblíquo: deram-me.

Alternativa "e" – O período foi escrito na linguagem formal.

RESPOSTA: E

48 **(FGV – Técnico Judiciário – Área Técnico Administrativa – TJ CE – 2019)** O jurista romano Ulpiano formulou o seguinte pensamento: "Tais são os preceitos do direito: viver honestamente, não ofender ninguém, dar a cada um o que lhe pertence".

Abaixo aparecem cinco diferentes maneiras de reescrever essa mesma frase; a reescritura que mostra uma forma <u>inadequada</u> é:

a) Os preceitos do direito são tais: viver honestamente, não ofender ninguém, dar a cada um o que lhe pertence;
b) Tais são os preceitos do direito: viver honestamente, dar a cada um o que lhe pertence e não ofender ninguém;
c) Tais são os preceitos do direito: viver honestamente, não ofender ninguém, dar o que lhe pertence a cada um;

d) São tais os preceitos do direito: viver honestamente, não ofender ninguém, dar a cada um o que lhe pertence;

e) Viver honestamente, não ofender ninguém, dar a cada um o que lhe pertence: tais são os preceitos do direito.

COMENTÁRIOS:

Alternativa "a" – O que pertence a ele.

Alternativa "b" – O que pertence a cada um.

Alternativa "c" – O sentido mudou: dar a cada um o que pertence a você.

Alternativa "d" – O que pertence a ele.

Alternativa "e" – O que pertence a ele.

RESPOSTA: C

49 **(FGV – Técnico Judiciário – Área Técnico Administrativa – TJ CE – 2019)** "Amai a justiça, / vós que julgais a terra".

Considerando que esse pensamento é composto por dois segmentos (separados por uma barra inclinada), sobre a sua estrutura, é correto afirmar que:

a) o segundo segmento identifica a quem se refere o imperativo presente no primeiro segmento;

b) o segundo segmento mostra a causa da afirmação contida no primeiro segmento;

c) o segundo segmento explica o segmento anterior;

d) o primeiro segmento indica a condição de o segundo segmento ser realizado;

e) o primeiro segmento apresenta a consequência da ação presente no segundo.

COMENTÁRIOS:

Nota da autora: Questão de verbo e período composto.

Alternativa "a" – O verbo está conjugado na segunda pessoa do plural do imperativo afirmativo e refere-se a *vós*. Siga a ordem da tabela para montar os tempos verbais, lembrando que é preciso retirar o "s" das segundas pessoas do presente do indicativo e que não há alteração alguma nas formas retiradas do presente do subjuntivo.

Presente do indicativo (1)	**Imperativo afirmativo (3)**	**Presente do subjuntivo (2)**
Eu amo	X (3.1)	Que eu ame
Tu amas (3.2.) → (- s)	Ama tu (3.3)	Que tu ames
Ele ama	Ame você (3.5)	← Que ele ame (3.4)
Nós amamos	Amemos nós (3.7)	← Que nós amemos (3.6)
Vós amais (3.8) → (- s)	**Amai vós** (3.9)	Que vós ameis
Eles amam	Amem vocês (3.11)	← Que eles amem (3.10)

Alternativa "b" – Não cabe a pergunta "por quê?" nem há consequência, logo não pode indicar causa.

Alternativa "c" – Se explicasse, caberia a conjunção "porque". Não é o caso.

Alternativa "d" – Não cabe a conjunção "se", pois o verbo está no imperativo afirmativo.

Alternativa "e" – Para indicar consequência, caberia a locução conjuntiva "de modo que" e haveria também a ideia de causa.

RESPOSTA: A

50 **(FGV – Técnico Judiciário – Área Técnico Administrativa – TJ CE – 2019)** Abaixo estão cinco frases com a negativa não; todas essas frases foram reescritas, eliminando-se essa negativa, mas mantendo-se o sentido original.
A frase em que houve alteração do sentido original é:

a) A justiça não existe onde não há liberdade / A justiça só existe onde há liberdade;
b) Se temes a solidão, não tentes ser justo / Se temes a solidão, tenta ser injusto;
c) O raciocínio e a pressa não se dão bem / O raciocínio e a pressa mostram más relações;
d) Não existem amores feios / Só existem amores bonitos;
e) Não se pode confiar em quem põe a mão no coração ao dar sua palavra / Pode-se desconfiar de quem põe a mão no coração ao dar sua palavra.

COMENTÁRIOS:

Nota da autora: Questão de coerência textual e verbo. Mais uma vez a banca exige o verbo no imperativo e incluiu processo de formação das palavras – prefixação.

Alternativa "a" – Sentidos iguais: não existe onde não há = existe onde há.

Alternativa "b" – Sentidos distintos: não tentes ser **justo** = tu és injusto; tenta ser **injusto** = tu és justo. Perceba que alteração de sentido ocorreu por dois motivos: 1. Alteração do verbo no imperativo negativo para o imperativo afirmativo; 2. Inserção do prefixo negativo "in" em *injusto* (radical: justo).

Presente do indicativo (1)	Imperativo afirmativo (3)	Presente do subjuntivo (2)	Imperativo negativo (4)
Eu tento	X (3.1)	Que eu tente	X (4.1.)
Tu tentas (3.2.) → (- s)	**Tenta tu** (3.3)	Que tu tentes →	**Não tentes** (4.2)
Ele tenta	Tente você (3.5)	← Que ele tente (3.4) →	Não tente (4.3)
Nós tentamos	Tentemos nós (3.7)	←Que nós tentemos (3.6) →	Não tentemos (4.4.)
Vós tentais (3.8)→ (- s)	Tentai vós (3.9)	Que vós tenteis →	Não tenteis (4.5)
Eles tentam	Tentem vocês (3.11)	← Que eles tentem (3.10) →	Não tentem (4.6)

Alternativa "c" – Sentidos iguais: não se dar bem = más relações.

Alternativa "d" – Sentidos iguais: não existem feios = existem bonitos.

Alternativa "e" – Sentidos iguais: não se pode confiar = deve-se desconfiar.

RESPOSTA: B

51 **(FGV – Técnico Judiciário – Área Técnico Administrativa – TJ CE – 2019)** "Excesso de direito, excesso de injustiça".

A forma adequada de indicar-se de modo mais explícito a relação lógica desse pensamento é:

a) Se houver excesso de direito, haverá excesso de injustiça;
b) O excesso de direito é sempre seguido do excesso de injustiça;
c) Em havendo excesso de direito, desaparecerá o excesso de injustiça;
d) O excesso de direito ocorre em função do excesso de injustiça;
e) Quanto menor o excesso de direito, maior o excesso de injustiça.

COMENTÁRIOS:

Alternativa "a" – Exatamente: uma coisa depende da outra, por isso cabe a ideia condicional indicada pela conjunção "se".

Alternativa "b" – Não possui noção de tempo.

Alternativa "c" – Não desaparece, as ideias são simultâneas.

Alternativa "d" – "Em função de" = *em consequência de, em resultado de*. Não existe ideia de consequência.

Alternativa "e" – Não cabe a ideia de maior e menor.

RESPOSTA: A

52 **(FGV – Técnico Judiciário – Área Técnico Administrativa – TJ CE – 2019)** A frase abaixo em que o termo sublinhado repete ou se refere a um termo anterior é:

a) O justo é tranquilíssimo, <u>o injusto</u> é sempre muito solícito;
b) Raspai o juiz, encontrareis <u>o carrasco</u>;
c) Não pretendas ser juiz se não tens força para desenraizar <u>as injustiças</u>;
d) É natural desejar que se faça justiça; a maior de todas as almas não ficaria insensível ao prazer de ser conhecida como <u>tal</u>;
e) Causam menos dano cem delinquentes do que um <u>mau</u> juiz.

COMENTÁRIOS:

Alternativa "a" – Indica oposição dos vocábulos *justo* e *injusto*.

Alternativa "b" – O termo não retoma vocábulo algum.

Alternativa "c" – Injustiça não retoma *juiz*.

Alternativa "d" – O pronome retoma "justiça".

Alternativa "e" – O adjetivo apenas qualifica o substantivo *juiz*.

RESPOSTA: D

53 **(FGV – Técnico Judiciário – Área Técnico Administrativa – TJ CE – 2019)** Se reconheces que algo é injusto, tenta pôr fim à injustiça o mais rápido possível: para que esperar o próximo ano?

A relação semântico-gramatical que existe entre injusto / injustiça se repete em:

a) julgar / julgamento;
b) dificultoso / dificuldade;
c) rápido / rapidamente;
d) roupagem / roupagem / roupagem;
e) figura / figuração.

COMENTÁRIOS:

Nota da autora: É necessário classificar as classes gramaticais: injusto = adjetivo; injustiça = substantivo.

Alternativa "a" – Verbo e substantivo.

Alternativa "b" – Adjetivo e substantivo.

Alternativa "c" – Adjetivo e advérbio.

Alternativa "d" – Substantivo e substantivo.

Alternativa "e" – Substantivo e substantivo.

RESPOSTA: B

54 **(FGV – Técnico Judiciário – Área Técnico Administrativa – TJ CE – 2019)** "Quem critica a injustiça o faz não porque teme cometer ações injustas, mas porque teme sofrê-las".

No caso desse pensamento de Platão, o verbo *fazer* substitui toda uma oração anterior (critica a injustiça); a mesma situação ocorre na seguinte frase:

a) Arrepende-se quem faz o que não deve;
b) Zangou-se com os amigos e fez uma longa denúncia;
c) Decidiu viajar e fez isso rapidamente;
d) Comprou um novo computador e fez o trabalho;
e) Ficou preocupado e fez a viagem de repente.

COMENTÁRIOS:

Nota da autora: Trata-se de **verbo vicário** – fica no lugar de outro, que substitui um verbo para não se o repetir. Os mais usados são: *fazer* e *ser*. Exemplos: Ele vinha muito aqui, mas há meses que não **o faz**" (*o faz* = vem aqui). Ela não estuda mais como **fazia** antigamente" (*fazia* = estudava).

Alternativa "a" – O verbo *fazer* não retoma o verbo *arrepender-se*.

Alternativa "b" – O verbo *fazer* não retoma o verbo *zangar-se*.

Alternativa "c" – O verbo *fazer* retoma o verbo *viajar:* Decidiu viajar e **viajou** rapidamente.

Alternativa "d" – O verbo *fazer* não retoma o verbo *comprar*.

Alternativa "e" – O verbo *fazer* não retoma o verbo *ficar*.

RESPOSTA: C

55 **(FGV – Técnico Judiciário – Área Técnico Administrativa – TJ CE – 2019)** "Onde, sob os olhos dos juízes, o direito é derrubado pela iniquidade e a verdade pela mentira, são derrubados os próprios juízes".

Sobre a estrutura dessa frase, a única afirmação inadequada é:

a) o termo inicial "onde" não se refere a nenhum lugar específico;
b) no segmento "e a verdade pela mentira" está omitida a forma verbal "é derrubada";
c) no segmento "sob os olhos dos juízes" não se pode substituir a forma "sob" por "sobre";
d) no segmento "o direito é derrubado pela iniquidade" há um exemplo de voz passiva em que o sujeito (o direito) sofre a ação;
e) no segmento "são derrubados os próprios juízes" não se pode colocar o sujeito (os próprios juízes) antes do verbo (são derrubados).

COMENTÁRIOS:

Alternativa "a" – É um advérbio de lugar e não se refere a algo específico. Se fosse pronome relativo, provavelmente especificaria: A biblioteca onde estudo = retoma *biblioteca*.

Alternativa "b" – As orações estão na voz passiva analítica e equivalem, na voz ativa, a: a inquietude derruba o direito e a mentira derruba a verdade. Isso significa que o verbo *ser* + o particípio (é derrubada) estão implícitos.

Alternativa "c" – Os significados são distintos. Sob: *que está protegido por;* sobre: *por cima de; denota e mostra a posição ou a localização daquilo que se encontra acima de; em cima de.*

Alternativa "d" – O sujeito é paciente:

o direito	é derrubado	pela inquietude
sujeito paciente	verbo *ser* + particípio	agente da passiva

Transpondo para a voz ativa:

a inquietude	derruba	o direito
sujeito	verbo no presente do indicativo – mesmo tempo do verbo *ser* na passiva	objeto direto

Alternativa "e" – Pode, já que a oração ficaria na ordem direta: os juízes são derrubados. Como mencionado na alternativa "b", as orações antepostas estão na voz passiva analítica.

RESPOSTA: E

2. NÍVEL SUPERIOR

01 **(FGV – 2025 – TCE RR – Analista Administrativo – Tecnologia da Informação)**

Observe o seguinte texto:

É necessária a criação de novas leis, como, por exemplo, uma que permita a mudança do nome próprio, pois, às vezes, as pessoas carregam nomes que se tornaram esquisitos, nomes dados por pais idiotas porque as leis não lhes permitem o direito de escolha.

O termo sublinhado no texto acima que não estabelece coesão com algum termo anterior, é

a) uma.
b) que.
c) nomes.
d) lhes.
e) escolha.

COMENTÁRIOS:

Alternativa "a" – Retoma "lei": uma lei que permita a mudança.

Alternativa "b" – Retoma "uma": uma [lei] a qual permita a mudança.

Alternativa "c" – Retoma "nomes próprios": carregam nomes próprios que se tornaram esquisitos.

Alternativa "d" – Retoma "pessoas": permitem o direito às pessoas.

Alternativa "e" – Não retoma termo algum.

RESPOSTA: E

02 **(FGV – 2025 – TCE RR – Analista Administrativo – Tecnologia da Informação)**

As frases abaixo mostram uma nova forma de escritura que evita a presença de um pronome relativo.

Assinale a frase em que essa nova forma se mostra **inadequada**.

a) Santos Dumont, que criou o avião, é brasileiro / Santos Dumont, criador do avião, é brasileiro.
b) Guimarães Rosa, que escreveu esse romance, é mineiro / Guimarães Rosa, autor desse romance, é mineiro.
c) O político, que perturbou o debate, foi advertido / O político, destruidor do debate, foi advertido.
d) Aquele aluno, que observe bem os fatos, se destaca na turma / Aquele aluno, bom observador dos fatos, se destaca na turma.
e) Os professores, que teceram elogios a Churchill, se arrependeram / Os professores, admiradores de Churchill, se arrependeram.

COMENTÁRIOS:

Nota da autora: Ocorre transposição da oração subordinada adjetiva explicativa (com pronome relativo) para aposto explicativo.

Alternativa "a" – que criou = criador.

Alternativa "b" – que escreveu = autor.

Alternativa "c" – que perturbou = perturbador.

Observação: "destruidor" não possui relação semântica com perturbar – *ser alvo de alteração ou transtorno; causar desordem.*

Alternativa "d" – que observe = observador.

Alternativa "e" – que teceram elogios = admiradores.

RESPOSTA: C

03 **(FGV – Perito Criminal Área II – PC MG – 2025)** As opções a seguir apresentam cinco formas diferentes de redigir o mesmo período.

Assinale a opção em que a forma indicada corresponde ao período de melhor redação, considerando *correção, clareza, concisão* e *elegância*.

a) Sem a companhia dos tolos, ficaria sempre muito desajeitado um homem de espírito.
b) Um homem de espírito ficaria sempre muito desajeitado sem a companhia dos tolos.
c) Sem a companhia dos tolos um homem de espírito ficaria sempre muito desajeitado.
d) Um homem de espírito, sem a companhia dos tolos, ficaria muito desajeitado sempre.
e) Ficaria sempre muito desajeitado, um homem de espírito, sem a companhia dos tolos.

COMENTÁRIOS:

Alternativa "a" – Falta clareza por estar na ordem inversa: inicia com o adjunto adverbial, não com o sujeito (um homem de espírito).

Alternativa "b" – Estrutura: sujeito + verbo + adjunto adverbial + predicativo do sujeito + adjunto adverbial. A frase está correta, clara, concisa e elegante.

Alternativa "c" – Incorreção: em deslocamento de locução adverbial extensa, a vírgula é obrigatória.

Alternativa "d" – Para ser clara e elegante, o verbo deveria estar próximo do sujeito, não ocorrendo intercalação.

Alternativa "e" – A intercalação do sujeito entre vírgulas causa incorreção, deselegância e falta de clareza.

RESPOSTA: B

04 **(FGV – Perito Criminal Área II – PC MG – 2025)** Todas as frases a seguir mostram dois termos sublinhados que podem ser empregados na frase.

Assinale a opção em que o *primeiro termo* é o mais adequado.

a) Marta não quis que existisse / ocorresse qualquer desentendimento com o noivo.
b) O posto de líder, que me deram, foi uma oferta / oferenda generosa.
c) O ministro bolou / imaginou toda essa estratégia política para a reunião de cúpula.
d) Senti a necessidade de, na reunião, sustentar-me / permanecer calada.
e) Teria ele misturado / confundido os dois processos?

COMENTÁRIOS:

Nota da autora: Atente-se ao contexto.

Alternativa "a" – Os dois verbos possuem sentido de "haver" e podem ser usados.

Alternativa "b" – Oferta: *dádiva, oferecimento.* Oferenda: *dádiva oferecida a Deus ou aos santos.*

Alternativa "c" – Na linguagem informal, "bolar" possui sentido de *conceber, planejar arquitetar, ou seja, refere-se a "imaginar".*

Alternativa "d" – "Permanecer" significa *seguir existindo; manter-se ou conservar-se; continuar.* É sinônimo de "sustentar-se".

Alternativa "e" – "Confundir" é sinônimo de *equivocar, estragar, baralhar, desorientar, despistar, misturar.*

RESPOSTA: B

05 **(FGV – Prefeitura de Macaé RJ – Analista de Auditoria Governamental – 2024)** Assinale a frase em que o termo sublinhado estabelece coesão com um termo futuro e não com um termo anterior.

a) Os homens são tão bons quanto o ***seu*** desenvolvimento tecnológico lhes permite ser.
b) Você precisará ter a coragem de viver a vida, se você encontrar um meio de vida ***de que*** goste.
c) É melhor deixar um elefante ir embora, quando você ***o*** tem preso pela perna e ele estiver tentando fugir.
d) O gênero humano ama a ***quem*** o ama.
e) Nunca encontrei um só homem com ***o qual*** não pudesse aprender algo.

COMENTÁRIOS:

Alternativa "a" – Termo anterior: o desenvolvimento do **homem**.

Alternativa "b" – Termo anterior: goste de **um meio de vida**.

Alternativa "c" – Termo anterior: você tem **um elefante** preso.

Alternativa "d" – Refere-se ao termo futuro: quem **o ama**.

Alternativa "e" – Termo anterior: não pudesse aprender com o **homem**.

RESPOSTA: D

06 **(FGV – Prefeitura de Macaé RJ – Analista de Auditoria Governamental – 2024)** *Você sabia que o Sol está se aproximando da Terra? Não viu como fez calor nos últimos dias?*

Sobre a significação e a estruturação dessa frase, emitida em um programa de televisão, assinale a afirmativa correta.

a) O emissor da frase faz uma correta relação lógica entre causa e efeito.
b) A frase é do tipo argumentativo e só apresenta a tese sem argumentos.
c) Apesar de ter estrutura interrogativa, a primeira interrogação tem valor afirmativo.
d) A segunda pergunta é uma redundância da pergunta anterior.
e) As duas orações que compõem a frase mostram uma contradição entre elas.

COMENTÁRIOS:

Alternativa "a" – Não existe consequência, apenas uma explicação, um exemplo.

Alternativa "b" – Não tenta persuadir o leitor, ou seja, não é argumentativa.

Alternativa "c" – Valor afirmativo: o sol está se aproximando da Terra.

Alternativa "d" – Não ocorre repetição da ideia anterior.

Alternativa "e" – Não há oposição, mas sim uma justificativa.

RESPOSTA: C

07 **(FGV – Prefeitura de Macaé RJ – Analista de Auditoria Governamental- 2024)** Observe a frase a seguir:

Livros são os mais silenciosos e constantes amigos. Os conselheiros mais acessíveis e sábios. E os mais pacientes professores.

Sobre os componentes verbais dessa frase, assinale a observação ***incorreta***.

a) "silenciosos" e "constantes" são adjetivos que mostram qualidades do substantivo "amigos".
b) A palavra "amigos" está empregada em sentido figurado, personalizando o substantivo "livros".
c) A palavra "mais" funciona como elemento intensificador dos adjetivos que acompanha.
d) Os três períodos do texto mostram-se em construção paralelística.
e) Todas as adjetivações e figuras empregadas

COMENTÁRIOS:

Alternativa "a" – Lê-se: livros são amigos **silenciosos** e amigos **constantes**.

Alternativa "b" – Sentido conotativo: livros são amigos – sentido de acalentar, de ser bom.

Alternativa "c" – É advérbio de intensidade nos dois casos: **mais** silenciosos e [mais] constantes (adjetivos); **mais** acessíveis e [mais] sábios (adjetivos).

Alternativa "d" – Não há paralelismo porque as estruturas são distintas:

Livros	são	os	mais	silenciosos	e constantes	amigos.
		os	conselheiros	mais	acessíveis	e sábios.
	e	os	mais	pacientes	professores.	

Alternativa "e" – Existem várias adjetivações: silenciosos, constantes, acessíveis, sábios, pacientes.

Exist*em sentidos conotativos: amigos, conselheiros, professores.*

RESPOSTA: D

08 **(FGV – Prefeitura de Macaé RJ – Analista de Auditoria Governamental- 2024)** Leia a frase a seguir, que mostra um conjunto de palavras com funções diferentes.

O romance é hoje o único observatório de onde se pode abarcar a vida humana como um todo.

Assinale a observação adequada sobre uma dessas palavras.

a) A palavra ***hoje*** está mal-empregada porque ela sempre vai designar a atualidade, independentemente do momento em que for lida.

b) A preposição ***de*** indica, na frase, um ponto de origem, referindo-se a "observatório".

c) O pronome ***se*** foi empregado para indeterminar o sujeito da frase, equivalente a "alguém".

d) O termo ***observatório*** está empregado em sentido lógico, significando o lugar de onde se observa algo.

e) A preposição ***como*** tem valor comparativo na frase.

COMENTÁRIOS:

Alternativa "a" – A palavra está bem empregada por designar atualidade, época presente.

Alternativa "b" – A preposição possui valor de origem: do observatório.

Alternativa "c" – O verbo "abarcar" é transitivo direto e o pronome "se" é apassivador. A oração está na voz passiva sintética e possui sujeito simples.

Na passiva analítica para evitar erro: de onde a vida humana pode ser abarcada.

Alternativa "d" – Sentido lógico é equivalente a sentido denotativo (real). O vocábulo, no contexto, não possui sentido de "mirante", de "miradouro". O sentido é conotativo.

Alternativa "e" – É uma conjunção e possui valor conformativo: conforme um todo, de acordo com o todo.

RESPOSTA: B

09 **(FGV – EPE – Analista de Pesquisa Energética – 2024)** Assinale a frase em que a comparação realizada ***não*** é explicada.

a) A lei é como uma cerca – quando a gente é forte, a gente passa por baixo; quando é fraca, passa por cima.

b) Candidato é como animal no cio: deve falar pouco e agir muito.
c) Políticos são como fraldas: precisam ser trocados regularmente e pela mesma razão.
d) Tentar fazer o governo trabalhar é como tentar pregar um botão numa torta de queijo.
e) A política é como um charco e as pessoas têm de andar com lenço no nariz, por causa do mau cheiro.

COMENTÁRIOS:

Alternativa "a" – Comparação: lei x cerca.

Explicação: quando é forte, passa por baixo, quando é forte passa por cima.

Alternativa "b" – Comparação: candidato = animal.

Explicação: falar pouco e agir muito.

Alternativa "c" – Comparação: políticos x fraldas.

Explicação: precisam ser trocados regularmente.

Alternativa "d" – Compara fazer o governo trabalhar com tentar pregar um botão numa torta de queijo. Não explica.

Alternativa "e" – Comparação: política x charco.

Explicação: possuem mau cheiro.

RESPOSTA: D

10 (FGV – EPE – Advogado – 2024) Assinale a opção que indica a frase em que a comparação feita é acompanhada de uma explicação dessa comparação.

a) Administrar a Argentina é como dançar com a mulher mais feia do salão.
b) Nenhum candidato pode lutar contra a globalização. Seria como lutar contra o clima.
c) Tratados, vejam vocês, são como garotas e rosas.
d) É uma junção estranha, como o cruzamento de cavalo com vaca.
e) Democracia é como nadar. Aprende-se praticando.

COMENTÁRIOS:

Alternativa "a" – Comparação: "administrar a Argentina" e "dançar com a mulher mais feia".

Alternativa "b" – Comparação: "lutar contra a globalização" e "lutar contra o clima".

Alternativa "c" – Comparação: "tratados" e "garotas e rosas".

Alternativa "d" – Comparação: "junção estranha" e "cruzamento de cavalo com vaca".

Alternativa "e" – Comparação entre "democracia" e "nadar". Explicação da comparação: tanto a democracia quanto a natação são aprendidas quando praticadas.

Dica: cabe a conjunção explicativa "porque" entre as orações.

RESPOSTA: E

11 **(FGV – EPE – Advogado – 2024)** As opções a seguir apresentam frases em que ocorre a presença de um pronome pessoal referindo-se a um termo anterior, ***à exceção de uma***. Assinale-a.

a) Existem leis, mas não quem as proteja.
b) Aprenda com as massas; depois, ensine-as.
c) Façamos a revolução antes que o povo a faça.
d) Ganhar uma batalha é crer que a ganhou.
e) Todos desejam a que é mais desejada.

COMENTÁRIOS:

Alternativa "a" – O pronome oblíquo "as" retoma "leis" (anáfora): não que proteja as leis.

Alternativa "b" – O pronome oblíquo "as" retoma "massas" (anáfora): ensine as massas.

Alternativa "c" – O pronome oblíquo "a" retoma "revolução" (anáfora): antes que o povo faça a revolução.

Alternativa "d" – O pronome oblíquo "a" retoma "batalha" (anáfora): crer que ganhou a batalha.

Alternativa "e" – O vocábulo "a" é pronome demonstrativo, equivale a "aquela" e não se refere a um termo posterior.

RESPOSTA: E

12 **(FGV – EPE – Advogado – 2024)** Assinale a opção que apresenta a frase que está integralmente redigida em forma gramaticalmente correta.

a) Presume-se toda pessoa boa até prova em contrário.
b) Guerra é uma série de catástrofes que podem resultar numa vitória.
c) Muitas vezes damos ao inimigo os meios para nos destruírem.
d) Tem poder aquele quem a multidão confia.
e) Guerra implica em baixas.

COMENTÁRIOS:

Alternativa "a" – Frase incorreta. Correção: Presume-se **que** toda pessoa **seja** boa até **que se prove o** contrário.

Alternativa "b" – O verbo "podem" concorda com "catástrofes".

Observação: poderia, também, concordar com "série": pode. As duas formas estão corretas.

Alternativa "c" – A ideia é: o inimigo (sujeito) nos destruir. Correção: para nos **destruir**.

Alternativa "d" – O verbo "confiar" exige a preposição "em". Correção: aquele em **quem** a multidão confia.

Alternativa "e" – O verbo "implicar" é transitivo direto e não admite preposição. Correção: implica baixas.

RESPOSTA: B

13 **(FGV – Câmara de Fortaleza CE – Consultor Legislativo – 2024)** Observe a seguinte reflexão:

A abelha vive fazendo cera. Sempre. E com tudo isto acontecendo, como é que a abelha consegue ser a imagem do labor incessante?

Sobre a estrutura e a composição desse pensamento, assinale a afirmativa ***inadequada***.

a) O advérbio "Sempre" é redundante, pois o verbo "viver" já indica uma ação interminável.

b) A expressão "fazendo cera" aparece nesse pensamento com duplo sentido.

c) O segmento "tudo isto" traz a ideia de uma grande quantidade de ações, sentido adequado ao contexto.

d) A forma do pronome demonstrativo "isto" deveria ser substituída por "isso", por referir-se a um termo anterior.

e) A expressão "é que" é empregada enfaticamente, sem ligações sintáticas com os outros termos.

COMENTÁRIOS:

Alternativa "a" – Se "vive" fazendo, significa que faz sempre. Há redundância.

Alternativa "b" – Pode ser no sentido de "cera tirada de vegetais" e no sentido de "enrolar, desperdiçar tempo, procrastinar".

Alternativa "c" – A expressão retoma apenas "fazer cera".

Observação: como o pronome é anafórico, deveria ser substituído por "isso".

Isto: catáfora – a ideia será mencionada.

Isso: anáfora – a ideia é retomada, ou seja, já foi mencionada.

Alternativa "d" – O pronome é anafórico, como mencionado na alternativa anterior.

Alternativa "e" – Trata-se de uma expressão expletiva, isto é, pode ser retirada sem que prejudique a estrutura. Serve apenas para enfatizar.

RESPOSTA: C

14 **(FGV – AL PR – Analista Legislativo – Advogado – 2024)** Observe o seguinte texto do escritor Mário da Silva Brito:

"Os judeus esperam, até hoje, pelo seu Messias, mas, no fundo, torcem para que ele não venha: temem que também ele os persiga".

Assinale a afirmativa ***inadequada*** em função da frase acima.

a) A frase faz uma referência implícita a um fato religioso, o da espera de um Messias pelos judeus.

b) O escritor indica a presença do antissemitismo em nossa sociedade moderna.

c) A expressão "até hoje" mostra que o autor da frase considera o tempo de espera como demasiadamente longo.

d) O segmento colocado após os dois pontos (:) traz a explicação de algo dito anteriormente.

e) O emprego do possessivo "seu" na expressão "seu Messias" mostra as ligações afetivas em relação a esse Messias.

COMENTÁRIOS:

Alternativa "a" – Nas religiões abraâmicas (reconhecidas em Abraão), Messias é um salvador ou libertador de um grupo de pessoas. Refere-se a um fato religioso.

Alternativa "b" – Indica que existe aversão aos judeus.

Antissemitismo: *repúdio aos semitas; aversão aos judeus, pessoas que têm como religião o judaísmo ou nasceram e vivem na cidade de Israel*[2].

Alternativa "c" – Significa que esperam há muito tempo.

Alternativa "d" – Explica o porquê de eles torcerem contra.

Alternativa "e" – Indica posse: o Messias deles, dos judeus. Não há relação com afetividade.

RESPOSTA: E

15 **(FGV – AL SC – Analista Legislativo – Direito – 2024)** Assinale a frase que mostra um ***erro*** quanto à norma culta da língua.

a) Minha saúde está boa. A idade é que está ruim.

b) As palavras são os médicos de uma mente doente.

c) Grande parte da saúde consiste em desejá-la

d) Os médicos acusam a natureza, os enfermos aos médicos.

e) Dar nome a uma doença é apressar-lhe os avanços.

COMENTÁRIOS:

Alternativa "a" – Não há erro, mas a expressão de realce poderia ser retirada: A idade está ruim.

Observação: utilizar palavra ou expressão de realce não acarreta erro.

Alternativa "b" – O verbo "ser" pode concordar tanto com o sujeito como com o predicativo, e os dois termos estão pluralizados (palavras, médicos).

Alternativa "c" – Concordância correta: pode concordar tanto com "grande parte" como com o substantivo "saúde"– que também está no singular.

Alternativa "d" – Existem três erros:

1. Ocorre zeugma (omissão de um termo já mencionado – "acusam") na segunda oração, e, consequentemente, falta a vírgula;

2. Pelo fato de haver vírgula demarcando zeugma, as orações devem ser separadas pelo sinal de ponto e vírgula;

Observação: opta-se por ponto e vírgula para evitar que o sujeito da segunda oração fique intercalado. Isso acarretaria outro erro.

---

2 Dicionário Online de Português. Disponível em <https://www.dicio.com.br/antissemitismo/>. Acesso 16 julho de 2024.

A regência do verbo *acusar* está incorreta. No contexto, o verbo é transitivo direto – acusam alguém.

Correção: Os médicos acusam a natureza; os enfermos, os médicos.

Alternativa "e" – O pronome pessoal oblíquo "lhe" possui função de adjunto adnominal por indicar posse e está usado de forma adequada.

Lê-se: apressar seus avanços.

RESPOSTA: D

16 **(FGV – Câmara Municipal de SP – Consultor Técnico Legislativo – 2024)** Em todas as frases abaixo havia uma repetição de termos, que foi evitada pela substituição do segundo termo. Assinale a opção em que essa substituição não acrescentou nenhuma informação nova ao termo anterior.

a) Eu já vi esse filme e não tenho vontade de rever esse dramalhão.
b) Sofia convidou o Marcelo. Ela espera que seu amigo goste da comida.
c) Eu fui ver uma casa para alugar, mas eu não me vejo morando naquele cubículo.
d) Rosa me apresentou seu primo, mas não tenho nenhuma vontade de rever esse rapaz pretensioso.
e) Bernardo apresentou a namorada a seus pais, mas a menina deu a impressão de ser muito tímida.

COMENTÁRIOS:

Alternativa "a" – O filme / mais informação: drama de pouco conteúdo.

Alternativa "b" – Marcelo / mais informação: é amigo.

Alternativa "c" – Casa / mais informação: compartimento muito pequeno.

Alternativa "d" – Primo / mais informação: rapaz pretensioso.

Alternativa "e" – A namorada é uma menina. Não houve acréscimo algum na informação.

RESPOSTA: E

17 **(FGV – Delegado de Polícia – SC – 2024)** Assinale a frase em que a inversão de posição dos segmentos provoca alteração no sentido original.

a) Saber escolher o tempo é saber economizar tempo. / Saber economizar tempo é saber escolher o tempo.
b) Não tenhamos pressa, mas não percamos tempo. / Não percamos tempo, mas não tenhamos pressa.
c) O amanhã será diferente e dependerá de nós. / O amanhã dependerá de nós e será diferente.
d) A melhor maneira de prever o futuro é inventá-lo. / A melhor maneira de inventar o futuro, é prevê-lo.
e) O dia de amanhã ninguém usou. Pode ser seu. / O dia de amanhã pode ser seu, pois ninguém usou.

COMENTÁRIOS:

Alternativa "a" – De qualquer maneira é preciso escolher o tempo e economizar o tempo.

Alternativa "b" – Mesmo sentido: não tenha pressa e não perca tempo.

Alternativa "c" – Mesmo sentido: o amanhã depende de nós e será diferente.

Alternativa "d" – O sentido foi alterado:

Primeiro você inventa o futuro, depois o prevê – refere-se à previsão.

Primeiro você prevê o futuro, depois o inventa – refere-se à invenção.

Alternativa "e" – Mesmo sentido: o dia de amanhã pode ser seu e ninguém o usou.

RESPOSTA: D

18 **(FGV – Delegado de Polícia – SC – 2024)** Em todas as frases abaixo há comparações; assinale a frase em que o motivo da comparação feita está corretamente identificado.

a) O tempo é o anjo do homem. / a capacidade de voar.
b) O futuro é um espelho sem vidro. / possibilidade de iluminar.
c) A história é um profeta que olha para trás. / possibilidade de previsão.
d) O tempo é um grande professor. / a longevidade.
e) A muleta do tempo é mais trabalhadora que a rápida clava de Hércules. / a eficiência na produção de mortes.

COMENTÁRIOS:

Alternativa "a" – Anjo: capacidade de proteger, de guardar.

Alternativa "b" – Espelho sem vidro: impossibilidade de ver.

Alternativa "c" – Profeta que olha para trás: impossibilidade de previsão (futuro).

Alternativa "d" – Grande professor: o aprendizado.

Alternativa "e" – O tempo é capaz de matar mais pessoas do que Hércules matou com a clava (arma).

RESPOSTA: E

19 **(FGV – Delegado de Polícia – SC – 2024)** Entre as frases abaixo, assinale a que identifica corretamente a relação lógica entre os segmentos destacados.

a) Eu gosto dos sonhos do futuro / mais do que da história do passado. – Explicação.
b) O tempo pode ter um parto difícil, / mas não aborta nunca. – Correlação.
c) Sempre temos tempo suficiente / se dele fazemos bom uso. – Condição.
d) Não vos preocupeis com o dia de amanhã, / pois o dia de amanhã se preocupará consigo mesmo. – Causa e consequência.
e) O dia de amanhã ninguém usou. / Pode ser seu. – Conformidade.

COMENTÁRIOS:

Alternativa "a" – Comparação entre **sonhos do futuro** e **história do passado**.

Alternativa "b" – Oposição entre **parto difícil** e **abortar**.

Alternativa "c" – Condição: **se fizermos** bom uso do tempo, teremos tempo suficiente.

Alternativa "d" – Explicação: **por que** não vos preocupais com o dia de amanhã?

Alternativa "e" – Consequência: **de modo que** pode ser seu.

RESPOSTA: C

20 **(FGV – Delegado de Polícia – SC – 2024)** Todas as frases abaixo mostram a passagem de uma forma verbal para uma forma nominal; assinale a frase em que essa mudança foi feita de forma adequada.

a) Criar uma pequenina flor é um trabalho de eras. / A criatividade de uma pequenina flor é um trabalho de eras.

b) As flores apareceram na Terra, e os pássaros começaram a cantar. / As flores apareceram na Terra e os pássaros começaram a cantiga.

c) Para a pedra atirada, cair não é um mal, nem subir um bem. / Para a pedra atirada, o caimento não é um mal, nem a subida um bem.

d) A flor não nasceu para decorar a casa. / A flor não nasceu para que se decore a casa.

e) Sabei que o segredo das artes é corrigir a natureza. / Sabei que o segredo das artes é a correção da natureza.

COMENTÁRIOS:

Alternativa "a" – Criar = a criação.

Alternativa "b" – Cantar = a cantoria.

Alternativa "c" – Cair = a queda.

Alternativa "d" – Decorar = decoração.

Alternativa "e" – Corrigir = correção.

RESPOSTA: E

21 **(FGV – PJERJ – Programa de Residência – Direito – 2024)** As frases a seguir mostram dois segmentos, separados por uma barra inclinada.

Assinale a frase em que a relação entre esses segmentos é corretamente identificada.

a) A economia compreende todas as atividades do país, / mas nenhuma atividade do país compreende a economia. / relação de diferença.

b) A concorrência é uma prática dolorosa, / mas produz ótimos resultados. / relação de concessão.

c) Não existe política cultural no Brasil. / Existem pessoas que têm talento para captar dinheiro. / relação de oposição.

d) A Transbrasil nasceu transportando salsichas e morreu transportando laranjas. / relação de semelhança.

e) O comércio internacional não é um jogo de damas, / é um jogo de interesses. / relação de comparação.

COMENTÁRIOS:

Alternativa "a" – A economia compreende todas as atividades **x** nenhuma atividade compreende a economia = relação de oposição, adversidade.

Alternativa "b" – Possui dor **x** produz ótimos resultados = relação de concessão.

Dicas:

concessão: *[Gramática] Evento contrário e subordinado ao mais importante, numa oração, que não impede a realização da ação principal*[3];

tente substituir por "embora": embora produza ótimos resultados.

Alternativa "c" – É impossível haver oposição porque "política cultural" não destoa de "captar dinheiro". A relação pode ser de análise e crítica, ou de sátira e ironia.

Alternativa "d" – Relação de transformação: começou com salsichas e terminou com laranjas.

Alternativa "e" – A relação é metafórica porque a comparação está implícita.

Dica: se houvesse a conjunção "como", seria uma comparação = o comércio internacional é como um jogo de interesses.

RESPOSTA: B

22 (FGV – PJERJ – Programa de Residência – Direito – 2024) Assinale a frase em que a inversão proposta dos termos separados por uma barra ***não*** é adequada.

a) A parte mais sensível do corpo humano / é o bolso. – O bolso é a parte mais sensível do corpo humano.

b) Cada vez que preencho um cargo, / faço cem descontentes e um ingrato. – Faço cem descontentes e um ingrato cada vez que preencho um cargo.

c) Eu estaria disposto a tentar entender a economia / se me convencessem de que alguém entende. / Se me convencessem de que alguém entende economia, eu estaria disposto a tentar entendê-la.

d) Sabedoria é saber o que fazer; / virtude é fazer. – Virtude é fazer, sabedoria é saber o que fazer.

e) Chega de homenagens. / Eu quero o dinheiro. – Eu quero o dinheiro. Chega de homenagens.

COMENTÁRIOS:

Alternativa "a"

A parte mais sensível do corpo humano é o bolso.

3. Dicionário Online de Português. Disponível em <https://www.dicio.com.br/concessao/>. Acesso 28 fev. 2024

O bolso é a parte mais sensível do corpo humano.

= inversão adequada.

→ O que é aparte m mais sensível do corpo humano? O bolso.

→ O que é o bolso? A parte mais sensível do corpo humano.

Alternativa "b"

Cada vez que preencho um cargo, faço cem descontentes e um ingrato.

Faço cem descontentes e um ingrato cada vez que preencho um cargo.

= inversão adequada.

→ Quando faço cem descontentes e um ingrato? Cada vez que preencho um cargo.

A oração subordinativa adverbial pode estar anteposta, ou posposta à oração principal.

Alternativa "c"

Eu estaria disposto a tentar entender a economia se me convencessem de que alguém entende.

Se me convencessem de que alguém entende economia, eu estaria disposto a tentar entendê-la.

= inversão adequada.

→ A oração subordinativa condicional pode estar anteposta, ou posposta à oração principal.

Alternativa "d"

Sabedoria é saber o que fazer; virtude é fazer.

Virtude é fazer, sabedoria é saber o que fazer.

= inversão inadequada.

→ A definição de sabedoria é mais completa do que a definição de virtude.

Ao inverter, a coerência fica prejudicada pelo fato de ficar com sentido vago (fazer o quê?).

Isso significa que o período ficou incoerente, sem lógica.

Alternativa "e"

Chega de homenagens. Eu quero o dinheiro.

Eu quero o dinheiro. Chega de homenagens.

= inversão adequada.

→ Altera o realce, mas o sentido é mantido: na primeira, o destaque é em "chega de homenagens"; no segundo, em "eu quero dinheiro".

RESPOSTA: D

23 **(FGV – PJERJ – Programa de Residência – Direito – 2024)** Cada frase abaixo foi escrita na forma negativa; assinale a opção que mostra a forma de reescrevê-la de modo a se tornar positiva de forma adequada.

a) Nada é mais revolucionário que dinheiro sobrando / Tudo é menos revolucionário que dinheiro sobrando.

b) A única certeza do planejamento é que as coisas nunca ocorrem como foram planejadas. / A única certeza do planejamento é que as coisas sempre ocorrem de forma contrária ao que foi planejado.
c) Todo trabalho do homem é para sua boca e, no entanto, seu apetite nunca está satisfeito. / Todo trabalho do homem é para sua boca e, no entanto, seu apetite sempre está insatisfeito.
d) Quando tem alguma coisa de que eu não gosto, chamo para conversar e mostro como melhorar. / Quando tem alguma coisa que eu desaprovo, chamo para conversar e mostro como melhorar.
e) Há quem se cala por não ter resposta. / Há quem se cala por já ter respondido.

COMENTÁRIOS:

Nota da autora: O segredo é destacar os vocábulos diferentes. Após, confira se possuem o mesmo sentido.

Lembre-se de que a banca quer o **sentido negativo** e o **sentido positivo**.

Alternativa "a" – "Nada é mais" e "tudo é menos": mesmo sentido (negativo).

Alternativa "b" – "as coisas nunca ocorrem como foram planejadas" e "as coisas sempre ocorrem de forma contrária ao que foi planejado": mesmo sentido (negativo).

Alternativa "c" – "nunca está satisfeito" e "sempre está insatisfeito": mesmo sentido (negativo).

Alternativa "d" – "eu não gosto" e "eu desaprovo": mesmo sentido (negativo) – são sinônimos.

Alternativa "e" – "não ter resposta": **negativa** / "ter respondido": **positiva**.

RESPOSTA: E

24 **(FGV – PJERJ – Programa de Residência – Direito – 2024)** Assinale a opção em que o termo "o" sublinhado se refere a um termo anteriormente citado.

a) Não mexa no que está quieto.
b) O risco deriva do fato de você não saber o que está fazendo.
c) Comprei o livro, mas não era o que estava sendo recomendado pela imprensa.
d) A mudança de clima não trouxe o que estava sendo prometido pelo secretário de turismo.
e) As aulas gratuitas na televisão não correspondiam ao que estava sendo anunciado no curso.

COMENTÁRIOS:

Alternativa "a" – "no" (1) + "que" (2) = 1. preposição "em" + pronome relativo "o" / 2. pronome relativo – equivale a "o qual".

Lê-se: Não mexa n**aquilo** que está quieto.

O termo não se refere a algo que já mencionado.

Alternativa "b" – "o" + "que" = pronome demonstrativo + pronome relativo.

Lê-se: saber **aquilo** o qual está fazendo.

O termo não se refere a algo que já mencionado.

Alternativa "c" – "o" + "que" = pronome demonstrativo + pronome relativo.

Lê-se: não era **aquele** [livro] que.

O relativo "o" retoma "livro".

Alternativa "d" – "o" + "que" = pronome demonstrativo + pronome relativo.

Lê-se: não trouxe **aquilo** o qual estava sendo prometido.

O termo não se refere a algo que já mencionado.

Alternativa "e" – "ao" (1) + "que" (2) = 1. preposição "a" + pronome relativo "o" / 2. pronome relativo – equivale a "o qual".

Lê-se: Não correspondia **àquilo** que estava sendo anunciado.

O termo não se refere a algo que já mencionado.

RESPOSTA: C

25 **(FGV – ADAB – Fiscal Estadual Agropecuário – 2024)** Observe as frases a seguir: 1. O orçamento é uma conta que o governo faz para saber onde vai investir o dinheiro que já gastou; 2. Se seus pais não tiveram filhos, é bem provável que você não venha a ter; 3. Encontrei Roma como uma cidade de tijolos e a deixei como uma cidade de mármore. Assinale a observação correta sobre as frases, no que diz respeito às marcas de textualidade: coesão, coerência e intertextualidade.

a) Todas as frases se mostram incoerentes.
b) Os dois termos sublinhados na frase 1 possuem referentes anteriores.
c) O antecedente do pronome sublinhado na frase 3 é "cidade".
d) As frases 2 e 3 mostram traços de intertextualidade com outras frases famosas.
e) Das duas ocorrências do vocábulo "que" sublinhadas, só a primeira tem referente anterior.

COMENTÁRIOS:

Alternativa "a" – Existe nexo, existe ligação em todas as frases.

Alternativa "b" – Apenas o pronome relativo "que" possui referente anterior. O segundo termo é advérbio e não possui referente.

Alternativa "c" – O antecedente é Roma. Lê-se: deixei Roma.

Alternativa "d" – A segunda frase é uma citação do primeiro imperador romano – Caio Júlio César Otaviano Augusto.

Não é intertextualidade – superposição de texto.

Alternativa "e" – Analisemos as duas ocorrências:

1. O orçamento é uma conta que o governo faz = **pronome relativo** que retoma "conta"; equivale a "a qual". Certo.
2. é bem provável que você não venha a ter = **conjunção integrante** que inicia a oração subordinada substantiva subjetiva.

Dica: é possível encaixar o pronome catafórico "isto" – a ideia é de que algo será mencionado.

Isso significa que apenas na primeira ocorrência existe referente anterior.

RESPOSTA: E

26 **(FGV – TJ MS – Analista Judiciário – 2024 – adaptada)** Fragmento de texto para responder à questão.

"A bananeira domesticada, cujas frutas nós comemos, não tem sementes. Isso a torna muito mais agradável de consumir."[4]

A reescritura dessa passagem que NÃO gera erro gramatical é:

a) A bananeira domesticada, cujas frutas nós comemos, não tem sementes. Isso torna-a muito mais agradável de consumir;

b) A bananeira domesticada, cujas frutas nós comemos, não tem sementes. Isso lhe torna muito mais agradável de consumir;

c) A bananeira domesticada, que as frutas nós comemos, não tem sementes. Isso a torna muito mais agradável de consumir;

d) A bananeira domesticada, cujo as frutas nós comemos, não tem sementes. Isso a torna muito mais agradável de consumir;

e) A bananeira domesticada, de cujas frutas nós nos aproveitamos, não tem sementes. Isso a torna muito mais agradável de consumir.

COMENTÁRIOS:

Alternativa "a" – Colocação pronominal: o pronome demonstrativo é fator atrativo = isso a torna.

Alternativa "b" – Regência e pronome: o verbo *tornar* é transitivo direto = isso a torna.

Alternativa "c" – Regência e pronome: faltou a ideia de posse do relativo cujo. A ideia é esta: nós comemos as frutas da bananeira domesticada = cujas frutas nós comemos.

Alternativa "d" – Pronome: o relativo "cujo" não admite artigo e deve concordar com o termo posposto = cujas frutas.

Alternativa "e" – Sem erro.

Observação importante: o verbo pronominal *aproveitar-se* exige a preposição "de" = de cujas frutas.

RESPOSTA: E

27 **(FGV – AL MA – Consultor Legislativo – Direito/2023)** Todas as frases abaixo são compostas de dois períodos.

A ligação lógica entre eles que está corretamente identificada, é:

4. Texto – A bananeira está em perigo. Conheça as soluções. (Fragmento; adaptado). Disponível em: https://super.abril.com.br/ciencia/o-futuro-dabanana

a) Faz parte da natureza dos mortais pisar ainda mais em quem já caiu. / os dois períodos estão em comparação.
b) Quando se tem tudo para temer, não se deve temer nada. / o segundo período é a causa do primeiro.
c) Eu não podia esperar pelo sucesso. Assim eu fui em frente sem ele. / o segundo período é uma conclusão do primeiro.
d) A vitória tem mil pais, mas a derrota é órfã. / o segundo período é cronologicamente posterior ao primeiro.
e) É melhor reinar no inferno do que servir no céu. / os períodos mostram uma relação de alternância.

COMENTÁRIOS:

Nota da autora: Questão de coerência textual – lógica e período composto.

Alternativa "a" – Não ocorre comparação. Perceba que o período está na ordem inversa e o sujeito é oracional.

Na ordem direta: Pisar ainda mais em quem já caiu (sujeito) faz parte da natureza dos mortais.

Alternativa "b" – Coloque na ordem direta para evitar erro: não se deve temer nada (oração principal) quando se tem tudo para temer (oração temporal).

Alternativa "c" – O vocábulo "assim" possui sentido de *em suma, assim sendo, portanto, por essa razão, desse modo*, isto é, indica uma conclusão.

Alternativa "d" – Ideia de adversidade. Note que não existe relação cronológica.

Alternativa "e" – Trata-se de uma comparação entre *reinar no inferno* e *servir no céu.*

RESPOSTA: C

28 **(FGV – AL MA – Consultor Legislativo – Direito/2023)** Assinale a frase em que a expressão "é que" **não** mostra valor enfático, fazendo parte da estrutura sintática da frase.

a) É o uniforme que faz esquecer aquele que o veste.
b) O hábito é que torna suportáveis até as coisas assustadoras.
c) A resposta é que todos devem colaborar.
d) A leitura é que nos torna mais cultos.
e) Não sabemos quando é que custa a vida.

COMENTÁRIOS:

Nota da autora: A banca quer saber onde a expressão "é que" não é uma partícula expletiva ou de realce, ou seja, não pode ser retirada.

Alternativa "a" – A expressão pode ser retirada: O uniforme que faz esquecer aquele que o veste.

Alternativa "b" – A expressão pode ser retirada: O hábito torna suportáveis até as coisas assustadoras.

Alternativa "c" – Verbo de ligação + conjunção integrante (não podem ser retirados):

A resposta é	**que** todos devem colaborar.
sujeito + verbo de ligação	conjunção (cabe o pronome catafórico "esta"
Oração principal	Oração subordinada substantiva predicativa (a principal termina com verbo de ligação (é).

Alternativa "d" – A expressão pode ser retirada: A leitura nos torna mais cultos.

Alternativa "e" – A expressão pode ser retirada: Não sabemos quando custa a vida.

RESPOSTA: C

29 **(FGV – AL MA – Consultor Legislativo – Direito/2023)** "O modo de se vestir é uma preocupação ridícula. Mas é muito ridículo para um homem não estar bem-vestido".

Sobre os componentes e o sentido desse pensamento de um estadista inglês, assinale a afirmação **inadequada**.

(A O segmento "O modo de se vestir" mostra uma forma impessoal.
b) O segundo período funciona como argumento a favor do anterior.
c) Há uma contradição clara entre os dois períodos da frase.
d) O primeiro período do texto contém valor concessivo.
e) O segmento "não estar bem-vestido" equivale a "estar malvestido".

COMENTÁRIOS:

Alternativa "a" – É impessoal porque não se direciona a alguém particular, é geral.

Alternativa "b" – O segundo período funciona como uma contradição do anterior.

A conjunção adversativa "mas" opõe as ideias: o modo de se vestir é uma preocupação ridícula **versus** é muito ridículo para um homem não estar bem-vestido.

Alternativa "c" – A contradição está clara, como mencionado na alternativa anterior.

Alternativa "d" – Basta encaixar a conjunção "embora", alterar os tempos verbais e retirar a conjunção "mas": **Embora** o modo de se vestir **seja** uma preocupação ridícula, é muito ridículo para um homem não estar bem-vestido.

Alternativa "e" – Simples: se ele não está bem-vestido, ele está malvestido.

RESPOSTA: B

30 **(FGV – AL MA – Consultor Legislativo – Direito/2023)** Nas frases a seguir foram feitas modificações de modo a mudar o adjetivo da primeira frase para substantivo na segunda.

Assinale a opção em que essa modificação é **inadequada**.

a) A afirmação **categórica** / a categorização da afirmação.
b) Uma frase **prolixa** / a prolixidade da frase.
c) Uma apresentação **brilhante** / o brilhantismo da apresentação.

d) A cor **opaca** / a opacidade da cor.
e) O céu **escuro** / a escuridão do céu.

COMENTÁRIOS:

Alternativa "a" – Categórica é "indiscutível", "definitiva". Categorização é "classificação das categorias".

Os sentidos são distintos.

Alternativa "b" – Prolixidade: *particularidade ou qualidade do que é* ***prolixo.***

Alternativa "c" – Brilhantismo: *qualidade do que é* ***brilhante****; magnificência, brilho, esplendor.*

Alternativa "d" – Opacidade: *característica ou condição de* ***opaco****; qualidade do que é escuro.*

Alternativa "e" – Escuridão: *característica ou particularidade do que é* ***escuro****; qualidade daquilo ou do que não possui luz.*

RESPOSTA: A

31 **(FGV – AL MA – Consultor Legislativo – Direito/2023)** As frases a seguir são construídas com dois segmentos.
Assinale aquela em que **não** há oposição entre eles.

a) Nos mortos eu sempre lia alguma coisa nova / e nos vivos ouvia repetir mil vezes mil coisas velhas.
b) Chama-se perseverança quando é por uma boa causa / e obstinação quando é por uma ruim.
c) O poder desgosta / quem não o possui.
d) O segredo de todo poder consiste em saber / que os outros são mais covardes do que nós.
e) Deus fez a fêmea / e os costureiros fizeram a mulher.

COMENTÁRIOS:

Alternativa "a" – Oposição: mortos x vivos.

Alternativa "b" – Oposição: boa causa x [causa] ruim.

Alternativa "c" – Oposição: possuir poder x não possuir poder.

Alternativa "d" – Oposição: os outros x nós.

Alternativa "e" – A palavra "fêmea", segundo o dicionário, é o animal do sexo feminino. Na linguagem popular e no contexto, é sinônimo de "mulher" por referir-se ao ser humano.

As palavras pertencem ao mesmo campo semântico, isto é, não possui oposição.

RESPOSTA: E

32 **(FGV – AGENERSA – Analista Técnico – 2023)** O funcionário encarregado da fiscalização de equipamentos de uma empresa relata à chefia de seu setor o seguinte:

"A manutenção de aparelhos de medição e a limpeza das bancadas são bastantes deficientes e podem trazer prejuízos ao serviço; do mesmo modo, as conexões elétricas dos aparelhos citados apresentam problemas, com riscos de curto, o que vai de encontro às normas da empresa."

Sobre a estruturação desse fragmento textual, assinale a afirmativa correta.

a) A frase "Um funcionário encarregado da fiscalização de equipamentos de uma empresa" apresenta ambiguidade.
b) O advérbio "bastantes" deveria ter sua grafia corrigida para "bastante".
c) A expressão "de encontro às" deveria ser corrigida para "ao encontro das".
d) O termo "às normas" não deveria mostrar o acento grave indicativo da crase, passando a "as normas".
e) O termo final "da empresa" deveria ser retirado do texto, por ser redundante.

COMENTÁRIOS:

Alternativa "a" – O sentido é único: o funcionário é encarregado da fiscalização de equipamentos.

Alternativa "b" – A manutenção e a limpeza são **muito** deficientes. O vocábulo "bastante" é advérbio (de intensidade) e não admite pluralização.

Observação: Quando adjetivo, admite plural.

Exemplo: Existem bastantes livros na estante. Substitua por "muitos".

Alternativa "c" – Se vai de encontro às normas, significa que há *discordância, oposição.*

A expressão "ao encontro de" significa *estar de acordo com, ser favorável a*, isto é, prejudica a coerência textual.

Alternativa "d" – A expressão "de encontro a" possui preposição e o termo posposto é um substantivo feminino plural: a + as = às.

O acento indicativo de crase é obrigatório.

Observação: se não estivesse pluralizado, não haveria o acento por não haver o artigo acompanhando o substantivo: de encontro a normas.

Alternativa "e" – A informação não é excessiva, apenas cita de quem são as normas.

RESPOSTA: B

33 **(FGV – AGENERSA – Analista Técnico – 2023)**

Vocação é diferente de talento. Pode-se ter vocação e não ter talento, isto é, pode-se ser chamado e não saber como ir.

(Clarice Lispector)

Sobre esse texto, assinale a opção correta.

a) O segundo período do texto é uma explicação do que foi dito anteriormente.
b) O termo "isto é" introduz uma consequência da afirmação precedente.

c) A diferença entre "vocação" e "talento" é dada por meio da indicação dos significados desses termos.
d) O fato de "não saber como ir" é uma prova de não se ter vocação adequada.
e) Na frase, vocação é vista como inferior ao talento.

COMENTÁRIOS:

Alternativa "a" – A autora explica por que a vocação é diferente de talento.

Dica: insira a conjunção "porque" entre as orações e perceba que possui coesão – *Vocação é diferente de talento* **porque** *pode-se ter vocação e não ter talento, isto é, pode-se ser chamado e não saber como ir.*

Alternativa "b" – A expressão "isto é" explica algo mencionado anteriormente.

Observação: equivale a "ou seja" que também é uma expressão explicativa.

Para indicar consequência, deveria equivaler a "de modo que".

Alternativa "c" – A diferença é dada através de fatos, acontecimentos.

Se fosse através de significados, a autora teria mencionado isto:

Vocação é *tendência ou inclinação natural que direciona alguém para uma profissão específica, para desempenhar determinada função, para um trabalho etc.*

Talento é *aptidão incomum que, natural ou adquirida, leva alguém a fazer alguma coisa com maestria; engenho.*

Alternativa "d" – É uma prova de não se ter talento.

Alternativa "e" – Não se trata de hierarquia (inferior ou superior), mas sim da diferença.

RESPOSTA: A

34 **(FGV – BANESTES – Analista Econômico Financeiro – 2023)** O ex-ministro da Fazenda Delfim Netto declarou certa vez:

"O capital é como água. Sempre flui por onde encontra menos obstáculos".

Assinale a afirmativa correta sobre os componentes e a estrutura desse pensamento.

a) O segundo período é uma redundância do primeiro, já que expressam o mesmo pensamento.
b) A comparação do primeiro período é explicada no segundo.
c) O primeiro período expressa uma causa cuja consequência é expressa no segundo período.
d) Enquanto o primeiro período é expresso em linguagem figurada, o segundo é expresso em linguagem lógica.
e) O segundo período expressa uma conclusão do que é expresso no período anterior.

COMENTÁRIOS:

Alternativa "a" – O segundo período não é excessivo porque explica o motivo da comparação.

Alternativa "b" – No primeiro período, compara "o capital" com a "água". No segundo, explica o motivo: flui por onde encontra menos obstáculos.

Alternativa "c" – É o contrário: o segundo período expressa causa.

Observação: não há consequência, há explicação.

Alternativa "d" – A comparação não é feita através da linguagem figurada, a linguagem é denotativa:

Capital: *dinheiro, riqueza.*

Água: *líquido incolor, sem cor, e inodoro, sem cheiro, composto de hidrogênio e oxigênio,* H_2O.

Alternativa "e" – Perceba que é impossível encaixar a conjunção "logo" entre as orações, isto é, não se trata de uma conclusão.

RESPOSTA: B

35 **(FGV – BANESTES – Analista Econômico Financeiro – 2023)** O rei francês Luís XVI, ao falar da administração pública, declarou:

"Cada vez que preencho um cargo, faço cem descontentes e um ingrato".

Sobre essa afirmação, assinale a opção correta.

a) Os "descontentes" se referem aos funcionários já nomeados para outros cargos.
b) O "ingrato" se refere ao indivíduo que preenche o cargo.
c) O "ingrato" referido está inserido entre os "descontentes".
d) "preencher um cargo" se refere ao ato de demitir o funcionário que ocupava anteriormente o cargo.
e) O termo "cada vez" se refere a uma ação realizada com intensa frequência.

COMENTÁRIOS:

Alternativa "a" – Os cem descontentes podem não ser funcionários e podem não serem já nomeados.

Alternativa "b" – Basta atentar-se ao numeral: <u>um</u> cargo, <u>um</u> ingrato.

Alternativa "c" – O ingrato está excluído dos descontentes.

Alternativa "d" – **"Preencher"** possui o sentido de *completar* e nada indica que havia outro funcionário anteriormente.

Alternativa "e" – A locução refere-se a tempo, pode ser substituída por "quando" e não se refere à ação que se repete.

Lê-se: Quando preencho uma vaga.

Não há indicação de que isso ocorra sempre.

RESPOSTA: B

36 **(FGV – BANESTES – Analista Econômico Financeiro – 2023)** Assinale o pensamento abaixo em que há uma explicação de algo dito anteriormente.

a) Só os poetas e as mulheres sabem usar o dinheiro como ele merece ser usado.

b) Todo trabalho do homem é para sua boca e, no entanto, seu apetite nunca está satisfeito.
c) Quem não quer trabalhar também não há de comer.
d) Para fazer fortuna, não é necessário ter talento; basta não ter correção.
e) A economia moderna imita o paraquedas: só funciona quando está aberta.

COMENTÁRIOS:

Nota da autora: Tente encaixar a conjunção explicativa "porque" entre as orações.

Alternativa "a" – "Como" indica modo, maneira.

Alternativa "b" – "No entanto" indica oposição, contraste: **mas** seu apetite nunca está satisfeito.

Alternativa "c" – "Também" indica adição: não trabalha **e** não come.

Alternativa "d" – Trata-se de ideia contrária. Entenda melhor:

Não é necessário ter talento para fazer fortuna. (habilidade, maestria)

É necessário não ter correção para fazer fortuna. (errado, com defeito)

Alternativa "e" – A economia moderna imita o paraquedas **porque** só funciona quando está aberta.
Observação: o sinal de dois pontos possui a função de explicar.

RESPOSTA: E

37 **(FGV – BANESTES – Analista Econômico Financeiro – 2023)** Em todas as frases abaixo há um termo sublinhado que serve de elemento de coesão com um termo anterior.
Assinale a frase em que esse antecedente está corretamente identificado.

a) Não é filósofo quem sabe onde está o tesouro, mas quem trabalha e **o** desenterra / onde.
b) A personalidade do homem determina antecipadamente o grau de **sua** fortuna / personalidade.
c) Pode-se dar os primeiros impulsos nos negócios; depois **eles** mesmos nos arrastam / impulsos.
d) Quem compra e mente em **seu** bolso sente / quem.
e) As cadeias de ouro são mais fortes que **as** de ferro / fortes.

COMENTÁRIOS:

Alternativa "a" – Desenterra **o tesouro**.

Alternativa "b" – A fortuna **do homem.**

Alternativa "c" – **Os negócios** nos arrastam.

Alternativa "d" – No bolso de **quem compra e mente.**

Alternativa "e" – **As cadeias** de ferro.

RESPOSTA: D

38 **(FGV – BANESTES – Analista Econômico Financeiro – 2023)** Assinale a frase abaixo que, ao contrário das demais, se mostra inteiramente coerente.

a) Todos estavam dispostos em fila única, lado a lado, até a esquina da rua.

b) Empresta o teu dinheiro, mesmo que não o tenhas, pois isso salvará a tua alma.

c) Uma mensagem oral não vale o papel em que foi escrita.

d) Um bom atirador acerta o alvo antes de ter disparado.

e) A gente sabe que o formulário simplificado do imposto de renda parece complicado.

COMENTÁRIOS:

Alternativa "a" – Se a fila é única, é impossível estar lado a lado.

Fila: *enfiada de pessoas ou coisas colocadas umas em seguida às outras.*

Alternativa "b" – Se você não tem dinheiro, é impossível emprestar.

Alternativa "c" – Se a mensagem é oral, ela não foi escrita, foi falada.

Alternativa "d" – É preciso disparar antes de acertar o alvo.

Alternativa "e" – O formulário é simples, ou seja, é reduzido. Embora seja pequeno, parece ser complicado.

Observação: um formulário grande pode ser fácil ou complicado; um formulário pequeno também.

RESPOSTA: E

39 **(FGV – BANESTES – Analista Econômico Financeiro – 2023)** "Um problema só surge quando estão presentes todas as condições para solucioná-lo".

A maneira adequada de reproduzir esse pensamento, com correção e manutenção do sentido original, é:

a) Só um problema surge quando estão presentes todas as condições para solucioná-lo.

b) Quando estão presentes todas as condições para solucionar um problema só, é que ele surge.

c) Um problema só surge quando estão presentes todas as condições para cuja solução.

d) Um problema surge só quando estão presentes todas as condições para a sua solução.

e) Quando estão presentes todas as condições para solucioná-lo, é que um problema surge.

COMENTÁRIOS:

Nota da autora: faça pergunta ao verbo para saber a qual termo o advérbio "só" está ligado.

– Quando um problema surge?

– [Só] quando estão presentes todas as condições para solucioná-lo.

Alternativa "a" – Não se trata de apenas um problema, mas sim de quando surge um problema.

Alternativa "b" – A ideia é parecida com a alternativa anterior: não se trata de apenas um problema.

Alternativa "c" – O problema não apenas surge, ele surge apenas.

Alternativa "d" – A ideia de tempo foi mantida: surge só quando estão presentes todas as condições para a sua solução.

Alternativa "e" – A ideia de exclusão do advérbio "só" foi suprimida.

RESPOSTA: D

40 **(FGV – BANESTES – Analista Econômico Financeiro – 2023)** Assinale a frase abaixo que mostra, em sua estrutura, a preocupação com o paralelismo sintático.

a) Os turistas decidiram sair pela manhã e voltar à noite.
b) Os clientes compraram livros interessantes e de valor cultural.
c) Os alunos saíram rapidamente e com desejo de brincar.
d) As roupas dos filhos estavam sujas de lama e com rasgos.
e) Os participantes correram com ânimo e ficaram cansados.

COMENTÁRIOS:

Alternativa "a" – Decidiram → sair (verbo) pela manhã (locução adverbial de tempo)
→ voltar (verbo) à noite (locução adverbial de tempo)

Alternativa "b" – Sem paralelismo por não ter repetido o adjetivo: livros (substantivo) + interessantes (adjetivo).

Para ter paralelismo: livros interessantes e culturais.

Alternativa "c" – Sem paralelismo entre o advérbio (rapidamente) e a locução adverbial (com desejo de brincar).

Alternativa "d" – Sem paralelismo entre as locuções adverbiais (sujas de lama e com rasgos).

Alternativa "e" – Sem paralelismo:

verbo intransitivo (correram) e locução adverbial (com ânimo);

verbo de ligação (ficaram) e predicativo do sujeito (cansados).

Para ter paralelismo: correram com ânimo e com cansaço / correram animados e cansados.

RESPOSTA: A

41 **(FGV – BANESTES – Analista Econômico Financeiro – 2023)** Assinale a frase abaixo inteiramente correta em função de todos os aspectos da norma culta.

a) O dinheiro é o pé de cabra do poder.
b) Aprenda com as massas; depois ensine-as o necessário.

c) O ensino à distância é preferível ao presencial.
d) Os homens fazem as leis; as mulheres os costumes.
e) Perto de 243 passageiros dormiram no aeroporto.

COMENTÁRIOS:

Alternativa "a" – A expressão "pé de cabra" foi usada no sentido conotativo e é usada na linguagem coloquial.

Significa (sentido denotativo): *alavanca de ferro, de dimensões variáveis, com uma das extremidades fendida como um pé de cabra.*

Alternativa "b" – O vocábulo "massas" foi usado no sentido figurado (multidão, povo) e é usado na linguagem informal.

Significa (sentido denotativo): *qualquer porção de conteúdo pastoso ou sólido.*

Alternativa "c" – Há o sinal indicativo de crase na locução adverbial formada por palavra feminina (à distância) e a regência do adjetivo "preferível" está corretíssima: preferível a algo.

Alternativa "d" – O vocábulo "leis" foi usado no sentido de "normas", "regras".

Significa (sentido jurídico): *ato da autoridade soberana que regula, ordena, autoriza ou veda.*

Alternativa "e" – A locução prepositiva "perto de" possui sentido, na frase, de "aproximadamente" e é usada na linguagem coloquial.

Significa: *próximo de.*

RESPOSTA: C

Texto – O futuro do plástico *(fragmento)*

Por Bruno Garattoni e Tiago Cordeiro

"[...]

Em setembro, um estudo publicado por cientistas chineses detectou, pela primeira vez, a presença de microplásticos (partículas com menos de 5 milímetros) na placenta humana. Eles analisaram as placentas de 17 gestantes, e todas continham quantidades 'muito abundantes' de microplásticos. [...]

Estamos expostos ao plástico antes mesmo de nascer. E, ao chegar a este mundo, somos bombardeados por ele. Literalmente. Em 2020, cientistas da Universidade Cornell, nos EUA, coletaram amostras de ar em 11 pontos do país – e descobriram que, nelas, 'chovem' mais de 1.000 toneladas de microplásticos por ano, o equivalente a 120 milhões de garrafas PET.

[...]

Mas suas principais fontes são a água e a comida. Um estudo da Universidade de Newcastle analisou a quantidade presente em alguns alimentos, como peixes, mariscos, sal, cerveja, água, mel e açúcar – e concluiu que cada adulto ingere em média 20 gramas de microplásticos, o equivalente a uma pecinha de Lego, por mês. E o cálculo não considera outros alimentos ou fontes, como os microplásticos presentes em cremes dentais ou liberados por panelas com o revestimento antiaderente danificado – que podem soltar mais de 9.000 pedacinhos a cada uso. Ou seja: não estamos apenas sendo soterrados pelo plástico. Ele já está dentro de nós.

[...].

A ilha transparente

Em 1997, o oceanógrafo Charles Moore estava voltando de uma regata entre Los Angeles e Honolulu, no Havaí, quando resolveu testar seu veleiro, o Alguita. Pegou uma rota tranquila, com pouco vento, no Giro do Pacífico Norte [...]. Mas, aí, viu pedaços de plástico boiando a esmo no meio do oceano.

Era a primeira observação da Grande Ilha de Lixo do Pacífico, um fenômeno que havia sido teorizado em 1988 por cientistas do governo americano. A ilha fica entre a costa oeste dos EUA e o Japão, e é formada por mais de 1,8 trilhão de detritos, que somam mais de 80 mil toneladas de plástico e se estendem por 1,6 milhão de quilômetros quadrados – o tamanho do estado do Amazonas.

Só que a ilha não é bem como as pessoas imaginam, com uma gigantesca maçaroca flutuante. Em sua maior parte, ela é invisível a olho nu. Isso porque o lixo vai se fragmentando – e 80% dele já está na forma de microplásticos.

Eles são muito pequenos, e ficam espalhados por uma área gigantesca. Por isso, a ilha é difícil de ver – seja de barco ou por imagens de satélite.

Mas causa um impacto ambiental enorme: afeta mais de 700 espécies. Os animais marinhos podem ficar presos na ilha de lixo, ou ingerir plástico em quantidades nocivas. Além disso, como os pedacinhos de plástico deixam a água ligeiramente turva, reduzem o acesso das algas marinhas à luz do sol, podendo desregular seriamente a cadeia alimentar.

A bactéria mutante

A usina nuclear de Chernobyl é um dos pontos mais contaminados do mundo. Quando seu reator 4 explodiu, em 1986, a radioatividade no local chegou a incríveis 300 sieverts por hora: o equivalente a 3 milhões de exames de raio-X, e suficiente para matar uma pessoa em cerca de 1 minuto. [...]

Mas foi ali que, em 1991, pesquisadores acharam algo incrível: um fungo radiotrófico, ou seja, capaz de se alimentar de radiação. Ele se chama Cryptococcus neoformans, e a ciência já o conhecia; mas essa sua nova habilidade, não. [...] Décadas mais tarde, em 2016, algo parecido aconteceu – só que com o plástico. Um grupo de pesquisadores estava testando amostras do solo perto de uma usina de reciclagem de garrafas PET na cidade de Sakai, no Japão. Eles encontraram uma bactéria capaz de 'comer' esse material, transformando-o em energia para sobreviver.

O micróbio foi batizado de Ideonella sakaiensis, e passou a ser estudado em laboratório. O segredo dessa bactéria está numa enzima que ela produz: a PETase, que decompõe esse tipo de plástico [o plástico produzido a partir do polietileno tereftalato, ou PET, e que pode ser encontrado nas garrafas plásticas que recebem esse nome]. Nos anos seguintes, outras pesquisas descobriram dezenas de

PETases, fabricadas por vários micro-organismos. Elas decompõem o plástico em poucos dias – acelerando muito a degradação natural, que leva séculos.

Cientistas da Universidade do Texas criaram uma versão alterada da enzima, que se chama FAST-PETase e funciona incrivelmente bem: basta aplicá-la sobre o plástico, deixar o material numa temperatura de 30 a 50 graus (fácil de atingir e manter num galpão ou tonel levemente aquecido, por exemplo), e a natureza faz todo o resto. Um a sete dias depois, dependendo da temperatura ambiente, você tem plástico novo.

Sem precisar derreter o material, usar aditivos nem lidar com substâncias tóxicas. E a enzima não só decompõe o plástico, ela o refaz: repolimeriza as moléculas do material, montando novamente as cadeias de átomos que formam o PET (e o tornam tão flexível e resistente).

Também há testes com novos métodos de reaproveitamento. A empresa holandesa Ioniqa, por exemplo, inventou uma técnica que permite reciclar as garrafas PET infinitas vezes, como é feito com as latinhas de alumínio. (No método tradicional, isso não acontece: o plástico perde qualidade após cada reciclagem, e você precisa adicionar uma porcentagem cada vez maior de material 'virgem', ou seja, novo, para fazer as garrafas.)

[...]

Em suma: vem aí uma série de inovações que podem aumentar muito a reciclagem. 'Agora dá para começar a enxergar uma verdadeira economia circular em torno do plástico', disse o químico Hal Alper, um dos criadores da enzima FAST-PETase, ao anunciá-la.

[...]"

Disponível em: https://super.abril.com.br/ciencia/o-futuro-do-plastico.
Acesso em: 04/01/2023

42 **(FGV – CGM RJ – Contador – 2023)** "No método tradicional, isso não acontece: o plástico perde qualidade após cada reciclagem" (16º parágrafo)

As duas orações acima não estão ligadas por um conector (e sim pelo sinal de dois-pontos). Apesar disso, é correto afirmar que a segunda oração contrai, em relação à primeira, valor semântico de:

a) conclusão;
b) condição;
c) causa;
d) conformidade;
e) adversidade.

COMENTÁRIOS:

Alternativa "a" – Além de não possuir independência sintática (característica da coordenação), não cabe a conjunção "logo".

Alternativa "b" – Não cabe a conjunção "se" ou "caso".

Alternativa "c" – Por que isso não acontece? (efeito) / **Porque** o plástico perde qualidade após cada reciclagem (causa).

Alternativa "d" – Não se trata de regra, isto é, não cabe a conjunção "conforme".

Alternativa "e" – Não há coordenação nem cabe a conjunção "mas".

RESPOSTA: C

43 **(FGV – CGM RJ – Contador – 2023)** "Só que a ilha não é bem como as pessoas imaginam, com uma gigantesca maçaroca flutuante. Em sua maior parte, ela é invisível a olho nu. Isso porque o lixo vai se fragmentando – e 80% dele já está na forma de microplásticos. Eles são muito pequenos, e ficam espalhados por uma área gigantesca. Por isso, a ilha é difícil de ver – seja de barco ou por imagens de satélite." (7º e 8º parágrafos)

A proposta de reescritura dos parágrafos acima em que todas as relações lógico-semânticas presentes no texto original são preservadas é:

a) A ilha, contudo, não é bem como as pessoas imaginam, com uma gigantesca maçaroca flutuante. Em sua maior parte, ela é invisível a olho nu; logo, o lixo vai se fragmentando – e 80% dele já está na forma de microplásticos. Estes são muito pequenos, e ficam espalhados por uma área gigantesca. Por isso, a ilha é difícil de ver – seja de barco ou por imagens de satélite;

b) Só que a ilha não é bem como as pessoas imaginam, com uma gigantesca maçaroca flutuante. Como o lixo se fragmenta gradualmente – e 80% dele já está na forma de microplásticos –, o resultado é uma ilha, na sua maior parte, invisível a olho nu. Tais microplásticos são, de fato, muito pequenos, e ficam espalhados por uma área gigantesca, razão pela qual a ilha é difícil de ver – seja de barco ou por imagens de satélite;

c) Só que a ilha não é bem como as pessoas imaginam, com uma gigantesca maçaroca flutuante. Ela é, em sua maior parte, invisível a olho nu. Isso porque o lixo vai se fragmentando – e 80% dele já está na forma de microplásticos; Eles são muito pequenos, não obstante ficarem espalhados por uma área gigantesca. Por isso, a ilha é difícil de ver – seja de barco ou por imagens de satélite.;

d) A ilha não é, entretanto, exatamente como as pessoas imaginam, com uma gigantesca maçaroca flutuante. Em sua maior parte, ela é invisível a olho nu. Isso à medida que o lixo vai se fragmentando – e 80% dele já está na forma de microplásticos. Eles são muito pequenos, e ficam espalhados por uma área gigantesca. Por isso, a ilha é difícil de ver – seja de barco ou por imagens de satélite;

e) Só que a ilha não é bem como as pessoas imaginam, com uma gigantesca maçaroca flutuante. Em virtude de ela ser, em sua maior parte, invisível a olho nu, seu lixo vai se fragmentando – e 80% dele já está na forma de microplásticos. Eles são muito pequenos, e ficam espalhados por uma área gigantesca. Por isso, a ilha é difícil de ver – seja de barco ou por imagens de satélite.

COMENTÁRIOS:

Nota da autora: Como o trecho é extenso, é viável separar as informações e eliminar as opções descabidas assim que surgir alteração de sentido (relação lógico-semântica).

Alternativa "a"

1. Só que a ilha não é bem como as pessoas imaginam, com uma gigantesca maçaroca flutuante. = A ilha, **contudo**, não é bem como as pessoas imaginam, com uma gigantesca maçaroca flutuante.

– Relação lógico-semântica mantida: "só que" e "contudo" indicam oposição.

2. Em sua maior parte, ela é invisível a olho nu. Isso porque o lixo vai se fragmentando – e 80% dele já está na forma de microplásticos. = Em sua maior parte, ela é invisível a olho nu; **logo**, o lixo vai se fragmentando – e 80% dele já está na forma de microplásticos.
– **Relação lógico-semântica alterada**: passou de causa (porque) para conclusão (logo).
→ Alternativa eliminada.

Alternativa "b"

1. Só que a ilha não é bem como as pessoas imaginam, com uma gigantesca maçaroca flutuante. = Só que a ilha não é bem como as pessoas imaginam, com uma gigantesca maçaroca flutuante.

– Períodos idênticos.

2. Em sua maior parte, ela é invisível a olho nu. Isso porque o lixo vai se fragmentando – e 80% dele já está na forma de microplásticos. = Como o lixo se fragmenta gradualmente – e 80% dele já está na forma de microplásticos –, o resultado é uma ilha, na sua maior parte, invisível a olho nu.

– Foi alterada a ordem das informações, mas a relação lógico-semântica de causa foi mantida (porque = como).

3. <u>Eles</u> são muito pequenos, e ficam espalhados por uma área gigantesca. <u>Por isso</u>, a ilha é difícil de ver – seja de barco ou por imagens de satélite. = <u>Tais microplásticos</u> são, de fato, muito pequenos, e ficam espalhados por uma área gigantesca, <u>razão pela qual</u> a ilha é difícil de ver – seja de barco ou por imagens de satélite.

– Relações lógico-semânticas mantidas: Eles = tais microplásticos (recurso coesivo); por isso = razão pela qual (consequência – equivalem a "de modo que").

Alternativa "c"

1. Só que a ilha não é bem como as pessoas imaginam, com uma gigantesca maçaroca flutuante. = Só que a ilha não é bem como as pessoas imaginam, com uma gigantesca maçaroca flutuante.

– Períodos idênticos.

2. Em sua maior parte, ela é invisível a olho nu. Isso porque o lixo vai se fragmentando – e 80% dele já está na forma de microplásticos. = Ela é, em sua maior parte, invisível a olho nu. Isso porque o lixo vai se fragmentando – e 80% dele já está na forma de microplásticos.

– Foi alterada a ordem das informações, mas a relação lógico-semântica de causa foi mantida.

3. Eles são muito pequenos, <u>e</u> ficam espalhados por uma área gigantesca. Por isso, a ilha é difícil de ver – seja de barco ou por imagens de satélite. = Eles são muito pequenos, <u>não obstante</u> ficarem espalhados por uma área gigantesca. Por isso, a ilha é difícil de ver – seja de barco ou por imagens de satélite.

– Relação lógico-semântica alterada: "e" indica adição e "não obstante" indica concessão (ideias opostas).

→ Alternativa eliminada.

Alternativa "d"

1. Só que a ilha não é bem como as pessoas imaginam, com uma gigantesca maçaroca flutuante. = A ilha não é, entretanto, exatamente como as pessoas imaginam, com uma gigantesca maçaroca flutuante.

– Relações lógico-semânticas mantidas: "só que" e "entretanto" indicam oposição; "bem como" e "exatamente" possuem sentido de "precisamente".

2. Em sua maior parte, ela é invisível a olho nu. Isso porque o lixo vai se fragmentando – e 80% dele já está na forma de microplásticos. = Em sua maior parte, ela é invisível a olho nu. Isso **à medida que** o lixo vai se fragmentando – e 80% dele já está na forma de microplásticos.

– **Relação lógico-semântica alterada**: passou de causa (porque) para proporção (à medida que).

→ Alternativa eliminada.

Observação: se fosse usada a locução conjuntiva "na medida em que", a causa seria mantida.

Alternativa "e"

1. Só que a ilha não é bem como as pessoas imaginam, com uma gigantesca maçaroca flutuante. = Só que a ilha não é bem como as pessoas imaginam, com uma gigantesca maçaroca flutuante.

– Períodos idênticos.

2. Em sua maior parte, ela é invisível a olho nu. Isso porque o lixo vai se fragmentando – e 80% dele já está na forma de microplásticos. = Em virtude de ela ser, em sua maior parte, invisível a olho nu, seu lixo vai se fragmentando – e 80% dele já está na forma de microplásticos.

– **Relação lógico-semântica alterada**: a consequência passou a ser causa ("em virtude de").

→ Alternativa eliminada.

RESPOSTA: B

44 **(FGV – CGM RJ – Contador – 2023)** Embora pertença à modalidade escrita e tenha natureza pública, o texto *O futuro do plástico* apresenta algumas marcas de informalidade.

A alternativa em que uma dessas marcas está corretamente identificada e exemplificada é:

a) emprego de ordem inversa, como se vê em "Em setembro, um estudo publicado por cientistas chineses detectou, pela primeira vez, a presença de microplásticos (partículas com menos de 5 milímetros) na placenta humana." (1º parágrafo);

b) emprego de oração adjetiva, como se vê em "E o cálculo não considera outros alimentos ou fontes, como os microplásticos presentes em cremes dentais ou liberados por panelas com o revestimento antiaderente danificado – que podem soltar mais de 9.000 pedacinhos a cada uso." (4º parágrafo);

c) emprego de conjunção conclusiva inovadora, como se vê em "Só que a ilha não é bem como as pessoas imaginam" (7º parágrafo);

d) uso do ponto e vírgula não admitido pela norma padrão, como se vê em "Ele se chama *Cryptococcus neoformans*, e a ciência já o conhecia; mas essa sua nova habilidade, não. (11º parágrafo);

e) estrutura de sujeito indeterminado não reconhecida pela tradição gramatical, como se vê em "No método tradicional, isso não acontece: o plástico perde qualidade após cada reciclagem, e você precisa adicionar uma porcentagem cada vez maior de material 'virgem', ou seja, novo, para fazer as garrafas." (16º parágrafo)

COMENTÁRIOS:

Alternativa "a" – A oração inicia-se com o adjunto adverbial de tempo, e a inversão não é uma marca de informalidade.

Alternativa "b" – A oração é adjetiva porque se inicia com o pronome relativo, é explicativa porque possui travessão antes do relativo. Isso não indica que a linguagem seja informal.

Alternativa "c" – A locução "só que" indica oposição, não conclusão. Não marca informalidade.

Alternativa "d" – O uso do ponto e vírgula é admitido pela norma padrão e, também, não indica informalidade.

Alternativa "e" – O sujeito é indeterminado nestes casos:

1. verbo na terceira pessoa do plural;

2. verbo transitivo indireto, verbo de ligação, verbo intransitivo + se (índice de indeterminação do sujeito).

Ao usar o pronome de tratamento "você", o sujeito é simples, ou seja, o autor usou a linguagem informal (oral) para tentar indeterminar o sujeito.

Você = qualquer pessoa, não se sabe quem.

RESPOSTA: E

45 (FGV – DPE RS – Analista/Contabilidade – 2023) Observe o texto a seguir.

"Academia Brasileira de Letras (ABL) – É uma instituição literária brasileira fundada na cidade do Rio de Janeiro em 20 de julho de 1897 pelos escritores Machado de Assis, Lúcio de Mendonça, Inglês de Sousa, Olavo Bilac, Afonso Celso, Graça Aranha, Medeiros e Albuquerque, Joaquim Nabuco, Teixeira de Melo, Visconde de Taunay e Ruy Barbosa. É composta por quarenta membros efetivos e perpétuos (por isso alcunhados imortais) e por vinte sócios estrangeiros.

Tem por objetivo o cultivo da língua portuguesa e da literatura brasileira. É-lhe reconhecido o mérito por esforços históricos em prol da unificação do idioma, do português brasileiro e do português europeu.

A instituição é responsável pela edição de obras de grande valor histórico e literário, e atribui diversos prêmios literários. A ABL remonta ao final do século XIX, quando escritores e intelectuais brasileiros desejaram criar uma academia nacional nos moldes da Academia Francesa."

Com base no texto informativo acima, retirado da *Wikipédia*, a marca característica desse tipo de texto, que é destacada corretamente, é o(a):

a) presença de apostos, que esclarecem termos anteriores: "por isso alcunhados imortais";

b) uso de conectores lógicos com valor explicativo: "esforços históricos em prol da unificação do idioma, do português brasileiro e do português europeu";

c) emprego de comparações explicativas: "escritores e intelectuais brasileiros desejaram criar uma academia nacional nos moldes da Academia Francesa";

d) repetição de informações: "A ABL remonta ao final do século XIX";

e) presença de termos relacionados por causa e consequência: "A instituição é responsável pela edição de obras de grande valor histórico e literário, e atribui diversos prêmios literários".

COMENTÁRIOS:

Alternativa "a" – *Voltemos à frase: É composta por quarenta membros efetivos e perpétuos (por isso alcunhados imortais).*

A locução conjuntiva "por isso" indica conclusão. A expressão destacada não está esclarecendo termo anterior.

Alternativa "b" – Não existem conectores explicativos no trecho.

Alternativa "c" – Não há comparações explicativas. Há comparação modal: criar uma academia nacional **como** a Academia Francesa (nos moldes da Academia Francesa).

Alternativa "d" – No início do texto: ***Academia Brasileira de Letras (ABL)*** – *É uma instituição literária brasileira* ***fundada*** *na cidade do Rio de Janeiro* **em** 20 de julho de **1897**...

No terceiro parágrafo: *A* ***ABL*** *remonta ao* ***final do século XIX***...

Repete a data em que a ABL foi fundada.

Alternativa "e" – Trata-se de adição, não de causa e consequência. A conjunção coordenativa aditiva "e" indica essa ideia.

RESPOSTA: D

46 **(FGV – DPE RS – Analista/Contabilidade – 2023)** Os artigos definidos indicam uma realidade conhecida; a frase abaixo em que o artigo sublinhado acompanha uma realidade que é do conhecimento do leitor ou ouvinte, não por seu conhecimento de mundo, mas por ter sido mencionado antes, é:

a) Alguns indígenas aproximaram-se da canoa, mas a um pedido do comandante, **os** índios se afastaram;

b) O carro entrou no estacionamento do prédio com **os** faróis acesos;

c) O dicionário tinha **as** páginas amareladas por ser antigo;

d) Quando os piratas esconderam o imenso tesouro na ilha, não esperavam que a riqueza fosse atrair **a** atenção de outros navegantes;

e) Um baralho é um objeto interessante e **as** figuras nele inseridas mostram valor histórico.

COMENTÁRIOS:

Alternativa "a" – O artigo retoma "alguns indígenas" – termo mencionado na oração anteposta.

Alternativa "b" – Não retoma porque o que foi mencionado foi "o carro".

Alternativa "c" – Não retoma porque o que foi mencionado foi "o dicionário".

Alternativa "d" – Não retoma porque o que foi mencionado foi "os piratas".

Alternativa "e" – Não retoma porque o que foi mencionado foi "um baralho".

RESPOSTA: A

47 **(FGV – DPE RS – Analista/Contabilidade – 2023)** O pensamento cuja estruturação é diferente das demais por não apresentar uma oposição entre as orações é:

a) Na paz os filhos enterram seus pais, na guerra os pais enterram seus filhos;

b) Ou a guerra é obsoleta ou os homens o são;

c) A vitória tem mil pais, mas a derrota é órfã;

d) O revolucionário bem-sucedido é um estadista, o malsucedido é um criminoso;

e) Os cidadãos têm medo do futuro. Os políticos têm medo do passado.

COMENTÁRIOS:

Nota da autora: Além de procurar vocábulos opostos, tente encaixar (ou encontrar) a conjunção adversativa "mas".

Alternativa "a" – Oposição: paz e guerra.

Na paz os filhos enterram seus pais, [**mas**] na guerra os pais enterram seus filhos.

Alternativa "b" – Não existe oposição entre "guerra" e "homens" porque aquela só acontece se existirem estes. Há sentido de alternância: **Ou** a guerra é obsoleta **ou** os homens o são.

Alternativa "c" – Oposição: vitória e derrota.

A vitória tem mil pais, **mas** a derrota é órfã.

Alternativa "d" – Oposição: bem-sucedido e malsucedido.

O revolucionário bem-sucedido é um estadista, [**mas**] o malsucedido é um criminoso.

Alternativa "e" – Oposição: futuro e passado.

Os cidadãos têm medo do futuro, [**mas**] os políticos têm medo do passado.

RESPOSTA: B

48 **(FGV – DPE RS – Analista/Contabilidade – 2023)** Quatro das opções abaixo mostram um termo sublinhado, pronome ou advérbio; a frase em que ocorre valor interrogativo (interrogação indireta) desse termo, é:

a) Procura-se telepata. Você sabe **como** se inscrever;

b) Oração é quando você fala com Deus, meditação é **quando** você escuta Deus;

c) Homens não rejeitam a Bíblia **porque** ela contradiz a si mesma, mas porque ela os contradiz;

d) Uma escola dominical é uma prisão **onde** as crianças pagam penitência pela consciência pecadora de seus pais;

e) Os pecadores estão tão distantes de Deus que não sabem nem mesmo **que** pedidos lhe fazer.

COMENTÁRIOS:

Alternativa "a" – Advérbio de modo.

Alternativa "b" – Advérbio de tempo.

Alternativa "c" – Não é pronome nem advérbio, é uma conjunção coordenada explicativa e não possui valor interrogativo.

Alternativa "d" – Pronome relativo que retoma "prisão". Equivale a "em que", "na qual" e não possui valor interrogativo.

Alternativa "e" – *não sabem nem mesmo* ***que** pedidos lhe fazer* = **quais** pedidos lhe fazer**?**

O "que" é um pronome indefinido porque equivale a "quais".

Trata-se de uma interrogativa indireta por não possui o ponto de interrogação.

RESPOSTA: E

49 **(FGV – DPE RS – Analista/Contabilidade – 2023)** Observe o texto a seguir.

"Durante anos, nos Estados Unidos, houve alertas contra os perigos da obesidade. Para satisfazer as necessidades daqueles que cuidam da linha de maneira draconiana, os fabricantes de alimentos lotaram as prateleiras dos supermercados de produtos com baixa ou nenhuma gordura. Entretanto, nos dias atuais, alguns estudos apontam exatamente esses alimentos como causa da obesidade americana. Como esses alimentos não trazem saciedade aos consumidores, isso os leva a comer mais. Daí que as pessoas sejam levadas a consumir um pacote inteiro de batatas fritas com baixa ou nenhuma gordura enquanto teria comido somente metade de um pacote de fritas clássicas."

A conclusão mais coerente para esse parágrafo é:

a) evitar os produtos com 0% de gordura, mas privilegiar os naturais;

b) as batatas fritas, com gordura ou não, são prejudiciais para a saúde;

c) a chave para manter a linha é evitar comer de maneira compulsiva;

d) comeremos menos se a comida não for com baixa ou nenhuma gordura;

e) a comida industrializada deveria ser retirada dos supermercados.

COMENTÁRIOS:

Nota da autora: A banca quer a **conclusão coerente**, não tente comparar o texto com seu conhecimento nutricional.

Alternativa "a" – Não se trata de evitar, mas sim de comer menos: *enquanto teria comido somente metade de um pacote de fritas clássicas.*

Alternativa "b" – A tese do texto não é sobre ser prejudicial ou não, mas sim sobre o quanto comer para ter saciedade.

Alternativa "c" – A conclusão não é para solucionar um problema.

Alternativa "d" – Produtos com baixa ou nenhuma gordura são apontados como causa da obesidade americana. Como esses alimentos não trazem saciedade aos consumidores, isso os leva a comer mais.

Conclusão: comeremos menos se a comida não for com baixa ou nenhuma gordura.

Alternativa "e" – Menciona que pode comer metade de um pacote de fritas clássicas e isso indica que a comida industrializada permanece à venda nos supermercados.

RESPOSTA: D

50 **(FGV – DPE RS – Analista/Contabilidade – 2023)** O item abaixo que mostra um raciocínio inadequado é:

a) Os mamíferos são animais / A baleia é um mamífero / A baleia é um animal;
b) Se Heitor perder o ônibus, ele vai chegar atrasado / Heitor chegou atrasado / Heitor perdeu o ônibus;
c) A tevê fica acesa ou apagada / A tevê não está apagada / A tevê está acesa;
d) Todos os computadores têm teclas / Isso que aí está é um computador / Isso que aí está tem teclas;
e) Toda instituição humana é imperfeita / As formas de governo são instituições humanas / As formas de governo são imperfeitas.

COMENTÁRIOS:

Nota da autora: Vamos facilitar para não haver dúvida? Faça pergunta à inferência (última frase) e responda-a utilizando as frases anteriores.

Alternativa "a" – A baleia é um animal? A baleia é um mamífero e os mamíferos são animais.

Alternativa "b" – Heitor perdeu o ônibus? Heitor chegou atrasado. Perceba que a primeira frase não pode ser encaixada aqui porque possui ideia condicional. Entenda melhor:

Se ele perder o ônibus, ele chegará atrasado: condição.

Ele chegou atrasado, mas **não se pode inferir que tenha sido pelo fato de ter perdido o ônibus.** Pode ser porque o despertador não tocou, porque o trânsito estava engarrafado etc.

Alternativa "c" – A tevê está acesa? A tevê não está apagada e a tevê fica acesa ou apagada.

Alternativa "d" – Isso que aí está tem teclas? Isso que aí está é um computador e todos os computadores têm teclas.

Alternativa "e" – As formas de governo são imperfeitas? As formas de governo são instituições humanas e todas as formas de governo são instituições humanas.

RESPOSTA: B

51 **(FGV – DPE RS – Analista/Contabilidade – 2023 – adaptada)** Leia com atenção o texto a seguir.

Antes de mais nada, defendendo a natureza, o homem defende o homem: satisfaz, **assim**, o instinto de conservação da espécie. As numerosas agressões pelas quais se sente culpado em relação ao meio natural (em relação ao meio ambiente, como se tem o costume de dizer) não passam sem consequências funestas para a saúde e para a integridade de seu patrimônio hereditário. Lembremos que, por causa da poluição radioativa em função das explosões de bombas nucleares, todos os habitantes do planeta, sobretudo os jovens, trazem em seus esqueletos átomos de metal radioativo; por causa do uso abusivo de inseticidas, o leite de todas as mães contém certa dose do pernicioso DDT! Proteger a natureza é, portanto, em primeiro lugar realizar uma tarefa de higiene planetária.

A respeito da estruturação e do significado desse texto, é correto afirmar que:

a) o termo "antes de mais nada" mostra que o autor do texto vai apresentar inicialmente um argumento de menor importância;

b) o advérbio "assim", na primeira frase, indica uma conclusão do que é dito anteriormente;

c) os exemplos citados servem de argumentos para comprovar a tese do autor do texto;

d) o termo "por causa de" é seguido por uma consequência de um fato antes de sua causa;

e) o termo "portanto", na penúltima linha, introduz uma explicação de uma informação anterior.

COMENTÁRIOS:

Alternativa "a" – Se é a informação inicial, vai apresentar um argumento de **maior** importância.

Alternativa "b" – O vocábulo "assim" está intercalado e indica uma conclusão do que será dito posteriormente.

Alternativa "c" – Tese: defendendo a natureza, o homem defende o homem.

Exemplos que comprovam a tese:

por causa da **poluição radioativa** em função das explosões de bombas nucleares, todos os habitantes do planeta, sobretudo os jovens, trazem em seus esqueletos átomos de metal radioativo;

por causa do uso **abusivo de inseticidas**, o leite de todas as mães contém certa dose do pernicioso DDT!

Alternativa "d" – **Por que** todos os habitantes do planeta, sobretudo os jovens, trazem em seus esqueletos átomos de metal radioativo? (a pergunta é a consequência).

Porque existe poluição radioativa. (a resposta é a causa).

Correção: o termo "por causa de" é seguido por uma causa de um fato antes de sua consequência.

Alternativa "e" – A conjunção "portanto" está intercalada (não introduz) e indica conclusão, não uma explicação.

RESPOSTA: C

52 **(FGV – DPE RS – Analista/Contabilidade – 2023)** Todas as opções abaixo mostram frases interrogativas; aquela que mostra valor exclamativo é:

a) É progresso se um canibal usa garfo e faca?
b) Quem diria que o Flamengo ia perder o jogo?
c) Se essa é a idade da informação, por que ninguém sabe nada?
d) Por que me dão um corpo se tenho que mantê-lo fechado em uma maleta como um violino muito raro?
e) Pergunte sempre a cada ideia: a quem serves?

COMENTÁRIOS:

Alternativa "a" – Frase usada para saber alguma coisa: valor interrogativo.

Alternativa "b" – A frase indica uma surpresa, isto é, demonstra sentimento e possui valor exclamativo.

Alternativa "c" – Frase usada para saber alguma coisa: valor interrogativo.

Alternativa "d" – Frase usada para saber ou confirmar algo: valor interrogativo.

Alternativa "e" – Frase usada para saber alguma coisa: valor interrogativo.

RESPOSTA: B

Texto para responder à questão.

Os alunos de hoje e a escola de sempre

"Há, porém, uma notável diferença entre a escola do passado e a atual. A primeira, sob exclusiva ação do professor, consistia na única fonte de conhecimento de seus alunos, sem a qual não se poderia "saber" nem "conhecer". Mas hoje podemos facilmente perceber que, embora culturalmente a escola não tenha mudado, as pessoas das quais se compõe mudaram, e muito. O professor deixou de ser a única fonte de saber para seus alunos, tornando-se nem mesmo a principal. Os alunos já chegam à escola com uma visão de mundo pré-estabelecida, com opiniões e conceitos formados, com uma cultura estritamente pessoal e diversificada. E isso não poderia ser diferente. "O mundo desses alunos é polifônico e policrômico. É cheio de cores, imagens e sons. Muito distante do espaço quase que exclusivamente monotônico, monofônico, monocromático que a escola está a lhes oferecer".

(FREIRE, 1998)

53 **(FGV – SEAD AP – Pedagogo – 2023)** Assinale a opção que apresenta a observação correta sobre um dos segmentos textuais destacado.

a) "Há, porém, uma notável diferença entre a escola do passado e a atual" / indica que nos segmentos anteriores foi feita uma observação que precisava ser retificada.

b) "A primeira, sob exclusiva ação do professor, consistia na única fonte de conhecimento de seus alunos..." / o termo inicial desta frase – A primeira – faz supor que haverá uma citação referente à escola atual.

c) "Mas hoje podemos facilmente perceber que, embora culturalmente a escola não tenha mudado, as pessoas das quais se compõe mudaram..." / a conjunção "mas" inicial indica a oposição entre o estatismo da escola e o dinamismo dos alunos.

d) "O professor deixou de ser a única fonte de saber para seus alunos, tornando-se nem mesmo a principal." / o texto mostra uma crítica à desatualização dos professores.

e) "Os alunos já chegam à escola com uma visão de mundo pré-estabelecida..." / o texto faz referência à doutrinação política feita pela mídia.

COMENTÁRIOS:

Alternativa "a" – Não precisa ser corrigida. Trata-se de uma ressalva, de uma condição restritiva, feita através da conjunção adversativa **porém**.

Alternativa "b" – No período anterior, menciona que há uma diferença notável entre a escola do passado e a atual; em seguida, cita que a primeira [escola do passado] consistia na única fonte de conhecimento de seus alunos, isto é, faz supor que haverá uma citação referente à escola atual, pois está comparando a escola do passado com a escola atual.

Alternativa "c" – No período anterior, menciona como era composta a escola do passado; em seguida, afirma que hoje podemos perceber que as pessoas mudaram muito, ou seja, a conjunção "mas" indica oposição de tempo entre escola do passado e escola do presente, não entre estatismo da escola e dinamismo dos alunos.

Alternativa "d" – Além de não haver crítica, nada indica que os professores estejam desatualizados. Ao mencionar que "o professor deixou de ser a única fonte de saber para seus alunos", fica claro que ele continua sendo uma fonte de saber, embora não seja mais a única.

Alternativa "e" – Não menciona que foram passados aos alunos os preceitos formais que compõem a política, muito menos que a mídia o fez.

RESPOSTA: B

Atenção: o texto a seguir refere-se às duas próximas questões.

No prefácio do livro "Reflexões sobre a Língua Portuguesa", datado de 1863, seu autor, Francisco José Freire, diz o seguinte: "Entendimento e linguagem são dois irmãos gêmeos, e gêmeos unidos em um só corpo por órgãos comuns, e por tal disposição, que a nutrição e a vida de um alimenta sempre e vivifica o outro; assim como as enfermidades de cada um deles passam logo, e se comunicam a ambos".

54 **(FGV – SEAD AP – Pedagogo – 2023)** Assinale a afirmação correta sobre os componentes do pensamento de Francisco José Freire.

a) O segmento "passam logo" mostra a pouca duração das enfermidades nos corpos.
b) O segmento "que a nutrição e a vida de um alimenta sempre e vivifica o outro" mostra uma causa de uma afirmação anterior.
c) Os termos "entendimento" e "linguagem" são tratados no texto como sinônimos perfeitos.
d) A expressão "órgãos comuns" indica que os órgãos apontados têm presença frequente nos corpos.
e) Todo o segmento textual explica e desenvolve uma metáfora inicial.

COMENTÁRIOS:

Alternativa "a" – Não se refere à duração das enfermidades: *as enfermidades de cada um deles passam logo, e se comunicam a ambos.* Isso significa que passam rapidamente de um para outro.

Alternativa "b" – Mostra a consequência de os gêmeos serem unidos em um só corpo por órgãos comuns.

Alternativa "c" – Não possuem o mesmo significado, basta notar que possuem função de sujeito composto do verbo "ser": *Entendimento e linguagem são dois irmãos gêmeos.*

Entendimento: *faculdade de entender; razão, compreensão.*

Linguagem: *sistema organizado através do qual é possível se comunicar por meio de sons, gestos, signos convencionais.*

Alternativa "d" – Indica que os gêmeos possuem um só corpo e, consequentemente, os órgãos são comuns.

Dica: o simples fato de pluralizar o substantivo "corpo" torna a afirmação incorreta.

Alternativa "e" – Francisco José Freire compara implicitamente "entendimento e linguagem" com "dois irmãos gêmeos". É uma metáfora.

RESPOSTA: E

55 **(FGV – SEAD AP – Pedagogo – 2023)** Suponha que no momento da digitação do texto de Francisco José Freire, o corretor ortográfico do computador tenha indicado a presença de um erro, sublinhando o segmento "a nutrição e a vida de um alimenta sempre e vivifica o outro".

Nesse caso, pode-se afirmar que o corretor

a) indicou com razão um erro de concordância verbal, pois as formas verbais deveriam ser "alimentam" e "vivificam".
b) mostrou a presença inadequada do advérbio "sempre".
c) apontou a falta de paralelismo sintático na construção das frases.
d) não considerou a existência de sinônimos entre "nutrição" e "vida".
e) assinalou a falta de correspondência adequada entre os termos "um" e "outro".

COMENTÁRIOS:

Nota da autora: É imprescindível atentar-se ao contexto.

O sujeito é composto e os vocábulos não são sinônimos. O que ocorre é que cada um é sujeito de um verbo distinto: a nutrição alimenta; a vida vivifica.

Dica: a resposta é a única opção em que foi inserida o advérbio de negação "não".

Alternativa "a" – Não indicou com razão um erro. O corretor não fez, nem faz, a análise sintática dos termos.

Alternativa "b" – O advérbio temporal não denota erro.

Alternativa "c" – Não existe falta de paralelismo sintático: a nutrição de um alimenta o outro; a vida de um vivifica o outro.

Alternativa "d" – Simples demais! O corretor não considerou a existência de sinônimos porque realmente não o são.

Nutrição: *o que nutre, o que alimenta.*

Vida: *conjunto dos hábitos e costumes de alguém; maneira de viver.*

Alternativa "e" – Existe correspondência adequada. Gêmeo: *cada um dos filhos que nasceu do mesmo parto; cada um dos frutos do mesmo ramo.*

No contexto: um gêmeo, outro gêmeo.

RESPOSTA: D

Atenção: o texto a seguir refere-se à próxima questão.

No site "Recanto das Letras" apareceu o seguinte texto de Graça Novais: "O ensino se bem-organizado impulsiona, também, o desenvolvimento do estudante, porém esse deve ser visto como alguém que contribui para a sua aprendizagem de forma "ativa", implicando uma revolução na forma de conceber o ensino, alterando a postura do professor e da equipe gestora. Professor mediador entre os alunos e o conhecimento e facilitador da aprendizagem, tornando-se essa, um processo ativo que requer a reconstrução tanto de novos conhecimentos como de formas de pensar e tomar decisões".

56 **(FGV – SEAD AP – Pedagogo – 2023)** Sobre os componentes estruturais do pequeno texto de Graça Novais, é correto afirmar que

a) "se bem-organizado" mostra uma condição sem a qual não se verifica a conclusão seguinte.
b) o termo "também" indica que outros elementos serão indicados na continuidade do texto.
c) o termo "do estudante" tanto pode ser o agente como o paciente do vocábulo "desenvolvimento".
d) o demonstrativo "esse" se refere a "desenvolvimento", estabelecendo coesão no texto.
e) o segmento "implicando uma revolução" deveria ser corrigido para "implicando numa revolução".

COMENTÁRIOS:

Alternativa "a" – A conjunção "se" é condicional, ou seja, equivale a "caso" e, realmente, não pode ser verificada a conclusão.

Alternativa "b" – "Também" é um advérbio e indica que "além disso", possui sentido de acrescentar ou de indicar aquilo que será adicionado, incluído na afirmação. Não indica que serão inseridos outros elementos na continuidade, pode ser apenas um elemento ou uma ideia.

Alternativa "c" – No texto: *impulsiona o desenvolvimento do estudante*. O verbo impulsionar é transitivo direto (impulsiona algo) e "o desenvolvimento do estudante" possui função de objeto direto.

Análise da banca: núcleo do objeto direto = desenvolvimento. A expressão "do estudante" é preposicionada e está ligada a um substantivo. Isso significa que pode ser adjunto adnominal ou complemento nominal.

Agora veja se possui sentido ativo ou passivo: o estudante desenvolverá.

Outra análise: o substantivo "direcionamento" é abstrato e o termo preposicionado possui função de adjunto adnominal por possuir sentido ativo.

Alternativa "d" – Basta fazer a pergunta exata à expressão adverbial "deve ser visto":

– Quem deve ser visto como alguém que contribui para a sua aprendizagem de forma "ativa"?

– O estudante.

Retoma "estudante", não "desenvolvimento".

Alternativa "e" – O verbo *implicar* está no sentido de "acarretar", "obter como resultado" e é transitivo direto, ou seja, não exige preposição.

RESPOSTA: A

57 **(FGV – SEAD AP – Pedagogo – 2023)** Assinale a frase a seguir que está estruturada de forma coerente.

a) "Quando o despertador pifa, ninguém dorme".

b) "Todos nós devemos muito a Thomas Edison. Se não fosse por ele, ainda estaríamos vendo televisão à luz de velas".

c) "A máquina de escrever é um aparelho que melhora sensivelmente a nossa caligrafia".

d) "A informática veio para resolver problemas que não existem".

e) "Fale mais baixo, porque está difícil ouvi-lo".

COMENTÁRIOS:

Nota da autora: Se é para encontrar a frase coerente, ela precisa ter lógica.

Alternativa "a" – Quando o despertador estraga, ninguém dorme por medo de perder a hora do compromisso.

Alternativa "b" – Thomas Edison inventou a lâmpada incandescente e para funcionar, deveria estar ligada à energia elétrica. Sem energia, a televisão também não funcionaria. Não há lógica.

Alternativa "c" – Se é a máquina que escreve, não se usa a caligrafia – letras escritas.

Teria lógica é: a máquina de escrever piora a nossa caligrafia.

Alternativa "d" – Se não existem problemas, como serão resolvidos?
Teria lógica: a informática veio para resolver problemas que existem.

Alternativa "e" – Se falar mais baixo, ouvirá menos ainda.

Teria lógica: fale mais alto, porque está difícil ouvi-lo.

RESPOSTA: A

58 **(FGV – TJ RN – Analista Judiciário – Área Judiciária – Direito/2023)** Todas as frases abaixo foram iniciadas com o vocábulo "Segundo", com noção de conformidade; se eliminarmos das frases esse vocábulo, mantendo-se o sentido original, a única forma adequada é:

a) Segundo a Fifa, o jogador do Grêmio deve ser suspenso por três anos / A Fifa manda que o jogador do Grêmio seja suspenso por três anos;
b) Segundo o regulamento do prédio, o morador que deixou lixo no corredor deve ser multado / O regulamento do prédio comenta que o morador que deixou lixo no corredor devesse ser multado;
c) Segundo o Denatran, ninguém pode dirigir sem carteira de habilitação / O Denatran instrui como obter-se a carteira de habilitação, que é obrigatória;
d) Segundo o edital do concurso, a prova tem a duração de quatro horas / O edital do concurso ordena que a prova tenha a duração de quatro horas;
e) Segundo o Serviço de Meteorologia, as chuvas não vão cair neste final de semana / O Serviço de Meteorologia preceitua que as chuvas não vão cair nesse final de semana.

COMENTÁRIOS:

Alternativa "a" – A Fifa manda que o jogador seja suspenso.

Alternativa "b" – Ao conjugar o verbo "dever" no pretérito imperfeito do subjuntivo, a ideia passa a ser de condição e isso altera o sentido da frase: deve ser multado = certeza.

Alternativa "c" – A carteira de habilitação é obrigatória, mas, na primeira frase não foi mencionado como obter a CNH.

Alternativa "d" – O prazo é estipulado no edital, não ordena ou manda que a prova seja feita em quatro horas. Pode terminar antes, por exemplo.

Alternativa "e" – O Serviço de Meteorologia não prescreve normas ou regras, ou seja, não preceitua.

RESPOSTA: A

59 **(FGV – TJ RN – Analista Judiciário – Área Judiciária – Direito/2023)** Um dos problemas continuamente apontados em textos escritos é o da repetição de termos idênticos; em todas as frases abaixo, esse problema foi combatido por meio de substituições.

A opção em que a substituição foi realizada por meio de um processo diferente dos demais, é:

a) O coronel tinha muito orgulho da farda, como ocorre com a grande maioria dos militares;
b) Essa noite relampejou e trovejou muito, e os pobres cachorros, com medo desses fenômenos, latiram desesperadamente;
c) Subir e descer escadas, caminhar uma hora por dia foram exercícios recomendados pelo médico do idoso;
d) Os alunos pretendiam homenagear a professora, mas nem todos os alunos concordaram com a homenagem;
e) Era muito simpático, característica que todos admiravam nele.

COMENTÁRIOS:

Alternativa "a" – Coronel (hipônimo) – militar (hiperônimo) = o coronel é um tipo de militar.

Alternativa "b" – Relampejar e trovejar (hipônimos) – fenômenos (hiperônimo) = relampejar e trovejar são tipos de fenômenos.

Alternativa "c" – Subir e descer escadas, caminhar (hipônimos) – exercícios (hiperônimo) = subir escadas, descer escadas e caminhar são tipos de exercícios.

Alternativa "d" – Homenagear (verbo) – homenagem (substantivo) = nominalização. Perceba que "homenagear" não é um tipo de "homenagem".

Alternativa "e" – Simpático (hipônimo) – característica (hiperônimo) = simpático é um tipo de característica.

RESPOSTA: D

60 **(FGV – TJ RN – Analista Judiciário – Área Judiciária – Direito/2023)** Entre as opções abaixo há um termo destacado cujo referente se encontra após a sua enunciação, exemplificando o que se chama de "catáfora"; a opção em que isso ocorre, é:

a) Todos aqueles que <u>os</u> citam são admiradores dos ministros;
b) O quadro, <u>ele</u> foi adquirido ontem;
c) Choveu muito e <u>isso</u> não surpreende mais;
d) Não vi o buraco <u>onde</u> caíram os óculos;
e) A semana <u>em que</u> ele chegou foi no início do mês.

COMENTÁRIOS:

Alternativa "a" – O pronome pessoal oblíquo refere-se a "ministros" – termo mencionado posteriormente.

Lê-se: Todos aqueles que citam os ministros são admiradores deles.

Alternativa "b" – Ele retoma "quadro" (anáfora).

Alternativa "c" – Isso retoma "choveu muito" (anáfora).

Alternativa "d" – Onde retoma "buraco" (anáfora).

Alternativa "e" – Em que retoma "semana" (anáfora).

RESPOSTA: A

61 **(FGV – TJ RN – Analista Judiciário – Área Judiciária – Direito/2023)** Um livro intitulado *A Língua Portuguesa e o Modernismo* traz algumas modificações ocorridas na norma culta de nossa língua na época moderna; a opção abaixo que mostra uma dessas modificações seguida de um exemplo que a comprove, de forma adequada, é:

a) uso do pronome "ele/ela" como objeto direto, em lugar de "o/a": "Nós vimos que ele não chegaria a tempo";

b) uso do pronome "mim" em lugar de "eu": "Para mim, trabalhar lá deve ser um sacrifício";

c) emprego de pronome oblíquo solto entre dois verbos: "Ele foi se pentear no espelho do banheiro";

d) utilização do verbo "ter" em lugar de "haver": "Ele não tinha mais o que fazer no trabalho";

e) uso da forma "lhe" em lugar de "o/a": "Eu lhe entreguei os livros prometidos".

COMENTÁRIOS:

Alternativa "a" – O pronome pessoal do caso reto "ele" possui função sintática de sujeito do verbo "chegar".

Alternativa "b" – A oração está na ordem inversa e o pronome pessoal oblíquo não possui função de sujeito.

Lê-se: Trabalhar lá deve ser um sacrifício para mim.

Sujeito oracional: trabalhar lá.

Alternativa "c" – Antigamente: não há fator atrativo, o pronome oblíquo deveria ser enclítico = ele foi pentear-se.

Atualmente: em locuções verbais formadas por verbo no infinitivo ou no gerúndio, usa-se a ênclise depois do verbo auxiliar ou depois do verbo principal.

Exemplos: Ele foi se pentear, ele foi pentear-se; eles foram se cumprimentar, eles foram cumprimentar-se.

Alternativa "d" – Isso deve ocorrer quando possuir sentido de "existir" ou "ocorrer".

São, também, sinônimos de "ter": *experenciar, efetuar, definir, bens, trazer, ocupar, apresentar, julgar, conservar, apegar, posses, proceder, possuir, portar, herdar.*

Alternativa "e" – O pronome pessoal oblíquo "lhe" possui função de objeto indireto e o verbo, e o verbo "entregar" é bitransitivo: entreguei os livros (objeto direto) a ele (objeto indireto = lhe).

RESPOSTA: C

62 **(FGV – TJ RN – Analista Judiciário – Área Judiciária – Direito/2023)** Todos os pensamentos abaixo trazem orações adjetivas destacadas; a opção em que essa oração foi substituída por um adjetivo de forma adequada, é:

a) Uma ideia medíocre que desperta entusiasmo irá mais longe que uma grande ideia que não inspira entusiasmo algum / motivadora;

b) Nosso grande erro é tentar obter de cada um as virtudes que não possuem e desdenhar o aprimoramento das que possuem / encarecedoras;

c) A única coisa que vem sem esforço é a idade / inevitável;

d) Há mais pessoas que desistem do que pessoas que fracassam / desestimuladas;

e) Não se pode confiar em quem não confia em ninguém / nos confiantes.

COMENTÁRIOS:

Alternativa "a" – Motivadora: *que ocasiona motivação; que é animador; que produz o surgimento de alguma coisa; que desperta entusiasmo; causador.*

Alternativa "b" – Encarecedoras: *caracterizadas por encarecer; que encarecem.*

Alternativa "c" – Inevitável: *que não pode ser evitado nem impedido.*

Alternativa "d" – Desestimuladas: *que deixaram de ter ânimo; que perderam o estímulo; sem forças.*

Alternativa "e" – Confiantes: *que confia; disposto à confiança; que tem confiança em si.* Observação: o correto seria utilizar o adjetivo "desconfiados" ou "desconfiantes".

RESPOSTA: A

63 **(FGV – TJ RN – Analista Judiciário – Área Judiciária – Direito/2023)** A frase abaixo que apresenta uma relação lógica corretamente estabelecida, é:

a) audição está para som como paladar está para língua;

b) livro está para capa como travesseiro está para fronha;

c) álcool está para alcoolismo como droga está para traficante;

d) tecido está para desbotar como papel está para rasgar;

e) mestre está para discípulo como professor está para escola.

COMENTÁRIOS:

Alternativa "a" – som x língua = errado / ouvido e língua / som e gosto.

Alternativa "b" – O livro possui capa, o travesseiro possui fronha.

Alternativa "c" – alcoolismo x traficante = errado.

Alternativa "d" – desbotar x rasgar = errado / cortar e rasgar.

Alternativa "e" – discípulo x escola = errado.

RESPOSTA: B

64 **(FGV – SME SP – Professor de Ensino Fundamental II e Médio – 2023)** Muitas vezes podemos substituir uma locução adjetiva por um adjetivo.

Assinale a opção em que o termo sublinhado **não** pode ser substituído por um adjetivo.

a) O relógio tinha uma valiosa pulseira **de ouro**.

b) Os erros **de ortografia** devem ser evitados.

c) As lembranças **dos filhos** eram guardadas numa caixa.

d) Os livros **de Matemática** eram utilizados em sala.

e) As mensalidades **dos alunos** eram depositadas no banco.

COMENTÁRIOS:

Alternativa "a" – Dourada: adjetivo.

Alternativa "b" – Ortográficos: adjetivo.

Alternativa "c" – Filiais: adjetivo.

Alternativa "d" – Matemáticos: adjetivo. O sentido foi alterado, pois não possui ideia de livro didático, já que, na frase, indica que eram utilizados em sala de aula.

Alternativa "e" – Discentes: adjetivo.

RESPOSTA: D

65 **(FGV – SME SP – Professor de Ensino Fundamental II e Médio – 2023)** Nas frases a seguir, há uma busca pela precisão da informação.

Assinale a opção que apresenta a frase em que isso é obtido por meio de uma quantificação precisa.

a) Duas dúzias de bananas foram compradas na esquina.

b) Perto de dez mil pessoas estavam na manifestação.

c) Esse programa foi oferecido a cerca de 500 alunos.

d) Menos de uma centena de candidatos se apresentaram.

e) Numerosos incêndios ocorreram no verão.

COMENTÁRIOS:

Nota da autora:

É necessário haver números precisos, explícitos.

Alternativa "a" – duas dúzias = 24 bananas: quantificação precisa.

Alternativa "b" – perto de dez = oito, nove, onze...

Alternativa "c" – a cerca de 500 = 490, 499, 502, 520...

Alternativa "d" – menos de uma centena = oitenta, noventa...

Alternativa "e" – numerosos = quantificação imprecisa.

RESPOSTA: A

66 **(FGV – SME SP – Professor de Ensino Fundamental II e Médio – 2023)** Assinale a frase que mostra um **problema** de coerência textual.

a) O crítico de futebol sempre tem razão porque só começa a falar quando o jogo termina.

b) Nem só de pão vive o homem.

c) Os salários da empresa estão baixos, mas, mesmo assim, os operários não pensam em greve.

d) Embora a chuva tenha sido prometida para toda a semana, o turista comprou um guarda-chuva.

e) Os viajantes compraram duas, ou melhor, três malas.

COMENTÁRIOS:

Alternativa "a" – Criticar o que já foi visto é fácil e coerente.

Alternativa "b" – É impossível comer apenas pão: coerente.

Alternativa "c" – O salário continuará baixo porque não tomam atitude: coerente.

Alternativa "d" – Se a chuva foi prometida, comprar guarda-chuva é algo natural e lógico. Há incoerência ao usar o conectivo concessivo "embora".

Alternativa "e" – Viajantes comprar malas é algo lógico: coerente.

RESPOSTA: D

67 **(FGV – SME SP – Professor de Ensino Fundamental II e Médio – 2023)** Leia o fragmento a seguir.

O carro pegou fogo no meio do trânsito. O motorista não conseguiu sair do veículo. Um guarda de trânsito tentou ajudá-lo.

Se reescrevêssemos esse texto, substituindo a pontuação entre os períodos por conectores adequados, fazendo as modificações necessárias, a forma correta seria:

a) O carro pegou fogo no meio do trânsito, então o motorista não consegui sair do veículo embora um guarda de trânsito tenha tentado ajudá-lo.

b) O carro pegou fogo no meio do trânsito, mas o motorista não consegui sair do veículo quando um guarda de trânsito tentou ajudá-lo.

c) O carro pegou fogo no meio do trânsito; o motorista, porém, não consegui sair do veículo quando um guarda de trânsito tentou ajudá-lo.

d) O carro pegou fogo no meio do trânsito, enquanto o motorista não consegui sair do veículo, mas um guarda de trânsito tentou ajudá-lo.

e) O carro pegou fogo no meio do trânsito, mas o motorista não consegui sair do veículo embora um guarda de trânsito tenha tentado ajudá-lo.

COMENTÁRIOS:

Nota da autora:

Questão de reescrita de período, de período composto e de pontuação.

Alternativa "a" – Não cabe a inserção do advérbio "então" porque a ideia seguinte é de oposição.

Alternativa "b" – A última oração é subordinada e possui ideia de concessão, não de tempo (quando).

Alternativa "c" – O emprego da conjunção adversativa na segunda oração está corretíssimo, inclusive a pontuação. O erro está na conjunção temporal "quando", na terceira oração.

Alternativa "d" – A conjunção "enquanto" pode indicar tempo, proporção ou conformidade e não cabe no contexto. Eliminada facilmente.

Alternativa "e" – Oração coordenada assindética: O carro pegou fogo no meio do trânsito / oração coordenada adversativa: mas o motorista não consegui sair do veículo (vírgula corretamente empregada antes da conjunção "mas") / oração subordinada adverbial concessiva: embora um guarda de trânsito tenha tentado ajudá-lo.

Observação: como a oração adverbial está no final do período, a vírgula não é obrigatória, pois está na ordem direta.

RESPOSTA: E

68 **(FGV – SME SP – Professor – 2023)** As variações linguísticas são resultantes das modificações constantes da língua, que se relacionam a fatores geográficos, sociais, profissionais e situacionais.

Em relação a variedades linguísticas, assinale a afirmativa inadequada.

a) Todas as línguas apresentam variedades e, assim, o que nós chamamos de "norma culta" é somente uma dessas variedades.
b) A divisão da sociedade em grupos é uma das razões que trazem variedades linguísticas.
c) As variedades linguísticas podem gerar, injustamente, preconceitos em relação ao seu uso.
d) As variedades linguísticas regionais não se modificam como as demais por estarem ligadas a grupos mais conservadores.
e) As pessoas, na interlocução, podem modificar a sua linguagem em função da situação comunicativa em que estão inseridas.

COMENTÁRIOS:

Nota da autora:

Vamos relembrar quais são as variações linguísticas. Importante ressaltar que são expressas, geralmente, nos discursos orais.

- Variação geográfica ou diatópica: está relacionada com o local em que é desenvolvida, tal como as variações entre o português do Brasil e de Portugal, chamadas de **regionalismo**.

- Variação histórica ou diacrônica: ocorre com o desenvolvimento da história, tal como o português medieval e o atual.

- Variação social ou diastrática: é percebida segundo os grupos (ou classes) sociais envolvidos, tal como uma conversa entre um orador jurídico e um morador de rua. Exemplo desse tipo de variação são os socioletos.

- Variação situacional ou diafásica: ocorre de acordo com o contexto, por exemplo, situações formais e informais. As gírias são expressões populares utilizadas por determinado grupo social.

Além dessas variações, existe a diferença entre a linguagem formal e informal. Esta é coloquial, espontânea, dinâmica; aquela segue as regras e as normas da gramática.[5]

Alternativa "a" – Sim, pois a linguagem pode ser formal, ou informal, como mencionado na nota anterior.

Alternativa "b" – É a variação social ou diastrática.

Alternativa "c" – O preconceito linguístico surge no tom de deboche, sendo a variação apontada de maneira pejorativa e estigmatizada.

Exemplo: a maneira de falar do norte é muito diferente da falada no sul do país. Isso ocorre porque nos atos comunicativos, os falantes da língua vão determinando expressões, sotaques e entonações de acordo com as necessidades linguísticas.

Alternativa "d" – Existem duas informações equivocadas: todas as variedades linguísticas se modificam, inclusive o regionalismo. Além disso, não está ligado a grupos mais conservadores.

Alternativa "e" – Trata-se da variação situacional.

RESPOSTA: D

69 **(FGV – SME SP – Professor – 2023)** Leia as duas primeiras estrofes de um poema de Olavo Bilac, intitulado Língua Portuguesa:

Última flor do Lácio, inculta e bela,
És, a um tempo, esplendor e sepultura.
Ouro nativo, que na ganga impura
A bruta mina entre os cascalhos vela...

Amo-te assim, desconhecida e obscura,
Tuba de alto clangor, lira singela,
Que tens o trom e o silvo da procela,
E o arrolo da saudade e da ternura!

Como o título do poema indica, o tema dos versos acima é a Língua Portuguesa. Interpretando-se o que nele está expresso, assinale a afirmativa inadequada.

a) O primeiro verso alude à origem latina da Língua Portuguesa.
b) O adjetivo "bela", do primeiro verso, tem sua ideia repetida em "esplendor", no segundo verso.

5. Toda Matéria. Disponível em <www.todamateria.com.br/variacoes-linguisticas/>. Acesso em 17 de maio 2023, com adaptações.

c) Os dois últimos versos da primeira estrofe mostram uma inversão sintática nos seus termos.

d) O poeta mostra nítida preferência por um vocabulário culto, com o emprego de palavras raras.

e) O verso "Que tens o trom e o silvo da procela" repete a ideia de a Língua Portuguesa ser uma "lira singela".

COMENTÁRIOS:

Alternativa "a" – Flor do Lácio: a última língua derivada do latim vulgar falado no Lácio, região italiana.

Alternativa "b" – Esplendor: luxo, pompa, deslumbramento.

Alternativa "c" – Ordem direta: a bruta mina vela entre os cascalhos ouro nativo.

Alternativa "d" – Há várias palavras raras, isto é, abusa do vocabulário culto: *ganga, clangor, trom, silvo, procela, arrolo.*

Alternativa "e" – Volte ao verso anterior: *Tuba de alto clangor, lira singela, / Que tens o trom e o silvo da procela.*

"Tuba de alto clangor" = *trombeta, corneta com som estridente* **versus** "lira singela" = *pode ser o instrumento musical simples, ou inspiração poética simples (cabe melhor no contexto por estar se referindo à Língua Portuguesa)*. Há oposição.

"trom da procela" = *barulho, estrondo da tempestade (no sentido figurado: agitação)* **versus** "o silvo da procela" = som agudo, duradouro e prolongado da tempestade. Há, também, oposição (som alto e som baixo).

O *trom da procela* não repete a ideia de simplicidade da lira, pois agitação e estrondo não são comuns.

RESPOSTA: E

70 **(FGV – SME SP – Professor – 2023)** Um jornal carioca trazia, há tempos, a seguinte notícia:

Mudança nas moedas

A partir de junho começam a entrar em circulação as moedas de Cr$100 e Cr$500 substituindo as cédulas que trazem estampadas a poetisa Cecília Meireles e o naturalista Augusto Ruschi, respectivamente. O lançamento das moedas foi aprovado na reunião de ontem do Conselho Monetário Nacional, colocando fim à família de notas criadas no governo Sarney, sob a égide dos cruzados novos.

Sobre a construção desse pequeno texto jornalístico, assinale a afirmativa que apresenta o comentário adequado.

a) A expressão "começam a entrar em circulação" é estranha, porque as moedas "entram" logo, sem qualquer duração maior de tempo.

b) A bem da verdade, as cédulas citadas não trazem estampadas as pessoas, mas sim suas efígies.

c) O texto indica que a cédula de Cr$100 traz a figura do naturalista Augusto Ruschi, enquanto a de Cr$500, mostra a da poetisa Cecília Meireles.

d) O adjetivo "estampadas" está bem empregado, já que se refere às duas pessoas citadas a seguir.

e) Na expressão "colocando fim à família" não deveria haver acento grave indicativo da crase, pois não ocorre a preposição a.

COMENTÁRIOS:

Alternativa "a" – A expressão não é estranha. Demonstra que as moedas começaram a ser usadas.

Circulação: *movimento ou transação de valores, de bens ou de mercadorias*[6].

Alternativa "b" – Efígie é uma *representação, uma imagem de uma pessoa numa moeda, numa medalha*[7]. Isso significa que não trazem estampadas as pessoas, mas sim a efígie de Cecília Meireles e a efígie de Augusto Ruschi.

Alternativa "c" – É o oposto. A informação fica clara ao utilizar o advérbio "respectivamente" (na ordem devida).

Alternativa "d" – O adjetivo refere-se à poetisa e ao naturalista. Nesse caso, deveria usá-lo no masculino: trazem estampados.

Alternativa "e" – Trata-se de complemento nominal e o substantivo "fim" exige a preposição "a": colocando fim a algo.
Preposição + artigo = crase.

RESPOSTA: B

71 **(FGV – SME SP – Professor – 2023)** Analise o fragmento a seguir, dito por uma professora a um aluno indisciplinado em sala de aula.

"— Senhor Bernardo, queira, por favor, ir para a sala da coordenação e explicar lá o porquê de o senhor ter sido retirado de sala."

Assinale a opção que indica a pergunta, referente a esse fragmento, que se relaciona aos conhecimentos pragmáticos.

a) A que se refere o termo "lá" na expressão "explicar lá"?
b) Por que a professora emprega o tratamento "Senhor" em referência ao aluno?
c) A qual das funções da coordenação se refere o texto?
d) Que palavra poderia substituir adequadamente o termo "porquê" nesse texto?
e) Esse fragmento de texto exemplifica que tipo de texto?

COMENTÁRIOS:

Nota da autora:

Linguisticamente, "pragmático" é pertencente ou relativo à pragmática, à teoria que analisa a linguagem partindo da interação entre a pessoa que fala (falante) e

---

6. Dicionário Priberam da Língua Portuguesa. Disponível em <dicionario.priberam.org/circulação>. Acesso em 22 maio 2023, com adaptações.
7. Dicionário Online de Português. Disponível em <www.dicio.com.br/efigie/>. Acesso em 22 maio 2023, com adaptações.

o efeito que sua fala tem na pessoa que ouve (ouvinte). É o conhecimento partilhado, conhecido pela professora e pelo aluno.

Alternativa "a" – O(a) leitor(a) também sabe que o advérbio "lá" refere-se à sala da coordenação.

Alternativa "b" – O aluno é indisciplinado e o pronome de tratamento foi usado em tom irônico. Apenas o aluno e a professora sabem o motivo da ironia.

Alternativa "c" – É evidente que se refere à coordenação da escola.

Alternativa "d" – Palavras que poderiam substituir o "porquê": o motivo, a causa.

Alternativa "e" – É um texto descritivo – relata o que a professora disse ao aluno.

RESPOSTA: B

72 **(FGV – MPE SC – Analista em Administração/2022)** A frase abaixo que NÃO contém termos desnecessários, por já estarem contidos em outros vocábulos, é:

a) Cada deputado, individualmente, tem direito a apresentar dois projetos por semestre;

b) Na reunião, os vereadores poderão ir acompanhados de suas esposas e filhos;

c) Há muitas notícias falsas sobre o acidente; os fatos reais, porém, são outros;

d) O planejamento antecipado para o ano próximo vai ser votado na semana que vem;

e) Um hemisfério corresponde a uma das duas metades iguais do planeta.

COMENTÁRIOS:

Alternativa "a" – "**Cada**" é individual: *destaca um indivíduo.*

Correção: Cada deputado tem direito a apresentar dois projetos por semestre.

Alternativa "b" – Não há repetição.

Alternativa "c" – "**Fatos**" são reais: *verdades, realidades.*

Correção: Há muitas notícias falsas sobre o acidente; os fatos, porém, são outros.

Alternativa "d" – "**Planejamento**" é antecipado: *ação ou efeito de planejar, de elaborar um plano.*

Correção: O planejamento para o ano próximo vai ser votado na semana que vem.

Alternativa "e" – "**Metades**" são iguais: *uma das duas partes iguais de um todo.*

Correção: Um hemisfério corresponde a uma das duas metades do planeta.

RESPOSTA: B

73 **(FGV – PC AM – Escrivão/2022)** Em muitas frases estabelecemos comparações entre elementos do texto, tanto de forma objetiva como se forma figurada. Assinale a frase abaixo que não exemplifica qualquer tipo de comparação.

a) O disco luminoso do sol se destacava no céu da manhã.

b) O goleiro da seleção alemã foi um paredão no jogo.

c) A chuva levou a reboque uma montanha de galhos.
d) Uma fila de ônibus buzinava sem parar.
e) A noite caiu mais cedo, ocultando as formas.

COMENTÁRIOS:

Alternativa "a" – O sol é **como** um disco – refere-se à forma.

Alternativa "b" – O goleiro foi **como** um paredão – bloqueou a bola.

Alternativa "c" – Montanha é **como** um amontoado de coisa (no sentido figurado).

Alternativa "d" – Fila: coisas colocadas uma seguida às outras.

Alternativa "e" – Cair é **como** chegar.

RESPOSTA: D

74 **(FGV – PC AM – Escrivão/2022)** Muitos escritores reformulam imagens bastante repetidas em nosso idioma, dando-lhes novos valores.

Assinale a frase a seguir em que isso ocorre.

a) A polícia prendeu o gastrônomo em flagrante delícia.
b) O ouro negro do petróleo jorrou no Kuwait.
c) Para todos a água é um precioso líquido.
d) Todos foram à praia em pleno verão.
e) Os elefantes mostram uma força descomunal.

COMENTÁRIOS:

Nota da autora: A dica está em "novos valores", pois em quatro opções há imagens repetidas.

Alternativa "a" – **Delito:** *quaisquer ações e/ou comportamentos que infrinjam uma lei já estabelecida; ação punível pela lei penal; crime.* Como se refere ao gastrônomo, trocou "delito" por "delícia" – palavra ligada a sabor. Nesse caso, há um novo valor.

Alternativa "b" – Imagem repetida sem novo valor: ouro negro = petróleo.

Alternativa "c" – Imagem repetida sem novo valor: água = líquido precioso.

Alternativa "d" – Imagem repetida sem novo valor: praia = verão.

Alternativa "e" – Imagem repetida sem novo valor: elefante = força descomunal (gigantesca).

RESPOSTA: A

75 **(FGV – TJ DFT – Analista Judiciário – Administração/2022)** "Justiça é consciência, não uma consciência pessoal, mas a consciência de toda a humanidade. Aqueles que reconhecem claramente a voz de suas próprias consciências normalmente reconhecem também a voz da justiça." (Alexander Solzhenitsyn)

A afirmação que está de acordo com a estruturação e a significação desse pensamento é:

a) a conjunção "mas" mostra uma oposição entre "consciência" e "consciência de toda a humanidade";
b) ao dizer que justiça é a consciência de toda a humanidade, o autor mostra uma marca da justiça: a imparcialidade;
c) o segmento "não uma consciência pessoal" corrige o erro do emprego do termo "consciência" no trecho anterior;
d) o segundo período amplia a informação do texto, uma espécie de consequência da afirmação anterior;
e) o termo "normalmente" indica que o processo de reconhecimento ocorre de forma particular em cada cidadão.

COMENTÁRIOS:

Alternativa "a" – A oposição é entre a consciência pessoal e a consciência de toda a humanidade.

Alternativa "b" – A relação é com *aqueles que reconhecem claramente a voz de suas próprias consciências*, não com toda a humanidade. É necessário atentar-se ao último período.

Alternativa "c" – Não há erro, apenas especifica a consciência individual, própria.

Alternativa "d" – Informação: Justiça é a consciência de toda a humanidade. Acréscimo: quem reconhece a voz da consciência reconhece a voz da justiça. Além de ampliar, indica o efeito, ou seja, a consequência.

Alternativa "e" – Está relacionado ao hábito, não à particularidade. Normalmente: *em que há regularidade; que ocorre de maneira habitual.*

RESPOSTA: D

76 **(FGV – TJ DFT – Analista Judiciário – Administração/2022)** "Os regimes que reprimem a liberdade da palavra, por se incomodarem com a liberdade que ela difunde, fazem como as crianças que fecham os olhos para não serem vistas."

Sobre esse pensamento, é correto afirmar que:

a) o segmento "que reprimem a liberdade da palavra" explica o termo anterior;
b) o termo "da palavra" marca o paciente de "liberdade";
c) "por se incomodarem com a liberdade que ela difunde" indica a consequência da repressão da liberdade da palavra;
d) a comparação com as crianças marca uma atitude infantil dos regimes citados;
e) "que fecham os olhos para não serem vistas" mostra uma ação claramente irracional.

COMENTÁRIOS:

Alternativa "a" – Há pronome relativo e não existe pontuação anteposta a ele. A oração é adjetiva restritiva. Trata-se apenas de alguns regimes – os que reprimem a liberdade da palavra. Se houvesse pontuação, explicaria.

Alternativa "b" – A palavra possui liberdade: sentido ativo, não passivo.

Alternativa "c" – Indica causa.

Por que os regimes que reprimem a liberdade da palavra fazem como as crianças?

Porque se incomodam com a liberdade que a palavra difunde. = causa.

Alternativa "d" – Indica oposição, contraste.

Alternativa "e" – É irracional por ser contraditório. Para não serem vistas, as pessoas deveriam fechar os olhos, não as próprias crianças.

RESPOSTA: E

77 **(FGV – TJ DFT – Analista Judiciário – Administração/2022)** Chegaram todos atrasados; além disso, não trouxeram as encomendas.

Nessa frase, aparece o conector "além disso" com valor de adição; a frase abaixo em que NÃO há um conector do mesmo valor aditivo é:

a) Além de usar máscara, os passageiros dos ônibus deviam estar mais separados uns dos outros;
b) Ainda por cima, as pessoas parecem considerar que a pandemia já acabou;
c) Corria o risco de contrair a doença e mesmo assim não se importava;
d) Nem a máscara nem o álcool protegem integralmente contra a Covid;
e) Não só a pandemia não terminou, como também novas cepas são esperadas.

COMENTÁRIOS:

Nota da autora: Substitua a locução conjuntiva por "e" = Chegaram todos atrasados **e** não trouxeram as encomendas. A ideia é de adição.

Alternativa "a" – Fatos adicionais: usar máscara **e** estar mais separados uns dos outros.

Além de: adição.

Alternativa "b" – Fato adicional: **e** as pessoas acham que a pandemia já acabou.

Ainda por cima: adição.

Alternativa "c" – As ideias são contrárias, opostas: correr o risco de contrair a doença **x** não se importar. Aqui cabe a conjunção adversativa "mas".

Para adicionar, seria assim: Corria o risco de contrair a doença **e** se importava com isso.

Mesmo assim: adversidade.

Alternativa "d" – Elementos adicionais: máscara **e** álcool.

Nem: adição.

Alternativa "e" – Fatos adicionais: a pandemia não terminou **e** novas cepas são esperadas.

Como também: adição.

RESPOSTA: C

78 **(FGV – TJ DFT – Analista Judiciário – Administração/2022)** "A arte de interrogar não é tão fácil como se pensa. É mais uma arte de mestres do que discípulos; é preciso já ter aprendido muitas coisas para saber perguntar o que não se sabe."

A frase abaixo que mostra uma interrogação, ainda que indireta, é:

a) Sei o porquê de ele ter chegado atrasado;

b) Vi quando o táxi capotou;

c) Desconheço onde ele mora;

d) Vi como ela fez isso;

e) Queria conhecer todas as respostas.

COMENTÁRIOS:

Alternativa "a" – É uma afirmação, não uma pergunta.

Alternativa "b" – É um fato, uma afirmação.

Alternativa "c" – Interrogativa direta (com o ponto de exclamação explícito): onde ele mora?

Alternativa "d" – É uma afirmação, não uma pergunta.

Alternativa "e" – Indica uma vontade, um anseio, não mostra uma interrogação.

RESPOSTA: C

79 **(FGV – TJ DFT – Analista Judiciário – Administração/2022)** "E da minha fidelidade não se deveria duvidar; pois, tendo-a sempre observado, não devo aprender a rompê-la agora; e quem foi fiel e bom por quarenta e três anos, como eu, não deve poder mudar de natureza: da minha fidelidade e da minha bondade é testemunha a minha pobreza."

Nesse pensamento, o autor utiliza os adjetivos "fiel e bom" e, em seguida, os substantivos correspondentes "fidelidade" e "bondade".

A opção abaixo em que os dois adjetivos citados mostram substantivos adequados é:

a) sensato e esperto / sensatez e esperteza;

b) claro e escuro / clareza e escureza;

c) alto e gordo / altura e magrura;

d) fundo e profundo / fundeza e profundeza;

e) liso e áspero / lisibilidade e asperidade.

COMENTÁRIOS:

Alternativa "a" – Esperto = esperteza.

Alternativa "b" – Escuro = escuridão ou escureza.

Alternativa "c" – Gordo = gordura. Magro = magreza.

Alternativa "d" – Fundo = fundura.

Alternativa "e" – Liso = lisura.

RESPOSTA: B

80 **(FGV – TJ DFT – Analista Judiciário – Administração/2022)** "Não há nada que demonstre tão bem a grandeza e a potência da inteligência humana, nem a superioridade e a nobreza do homem, como o fato de ele poder conhecer, compreender por completo e sentir fortemente a sua pequenez."

Os termos desse pensamento mostram paralelismo perfeito nos seguintes segmentos:

a) "Não há nada" / "como o fato";

b) "que demonstre" / "de ele poder conhecer";

c) "a grandeza e a potência da inteligência humana" / "a superioridade e a nobreza do homem";

d) "poder conhecer" / "compreender por completo";

e) "como o fato de ele poder conhecer" / "compreender por completo e sentir fortemente".

COMENTÁRIOS:

Nota da autora: Para que ocorra paralelismo, as estruturas devem ser iguais.

Alternativa "a" – Não há nada: verbo transitivo direto + objeto direto / como o fato: comparação. Não há paralelismo.

Alternativa "b" – que demonstre: oração subordinativa adjetiva (iniciada por pronome relativo) / de ele poder conhecer: complementa o substantivo "fato". Não há paralelismo.

Alternativa "c" – a grandeza e a potência da inteligência humana: objeto direto de "demonstrar" / a superioridade e a nobreza do homem: objeto direto de "demonstrar". Além de possuírem a mesma função sintática, ambas as estruturas são formadas de núcleos nominais seguidos de adjuntos adnominais (humana – do homem). Existe paralelismo perfeito.

Alternativa "d" – poder conhecer: locução verbal / compreender por completo: verbo + adjunto adverbial de modo. Os dois segmentos estão ligados a "o fato de", existe ideia de adição, mas o paralelismo é parcial, não completo, pois as estruturas não distintas.

Alternativa "e" – como o fato de ele poder conhecer: comparação / compreender por completo e sentir fortemente: adiciona, mas, como mencionado na alternativa anterior, foi inserido um adjunto adverbial de modo. As estruturas não são iguais, isto é, o paralelismo não é prefeito.

RESPOSTA: C

81 **(FGV – TJ MS – Analista Judiciário – Área Fim/2022)** O célebre Rui Barbosa é autor da seguinte frase:

"A lei da precipitação é a lei do atropelo e do ataranto, a lei do descuido e do desazo, a lei da fancaria e da aventura, a lei da inconsciência e da mediocridade."

Na construção desse pensamento, Rui Barbosa seguiu um conjunto de princípios estruturais, entre os quais se inclui:

a) a absoluta preocupação com o paralelismo dos termos;
b) a intenção de intensificar progressivamente os elementos;
c) a utilização de um vocabulário familiar;
d) a contínua explicação dos termos enumerados;
e) o emprego de termos sinônimos em cada par.

COMENTÁRIOS:

Nota da autora: Quando a banca mencionar "paralelismo", faça análise sintática do período e atente-se à semântica.

Alternativa "a"

1. Análise sintática:

<table>
<tr><td>A lei da pre-cipitação</td><td>é</td><td>a lei do atro-pelo e do ataranto</td><td>a lei do descuido e do desazo</td><td>a lei da fancaria e da aventura</td><td>a lei da incons-ciência e da mediocridade</td></tr>
<tr><td rowspan="2">sujeito</td><td>verbo de liga-ção</td><td>predicativo do sujeito
núcleo + adj. adnominal</td><td>predicativo do sujeito
núcleo + adj. adnominal</td><td>predicativo do sujeito
núcleo + adj. adnominal</td><td>predicativo do sujeito
núcleo + adj. adnominal</td></tr>
<tr><td colspan="2">predicado nominal</td><td>predicado nominal *(verbo "ser" implícito)*</td><td>predicado nominal *(verbo "ser" implícito)*</td><td>predicado nominal
(verbo "ser" implícito)</td></tr>
</table>

Os quatro predicados possuem o **mesmo sujeito**, o **mesmo núcleo** (lei) e **dois adjuntos adnominais**:

A lei da precipitação ➜ é a lei *do atropelo e do ataranto* (**1**), ➜ [é] a lei do *descuido e do desazo* (**2**), ➜ [é] a lei *da fancaria e da aventura* (**3**), ➜ [é] a lei *da inconsciência e da mediocridade* (**4**).

2. Análise semântica: no 1º e no 2º, há sinonímia; no 3º e no 4º, não há.

	1	**2**	**3**	**4**
A lei	→ do atropelo	→ do descuido	→ da fancaria	→ da inconsciência
	confusão, desordem	*desmazelo, erro*	*coisa mal feita*	*ausência de raciocínio*
[e a lei]	→ do ataranto	→ do desazo	→ da aventura	→ da mediocridade
	confusão, desordem	*desmazelo, erro*	*risco, perigo*	*desprovido de mérito*

Alternativa "b" – A intensificação ocorre através da repetição, mas não ocorre movimento continuado e progressivo.

Alternativa "c" – O vocabulário é próprio dos intelectuais e cultos, utiliza formas eruditas: *ataranto, desazo, fancaria*.

Alternativa "d" – Não há explicação e esclarecimento.

Alternativa "e" – Em 3 e 4, não há sinonímia.

RESPOSTA: A

82 **(FGV – TJ MS – Analista Judiciário – Área Fim/2022 – adaptada)** Chegou ao topo da pequena colina e observou a cena que se lhe apresentava: algumas grandes rochas cercavam uma estreita passagem que conduzia a uma pequena planície. / Essas rochas eram bem altas, o que podia facilitar a existência de cavernas junto ao solo, o que lhes daria abrigo e alguma proteção contra animais. / Não havia à vista existência humana, mas muitas aves voavam ao redor de árvores que se penduravam nas nesgas de terra das encostas, o que fazia prever a presença de outros animais. / Apesar da distância, podia vislumbrar a presença de um rio que cruzava transversalmente a planície...

"Apesar da distância, podia vislumbrar a presença de um rio que cruzava transversalmente a planície...".

Esse é o último período do texto anterior; sobre o vocabulário nele empregado, a afirmação adequada é:

a) o termo "apesar da distância" traz a ideia de causa;
b) o segmento mistura linguagem culta e popular;
c) o verbo "vislumbrar" mostra dificuldades na visão da cena;
d) a forma verbal "cruzava" indica a forma do rio "em cruz";
e) o advérbio "transversalmente" mostra a passagem do rio da esquerda para a direita.

COMENTÁRIOS:

Alternativa "a" – Indica contradição, concessão, ressalva: estava distante, mas conseguia ver.

Alternativa "b" – Não há marcas de linguagem popular, apenas de linguagem culta.

Alternativa "c" – "Vislumbrar" significa *enxergar parcialmente*, ou seja, havia dificuldades para ver a cena.

Alternativa "d" – Está no sentido de *percorrer, atravessar.*

Alternativa "e" – Mostra que atravessa tendo a planície como referente, não indica em forma oblíqua, muito menos se passa da esquerda para a direita ou vice e versa.

RESPOSTA: C

83 **(FGV – TJ MS – Analista Judiciário – Área Fim/2022)** Veja agora dois segmentos que abordam a temática dos jogos eletrônicos:

Texto 1 – Os jogos eletrônicos são hoje muito variados. Certamente eles não contribuem para o desenvolvimento motor da criança, mas eles a familiarizam, sob um modo lúdico, com a tecnologia moderna.

Texto 2 – Os jogos eletrônicos familiarizam a criança com a tecnologia moderna. Certamente, os tipos de jogos são variados. Entretanto existem outros jogos que exercitam o corpo.

Sobre a construção desses segmentos, a afirmação correta é:

a) os dois textos mostram problemas de ambiguidade;
b) o texto 1 traz problemas de coesão;
c) os dois textos misturam indevidamente níveis de linguagem;

d) o texto 2 se mostra incoerente;
e) os dois textos trazem problemas gramaticais.

COMENTÁRIOS:

Alternativa "a" – Não existe ambiguidade.

Texto 1: **eles** não contribuem = os jogos eletrônicos; **eles** a familiarizam = os jogos eletrônicos; **a** familiarizam = a criança;

Texto 2: os tipos de jogos são variados; outros jogos exercitam o corpo. Os sujeitos são distintos.

Alternativa "b" – O pronome pessoa "eles" retoma "os jogos eletrônicos" e o pronome pessoal oblíquo "a" retoma "criança". A conjunção "mas" marca oposição entre as ideias "não contribuem para o desenvolvimento motor da criança" e "eles a familiarizam, sob um modo lúdico, com a tecnologia moderna". Não há problemas de coesão.

Alternativa "c" – A linguagem é culta, apenas há incorreção no emprego da conjunção adversativa no texto 2.

Alternativa "d" – A incoerência está na conjunção adversativa "entretanto", pois as ideias não são opostas. Deveria ser utilizada uma conjunção conclusiva, como "logo".

Alternativa "e" – Existe falta de coerência no texto 2: o emprego incorreto da conjunção. Isso significa que **um texto traz problema gramatical.**

RESPOSTA: D

84 **(FGV – TJ MS – Analista Judiciário – Área Fim/2022)** Uma prova de concurso público trazia o seguinte segmento, sobre o qual se deveria fazer uma redação de tipo argumentativo:

"Nós não nos educamos ao mesmo tempo que nos divertimos" era a opinião de um famoso filósofo francês. Tendo por base a sua experiência, você concorda ou discorda dessa opinião?

O segmento abaixo que NÃO mostra ligação coerente ou lógica com o tema abordado é:

a) os jogos eletrônicos podem ser educativos;
b) muitas sátiras procuram moralizar a sociedade;
c) o jogo de xadrez desenvolve o raciocínio;
d) a poesia acrescenta beleza à vida humana;
e) as piadas podem nos levar à reflexão.

COMENTÁRIOS:

Nota da autora: É necessário encontrar ligações coerentes e lógicas.

Alternativa "a" – Jogos eletrônicos = ligados à diversão; jogos educativos = ligados à educação.

Alternativa "b" – Sátiras = ligadas à diversão; moralizar a sociedade = ligada à educação.

Alternativa "c" – Jogo de xadrez = ligado à diversão; raciocínio = ligado à educação.

Alternativa "d" – Poesia = ligada à literatura, não propriamente à educação; beleza à vida humana = não está ligada nem à educação nem à diversão.

Alternativa "e" – Piadas = ligadas à diversão; reflexão = ligada à educação.

RESPOSTA: D

85 **(FGV – TJ MS – Analista Judiciário – Área Fim/2022)** Einstein comentou certa vez: "Estranha época a nossa, quando é mais fácil desintegrar o átomo que vencer um preconceito".

Sobre essa frase, a afirmação adequada é:

a) a frase tem clara relação com a experiência pessoal de Einstein;
b) o conector "quando" deveria ser substituído por "onde";
c) a estranheza de nossa época está na possibilidade perigosa de desintegrar o átomo;
d) "desintegrar o átomo" e "vencer um preconceito" se referem ao espaço moral da existência humana;
e) "desintegrar o átomo" é vista aqui como uma ação de fácil realização.

COMENTÁRIOS:

Nota da autora: A banca exigiu conhecimento cultural. Einstein era físico teórico alemão. Estava nos Estados Unidos, em 1933, época em que o Partido Nazista chegou ao poder na Alemanha. Por esse motivo, não voltou ao país de origem.

Alternativa "a" – Para chegar à resposta, é necessário saber ao menos um pouco sobre Einstein – breve biografia mencionada na "nota".

Alternativa "b" – O conector "quando" refere-se ao tempo, à época e não pode ser substituído por "onde", pois este refere-se a lugar.

Alternativa "c" – Desintegrar o átomo é mais difícil que vencer o preconceito. O autor foi irônico ao mencionar que "é mais fácil". A estranheza da época é existir preconceito.

Alternativa "d" – "desintegrar o átomo" refere-se à ciência.

Alternativa "e" – É vista como uma ação difícil, conforme mencionado na terceira alternativa.

RESPOSTA: A

86 **(FGV – TJ MS – Analista Judiciário – Área Fim/2022)** Em todas as frases abaixo há a presença do vocábulo *mais*; a frase em que esse vocábulo é gramática e semanticamente diferente dos demais é:

a) O mais perto que uma pessoa chega da perfeição é quando preenche uma ficha de emprego;
b) Dinheiro no bolso vale mais do que amigos na corte;
c) A propaganda é o único negócio em que os clientes com mais dinheiro podem fazer exigências;

d) Os trabalhadores mais incapazes são sistematicamente promovidos;

e) Eu quero que falem mais ainda. Com essa difamação vou ganhar muito dinheiro.

COMENTÁRIOS:

- **Nota da autora:** O vocábulo "mais" pode ser advérbio, pronome adjetivo indefinido, substantivo, preposição (sentido informal) e conjunção (sentido informal).

  Avaliação da banca: quando pronome adjetivo indefinido, expressa noção de quantidade aproximada.

Alternativa "a" – Advérbio de intensidade. Semântica: intensifica o advérbio "perto".

Alternativa "b" – Advérbio de intensidade. Semântica: intensifica o verbo "vale".

Alternativa "c" – Pronome adjetivo indefinido. Semântica: quantidade do substantivo "dinheiro".

Observação: expressa noção de quantidade aproximada.

Alternativa "d" – Advérbio de intensidade. Semântica: intensifica o adjetivo "incapazes".

Alternativa "e" – Advérbio de intensidade. Semântica: intensifica o verbo "falem".

Observação: o advérbio "ainda" intensifica o advérbio "mais".

RESPOSTA: C

87 **(FGV – TJ MS – Analista Judiciário – Área Fim/2022)** Na encosta apareciam muitas árvores, dobradas todas em direção ao rio, cheias de galhos e folhas bem verdes, mostrando-se fortes e vigorosas. Poucas delas eram frutíferas, mas eram todas bastante altas.

Não há dúvida de que o texto acima pertence ao gênero descritivo; tomando-o por base, a opção que mostra uma característica linguística ausente desse texto é:

a) predominância dos segmentos nominais sobre os verbais;

b) presença constante da adjetivação;

c) formas verbais predominantes estão no imperfeito;

d) predomínio da coordenação sobre a subordinação;

e) preocupação estética com emprego de metáforas.

COMENTÁRIOS:

Alternativa "a" – Verbos são apenas três: apareciam, mostrando, eram. Os nomes são divididos entre substantivos e adjetivos. Substantivos são quatro: árvores, rio, galhos, folhas. Adjetivos são sete: dobradas, cheias, verdes, fortes, vigorosas, frutíferas, altas. Total de segmentos nominais: onze.

Alternativa "b" – Existem cinco adjetivos no primeiro período, e dois no segundo período. A presença é constante.

Alternativa "c" – Predomina o pretérito imperfeito do indicativo: **apareciam** e eram (***eram** frutíferas* e ***eram** todas bastante altas*).

Alternativa "d" – Existem três orações coordenadas:

Na encosta apareciam muitas árvores: coordenada assindética;

Poucas delas eram frutíferas: coordenada assindética;

mas eram todas bastante altas: coordenada adversativa.

Além das orações, há termos coordenados entre si: dobradas e cheias; galhos e folhas; fortes e vigorosas.

Alternativa "e" – A preocupação não é em relação à beleza (estética), mas sim em descrever o cenário. Além disso, não existem metáforas, as palavras estão no sentido denotativo.

RESPOSTA: E

88 **(FGV – TJ TO – Contador – Distribuidor/2022)** Todas as frases abaixo contêm o vocábulo *porque*; a maneira de reescrever cada uma delas de modo a omitir esse vocábulo, mantendo-se o sentido original, é:

a) A festa demorou mais uma hora porque as crianças pediram / Por petição das crianças, a festa demorou mais uma hora;
b) Concordou com as medidas porque as circunstâncias pressionavam / Por pressão das circunstâncias, concordou com as medidas;
c) Nós o ajudamos porque o ouvimos gritar / Pelos gritos auditados, nós o ajudamos;
d) Fornecemos os passaportes porque foram requeridos / Por requisitos, nós fornecemos os passaportes;
e) Consegui chegar ao final porque muitas pessoas me animaram / Pelo ânimo de muitas pessoas, consegui chegar ao final.

COMENTÁRIOS:

Nota da autora: A ideia de causa deve ser mantida através de nominalização – o verbo é substantivado.

Alternativa "a" – Por **pedido** das crianças = pediram.

Alternativa "b" – Por pressão = pressionavam.

Alternativa "c" – Pelos **gritos ouvidos** = ouviram gritar.

Alternativa "d" – Pelo **requerimento** = foram requeridos.

Alternativa "e" – O erro está em retirar a informação de que animaram alguém (a mim) = Pelo ânimo que muitas pessoas depositaram em mim.

RESPOSTA: B

A questão a seguir deve ser respondida a partir do fragmento a seguir.

"O boi, substantivo masculino, com que nós acudimos às urgências do estômago, pai do rosbife, rival da garoupa, entre pacífico e filantrópico, não é justo que viva... isto é, que morra obscuramente nos matadouros."

(Machado de Assis)

89 **(FGV – IMBEL – Advogado – 2021)** Sobre o fragmento, assinale a afirmação **inadequada**.

a) "isto é" foi empregado para justificar um termo anterior.
b) a preposição "com" mostra valor de "meio ou instrumento".
c) os substantivos "pai" e "rival" estão empregados em sentido figurado.
d) "substantivo masculino" indica a classe e o gênero do vocábulo "boi".
e) justifica-se o adjetivo "filantrópico" pelo fato de o boi ceder sua carne para a alimentação humana.

COMENTÁRIOS:

Nota da autora: "Explicar" não é sinônimo de "justificar". *Justificar é sinônimo de legitimar, comprovar, fundamentar.*

Alternativa "a" – As expressões "isto é" e "ou seja" são explicativas. No contexto, a expressão mencionada está explicando toda a ideia mencionada neste trecho: *O boi, substantivo masculino, com que nós acudimos às urgências do estômago, pai do rosbife, rival da garoupa, entre pacífico e filantrópico. [por isso] Não é justo que morra obscuramente nos matadouros.* Não justifica um termo anterior.

Alternativa "b" – Acudimos às urgências do estômago através do boi: instrumento.

Alternativa "c" – Pai: sentido de "pedaço dele". Rival: sentido de "inimigo do peixe". Indicam sentido figurado porque o rosbife não tem pai, muito menos o peixe tem rival.

Alternativa "d" – É um substantivo porque nomeia, é masculino porque admite o artigo masculino "o".

Alternativa "e" – O boi faz caridade, ou seja, é filantrópico.

RESPOSTA: A

90 **(FGV – IMBEL – Advogado – 2021)**

"Um governo que se sustenta é um governo que cai."

Assinale a opção que mostra um problema de estruturação da afirmativa acima.

a) A repetição do termo "governo".
b) A ambiguidade do termo "se sustenta".
c) O duplo sentido da expressão "que cai".
d) A ausência de vírgula antes da oração "que cai".
e) A falta de vírgula antes da oração "que se sustenta".

COMENTÁRIOS:

Alternativa "a" – Não ocorre erro ao repetir o sujeito.

Alternativa "b" – Não se sabe se o governo é sustentado ou se ele próprio se sustenta – pode ser sentido passivo ou reflexivo.

Alternativa "c" – O sentido é apenas um: governo que declina, governa que termina.

Alternativa "d" – A oração é adjetiva restritiva e indica que não é qualquer governo que cai, mas sim o que se sustenta. Com vírgula, o sentido seria generalizado: todos os governos caem.

Alternativa "e" – A oração também é adjetiva restritiva e indica que apenas o governo que se sustenta, cai. Inserindo a vírgula, seria, também, generalizado: todos os governos se sustentam.

RESPOSTA: B

91 **(FGV – PC RN – Agente e Escrivão – 2021)** Um escritor americano é autor da seguinte frase: "Não grite por socorro à noite. Pode acordar os vizinhos."

Tal frase apresenta um problema textual, que é:

a) a falta de coerência;

b) a inadequação vocabular;

c) a pontuação equivocada;

d) a ausência de coesão;

e) o desrespeito à norma culta.

COMENTÁRIOS:

Alternativa "a" – Se você precisa ser socorrido, fica evidente que o vizinho deve acordar para ajudar. Não existe ligação do conjunto de ideias, não há lógica.

Alternativa "b" – As formas das palavras estão corretas.

Alternativa "c" – Pontuação correta: as orações são coordenadas assindéticas.

Alternativa "d" – Há coesão, note que se trata do mesmo sujeito: não grite (você); [você] pode acordar os vizinhos.

Alternativa "e" – Respeita a norma culta, apenas não há coerência.

RESPOSTA: A

92 **(FGV – PC RN – Agente e Escrivão – 2021)** "Scotland Yard é o Departamento de Investigações Criminais da Polícia Metropolitana de Londres. **Seu** nome vem do nome da rua **onde** funcionou seu primeiro **quartel** central e **onde**, por outro lado, localizou-se o palácio **que** utilizavam os reis da Escócia quando visitavam a Inglaterra."

(Atrás das palavras, Charlie Lopes)

A afirmação correta sobre um dos termos sublinhados é:

a) Seu se refere à Polícia Metropolitana de Londres;

b) a primeira ocorrência de onde se refere à cidade de Londres;

c) quartel não aparece citada anteriormente, mas se liga a polícia;

d) a segunda ocorrência de onde se refere a primeiro quartel central;

e) o relativo que tem por antecedente quartel central.

COMENTÁRIOS:

Alternativa "a" – "Seu" refere-se ao nome do Departamento: Departamento de Investigações Criminais da Polícia Metropolitana de Londres.

Alternativa "b" – Refere-se à rua (em que): a rua onde funcionou seu primeiro quartel.

Alternativa "c" – Quartel é alojamento de soldados, isto é, está ligado à polícia.

Alternativa "d" – Refere-se, também, à rua (em que): a rua onde se localizou o palácio.

Alternativa "e" – Tem como antecedente "palácio". Lê-se: os reis da Escócia utilizavam o palácio quando visitavam a Inglaterra.

RESPOSTA: C

93 (FGV – PC RN – Agente e Escrivão – 2021) O célebre escritor Emerson declarou certa vez: "Cometa um crime e tu descobrirás como o mundo é de vidro."
Para que essa frase esteja enquadrada na norma culta da língua, a forma que lhe devemos dar é:

a) Comete um crime e você descobrirá como o mundo é de vidro;
b) Cometa um crime e tu vais descobrir como o mundo é de vidro;
c) Comete um crime e você vai descobrir como o mundo é de vidro;
d) Comete um crime e tu descobrirás como o mundo é de vidro;
e) Cometa um crime e descobrirás como o mundo é de vidro.

COMENTÁRIOS:

Nota da autora: O primeiro verbo (cometer) está conjugado na terceira pessoa do singular (você) do imperativo e é necessário que haja uniformidade de tratamento, ou seja, os verbos posteriores devem estar na terceira pessoa também. Outra opção é usar os verbos na segunda pessoa do singular (tu).

Relembremos a formação do imperativo afirmativo:

Presente do indicativo	Imperativo afirmativo	Presente do subjuntivo
Cometo	x	Que eu cometa
Cometes → -s	**Comete tu**	Que tu cometas
Comete	**Cometa você**	← Que ele cometa
Cometemos	cometamos nós	← Que nós cometamos
Cometeis → -s	Cometei vós	Que vós cometais
Cometem	Cometam vocês	← Que eles cometam

Presente do indicativo do verbo *descobrir*:

	Presente do indicativo
Eu	Descubro
Tu	**Descobres**
Ele	**Descobre**
Nós	Descobrimos
Vós	Descobris
Eles	Descobrem

Alternativa "a" – Comete um crime e tu descobrirás: 2.ª pessoa do singular.

Alternativa "b" – Cometa um crime e você descobrirá: 3.ª pessoa do singular.

Alternativa "c" – Comete um crime e **tu descobrirás**.

Alternativa "d" – Os dois verbos estão na segunda pessoa do singular (tu).

Alternativa "e" – Cometa um crime e **você descobrirá**: 3.ª pessoa do singular.

RESPOSTA: D

94 (FGV – PC RN – Agente e Escrivão – 2021) Confúcio disse: "Há três métodos para ganhar sabedoria: primeiro, por reflexão, que é o mais nobre; segundo, imitando-se, que é o mais fácil; e terceiro, por experiência, que é o mais amargo".

Propomos, a seguir, algumas substituições para termos dessa frase; aquela que torna o texto mais adequado é:

a) sabedoria / a sabedoria;
b) o mais nobre / o nobríssimo;
c) imitando-se / por imitação;
d) o mais fácil / o facílimo;
e) por experiência / através da experiência.

COMENTÁRIOS:

Alternativa "a" – Ao inserir o artigo, passa a determinar a sabedoria, isto é, altera o sentido.

Alternativa "b" – Acrescentando grau superlativo, ocorre alteração.

Alternativa "c" – Ao inserir a preposição "por", o paralelismo é mantido: → por reflexão / → por imitação / → por experiência.

Alternativa "d" – Acrescentando grau superlativo, ocorre alteração.

Alternativa "e" – Se trocar a preposição "por" pela locução "através de", o paralelismo, mencionado na alternativa "c", é prejudicado.

RESPOSTA: C

95 (FGV – PC RN – Agente e Escrivão – 2021) É muito conhecida a frase "O crime não compensa"; se colocarmos a conjunção MAS após essa frase, uma complementação formalmente adequada será:

a) O crime não compensa, mas a pena pode ser demasiadamente longa;
b) O crime não compensa, mas todos preferem não cometê-lo;
c) O crime não compensa, mas o número de criminosos diminui a cada dia;
d) O crime não compensa, mas felizmente muitos criminosos são presos;
e) O crime não compensa, mas o lucro pode ser transitoriamente grande.

COMENTÁRIOS:

Alternativa "a" – Não compensa e a pena pode ser longa = adição.

Alternativa "b" – Não compensa por isso não o cometem = conclusão.

Alternativa "c" – Não compensa e o número de criminosos diminui = adição.

Alternativa "d" – Não compensa e o criminosos são presos = adição.

Alternativa "e" – *Não compensar* versus *ter lucro grande* = oposição.

RESPOSTA: E

96 (FGV – FUNSAÚDE CE – Médico – 2021)

"Os deuses deram ao homem o intelecto, que é a maior de todas as riquezas"

(Sófocles, trágico grego)

A forma de redigir-se diferentemente esse pensamento, que modifica o seu sentido original, é:

a) O intelecto, a maior de todas as riquezas, foi dado ao homem pelos deuses;
b) Os deuses deram o intelecto, que é a maior de todas as riquezas, ao homem;
c) Ao homem foi dado pelos deuses o intelecto, a maior de todas as riquezas;
d) A maior de todas as riquezas, o intelecto, foi dada pelos deuses ao homem;
e) O intelecto foi dado ao homem pelos deuses, como a maior de todas as suas riquezas.

COMENTÁRIOS:

Nota da autora: Perceba que o pronome relativo "que" retoma o intelecto. Essa análise ajuda a chegar rapidamente à resposta.

Alternativa "a" – Retirou o pronome relativo e colocou a expressão como aposto explicativo de "o intelecto". O sentido foi mantido.

Alternativa "b" – Ocorreu intercalação entre os complementos – objeto direto e objeto indireto (deram algo a alguém). O sentido também foi mantido.

Alternativa "c" – A frase foi transposta para a voz passiva analítica, e o sentido não foi alterado.

Alternativa "d" – Ocorreu inserção do aposto explicativo de "a maior de todas as riquezas". Observe que o sentido permanece idêntico:

O intelecto, **a maior de todas as riquezas**, foi dado ao homem...

A maior de todas as riquezas, **o intelecto**, foi dada ao homem...

Alternativa "e" – Ao inserir a conjunção "como", indica comparação e o sentido é alterado. No trecho original, a informação é esta: o intelecto é a maior de todas as riquezas.

RESPOSTA: E

Texto 2

No livro "Viagens de Gulliver", do grande romancista inglês Jonathan Swift, sobre um dos locais visitados pelo personagem, aparece o seguinte texto: "Passamos então a outra parte da Academia que se destinava mais às pesquisas especulativas, e onde fomos encontrar três profissionais reunidos discutindo sobre o melhoramento da língua. O primeiro projeto consistia em abreviar o discurso, reduzindo os polissílabos a monossílabos, deixando de lado os verbos e particípios, uma vez que todas as coisas imagináveis não passam de substantivos".

97 **(FGV – Analista – Área Administrativa – MP RJ – 2019)** "O primeiro projeto consistia em abreviar o discurso, reduzindo os polissílabos a monossílabos, deixando de lado os verbos e particípios, ...".

É um exemplo desse primeiro projeto (texto 2) o uso de:

a) tá por está;

b) BB por Banco do Brasil;

c) fim por final;

d) bike por bicicleta;

e) tom por tonalidade.

COMENTÁRIOS:

Alternativa "a" – Verbo.

Alternativa "b" – Não é polissílabo.

Alternativa "c" – Dissílabo: fi-nal.

Alternativa "d" – O vocábulo "bike" é um neologismo, não está no dicionário e é americanizado.

Alternativa "e" – Polissílabo: mais de uma sílaba (to-na-li-da-de) em monossílabo: uma sílaba (tom).

RESPOSTA: E

Texto 3

Numa das crônicas de Luis Fernando Verissimo, o cronista aborda um problema de comunicação por meio da língua:

Visita a Praga. Todo turista viaja acompanhado pela danação de Babel. Falar português bem alto e bem explicado não funciona, e o inglês é uma língua universal só até certo ponto. Nunca sentimos tanto a falta de uma língua comum como numa visita que fizemos a Praga, há alguns anos".

98 **(FGV – Analista – Área Administrativa – MP RJ – 2019)** O termo "danação de Babel" (texto 3) se refere:

a) à diversidade de línguas no mundo;

b) ao desconhecimento de outros idiomas;

c) ao fato de cada um só conhecer bem a própria língua;
d) à falta de uma língua universal, como o esperanto;
e) à ausência de sons comuns nos vários idiomas.

COMENTÁRIOS:

Alternativa "a" – *Babel*, no sentido figurado, significa algazarra, balbúrdia; *danação* é sinônimo de raiva. A danação de Babel refere-se ao fato de as línguas serem diferentes, de haver pluralidade e diversidade: *Falar português bem alto e bem explicado não funciona, e o inglês é uma língua universal só até certo ponto.*

Alternativa "b" – Não se trata de desconhecimento porque *o inglês é uma língua universal.*

Alternativa "c" – Conhece a própria língua e o inglês.

Alternativa "d" – Existe uma língua universal: o inglês.

Alternativa "e" – Não se refere apenas ao aspecto fonético, mas sim à linguagem.

RESPOSTA: A

Texto para responder à questão.

Millôr Fernandes reescreveu uma série de ditados populares em linguagem culta, como o exemplo a seguir: De grão em grão a galinha enche o papo / De unidade de cereal em unidade de cereal, a ave de crista carnuda e asas curtas e largas da família das galináceas abarrota a bolsa que existe nessa espécie por uma dilatação do esôfago e na qual os alimentos permanecem antes de passarem à moela.

99 **(FGV – Analista – Área Administrativa – MP RJ – 2019)** Comparando as duas formas, pode-se inferir que a única característica que está ausente da língua culta é:

a) a presença de retomadas e sequenciações de elementos textuais;
b) a preocupação com a organização e precisão de significados;
c) a predominância de vocábulos de significação específica em lugar de vocábulos de conteúdo geral;
d) as repetições de mesmas estruturas a fim de reafirmar a mensagem veiculada;
e) o emprego de pontuação com base em critérios gramaticais.

COMENTÁRIOS:

Alternativa "a" – Retomada: bolsa **que** existe, dilatação **na qual** – o pronome relativo retoma, respectivamente, "bolsa" e "dilatação"; sequenciação: de grão em grão, de unidade de cereal em unidade de cereal.

Alternativa "b" – Há organização e precisão, pois a linguagem é clara e possui coerência.

Alternativa "c" – Significações específicas: grão, unidade de cereal, asa e moela.

Alternativa "d" – Não existem repetições – são características de linguagem informal.

Alternativa "e" – Pontuação correta: os dois-pontos são usados na introdução de exemplos e a barra (/) indica itens que se relacionam, isto é, separa os dois exemplos.

RESPOSTA: D

100 **(FGV – Analista – Área Administrativa – MP RJ – 2019)** Uma das marcas de um texto é a sua coerência, que tanto pode ser a do mundo lógico como a do mundo textual: a frase abaixo que é marcada pela coerência é:

a) O turista se afogou na praia de Copacabana e foi retirado da água desacordado;
b) O estudante estrangeiro fez o curso de Direito no Rio até se tornar conhecido na área;
c) O ministro explicou ontem, um mês após seu afastamento, as razões de sua demissão;
d) Nenhum morador morreu em função do desabamento, exceto o morador do andar térreo;
e) Ao contrário do que disse a imprensa, o candidato não foi reprovado, mas sim aprovado em lugar de destaque.

COMENTÁRIOS:

Alternativa "a" – Quem se afoga fica **desacordado**, pois significa "fazer morrer por asfixia num líquido qualquer". O termo destacado é desnecessário.

Alternativa "b" – Ele se tornou conhecido na área após fazer o curso, não durante o curso.

Alternativa "c" – Se ele está afastado há um mês, ele não é ministro, mas sim ex-ministro.

Alternativa "d" – Algum morador morreu: o do andar térreo.

Alternativa "e" – A imprensa disse que o candidato foi **reprovado**, mas ele foi **aprovado** em lugar de destaque.

RESPOSTA: E

101 **(FGV – Analista – Área Administrativa – MP RJ – 2019)** Observe o seguinte diálogo em um texto de Millôr Fernandes.

— Maria, ponha isso lá fora em qualquer parte.

— Junto com as outras?

— Não ponha junto com as outras, não. Senão pode vir alguém e fazer qualquer coisa com elas. Ponha no lugar do outro dia.

— Sim, senhora.

Esse texto é intencionalmente impreciso e pouco claro. A estratégia de produção de imprecisão só NÃO está corretamente identificada em:

a) emprego de pronomes sem indicação da situação: ponha <u>isso</u> lá fora em qualquer parte;
b) emprego de termos sem identificação anterior: ponha isso lá fora <u>em qualquer parte</u>;

c) ausência de coesão com termos já expressos: Junto com as outras?;
d) emprego de pronomes indefinidos substantivos: Senão pode vir alguém...;
e) emprego de palavras gerais, sem esclarecimentos: fazer qualquer coisa com elas.

COMENTÁRIOS:

Alternativa "a" – Ocorre indicação da situação: o pronome "isso" refere-se a algo que está próximo do receptor, no caso está próximo de Maria.

Alternativa "b" – A expressão "em qualquer parte" refere-se a "lá fora", ou seja, há identificação anterior.

Alternativa "c" – Não há coesão porque foi mencionado apenas o pronome demonstrativo "isso", não foram citadas "coisas".

Alternativa "d" – Pronome indefinido e substantivo: possui sentido vago e não acompanha um substantivo. **Dica:** se acompanhasse um substantivo, seria pronome adjetivo = **Este** leitor.

Alternativa "e" – Não se sabe o que alguém poderia fazer, isso indica que não há esclarecimento.

RESPOSTA: B

102 **(FGV – Analista – Área Administrativa – MP RJ – 2019)** Numa frase analisada no livro A vida íntima das frases, de Deonísio da Silva, aparece a introdução a seguir.

A preço de banana. A expressão remonta a um tempo em que a banana dispensava maiores cuidados e integrava aquelas frutas já existentes no Brasil antes do descobrimento, não sendo sequer necessário plantá-la para que desse frutos".

Um texto é construído com muitas reiterações de seus termos; as formas de reiteração são variadas. Considerando o fragmento do texto acima, indique a identificação da forma de reiteração de modo inadequado:

a) reiteração de forma idêntica: *em que a banana dispensava maiores cuidados;*
b) reiteração por termo definidor: *A expressão remonta a um tempo;*
c) reiteração por substituição: *integrava aquelas frutas já existentes no Brasil;*
d) reiteração por emprego de pronomes: *a um tempo em que a banana dispensava maiores cuidados;*
e) reiteração com elipse de um termo anterior: *para que desse frutos.*

COMENTÁRIOS:

Nota da autora: "reiteração" é ação ou efeito de repetir.

Alternativa "a" – Retoma "banana" mencionada no título – A preço de banana.

Alternativa "b" – Retoma a expressão citada no título – "A preço de banana".

Alternativa "c" – O termo destacado não repete, isto é, "aquelas frutas" não foram mencionadas no texto, apenas foi citada "a banana".

Alternativa "d" – O pronome relativo "que" retoma "tempo" e equivale a "no qual". Lê-se: a banana dispensa maiores cuidados em um tempo.

Alternativa "e" – Elipse do pronome pessoal "ela" que se refere à banana: para que ela desse frutos = para que a banana desse frutos.

RESPOSTA: C

103 **(FGV – Analista – Área Administrativa – MP RJ – 2019)** Uma das formas de indicar-se a coesão num texto é a utilização de formas de paralelismo em sua construção; a frase abaixo que mostra paralelismo em sua estruturação é:

a) Construir um prédio e alugá-lo não são exemplos de investimento social;
b) Pão na padaria, água no copo e leite na geladeira não alimentam;
c) Quanto mais difícil é ler um cardápio, mais altos são os preços;
d) A trufa dá uma espécie de auréola, que leva o gastrônomo ao êxtase... É o Mozart dos cogumelos;
e) Comida pesada é malfeita ou desconsidera os saberes e técnicas afro-indígenas no preparo.

COMENTÁRIOS:

Alternativa "a" – Não há paralelismo: construir um prédio e alugar um prédio (adição no sujeito).

Alternativa "b" – Substantivo + advérbio de lugar: pão → na padaria; água → no copo; leite → na geladeira.

Alternativa "c" – O período indica proporcionalidade: quanto mais, à medida que. Não existe paralelismo.

Alternativa "d" – Não ocorre paralelismo porque o pronome relativo "que" retoma *uma espécie de auréola*, não retoma "trufa".

Alternativa "e" – Sujeito + verbo de ligação + predicativo do sujeito versus sujeito (implícito) + verbo transitivo direto + objeto direto.

RESPOSTA: B

104 **(FGV – Analista – Área Administrativa – MP RJ – 2019)** "Frequentemente, entre nossos <u>motivos</u> de ação há um mais forte que os demais: é aquele que não é declarado nunca".

Nessa frase, o termo sublinhado é repetido por um conjunto de outros termos, que são:

a) os demais / aquele / que [não é declarado];
b) aquele / que [os demais] / que [não é declarado];
c) um / os demais / aquele / que [não é declarado];
d) um / que [os demais] / aquele / que [não é declarado];
e) um / que [os demais] / os demais / aquele / que [não é declarado].

COMENTÁRIOS:

Nota da autora: Basta encaixar o substantivo "motivos" no período.

Alternativa "a" – Faltou termo que faz parte do conjunto: um = há um **motivo**. Quanto aos outros, está correto: os demais **motivos**; aquele **motivo**; **motivo** que não é declarado.

Alternativa "b" – Além de faltar o artigo indefinido "um", há uma incorreção ao inserir o vocábulo "que", pois a ideia é "os demais **motivos**".

Alternativa "c" – Há um **motivo**; os demais **motivos**; aquele **motivo**; **motivo** que não é declarado.

Alternativa "d" – Há uma incorreção ao inserir o vocábulo "que", pois a ideia é "os demais **motivos**".

Alternativa "e" – Há uma incorreção ao inserir o vocábulo "que", pois a ideia é "os demais **motivos**".

RESPOSTA: C

105 (FGV – Analista – Área Administrativa – MP RJ – 2019) A frase em que NÃO há nenhum termo elidido é:

a) Ela trabalha muito, mas eu, não;
b) Nem todos sabem o valor que têm;
c) Um amigo é a pessoa que ama as mesmas coisas que você;
d) O importante não é o dinheiro, mas como gastá-lo;
e) Os impostos trazem despesas excessivas para o povo.

COMENTÁRIOS:

Nota da autora: Termo elidido é termo eliminado, ocultado, excluído, implícito.

Alternativa "a" – Eludido: o verbo *trabalhar* = eu não trabalho muito.

Alternativa "b" – Eludido: o pronome indefinido (sujeito) *todos* = o valor que todos têm.

Alternativa "c" – Eludido: o verbo *amar* = ama as mesmas coisas que você ama.

Alternativa "d" – Eludido: *importante* = o importante é como gastá-lo.

Alternativa "e" – Todos os termos estão explícitos: os impostos trazem; as despesas são excessivas; para o povo.

RESPOSTA: E

106 (FGV – Analista – Área Administrativa – MP RJ – 2019) Alguns termos de um texto são explicitados por termos posteriores (catáforas) e não por termos anteriores, como nas anáforas.

A frase abaixo que tem um exemplo de catáfora é:

a) Ele é um grande craque, esse tal de João;
b) Encontrei o deputado numa festa, mas nunca mais o vi;
c) Comprei o novo computador no Mercado Livre;
d) As frutas e os legumes eu trouxe, mas o restante, não;
e) Os meus vizinhos sempre me auxiliam nas tarefas.

COMENTÁRIOS:

Alternativa "a" – Catáfora: Ele = João.

Alternativa "b" – Anáfora: o pronome demonstrativo "o" retoma "o deputado".

Alternativa "c" – Não ocorre anáfora nem catáfora.

Alternativa "d" – O restante não foi mencionado, ou seja, não ocorre anáfora.

Alternativa "e" – Não ocorre anáfora nem catáfora.

RESPOSTA: A

107 (FGV – Técnico Superior Jurídico – DPE – RJ/2019) A frase "Os candidatos farão as inscrições até sexta-feira" foi modificada segundo critérios diferentes; a forma da frase que mostra incorreção de acordo com o critério indicado é:

a) Na voz passiva: Far se-ão as inscrições pelos candidatos até sexta-feira;
b) Com pleonasmo: As inscrições, os candidatos as farão até sexta-feira;
c) Com inversão de termos: Os candidatos farão, até sexta-feira, as inscrições;
d) No discurso indireto: O jornal disse que os candidatos farão as inscrições até sexta-feira;
e) Com sujeito explícito: Serão feitas as inscrições até sexta-feira.

COMENTÁRIOS:

Alternativa "a" – A oração foi transposta da voz ativa (sujeito + verbo transitivo direto + objeto direto) para a voz passiva sintética (verbo transitivo direto ou transitivo direto e indireto + se) de forma errônea, pois há agente da passiva apenas na voz passiva analítica (verbo ser + particípio). Retificando: Far-se-ão as inscrições até sexta-feira.

Alternativa "b" – O pronome oblíquo "as" retoma "as inscrições" e a utilização do objeto direto pleonástico não acarreta erro.

Alternativa "c" – Como a locução adverbial está intercalada por vírgulas, o período está correto.

Alternativa "d" – A frase foi transposta para a terceira pessoa e não ocorre erro.

Alternativa "e" – A frase foi transposta para a voz passiva analítica e está correta.

RESPOSTA: A

108 (FGV – Técnico Superior Jurídico – DPE – RJ/2019) Em situações de formalidade, é conveniente evitar o uso de linguagem informal; a frase abaixo que se mostra inteiramente formal é:

a) A gente não precisa ganhar muito para ser feliz;
b) Se eu tivesse lá, visitaria mais museus;
c) Me diga toda a verdade sobre o acidente;
d) Viajasse eu mais vezes, comprava mais roupas;
e) Sempre que podemos, nós os visitamos.

COMENTÁRIOS:

Alternativa "a" – Nós não **precisamos**: o uso de "a gente" denota informalidade.

Alternativa "b" – Se eu **estivesse** lá: o verbo é "estar", não "ter".

Alternativa "c" – Diga-**me**: não pode ser iniciada frase com o pronome oblíquo.

Alternativa "d" – Compraria: o pretérito imperfeito do subjuntivo (viajasse) e o futuro do pretérito (compraria) são tempos condicionais e devem ser usados juntos.

Alternativa "e" – Verbos "poder" e "visitar" conjugados no presente do indicativo, indicando ação certa e habitual.

RESPOSTA: E

109 (FGV – Advogado – AL – RO/2018) "Desemprego, queda de renda, crise econômica, redução dos programas de financiamento estudantil são as razões apontadas pelo Semesp para a diminuição de matrículas."

Sobre os componentes desse segmento do texto, assinale a afirmativa correta.

a) O fator "desemprego" é o mais geral de todos os citados.
b) Os fatores "desemprego" e redução dos programas de financiamento" estão ligados pela relação de causa/consequência.
c) O fator "redução dos programas de financiamento estudantil" se torna redundante no contexto.
d) O termo "as razões" indica que não há outras razões apontadas no levantamento do Semesp.
e) Todos os fatores citados estão ligados pela relação causa e efeito.

COMENTÁRIOS:

Alternativa "a" – Não há hierarquia, por isso não pode ser o mais geral. As razões são: *desemprego, queda de renda, crise econômica, redução dos programas de financiamento estudantil.*

Alternativa "b" – Estão ligados à causa da diminuição de matrículas.

Alternativa "c" – Não ocorre persistência na mesma ideia, logo não é redundante.

Alternativa "d" – O artigo definido possui a função de determinar o substantivo de forma precisa e isso indica que não existem outras razões.

Alternativa "e" – Todos os fatores estão ligados à causa da diminuição de matrículas.

RESPOSTA: D

Texto 1.

Dado Preocupante

No primeiro semestre deste ano, 80 mil alunos deixaram de ingressar em faculdades particulares de todo o país, o que representa uma queda de 5% em relação ao mesmo período de 2017. Desde 2015, a fuga de ingressantes é de 20%. Juntos, Rio, Minas e Espírito Santo tiveram redução de 25,7% no número de calouros.

O levantamento foi feito pelo Sindicato das Mantenedoras de Ensino Superior (Semesp) com 99 instituições. Desemprego, queda de renda, crise econômica, redução dos programas de financiamento estudantil são as razões apontadas pelo Semesp para a diminuição de matrículas. No Rio, a violência agrava o problema, porque desestimula quem estuda à noite.

(adaptado)

O Globo, 24/07/2018

110 **(FGV – Advogado – AL – RO/2018)** "No primeiro semestre deste ano, 80 mil alunos deixaram de ingressar em faculdades particulares de **todo** o país..."

Assinale a opção que indica a frase em que o emprego da expressão sublinhada está correto.

a) Todo o texto 1 mostra dados preocupantes.
b) Nem todo o jornal do Rio publicou essa notícia.
c) Todo o dado fornecido no texto foi confirmado pelo jornal.
d) Todo o calouro deve matricular-se no início do ano.
e) Em todo o primeiro semestre começam as aulas nas universidades privadas.

COMENTÁRIOS:

Nota da autora: Em "todo o país", a ideia é: o país inteiro.

Alternativa "a" – O texto inteiro mostra.

Alternativa "b" – Ideia: qualquer jornal.

Alternativa "c" – Ideia: qualquer dado.

Alternativa "d" – Ideia: qualquer calouro.

Alternativa "e" – Ideia: qualquer primeiro semestre.

RESPOSTA: A

111 **(FGV – Advogado – AL – RO/2018)** "No primeiro semestre **deste** ano, 80 mil alunos deixaram de ingressar em faculdades particulares de todo o país..."

Assinale a opção em que o emprego do pronome demonstrativo sublinhado tem o mesmo valor do apresentado no segmento inicial.

a) Muitos alunos deixaram de matricular-se em 2018; **este** dado se torna preocupante.
b) **Esta** semana o Globo publicou uma notícia preocupante sobre as matrículas em universidades privadas.
c) Rio, Minas Gerais e Espírito Santo são estados onde houve redução do número de matrículas e **neste** último estado a situação/o é mais grave.
d) **Neste** texto da prova, o jornal mostra preocupação com a redução de calouros nas universidades privadas.
e) Na terceira semana de julho o jornal publicou uma notícia sobre matrículas universitárias; **neste** momento a preocupação era grande com a redução do número de calouros.

COMENTÁRIOS:

Nota da autora: O pronome destacado no comando da questão, refere-se ao tempo presente = no primeiro semestre do ano atual.

Alternativa "a" – O pronome é anafórico e retoma a ideia da oração anterior (muitos alunos não se matricularam em 2019). Deveria ter sido usado o pronome **esse.**

Alternativa "b" – O pronome refere-se ao tempo presente = a semana atual.

Alternativa "c" – O pronome retoma o último estado citado: Espírito Santo.

Alternativa "d" – O pronome indica que o texto está próximo do emissor.

Alternativa "e" – Retoma o momento citado na oração anterior (na terceira semana de julho). Deveria ter sido usado o pronome "esse": **nesse.**

RESPOSTA: B

Texto 1.

DESEJO DE CONHECER

"É natural no ser humano o desejo de conhecer." Quando li pela primeira vez essa sentença inicial da *Metafísica* de Aristóteles, mais de quarenta anos atrás, ela me pareceu um grosso exagero. Afinal, por toda parte onde olhasse – na escola, em família, nas ruas, em clubes ou igrejas – eu me via cercado de pessoas que não queriam conhecer coisíssima alguma, que estavam perfeitamente satisfeitas com suas ideias toscas sobre todos os assuntos, e que julgavam um acinte a mera sugestão de que, se soubessem um pouco mais a respeito, suas opiniões seriam melhores.

Precisei viajar um bocado pelo mundo para me dar conta de que Aristóteles se referia à natureza humana em geral, e não à cabeça dos brasileiros. De fato, o traço mais **conspícuo** da mente dos nossos compatriotas era o desprezo humano pelo conhecimento, acompanhado de um neurótico temor reverencial aos seus símbolos exteriores: diplomas, cargos, espaço na mídia. (fragmento adaptado)

Olavo de Carvalho, Diário do Comércio, 10/01/2011.

112 (FGV – Consultor Legislativo – AL – RO/2018) Um texto mostra sempre ferramentas gráficas que organizam a apresentação do seu conteúdo.

Assinale a opção em que a utilidade de uma dessas ferramentas é indicada de forma ***inadequada***.

a) Utilização de letras maiúsculas em DESEJO DE CONHECER: marcação de algo a que o leitor deve dar atenção.

b) Emprego de itálico em *Metafísica*: indicação do título de uma obra.

c) Uso de travessões no primeiro parágrafo: sinalização do acréscimo de uma explicitação de um termo anterior.

d) Utilização de aspas na primeira frase do texto: indicação de uma citação de autoria alheia.

e) Divisão em parágrafos: marcação de mudança de foco sobre o tema tratado.

COMENTÁRIOS:

Alternativa "a" – O título não deve ser escrito inteiramente com letras maiúsculas. Forma correta: **Desejo de conhecer.**

Alternativa "b" – O uso do itálico está correto. Usa-se itálico em nomes de navios, livros, revistas, jornais, filmes, músicas, contos, poemas, peças teatrais, programas de rádio e televisão, obras de arte, pinturas, esculturas, CDs.

Alternativa "c" – Explicita onde olhava.

Alternativa "d" – As aspas indicam que a frase é uma citação do livro *Metafísica*, de Aristóteles.

Alternativa "e" – Correto, pois cada parágrafo deve apresentar apenas uma ideia-núcleo.

RESPOSTA: A

Observe a charge a seguir.

113 (FGV – Analista Administrativo – TJ – SC/2018) Sobre a frase dita por Einstein, é correto afirmar que:

a) o termo "Galileu", por ser um vocativo, deveria ser colocado no início da frase;
b) o adjetivo "brilhante", por ser um adjetivo qualificativo, deveria vir antes do substantivo "mente";
c) o pronome "nós", implícito em "estávamos esperando" se refere a todos os habitantes do céu;
d) o termo "Galileu" deveria aparecer entre vírgulas, por ser um vocativo;
e) o emprego da forma "olha" é desaconselhável por pertencer à linguagem coloquial.

COMENTÁRIOS:

Alternativa "a" – O vocativo pode aparecer no início, no meio ou no final da frase, contanto que esteja separado por sinal de pontuação. Perceba que faltou uma vírgula no termo.

Alternativa "b" – Usar o adjetivo anteposto ao substantivo resulta apenas em enfatizar a qualidade. Exemplo: Fiz uma viagem ótima. Fiz uma ótima viagem = qualidade colocada em destaque.

Alternativa "c" – O pronome pessoal implícito refere-se a Einstein e a Galileu.

Alternativa "d" – Como mencionado na alternativa "a", o vocativo deve obrigatoriamente vir separado por sinal de pontuação: Olha**, Galileu,** a mente brilhante.

Alternativa "e" – Não pertence à linguagem coloquial. O verbo está conjugado na segunda pessoa do singular (tu) do imperativo afirmativo. Relembremos, a seguir, a formação do imperativo afirmativo e do imperativo negativo.

Presente do indicativo (1)	Imperativo afirmativo (3)	Presente do subjuntivo (2)	Imperativo negativo (4)
Eu olho	x	Que eu olhe	x
Tu olhas → – "s"	Olha tu	Que tu olhes →	Não olhes tu
Ele olha	Olhe você	← Que ele olhe →	Não olhe você
Nós olhamos	Olhemos nós	← Que nós olhemos →	Não olhemos nós
Vós olhais → – "s"	Olhai vós	Que vós olheis →	Não olheis vós
Eles olham	Olhem vocês	← Que olhem →	Não olhem vocês

RESPOSTA: D

114 **(FGV – Analista Administrativo – TJ – SC/2018 – adaptada)** Em todas as frases abaixo, sublinhamos formas verbais de primeira pessoa do plural, em que o sujeito é quantitativamente impreciso.

O caso em que o sujeito de uma dessas formas abrange o maior universo possível de pessoas é:

a) "Inteligência e sabedoria não são a mesma coisa. Entretanto, na linguagem cotidiana, **usamos** os dois termos indistintamente";
b) "**Vivemos** em uma sociedade onde a eficiência e os resultados são valorizados";
c) "Também é claro que quando **falamos** de inteligência surgem diferentes nuances";
d) "Assim, **poderemos** ter uma ideia mais precisa e útil do que realmente são";
e) "Afinal, se **queremos** algo, além de ter um alto QI, é desenvolver uma sabedoria excepcional e moldar uma personalidade virtuosa".

COMENTÁRIOS:

Alternativa "a" – Nós usamos: refere-se apenas a quem usa inteligência e sabedoria na linguagem cotidiana.

Alternativa "b" – Todas as pessoas que vivem em uma sociedade: o universo é imenso.

Alternativa "c" – Nós falamos: refere-se apenas às pessoas que falam de inteligência.

Alternativa "d" – Nós poderemos: refere-se apenas a quem pode ter uma ideia mais precisa e útil.

Alternativa "e" – Nós queremos: refere-se apenas a quem quer algo.

RESPOSTA: B

115 (FGV – Analista Administrativo – TJ – SC/2018) "Afinal, se queremos algo, além de ter um alto QI, é necessário **desenvolver uma sabedoria excepcional**".

A forma adequada de uma oração desenvolvida correspondente à oração reduzida sublinhada é:

a) o desenvolvimento de uma sabedoria excepcional;
b) que desenvolvemos uma sabedoria excepcional;
c) que desenvolvêssemos uma sabedoria excepcional;
d) desenvolvermos uma sabedoria excepcional;
e) que desenvolvamos uma sabedoria excepcional.

COMENTÁRIOS:

Nota da autora: A **oração reduzida de infinitivo** (desenvolver) é subordinada **substantiva** (cabe o pronome catafórico *isto* depois da oração principal – é necessário *isto*) **subjetiva** (a oração possui função de sujeito da oração principal). Quanto ao tempo verbal, deve ser utilizado o presente do subjuntivo por se tratar de uma ação duvidosa: não se sabe se irá desenvolver uma sabedoria excepcional. **Dica:** esse tempo é normalmente usado após a conjunção integrante.

Alternativa "a" – Para desenvolver uma oração, é preciso tirar o verbo da forma nominal (infinitivo, no caso), conjugá-lo e inserir a conjunção – ou locução adjetiva, ou pronome relativo (no caso de oração adjetiva). Aqui, ocorreu nominalização, o verbo foi transposto para substantivo e não foi inserida a conjunção.

Alternativa "b" – O tempo verbal não pode indicar certeza – presente do indicativo ou pretérito perfeito do indicativo.

Alternativa "c" – O tempo verbal não pode indicar condição – pretérito imperfeito do subjuntivo.

Alternativa "d" – O verbo continua na forma nominal (infinitivo), embora tenha inserido o sujeito, ou seja, trata-se do infinitivo pessoal e não foi inserida conjunção.

Alternativa "e" – Há conjunção e o verbo foi conjugado no tempo correto: presente do subjuntivo – que eu desenvolva, tu desenvolvas, ele desenvolva, nós desenvolvamos.

RESPOSTA: E

3. NÍVEL DIFÍCIL

01 (FGV – Auditor do Estado – SEFAZ RS – 2025) As marcas mais visíveis da textualidade são a coesão, a coerência e a intertextualidade. Entre as frases a seguir, assinale aquela que ***não*** mostra coerência.

a) O amor se parece com a sede: um pouco de comida o sustenta.
b) Charme é conseguir a resposta sem ter feito nenhuma pergunta clara.

c) Posso bem perdoar, mas esquecer é outra coisa.
d) Ninguém escreve em seu caderno de notas os favores recebidos de outrem.
e) Eu e meu pai, nossas semelhanças são diferentes.

COMENTÁRIOS:

Notas da autora:

1. A banca alterou o gabarito de "a" para "e".

2. Para que haja coerência, a informação precisa possui lógica, nexo, ligação entre as ideias.

Alternativa "a" – A comida sustenta o amor; a comida sustenta a sede: coerente.

Dica: comparação seguida de explicação.

Alternativa "b" – É possível conseguir resposta sem fazer pergunta: coerente.

Alternativa "c" – Posso perdoar, embora posso não esquecer: coerente.

Alternativa "d" – Os favores recebidos não são anotados no caderno: coerente.

Alternativa "e" – Se são semelhantes, não podem ser diferentes: incoerente, não possui lógica.

RESPOSTA: E

02 **(FGV – Auditor do Estado – SEFAZ RS – 2025)** Assinale a frase em que os dois termos sublinhados estão em adequada correspondência.

a) É falta de educação ouvir à porta e o prudente envergonha-se de o fazer.
b) A cortesia é para a natureza humana aquilo que o calor é para a cera.
c) Chato é alguém que quando lhe perguntam como vai, o explica.
d) A cortesia é uma coisa excelente, porém com ela não se pagam as contas.
e) Enquanto o poço não seca, não sabemos dar valor à água.

COMENTÁRIOS:

Nota da autora: Substitua os termos para facilitar e ganhar tempo.

Alternativa "a" – envergonhar-se de **ouvir à porta**.

Alternativa "b" – Não existe correspondência entre os termos sublinhados, mas sim entre estes: cortesia e calor / natureza humana e cera.

Alternativa "c" – explica **como vai**.

Alternativa "d" – com **a cortesia** não se pagam as contas.

Alternativa "e" – dar valor à água **do poço**.

No poço, existe água. A água está no poço.

RESPOSTA: E

03 **(FGV – Auditor do Estado – SEFAZ RS – 2025)** Observe as frases a seguir.

1. Comprei um casaco de veludo em São Paulo.
2. O preço do casaco foi alto.

Se juntarmos as duas frases com o auxílio de um pronome relativo, a forma adequada será:

a) Comprei um casaco de veludo em São Paulo cujo preço foi alto.
b) Foi alto o preço do casaco de veludo comprado em São Paulo.
c) Comprei, em São Paulo, um casaco de veludo em que o preço foi alto.
d) Em São Paulo, comprei por um preço alto, um casaco de veludo.
e) Comprei um casaco de veludo em São Paulo por um preço baixo.

COMENTÁRIOS:

Notas da autora:

1. Atente-se ao vocábulo repetido: **casaco**;
2. Atente-se ao comando: **precisa haver pronome relativo**.

Alternativa "a" – Para evitar repetição, usa-se o pronome relativo indicador de posse: o preço do casaco = comprei um casaco de veludo em São Paulo **cujo** preço foi alto.

O relativo "cujo" concorda com o termo posterior e indica posse do termo anterior.

Alternativa "b" – Não foi inserido o pronome relativo, apenas inverteu a ordem.
Alternativa "c" – É impossível usar "em que": o relativo não retoma "casaco de veludo", a preposição "em" não foi exigida por termo algum.
Alternativa "d" – Além de não possuir pronome relativo, a pontuação está incorreta: é proibido o emprego da vírgula entre verbo e complemento.

Seria necessário intercalar a expressão deslocada: comprei, por um preço alto, um casaco de veludo.

Alternativa "e" – Não foi inserido o pronome relativo e faltaram vírgulas para demarcar deslocamento: Comprei um casaco de veludo, em São Paulo, por um preço baixo.

RESPOSTA: A

04 **(FGV – Auditor do Estado – SEFAZ RS – 2025)** Um período foi escrito de cinco modos diferentes.

Assinale a opção em que o período mostra a melhor redação, considerando correção, clareza, concisão e elegância.

a) Num prazo máximo de dois anos, cada um desses modelos estarão mostrando, na prática, suas qualidades e seus defeitos.
b) Tanto suas qualidades como seus defeitos estarão sendo mostrados num prazo máximo de dois anos, na prática.
c) Estar-se-á mostrando, na prática, num prazo máximo de dois anos, cada um desses modelos, com suas qualidades e seus defeitos.
d) Cada um desses modelos estará mostrando, na prática, suas qualidades e seus defeitos, num prazo máximo de dois anos.

e) As qualidades e os defeitos dos modelos, na prática, estarão sendo mostrados num prazo máximo de dois anos.

COMENTÁRIOS:

Alternativa "a" – Erro crasso de concordância verbal: cada um desses modelos **estará** mostrando.

Alternativa "b" – Gerundismo (uso inadequado do gerúndio): estarão sendo mostrados.

Correção: serão mostrados.

Alternativa "c" – Faltam clareza e elegância: o período possui vários deslocamentos demarcados por vírgulas.

Alternativa "d" – Período correto, claro, conciso e elegante.

Concordância correta: Cada um desses modelos estará mostrando;

Pontuação correta: intercalação (na prática) e separação do adjunto adverbial extenso (seis palavras).

Alternativa "e" – Como ocorreu na alternativa "b", há uso inadequado do gerúndio.

RESPOSTA: D

05 **(FGV – Auditor Público Interno CGM – Prefeitura de Cuiabá – 2025)** Todas as frases abaixo se apoiam em comparações. A opção em que a comparação não está explicada, é:

a) Política é como fotografia. Se você se mexer, não sai.
b) Governe uma grande nação do mesmo modo como você cozinha um peixinho: não exagere.
c) Países são como frutas: os vermes estão dentro.
d) Ser presidente é como administrar um cemitério: há um monte de gente embaixo de você, mas escuta.
e) O elefante é como um camundongo construído segundo as especificações do Estado.

COMENTÁRIOS:

Alternativa "a" – Comparação: política e fotografia. Explicação: não sai se você se mexer.

Alternativa "b" – Comparação: governar uma nação e cozinhar um peixinho. Explicação: não pode exagerar.

Alternativa "c" – Comparação: países e frutas. Explicação: os vermes estão dentro.

Alternativa "d" – Comparação: ser presidente e administrar um cemitério. Explicação: há um monte de gente abaixo de você.

Alternativa "e" – Comparação: o elefante e um camundongo construído segundo as especificações do Estado.

Não existe explicação porque apenas o segundo elemento (camundongo) é caracterizado.

RESPOSTA: E

06 **(FGV – 2025 – TCE RR – Auditor Substituto de Conselheiro)** Abaixo há um texto com vários termos sublinhados:

Para quem escreve memórias, onde acaba a sua lembrança? Onde começa a ficção? Talvez elas sejam inseparáveis. Os fatos da realidade, estes são como pedra, tijolo – argamassados, virados parede, casa, pelo saibro, pela cal, pelo reboco da verossimilhança – manipulados todos eles pela imaginação criadora daquele que escreve.

Os termos sublinhados mostram coesão com elementos anteriores. Entre eles, assinale aquele que apresenta um antecedente **erradamente**.

a) sua / quem.
b) que / daquele.
c) estes / fatos da realidade.
d) todos eles / fatos da realidade.
e) elas / memórias.

COMENTÁRIOS:

Alternativa "a" – A lembrança de **quem** escreve memórias.

Alternativa "b" – **Daquele** que (o qual) escreve. O "que" é pronome relativo e retoma "daquele".

Alternativa "c" – O que são como pedra, tijolo? **Os fatos da realidade.**

Alternativa "d" – O que são manipulados pela imaginação? **Os fatos da realidade.**

Alternativa "e" – O que podem ser inseparáveis? A sua **lembrança** e a **ficção.**

Não retoma "memórias".

RESPOSTA: E

07 **(FGV – 2025 – TCE RR – Auditor Substituto de Conselheiro)** *A construção do silêncio exige muitas palavras. O escritor, por exemplo, constrói uma casa de palavras para ouvir o seu silêncio interior.*

Acerca desse texto, assinale o comentário que se mostra inadequado.

a) A passiva da primeira oração do texto é: "Muitas palavras são exigidas pela construção do silêncio".
b) O segmento "constrói uma casa de palavras" exemplifica a utilização de linguagem figurada.
c) O segundo período do texto serve como esclarecimento do período anterior.
d) O termo "A construção do silêncio" equivale a "A construção silenciosa".
e) O segmento "para ouvir seu silêncio interior" mostra uma noção de finalidade.

COMENTÁRIOS:

Alternativa "a"

1. objeto direto da ativa passa a sujeito da passiva: **muitas palavras;**

2. verbo "ser" no mesmo tempo do verbo principal na ativa + particípio: **são** (presente do indicativo) **exigidas;**

3. preposição + sujeito da ativa: **pela construção do silêncio.**

Alternativa "b" – Sentido conotativo: **casa** de palavras.

"Casa", no sentido denotativo, significa *construção em pedras, tijolos ou feita com outros materiais, usada para morar, com distintos formatos ou tamanhos.*

Alternativa "c" – É um esclarecimento porque ilustra, ou seja, cita exemplo.

Alternativa "d" – Os sentidos e as funções sintáticas são distintos:

1. A construção do silêncio: o silêncio foi construído – possui sentido passivo e o termo preposicionado possui função de complemento nominal;

2. A construção silenciosa: a construção que guarda silêncio, sombria, taciturna – função de adjunto adnominal.

Alternativa "e":

- **Para que** o escritor constrói uma casa de palavras?

- **Para** ouvir o seu silêncio interior. = finalidade.

RESPOSTA: D

08 **(FGV – 2025 – TCE RR – Auditor Substituto de Conselheiro)** Assinale a frase que exemplifica uma estrutura paralelística sintaticamente rigorosa.

a) Nem os padrões são soldados covardes, nem os soldados os mais frouxos dos ladrões.
b) Pessoas normais viajam numa estrada; economistas viajam numa infraestrutura.
c) Os grandes navegadores devem sua reputação aos temporais e às tempestades.
d) A consciência limpa serve de travesseiro macio.
e) É melhor ser um farto lavrador do que um mirrado e estúpido doutor.

COMENTÁRIOS:

Alternativa "a" – Na segunda oração, falta o verbo de ligação (são).

Alternativa "b" – As estruturas são idênticas: sujeito + verbo intransitivo + adjunto adverbial.

1.	Pessoas normais	viajam	numa estrada.
2.	Economistas	viajam	numa infraestrutura.
1 e 2	**sujeito**	**verbo intransitivo**	**adjunto adverbial**

Alternativa "c" – Ocorre paralelismo no objeto indireto, mas a estrutura não é rigorosa: deve algo a algo: **aos temporais** e **às tempestades.**

Alternativa "d" – Não há paralelismo.

Alternativa "e" – Estrutura comparativa: "do que".

RESPOSTA: B

09 **(FGV – 2025 – TCE RR – Auditor de Controle Externo)** Nosso célebre escritor Joaquim Nabuco escreveu:

*Nós não sabemos que partes do alimento **que** ingerimos serão por nós aproveitadas. O modo **por que** o nosso corpo elabora a vida escapa-**nos** por completo. Ignoramos igualmente que impressões ou emoções de cada dia **se** transformarão em nosso espírito em alimento ou em tóxico. Um fato **que** nos alegra pode ser causa de uma depressão profunda, assim como de uma iguaria que saboreamos pode resultar um cansaço mortal.*

O texto mostra cinco termos sublinhados.

Assinale o termo que mostra seu antecedente de forma **errada**.

a) que / alimento.
b) por que / modo.
c) nos / nós.
d) se / impressões ou emoções.
e) que / fato.

COMENTÁRIOS:

Alternativa "a" – Partes do alimento serão aproveitados. Retoma "partes".

Dica: o verbo posposto está no plural, é impossível retomar termo no singular.

Alternativa "b" – Nosso corpo elabora a vida **pelo modo** = **o modo por que**.

Alternativa "c" – O termo foi mencionado no período anterior: ***Nós** não sabemos que partes do alimento que ingerimos serão por **nós** aproveitadas.*

Em "a vida escapa-nos", o pronome oblíquo retoma o pronome pessoal "**nós**".

Alternativa "d" – Basta encontrar o sujeito: o que se transformarão? **Impressões ou emoções.**

Alternativa "e" – Encontre o sujeito: o que nos alegra? **Um fato.**

RESPOSTA: A

10 **(FGV – 2025 – TCE RR – Auditor de Controle Externo)** Assinale a frase em que a expressão "é que" faz parte da estrutura da frase e não simplesmente uma expressão de ênfase.

a) As más companhias é que foram a minha perdição.
b) A verdade é que ninguém escapa da morte.
c) Quem compra e mente, em seu bolso é que sente.
d) Gente ignorante é que faz piada de tudo.
e) Quanto é que os conselhos valem aos homens?

COMENTÁRIOS:

Nota da autora: A expressão "é que" indicará ênfase quando for de realce, isto é, quando puder ser retirada da frase sem que resulte em incorreção.

Alternativa "a" – Expressão de realce.

Lê-se: As más companhias foram a minha perdição.

Alternativa "b" – É possível encaixar o pronome catafórico "isto" antes do "que": conjunção integrante – liga a oração principal (a verdade é) à oração subordinada substantiva predicativa.

Observação: se retirados o verbo *ser* e o "que", a frase se torna incorreta.

Alternativa "c" – Expressão de realce.

Lê-se: em seu bolso sente.

Alternativa "d" – Expressão de realce.

Lê-se: Gente ignorante faz piada de tudo.

Alternativa "e" – Expressão de realce.

Lê-se: Quanto os conselhos valem aos homens?

RESPOSTA: B

11 **(FGV – Auditor de Controle Externo – TCE PI – 2025)** Assinale a frase em que termo sublinhado ***não*** mantém coesão com um termo anterior.

a) Jogo imbecil é aquele em que ninguém ganha.

b) Se eu morresse em um hospital, eu o processaria.

c) Um pouco de incenso queimado é bom remédio para deixar lá com ela.

d) Os médicos creem que, encontrada a causa da enfermidade, sua cura está descoberta.

e) Por quatro gerações estamos fazendo remédios como se a vida das pessoas dependesse deles.

COMENTÁRIOS:

Alternativa "a" – Ninguém ganha em um **jogo imbecil**.

Alternativa "b" – Processaria o **hospital**.

Alternativa "c" – Não há referente explícito para o advérbio de lugar "lá". Não se sabe onde é.

Alternativa "d" – A cura da **enfermidade**.

Alternativa "e" – A vida das pessoas dependesse dos **remédios**.

RESPOSTA: C

12 **(FGV – Auditor de Controle Externo – TCE PI – 2025)** Assinale a frase em que a expressão *é que* está empregada para dar ênfase.

a) Quanto é que custam as batatas?

b) Onde é que você mora?

c) Como é que você se chama?

d) Quando é que é o dia da Independência?

e) Quando é que ela chega?

COMENTÁRIOS:

Nota da autora: Muito cuidado! A expressão "é que" é denominada de realce e pode ser retirada.

A banca pede a expressão que indica ênfase, ou seja, a expressão que destaca, que releva.

Alternativa "a" – A expressão apenas pode ser retirada, não ocorre indicação de destaque: Quanto custam as batatas?

Alternativa "b" – A expressão apenas pode ser retirada, não ocorre indicação de destaque: Onde você mora?

Alternativa "c" – A expressão apenas pode ser retirada, não ocorre indicação de destaque: Como você se chama?

Alternativa "d" – Ocorre repetição do verbo "ser": *é que é*. Aqui ocorre destaque, relevo, ênfase.

Alternativa "e" – A expressão apenas pode ser retirada, não ocorre indicação de destaque: Quando ela chega?

RESPOSTA: D

13 **(FGV – Prefeitura de Nova Iguaçu RJ – Auditor Fiscal do Tesouro Municipal – 2024)** A estratégia de coesão representada pelo elemento destacado está corretamente descrita em

a) abriu-se nesse dia uma garrafa de vinho do Porto, e os dois beberam-**na** em honra ao grande acontecimento. / retomada por reiteração.

b) era um pobre-diabo caminhando para os setenta anos, antipático, cabelo branco, curto e duro, como escova, barba e bigode **do mesmo teor**. / emprego de sinonímia.

c) não podia ouvir disparar perto de si uma espingarda, entusiasmava-se, porém, com tudo que cheirasse à **guerra**. / uso de hiperônimo.

d) um irmão do santíssimo entrara na estalagem, com a sua capa encarnada, a **sua** vara de prata em uma das mãos, na outra a salva do dinheiro. / antecipação por catáfora.

e) censurou os trabalhadores da pedreira, nomeando o próprio Jerônimo, **cuja** força física aliás o intimidara sempre. / utilização de pronome demonstrativo.

COMENTÁRIOS:

Alternativa "a" – A retomada é por substituição: beberam "uma garrafa de vinho".

Dica: na coesão por reiteração, ocorre a repetição de elementos ou a substituição da palavra por outra que mantenha a relação semântica.

Alternativa "b" – Não existem expressões com sentidos aproximados.

Alternativa "c" – Hiperônimo: significado geral; hipônimo: significado específico.

No texto, "guerra" é hiperônimo de "disparar uma espingarda" (hipônimo).

Alternativa "d" – A referenciação é de posse.

Dica: c̲atáfora c̲ita; anáfora retoma.

Não existe antecipação por catáfora, mas sim por anáfora.

Alternativa "e" – Utilização de pronome relativo com valor de posse: a força física **do próprio Jerônimo.**

RESPOSTA: C

14 **(FGV – Receita Federal – Analista-Tributário – 2023)** Leia o texto a seguir, adaptado de um site informativo:

"Impostos são tributos obrigatórios que o cidadão brasileiro (ou de qualquer outro país) paga para contribuir com as despesas administrativas do Estado. Entre essas despesas estão: saúde, educação, segurança, infraestrutura, alimentação e etc. Como o próprio nome já diz, os pagamentos desses tributos são impostos pelo Governo. Quando o pagamento não é feito, ele pode gerar multas ou punições legais mais graves ao cidadão, como prisão ou congelamento de documentação."

Todos os segmentos abaixo, retirados do texto acima, mostram problemas gramaticais ou de expressão. Assinale o único segmento integralmente adequado.

a) Impostos são tributos obrigatórios que o cidadão brasileiro (ou de qualquer outro país) paga...
b) ...paga para contribuir com as despesas administrativas do Estado.
c) Entre essas despesas estão: saúde, educação, segurança, infraestrutura, alimentação e etc.
d) Como o próprio nome já diz, os pagamentos desses tributos são impostos pelo Governo.
e) Quando o pagamento não é feito, ele pode gerar multas ou punições legais mais graves...

COMENTÁRIOS:

Alternativa "a" – A ideia é esta: o cidadão brasileiro paga impostos <u>em</u> tributos obrigatórios. Como o pronome relativo "que" retoma "tributos obrigatórios", deve ser inserida a preposição "em" anteposta ao relativo: **em que** ou **nos quais**.

Alternativa "b" – A regência do verbo *contribuir* está incorreta pelo fato de o complemento não indicar meio, mas sim finalidade: contribuir **para** as despesas administrativas do Estado.

Exemplo de indicação de meio: Contribuiu com dinheiro.

Alternativa "c" – Não se deve usar a conjunção aditiva "e" antes de "etc.". Motivo: a expressão significa "e tais coisas", ou seja, já possui o "e".

Alternativa "d" – Os "tributos" foram mencionados no primeiro período e o pronome "esses" (em *desses*) é anafórico.

Alternativa "e" – O pronome pessoal "ele" gera ambiguidade: o que pode gerar multas ou punições?

RESPOSTA: D

15 **(FGV – SEFAZ MT – Fiscal de Tributos Estaduais – 2023)**

"Trabalhar pelo preço oferecido por outro e para o lucro deste, sem interesse algum pelo trabalho – sendo o preço do trabalho ajustado pela competição hostil, com um lado pedindo o mais possível e o outro pagando o menos que puder –, não é, mesmo quando os salários são elevados, um estado satisfatório para seres humanos de inteligência cultivada, que deixaram de julgar-se inferiores àqueles a quem servem."

John Stuart Mill (1848)

Todos os segmentos sublinhados foram substituídos por outros de mesmo sentido; assinale a opção em que a substituição proposta **modifica** o sentido original ou fica **estruturalmente inadequada**.

a) e para o lucro deste / e para o seu lucro.
b) sem interesse algum pelo trabalho / desinteressado pelo trabalho.
c) pela competição hostil / por meio de uma competição hostil.
d) mesmo quando os salários são elevados / ainda que os salários fossem elevados.
e) àqueles a quem servem / aos patrões.

COMENTÁRIOS:

Alternativa "a" – Para o lucro deste = para o lucro do outro → para o seu lucro.

Alternativa "b" – **sem** interesse = desinteressado → o valor negativo prevaleceu.

Alternativa "c" – "pela": contração da preposição "per" + artigo "a". Significa *por; através de; ao lado de; em razão de; por meio de.*

Alternativa "d" – O verbo anteposto está no presente do indicativo (não é) e a substituição por um verbo no pretérito imperfeito do subjuntivo quebraria a correlação verbal. O verbo deve, também, estar no presente – nesse caso, no modo subjuntivo por haver dúvida (sejam).

Alternativa "e" – Os seres humanos servem aos patrões → inferiores aos patrões.

RESPOSTA: D

16 **(FGV – SEFAZ MT – Fiscal de Tributos Estaduais – 2023)**

"Esta, acreditamos, é a grande característica da nossa era. Pela nossa habilidade em mecânica, o que se passou foi que na administração das coisas externas nós superamos todas as outras eras; mas em tudo o que diz respeito à pura natureza moral, na verdadeira dignidade da alma e do caráter, nós somos talvez inferiores à maioria das eras civilizadas [...] Os homens perderam toda a crença no invisível, e acreditam, e têm esperanças, e trabalham apenas no visível: ou, para dizê-lo com outras palavras: esta não é uma era religiosa. Somente o material, o imediatamente prático, não o divino e espiritual, é importante para nós. [...] Nossa verdadeira divindade é o mecanismo."

(Thomas Carlyle. 1829)

Sobre os vocábulos ou segmentos sublinhados, assinale a afirmativa correta.

a) O adjetivo "pura" se relaciona a "pureza", que qualifica a nossa natureza moral.

b) O segmento "para dizê-lo com outras palavras" indica a inclusão de uma retificação em relação a um termo anterior.

c) O uso dos colchetes com pontos em seu interior indica ao leitor que algo foi censurado no texto original.

d) A segunda forma do demonstrativo "esta" se explica pelo fato de referir-se à localização espacial de algo.

e) A forma inicial do pronome demonstrativo "Esta" se explica por ser um termo catafórico, ou seja, refere-se a um termo posterior.

COMENTÁRIOS:

Alternativa "a" – "Pura" relaciona-se à total = diz respeito à **total** natureza moral (totalidade). Não se relaciona à pureza.

Alternativa "b" – Indica inclusão de uma explicação. Não está corrigindo algo.

Alternativa "c" – Os colchetes indicam alterações em uma citação, uma adaptação.

Alternativa "d" – O pronome demonstrativo "esta" acompanha o substantivo "era" e indica tempo, não espaço.

Era: *época fixa a partir da qual se começam a contar os anos.*

Alternativa "e" – Primeiro usa o pronome "esta" e depois menciona o substantivo "era" (no final do período). Trata-se de um recurso catafórico – posterior.

Dica: quando é anterior, temos **anáfora**.

Fixe: Catáfora = Cita / anáfora = retoma.

RESPOSTA: E

17 (FGV – SEFAZ MT – Fiscal de Tributos Estaduais – 2023)

Se um país é regido pelos princípios da razão, a pobreza e a miséria são objeto de vergonha. Se um país não é regido pelos princípios da razão, a riqueza e as honras são objeto de vergonha."

Confúcio (séc. V a. C.)

Sobre a estruturação lógica desse pensamento, assinale a afirmativa correta.

a) Os dois períodos que compõem o texto estão estruturados com base em uma comparação.

b) Cada um dos períodos do texto mostra inicialmente uma causa seguida de sua consequência.

c) As frases iniciais de cada período são produzidas como condições potenciais e, por isso, são falsas.

d) Como as condições indicadas em cada oração inicial foram construídas na voz passiva, referem-se ao passado.

e) Os períodos do texto mostram uma diferença do ponto de vista social e econômico.

COMENTÁRIOS:

Alternativa "a" – Existe comparação entre estes elementos: um país é regido pelos princípios da razão e um país não é regido pelos princípios da razão.

Alternativa "b" – A conjunção "se" pode ser adverbial condicional ou adverbial causal (sentido de "uma vez que", "já que"), e existem consequências (*a pobreza e a miséria são objeto de vergonha; a riqueza e as honras são objeto de vergonha*).

Observação: a banca não optou por essa análise. Acredita que seja condicional, não causal. De qualquer maneira, a alternativa "a" está mais exata.

Alternativa "c" – São condições, mas não são falsas.

Alternativa "d" – Voz passiva: "é regido". Referem-se ao presente (é – presente do indicativo).

Alternativa "e" – Ponto de vista social: país regido, ou não, pela razão.

Observação: a economia é o resultado: *a pobreza e a miséria são objeto de vergonha; a riqueza e as honras são objeto de vergonha.*

RESPOSTA: A

18 (FGV – SEFAZ MT – Fiscal de Tributos Estaduais – 2023)

"As pessoas hoje em dia vivem mais seguras, são mais saudáveis, bem alimentadas e longevas do que em qualquer período da história. Porém, não passamos a vida dando pulos de alegria, e presumivelmente nossos ancestrais não viviam cronicamente deprimidos. Não é reacionário salientar que muitos pobres nos países ocidentais da atualidade vivem em condições com as quais os aristocratas de outrora nem teriam sonhado. As pessoas em diferentes classes e países muitas vezes se contentam com sua sorte até que se comparam aos mais ricos."

Steven Pinker (1997)

Sobre os significados contidos nesse fragmento textual, assinale a afirmativa correta.

a) Todas as pessoas parecem sentir-se felizes até terem noção da vida vivida pelos mais ricos.
b) As melhores condições de vida na atualidade trazem uma alegria constante aos nossos afazeres diários.
c) Os aristocratas de outrora não ficavam deprimidos pelo fato de terem consciência de uma melhor vida futura.
d) Muitos pobres nos países ocidentais de hoje vivem como os aristocratas de outrora.
e) As pessoas nunca se contentam com sua sorte, o que faz com que sempre se busque o progresso.

COMENTÁRIOS:

Nota da autora: Questão de reescrita de período. Compare os significados dividindo os trechos.

Alternativa "a"

Período original: *As pessoas em diferentes classes e países* (1) *muitas vezes se contentam com sua sorte* (2) *até que se comparam aos mais ricos* (3).

Reescrita: Todas as pessoas (1) parecem sentir-se felizes (2) até terem noção da vida vivida pelos mais ricos (3).

Alternativa "b"

Período original: *As pessoas hoje em dia vivem mais seguras, são mais saudáveis, bem alimentadas e longevas* (1) [...] ***não** passamos a vida dando pulos de alegria* (2).

Reescrita: As melhores condições de vida na atualidade (1) **trazem uma alegria constante** aos nossos afazeres diários (2).

→ A alegria não é constante.

Alternativa "c"

Período original: ***presumivelmente** nossos ancestrais não viviam cronicamente deprimidos* (1) [...] *muitos pobres nos países ocidentais da atualidade vivem em condições com as quais os aristocratas de outrora nem teriam sonhado* (2).

Reescrita: Os aristocratas de outrora não ficavam deprimidos (1) pelo fato de terem consciência de uma melhor vida futura (2).

→ Ao utilizar o advérbio "presumivelmente", é deixada uma dúvida no fato de os aristocratas não ficarem deprimidos. Sentido: *supostamente, hipoteticamente, talvez, provavelmente.*

Alternativa "d"

Período original: *muitos pobres nos países ocidentais da atualidade* (1) *vivem em condições com as quais os aristocratas de outrora nem teriam sonhado* (2).

Reescrita: Muitos pobres nos países ocidentais de hoje (1) vivem **como** os aristocratas de outrora (2).

→ Não existe comparação entre os pobres e os aristocratas. Os aristocratas vivem melhor.

Alternativa "e"

Período original: *As pessoas em diferentes classes e países muitas vezes se contentam com sua sorte* (1) *até que se comparam aos mais ricos* (2).

Reescrita: As pessoas **nunca** se contentam com sua sorte (1), o que faz com que sempre se busque o progresso (2).

→ Ocorreram duas mudanças: a primeira, entre *muitas vezes se contentam* e *nunca se contentam*. Em seguida, as pessoas deixam de se contentar com a sorte quando se comparam aos mais ricos. Não significa que elas irão buscar o progresso.

RESPOSTA: A

Texto 1 – Como sabemos que o aquecimento global é real?

Por Carlos Tosi

"A primeira coisa a dizer a respeito disso é que a ciência básica por trás do mecanismo do aquecimento global – ou mudança climática, para quem quiser a versão mais sofisticada do problema – é bem simples, direta, nada controversa e está estabelecida há séculos.

O fato de que a atmosfera terrestre aprisiona energia solar já havia sido deduzido por Joseph Fourier há quase 200 anos. Svante Arrhenius já estabeleceu que os principais responsáveis por esse processo são o CO2 e o vapor d'água, há mais de 100.

Não existe, aliás, nenhuma controvérsia quanto à capacidade do dióxido de carbono de capturar calor: ela é levada em conta, por exemplo, no design de mísseis termoguiados, aqueles que perseguem o avião acrobático do herói nos filmes de ação.

Some-se a esses fatos bem estabelecidos apenas mais um, também nada polêmico – o de que a queima de petróleo, carvão e outros hidrocarbonetos produz CO_2 – e temos uma cadeia de premissas que leva a deduções lógicas que não requerem nenhum 'Xeroque Rolmes': o CO_2 impede que a Terra devolva ao espaço o calor recebido do Sol. Quanto mais CO_2, mais calor fica aprisionado. Quanto mais petróleo usamos, mais CO_2 emitimos. Usamos bastante petróleo. Logo, estamos esquentando o planeta.

Claro que, em se tratando de ciências físicas, cadeias dedutivas não bastam: é preciso confrontá-las com observações e experimentos. Afinal, mesmo que o encadeamento lógico, construído a partir das premissas conhecidas, seja perfeito, sempre é possível que a natureza tenha deixado alguma premissa oculta pelo caminho.

No caso do aquecimento global causado por atividade humana, é verdade que, pelo menos até os anos 70 do século passado, muitos cientistas especulavam se o efeito não seria autolimitante: talvez outras formas de poluição emitidas junto com o CO_2 fizessem 'sombra' na Terra e reduzissem a radiação solar incidente (o mesmo princípio, ainda que numa escala bem menos dramática, do Inverno Nuclear). Ou talvez o aumento na evaporação de água produzisse mais nuvens e essas nuvens, sendo brancas, refletissem a luz do Sol de volta ao espaço.

Mas hoje sabemos que **essas válvulas de escape** e controle, com que imaginávamos poder contar, 40 anos atrás, simplesmente não funcionam. Mesmo a cobertura de nuvens pode, na verdade, acelerar o aquecimento.

Observações e experimentos conduzidos nas últimas décadas mostraram que o efeito estufa não é autolimitante e, sim, autoacelerante! Não só o ganho em nuvens e sujeira falha em equilibrar o aumento de temperatura, como a perda do gelo (branco, refletor de luz solar) nos oceanos expõe a água (escura), e o aquecimento dos solos congelados libera metano, outro gás do efeito estufa.

Também não faz sentido negar que o planeta esteja aquecendo. Há medições científicas do conteúdo de calor aprisionado nos oceanos e na superfície terrestre, e elas mostram clara elevação. As temperaturas globais também têm aumentado, e são as maiores, pelo menos, dos últimos mil anos. Um argumento ingênuo contra essa constatação é o de que ainda ocorrem invernos rigorosos. Mas, da mesma forma que um eventual dia frio no verão não nega o fato de que esta é uma estação, no geral, mais quente que as demais, eventuais períodos de frio intenso não desfazem a tendência geral, de longo prazo, de aquecimento do globo terrestre.

Pode-se argumentar, ainda, que o clima global responde a outros fatores – cientistas chamam-nos de 'forçantes' – para além da concentração de gases emitidos pela atividade industrial humana, como a intensidade do brilho do Sol. É verdade. A questão, portanto, é determinar quais as forçantes que predominam dentro do cenário atual.

Acontece que a atividade solar tem estado em declínio desde os anos 80, e ainda assim as temperaturas seguem subindo. Variações periódicas na órbita da Terra também deveriam estar nos encaminhando para um período de resfriamento e, a despeito disso, as temperaturas seguem subindo.

Um trabalho exaustivo de avaliação e teste da hipótese de que diferentes forçantes climáticas poderiam explicar o cenário atual deixa, como principal responsável pelo aquecimento, o acúmulo de CO2 gerado por atividade humana na atmosfera nos últimos 200 anos.

A saída que resta para quem insiste em negar esses fatos é apostar em alguma espécie de ilusão coletiva ou conspiração envolvendo praticamente todos os cientistas – mais de 90%, na verdade – que têm o estudo do clima e de suas variações de longo prazo como principal foco de pesquisa.

Dada a forma como a atividade científica é conduzida, com a rotina de críticas duras por parte de colegas e competidores, a constante reanálise de dados e a exigência de revisão dos resultados pelos pares, a ocorrência de um fenômeno assim é algo bem próximo do inconcebível.

Esse apelo desesperado à ilusão ou à conspiração é comum em círculos pseudocientíficos – criacionistas usam-no para explicar a exclusão de suas crenças do currículo das ciências e homeopatas, acuados, também começam a se valer dele – mas não deveria ter lugar no debate sério sobre o que a melhor ciência disponível realmente diz."

Disponível em: https://revistaquestaodeciencia.com.br/questionador-questionado/2018/12/09/como-sabemos-que-o-aquecimento-global-e-real-e-causado-por-nos
Acesso em: 04/01/2023

19 **(FGV – CGM RJ – Técnico de Controle Externo – 2023)** "Mas hoje sabemos que **essas válvulas de escape e controle**, com que imaginávamos poder contar, 40 anos atrás, simplesmente não funcionam." (Texto 1, 7º parágrafo)

A passagem acima (texto 1) faz referência a "válvulas de escape e controle".

A alternativa em que uma dessas "válvulas" está corretamente identificada é:

a) uso intensivo do petróleo;
b) verificação de cadeias dedutivas por meio de observações e experimentos;
c) existência de premissas ocultas deixadas pela natureza;
d) possibilidade de ocorrência de um Inverno Nuclear;
e) aumento na evaporação de água.

COMENTÁRIOS:

Alternativa "a" – O uso intensivo do petróleo faz com que o planeta se esquenta. Não há relação alguma com a válvula de escape e controle.

Alternativa "b" – Refere-se às ciências físicas e a ideia foi mencionada muito antes de citar as válvulas.

Alternativa "c" – Isso está ligado ao fato de o encadeamento lógico ser perfeito, não possui relação alguma com as válvulas.

Alternativa "d" – Menciona o Inverno Nuclear para exemplificar outras formas de poluição emitidas junto com o CO2.

Alternativa "e" – O pronome "essa" é anafórico e retoma a ideia mencionada no último período do parágrafo anterior: *Ou talvez* ***o aumento na evaporação de água produzisse mais nuvens e essas nuvens****, sendo brancas,* ***refletissem a luz do Sol*** *de volta ao espaço.*

RESPOSTA: E

20 **(FGV – CGM RJ – Técnico de Controle Externo – 2023)** Em cada uma das alternativas abaixo, observa-se uma passagem retirada do texto 1 (anterior ao sinal >) e uma proposta de reescritura dessa mesma passagem (posterior ao sinal >).

A alternativa em que essa reescritura NÃO produz desvio da norma padrão no que diz respeito ao uso do pronome relativo é:

a) "ela é levada em conta, por exemplo, no design de mísseis termoguiados, aqueles que perseguem o avião acrobático do herói nos filmes de ação." (3º parágrafo) > ela é levada em conta, por exemplo, no design de mísseis termoguiados, aqueles pelos quais o avião acrobático do herói é perseguido nos filmes de ação;

b) "Some-se a esses fatos bem estabelecidos apenas mais um, também nada polêmico – o de que a queima de petróleo, carvão e outros hidrocarbonetos produz CO_2 – e temos uma cadeia de premissas que leva a deduções lógicas que não requerem nenhum 'Xeroque Rolmes'" (4º parágrafo) > Some-se a esses fatos bem estabelecidos apenas mais um, também nada polêmico – o de que a queima de petróleo, carvão e outros hidrocarbonetos produz CO2 – e temos uma cadeia de premissas que leva a deduções lógicas às quais não pressupõem nenhum 'Xeroque Rolmes';

c) "No caso do aquecimento global causado por atividade humana, é verdade que, pelo menos até os anos 70 do século passado, muitos cientistas especulavam se o efeito não seria autolimitante" (6º parágrafo) > No caso do aquecimento global que a causa é a atividade humana, é verdade que, pelo menos até os anos 70 do século passado, muitos cientistas especulavam se o efeito não seria autolimitante;

d) "Mas hoje sabemos que essas válvulas de escape e controle, com que imaginávamos poder contar, 40 anos atrás, simplesmente não funcionam." (7º parágrafo) > Mas hoje sabemos que essas válvulas de escape e controle, que imaginávamos poder confiar, 40 anos atrás, simplesmente não funcionam;

e) "A saída que resta para quem insiste em negar esses fatos é apostar em alguma espécie de ilusão coletiva ou conspiração envolvendo praticamente todos os cientistas – mais de 90%, na verdade – que têm o estudo do clima e de suas variações de longo prazo como principal foco de pesquisa." (13º parágrafo) > A saída que resta para quem insiste em negar esses fatos é apostar em alguma espécie de ilusão coletiva ou conspiração envolvendo praticamente todos os cientistas – mais de 90%, na verdade – cujo o principal foco de pesquisa é o estudo do clima e de suas variações de longo prazo.

COMENTÁRIOS:

Alternativa "a" – Na reescrita: o pronome relativo "os quais" retoma "mísseis termoguiados".

Lê-se: o avião acrobático do herói é perseguido **pelos** mísseis.

Podem ser usadas estas formas: **por que** ou **pelos quais.**

Alternativa "b" – Na reescrita: o pronome relativo "as quais" retoma "deduções lógicas".

Lê-se: deduções lógicas não pressupõem nenhum 'Xeroque Rolmes'.

O pronome relativo possui função de sujeito e não admite preposição. Podem ser usadas estas formas: **as quais** e **que**.

o avião acrobático do herói é perseguido **pelos** mísseis. Podem ser usadas estas formas: **por que** ou **pelos quais.**

Alternativa "c" – Na reescrita: o pronome relativo deve concordar com "a causa" e indicar posse de "aquecimento global".

Lê-se: a causa do aquecimento global é a atividade humana.

Só pode ser usado o relativo "**cuja**".

Alternativa "d" – Na reescrita: o pronome relativo "que" retoma "válvulas de escape e controle".

Lê-se: imaginávamos poder confiar **nas** válvulas de escape e controle.

Podem ser usadas estas formas: **em que** ou **nas quais.**

Alternativa "e" – Na reescrita: o pronome relativo deve concordar com "o principal foco de pesquisa" e indicar posse de "todos os cientistas".

Lê-se: o principal foco de pesquisa de todos os cientistas.

Só pode ser usado o relativo "**cujo**".

RESPOSTA: A

21 **(FGV – CGM RJ – Técnico de Controle Externo – 2023)** "Esse apelo desesperado à ilusão ou à conspiração é comum em círculos pseudocientíficos – criacionistas usam-no para explicar a exclusão de suas crenças do currículo das ciências e homeopatas, acuados, também começam a se valer dele – mas não deveria ter lugar no debate sério sobre o que a melhor ciência disponível realmente diz." (Texto 1, 15º parágrafo)

A alternativa em que a reescritura da passagem acima NÃO produz mudança substancial de significado nem apresenta desvio em relação à norma padrão é:

a) É comum, que se observe esse apelo desesperado à ilusão ou à conspiração em círculos pseudocientíficos – criacionistas usam-no para explicar a exclusão de suas crenças do currículo das ciências e homeopatas, acuados, também começam a se valer dele. No entanto, ele não deveria ter lugar no debate sério sobre o que a melhor ciência disponível realmente diz;

b) Esse apelo desesperado à ilusão ou à conspiração é comum em círculos pseudocientíficos – criacionistas usam-no para explicar a exclusão de suas crenças do currículo das ciências e homeopatas acuados também começam a se valer dele

– mas não deveria ter lugar no debate sério acerca do que a melhor ciência disponível efetivamente diz;

c) Membros de círculos pseudocientíficos comumente apelam de forma desesperada à ilusão ou à conspiração – por exemplo, criacionistas usam esse recurso para explicar a exclusão de suas crenças do currículo das ciências e homeopatas, acuados, também começam a se valer dele. Sendo assim, tal apelo não deveria ter lugar no debate sério sobre o que a melhor ciência disponível realmente diz;

d) Ainda que tal apelo desesperado à ilusão ou à conspiração seja comum em círculos pseudocientíficos – para além de criacionistas, que o utilizam para explicar a exclusão de suas crenças do currículo das ciências, também homeopatas, acuados, começam a se valer dele –, tal recurso não deveria ter lugar no debate sério sobre o que a melhor ciência disponível realmente diz;

e) É comum que se observe esse apelo desesperado à ilusão ou à conspiração em círculos pseudocientíficos – criacionistas usam-no para explicar a exclusão de suas crenças do currículo das ciências e homeopatas, acuados, também começam a se valer dele. Tal recurso todavia, não deveria ter lugar no debate sério sobre o que a melhor ciência disponível de fato diz.

COMENTÁRIOS:

Notas da autora:

1. Estude com material elaborado por profissionais, não leia comentários que confundirão seu cérebro. A questão não é difícil nem polêmica, apenas possui o "jeitinho meigo" da GV.
2. Em trechos extensos, é aconselhável dividir as informações para evitar erro. Após, veja se há erro gramatical. Se não houver, veja se o sentido foi alterado.

   Dica: atente-se à inserção ou retirada de pontuação e à mudança de classes gramaticais.

Alternativa "a" – Erro gramatical (pontuação): não se usa vírgula entre oração principal e conjunção integrante, ou seja, oração subordinativa substantiva. Perceba que cabe o pronome catafórico "isto" antes da conjunção – é comum [isto].

Correção: É **comum** que se observe esse apelo desesperado à ilusão.

Já elimine para ganhar tempo.

Alternativa "b" – Mais uma vez, o olhar deveria estar na pontuação. O vocábulo "acuados", no trecho original, é aposto de "homeopatas", pois está entre vírgulas. Na reescrita, passa a ser adjunto adnominal porque as vírgulas foram retiradas. Isso significa que houve mudança de sentido, não erro gramatical.

Alternativa "c" – No trecho, "comum" é adjetivo – qualifica "esse apelo desesperado à ilusão ou à conspiração".

Na reescrita, passou a ser advérbio de tempo – indica circunstância temporal do verbo "apelam".

Alterou a classe gramatical, alterou o sentido, embora a gramática permaneça correta.

Alternativa "d" – Não ocorreu mudança <u>substancial</u> de significado e não há desvio em relação à norma padrão:

✓ **Esse** apelo desesperado à ilusão ou à conspiração **é** comum em círculos pseudocientíficos

= **Ainda que** tal apelo desesperado à ilusão ou à conspiração **seja** comum em círculos pseudocientíficos

Observação: em vez de usar o pronome anafórico "esse", passou a oração para subordinativa adverbial concessiva – quanto ao sentido, não houve mudança "substancial", quanto à gramática, permanece correta porque o tempo verbal foi alterado do presente do indicativo para o presente do subjuntivo.

✓ criacionistas **usam-no para explicar** a exclusão de suas crenças do currículo das ciências

= **para além** de criacionistas, **que o utilizam para explicar** a exclusão de suas crenças do currículo das ciências

✓ **e** homeopatas, acuados, também começam a se valer dele

= **também** homeopatas, acuados, começam a se valer dele

✓ **mas** não deveria ter lugar no debate sério sobre o que a melhor ciência disponível realmente diz.

= **tal recurso** não deveria ter lugar no debate sério sobre o que a melhor ciência disponível realmente diz.

Alternativa "e" – É a terceira alternativa em que o erro está na pontuação. Faltou vírgula para intercalar a conjunção coordenada adversativa "todavia".

Correção: Tal recurso**, todavia,** não deveria ter lugar no debate sério.

Lê-se (retirando a intercalação): Tal recurso não deveria ter lugar no debate sério.

RESPOSTA: D

Atenção: o texto a seguir refere-se às duas próximas questões.

No mercado encontramos vários tipos de auditor. Entre as empresas, o interno e o externo são os mais comuns.

Auditor interno? É o profissional contratado pela própria empresa para analisar e garantir o cumprimento dos regulamentos internos. Eles devem identificar falhas ou atestar se os procedimentos internos são cumpridos à risca, buscando sempre um altíssimo padrão de qualidade.

Auditor externo? Trabalha em um escritório especializado em auditoria e é chamado para atestar os dados patrimoniais e financeiros da empresa contratante. Por lei, empresas de grande porte (faturamento acima de R$ 300 milhões anuais) e empresas de capital aberto precisam se submeter a um processo anual de auditoria externa. Bancos, seguradoras, fundos de investimento e demais instituições financeiras devem obrigatoriamente passar por uma auditoria a cada seis meses.

22 **(FGV – CGE SC – Auditor do Estado – Direito/2023)** O fragmento textual, retirado de um site sobre carreiras, mostra distintas marcas em sua estruturação.

Assinale a marca acompanhada de um exemplo do texto, corretamente identificada.

a) Paralelismo sintático: *É o profissional contratado pela própria empresa para analisar e garantir o cumprimento dos regulamentos internos.*

b) Enumeração de termos: *Bancos, seguradoras, fundos de investimento e demais instituições financeiras devem obrigatoriamente passar por uma auditoria a cada seis meses.*

c) Construção pleonástica: *Por lei, empresas de grande porte (faturamento acima de R$ 300 milhões anuais) e empresas de capital aberto precisam se submeter a um processo anual de auditoria externa.*

d) Apelo a uma citação: *Por lei, empresas de grande porte (faturamento acima de R$ 300 milhões anuais) e empresas de capital aberto precisam se submeter a um processo anual de auditoria externa.*

e) Introdução por referência histórica: *No mercado encontramos vários tipos de auditor. Entre as empresas, o interno e o externo são os mais comuns.*

COMENTÁRIOS:

Nota da autora:

É necessário encontrar a resposta mais completa.

Alternativa "a" – Existe paralelismo sintático em "para analisar e garantir" (indicam finalidade).

A banca, provavelmente, atentou-se ao fato de não haver repetição da preposição "para":

É o profissional contratado para analisar e para garantir o cumprimento.

Alternativa "b" – Enumeração é a soma contínua ou encadeada dos componentes de uma frase: *bancos, seguradoras, fundos de investimento e demais instituições financeiras.*

Alternativa "c" – Não há repetição de ideia. A informação entre parênteses possui função de aposto explicativo, ou seja, explica o quanto faturam as empresas de grande porte.

Alternativa "d" – Como mencionado na alternativa anterior, não se trata de uma citação, mas sim de uma explicação.

Alternativa "e" – As referências são locais (no mercado, entre as empresas). Não se refere a um período, ou a um acontecimento histórico.

RESPOSTA: B

23 **(FGV – CGE SC – Auditor do Estado – Direito/2023)** Na frase "É o profissional contratado pela própria empresa para analisar e garantir o cumprimento dos regulamentos internos", há dois infinitivos sublinhados.

Se essa frase for reescrita, substituindo esses infinitivos por formas nominais, a forma adequada será:

a) É o profissional contratado pela própria empresa para a análise e garantia do cumprimento dos regulamentos internos

b) É o profissional contratado pela própria empresa para que analise e garanta o cumprimento dos regulamentos internos

c) É o profissional contratado pela própria empresa para a análise e para garantir o cumprimento dos regulamentos internos

d) É o profissional contratado pela própria empresa para analisar e para a garantia do cumprimento dos regulamentos internos

e) É o profissional contratado pela própria empresa para que se analise e se garanta o cumprimento dos regulamentos internos

COMENTÁRIOS:

Nota da autora:

Questão de nominalização – transformar verbo em substantivo.

Perceba que em duas opções há os dois verbos conjugados no presente do subjuntivo. Elimine-as.

Alternativa "a" – Analisar = análise; garantir = garantia.

Alternativa "b" – Analise e garanta: verbos conjugados no presente do subjuntivo.

Alternativa "c" – Analisar = análise; garantir = verbo no infinitivo.

Alternativa "d" – Analisar = verbo no infinitivo; garantia = substantivo.

Alternativa "e" – Analise e garanta: verbos conjugados no presente do subjuntivo.

RESPOSTA: A

Atenção: o texto a seguir refere-se à próxima questão.

"Quando deve ocorrer uma auditoria empresarial?

É preciso se livrar da convicção de que uma auditoria só é necessária quando as coisas não vão bem – porque ela deve ser feita quando está tudo bem, quando tudo está em perfeitas condições, pois isso pode garantir a ordem nos negócios a longo prazo.

Quanto maior a empresa, mais provável é que os pontos-chave exijam auditorias completas e frequentes – isso pode ser feito por especialistas internos qualificados ou consultores externos.

Para determinar se sua empresa precisa de uma auditoria, considere se as informações em uma área específica são suficientemente transparentes, claras e seguras. Se não, definitivamente indica a necessidade de uma análise aprofundada.

Outra orientação muito importante é conversar com os funcionários. Eles sabem melhor do que ninguém se os processos são seguidos e se os requisitos burocráticos e legais são cumpridos. Portanto, comece uma conversa."

(Redator Ponto Tel / 20/10/2021)

24 **(FGV – CGE SC – Auditor do Estado – Direito/2023)** Em todas as frases abaixo há a presença do vocábulo SE, sublinhado.

Assinale a frase em que a função desse vocábulo é diferente da função presente nas demais frases.

a) ... considere se as informações em uma área específica são suficientemente transparentes, claras e seguras.

b) Para determinar se sua empresa precisa de uma auditoria.
c) É preciso se livrar da convicção de que uma auditoria só é necessária quando as coisas não vão bem
d) Eles sabem melhor do que ninguém se os processos são seguidos.
e) ...e se os requisitos burocráticos e legais são cumpridos.

COMENTÁRIOS:

Nota da autora:

Quando couber o pronome catafórico "isto" antes do "se", será classificado como conjunção integrante, ou seja, inicia uma oração subordinada substantiva.

É imprescindível voltar ao texto para classificar.

Alternativa "a" – considere "isto" (a ideia será citada): conjunção integrante – inicia a oração subordinada substantiva objetiva direta.

Alternativa "b" – determinar "isto": conjunção integrante – inicia a oração subordinada substantiva objetiva direta.

Alternativa "c" – "Livrar-se" é verbo pronominal e "se" é parte integrante do verbo.

Alternativa "d" – sabem "isto": conjunção integrante – inicia a oração subordinada substantiva objetiva direta.

Alternativa "e" – No texto: *Eles sabem melhor do que ninguém se os processos são seguidos e se os requisitos burocráticos e legais são cumpridos.*

sabem "isto": conjunção integrante – inicia a oração subordinada substantiva objetiva direta.

RESPOSTA: C

Atenção: o texto a seguir refere-se às próximas questões.

"Estamos em 2022 e, neste momento, a maioria das transações bancárias, segundo o Banco Central, é realizada na modalidade Pix. Essa modalidade já superou a TED e o DOC.

Sabemos que no Brasil existe muita sonegação, muitas empresas, principalmente as menores, não declaram tudo aquilo que movimentam. Porém, do outro lado da mesa, está a Receita Federal — com supercomputadores e com analistas bem treinados para auditar as milhares de informações que chegam aos bancos de dados do órgão.

As Secretarias de Fazenda Estaduais e as Prefeituras estão se modernizando cada vez mais (é o caso do DF, que possui a Malha Fiscal), com o uso de tecnologia para tratamento das informações recebidas através das obrigações acessórias, a fim de evitar a sonegação fiscal por parte das empresas e não deixar de arrecadar tributos.

A Receita Federal, através do sistema SPED (Sistema Público de Escrituração Digital), montou uma verdadeira armadilha para as pessoas físicas e jurídicas que não declaram suas movimentações financeiras.

O que antes era feito em papel passou a ser digital e online, ou seja, hoje em dia a Receita Federal pode identificar uma operação clandestina antes mesmo de ser concluída.

E, a partir de 2023, será possível cruzar a movimentação bancária gerada pelas empresas (de qualquer porte) com as informações repassadas pelas instituições financeiras, intermediadores financeiros e instituições de pagamento para arrecadar os tributos devidos nessas operações.

Não importa a forma de transferência utilizada pelas empresas, TED, DOC, Pix etc. Tudo será informado para o fisco e, como já dissemos, no caso do Pix, a informação será retroativa."

(Arvi Consultoria)

25 **(FGV – CGE SC – Auditor do Estado – Direito/2023)** *"Estamos em 2022 e, neste momento, a maioria das transações bancárias, segundo o Banco Central, é realizada na modalidade Pix. Essa modalidade já superou a TED e o DOC."*

Sobre a estruturação sintática e semântica desse primeiro parágrafo do texto, assinale a afirmação correta.

a) A forma verbal "estamos" se refere apenas ao conjunto de leitores do texto.

b) No termo "neste", a forma do demonstrativo utilizada se prende ao fato de o momento estar anunciado antes.

c) A expressão "a maioria das transações bancárias" pode levar o verbo da frase também para o plural.

d) O termo "segundo o Banco Central" indica a falta de credibilidade dos autores do texto.

e) No termo "a TED e o DOC" há um erro gramatical no emprego do primeiro artigo.

COMENTÁRIOS:

Alternativa "a" – Refere-se ao leitor, aos brasileiros (*no Brasil existe muita sonegação*) e ao autor, por isso está na primeira pessoa do plural (nós).

Alternativa "b" – O pronome demonstrativo refere-se ao presente, ou seja, ao momento em que o texto foi escrito. Trata-se de tempo, não de ideia (anáfora ou catáfora).

Alternativa "c" – A concordância com expressão partitiva seguida de substantivo plural pode ser com o verbo no singular ou no plural:

1. ***a maioria*** *das transações bancárias* ***é realizada*** *na modalidade Pix.*

2. *a maioria das* ***transações bancárias são realizadas*** *na modalidade Pix.*

Alternativa "d" – Pelo contrário: indica confiança, algo em que se pode acreditar.

A conjunção "conforme" é conformativa, é uma regra, e o Banco Central é uma autarquia federal que possui o objetivo de assegurar a estabilidade de preços, zelar pela estabilidade e pela eficiência do sistema financeiro, suavizar as flutuações do nível de atividade econômica e fomentar o pleno emprego.

Alternativa "e" – É necessário saber o significado das siglas.

TED: Transferência Eletrônica Disponível = feminino (a).

DOC: Documento de Ordem de Crédito = masculino (o).

RESPOSTA: C

26 **(FGV – CGE SC – Auditor do Estado – Direito/2023)** *"Sabemos que no Brasil existe muita sonegação, muitas empresas, principalmente as menores, não declaram tudo aquilo que movimentam. Porém, do outro lado da mesa, está a Receita Federal — com supercomputadores e com analistas bem treinados para auditar as milhares de informações que chegam aos bancos de dados do órgão".*

Nesse fragmento do texto observamos que

a) nem todos os delitos são punidos, porque falta modernização tecnológica e dedicação dos funcionários públicos.

b) a sonegação fiscal tende a desaparecer no país, em função das providências legais tomadas contra ela.

c) a conjunção "porém" faz a oposição, respectivamente, entre a legalidade e a ilegalidade.

d) as providências legais aparecem sempre após a verificação de delitos.

e) o termo "órgão" se refere ao termo anterior "supercomputadores".

COMENTÁRIOS:

Alternativa "a" – Existe muita sonegação, mas não indica que os delitos não sejam punidos, já que a Receita Federal possui supercomputadores e analistas bem treinados para auditar as milhares de informações que chegam aos bancos de dados.

Alternativa "b" – Em momento algum é mencionado o fim da sonegação fiscal.

Alternativa "c" – O fato de existir sonegação demonstra ilegalidade, e a Receita Federal está ligada à legalidade. A ordem está inversa, deveria ser: ilegalidade e legalidade.

Alternativa "d" – Primeiro ocorrem as sonegações, depois os analistas com seus supercomputadores auditam as informações. Infere-se, assim, que as providências legais aparecem após a verificação dos delitos.

Observação: perceba que esta alternativa complementa a ideia da alternativa anterior.

Alternativa "e" – As informações chegam aos bancos de dados de qual órgão? Da Receita Federal.

RESPOSTA: D

27 **(FGV – CGE SC – Auditor do Estado – Direito/2023)** *"As Secretarias de Fazenda Estaduais e as Prefeituras estão se modernizando cada vez mais (é o caso do DF, que possui a Malha Fiscal), com o uso de tecnologia para tratamento das informações recebidas através das obrigações acessórias, a fim de evitar a sonegação fiscal por parte das empresas e não deixar de arrecadar tributos."*

Assinale a observação que está em desacordo com as informações e com a estruturação desse segmento textual.

a) a forma do adjetivo "Estaduais" está errada, pois devia obrigatoriamente concordar com o substantivo "Fazenda".

b) o segmento entre parênteses mostra um exemplo da modernização dos órgãos de fiscalização.

c) o termo "uso da tecnologia" indica uma valorização dos processos fiscalizatórios.

d) o termo "para tratamento das informações recebidas" equivale a "para que se tratem as informações recebidas".

e) a locução "a fim de" mostra a finalidade das duas orações seguintes.

COMENTÁRIOS:

Alternativa "a" – O adjetivo "Estaduais" concorda com o substantivo "Secretarias" e foi empregada corretamente.

Alternativa "b" – O fato de o Distrito Federal possuir malha fiscal é um exemplo, uma observação acessória, de que as Secretarias de Fazenda Estaduais e as Prefeituras estão se modernizando.

Observação: os parênteses são sinais de pontuação usados para dar explicações, fazer observações acessórias, comentários ou reflexões.

Alternativa "c" – O objetivo do uso da tecnologia é evitar sonegação fiscal por parte das empresas e não deixar de arrecadar tributos, ou seja, valoriza os processos fiscalizatórios.

Alternativa "d" – O substantivo "tratamento" foi substituído pelo verbo "tratar". Como é transitivo direto e está acompanhado do pronome apassivador "se", a oração está na voz sintética. Na analítica, lê-se: para que as informações recebidas sejam tratadas. O sentido é o mesmo e as orações se equivalem.

Alternativa "e" – **Para que** serve *o uso de tecnologia para tratamento das informações recebidas através das obrigações acessórias?*

Para → *evitar a sonegação fiscal por parte das empresas* = primeira finalidade.

Para → *não deixar de arrecadar tributos* = segunda finalidade.

RESPOSTA: A

28 **(FGV – CGE SC – Auditor do Estado – Direito/2023)** Sobre as siglas empregadas no texto – DF, TED, DOC, SPED – assinale a afirmativa incorreta.

a) A sigla DOC corresponde à forma abreviada de "documento".

b) A sigla SPED tem sua explicação entre parênteses por não ser de amplo conhecimento do público.

c) As siglas TED e DOC são vistas pelo autor do texto como de amplo conhecimento dos leitores.

d) O emprego de siglas traz como uma de suas consequências a economia de espaço gráfico.

e) Todas as letras das siglas correspondem a palavras significativas da expressão original.

COMENTÁRIOS:

Alternativa "a" – **DOC** é abreviação de Documento de Ordem de Crédito.

Alternativa "b" – No quarto parágrafo: *SPED (Sistema Público de Escrituração Digital).*

Alternativa "c" – São de amplo conhecimento porque antes do *Pix*, as transações bancárias eram feitas nas modalidades TED e DOC – informação mencionada no primeiro parágrafo.

Alternativa "d" – *A sigla é um tipo de abreviação utilizada para reduzir algumas palavras, a fim de que haja mais agilidade tanto ao falar, quanto ao escrever. É formada, geralmente, pelas iniciais dos termos.*[8]

Se o objetivo é a agilidade, podemos deduzir que economiza espaço gráfico.

Alternativa "e" – As siglas possuem as iniciais dos termos, isto é, correspondem a palavras significativas das expressões originais.

Exemplos: CEP – Código de Endereçamento Postal; DETRAN – Departamento Estadual de Trânsito; FIFA – Federação Internacional das Associações de Futebol; FUNAI – Fundação Nacional do Índio.

RESPOSTA: A

29 (FGV – SEFAZ MG – Auditor Fiscal da Receita Estadual – Tributação – 2023) Nossas necessidades são **muitas**, mas nossos desejos são **incontáveis**.

Nessa frase, o segundo termo sublinhado mostra uma intensificação do primeiro.

Assinale a opção em que essa estratégia se repete.

a) "Livros trazem a vantagem de podermos estar sós e acompanhados."
b) "Documentários são tão verdadeiros ou tão mentirosos quanto a ficção."
c) "O escritor não escreve o que ouve, nem o que houve. Escreve o que sente."
d) "Quando você possui um livro com mente e espírito, você enriquece. Mas quando você o passa adiante, enriquece triplamente."
e) "Livros são os mais silenciosos e constantes amigos. Os conselheiros mais acessíveis e sábios. E os mais pacientes professores."

COMENTÁRIOS:

Nota da autora:
"muitas" [substantivo]: *grande quantidade, com abundância.* "Incontáveis" [adjetivo]: *que não se consegue enumerar; em que a quantidade é tão grande que não se pode contar.* Intensificou o substantivo "muitas".

Alternativa "a" – "sós" e "acompanhados" são antônimos, antítese.

Alternativa "b" – "verdadeiros" e "mentirosos" são antônimos. Além disso, existe comparação entre "documentários" e "ficção".

Alternativa "c" – Entre "ouve" e "houve", há adição; após, há oposição "o que sente".

Alternativa "d" – "enriquece": *repleto de bens, dinheiro, riquezas.* "Triplamente": *de modo triplo.* Intensificou o verbo *enriquecer:* enrique demais.

Alternativa "e" – Possui ideia de adição: "e" os mais pacientes professores.

RESPOSTA: D

8. Brasil Escola Uol. <https://brasilescola.uol.com.br/gramatica/sigla>. Acesso em 24 de abril 2023.

30 **(FGV – SEFAZ MG – Auditor Fiscal da Receita Estadual – Tributação – 2023)** As frases a seguir foram retiradas de um dicionário de citações.

Assinale a frase que apresenta um erro gramatical.

a) Sempre que ensinares, ensine também a duvidar do que se ensina.
b) As nações mais avançadas são sempre as que mais navegam.
c) O progresso é um grande atraso.
d) O automóvel resolve os problemas dos homens, mas estes não resolvem os problemas dos automóveis.
e) Meu invento pode ser explorado como uma curiosidade científica por algum tempo; não tem, porém, futuro comercial.

COMENTÁRIOS:

Nota da autora:

Relembre a formação do imperativo afirmativo:

Presente do indicativo (1)	Imperativo afirmativo (3)	Presente do subjuntivo (2)
Ensino	x	Ensine
Tu ensinas → - s	Ensina	Ensines
Ensina	**Ensine**	← Ensine
Ensinamos	Ensinemos	← Ensinemos
Vós ensinais → - s	Ensinai	Ensineis
Ensinam	Ensinem	← Ensinem

Alternativa "a" – Não há uniformidade de tratamento.

Na segunda pessoa do singular (tu): ensinares (futuro do subjuntivo) / **ensina** (imperativo afirmativo – retirado da segunda pessoa do presente do indicativo menos o "s").

Na terceira pessoa do singular (ele/você): **ensinar** (futuro do subjuntivo) / ensine (imperativo afirmativo – retirado da terceira pessoa do presente do subjuntivo).

Alternativa "b" – Na construção "as que", temos um pronome demonstrativo (equivale a "aquelas") seguido de um pronome relativo (equivale a "as quais") e a concordância verbal está correta: aquelas que mais navegam.

Alternativa "c" – Correta: sujeito (o progresso); verbo de ligação (é); predicativo do sujeito (um grande atraso).

Alternativa "d" – Existem dois elementos: automóveis e homens = para retomar o primeiro (automóveis), usa-se aquele; para retomar o mais próximo (homens), usa-se estes.

Lê-se: O automóvel resolve os problemas dos homens, mas [estes] **os homens** não resolvem os problemas [daqueles] dos automóveis.

Alternativa "e" – O emprego de ponto e vírgula está correto por haver uma conjunção coordenada adversativa intercalada (porém) na segunda oração. Trata-se de clareza.

RESPOSTA: A

31 **(FGV – SEFAZ MG – Auditor Fiscal da Receita Estadual – Tributação – 2023)** A frase "Dada a causa, a natureza produz o efeito no modo mais breve em que pode ser produzido" mostra uma relação de causa e efeito.

Assinale a opção que apresenta a mesma relação entre seus componentes.

a) O mundo é como um camponês embriagado; basta ajudá-lo a montar sobre a sela de um lado para ele cair do outro logo em seguida.

b) É praticamente impossível olhar para um pinguim e sentir raiva.

c) Sempre que alguém quer esgotar um assunto, esgota a paciência do leitor.

d) Cuidado ao ler livros sobre saúde, pois você pode morrer de um erro de impressão.

e) Quando as mulheres erram, os homens vão atrás.

COMENTÁRIOS:

Nota da autora:

Vamos fazer mais de uma análise em algumas opções para deixar clara a análise exigida pela banca.

Alternativa "a" – Existe causa e efeito, mas não existe a natureza, ou seja, a forma natural, produzindo o efeito.

Entenda melhor:

Por que o mundo é como um camponês embriago? (a pergunta é o efeito)

Porque basta ajudá-lo a montar sobre a sela de um lado para ele cair do outro logo em seguida. (causa)

Não é natural o camponês estar embriago.

Outra análise que caberia nesse caso é encontrar as conjunções, as ideias: existe comparação (como) e oposição (monta, mas cai).

De qualquer maneira, a opção é descabida.

Alternativa "b" – Existe a relação de causa e consequência porque cabe a conjunção "consequentemente" entre as orações. O que é natural? Não sentir raiva do pinguim.

Observação: embora a ideia de causa e efeito não esteja tão clara, há a naturalidade.

Alternativa "c" – Existe causa e efeito, mas não é natural: Por que esgota a paciência do leitor? Porque alguém quer esgotar o assunto. Não é natural esgotar a paciência de alguém.

Outra análise: o vocábulo "sempre" é um advérbio e indica tempo.

Alternativa "d" – Não existe a relação de causa e efeito, a conjunção "pois" é explicativa. Perceba que existe uma oração imperativa anteposta: *Cuidado ao ler livro sobre saúde*.

Alternativa "e" – Existe causa e efeito, mas não é natural: Por que os homens vão atrás? Porque as mulheres erram. Não é natural os homens irem atrás.

Outra análise: a conjunção "quando" indica, no contexto, condição.

Lê-se: **Se** as mulheres erram, os homens vão atrás.

Observação: a conjunção "quando" pode indicar: tempo, proporção (à medida que), condição (se) ou concessão (embora).

RESPOSTA: B

32 **(FGV – SEFAZ MG – Auditor Fiscal da Receita Estadual – Tributação – 2023)** Em todas as opções a seguir há um período composto por dois segmentos separados por um ponto.

Assinale a opção em que o conectivo substitui adequadamente esse ponto.

a) Em época de paz, os filhos enterram os pais. Em épocas de guerra são os pais que enterram os filhos. / quando.
b) Tenho medo de borboletas. Elas têm algo de esquisito, assustador. / conquanto.
c) Às vezes vejo um vulto lá fora, que é a velhice. Ela vê que estou trabalhando tanto que resolve procurar outra pessoa. / portanto.
d) Não é preciso muito para ser um produtor de coelhos. Você coloca um casal numa gaiola e é tudo./ enquanto.
e) No universo tudo procede por vias indiretas. Não existem linhas retas. / pois.

COMENTÁRIOS:

Alternativa "a" – Ideia de oposição: época de paz x época de guerra. Caberia conjunção adversativa.

Alternativa "b" – Ideia de explicação: caberia conjunção explicativa. "Conquanto" é subordinada concessiva.

Alternativa "c" – Ideia de oposição. A conjunção "portanto" é conclusiva.

Alternativa "d" – Ideia de consequência. A conjunção "enquanto" indica proporcionalidade, tempo ou conformidade.

Alternativa "e" – É uma explicação e cabe a conjunção coordenada "pois".

RESPOSTA: E

33 **(FGV – SEFAZ MG – Auditor Fiscal da Receita Estadual – Tributação – 2023)** "As pessoas **de classe** deixam à plebe tanto a preocupação de pensar, quanto o temor de pensar erroneamente."

Na frase acima, o termo sublinhado traz implícito um adjetivo (alta classe).

Assinale a opção em que a expressão sublinhada não mostra a mesma situação.

a) Meu pai sempre aconselhava que procurássemos uma menina **de família** para casar.
b) Sempre devemos respeitar as pessoas **de idade**.
c) As pessoas **do interior** são mais francas.

d) A empregada trouxe do mercado um pacote de manteiga **de qualidade**.
e) Os dois times mostraram um futebol **de categoria**.

COMENTÁRIOS:

Alternativa "a" – de **boa** família.

Alternativa "b" – de **avançada** idade.

Alternativa "c" – Traz implícito um substantivo: interior do **estado**, interior do **país**.

Alternativa "d" – de **alta** qualidade.
Alternativa "e" – de **alta** categoria.

RESPOSTA: C

34 **(FGV – SEFAZ MG – Auditor Fiscal da Receita Estadual – Tributação – 2023)** Assinale a opção em que a preposição de traz uma contribuição semântica para a frase, não sendo uma exigência de um termo anterior (valor gramatical).

a) Amigo é aquele que sabe tudo a seu respeito e, mesmo assim, ainda gosta **de** você.
b) Nunca chegarás a convencer um rato **de** que um gato traz boa sorte.
c) Perdoe seus inimigos, mas não se esqueça **de** seus nomes.
d) Um bebê nasce com a necessidade **de** ser amado.
e) Sempre há um pouco **de** loucura no amor.

COMENTÁRIOS:

Alternativa "a" – O verbo "gostar" é transitivo indireto e exige a preposição "de".

Alternativa "b" – O verbo "convencer" é transitivo direto e indireto e exige a preposição "de: convence alguém de algo.

Alternativa "c" – O verbo "esquecer", quando pronominal, exige a preposição "de".

Os verbos "lembrar" e "esquecer" seguem a mesma regra: esqueci seu nome / esqueci-**me de** seu nome; lembrei seu nome / lembrei-**me de** seu nome.

Alternativa "d" – O substantivo "necessidade" exige a preposição "de": necessidade de algo = complemento nominal.

Alternativa "e" – A expressão "de loucura" possui função de adjunto adnominal e a preposição pode ser retirada.

Observação: o complemento nominal sempre exige preposição.

RESPOSTA: E

35 **(FGV – SEFAZ MG – Auditor Fiscal da Receita Estadual – Tributação – 2023)** Analise a frase a seguir.

"O conceito 'bom' tem muitos significados. Por exemplo, se um homem acertasse sua avó a uma boa distância, ele seria um bom atirador, mas não necessariamente um bom homem."

Assinale a opção que apresenta uma característica da linguagem dessa frase.

a) a polissemia.

b) a ambiguidade.

c) a redundância.

d) o paralelismo.

e) a expressividade.

COMENTÁRIOS:

Alternativa "a" – Polissemia: estuda os múltiplos sentidos de uma palavra.

Alternativa "b" – Ambiguidade: ocorre duplicidade de sentidos, ou seja, possui sentido incerto, indefinido.

Alternativa "c" – Redundância: repetição, persistência na mesma ideia.

Alternativa "d" – Paralelismo: identidade, similitude ou correspondência entre estruturas frasais, quanto ao ritmo, ao valor sintático, ao significado.

Alternativa "e" – Expressividade: expressa posição subjetiva.

RESPOSTA: A

36 **(FGV – Receita Federal – Auditor-Fiscal – 2023)** Num artigo sobre tributos, aparece o seguinte segmento:

"No Brasil, a história dos tributos divide-se em três momentos sendo: colonial, imperial e republicano, respectivamente nessa ordem. Os tributos existem desde o descobrimento de nossa terra, quando boa parte da exploração nativa era enviada para Portugal, época conhecida como Brasil-Colônia. O 'Quinto do pau-brasil' é considerado o primeiro tributo brasileiro e decorreu da exploração da árvore nativa pau-brasil (SANTOS 2015). A partir de então, os tributos foram sendo implementados e moldados até chegarmos aos dias atuais."

Sobre a organização linguística desse segmento, assinale a observação adequada.

a) Na primeira frase do texto, a forma de gerúndio é perfeitamente dispensável, podendo ser substituída por uma vírgula.

b) O segmento "respectivamente nessa ordem" é redundante, pois o advérbio "respectivamente" já indica a mesma ordem de termos anteriores.

c) O segmento "desde o descobrimento de nossa terra" faz supor que o leitor presumido do texto é o brasileiro nato e os estrangeiros naturalizados.

d) O segmento "boa parte da exploração nativa" qualifica e quantifica a parte da exploração nativa.

e) O segmento "época conhecida como Brasil-Colônia" se refere a um antecedente claramente definido nos segmentos anteriores.

COMENTÁRIOS:

Alternativa "a" – O gerúndio pode ser retirado, mas deve ser substituído pelo sinal de dois-pontos por estar anteposto à enumeração dos três momentos da história.

Alternativa "b" – O vocábulo "respectivamente" significa *na ordem devida*, isto é, um momento é posterior ao outro: *colônia → imperial → republicano.*

Redundância: palavras diferentes que expressam a mesma ideia.

Alternativa "c" – O texto inicia-se com a locução adverbial de lugar "No Brasil", em seguida é usado o pronome possessivo da primeira pessoa do plural (nossa terra). A suposição possível é que o leitor resida no Brasil.

Alternativa "d" – Qual **quantidade** era enviada a Portugal? **Boa parte** da exploração nativa. Não há qualificação, apenas quantificação.

Alternativa "e" – O segmento apenas indica desde quando existem os tributos (tempo), não particulariza nem especifica "Brasil-Colônia".

RESPOSTA: B

37 **(FGV – Receita Federal – Auditor-Fiscal – 2023)** O conteúdo programático desta prova inclui operações de re-escritura da frase. Assinale a opção em que a modificação ocorrida da primeira frase está corretamente indicada.

a) A inteligência é uma construção do sujeito para enriquecer os objetos externos / A inteligência é uma construção do sujeito para o enriquecimento dos objetos externos = transformação de uma oração reduzida em oração desenvolvida.

b) Errar é humano. Culpar o computador é ainda mais humano / Errar é humano, embora culpar o computador seja ainda mais humano = substituir um sinal de pontuação por um conector adequado.

c) Não há exceções à regra de que todos gostam de ser a exceção da regra / Não há exceções à regra de que todos gostam de ser a exceção dela = substituição de um termo repetido por um hiperônimo.

d) O arquiteto deseja sempre realizar o projeto e o pagamento do serviço / O arquiteto deseja sempre realizar o projeto e receber o pagamento = modificar um termo para restabelecer o paralelismo na frase.

e) Não basta fugir, é preciso fugir na direção certa / Não basta fugir, é preciso fazê-lo na direção certa = substituição de um termo repetido por um sinônimo.

COMENTÁRIOS:

Alternativa "a" – Para desenvolver a oração reduzida, é necessário inserir conjunção (ou locução conjuntiva, ou pronome relativo – se for adjetiva): **para que** enriqueça os objetos externos.

Alternativa "b" – As ideias não são contrárias, são aditivas: Errar é humano **e** culpar o computador seja ainda mais humano.

Alternativa "c" – O pronome pessoal do caso "ela" não é hiperônimo de "regra".

Hiperônimos: são palavras de sentido genérico, possuem significados mais abrangentes do que os hipônimos.

Exemplos de hiperônimos: animal, legume, ferramenta, doença.

Exemplos de hipônimos: cachorro, cenoura, alicate, asma.

Alternativa "d" – Paralelismo morfológico: O arquiteto deseja → realizar (verbo) o projeto e receber (verbo) o pagamento.

Paralelismo sintático: O arquiteto deseja → realizar o projeto (verbo transitivo direto + objeto direto) e receber o pagamento projeto (verbo transitivo direto + objeto direto).

Alternativa "e" – O verbo *fazer* não é sinônimo de *fugir*. O verbo é vicário, ou seja, retoma o verbo *fugir* e vem seguido pelo pronome oblíquo "o" que possui função de objeto direto.

Dica: o verbo vicário fica no lugar de outro = Ele **ajuda** os pobres e **o fazia** sem alarde.

RESPOSTA: D

38 **(FGV – Receita Federal – Auditor-Fiscal – 2023)** Foi prevenido aos candidatos deste concurso que as informações gramaticais do conteúdo programático seriam consideradas sob o ponto de vista textual.

Nesse caso, assinale a opção em que a preposição "a" tem seu papel textual corretamente identificado.

a) Introduzir um objeto direto preposicionado: *Amar a Deus sobre todas as coisas.*
b) Introduzir um objeto indireto: *Chegar à eternidade na flor da idade.*
c) Preceder um complemento nominal: *Decidiu entregar à sorte a sua decisão.*
d) Introduzir um adjunto adverbial: *Deu bom-dia a todos os presentes.*
e) Evitar a ambiguidade na frase: *O turista cumprimentou a todos os presentes.*

COMENTÁRIOS:

Alternativa "a" – O verbo "amar" é transitivo direto (amar alguém). A preposição "a" não é exigida pelo verbo e pode ser retirada: Amar Deus. Trata-se de objeto direto preposicionado.

Alternativa "b" – O verbo "chegar" é intransitivo; "à eternidade" possui função sintática de adjunto adverbial de lugar; "na flor da idade" é adjunto adverbial de tempo.

Alternativa "c" – Não existe complemento nominal no período. O verbo "decidir" é transitivo direto; "entregar à sorte a sua decisão" é oração subordinada substantiva objetiva direta reduzida de infinitivo.

O verbo "entregar" é bitransitivo: "a sua decisão" = objeto direto; "à sorte" = objeto indireto.

Alternativa "d" – Não existe adjunto adverbial na frase. O verbo "dar" é bitransitivo: "bom-dia" = objeto direto; "a todos os presentes" = objeto indireto.

Alternativa "e" – O verbo "cumprimentar" é transitivo direto (cumprimentou alguém). A preposição "a" não é exigida pelo verbo e pode ser retirada: Cumprimentou todos. Trata-se de objeto direto preposicionado.

RESPOSTA: A

39 **(FGV – Receita Federal – Auditor-Fiscal – 2023)** Observe a estruturação das três frases abaixo:

- Pagaram o imposto no prazo.
- Pagou-se o imposto no prazo.
- Alguém pagou o imposto no prazo.

Sobre essa estruturação, assinale a afirmação correta.

a) As duas primeiras frases estão na voz passiva.
b) Em todas as frases o sujeito não é identificado.
c) As duas últimas frases mostram o agente da ação verbal.
d) O sujeito é indeterminado na terceira frase.
e) As duas últimas frases mostram sujeito claro.

COMENTÁRIOS:

Alternativa "a" – A primeira frase está na voz ativa e o sujeito é indeterminado (verbo na terceira pessoa do plural); a segunda frase está na voz passiva sintética (verbo transitivo direto + se).

Alternativa "b" – Na primeira, o sujeito é indeterminado; na segunda, é simples e paciente (o imposto); na terceira, é simples (alguém).

Alternativa "c" – Na segunda frase, não há o agente porque a oração está na voz passiva sintética. Existe apenas o sujeito paciente. Na segunda, o sujeito é "alguém".

Alternativa "d" – O sujeito é simples (alguém).

Alternativa "e" – Na segunda frase: o imposto (sujeito paciente e claro); na terceira: alguém (sujeito simples e claro).

RESPOSTA: E

40 **(FGV – Receita Federal – Analista-Tributário – 2023)** Um site especializado publicou o seguinte texto sobre uma das atribuições do auditor fiscal:

"Segundo o Art. 6º da Lei nº 10.593/2002 é atribuição dos ocupantes do cargo de Auditor-Fiscal da Receita Federal do Brasil: elaborar e proferir decisões ou delas participar em processo administrativo-fiscal, bem como em processos de consulta, restituição ou compensação de tributos e contribuições e de reconhecimento de benefícios fiscais."

A elaboração de um texto supõe cuidados com aspectos diversos. Sobre a estruturação desse pequeno segmento textual, assinale a afirmativa correta.

a) O vocábulo inicial "Segundo" supõe a existência de uma outra atribuição antes citada.
b) O termo "bem como" mostra valor comparativo.
c) O termo "delas" se refere possivelmente ao termo "atribuições", ausente desse segmento textual.
d) O termo "processo administrativo-fiscal" poderia estar na forma plural "processos administrativos-fiscais".

e) "consulta", "restituição", "compensação" e "reconhecimento" documentam o processo de nominalização.

COMENTÁRIOS:

Alternativa "a" – Suporia tal existência se fosse numeral. O vocábulo "segundo" é uma conjunção adverbial conformativa, equivale a "conforme".

Alternativa "b" – O termo adiciona informação, não compara.

Alternativa "c" – Lê-se: participar das decisões. Refere-se a decisões.

Alternativa "d" – A pluralização do adjetivo composto só acontece no segundo termo: processos administrativo-fiscais.

Exceções: surdos-mudos, azul-marinho, azul-celeste.

Alternativa "e" – Nominalização é substantivação, ou seja, todos os vocábulos derivam de verbo: consultar, restituir, compensar.

RESPOSTA: E

41 **(FGV – TCU – Auditor Federal de Controle Externo/2022)** Abaixo está o início de um conto de Lygia Fagundes Telles, denominado *A Ceia*.

"O restaurante era **modesto** e **pouco frequentado**, com mesinhas ao ar livre, espalhadas debaixo das árvores. Em cada mesinha, um abajur **de garrafa** projetava sobre a toalha de xadrez **vermelho e branco** um **pálido** círculo de luz."

Todos sabemos que os termos de um texto podem indicar valores bem variados. Nesse segmento foram sublinhados alguns que funcionam como adjetivos; a afirmação correta sobre um deles é:

a) o adjetivo "modesto" indica uma qualificação do restaurante por parte do narrador e não é acompanhado de nenhum termo que o justifique;
b) o adjetivo "pouco frequentado" mostra uma qualificação do substantivo restaurante, indicando uma clientela de elite;
c) a locução adjetiva "de garrafa" indica o material de que é feito o abajur, destacando simultaneamente a qualidade sofisticada do restaurante descrito;
d) os adjetivos "vermelho e branco", que indicam características, podem trazer informações implícitas sobre a nacionalidade da comida no local;
e) o adjetivo "pálido", que indica uma relação, mostra uma intensidade da luz, com o valor implícito de decadência e pouca qualidade do restaurante.

COMENTÁRIOS:

Nota da autora: O **adjetivo de relação** possui **valor semântico objetivo**, o adjetivo qualificador possui valor subjetivo.

Adjetivos de relação são derivados de um substantivo através da sufixação, não admitem flexão de grau superlativo e vêm após os substantivos.

Alternativa "a" – Existem justificativas: era *pouco frequentado, mesinhas ao ar livre espalhadas debaixo das árvores.*

Alternativa "b" – Menciona que não havia muitos fregueses e não cita a classe social dos poucos que frequentavam.

Alternativa "c" – O restaurante não era sofisticado, era modesto, simples.

Alternativa "d" – Podem referir-se à comida japonesa ou à árabe.

Alternativa "e" – O adjetivo *pálido* é qualificador, não é de relação: admite flexão de grau e indica subjetividade.

RESPOSTA: D

42 **(FGV – TCE AM – Auditor Técnico Controle Externo – MP – 2021)** A frase abaixo que NÃO respeita o paralelismo em sua estruturação é:

a) "Raspai o juiz, encontrareis o carrasco";

b) "É relativamente fácil suportar a injustiça. O mais difícil é suportar a justiça";

c) "Tais são os preceitos do direito: viver honestamente, não ofender ninguém, dar a cada um o que lhe pertence";

d) "Excesso de direito, excesso de injustiça";

e) "É melhor prevenir os crimes do que sua punição".

COMENTÁRIOS:

Alternativa "a" – [Vós] raspai (v.t.d) o juiz (o.d) / [vós] encontrareis (v.t.d) o carrasco (o.d).

Alternativa "b" – Verbo (é) + adjetivo (fácil) + verbo (suportar) / verbo (é) + adjetivo (difícil) + verbo (suportar).

Alternativa "c" – Os preceitos foram mencionados utilizando verbos: viver, [não] ofender, dar.

Alternativa "d" – A estrutura substantivo + preposição (excesso de) repetiu-se.

Alternativa "e" – É melhor prevenir (verbo) do que **punir** (verbo). Outra opção seria esta: É melhor a **prevenção** (substantivo) dos crimes do que sua punição (substantivo).

Ao utilizar verbo e depois substantivo, ocorre quebra do paralelismo.

RESPOSTA: E

43 **(FGV – TCE AM – Auditor Técnico Controle Externo – MP – 2021)** "É belo ser-se justo. Mas a verdadeira justiça não permanece sentada diante da sua balança, a ver os pratos a oscilar. Ela julga e executa a sentença."

Romain Rolland

A mudança proposta na estruturação desse segmento textual que se mostra INADEQUADA é:

a) ser-se justo / que se seja justo;

b) a verdadeira justiça / a justiça verdadeira;

c) diante da / em frente da;

d) a oscilar / oscilando;

e) julga e executa / executa e julga.

COMENTÁRIOS:

Alternativa "a" – Oração subordinada substantiva subjetiva reduzida de infinitivo / oração subordinada substantiva subjetiva – nesse caso, foi desenvolvida.

Alternativa "b" – Valores subjetivos: a verdadeira (adjetivo) justiça (substantivo) / a justiça (substantivo) verdadeira (adjetivo). Não ocorre erro gramatical nem alteração de sentido.

Alternativa "c" – "Diante de" é uma locução prepositiva e significa *situado à frente de; perante* / "em frente de" é uma locução adverbial e significa *anterior a; antes de; primeiro que*. A alteração é adequada.

Alternativa "d" – Oração subordinada adjetiva restritiva reduzida de infinitivo / oração subordinada adjetiva restritiva reduzida de gerúndio. Mudar a forma nominal da oração reduzida não acarreta inadequação.

Oração desenvolvida: ver os pratos que oscilam.

Alternativa "e" – A conjunção "e" adiciona duas ações, mas, além disso, refere-se a algo que aconteceu antes e algo que aconteceu depois, ou seja, a banca analisa a **progressão temporal**: julgou (primeiro), depois executou / executou (primeiro), depois julgou. A reescritura torna-se incoerente ao inverter a ordem das ações.

RESPOSTA: E

Texto 2

"O transporte aéreo é o mais recente dos sistemas de locomoção inventados. Ele requer muitos recursos, tanto no chão quanto no ar. Apesar de os aviões serem o meio de transporte mais rápido, também são o meio mais caro.

Com o avanço da tecnologia, a tendência é que o uso dessa plataforma se torne muito comum e barato, popularizando o envio de cargas pelo ar.

O Brasil tem investido na construção e modernização dos aeroportos em todo o país, mas de modo ainda insuficiente para a demanda existente. Ainda falta planejamento e organização para que o serviço chegue próximo ao ideal." (Softruck Blog – Adaptado)

44 **(FGV – Auditor de Controle Externo – TCE – PI/2021)** No primeiro parágrafo do texto 2 há um problema de formulação, localizado no seguinte segmento:

a) "O transporte aéreo é o mais recente dos sistemas de locomoção inventados.";

b) "Ele requer muitos recursos...";

c) "...tanto no chão quanto no ar.";

d) "Apesar de os aviões serem o meio de transporte mais rápido...";

e) "...também são o meio mais caro."

COMENTÁRIOS:

Alternativa "a" – Frase formada por sujeito + verbo de ligação + predicativo do sujeito.

Alternativa "b" – Sujeito + verbo transitivo direto + objeto direto.

Alternativa "c" – A expressão "tanto... quanto" introduz uma informação nova e adicional. Pode ser retirada e pode inserida a conjunção "e": no chão e na terra.

Alternativa "d" – A ideia não é contraditória, mas sim aditiva: os aviões rápidos e mais caros. Leia os períodos anteriores: *O transporte aéreo é o mais recente dos sistemas de locomoção inventados. Ele requer muitos recursos, tanto no chão quanto no ar.* A locução conjuntiva "apesar de" deveria ser substituída por "além de".

Alternativa "e" – O advérbio "também" possui a função de adicionar uma informação.

RESPOSTA: D

45 **(FGV – SEFAZ ES – Auditor Fiscal – 2021)** As frases a seguir se apoiam estruturalmente em uma comparação. Assinale a opção que apresenta a frase em que isso não acontece.

a) "Dinheiro é igual a táxi: quando você mais precisa, ele não aparece."

b) "...ainda largamente ignorada em suas medidas de proteção e promoção";

c) "Antigamente a questão era de 'ser ou não ser'. Hoje é de 'ter ou não ter.'"

d) "Dinheiro é o cartão de crédito do pobre."

e) "Quando uma porta se fecha, a fortuna geralmente abre outra."

COMENTÁRIOS

Alternativa "a" – Dinheiro x táxi.

Alternativa "b" – Economia moderna x paraquedas.

Alternativa "c" – "ser ou não ser" x "ter ou não ter".

Alternativa "d" – Dinheiro x cartão de crédito.

Alternativa "e" – Refere-se apenas às portas (a que se fecha e a que se abre), não há comparação.

RESPOSTA: E

46 **(FGV – SEFAZ ES – Auditor Fiscal – 2021)** As frases a seguir carecem de coerência lógica, à exceção de uma. Assinale-a.

a) "Inclua-me fora dessa."

b) "As pessoas fazem coisas horríveis por causa do dinheiro; inclusive trabalhar."

c) "Há certas coisas que o dinheiro não pode comprar. Por exemplo: coisas idênticas às da semana passada."

d) "Se você consegue contar seu dinheiro é porque possui dinheiro demais."

e) "Eu tenho muito dinheiro para o resto da vida, a não ser que eu compre alguma coisa."

COMENTÁRIOS

Alternativa "a" – Incoerência: incluir fora.

Alternativa "b" – Não é incoerente, trata-se de uma opinião: é horrível trabalhar.

Alternativa "c" – Incoerência: se são idênticas às da semana passada, o dinheiro pode comprar.

Alternativa "d" – Incoerência: se fosse muito dinheiro, não conseguiria contá-lo.

Alternativa "e" – Incoerência: se tivesse muito dinheiro, poderia comprar alguma coisa.

RESPOSTA: B

47 **(FGV – SEFAZ ES – Auditor Fiscal – 2021)** Assinale o pensamento que mostra uma estruturação paralelística.

a) "O que está indo errado é que a economia está indo melhor do que se esperava."
b) "A cópia só é válida quando é melhor do que o original."
c) "Algum dinheiro evita preocupações. Muito dinheiro as atrai."
d) "Essa história de desemprego é história de quem não tem o que fazer."
e) "Há pessoas que, para subirem, descem tanto, que a vitória se transforma em derrota."

COMENTÁRIOS

Alternativa "a" – Oposição: errado x melhor.

Alternativa "b" – Oposição: cópia x original.

Alternativa "c" – **Sujeito** (algum dinheiro/muito dinheiro) + **verbo transitivo direto** (evita/atrai) + **objeto direto** (preocupações/as).

Alternativa "d" – Comparação ou equivalência: *desemprego e não ter o que fazer.*

Alternativa "e" – Oposição: subir x descer.

RESPOSTA: C

48 **(FGV – SEFAZ ES – Auditor Fiscal – 2021)** Assinale a opção que indica a frase em que o termo sublinhado, ao contrário das demais, se refere a um outro termo anterior e não a um termo seguinte.

a) "Não importa o que você conhece: importa quem você conhece."
b) "Inflação é uma forma de imposto que pode ser decretada sem legislação."
c) "Não sendo útil o que fizemos, fútil é a nossa glória."
d) "Há **três boas coisas** na vida: trabalho, trabalho, trabalho."
e) "Se sabemos exatamente o que fazer, então para que fazer?"

COMENTÁRIOS

Alternativa "a" – Não retoma termo algum, possui relação com o está mencionado depois – você conhece.

Alternativa "b" – O pronome relativo "que" retoma "inflação" e equivale a "a qual". Lê-se: A inflação pode ser decretada sem legislação.

Alternativa "c" – Pronome demonstrativo: equivale a "aquilo". O pronome relativo "que" o retoma.

Alternativa "d" – As "três boas coisas" foram citadas posteriormente, ou seja, trata-se de coesão catafórica.

Alternativa "e" – Pronome demonstrativo: equivale a "aquilo". O pronome relativo "que" o retoma.
Perceba que a alternativa "c" possui a mesma estrutura, e as duas poderiam ser facilmente eliminadas.

RESPOSTA: B

49 (FGV – TCE PI – Auditor Controle Externo – 2021 – adaptada)

"A Estrada de Ferro Mauá é a primeira ferrovia do Brasil e uma das principais estradas de ferro antigas. Implementada em 1852 e com início das operações, 2 anos depois, em 1854, a ferrovia teve papel essencial para o avanço econômico para o país, que viveria uma transição para se tornar uma república."

(Massa, 23/06/2021)

Esse parágrafo apresenta um conjunto de problemas gramaticais e textuais em sua estrutura; a observação correta sobre um desses problemas é:

a) a expressão "em 1854" não deveria estar entre vírgulas;
b) a repetição da preposição *para* é indevida;
c) o emprego da forma verbal *viveria* é incorreta;
d) o vocábulo *república* deveria estar grafado com inicial maiúscula;
e) o segmento "2 anos depois" não deveria vir precedido de vírgula.

COMENTÁRIOS

Alternativa "a" – Deveria estar entre vírgulas porque intercala o adjunto adverbial de tempo posposto a outro adjunto adverbial de tempo (2 anos depois).

Alternativa "b" – Termo regente: *essencial*. É essencial para algo: para o avanço econômico **do** país.

Alternativa "c" – O futuro do pretérito denota uma condição, uma hipótese e foi empregado corretamente.

Alternativa "d" – Não se trata de nome próprio e está antecedido pelo artigo indefinido feminino. Não há motivo de ser grafado com inicial maiúscula.

Alternativa "e" – Trata-se de uma locução adverbial formada por três palavras, ou seja, é extensa e a vírgula é obrigatória pelo fato de o termo estar intercalado.

PARTE VI

Interpretação e compreensão textual

Interpretação e compreensão textual

» **Nos editais:** Interpretação e Compreensão de texto. Organização estrutural dos textos. Marcas de textualidade: coesão, coerência e intertextualidade. Modos de organização discursiva: descrição, narração, exposição, argumentação e injunção; características específicas de cada modo. Tipos textuais: informativo, publicitário, propagandístico, normativo, didático e divinatório; características específicas de cada tipo. Textos literários e não literários. Tipos de discurso. Registros de linguagem. Funções da linguagem. Elementos dos atos de comunicação.

1. NÍVEL MÉDIO

01 **(FGV – 2024 – TRF 1 – Técnico Judiciário – Área Administrativa)** Sabendo que o texto argumentativo é aquele que apresenta razões para defender ou atacar uma opinião ou tese, com a finalidade de convencer alguém sobre algo, o segmento abaixo que pode ser classificado como argumentativo, pois mostra uma tese e argumentos, é:

a) A educação é a chave de todas as portas, como já dizia um sábio latino.
b) A Quinta Sinfonia de Beethoven é uma orgia de sons invulgares.
c) Quantas pessoas têm bom ouvido para a Literatura, mas que, ao cantar, desentoam.
d) Nem sempre os grandes escritores são bons escritores.
e) A arte não é uma coisa e sim um caminho.

COMENTÁRIOS:

Alternativa "a" – Tese: A educação é a chave de todas as portas; argumento: como já dizia um sábio latino.

Argumento de autoridade, citação de um especialista.

Alternativa "b" – Declaração: possui a intenção de dar uma informação. Não há tese.

Alternativa "c" – Trata-se apenas de uma observação, não há tese.

Alternativa "d" – Declaração: possui a intenção de dar uma informação. Não há tese.

Alternativa "e" – Trata-se de uma informação. Não há tese.

RESPOSTA: A

02 **(FGV – 2024 – TRF 1 – Técnico Judiciário – Área Administrativa)** O segmento narrativo abaixo que NÃO mostra qualquer interferência do narrador no que é narrado é:

a) Os bons alunos entraram na sala rapidamente, escolhendo as carteiras mais favoráveis, próximas ao professor, para que não perdessem as valiosas explicações.
b) Os agricultores retiraram as pragas das plantas, regaram o terreno e procuraram descobrir onde se localizavam as tocas dos gambás que comeram as frutas na noite anterior.
c) Os meninos, ansiosos, seguiam a história que lhes era narrada pelo avô, torcendo para que o bravo herói escapasse dos perigos.
d) As minas, cuidadosamente espalhadas pelo terreno, certamente causariam muitas mortes no exército inimigo.
e) A faxineira, detalhadamente instruída pela dona da casa, procurou retirar todas as marcas da parede e dos móveis, certa de que isso agradaria aos patrões.

COMENTÁRIOS:

Nota da autora: Ocorre interferência do narrador quando há subjetividade, pessoalidade, ou seja, existirá opinião. Fique de olho nos modalizadores destacados em quatro alternativas.

Alternativa "a" – Há subjetividade. Adjetivos: bons, favoráveis, valiosa; advérbio: rapidamente.

Alternativa "b" – Não existe marca de subjetividade, a informação é objetiva.

Alternativa "c" – Há subjetividade. Adjetivos: ansiosos, bravo.

Alternativa "d" – Há subjetividade. Advérbios: cuidadosamente, certamente. Adjetivo: inimigo.

Alternativa "e" – Há subjetividade. Advérbio: detalhadamente. Adjetivo: instruída.

Observação: existe, também, marca de subjetividade no trecho "certa de que isso agradaria aos patrões".

RESPOSTA: B

03 **(FGV – 2024 – TRF 1 – Técnico Judiciário – Área Administrativa)** "Trancado na parte de cima do armário, podia ver pela fresta entre as portas o homem que entrara no quarto: era baixo, gordo e com muita barba, malcuidada. Trazia na mão um tipo de revólver estranho, que eu desconhecia... Algumas vezes eu o perdia de vista, pois pelas frestas estreitas não era possível ver todo o quarto".

Nesse texto, a descrição dos objetos da cena é prejudicada pelas seguintes limitações do observador:

a) limitação física e limitação psicológica.
b) limitação psicológica e limitação do próprio objeto.
c) limitação do objeto e limitação de conhecimento.
d) limitação de conhecimento e limitação física.
e) limitação psicológica e limitação de posicionamento.

COMENTÁRIOS:

Alternativa "a" – Existe limitação física, mas não há descrição de traços psicológicos.

Alternativa "b" – Não existem traços psicológicos, e o homem (não o objeto) foi descrito detalhadamente: *baixo, gordo e com muita barba, malcuidada. Trazia na mão um tipo de revólver.*

Alternativa "c" – Não limitou a descrição do objeto (homem), como mencionado na alternativa anterior. Ocorre apenas limitação de conhecimento.

Alternativa "d" – Limitação de conhecimento: **um tipo** de revólver **estranho**, que eu **desconhecia.**

Limitação física: Algumas vezes **eu o perdia de vista**; podia ver **pela fresta entre as portas**.

Alternativa "e" – Não descreve traços psicológicos, mas há limitação de posicionamento: só era possível ver todo o quarto porque o via pelas frestas estreitas.

RESPOSTA: D

04 **(FGV – AL PR – Técnico Legislativo – 2024)** Observe o seguinte pensamento:

"As lágrimas dos velhos são tão terríveis como as das crianças são naturais".

Sobre a estruturação desse texto, assinale a afirmativa correta.

a) O pensamento mostra estrutura descritiva.
b) O termo "as" repete o termo "lágrimas".
c) "Terríveis" qualifica "velhos".
d) "Naturais" qualifica "crianças".
e) "Terríveis" e "naturais" indicam semelhança.

COMENTÁRIOS:

Alternativa "a" – Não é uma representação pormenorizada de algo. A estrutura é comparativa, ou seja, compara as lágrimas dos velhos com as lágrimas das crianças.

Alternativa "b" – O substantivo "lágrimas" está implícito após o artigo definido "as". Isso significa que o artigo pode ser substituído pelo substantivo.

Lê-se: As lágrimas dos velhos são tão terríveis como lágrimas das crianças são naturais.

Alternativa "c" – O adjetivo "terríveis" qualifica lágrimas: as lágrimas são terríveis, não os velhos.

Alternativa "d" – O adjetivo "naturais" qualifica lágrimas: as lágrimas são naturais, não as crianças.

Alternativa "e" – Indicam dessemelhança, isto é, indicam diferença.

RESPOSTA: B

05 **(FGV – 2024 – TRF 1 – Técnico Judiciário – Área Administrativa)** "É preciso ser racional no estudo das questões ambientais. Ou então uma usina vai deixar de ser construída porque há morcegos na caverna".

Sobre a significação e estruturação dessa frase, a afirmativa correta é:

a) a frase defende a ideia de que o meio ambiente deve ser preservado acima de tudo.
b) "ser racional", segundo o texto, é priorizar as questões econômicas sobre as ambientais.
c) a existência de morcegos numa caverna é vista como uma causa justa da não construção de uma usina.
d) as questões ambientais, segundo a frase, devem ser tratadas dentro de uma visão ambientalista.
e) a usina é vista na frase como símbolo de progresso enquanto os morcegos são considerados como obstáculos a esse progresso.

COMENTÁRIOS:

Alternativa "a" – Defende a ideia de que é necessário ser racional, não menciona a preservação do meio ambiente em ordem hierárquica.

Alternativa "b" – Como mencionado na alternativa anterior, não existe priorização nem foram mencionadas questões econômicas.

Alternativa "c" – A causa não é justa porque isso seria um exemplo de irracionalidade.

Alternativa "d" – A visão não deve ser apenas ambientalista, pois menciona a criação de uma visão. Refere-se à prudência.

Alternativa "e" – É necessário ser racional em relação às questões ambientais porque a existência de morcegos na caverna (algo natural) pode ser um impedimento para a construção de uma usina – que denota progresso.

RESPOSTA: E

06 **(FGV – 2024 – TRF 1 – Técnico Judiciário – Área Administrativa)** Há uma série de indicações defendidas para a elaboração de bons textos.

A frase abaixo que difere das demais quanto à qualidade textual defendida é:

a) Sê breve em teus raciocínios, que a ninguém agrada seres longo.
b) Pense duas vezes antes de não dizer nada.
c) Um de nossos estadistas disse que a maldição deste país são as pessoas demasiadamente eloquentes.
d) Para o sábio, bastam poucas palavras.
e) Entre duas construções, escolha sempre a mais simples. Entre duas palavras, escolha sempre a mais curta.

COMENTÁRIOS:

Alternativa "a" – Textos devem ser concisos, breves.

Alternativa "b" – Não indica qualidade de texto: não dizer nada.

Alternativa "c" – Textos devem ser claros, eloquentes.

Alternativa "d" – Textos devem ser concisos, breves, não podem ser prolixos.

Alternativa "e" – Textos devem ser claros e concisos.

RESPOSTA: B

07 **(FGV – Prefeitura de Vitória ES – Coordenador de Turno – 2024)** Assinale o segmento que exemplifica o modo narrativo de organização discursiva.

a) Todos os carros estavam parados no sinal, um menino vendia pacotes de balas enquanto um grupo de estudantes atravessava calmamente a rua.
b) A paciência é uma virtude. A maturidade nos faz tolerantes e experientes. A vida é bela.
c) O objetivo maior é que tudo o que toca o seu coração faça diferença para você.
d) O temporal havia caído há mais de uma hora quando o Serviço de Meteorologia anunciou o mau tempo.
e) A vida é como uma escada rolante: você pode se mover para a frente ou para trás, mas não pode permanecer parado.

COMENTÁRIOS:

Nota da autora: Basta atentar-se aos tempos verbais.

Narração: pretérito perfeito do indicativo.

Descrição: pretérito imperfeito do indicativo.

Dissertação / argumentação: presente do indicativo.

Agora é hora de eliminar as opções descabidas.

Alternativa "a" – Descrição: as ações acontecem simultaneamente, e os verbos estão conjugados no pretérito imperfeito do indicativo.

Alternativa "b" – Verbos no presente: é impossível ser narração.

Alternativa "c" – Verbos no presente: é impossível ser narração.

Alternativa "d" – Fato passado, verbos no pretérito: narração.

Alternativa "e" – Verbos no presente: é impossível ser narração.

RESPOSTA: D

08 **(FGV – Prefeitura de Vitória ES – Coordenador de Turno – 2024)** Observe os dois primeiros parágrafos do romance *Uma Lágrima de Mulher*, de Aluísio Azevedo: "Numa das formosas ilhas de Lípari branquejava solitária uma casinha térrea, meio encravada nos rochedos, que as águas do mar da Sicília batem constantemente. Ao lado esquerdo da modesta habitação corria uma farta alameda de oliveiras, que, juntamente com os resultados da pesca do coral, constituía os meios escassos de vida de Maffei e sua família". Assinale a afirmação adequada em relação ao significado e à estruturação dessa frase.

a) Como faz parte de um romance, o segmento acima está inserido entre os textos narrativos.
b) As observações do enunciador mostram sua preocupação de não emitir opiniões pessoais sobre o que vê.
c) O texto é exclusivamente descritivo, tendo por objeto uma pequena casa e a família que a habita.
d) A casa presente na descrição do texto é vista somente externamente, com poucos detalhes de sua localização e arredores.
e) O fragmento textual destacado mistura descrição e narração.

COMENTÁRIOS:

Alternativa "a" – O texto é descritivo, há detalhes externos da casa.

Alternativa "b" – Há opinião do autor: **formosas** ilhas de Lípari, **branquejava solitária** uma casinha.

Alternativa "c" – Não descreve a família, apenas a casa.

Alternativa "d" – Vista externamente: ***solitária uma casinha térrea**, meio **encravada nos rochedo**s, que **as águas do mar da Sicília batem** constantemente. **Ao lado esquerdo** da modesta habitação corria uma farta alameda de oliveiras, que, juntamente com os resultados da pesca do coral, constituía os meios escassos de vida de Maffei e sua família.*

Há poucos detalhes de sua localização e arredores.

Alternativa "e" – Não há narração, apenas descrição.

RESPOSTA: D

09 **(FGV – AL TO – Policial Legislativo II – 2024)** Leia o fragmento a seguir.

"Não somos daqueles que só em meio aos livros, estimulados por livros vêm a ter pensamentos – é nosso hábito pensar ao ar livre, andando, saltando, escalando, dançando, preferivelmente em montes solitários ou próximos ao mar, onde mesmo as trilhas se tornam pensativas." (Nietzsche, filósofo alemão).

Sobre o significado desse fragmento, assinale a afirmativa correta.

a) A leitura é importante para a criação de ideias originais.

b) As formas de gerúndio mostram a evolução cronológica das ações narradas pelo escritor.
c) O pronome relativo "onde" refere-se a locais ao ar livre.
d) A forma do verbo "tornar-se", como verbo de ligação, indica um estado transitório.
e) Os ambientes solitários propiciam reflexões de valor.

COMENTÁRIOS:

Alternativa "a" – Não apenas a leitura: *é nosso hábito **pensar** ao ar livre, **andando, saltando, escalando, dançando**, preferivelmente em montes solitários ou próximos ao mar, onde mesmo **as trilhas se tornam pensativas**.*

Alternativa "b" – O gerúndio indica que as ações são prolongadas, não se referem à cronologia: *andando, saltando, escalando, dançando.*

Alternativa "c" – O pronome refere-se aos *montes solitários ou próximos ao mar.*

Alternativa "d" – As trilhas não são pensativas, elas se tornam, ou seja, é uma mudança de estado.

Alternativa "e" – No texto: ***preferivelmente** em montes solitários ou próximos ao mar.*

RESPOSTA: E

Atenção! Leia o texto a seguir e responda às duas próximas questões.

"O Rio de Janeiro, de hoje, cidade abastecida de todos os gêneros alimentícios, teve, na sua origem, o peixe como principal elemento de abastecimento, devido à sua própria situação geográfica. O único local que abastecia a cidade estava situado nas imediações do Mercado Velho, onde além do peixe, eram vendidos frutas, sal, mariscos, farinha e diversos outros alimentos. Posteriormente, com o aparecimento do primeiro empório comercial da cidade, na Rua da Quitanda, que deve seu nome a esse fato, o abastecimento da cidade passou a ter novas fontes."

(Dicionário de curiosidades do Rio de Janeiro)

10 **(FGV – FHEMIG – Nível médio – 2023)** O texto acima deve ser classificado como
a) didático.
b) informativo.
c) descritivo.
d) literário.
e) publicitário.

COMENTÁRIOS:

Alternativa "a" – Não possui objetivo pedagógico.

Dica: não existem conceitos, definições.

Alternativa "b" – Expõe um fato, é objetivo, possui linguagem clara e direta.

Dica: o objetivo principal é transmitir uma informação, com isenção de duplas interpretações. Não possui intenção de convencer o leitor.

Alternativa "c" – Não transmite impressões ou qualidades de algo, ou seja, não possui o efeito fotografia.

Alternativa "d" – Não gera reflexão, não emociona ou diverte.

Dica: a linguagem não é conotativa.

Alternativa "e" – Não é persuasivo, não possui linguagem sedutora nem desperta o desejo de consumir.

Dica: os verbos não estão no imperativo.

RESPOSTA: B

11 **(FGV- FHEMIG – Nível médio – 2023)** A primeira frase do texto diz:

"O Rio de Janeiro, de hoje, cidade abastecida de todos os gêneros alimentícios, teve, na sua origem..."

Nesse segmento, o papel textual do segmento sublinhado é o de

a) informar o setor temático abordado pelo texto.
b) situar cronologicamente os acontecimentos textuais.
c) identificar o momento de produção do texto.
d) mostrar opiniões importantes do autor do texto.
e) indicar o desenvolvimento urbano do Rio de Janeiro.

COMENTÁRIOS:

Alternativa "a" – Fator temático: alimentação.

Alternativa "b" – O tempo é indicado em outros trechos. Além disso, não está em ordem cronológica: Rio de janeiro, **de hoje** (momento em que o texto foi escrito); teve, **na sua origem, posteriormente**.

Alternativa "c" – O que identifica o momento da produção do texto é a expressão, não destacada, "de hoje".

Alternativa "d" – Não se trata de subjetivismo. É um fato comprovado pelas informações posteriores.

Alternativa "e" – Não indica, necessariamente, o desenvolvimento urbano. Menciona apenas que a cidade era abastecida de alimentos. Ocorreu extrapolação textual.

RESPOSTA: A

12 **(FGV – MPE SP – Oficial de Promotoria – 2023)** O célebre poeta Pablo Neruda afirmou certa vez:

"As religiões foram berço da poesia, e esta se juntou a elas fertilizando os mitos, colaborando como incenso no entardecer das basílicas".

Segundo esse pensamento, a relação entre as religiões e a poesia pode ser vista do seguinte modo:

a) por serem de espaços culturais diferentes, a religião e a poesia são independentes uma da outra.
b) a religião e a poesia possuem a mesma origem, daí que mostrem semelhanças profundas.

c) a poesia colabora com as religiões, trazendo beleza aos mitos.
d) as religiões deram origem à poesia e continuam fertilizando-a com seus mitos.
e) a religião e a poesia mostram uma interdependência constante.

COMENTÁRIOS:

Alternativa "a" – São dependentes: *As religiões foram berço da poesia; esta se juntou a elas.*

Alternativa "b" – Não possuem a mesma origem. A religião é a origem: *As religiões foram berço da poesia.*

Alternativa "c" – a poesia colabora com as religiões = *esta* [a poesia] *se juntou a elas* [às religiões]; trazendo beleza aos mitos = *fertilizando os mitos.*

Observação: fertilizar é adubar, é fazer florescer e está relacionado à beleza.

Alternativa "d" – As religiões não fertilizam a poesia. A poesia fertiliza: *esta* [a poesia] *se juntou a elas* [às religiões] *fertilizando os mitos.*

Alternativa "e" – A dependência não é recíproca: a poesia depende das religiões, mas as religiões não dependem da poesia. Além disso, ao mencionar que é constante, ocorre extrapolação textual.

RESPOSTA: C

13 **(FGV – MPE SP – Oficial de Promotoria – 2023)** Um famoso bispo brasileiro, Dom Hélder Câmara, alertava:

"De nada adiantará venerarmos belas imagens de Cristo se não identificarmos o Cristo na criatura humana a ser arrancada do subdesenvolvimento. No Nordeste, Cristo se chama Zé, Antônio, Severino".

Dom Hélder Câmara estava defendendo

a) a substituição de uma religiosidade passiva por uma religiosidade ativa.
b) a necessidade de os praticantes da religião católica se dedicarem mais à política.
c) a troca da ação política pela ação religiosa.
d) o abandono da religião por uma atividade voltada essencialmente para as necessidades humanas.
e) a mudança de foco da atividade religiosa, dirigindo-o principalmente para o valor de Cristo.

COMENTÁRIOS:

Alternativa "a" – Religiosidade passiva: venerarmos belas imagens de Cristo; ativa: identificarmos o Cristo na criatura humana.

Alternativa "b" – Não foi mencionada a dedicação.

Alternativa "c" – Não cita política em momento algum.

Alternativa "d" – Não é abandono, é prática, é ação.

Alternativa "e" – Defende a mudança de foco, dirigindo-se às pessoas, não para o valor de Cristo.

RESPOSTA: A

14 **(FGV – MPE SP – Oficial de Promotoria – 2023)** Um conhecido pensador indiano disse em uma de suas reflexões:

"Os sábios dizem que a vossa luz se apagará um dia", disseram os pirilampos às estrelas. Estas, porém, não responderam nada".

A atitude das estrelas indica:

a) o desprezo das coisas celestes pelas coisas terrenas.
b) a incompreensão do que é eterno pelo que é efêmero.
c) a superioridade assumida perante outros.
d) a fraternidade entre as coisas criadas.
e) a atribuição de importância a todos os seres.

COMENTÁRIOS:

Alternativa "a" – As coisas celestes abrangem asteroides, cometas, meteoroides, satélites naturais. O desprezo é apenas das estrelas.

O desprezo é dos pirilampos (coisas terrenas), pois os sábios dizem que a luz das estrelas se apagará (coisas terrenas).

Alternativa "b" – Não se trata de incompreensão entre o que tem curta duração ou não. O pirilampo dura menos que a estrela.

Alternativa "c" – Superioridade das estrelas: elas não respondem.

Alternativa "d" – Não existe convivência entre as estrelas e os pirilampos.

Alternativa "e" – Não se trata de seres.

RESPOSTA: C

15 **(FGV – MPE SP – Oficial de Promotoria – 2023)** Todas as frases abaixo mostram a temática da Natureza.

Assinale a frase em que a Natureza é mostrada como exemplo positivo para o homem.

a) A natureza é grande nas grandes coisas, mas é grandiosa nas pequenas coisas.
b) A primeira lei da natureza é que tudo está relacionado com tudo.
c) A natureza não se engana nunca; somos nós que nos enganamos.
d) Fui passear com as árvores, e o resultado é que fiquei mais alto.
e) Nas flores, a Terra sorri.

COMENTÁRIOS:

Nota da autora: É necessário haver relação entre natureza e homem.

Alternativa "a" – Relação: natureza e natureza.

Alternativa "b" – Relação: natureza e natureza.

Alternativa "c" – Relação: natureza e homem, mas o sentido é negativo – os homens se enganam.

Alternativa "d" – Relação: natureza e homem, e o sentido é positivo – *fiquei mais alto* (o sentido é de crescer, aprender).

Alternativa "e" – Relação: natureza e Terra, não menciona o homem.

RESPOSTA: D

16 **(FGV – MPE SP – Oficial de Promotoria – 2023)** Um escritor de humor registrou a seguinte observação:

"A mosca é o termômetro da higiene".

Isso significa que

a) onde há moscas há higiene.
b) onde há moscas não há higiene.
c) onde não há moscas não há higiene.
d) onde não há higiene não há moscas.
e) onde há higiene também há moscas.

COMENTÁRIOS:

Alternativa "a" – Onde há moscas **não** há higiene.

Alternativa "b" – Se há higiene, não há moscas, logo onde há moscas não há higiene.

Alternativa "c" – Onde não há moscas **há** higiene.

Alternativa "d" – Onde não há higiene **há** moscas.

Alternativa "e" – Onde há higiene também **não** há moscas, ou onde **não** há higiene também há moscas.

RESPOSTA: B

17 **(FGV – MPE SP – Oficial de Promotoria – 2023)** Assinale a opção que apresenta a frase que exemplifica o gênero textual descritivo.

a) Quem investe hoje na produção deveria receber um diploma de burrice.
b) Fazer bons negócios é ver primeiro.
c) Quando o assunto é dinheiro, todos os homens pertencem à mesma religião.
d) Não fale sobre as minhas dívidas, a menos que você queira pagá-las.
e) Desconfiai do primeiro movimento: é sempre generoso.

COMENTÁRIOS:

Alternativa "a" – É uma opinião, um ponto de vista.

Alternativa "b" – Possui adjetivo (*bons*) e detalha (ver *primeiro*).

Alternativa "c" – É uma informação – característica de texto expositivo.

Alternativa "d" – Texto injuntivo – verbo no imperativo.

Alternativa "e" – Texto injuntivo – verbo no imperativo e possui o objetivo de explicar porque é necessário desconfiar.

RESPOSTA: B

18 **(FGV – AGENERSA – Assistente Técnico de Regulação – 2023)** Assinale a opção que apresenta a frase que se estrutura a partir de ideias **contrárias**.

a) Cheguei à conclusão, talvez um pouquinho tarde, de que os discursos devem ser curtos.

b) Toda ideia brilhante de hoje já foi uma ideia impraticável no passado.

c) Se escrevo quatro palavras, risco três.

d) O telefone mais seguro é não falar ao telefone.

e) As ideias despertadas muito cedo não costumam ser verdadeiras.

COMENTÁRIOS:

Alternativa "a" – Sem contradição: uma informação – os discursos devem ser curtos.

Alternativa "b" – Contradição entre brilhante e impraticável.

Ideia *brilhante* [sentido figurado]: ideia *venturosa*, ideia *que demonstra prosperidade*.

Ideia *impraticável*: ideia *que não se consegue realizar*, ideia *não executável*.

Existe contradição entre ser uma ótima ideia e não ser colocada em prática.

Alternativa "c" – Escrever: *criar ou compor alguma coisa;* riscar: *desenhar, traçar*.

Observação: haveria contradição se fosse "escrever" e "apagar".

Alternativa "d" – Sem contradição: uma informação – é seguro não falar ao telefone.

Alternativa "e" – Sem contradição: uma informação – ideias iniciadas cedo não são verdadeiras.

RESPOSTA: B

19 **(FGV – AGENERSA – Assistente Técnico de Regulação – 2023)** Assinale a frase que apresenta uma visão **negativa** da linguagem humana.

a) Pessoalmente, acho que o ser humano desenvolveu a linguagem por causa de sua profunda necessidade de se queixar.

b) Todas as palavras são igualmente lindas. Nós é que as corrompemos.

c) Palavras de conforto bem administradas são a mais antiga terapia que o ser humano conhece.

d) Palavras são um brinquedo que não fica velho.

e) Quando faltam ideias, palavras são muito úteis.

COMENTÁRIOS:

Alternativa "a" – "Queixar-se" é uma visão negativa e para enfatizar, menciona a "profunda necessidade" de fazer isso.

Alternativa "b" – Visão positiva: as palavras são lindas.

Observação: o verbo "corromper" está no sentido de "modificar".

Alternativa "c" – Visões positivas: conforto, bem administradas, terapia.

Alternativa "d" – Visões positivas: palavras são brinquedo que não envelhece.

Alternativa "e" – Visão positiva: palavras são necessárias.

RESPOSTA: A

20 **(FGV – AGENERSA – Assistente Técnico de Regulação – 2023)**

Amanhã irei ao cinema com este amigo a meu lado.

Transforme essa frase de discurso direto em uma frase de discurso indireto, começando-a por "Ele disse que" e assinale a opção que apresenta a forma correta.

a) Ele disse que amanhã iria ao cinema com esse amigo a seu lado.
b) Ele disse que no dia seguinte iria ao cinema com este amigo a meu lado.
c) Ele disse que no dia seguinte iria ao cinema com aquele amigo do lado dele.
d) Ele disse que amanhã irá ao cinema com aquele amigo a seu lado.
e) Ele disse que amanhã iria ao cinema com este amigo a seu lado.

COMENTÁRIOS:

Nota da autora:

Noção temporal – amanhã = no dia seguinte; pessoal – 1ª pessoa = 3ª pessoa; noção verbal – 1ª pessoa no futuro do presente do indicativo = 3ª pessoa no futuro do pretérito do indicativo; noção demonstrativa – este = aquele; noção de posse – meu = seu.

Alternativa "a" – Erros: amanhã, esse, seu. O pronome possessivo "seu", nesse caso, gera ambiguidade – amigo está ao lado dele ou ao lado do receptor/leitor.

Alternativa "b" – Erros: este, meu.

Alternativa "c" – Amanhã = no dia seguinte, irei = iria, este = aquele, meu lado = lado dele.

Alternativa "d" – Erros: amanhã, irá, seu – por causar ambiguidade.

Alternativa "e" – Erros: amanhã, este, seu – por causar ambiguidade.

RESPOSTA: C

21 **(FGV – AGENERSA – Assistente Técnico de Regulação – 2023)** Entre as frases abaixo, assinale a que está integralmente expressa em linguagem formal.

a) Não tem bem que sempre dure nem mal que nunca se acabe.
b) A gente come o que tem e não o que quer.
c) Os turistas tiveram aqui todo o verão.
d) Meus pais tudo fizeram para mim estudar.
e) Um pássaro voando vale mais que dois na gaiola.

COMENTÁRIOS:

Alternativa "a" – O verbo "ter", quando possui sentido de "existência", é marca da linguagem coloquial.

Correção: não há bem que sempre dure.

Alternativa "b" – "A gente" é uma expressão usada na linguagem falada, do dia a dia.

Correção: nós comemos... o que queremos.

Alternativa "c" – O verbo "estar" foi substituído pelo verbo "ter": linguagem coloquial.

Correção: os turistas estiveram aqui.

Alternativa "d" – Na linguagem culta, o pronome pessoal, quando possui função de sujeito, deve ser do caso reto, nunca do caso oblíquo.

Correção: fizeram tudo para eu estudar.

Alternativa "e" – Linguagem formal: segue o uso correto das normas gramaticais.

RESPOSTA: E

22 **(FGV – CGU – Técnico Federal de Finanças e Controle/2022)** Muitas vezes temos que redigir textos argumentativos, ou seja, para mostrar que uma determinada ideia (tese) é verdadeira, utilizamos argumentos; nossa argumentação pode ter caráter objetivo ou subjetivo.

A frase abaixo que mostra uma argumentação subjetiva é:

a) Uma das principais causas de morte de jovens nas grandes cidades brasileiras são os acidentes de trânsito; a cada ano morrem cerca de 4.000 jovens entre 15 e 29 anos;
b) Hoje, não se pode viver sem um telefone celular ou semelhante, sob risco de ficar socialmente à margem;
c) Já ficou comprovado que mais de 50% das pessoas consultam seu celular logo assim que despertam;
d) Se a mesa mede 130cm x 60cm, não podemos colocá-la no salão, pois só há um espaço vago de 100cm x 50cm;
e) Sigo rigorosamente a dieta estabelecida pela OMS e meus exames têm mostrado um resultado excelente.

COMENTÁRIOS:

Nota da autora: Alguns professores e candidatos entraram com recurso tentando alterar o gabarito, mas a banca não acatou. Vamos entender melhor:

Subjetividade é caracterizado como algo que **varia de acordo com o julgamento de cada pessoa. A banca avalia a diferença entre argumento subjetivo e argumento objetivo.**

Argumento objetivo: não deixa de ser uma **opinião** pessoal, mas é **embasada em argumentos válidos**, além da opinião própria, **para convencer** outras pessoas da sua tese. Possui caráter universal, ou seja, todos concordam, tom impessoal e utiliza linguagem denotativa.

Alternativa "a" – Argumento objetivo de provas concretas.

Alternativa "b" – Ao afirmar que "não se pode viver sem um telefone celular ou semelhante", está evidente que a argumentação é subjetiva por ser a opinião de uma pessoa, sua visão pessoal.

Alternativa "c" – Argumento objetivo de prova concreta: "ficou comprovado".

Alternativa "d" – Argumento objetivo de prova concreta: a medida da mesa é maior que a do espaço vago no salão.

Alternativa "e" – Argumento objetivo de prova concreta: "os exames têm mostrado um resultado excelente".

RESPOSTA: B

23 **(FGV – CGU – Técnico Federal de Finanças e Controle/2022)** Um dos problemas que apresenta a educação superior no Brasil ainda é a pequena quantidade de pessoas formadas em níveis de mestrado ou doutorado.

O Brasil só forma anualmente 18 doutores por cada um milhão de habitantes, e muitas das teses analisam temas muito distantes das necessidades básicas de nosso momento histórico.

Em relação ao segundo parágrafo desse pequeno texto, a afirmação adequada é:

a) mostra a tese defendida pelo autor;
b) indica uma conclusão do tema exposto no parágrafo anterior;
c) utiliza a descrição como estratégia expositiva;
d) seleciona argumentos para a defesa da tese apresentada;
e) acrescenta informações que respaldam o já expresso.

COMENTÁRIOS:

Alternativa "a" – A tese está no primeiro parágrafo.

Alternativa "b" – Trata-se de acréscimo, não conclusão.

Alternativa "c" – Não descreve, apenas aponta números.

Alternativa "d" – Tese: número pequeno de pessoas formadas em mestrado ou doutorado. Não argumenta, ou seja, não menciona o motivo de isso acontecer.

Alternativa "e" – Providencia auxílio à informação ao expor números: pequena quantidade de pessoas formadas em níveis de mestrado ou doutorado = 18 doutores por cada milhão de habitantes.

RESPOSTA: E

24 **(FGV – CGU – Técnico Federal de Finanças e Controle/2022)** Um texto é adequado quando se adapta perfeitamente à situação comunicativa em que está inserido (relação entre emissor e receptor, canal de transmissão, intenção comunicativa...).

Levando-se em conta esses fatores, é inadequado:

a) tratar, numa entrevista de trabalho, o entrevistador de "você";
b) expressar opiniões pessoais em uma notícia de jornal;
c) empregar expressões coloquiais na reprodução de um diálogo entre jovens à porta da escola;
d) ler poemas de Shakespeare para alunos universitários;
e) detalhar minuciosamente a visão de um acidente de trânsito em um depoimento às autoridades.

COMENTÁRIOS:

Alternativa "a" – Pode usar o pronome de tratamento de forma não cerimoniosa.

Alternativa "b" – Características da notícia: possui cunho informativo, são textos descritivos e/ou narrativos, são curtos, veiculado nos meios de comunicação, linguagem formal, clara e objetiva, textos com títulos (principal e auxiliar), **textos em terceira pessoa (impessoais)**, discurso indireto, fatos atuais, reais e cotidianos.

Alternativa "c" – Não causa problema algum, pois está dialogando com jovens e utiliza a linguagem usada por esse grupo.

Alternativa "d" – Se são alunos universitários, podem estudar a obra do poeta.

Alternativa "e" – É apropriado o detalhamento.

RESPOSTA: B

25 **(FGV – CGU – Técnico Federal de Finanças e Controle/2022)** "A imagem era de uma pessoa que não podia inspirar outro sentimento que não o do respeito, porque seu aspecto mostrava uma face larga com um grande nariz e pequenos olhos abaixo de grossas sobrancelhas. Uns lábios finos se desenhavam sob um bigode tímido, tudo isso com uma pele morena bastante fresca com traços de ótima saúde. A cabeça era suportada por um corpo bastante avantajado..."

Esse pequeno fragmento é exemplo de um texto descritivo. A afirmação correta sobre ele é:

a) a descrição se limita a características físicas de uma pessoa, particularmente de sua cabeça;
b) a tendência global dos traços descritivos apresentados é caracterizar uma pessoa por sua firmeza e elegância;
c) a estratégia descritiva empregada é a de dar uma ideia do todo, mostrando a seguir detalhes desse todo;
d) o observador encarregado da descrição faz questão de ser bastante objetivo, sem interferências de caráter subjetivo;
e) as características apresentadas, relativas ao aspecto geral da pessoa descrita, não confirmam a imagem de respeito referida no início do texto.

COMENTÁRIOS:

Alternativa "a" – A descrição não se limita a características físicas. No início: *uma pessoa que não podia inspirar outro sentimento que não o do respeito.*

Alternativa "b" – Como mencionado na alternativa anterior, é caracterizar uma pessoa por inspirar respeito.

Alternativa "c" – É uma descrição do todo, realizada através de detalhes: inspirava respeito, tinha a face larga, grande nariz, pequenos olhos, grossas sobrancelhas, lábios finos, bigode tímido, pele morena, corpo avantajado.

Alternativa "d" – Há subjetividade porque os adjetivos podem alterar através do julgamento de outra(s) pessoa(s).

Alternativa "e" – A imagem criada é de respeito, e as características físicas a confirmam.

RESPOSTA: C

26 **(FGV – CGU – Técnico Federal de Finanças e Controle/2022)** Eis um exemplo de texto informativo:

Um adolescente de 16 anos sofreu um acidente na Avenida Central, em Cidade Bonita, tentou fugir da Polícia Militar que chegava para atender a ocorrência e bateu novamente em uma carreta, a cerca de 2 km do local onde ele se acidentou pela primeira vez, nessa quinta-feira (18). A vítima foi encaminhada ao hospital em estado grave.

A Polícia Militar informou que foi acionada para socorrer o motociclista que havia batido em uma carreta. Ao se aproximarem, depois de acionados para o socorro, os policiais encontraram o adolescente caído atrás da carreta e a moto dele estacionada no canteiro.

Abaixo estão algumas recomendações para a redação de textos informativos; a recomendação que foi desobedecida na formulação do texto acima é:

a) não se devem usar palavras familiares, nem vagas, nem muito menos indecorosas;
b) não se devem utilizar palavras eruditas, rebuscadas, pois sua finalidade primeira é que sejam compreensíveis;
c) deve-se ter muita clareza; nada de metáforas poéticas, ditados populares, nem qualquer outro elemento que possa produzir duplas interpretações;
d) deve-se ter por objeto um fato real, daí que a fidelidade à realidade seja uma obrigação, não se criando fatos de ficção e ancorando os dados fornecidos;
e) deve-se evitar repetir algo que já tenha sido previamente explicado e pretende-se que a informação seja dada da forma mais clara possível.

COMENTÁRIOS:

Alternativa "a" – O texto informativo possui a finalidade de informar e esclarecer um assunto ou tema. Deve apresentar uma linguagem clara, direta e objetiva a fim de que todos o entendam.

Alternativa "b" – Deve apresentar uma linguagem clara, direta e objetiva a fim de que todos o entendam.

Alternativa "c" – A finalidade de textos informativos é informar e esclarecer. Para que isso aconteça, não devem ser usados termos muito rebuscados ou figuras de linguagem. Utiliza-se a linguagem denotativa.

Alternativa "d" – Carrega citações, dados, informações sólidas e verídicas, no intuito de comprovar sua credibilidade.

Alternativa "e" – O texto possui várias repetições e, consequentemente, não há objetividade nem clareza – características básicas do texto informativo.

RESPOSTA: E

27 **(FGV – CGU – Técnico Federal de Finanças e Controle/2022)** O filósofo Pascal escreveu certa vez:

"O tempo cura as dores e as queixas, porque nós nos modificamos, não somos sempre a mesma pessoa. Nem o ofensor, nem o ofendido, são os mesmos.

É como um povo que foi maltratado e que é reencontrado após duas gerações. São ainda os franceses, mas não os mesmos".

Para defender uma tese, o autor apela para diferentes tipos de raciocínio. O processo utilizado nesse pequeno texto é o de raciocínio:

a) dedutivo, que parte de uma ideia geral, de um princípio, para daí tirar uma consequência particular;
b) indutivo, que parte de vários fatos particulares, para daí tirar um princípio geral;
c) por oposição, em que se colocam duas situações contrárias;
d) pelo absurdo, em que se supõe uma ideia contrária à tese defendida para mostrar que essa última acaba por uma conclusão falsa ou absurdo;
e) por analogia, em que se utiliza uma comparação para a defesa da tese.

COMENTÁRIOS:

Alternativa "a" – Parte de uma ideia geral e depois compara.

Alternativa "b" – Parte de uma ideia geral.

Alternativa "c" – Não existe oposição.

Alternativa "d" – Não há absurdo nem ideia contrária nem conclusão, muito menos falsa.

Alternativa "e" – Compara um fato (as modificações humanas) com um país maltratado (França).

RESPOSTA: E

28 **(FGV – MPE SC – Auxiliar/2022)** Observe o início do seguinte texto narrativo:

"Um homem tinha uma fazenda perto de um rio, mas essa proximidade nunca havia trazido problema. Certo dia o rio começou a crescer e ele percebeu que sua fazenda ia ficar submersa".

A frase que inicia propriamente a narração, é:

a) Um homem tinha uma fazenda perto de um rio;
b) ...mas essa proximidade nunca havia trazido problema;
c) Certo dia o rio começou a crescer;
d) ...e ele percebeu;
e) ...que sua fazenda ia ficar submersa.

COMENTÁRIOS:

➲ **Nota da autora:** A principal característica do texto narrativo é a presença de um narrador, o espaço e o **tempo**. Os verbos são conjugados no pretérito perfeito do indicativo.

Além disso, é necessário atentar-se ao comando da questão: *inicia* ***propriamente*** *a narração.*

Alternativa "a" – Há indicação de espaço (perto do rio), mas, ao ler a segunda oração, nota-se que não inicia a narração. Verbos no pretérito imperfeito do indicativo.

Alternativa "b" – Como mencionado acima, não existe característica narrativa.

Alternativa "c" – Menciona o tempo: "certo dia". Os verbos estão no pretérito perfeito do indicativo – outra característica de texto narrativo.

Alternativa "d" – A narração inicia-se na oração anterior, ao mencionar o tempo e usar verbo no pretérito perfeito.

Alternativa "e" – A narração inicia-se na primeira oração do período, não na última.

RESPOSTA: C

29 **(FGV – MPE SC – Auxiliar/2022)** A frase abaixo que contém marcas do enunciador, é:

a) Hoje, tempo bom, com chuvas no cair da tarde;
b) O acidente causou duas vítimas, levadas ao hospital mais próximo;
c) O fogão era moderno, pena que custasse tão caro;
d) O material de construção ficou espalhado pela calçada;
e) Todos os convidados chegaram atrasados ao evento.

COMENTÁRIOS:

Nota da autora: Ao mencionar que possui marcas no enunciador, a banca refere-se à subjetividade, ou seja, algo que **varia de acordo com o julgamento de cada pessoa.**

Alternativa "a" – O adjetivo "bom" refere-se ao tempo firme, não ao gosto pessoal.

Alternativa "b" – O período é objetivo, isto é, informa um fato sem o autor expor sua opinião.

Alternativa "c" – Subjetividade: **pena** que custasse tão **caro**. Perceba que o fato de o fogão ser caro demarca o julgamento de uma pessoa. Outras pessoas podem não achar a mesma coisa.

Alternativa "d" – Frase objetiva.

Alternativa "e" – Informação objetiva.

RESPOSTA: C

30 **(FGV – MPE SC – Auxiliar/2022)** Observe o trecho inicial do romance Dom Casmurro:

"Uma noite destas, vindo da cidade para o Engenho Novo, encontrei no trem da Central um rapaz aqui do bairro, que eu conheço de vista e de chapéu. Cumprimentou-me, sentou-se ao pé de mim, falou da Lua e dos ministros, e acabou recitando-me versos. A viagem era curta, e os versos pode ser que não fossem inteiramente maus. Sucedeu, porém, que, como eu estava cansado, fechei os olhos três ou quatro vezes; tanto bastou para que ele interrompesse a leitura e metesse os versos no bolso. — Continue, disse eu acordando. — Já acabei, murmurou ele. — São muito bonitos. Vi-lhe fazer um gesto para tirá-los outra vez do bolso, mas não passou do gesto; estava amuado. No dia seguinte entrou a dizer de mim nomes feios, e acabou alcunhando-me Dom Casmurro".

Como sabemos, a narração é caracterizada basicamente pela sucessão cronológica de ações ou acontecimentos e essa passagem de tempo é obtida por meio de vários fatores; a opção abaixo em que o fator indicado está exemplificado adequadamente, é:

a) uma localização temporal específica: "Uma noite destas...";
b) uma sucessão de tempos verbais que mostram causa/consequência: "encontrei no trem da Central" e "Cumprimentou-me";
c) um verbo que mostra, em sua significação, passagem de tempo: "e acabou recitando-me versos";
d) elementos em adição, que indicam passagem de tempo: "falou da Lua e dos ministros";
e) expressão que mostra simultaneidade de tempo: "No dia seguinte".

COMENTÁRIOS:

Alternativa "a" – Refere-se a qualquer noite, não a especifica.

Alternativa "b" – Primeiro encontrou, depois cumprimentou. O erro está ao citar que existe relação de causa/consequência. Note que as orações são coordenadas.

Alternativa "c" – Neste período, fica evidente a passagem do tempo: ***Cumprimentou**-me, **sentou**-se ao pé de mim, **falou** da Lua e dos ministros, e **acabou recitando**-me versos.*

Alternativa "d" – Os elementos de adição referem-se aos assuntos falados, não à passagem do tempo.

Alternativa "e" – Não aconteceu ao mesmo tempo, não é concomitante. Foi em outro dia.

RESPOSTA: C

31 **(FGV – MPE SC – Auxiliar/2022)** O ato de descrever corresponde a atribuir ao objeto da descrição informações, qualificações, estados, caracterizações ou relações.

A opção abaixo em que o adjetivo indica uma caracterização, é:

a) relógio importado;
b) roupa elegante;
c) vestido curto;
d) restaurante modesto;
e) local fúnebre.

COMENTÁRIOS:

Nota da autora

- **Adjetivo de relação:** deriva de substantivo, possui valor objetivo, não pode ser intensificado. Exemplo: vinho da França = vinho francês.

- **Adjetivo caracterizador:** caracteriza e particulariza o substantivo.

Alternativa "a" – O adjetivo "importado" é de relação, deriva de substantivo (importação), possui valor objetivo (não expressa ponto de vista) e não pode ser intensificado.

Alternativa "b" – Indica uma qualidade da roupa: harmônico, leve, natural. Poderia referir-se à pessoa. Não particulariza o substantivo.

Alternativa "c" – O adjetivo "curto" caracteriza e particulariza o substantivo "vestido". Pode ser intensificado: curtíssimo. É uma caracterização fiel, pois o vestido pode ser curto, longo, apertado, largo etc.

Alternativa "d" – Indica uma qualidade do restaurante: desprovido de luxo, simples. Poderia, também, referir-se à pessoa, ou seja, não particulariza o substantivo.

Alternativa "e" – O adjetivo "fúnebre" é de relação – possui valor objetivo e não varia em grau.

RESPOSTA: C

32 **(FGV – MPE SC – Auxiliar/2022)** Observe o seguinte texto descritivo:

"Olhou o objeto por trás da cadeira que estava diante dele. Contornou-a e aproximou-se da mesa. Cuidadosamente, pegou o pequeno pássaro esculpido em madeira e, voltando para a cadeira, girou-o entre os dedos, examinando a pequena base pintada de azul".

A técnica descritiva empregada nesse texto, é:

a) observador e objeto estão parados;
b) observador e objeto estão em movimento;
c) objeto imóvel e observador em movimento;
d) objeto em movimento e observador parado;
e) objeto e observador alternam movimento e paralisação.

COMENTÁRIOS:

Alternativa "a" – Estão em movimento.

Alternativa "b" – Observador em movimento: olhou, contornou, aproximou-se, pegou, voltou, girou, examinou. Objeto em movimento: o observador pegou o pássaro, voltou para a cadeira, girou-o entre os dedos.

Alternativa "c" – O observador tirou o objeto do lugar, voltou para a cadeira e girou-o, ou seja, está em movimento também.

Alternativa "d" – Os dois estão em movimento.

Alternativa "e" – O observador está sempre em movimento, não há alternância.

RESPOSTA: B

33 **(FGV – MPE SC – Auxiliar/2022)** Num samba popular de Paulinho da Viola e Hermínio Bello de Carvalho há uma descrição da favela da Mangueira, nos seguintes versos:

"Vista assim do alto
Mais parece o céu no chão"

Sobre esse pequeno texto, é correto afirmar que:

a) o observador está no plano horizontal em relação à favela;
b) os detalhes dados sobre a favela a desvalorizam;
c) a posição do observador favorece a descrição da favela;
d) a semelhança com o céu ocorre pelo distanciamento;
e) a expressão "céu no chão" mostra a dura realidade da favela.

COMENTÁRIOS:

Alternativa "a" – Não. A favela está vista de cima, isto é, pelo plano vertical.

Alternativa "b" – Valorizam: o céu é sinônimo de paraíso, local ou situação feliz.

Alternativa "c" – Favorece a descrição porque ele está vendo a favela de cima.

Alternativa "d" – A semelhança com o céu é devido à vista, ao espaço, não à distância.

Alternativa "e" – Pelo contrário: mostra a beleza do lugar.

RESPOSTA: C

34 **(FGV – MPE SC – Auxiliar/2022)** Um leitor observou num jornal a seguinte frase: "Brasil está importando computadores moderníssimos".

Dessa frase, o leitor elaborou mentalmente uma série de deduções ou inferências; a opção que mostra uma inferência logicamente impossível, é:

a) Os computadores importados são mais caros;
b) O Brasil não está produzindo computadores modernos em número suficiente;
c) Os computadores importados mostram boa qualidade;
d) Parte dos brasileiros está exigindo computadores moderníssimos;
e) Os computadores moderníssimos possibilitam maior número de operações.

COMENTÁRIOS:

Alternativa "a" – Os computadores importados são modernos. Não há relação alguma com o preço.

Alternativa "b" – Se precisa importar, não há produção no país.

Alternativa "c" – Se são modernos, possuem boa qualidade.

Alternativa "d" – Se estão importando é porque vendem.

Alternativa "e" – Se está à frente de seu tempo, possibilitam mais operações.

RESPOSTA: A

35 **(FGV – MPE SC – Auxiliar/2022)** Entre as opções abaixo, aquela que exemplifica o tipo de texto argumentativo, é:

a) Quando muitos estão, falem pouco;
b) O asterisco nada mais é do que um ponto final hippie;
c) Cuidado ao ler livros sobre saúde;

d) Segundo Aristóteles, o ignorante afirma, o sábio duvida e reflete;
e) Que nunca o livro fique longe de tua mão e de teus olhos.

COMENTÁRIOS:

Nota da autora: Um texto argumentativo é um tipo de escrita que expressa coerência por meio de um raciocínio que refuta ou justifica algo, a fim de **persuadir o leitor**. Pode ser expressa por escrito ou como oratória argumentativa, a fim de **convencer o leitor ou ouvinte sobre um determinado tema** por meio de abordagens e argumentos baseados na lógica e na emoção. **Expressa as ideias, opiniões e pontos de vista do emitente.**

Alternativa "a" – Há verbo no imperativo, trata-se de um pedido, de uma solicitação.

Alternativa "b" – Existe apenas uma comparação – entre a simplicidade do ponto final e o "ornamento" do asterisco. Por isso menciona o *hippie* (possui um estilo próprio de se vestir).

Alternativa "c" – É um aviso, um pedido, uma recomendação – como ocorreu na alternativa "a".

Alternativa "d" – Para convencer o leitor, o autor expressa a opinião do filósofo Aristóteles.

Alternativa "e" – É apenas um pedido, uma sugestão.

RESPOSTA: D

36 **(FGV – Técnico Policial de Necropsia – PC RJ/2022)** "A questão é saber se essa adaptação cinematográfica mostra qualidades estéticas; meu parecer sobre esse tema é que esse filme marcará a história do cinema".

No texto acima, há a manifestação de uma opinião por parte do enunciador; indique a estratégia empregada na manifestação dessa opinião:

a) apresentação de uma opinião própria, mas revestindo-a de uma aparência geral;
b) declaração de uma opinião alheia, confrontando-a com outro ponto de vista;
c) confrontação de diversas opiniões, mesmo que algumas estejam implícitas;
d) indicação de uma opinião própria, reivindicando claramente a paternidade da ideia;
e) comentário de uma opinião apresentada como própria.

COMENTÁRIOS:

Alternativa "a" – Há manifestação de uma opinião por parte do enunciador: *meu parecer*. Não a reveste de uma aparência geral, pois há subjetividade.

Alternativa "b" – A opinião é do autor (não alheia) e não existe confronto algum.

Alternativa "c" – Não compara ou combate tampouco há opiniões implícitas.

Alternativa "d" – Trata-se da opinião do autor, é usado o pronome possessivo de primeira pessoa do singular (meu) com o qual assume tal posicionamento.

Alternativa "e" – Não é comentário de uma opinião, é uma opinião.

RESPOSTA: D

37 **(FGV – Técnico Policial de Necropsia – PC RJ/2022)** Observe o trecho inicial de uma redação escolar:

"Os defensores do meio ambiente discordam de muitas frases ditas como verdades absolutas: 'Mais vale um pássaro na mão que dois voando' ou 'Quem não tem cão caça com gato' recebem sugestões de mudanças para 'Mais vale um pássaro voando que dois na mão' ou 'Não se deve caçar com cão nem com gato.'"

Nesse caso, as citações dos ditados originais cumprem o seguinte papel:

a) ao mesmo tempo que revelam uma opinião, elas servem de base para o apoio de uma argumentação;
b) indicam exemplos de pensamentos que apoiam a argumentação fundamental do texto;
c) servem de base para um comentário em função do argumento desenvolvido;
d) apresentam uma opinião a ser comentada ao mesmo tempo que servem como ponto de apelo para a leitura;
e) mostram exemplos de frases ditas anteriormente e que servem de apoio para o desenvolvimento do texto.

COMENTÁRIOS:

Alternativa "a" – Não são opiniões, são ditados populares – assunto de que a banca tanto gosta.

Alternativa "b" – Não apoiam a argumentação fundamental, até porque quem discorda são os defensores do meio ambiente.

Alternativa "c" – Não há comentário em função do argumento.

Alternativa "d" – Opinião a ser comentada, sim, mas não existe apelo.

Alternativa "e" – Separemos para entender melhor:

- Mais vale um pássaro na mão que dois voando.

Reescrita: Mais vale um pássaro voando que dois na mão.

Discordância: a liberdade e necessária.

- Quem não tem cão caça com gato.

Reescrita: Não se deve caçar com cão nem com gato.

Discordância: cão e gato não devem ser usados para caçar.

RESPOSTA: E

38 **(FGV – Técnico Policial de Necropsia – PC RJ/2022)** Um dicionário nos informa o seguinte sobre o vocábulo *necropsia*: "Exame minucioso que, sendo realizado por um especialista, é feito no corpo de uma pessoa morta, buscando encontrar o momento e a causa de sua morte; exame médico realizado num cadáver; autópsia."

Verifica-se, com essa definição, que:

a) os médicos não são responsáveis pelos exames em cadáveres;
b) necropsia é o mesmo que autópsia;
c) o vocábulo necropsia possui apenas um significado;

d) a necropsia é realizada apenas em mortes criminosas;
e) a necropsia indica também o local da morte.

COMENTÁRIOS:

Alternativa "a" – É um exame médico feito, é realizado por um especialista, logo os médicos são responsáveis pelos exames.

Alternativa "b" – Segundo *um dicionário*, são sinônimos.

Alternativa "c" – Possui três significados, basta reparar os sinais de ponto e vírgula.

Alternativa "d" – É realizado no corpo de uma pessoa morta para saber o momento e a causa da morte. Não menciona mortes criminosas.

Alternativa "e" – Indica apenas o momento e a causa, como mencionado na alternativa anterior.

RESPOSTA: B

39 **(FGV – Técnico Policial de Necropsia – PC RJ/2022)** O Detran/MG publica o seguinte texto: "O laudo de necropsia é um documento elaborado pelo Instituto Médico Legal. Após ser gerado pelo IML, é encaminhado para a Delegacia de Trânsito em sua localidade. O prazo estimado para liberação do laudo é de aproximadamente trinta dias após o óbito, mediante apresentação dos documentos necessários." (Adaptado)

Esse texto tem a finalidade de:

a) fornecer informações básicas sobre o laudo de necropsia;
b) indicar o conteúdo de um laudo de necropsia;
c) definir simplesmente um laudo de necropsia;
d) ensinar o processo rápido da obtenção de um laudo de necropsia;
e) mostrar que o laudo de necropsia é um documento oficial.

COMENTÁRIOS:

Alternativa "a" – Informações sobre o laudo: *é um documento elaborado pelo Instituto Médico Legal, é encaminhado para a Delegacia de Trânsito em sua localidade, o prazo estimado para liberação do laudo é de aproximadamente trinta dias após o óbito.*

Alternativa "b" – Não menciona o conteúdo.

Alternativa "c" – Não há definição. Laudo: *texto que contém um parecer técnico, uma opinião especializada, sobre determinado assunto.*

Alternativa "d" – Não ensina o processo. Quanto ao tempo, cita que é de aproximadamente 30 dias, ou seja, não é rápido.

Alternativa "e" – O laudo *é um documento elaborado pelo Instituto Médico Legal.* É um documento oficial, mas essa não é a finalidade do texto.

RESPOSTA: A

40 **(FGV – Técnico Policial de Necropsia – PC RJ/2022)** "O laudo de necropsia é um documento elaborado pelo Instituto Médico Legal. Após ser gerado pelo IML, é encaminhado para a Delegacia de Trânsito em sua localidade. O prazo estimado para liberação do laudo é de aproximadamente trinta dias após o óbito, mediante apresentação dos documentos necessários." (Adaptado)

Esse texto traz uma informação implícita para o leitor, que é:

a) o prazo de liberação do documento era menor anteriormente;

b) entre os documentos necessários para a liberação do laudo citado está a prova da quitação do seguro obrigatório;

c) o prazo de trinta dias para a liberação do documento é rigorosamente estabelecido por lei;

d) o texto se refere somente a mortes no trânsito;

e) a Delegacia de Trânsito é a responsável pela exatidão do documento.

COMENTÁRIOS:

Alternativa "a" – O prazo para a liberação é de aproximadamente trinta dias. Não menciona se o prazo anterior era maior ou menor, nem o cita.

Alternativa "b" – Não menciona o seguro obrigatório.

Alternativa "c" – Não é estabelecido por lei, muito menos "rigorosamente".

Alternativa "d" – Se é encaminhado para a Delegacia de Trânsito, refere-se somente a mortes no trânsito.

Alternativa "e" – O Instituto Médico Legal elabora o laudo, isto é, ele é responsável pelo documento. A Delegacia de Trânsito recebe o laudo.

RESPOSTA: D

Texto 1

Vejamos, agora, o que nos diz Machado de Assis sobre a autópsia: "Li um termo de autópsia. Nunca deixo de ler esses documentos, não para aprender anatomia, mas para verificar ainda uma vez como a língua científica é diferente da literária. Nesta, a imaginação vai levando as palavras belas e brilhantes, faz imagens sobre imagens, adjetiva tudo, usa e abusa de reticências, se o autor gosta delas. Naquela, tudo é seco, exato e preciso. O hábito externo é externo, o interno é interno; cada fenômeno, cada osso, é designado por um vocábulo único. A cavidade torácica, a cavidade abdominal, a hipóstase cadavérica, a tetania, cada um desses lugares e fenômenos não pode receber duas apelações, sob pena de não ser ciência."

(Adaptado. A Semana, 1830)

41 **(FGV – Técnico Policial de Necropsia – PC RJ/2022)** Machado de Assis verifica, no termo de autópsia, como a linguagem científica é diferente da literária. A frase abaixo que está formulada em linguagem científica é:

a) Os vivos são os mortos de férias;

b) A morte é como nascer de novo, só que ao contrário;

c) A vida é um naufrágio onde só se salva o barco;
d) O sol e a morte não podem ser olhados fixamente;
e) Com a morte, os órgãos param de funcionar.

COMENTÁRIOS:

Alternativa "a" – Há metáfora (comparação implícita), é literária: Os vivos são [como] os mortos de férias.

Alternativa "b" – Comparação explícita entre morrer e nascer: uso da conjunção "como". Linguagem literária.

Alternativa "c" – Metáfora (comparação implícita): a vida é [como] um naufrágio. Linguagem literária.

Alternativa "d" – Metáfora (comparação implícita): o sol é [como] a morte. Linguagem literária.

Alternativa "e" – Informação seca, exata e precisa: linguagem científica.

RESPOSTA: E

42 **(FGV – Técnico Policial de Necropsia – PC RJ/2022)** Observe o seguinte trecho do texto de Machado de Assis: "Li um termo de autópsia. Nunca deixo de ler esses documentos, não para aprender anatomia, mas para verificar ainda uma vez como a língua científica é diferente da literária."

Nesse segmento do texto 1, a frase "não para aprender anatomia" desempenha a seguinte função:

a) contrariar um possível pensamento dos leitores;
b) mostrar a finalidade principal de sua leitura;
c) ridicularizar a forma de escrever esses documentos;
d) indicar seu distanciamento de temas desagradáveis;
e) criticar o ensino de Medicina em sua época.

COMENTÁRIOS:

Alternativa "a" – A finalidade da leitura de uma autópsia não é comparar a linguagem utilizada (a científica) com a literária. Isso contraria o pensamento dos leitores.

Alternativa "b" – A finalidade não é essa, como mencionado na alternativa anterior.

Alternativa "c" – Compara, não ridiculariza.

Alternativa "d" – Se ele lê, não há distanciamento, muito menos indica que seja desagradável.

Alternativa "e" – Machado ser refere à linguagem utilizada, não à medicina.

RESPOSTA: A

43 **(FGV – TJ RO – Técnico Judiciário – 2021)** "Por medo de contágio da Covid-19, muitos londrinos relutam a segurar o corrimão das escadas rolantes das estações de metrô. O resultado é um aumento nas quedas com risco de vida – alertaram as autoridades do transporte público nesta sexta-feira (17)." (Isto É, 17/09/2021)

Esse segmento exemplifica um tipo de texto denominado informativo, estruturado a partir de um emissor que se dirige a um receptor para modificar seu estado de conhecimento.

A informação crucial desse segmento é a de que:

a) muitas pessoas mostram um medo exagerado de contágio da Covid-19;
b) muitos passageiros do metrô deixaram de segurar o corrimão das escadas rolantes por medo de contágio;
c) o fato de não segurarem o corrimão das escadas rolantes aumenta potencialmente o risco de quedas;
d) o número de quedas nas escadas rolantes do metrô tem aumentado;
e) as quedas nas escadas rolantes do metrô trazem risco de vida aos passageiros.

COMENTÁRIOS:

Nota da autora: "crucial" possui sentido de *extrema importância para que alguma coisa se realize, importância excessiva.*

Alternativa "a" – Além de não mencionar que o medo seja exagerado, a informação é apenas a causa de os londrinos relutarem a segurar o corrimão das escadas.

Alternativa "b" – Nada indica que são somente passageiros, e essa não é a ideia fundamental do texto.

Alternativa "c" – Não se trata da ideia mais importante, além de haver exagero ao inserir o advérbio "potencialmente".

Alternativa "d" – Isso acontece e indica a consequência de não segurarem o corrimão, mas não é a informação mais importante.

Alternativa "e" – Se não segurar o corrimão, pode cair. Se cair, corre risco de vida. Essa é a informação mais importante do trecho.

RESPOSTA: E

44 **(FGV – TJ RO – Técnico Judiciário – 2021)** "(Virgem) Alguém está prejudicando você no trabalho? Seu momento de vida indica que você está livre de qualquer tentativa de prejudicá-lo. Todos vão continuar a tratá-lo com respeito." (Horóscopo, 10/08/2021)

Sobre os componentes estruturais desse texto, é correto afirmar que:

a) o autor do texto fala com um leitor imaginário, do signo de Virgem;
b) a primeira pergunta pretende receber uma informação indispensável para a continuidade do texto;
c) o "momento de vida" indica o responsável pela liberdade de que desfruta o leitor;
d) as duas ocorrências da forma "lo" mostram que os leitores pertencem todos ao sexo masculino;

e) as afirmações do horóscopo mostram negativismo, como a maioria das previsões astrológicas.

COMENTÁRIOS:

Alternativa "a" – O leitor imaginário é do signo de virgem. Entende-se que o pronome de tratamento "você" refere-se a um(a) virginiano(a).

Alternativa "b" – Não é uma informação obrigatória.

Alternativa "c" – Apenas indica que no tempo presente não há algo que o prejudique, não se refere à responsabilidade.

Alternativa "d" – Coesão textual: os pronomes pessoais oblíquos retomam o pronome de tratamento "você" – independentemente do sexo.

Alternativa "e" – Mostram positivismo: *você está livre de qualquer tentativa de prejudicá-lo. Todos vão continuar a tratá-lo com respeito.*

RESPOSTA: A

45 **(FGV – TJ RO – Técnico Judiciário – 2021)** "As fotografias estão ótimas; acho que perdi bons momentos; vou ver se qualquer dia desses envio uma foto minha para você, você sabe que eu não gosto de tirar fotos."

O emprego da expressão "vou ver" nesse *e-mail* indica:

a) retribuição formal a uma ação do outro;
(b desprezo pela ação a ser praticada;
c) pouco compromisso na promessa feita;
d) preocupação com um compromisso firmado;
e) sugestão de uma ação dependente do outro.

COMENTÁRIOS:

Alternativa "a" – Não agradece, isto é, não retribui, apenas responde de maneira informal.

Alternativa "b" – Não deprecia o fato de enviar foto, explica que não gosta de tirar fotos.

Alternativa "c" – A expressão é usada na linguagem coloquial com o intuito de demonstrar que não há certeza de que acontecerá, é falta de compromisso. Se fosse certo, escreveria "enviarei uma foto minha para você". O uso de "qualquer dia desses" reforça a falta de compromisso.

Alternativa "d" – Despreocupação. Além disso, não foi firmado o compromisso.

Alternativa "e" – Independe de outro.

RESPOSTA: C

Texto 1 – Notícia

"Cientistas americanos apresentaram ontem resultados preliminares de uma vacina contra o fumo. O medicamento impede que a nicotina – componente do tabaco que causa dependência – chegue ao cérebro. Em ratos vacinados, até 64% da nicotina injetada deixou de atingir o sistema nervoso central."

(O Globo, 18/12/99).

46 **(FGV – TCE PI – Assistente de Administração – 2021)** O modelo do texto 1 mostra uma estrutura caracterizada por:

a) exposição de uma série de fatos em sequência cronológica;
b) defesa de uma ideia apoiada em argumentos;
c) apresentação de um conjunto de informações;
d) indicação de um fato com sua respectiva consequência;
e) demonstração de uma tese por meio de evidências.

COMENTÁRIOS:

Alternativa "a" – Expões fatos, mas não em sequência cronológica.

Alternativa "b" – Não há defesa de ideia, muito menos argumentos.

Alternativa "c" – Informações: cientistas americanos apresentaram resultados de uma vacina contra o fumo; o medicamento impede que a nicotina chegue ao cérebro; nicotina causa dependência; até 64% da nicotina injetada em ratos deixou de atingir o sistema nervoso central.

Alternativa "d" – São vários fatos, não apenas um.

Alternativa "e" – Não é algo a ser discutido, ou seja, não é uma tese.

RESPOSTA: C

47 **(FGV – TCE PI – Assistente de Administração – 2021)** Um dado, que está presente no texto 1, sobre a descoberta anunciada é:

a) a razão de a nicotina causar mal aos fumantes;
b) as várias consequências do uso da nicotina no organismo;
c) a indicação do tempo gasto nas pesquisas;
d) a certeza de a vacina ser altamente eficiente;
e) a demonstração da total eficiência da vacina nos ratos.

COMENTÁRIOS:

Alternativa "a" – A nicotina é componente do tabaco e causa dependência. Se causa dependência, faz mal.

Alternativa "b" – Foi mencionada apenas uma consequência: causar dependência.

Alternativa "c" – Não foi mencionado o tempo.

Alternativa "d" – Os cientistas apresentaram resultados preliminares, não se sabe sobre a eficiência.

Alternativa "e" – Como mencionado na alternativa anterior, foram apresentados resultados preliminares.

RESPOSTA: A

48 **(FGV – TCE PI – Assistente de Administração – 2021)** No texto 1, o segmento "componente do tabaco que causa dependência" tem a função de:

a) explicar o funcionamento da nicotina no organismo;
b) indicar o significado do vocábulo "nicotina";
c) mostrar o perigo do uso da nicotina;
d) modificar uma informação dada anteriormente;
e) alertar o leitor para o risco do fumo para a saúde.

COMENTÁRIOS:

Alternativa "a" – Não explica funcionamento algum. Explica o que significa a nicotina.

Alternativa "b" – 'Trata-se de um aposto explicativo que está intercalado por travessões.

Alternativa "c" – Ocorreu extrapolação textual.

Alternativa "d" – Explica, não modifica.

Alternativa "e" – Não é uma alerta, é uma explicação.

RESPOSTA: B

Texto 2 – Campanha

"Antes que comecem os mimimis, um aviso: não tenho absolutamente nada contra aqueles que fumam. A decisão de enviar mais de 4 mil substâncias tóxicas para dentro do corpo e correr o risco de morrer precocemente com um câncer na boca, laringe, estômago ou pulmão é pessoal. Só não soltem fumaça na cara de não-fumantes, combinado?"

(Publicidade, Guilherme Dantas, 2013).

49 **(FGV – TCE PI – Assistente de Administração – 2021)** Como outros textos de campanhas contra o tabagismo, o texto 2 também tenta convencer pessoas a não fumar; o argumento básico do autor do texto é:

a) o constrangimento social sobre os que não fumam;
b) a condenação universal dos fumantes;
c) a situação de vergonha pública por que passam os fumantes;
d) a intimidação dos fumantes por alusão a possíveis doenças;
e) o problema do encaminhamento a vícios mais graves.

COMENTÁRIOS:

Alternativa "a" – Quanto aos não fumantes, menciona que não são obrigados suportar a fumaça do cigarro.

Alternativa "b" – Não atribui culpa, muito menos sugere que se aplica a todos: *não tenho absolutamente nada contra aqueles que fumam.*

Alternativa "c" – Não menciona vergonha pública.

Alternativa "d" – Amedronta ao citar que o fumo pode causar câncer na boca, laringe, estômago ou pulmão.

Alternativa "e" – Foi mencionado apenas um vício, não cita outros mais graves.

RESPOSTA: D

50 **(FGV – IMBEL – Cargos de Nível Médio – 2021)** Um escritor francês disse que "Nem os estadistas, nem os atores sabem se aposentar na hora certa."

Assinale a opção que apresenta a frase que reproduz corretamente o sentido dessa frase.

a) Sabem aposentar-se na hora certa estadistas e atores.
b) Estadistas e atores não sabem, a certa hora, aposentar-se.
c) Os estadistas e também os atores sabem aposentar-se na hora certa.
d) Não só estadistas, mas também os atores não sabem se aposentar na hora certa.
e) Não sabem aposentar-se, à certa hora, não só estadistas, como também os atores.

COMENTÁRIOS:

Alternativa "a" – Eles não sabem a hora certa para isso.

Alternativa "b" – Eles não sabem aposentar-se? Eles não sabem a hora certa de aposentar-se.

Alternativa "c" – Eles não sabem.

Alternativa "d" – O vocábulo "nem" indica adição, ou seja, os dois não sabem a hora certa de aposentar. "Não só" e "mas também" mantêm a noção de soma.

Alternativa "e" – Em "certa hora", há um pronome indefinido seguido de um substantivo: qualquer hora. Em "hora certa", substantivo e adjetivo: a hora é certa. O sentido é alterado.

RESPOSTA: D

51 **(FGV – IMBEL – Cargos de Nível Médio – 2021)** O ex-ministro da Fazenda do Brasil, Roberto Campos, disse certa vez que
"A burrice não tem fronteiras ideológicas".

Com essa frase ele quer dizer que:

a) "Há pessoas burras em todas as ideologias."
b) "A burrice está ausente de algumas ideologias."
c) "A burrice é elemento distintivo nas ideologias."
d) "Nenhuma ideologia mostra burrice em seus atos."
e) "A burrice está presente em todos os países do mundo."

COMENTÁRIOS:

Alternativa "a" – Se não há limite para a burrice, as pessoas burras podem fazer parte de quaisquer ideologias.

Alternativa "b" – A burrice está presente, pois não possui fronteiras.

Alternativa "c" – Não indica que ocorra, ou não, semelhança entre burrice e ideologias.

Alternativa "d" – Qualquer ideologia pode mostrar burrice em seus atos.

Alternativa "e" – Não se trata de todos os países do mundo, mas sim de ideologias.

RESPOSTA: A

Texto 1

É claro que somos livres para falar ou escrever como quisermos, como soubermos, como pudermos. Mas é também evidente que devemos adequar o uso da língua à situação, o que contribui efetivamente para a maior eficiência comunicativa.

52 **(FGV – Oficial de Justiça – TJ RS – 2020)** Considerando o pensamento do texto 1 e tendo conhecimento das atribuições de um oficial de justiça, chegamos à conclusão de que, nessa atividade, a língua escrita, o nível, o uso ou o registro do idioma deve ser predominantemente:

a) formal, de acordo com os princípios da gramática normativa;
b) informal, em busca de mais ampla compreensão da mensagem;
c) regional, adequando-o ao local onde ocorre a comunicação;
d) popular, tendo em vista que as mensagens são lidas por todos;
e) ultraformal, selecionando vocabulário erudito e construções elaboradas.

COMENTÁRIOS:

Alternativa "a" – Um oficial de justiça deve utilizar a linguagem formal: *adequar o uso da língua à situação.* **Linguagem formal**: *usada em situações mais formais, sendo marcada pelo uso da norma culta.* **Características:** *utilização da norma culta, respeitando rigorosamente as normas gramaticais; utilização de um vocabulário extenso; pronúncia correta e clara das palavras.*

Alternativa "b" – A linguagem não pode ser informal porque não busca mais ampla compreensão da mensagem. **Linguagem informal:** *utilizada em situações mais descontraídas, quando existe uma familiaridade entre os interlocutores.* **Características:** *despreocupação com o uso de normas gramaticais; utilização de coloquialismos, expressões populares, gírias, palavras inventadas (neologismos); uso de palavras abreviadas, como vc, cê e tô; sujeita a variações culturais e regionais*[1].

Alternativa "c" – Não pode ser regional: *relacionada com as variações ocorridas, principalmente na **fala**, nas mais variadas comunidades linguísticas. Essas variações são também chamadas de **dialetos**. O Brasil, por exemplo, apresenta uma imensa variedade de **regionalismos** na fala dos usuários nativos de cada uma de suas **cinco regiões***[2].

Alternativa "d" – Linguagem popular é a linguagem informal – explicada na alternativa "a" – e não pode ser usada por um oficial de justiça.

1. Diferença. Disponível em: <https://www.diferenca.com/linguagem-formal-e-linguagem-informal/>. Acesso em: 26 fev. 2020, com adaptações.
2. Mundo educação. Disponível em: <https://mundoeducacao.bol.uol.com.br/redacao/niveis-linguagem.htm>. Acesso em: 26 fev. 2020, com adaptações.

Alternativa "e" – Não pode ser usada a linguagem ultraformal pelo fato de o vocabulário erudito não ser compreendido por todos os usuários da língua.

RESPOSTA: A

53 **(FGV – Oficial de Justiça – TJ RS – 2020)** Observe a frase abaixo: "Dada a causa, a natureza produz o efeito do modo mais breve em que pode ser produzido". Segundo essa frase, a natureza:

a) produz tudo aquilo de que o homem precisa;
b) indica ao homem o caminho a seguir;
c) segue, sem pressa, a ordem natural das coisas;
d) cria leis, mas não as respeita;
e) mostra espírito lógico e eficiência.

COMENTÁRIOS:

Alternativa "a" – Não há relação alguma com "precisar".

Alternativa "b" – Não há solução, ou seja, caminho a seguir.

Alternativa "c" – É breve, não sem pressa.

Alternativa "d" – A natureza possui suas leis, não são criadas.

Alternativa "e" – *Produz o efeito do modo mais breve* = coerente (lógico) e eficiente.

RESPOSTA: E

54 **(FGV – Oficial de Justiça – TJ RS – 2020)** Dvorak aproximou-se do alto da colina e debruçou-se sobre uma pequena pedra para olhar a paisagem abaixo. Observou que havia uma grande caverna, cercada de vegetação, mas não conseguiu identificar a entrada. Fez um sinal para que o grupo o acompanhasse e começou a descer cuidadosamente a encosta.

Acima aparece um pequeno texto narrativo; a frase, retirada desse texto, que mostra valor descritivo é:

a) Dvorak aproximou-se do alto da colina;
b) debruçou-se sobre uma pequena pedra;
c) havia uma grande caverna, cercada de vegetação;
d) não conseguiu identificar a entrada;
e) Fez um sinal para que o grupo o acompanhasse.

COMENTÁRIOS:

Nota da autora: Uma característica fundamental da descrição é o uso de adjetivos ou de orações adjetivas.

Alternativa "a" – Não há adjetivo.

Alternativa "b" – Existe apenas um adjetivo e não nos dá a noção fotográfica.

Alternativa "c" – Adjetivo: grande; oração subordinada adjetiva explicativa reduzida de particípio: cercada de vegetação. Desenvolvendo-a, temos: que era cercada de vegetação. Perceba que existe também o efeito fotografia, ou seja, podemos ver o local, imaginar como era a caverna.

Alternativa "d" – Não existe adjetivo.

Alternativa "e" – Não há adjetivo.

RESPOSTA: C

55 **(FGV – Oficial de Justiça – TJ RS – 2020 – adaptada)** A seguir estão as duas primeiras frases de um silogismo.

Minha mãe vai à missa todos os dias úteis.

Hoje é segunda-feira.

A conclusão adequada a esse raciocínio é:

a) Segunda-feira é um dia útil;
b) Hoje minha mãe vai à missa;
c) Segunda-feira minha mãe vai à missa;
d) Hoje é um dia útil;
e) Nos dias úteis minha mãe vai à missa.

COMENTÁRIOS:

Nota da autora: O silogismo determina um argumento ou um raciocínio dedutivo, o qual é formado por proposições que estão interligadas. Note que em quatro alternativas faltam informações.

Alternativa "a" – É um dia útil e minha mãe irá à missa.

Alternativa "b" – Hoje minha mãe vai à missa porque é segunda-feira e por ser um dia útil.

Alternativa "c" – Segunda-feira é um dia útil e hoje ela irá à missa por ser um dia útil e por ser segunda-feira.

Alternativa "d" – É também segunda-feira e minha mãe vai à missa.

Alternativa "e" – Segunda-feira é um dia útil, hoje é segunda e hoje ela vai à missa.

RESPOSTA: B

56 **(FGV – Oficial de Justiça – TJ RS – 2020)** Observe o texto argumentativo a seguir.

"O Brasil vem tentando de tudo. Toda vez que aparece uma potência emergente no mundo, tentamos nos repensar e refazer à sua imagem. Será a China do século XXI? Ou será que já não fomos longe demais nessa bizarra e infrutífera empreitada? Por que não fazer do Brasil o próprio Brasil?" (Eduardo Giannetti, O elogio do vira-lata)

Nesse texto, o argumentador:

a) apresenta sua própria opinião;
b) apresenta uma opinião como geral;
c) apresenta uma opinião alheia;
d) apresenta e comenta uma opinião;
e) confronta diversas opiniões.

COMENTÁRIOS:

Nota da autora: veja a diferença entre objetividade e subjetividade.

Objetividade: limita a informar as impressões de forma direta e neutra. Nela não existem impressões do observador, a descrição se limita a tentar ser o mais próximo possível da realidade, do real. Informa-se como ocorreu determinada situação de fato.

Subjetividade: existe uma visão do observador através de juízos de valor, certo envolvimento, deixando claro algum posicionamento pessoal, algum julgamento íntimo do autor. Há impressões captadas, tornando nítido o envolvimento do observador, enxergamos o lado pessoal, com sentimentos e emoções.

Alternativa "a" – Há subjetividade: texto escrito na primeira pessoa e com impressões do autor.

Alternativa "b" – A opinião é do autor.

Alternativa "c" – Se é do autor, não pode ser uma opinião alheia.

Alternativa "d" – Apresenta e questiona uma opinião – existem frases interrogativas.

Alternativa "e" – Existe apenas uma opinião, não há confronto algum.

RESPOSTA: A

57 **(FGV – Técnico – Área Administrativa – MP RJ – 2019)** "O livro acompanha a humanidade há tempos. Sua história é complexa e envolve inúmeras mudanças; do livro em rolo ao formato atual, lá se vão 4,5 séculos. Ao longo dessa trajetória, porém, uma característica perdurou: o livro sempre foi um repositório de conhecimento que circulava na época – e foi dessa forma que entrou na sala de aula".

Ao dizer que o livro sempre foi um repositório de conhecimento que circulava na época, a leitura do texto nos permite concluir que:

a) há sempre uma necessidade de renovação do livro em razão da contínua evolução dos conhecimentos;
b) permanece a procura por um livro didático ideal, já que todos são, por definição, deficientes;
c) continua a valorização do livro didático antigo e já experimentado por se ter mostrado útil através dos tempos;
d) se trata de um material didático que se caracteriza por seu conservadorismo, por veicular conhecimentos estabelecidos;
e) traz a marca histórica de ter veiculado conhecimentos através dos tempos e, por isso, deve preservar seus conteúdos.

COMENTÁRIOS:

Nota da autora: Questão de intepretação de texto, ou seja, é preciso concluir, inferir, deduzir. A informação possui conexão com o texto, mas está fora dele. Relembre, também, o que é compreensão textual: análise do que está escrito no texto, compreensão das ideias citadas.

Alternativa "a" – Há necessidade de renovação: *envolve **inúmeras mudanças**;* contínua evolução: *do **livro em rolo ao formato atual**, lá se vão 4,5 séculos.*

Alternativa "b" – Não se pode inferir que os livros sejam deficientes.

Alternativa "c" – Em momento algum, há valorização do livro antigo. O autor menciona a renovação e as mudanças que ocorreram.

Alternativa "d" – Pelo contrário, pois houve mudanças e renovações.

Alternativa "e" – Não deve preservar seus conteúdos.

RESPOSTA: A

58 **(FGV – Técnico – Área Administrativa – MP RJ – 2019)** No número 13 da revista *Educatrix*, aparece o seguinte texto sobre criatividade: A criatividade é uma questão constantemente colocada em pauta na educação contemporânea. Tendências, como a cultura maker, têm entre suas razões de ser a busca de um sonho pedagógico que se perde na preparação para o vestibular e no progressivo aumento da competitividade: a formação de seres humanos capazes de inovar e criar soluções.

A afirmação inadequada sobre esse fragmento textual é:

a) o primeiro período do texto é uma afirmação de caráter geral que introduz a apresentação do tema;

b) a definição de criatividade é dada pela capacidade de inovar e criar soluções;

c) o sonho pedagógico perseguido está expresso ao final do texto: a formação de seres humanos capazes de inovar e criar soluções;

d) a preparação para o vestibular é uma oportunidade única para o desenvolvimento da criatividade individual;

e) o aumento da competitividade leva à perda da formação de seres humanos criativos.

COMENTÁRIOS:

Alternativa "a" – Apresenta o assunto, o autor vai do geral ao específico: *A **criatividade** é uma questão constantemente colocada em pauta na educação contemporânea.*

Alternativa "b" – Ideia citada no final do texto: *a formação de seres humanos capazes de inovar e criar soluções.*

Alternativa "c" – O emprego do sinal de dois-pontos demonstra que se trata de um aposto explicativo, isto é, explica qual é o sonho pedagógico.

Alternativa "d" – Não é uma oportunidade **única**, ocorreu extrapolação textual ao acrescentar o adjetivo.

Alternativa "e" – A causa é citada no texto: *a busca de um sonho pedagógico que se perde na preparação para o vestibular e no progressivo aumento da competitividade.*

RESPOSTA: D

Texto 1

O trecho a seguir é a primeira pergunta de uma entrevista em que o entrevistador (E) questiona a física Cássia Fernandez (CF) sobre criatividade:

(E) – Muito se fala sobre criatividade. Mas qual a definição mais aceita sobre o que é ser uma pessoa criativa?

(CF) – Existem definições gerais de criatividade, utilizadas pelo senso comum, mas não existe um consenso no mundo acadêmico. À medida que as pesquisas se aprofundam, vemos que o tema é mais e mais complexo. Contudo, não se pode abrir mão de buscar tornar essa definição mais precisa para que as estratégias educacionais sejam mais efetivas.

59 **(FGV – Técnico – Área Administrativa – MP RJ – 2019)** A afirmação inadequada sobre o texto 1 é:

a) por conveniência, a ação de falar sobre a criatividade não é atribuída a pessoa alguma;
b) pela pergunta do entrevistador, deduz-se que há uma série de definições sobre criatividade;
c) o senso comum, segundo CF, é um bom indicador de qualidade acadêmica de uma definição;
d) as estratégias educacionais receberiam grande ajuda a partir de uma boa definição do que seja criatividade;
e) à medida que as pesquisas se aprofundam, verifica-se a grande complexidade do tema.

COMENTÁRIOS:

Alternativa "a" – Ao utilizar o verbo intransitivo "falar" seguido do índice de indeterminação do sujeito (se), fica claro que é conveniente não atribuir a ação a pessoa alguma.

Alternativa "b" – Deduzir é inferir. Se ele pergunta qual é a definição mais aceita, significa que existem várias definições.

Alternativa "c" – O emprego da conjunção adversativa "mas" demonstra que o senso comum não é um bom indicador: ***mas** não existe um consenso no mundo acadêmico.*

Alternativa "d" – Ideia citada no final do texto: *não se pode abrir mão de buscar tornar essa definição mais precisa para que as estratégias educacionais sejam mais efetivas.*

Alternativa "e" – Ideia também explícita no texto: *À medida que as pesquisas se aprofundam, vemos que o tema é mais e mais complexo.*

RESPOSTA: C

60 **(FGV – Técnico – Área Administrativa – MP RJ – 2019)** Numa entrevista, às vezes o entrevistador contamina a futura resposta do entrevistado com o seu posicionamento; a pergunta abaixo, de uma suposta entrevista, que mostra essa característica é:

a) O que o senhor acha da definição de criatividade de Machado de Assis?
b) Que estratégias educacionais o senhor recomenda diante da total falta de criatividade nas escolas?
c) Quais as marcas definidoras de criatividade?
d) Como a tecnologia pode ajudar na implantação de um projeto educativo valorizador da criatividade?
e) É possível desenvolver uma educação pela criatividade com professores já formados?

COMENTÁRIOS:

Nota da autora: *Posicionamento* é um ponto de vista que alguém possui em relação a um assunto específico, ou seja, é uma opinião.

Alternativa "a" – Não existe opinião.

Alternativa "b" – O entrevistador se posiciona ao adjetivar a falta de criatividade: ***total*** *falta de criatividade.*

Alternativa "c" – Não há posicionamento algum.

Alternativa "d" – Cuidado! Ao citar "projeto educativo valorizador", o entrevistador demonstra um fato, não uma opinião. Não se trata de elogio.

Alternativa "e" – Não existe posicionamento.

RESPOSTA: B

61 **(FGV – Técnico – Área Administrativa – MP RJ – 2019)** Uma segunda pergunta da mesma entrevista com a Cássia Fernandez (texto 1) é a seguinte:

(E) – A busca de uma educação mais criativa se deve ao desenvolvimento da Pedagogia ou a uma pressão crescente do mundo do trabalho?

(CF) – Hoje, a busca pela criatividade vem como demanda do mercado. Sou contra essa visão utilitária, mas é assim que funciona. Em um mundo onde a automação avança, onde há um fluxo gigantesco de dados, precisamos cada vez mais da criatividade. O mercado busca esse perfil profissional e a educação vem se pautando por isso. Ocorre que o modelo educativo tradicional não deixa espaço nenhum para a criatividade, pois tudo se baseia na repetição, como um modelo fordista.

Diante da pergunta formulada pelo entrevistado (E), a resposta de (CF):

a) não opta por nenhuma das sugestões dadas;
b) escolhe uma terceira opção como resposta;
c) foge do questionamento, desviando o assunto;
d) opta por uma resposta que une as duas opções;
e) indica claramente a segunda das opções como verdadeira.

COMENTÁRIOS:

Alternativa "a" – Opta pela segunda: *a busca pela criatividade vem como demanda do mercado. Sou contra essa visão utilitária, mas é assim que funciona.*

Alternativa "b" – Não foi mencionada uma terceira opção.

Alternativa "c" – Não foge do questionamento nem desvia do assunto.

Alternativa "d" – Não ocorre unificação.

Alternativa "e" – A busca de uma educação mais criativa se deve ao desenvolvimento da Pedagogia **ou** a uma pressão crescente do mundo do trabalho = a busca pela criatividade vem como **demanda do mercado** = pressão crescente do mundo do trabalho.

RESPOSTA: E

Texto para responder à questão.

Todo cidadão, numa sociedade democrática, tem o direito às mesmas oportunidades. Não podemos admitir que alguém que passou por uma escola sinta-se barrado no baile. (Ana Maria Machado)

62 **(FGV – Técnico – Área Administrativa – MP RJ – 2019)** Nesse fragmento textual, critica-se sobretudo:

a) a desigualdade social;
b) a crise da democracia;
c) a falta de inserção social;
d) o analfabetismo;
e) a pedagogia escolar.

COMENTÁRIOS:

Alternativa "a" – Não se trata de ser rico ou pobre. A autora refere-se à educação, à inserção social.

Alternativa "b" – Não é uma crise no governo, não possui relação com a democracia.

Alternativa "c" – Inclusão social: *Todo cidadão tem o direito às mesmas oportunidades.*

Alternativa "d" – A autora menciona alguém que passou por uma escola, não cita o analfabetismo.

Alternativa "e" – Não se refere à análise da educação, aos métodos e princípios.

RESPOSTA: C

Texto 2

O professor tenta exaustivamente explicar o conteúdo seguidas vezes, muda o ponto de vista, muda o esquema exposto na lousa, exemplifica de duas, três, quatro formas diferentes. A cada pausa, chama atenção de diferentes grupos de alunos, que insistem em não prestar atenção. (....) Já transpirando e quase rouco de tanto aumentar o tom de voz, o professor chama a atenção de um aluno que ri alto.

— Fica de boa, profe. Depois eu vejo isso aí no YouTube.

63 **(FGV – Técnico – Área Administrativa – MP RJ – 2019)** Entre as estratégias didáticas empregadas pelo professor (texto 2), só está ausente:

a) a repetição de conteúdos;
b) o foco variado;
c) a técnica da explicação;
d) a exemplificação prática;
e) a pausa reflexiva.

COMENTÁRIOS:

Alternativa "a" – Houve repetição: *exemplifica de duas, três, quatro formas diferentes.*

Alternativa "b" – Foco variado: *muda o ponto de vista, muda o esquema exposto na lousa.*

Alternativa "c" – Técnica da explicação: *tenta exaustivamente explicar o conteúdo seguidas vezes, muda o ponto de vista, muda o esquema exposto na lousa.*

Alternativa "d" – Exemplificação prática: *exemplifica de duas, três, quatro formas diferentes.*

Alternativa "e" – O professor, em momento algum, fica sereno e isso indica que não ocorreu pausa reflexiva.

RESPOSTA: E

Texto para responder à questão.

O astrônomo que descobriu o cometa de Halley se chamava Halley. O médico que descobriu a doença de Chagas se chamava Chagas. O cientista que descobriu o complexo de Golgi se chamava Golgi. Puxa vida, são essas coincidências que me fazem acreditar em Deus. (Eugênio Mohallem)

64 **(FGV – Técnico – Área Administrativa – MP RJ – 2019)** Esse pensamento apresenta um problema de raciocínio que é o de:

a) trocar o geral pelo particular;
b) inverter a ordem dos fatos;
c) confundir causa e consequência;
d) misturar condição e ação;
e) tirar conclusão de premissas falsas.

COMENTÁRIOS:

Alternativa "a" – Não ocorreu troca: o geral é a descoberta e o particular é o descobridor.

Alternativa "b" – Não ocorreu inversão da ordem dos fatos – cometa Halley, a doença de Chagas e o complexo de Golgi.

Alternativa "c" – Ocorreu inversão: a causa da descoberta – quem descobriu – e a consequência – as descobertas possuem o nome de seus descobridores. Sem inverter, ficaria assim: o cometa de Halley foi descoberto pelo astrônomo Halley. A doença de Chagas foi descoberta pelo médico Chagas. O complexo de Golgi foi descoberto pelo cientista Golgi.

Alternativa "d" – Não existe condição alguma, as descobertas aconteceram.

Alternativa "e" – Também não existe informação falsa, muito menos premissa – *fato inicial a partir do qual se inicia um raciocínio ou um estudo.*

RESPOSTA: C

Texto 4

Assim que toca o sinal indicando o fim das aulas, um grupo de alunos sai correndo das salas. Eles não estão com pressa de ir embora, como seria de se esperar após nove horas e meia de atividade escolar, mas para ir ao pátio, onde vão ensaiar para a fanfarra ou treinar handebol.

Em um colégio onde 30% dos alunos repetiam ou abandonavam os estudos, houve um receio inicial em aumentar o tempo de classe, com o período integral. A solução surpreendeu, fez aumentar o interesse dos jovens pelos estudos e melhorou os indicadores educacionais da unidade.

65 **(FGV – Técnico – Área Administrativa – MP RJ – 2019)** O primeiro parágrafo do texto 4 mistura dois tipos de textos, que são:

a) narrativo / dissertativo-expositivo;
b) narrativo / descritivo;
c) descritivo / dissertativo-argumentativo;
d) descritivo / dissertativo-expositivo;
e) dissertativo-expositivo / dissertativo-argumentativo.

COMENTÁRIOS:

Alternativa "a" – O primeiro período é narrativo: existem espaço (escola), personagens (alunos) e ação (grupo de alunos sai correndo). O segundo é dissertativo-expositivo, pois possui o objetivo de informar e esclarecer o leitor através da exposição do assunto. Note que não há a necessidade de convencer o leitor, apenas de expor conhecimentos, ideias e pontos de vista.

Alternativa "b" – O primeiro é narrativo, como mencionado na alternativa anterior, mas o segundo não é descritivo – não há predominância de adjetivos nem descreve algo detalhadamente ao ponto de ser criada uma imagem.

Alternativa "c" – Não é descritivo, pois não há uma notória predominância de substantivos, adjetivos e locuções adjetivas, e de verbos de estado, como *ser, estar, parecer, permanecer, ficar, continuar, tornar-se, andar* etc. Também não é dissertativo-argumentativo – não possui o objetivo de persuadir e convencer, ou seja, de levar o leitor a concordar com a tese defendida.

Alternativa "d" – Não é descritivo, como visto na alternativa anterior.

Alternativa "e" – Nem dissertativo-expositivo (comentário da alternativa "a") nem dissertativo-argumentativo (comentário da alternativa "c").

RESPOSTA: A

66 **(FGV – Técnico – Área Administrativa – MP RJ – 2019)** O segundo parágrafo do texto 4 desempenha um conjunto de papéis; o que é inadequado ao texto é:

a) mostra a mudança realizada no colégio citado;
b) justifica a atitude dos alunos, citada no primeiro parágrafo;
c) indica uma estratégia de renovação no magistério;
d) mostra uma etapa anterior aos fatos do primeiro parágrafo;
e) compara dois momentos da vida escolar.

COMENTÁRIOS:

Alternativa "a" – Mudança: *aumentar o tempo de classe, como período integral.*

Alternativa "b" – Justificativa: *fez aumentar o interesse dos jovens pelos estudos e melhorou os indicadores educacionais da unidade.*

Alternativa "c" – Não há relação com o exercício do professorado, mas sim com as regras que foram adotadas.

Alternativa "d" – Primeiro foi implantado o período integral, depois os alunos saiam correndo da sala para irem ao pátio ensaiar fanfarra ou treinar handebol.

Alternativa "e" – Momento negativo: *30% dos alunos repetiam ou abandonavam os estudos*. Momento positivo: *aumentar o interesse dos jovens pelos estudos e melhorou os indicadores educacionais da unidade.*

RESPOSTA: C

67 **(FGV – Técnico – Área Administrativa – MP RJ – 2019)** No terreno da educação, são muito comuns as figuras de linguagem que envolvem alimentação; a frase abaixo em que isso NÃO ocorre é:

a) O cozinheiro se faz, porém o bom cozinheiro nasce;
b) No que conseguir ler, não procure tanto o saber, mas o sabor;
c) Não se trata de ler muito de tudo. É necessário digerir-se o que se lê;
d) Não procures o que é muito difícil para ti, não investigues o que não coube no teu prato;
e) Ler um livro medíocre é uma tarefa sem sal.

COMENTÁRIOS:

Alternativa "a" – Envolve as ações *fazer* e *nascer*, não há relação com alimentar e alimentação.

Alternativa "b" – Alimentação: sabor – gosto pela leitura.

Alternativa "c" – Alimentação: digerir – entender.

Alternativa "d" – Alimentação: prato – limite.

Alternativa "e" – Alimentação: sem sal – insosso, não há prazer.

RESPOSTA: A

Texto para responder à questão.

O norte-americano Alvin Toffler escreveu certa vez: O analfabeto do século XXI não será aquele que não conseguiu ler ou escrever, mas aquele que não puder aprender, desaprender e, por fim, aprender de novo.

68 **(FGV – Técnico – Área Administrativa – MP RJ – 2019)** Sobre a estruturação e significação desse pequeno texto, é correto afirmar que:

a) a estrutura do texto corresponde à de uma definição;
b) o emprego da forma futura *será* nos indica que a frase foi escrita há mais de dois séculos;

c) o uso de não, na primeira ocorrência desse advérbio, mostra oposição ao tradicional conceito de analfabeto;

d) o uso de não, na terceira ocorrência desse advérbio, limita sua referência a *puder aprender*;

e) o texto destaca a paciência como a maior qualidade do estudioso contemporâneo.

COMENTÁRIOS:

Alternativa "a" – Não é uma definição porque o autor destorce o significado de *analfabeto*. Definição: *mecanismo linguístico que procura determinar clara e precisamente um conceito.*

Alternativa "b" – O emprego do futuro indica que a ação irá acontecer, não existe informação alguma de quando o texto foi escrito.

Alternativa "c" – Analfabeto: *indivíduo que não sabe ler nem escrever; quem não possui instrução formal ou desconhece o alfabeto.* Ao utilizar o advérbio *não*, o autor demonstra que o analfabeto de XXI será aquele que conseguiu ler e escrever, isto é, a definição é oposta.

Alternativa "d" – Não limita a *puder aprender*, mas sim a *não puder*. Note o paralelismo:

Alternativa "e" – A maior qualidade é o aprendizado, ou seja, a compreensão. Não é a paciência nem o fato de saber ler e escrever.

RESPOSTA: C

69 **(FGV – Técnico Judiciário – Área Judiciária – TJ CE – 2019)** "Parece-me absurdo que as leis, que são a expressão da vontade pública, que abominam e punem o homicídio, o cometam elas mesmas e que, para dissuadir o cidadão do assassínio, ordenem um assassínio público". (Beccaria)

Esse pensamento pretende condenar:

a) o espírito malévolo do ser humano;

b) a adoção da pena de morte;

c) a tendência homicida do homem;

d) as leis distantes da realidade;

e) a crueldade da maioria das leis.

COMENTÁRIOS:

Alternativa "a" – Não se trata de o ser humano causa mal a alguém.

Alternativa "b" – É um absurdo ordenar um assassínio público, ou seja, matar outra pessoa. O autor claramente condena a adoção da pena de morte.

Alternativa "c" – Beccaria fala das leis quanto ao efeito de assassinar.

Alternativa "d" – Se as leis são a expressão da vontade pública, não estão distantes da realidade.

Alternativa "e" – Não se refere a todas as leis. Cuidado porque houve extrapolação textual.

RESPOSTA: B

70 **(FGV – Técnico Judiciário – Área Judiciária – TJ CE – 2019)** Sêneca, um filósofo latino, a respeito da autoria de crimes, declarou o seguinte princípio: "Cometeu o crime quem dele recebeu benefícios".

Considerando-se que o crime aludido seja um assassinato, segundo esse pensamento:

a) todo assassino recebe pagamento por um crime cometido;
b) os assassinos cometem os crimes por razões pessoais;
c) todo crime traz benefícios ao assassino;
d) os assassinatos retiram bens materiais das vítimas;
e) todos os assassinatos encobrem interesses materiais.

COMENTÁRIOS:

Alternativa "a" – Recebe benefício, não menciona pagamento, ou seja, não se sabe qual é o tal benefício.

Alternativa "b" – Cometem crime por receberem benefício, mas não se pode afirmar que seja por razões pessoais. Seria uma extrapolação textual.

Alternativa "c" – Se cometer crime, recebe benefício, todo crime traz benefício a quem o praticou.

Alternativa "d" – Não informa se o benefício vem da vítima, muito menos que sejam bens materiais.

Alternativa "e" – Não sabemos se os interesses estão ligados a bens materiais.

RESPOSTA: C

71 **(FGV – Técnico Judiciário – Área Judiciária – TJ CE – 2019)** "Não se enforca um homem por ele ter roubado cavalos, mas para que cavalos não sejam roubados".

Segundo esse pensamento:

a) as penas não devem exceder a maldade do crime;
b) as punições devem servir de exemplo social;
c) algumas penas por pequenos roubos são exageradas;

d) nem sempre as penas aplicadas são justas;

e) as leis penais foram elaboradas de forma equivocada.

COMENTÁRIOS:

Alternativa "a" – A pena excede a maldade do crime.

Alternativa "b" – Não se enforca um homem pelo crime cometido, mas sim para dar exemplos aos outros homens, isto é, à sociedade.

Alternativa "c" – Não se trata de exagero.

Alternativa "d" – Não se refere à justiça.

Alternativa "e" – Nada indica que tenham sido elaboradas por engano, de maneira duvidosa.

RESPOSTA: B

72 **(FGV – Técnico Judiciário – Área Judiciária – TJ CE – 2019)** A frase abaixo que mostra uma visão positiva da Justiça é:

a) O preço da justiça está no canhoto do meu talão de cheque;

b) O preço da justiça é a eterna publicidade;

c) Saia do caminho da justiça, pois ela é cega;

d) Existem três tipos de justiça: a boa, a ruim e a baiana;

e) Justiça seja feita, independentemente dos criminosos.

COMENTÁRIOS:

Alternativa "a" – A justiça é comprada: visão negativa.

Alternativa "b" – É preciso pagar para que haja justiça: visão negativa.

Alternativa "c" – A justiça não possui razão: visão negativa.

Alternativa "d" – Existe a justiça ruim: visão negativa.*

Alternativa "e" – A justiça deve ser feita: visão positiva.

RESPOSTA: E

Observação: A questão gerou polêmica.

** O Tribunal de Justiça do Ceará (TJCE) realizou prova de concurso público, elaborada pela Fundação Getulio Vargas (FGV). O conteúdo de uma das questões, no entanto, apresentou nítido caráter pejorativo, que macula a imagem, não só deste Tribunal de Justiça da Bahia (TJBA), como a de todo o Poder Judiciário Nacional. Desta forma, o Tribunal de Justiça da Bahia repudia veementemente o lamentável ocorrido, ao tempo em que afirma que adotará as medidas que entender necessárias à justa reparação.*

73 **(FGV – Técnico Judiciário – Área Judiciária – TJ CE – 2019)** "Querendo abolir a pena de morte, que comecem os senhores assassinos!"

Em relação à pena de morte, esse pensamento é:

a) favorável, pregando que sua abolição deveria começar pela ausência de crimes de morte;
b) favorável, defendendo a ideia de que os assassinos devem ser os primeiros a serem mortos;
c) favorável, argumentando que ela não deve ser abolida quando houver mais assassinos;
d) contrário, mostrando que ela também é uma forma de assassinato;
e) contrário, indicando a sua abolição, começando pelo fato de os assassinos deixarem de matar.

COMENTÁRIOS:

Nota da autora: O pensamento de Alphonse Karr (autor francês) é: *Existem muito poucos casos em que eu admito a dura necessidade da pena de morte; mas há alguns, talvez apenas um, em que a espada da justiça deve responder à adaga do assassino; a esse respeito, para abolir a pena de morte, direi: que comecem os assassinos!*

Alternativa "a" – Para abolir a pena de morte, não deveria haver assassinato. Entende-se: se há assassinato, deve-se haver, também, a pensa de morte. O autor é a favor da pena de morte.

Alternativa "b" – Não cita hierarquia de mortes, isto é, quem deve ser morto antes e depois.

Alternativa "c" – A ideia de tempo causa erro.

Alternativa "d" – Ele é favorável à pena de morte.

Alternativa "e" – O autor é favorável à pena de morte.

RESPOSTA: A

74 **(FGV – Técnico Judiciário – Área Judiciária – TJ CE – 2019)** Um célebre crítico disse certa vez sobre um político: "Era um deputado conservador. Seu único programa político era conservar sua cadeira na Câmara".

O humor dessa frase está no(a):

a) crítica ao apego exagerado ao cargo;
b) pobreza da ação política do deputado;
c) fato de ser conservador num momento de renovação;
d) circunstância de seu programa político ter um só item;
e) sentido inesperado dado ao termo "conservador".

COMENTÁRIOS:

Alternativa "a" – Não critica o apego ao cargo, mas ironiza.

Alternativa "b" – Não se refere à pobreza da ação.

Alternativa "c" – O vocábulo "conservador" não foi utilizado no sentido de que se opõe às mudanças, não aceitando inovações morais, sociais, políticas, religiosas, comportamentais.

Alternativa "d" – Nada indica que tenha apenas um item.

Alternativa "e" – O vocábulo *conservador* foi empregado no sentido de *preservar*, não no sentido de *tradicionalista, ordeiro.*

RESPOSTA: E

75 **(FGV – Técnico Judiciário – Área Judiciária – TJ CE – 2019)** "O bom juiz não deve ser jovem, mas ancião, alguém que aprendeu tarde o que é a injustiça, sem tê-la sentido como experiência pessoal em sua alma; mas por tê-la estudado, como uma qualidade alheia, nas almas alheias". (Platão)

Segundo Platão, a qualidade básica do bom juiz é:

a) ter idade avançada;
b) fazer estudos profundos;
c) haver experimentado injustiças;
d) estudar impessoalmente a injustiça;
e) criticar a injustiça nas almas alheias.

COMENTÁRIOS:

Alternativa "a" – É apenas uma qualidade, não a qualidade básica. Além disso, ser ancião e ser jovem são expressões usadas no sentido figurado, não se referem à idade, mas sim ao conhecimento.

Alternativa "b" – Fazer estudos profundos não é a qualidade básica, falta a informação de que deve ser realizado como uma qualidade alheia.

Alternativa "c" – Ele não precisa ter sofrido injustiça. Está claro que deve estudar e entender a injustiça feita com os outros.

Alternativa "d" – Estudar impessoalmente: *sem tê-la sentido como experiência pessoal em sua alma.* Isso significa que deve ser estudada sob o aspecto de quem a sofre, *as almas alheias.*

Alternativa "e" – Não cabe ao juiz criticar a injustiça, mas sim julgá-la sob o olhar de quem a sofreu.

RESPOSTA: D

76 **(FGV – Técnico Judiciário – Área Judiciária – TJ CE – 2019)** O Antigo Testamento traz na frase "Olho por olho, dente por dente" uma indicação de como a justiça deve ser feita.

Essa recomendação defende que:

a) o criminoso não deve tardar a receber seu castigo;
b) o assassino deve sofrer perda idêntica à causada por ele;
c) o causador do mal deve sofrer pena mais cruel do que o sofrimento por ele causado;

d) a extensão da pena imposta ao criminoso deve ser proporcional ao mal por ele causado;
e) as penas devem ser cruéis e infalíveis.

COMENTÁRIOS:

Nota da autora: A banca avalia o valor de igualdade existente na expressão.

Alternativa "a" – Não há ideia de igualdade.

Alternativa "b" – Ocorre valor de igualdade.

Alternativa "c" – Se é **mais cruel**, não é igual.

Alternativa "d" – A pena deve ser idêntica (sem diferença), não proporcional (que se pode referir à proporção, à relação das partes separadas do todo).

Alternativa "e" – Não caracteriza, apenas iguala.

RESPOSTA: B

2. NÍVEL SUPERIOR

01 (FGV – 2025 – TCE RR – Analista Administrativo – Tecnologia da Informação)
Uma fábrica de tênis anunciou uma nova criação com preço bastante reduzido; o anúncio vinha acompanhado com uma bela foto de um par do tênis e com promessas de grande elegância.

Sobre a mensagem do anúncio, assinale a afirmativa **inadequada**.

a) O emissor da mensagem, nesse caso, não é um indivíduo, mas uma empresa.
b) Para convencer o cliente a comprar um par de tênis, o texto apela também para a vaidade do comprador.
c) O código empregado na veiculação da mensagem envolve palavras e imagens.
d) O produto anunciado traz, implicitamente a mensagem de que o comprador potencial é o jovem urbano.
e) Um dos elementos utilizados pelo anunciante destaca o interesse do comprador: a redução do preço do produto.

COMENTÁRIOS:

Alternativa "a" – O emissor é quem emite a mensagem. No caso do anúncio, é a fábrica de tênis, isto é, uma empresa.

Alternativa "b" – Vaidade: promessas de grande elegância.

Alternativa "c" – Código é o conjunto de signos utilizados na mensagem. No caso, há palavras (anunciou uma nova criação com preço bastante reduzido) e imagens (o anúncio vinha acompanhado com uma bela foto de um par do tênis e com promessas de grande elegância).

Alternativa "d" – O anúncio possui uma bela foto e promessa de elegância. É impossível inferir que o comprador em potencial seja o jovem urbano.

Alternativa "e" – No texto: *anunciou uma nova criação com preço bastante reduzido.*

RESPOSTA: D

02 **(FGV – 2025 – TCE RR – Analista Administrativo – Tecnologia da Informação)** Um turista brasileiro, que viveu 50 anos nos Estados Unidos, ao chegar ao Rio não pôde compreender uma manchete de um jornal carioca.

Nessa circunstância comunicativa, o fracasso da comunicação se deve à(ao)

a) falta de clareza na linguagem empregada.
b) desconhecimento do código pelo receptor.
c) canal inadequado de comunicação.
d) formulação inadequada da mensagem.
e) deficiência na linguagem empregada pelo jornal.

COMENTÁRIOS:

Nota da autora: Questão de interpretação e de elementos da comunicação.

Alternativa "a" – Provavelmente existe clareza, o fracasso da comunicação deve ter ocorrido apenas com o turista.

Alternativa "b" – Motivos pelos quais a informação está correta:

1. O código utilizado na manchete de jornal é a palavra;
2. O turista brasileiro viveu 50 anos nos Estados Unidos (utilizava outra língua);
3. O jornal é do Rio de Janeiro, ou seja, pode haver regionalismo ou expressões linguísticas novas que o turista não conhece.

Alternativa "c" – Canal é o meio, o local em que a mensagem é transmitida. No caso, é o jornal, ou seja, não é impróprio.

Alternativa "d" – Um jornal carioca não iria formular mensagem desajustada e imprópria.

Alternativa "e" – Provavelmente não existe falha na linguagem por se tratar de um jornal.

RESPOSTA: B

03 **(FGV – Perito Criminal Área II – PC MG – 2025)** Analise o cartaz a seguir.

Assinale a opção que se mostra adequada aos termos e às imagens do cartaz acima.

a) A data mostrada indica a motivação do cartaz.

b) As formas de imperativo indicam ordens ao leitor.

c) A mensagem, pela posição do globo, se dirige exclusivamente ao Brasil.

d) A gota de água caindo mostra a primeira consequência de abrir-se a torneira.

e) O homem sobre a torneira a está abrindo para que a água mostre sua serventia.

COMENTÁRIOS:

Alternativa "a" – 05 DE JUNHO é o dia Mundial do Meio Ambiente. O cartaz foi feito para motivar o respeito que se deve ter com ele: ame, respeite, seja parte.

Alternativa "b" – Trata-se de um conselho, de uma sugestão, de um pedido.

Dica: o modo imperativo não indica apenas ordem.

Alternativa "c" – A imagem é do globo terrestre, não do mapa do Brasil.

Alternativa "d" – O homem está fechando a torneira, demonstrado que não pode haver desperdício de água. Não mostra a consequência de abrir a torneira.

Alternativa "e" – Como mencionado na alternativa anterior, o homem está fechando a torneira.

RESPOSTA: A

04 **(FGV – Perito Criminal Área II – PC MG – 2025)** Assinale a opção que apresenta a frase que se insere entre os textos de tipo argumentativo.

a) Após a vitória, afie sua faca!

b) Amigo, oculta a tua vida e propaga teu espírito.

c) Goste de quem o aconselhe e não de quem o elogie.

d) Não se deve imitar somente um, ainda que seja o mais sábio.

e) O que busco, antes de mais nada, é a grandeza: o que é grande sempre é belo.

COMENTÁRIOS:

Nota da autora: O texto argumentativo possui tese + justificativa (argumento). Dica: demonstra opinião do autor.

Alternativa "a" – Injuntivo (recomendação): verbo no imperativo (afie).

Alternativa "b" – Injuntivo (recomendação): verbos no imperativo (oculta, propaga).

Alternativa "c" – Injuntivo (recomendação): verbo no imperativo (goste).

Alternativa "d" – Injuntivo (recomendação): verbo no imperativo negativo (não se deve).

Alternativa "e" – Tese: buscar a grandeza. Justificativa: o que é grande sempre é belo.

RESPOSTA: E

05 **(FGV – Prefeitura de Macaé RJ – Analista de Auditoria Governamental- 2024)** Assinale a frase que se apoia em uma intimidação.

a) É preciso se ter um jardim, onde quer que você esteja.
b) Suprimam as abelhas, as maiores polinizadoras, e a humanidade desaparecerá.
c) Comece a cuidar da natureza e a natureza cuidará de você, mas maneiras mais insuspeitas.
d) Temos de preservar a natureza, os animais e inclusive os parentes antipáticos.
e) O homem é o lobo do homem.

COMENTÁRIOS:

Alternativa "a" – É uma sugestão: tenha um jardim.

Alternativa "b" – Há intimidação quando amedronta o leitor: a **humanidade desaparecerá** se suprimirem as abelhas.

Alternativa "c" – É uma sugestão: cuide da natureza.

Alternativa "d" – É uma sugestão: preserve a natureza.

Alternativa "e" – É discernimento, consideração, reflexão.

RESPOSTA: B

06 **(FGV – Prefeitura de Macaé RJ – Analista de Auditoria Governamental- 2024)** Observe o texto argumentativo a seguir:

Nenhum ser humano é 100% mau e nenhum ser humano é 100% bom.

Sobre a estruturação do texto, assinale a afirmativa correta.

a) A frase traz uma tese e argumentos que a defendem.
b) Os argumentos apresentados se apoiam em estatísticas.
c) A tese é fruto de opinião pessoal do emissor do texto.
d) Os segmentos do texto se opõem semanticamente.
e) A tese é defendida pela autoridade de quem a expressa.

COMENTÁRIOS:

Alternativa "a" – Existe apenas algo a ser discutido ou debatido, ou seja, a tese. Não há argumentos.

Alternativa "b" – Não existem argumentos, apenas tese.

Alternativa "c" – É opinião pessoal porque varia de pessoa para pessoa.

Dica: a opinião pública é o somatório das opiniões pessoais de todos, quase todos, da maioria ou da minoria dos cidadãos que compõem uma sociedade.

Alternativa "d" – Embora os adjetivos "mau" e "bom" indiquem oposição, o período é unido pela conjunção "e", isto é, semanticamente possui valor aditivo.

Alternativa "e" – Dois erros crassos: 1. não há argumento = não há defesa; 2. não se trata de autoridade.

RESPOSTA: C

07 **(FGV – Prefeitura de Abreu e Lima PE – Técnico em Controle Interno – 2024)** Observe o seguinte texto descritivo:

"O pessegueiro estava alto, mas suas folhas mostravam uma coloração amarelada, que parecia problemática; os galhos estavam cobertos de uma espécie de farinha branca e os poucos frutos ainda estavam pequenos".

Sobre esse pequeno texto, assinale a afirmativa correta.

a) Texto de conteúdo concreto acumulativo, o que dificulta a apreensão de uma unidade global.

b) Texto de conteúdo abstrato, com justaposição de ideias para a construção da ideia global do objeto descrito.

c) Texto cujo observador segue uma estratégia de movimento de longe para perto.

d) Texto em que predomina a informação de fatos, situações e acontecimentos.

e) Texto cujos segmentos mostram relação lógica de causa e efeito, mostrando sequência cronológica.

COMENTÁRIOS:

Alternativa "a" – A descrição do pessegueiro é concreta por ser observável. É desordenada porque não há o efeito fotografia: as características estão isoladas – coloração problemática, galhos cobertos por espécie de farinha e poucos frutos ainda estavam pequenos.

Alternativa "b" – O conteúdo não é abstrato, ou seja, não se trata da imaginação do autor, pode ser vista, observada.

Alternativa "c" – O observador estava próximo ao pessegueiro, ele não se movimenta.

Alternativa "d" – O texto é descritivo, os verbos estão predominantemente no pretérito imperfeito. Existem fatos, situações e acontecimentos em texto narrativo. Não é o caso.

Alternativa "e" – Em momento algum foi mencionada a causa e muito menos possui ordem cronológica – característica de texto narrativo. Trata-se de uma descrição estática.

RESPOSTA: A

08 **(FGV – Prefeitura de Abreu e Lima PE – Técnico em Controle Interno – 2024)** As frases abaixo falam de um aspecto da arte de escrever.

Assinale a opção em que esse aspecto ***não*** está corretamente identificado.

a) O mais importante não é o número de ideias agrupadas em seu texto, mas o vínculo que as une / as relações de coesão e coerência entre as partes do texto.

b) O que é bem-dito, diz-se com rapidez / a concisão textual, ou seja, utilização somente dos elementos textuais necessários.

c) Devemos falar como nos testamentos: quanto menos palavras, menos questões / o texto deve ser construído com verdades e não com a imaginação.

d) A chave para a criatividade é fazer conexões inusitadas / um texto criativo é o que busca a originalidade.

e) Palavras são uma barreira à comunicação / as palavras não conseguem expressar o conteúdo individual do enunciador.

COMENTÁRIOS:

Alternativa "a" – O vínculo entre as ideias é essencial. Para que isso ocorra, é necessário que haja coesão (conexões entre os elementos textuais através do emprego de conjunções, advérbios, pronomes etc.) e coerência (encadeamento lógico entre as ideias).

Alternativa "b" – O texto não pode ser prolixo, não pode haver repetição e excesso de ideias.

Alternativa "c" – O texto deve conter o imaginário, palavras e questões.

Alternativa "d" – O texto criativo demonstra a capacidade de pensar e de escrever de cada pessoa. É necessário haver originalidade.

Alternativa "e" – Trata-se de objetividade: o texto deve ser compreendido, deve ser claro. É inviável abusar das palavras.

RESPOSTA: C

09 **(FGV – EPE – Analista de Pesquisa Energética – 2024)** Assinale a frase que focaliza a política como algo positivo.

a) Política é a arte de governar com o máximo de promessas e o mínimo de realizações.
b) A política é a arte do possível.
c) As promessas políticas de ontem são os impostos de hoje.
d) Tudo para o povo, nada pelo povo; é máxima política de profunda significação.
e) Política e politicagem estão sempre unidas.

COMENTÁRIOS:

Alternativa "a" – Valores negativos: promessas e poucas realizações.

Alternativa "b" – É arte e é possível: valores positivos.

Alternativa "c" – Valores negativos: promessas e impostos.

Alternativa "d" – Valor negativo: nada pelo povo.

Alternativa "e" – Valor **negativo**: politicagem – *política reles e mesquinha pautada interesses pessoais.*

RESPOSTA: B

10 **(FGV – EPE – Advogado – 2024)** Observe o seguinte texto argumentativo:

Culpar o Banco Mundial pela pobreza é como culpar a Cruz Vermelha pelas duas guerras mundiais.

Nesse caso, o argumento utilizado apela para

a) a redução do problema para uma causa única.
b) uma simplificação exagerada.
c) uma comparação absurda.

d) a autoridade do enunciador.

e) uma opinião pessoal apoiada em exemplo.

COMENTÁRIOS:

Alternativa "a" – Não existe redução do problema, existem dois problemas.

Alternativa "b" – Não há redução, há complicação, ou seja, o oposto.

Alternativa "c" – É uma comparação, porque a conjunção "como" está explícita. É, também, absurda, porque relaciona o Banco Mundial e a pobreza com a Cruz Vermelha e as duas guerras mundiais.

Banco Mundial: instituição financeira internacional que efetua empréstimos a países em desenvolvimento = riqueza.

Cruz Vermelha: organização humanitária que atua em situações de violência e conflitos armados, oferecendo proteção e assistência às vítimas = união.

Alternativa "d" – Se possuísse autoridade, não iria mencionar uma comparação tão absurda.

Alternativa "e" – É uma opinião pessoal porque alguém disse ou escreveu, mas não é apoiada em exemplo.

RESPOSTA: C

11 **(FGV – AL PR – Analista Legislativo – Advogado – 2024)** A citação da fala de uma atriz de teatro dizia o seguinte:

"Não, sou projetada. A coxa é minha, o abdome também. Inclusive o peito é meu, eu comprei ele (*sic*)".

Sobre essa fala, assinale a afirmativa correta.

a) O emprego de "Não" ao início do texto mostra que a fala responde a uma pergunta que afirmava ser a atriz uma construção da cirurgia plástica.

b) Ao dizer "A coxa é minha", a atriz está querendo dizer que não houve modificações plásticas em sua coxa.

c) Ao dizer que "o peito é meu", a atriz mostra que tem preocupações estéticas em sua atividade.

d) A fala da atriz mostra um erro na construção da frase "Eu comprei ele", sendo a forma correta "eu lhe comprei".

e) O emprego do latinismo "sic" mostra que a frase foi modificada pelo jornalista para publicação.

COMENTÁRIOS:

Alternativa "a" – Se ela foi planejada, projetada, significa que fez cirurgia plástica. Isso ela deixa claro ao afirmar que comprou o peito.

Alternativa "b" – Se a coxa é dela, significa que não ocorreram modificações plásticas, ou seja, nada foi inserido.

Como mencionado na alternativa anterior, a modificação plástica só ocorreu no peito.

Alternativa "c" – Que ela tem preocupações estéticas está evidente, mas ela disse que o peito é dela porque ela comprou. Não há relação alguma com o fato de ser atriz de teatro.

Alternativa "d" – Existe um erro de construção porque o pronome pessoal do caso reto deve possuir função de sujeito. Correção: *eu o comprei*, ou *eu comprei-o*.

Alternativa "e" – Utiliza-se "sic" para indicar citação exata, ou seja, não foi modificada. Foi utilizado o vocábulo latino porque há erro gramatical na fala da atriz.

RESPOSTA: B

12 **(FGV – AL PR – Analista Legislativo – Advogado – 2024)** Assinale a frase que mostra uma estruturação diferente das demais, por ***não*** ser uma definição.

a) Negócios são a minha forma de arte.
b) A genialidade não é outra coisa senão uma grande aptidão para a paciência.
c) A inteligência é feita por um terço de instinto, um terço de memória e o último terço de vontade.
d) A genialidade é uma variedade da loucura.
e) A liberdade é um conceito vago.

COMENTÁRIOS:

Alternativa "a" – Negócios **são**... = definição.

Alternativa "b" – A genialidade **é**... = definição.

Alternativa "c" – Mencionar do que é feita a inteligência não a define. A indicação é de matéria, não de definição.

Seria definição se mantivesse a estrutura das outras opções: a inteligência **é** um terço de instinto, um terço de memória...

Alternativa "d" – A genialidade **é**... = definição.

Alternativa "e" – A liberdade **é**... = definição.

RESPOSTA: C

13 **(FGV – AL PR – Analista Legislativo – Advogado – 2024)** Assinale a frase que não se apoia em um outro texto amplamente conhecido (intertextualidade).

a) Não faça de seu cargo uma arma; a vítima pode ser você.
b) Quem não deve não tem.
c) Às vezes, a alegria do dono do circo é ver o palhaço pegar fogo.
d) No Brasil, sucesso é ofensa pessoal.
e) Quem espera, nunca alcança.

COMENTÁRIOS:

Alternativa "a" – Modificou a frase publicitária "Não faça de seu **carro** uma arma. A vítima pode ser você".

Observação: há também o livro de Ubirajara Crespo – "Não faça de seu filho uma arma. A vítima pode ser você".

Alternativa "b" – Modificou o bordão "quem não deve não **teme**".

Alternativa "c" – Modificou o bordão "a alegria do **palhaço** é ver o circo pegar fogo".

Alternativa "d" – Nada foi modificado: trata-se da fala de Tom Jobim.

Alternativa "e" – Modificou o bordão "quem espera, **sempre** alcança".

RESPOSTA: D

14 **(FGV – AL SC – Analista Legislativo – Direito – 2024)** Interpretar um texto é poder ver todos os seus significados. Com essa ideia em mente, leia o texto a seguir com atenção.

"Todas as ideias econômicas importantes podem ser enunciadas de forma simples. Para desenvolver uma ideia, é claro, você pode precisar de algum aparato formal a fim de fazê-lo de um modo sistemático, mas você pode enunciar a essência de uma ideia de forma simples. E, quando as pessoas dizem que uma ideia é complicada em demasia para ser enunciada de forma simples, isso significa que elas não sabem como enunciá-la de forma simples, algumas vezes pelo fato de que elas não a compreendem inteiramente". (Gary Becker)

Indique a opção cuja informação está contida no texto lido.

a) O autor fala de um nível simples de linguagem, que não pode ser empregado em textos de conteúdo complicado.
b) As ideias complicadas podem ser veiculadas de forma simples, sem prejuízo de seu conteúdo.
c) Às vezes, algum aparato formal utilizado no texto pode prejudicar a simplicidade da linguagem.
d) Algumas pessoas, por ignorância redacional, não conseguem expressar ideias simples em linguagem formal.
e) A simplicidade da linguagem empregada está diretamente ligada à simplicidade do conteúdo a ser expresso.

COMENTÁRIOS:

Alternativa "a" – O autor menciona que as pessoas não sabem enunciar uma ideia complicada de forma simples.

Alternativa "b" – Trechos que evidenciam a afirmação: *Todas as ideias econômicas importantes* ***podem ser enunciadas de forma simples.*** [...] *você* ***pode enunciar a essência de uma ideia de forma simples*** [...] *elas não sabem como enunciá-la de forma simples, algumas vezes pelo fato de que elas não a compreendem inteiramente.*

Alternativa "c" – O que prejudica a simplicidade da linguagem é a falta de entendimento, da compreensão, não algum aparato.

Alternativa "d" – Em momento algum o autor se refere à ignorância redacional.

Alternativa "e" – Não existe essa ligação. O autor defende que, mesmo se tratando de uma ideia complicada, a ideia deve ser enunciada de maneira simples.

RESPOSTA: B

15 **(FGV – AL SC – Analista Legislativo – Direito – 2024)** Observe o texto a seguir.

"Os países da América Latina não precisam criar uma civilização. Ela já foi criada pela Europa nos últimos quatro séculos. Cabe-nos assimilar essa civilização." (Eugênio Gudin)

Sobre o conteúdo e a estruturação desse pequeno texto, assinale a afirmativa correta.

a) O conceito de civilização, nesse texto, se prende exclusivamente aos valores clássicos de cultura.

b) Entre os dois primeiros períodos do texto há uma relação, respectivamente, de causa e consequência.

c) O autor defende a criação de uma civilização nacional original, apoiada em valores europeus.

d) O texto mostra uma visão negativa das possibilidades culturais dos países da América latina.

e) O último período do texto mostra uma justificativa das ideias apresentadas anteriormente.

COMENTÁRIOS:

Alternativa "a" – Prende-se aos valores clássicos porque menciona o fato de a civilização ter sido criada na Europa nos últimos quatrocentos anos.

Alternativa "b" – A relação é inversa: consequência e causa.

Por que *os países da América Latina não precisam criar uma civilização? = consequência.*

Porque *ela já foi criada pela Europa nos últimos quatro séculos. = causa.*

Alternativa "c" – O autor defende a criação de uma civilização similar à europeia. Isso significa que não se trata de civilização nacional original.

Alternativa "d" – É impossível inferir que a visão seja negativa. O máximo que se pode afirmar é que as civilizações dos países europeus são mais consistentes por serem mais antigas.

Alternativa "e" – Trata-se de uma conclusão. Não menciona o motivo, a razão.

RESPOSTA: A

16 **(FGV – Câmara Municipal de SP – Consultor Técnico Legislativo – 2024)** Entre os raciocínios a seguir, assinale aquele que se inclui entre os indutivos.

a) Ser aprovado em um curso e gostar do que estuda são coisas que vão juntas. Meu irmão não passou em Biologia, ou seja, ele não gostava dessa disciplina.

b) Estive em um cassino em Las Vegas e fui a uma máquina em que você pode ganhar um milhão, apostando três dólares. Meti os três dólares na máquina, pedi a Deus que ganhasse, puxei a manivela e não ganhei nada. Portanto Deus não existe.

c) Muitas cidades interioranas procuram aumentar sua renda por meio de festas em finais de semana, que chegam a atrair muitos turistas. Na semana passada, uma dessas cidades programou-se para uma movimentada festividade, mas um temporal fortíssimo acabou com os sonhos da Prefeitura. Conclusão: nem tudo que reluz é ouro.

d) Os sorteios da Loteria Federal já realizaram sonhos e muita gente , mas também produzem tragédias, como a do pobre sujeito que, após ficar rico, foi assassinado a mando da esposa.

e) As obras de Machado de Assis, sobretudo as da fase realista, produzem muita admiração nos leitores por sua organização; o Dom Casmurro não é diferente.

COMENTÁRIOS:

Nota da autora: Indutivo = do particular para o geral.

Dedutivo = do geral para o particular.

Alternativa "a" – Ser aprovado (qualquer um, geral) – meu irmão (particular) = dedutivo.

Alternativa "b" – [eu] estive no cassino (particular) – pedi a Deus (geral) = indutivo.

Alternativa "c" – Muitas cidades interioranas (geral) – sonhos da prefeitura (particular) = dedutivo.

Alternativa "d" – Os sorteios da Loteria Federal (todos = geral) – pobre sujeito (particular).

Alternativa "e" – As obras de Machado de Assis (todas = geral) – Dom Casmurro (particular: uma obra).

RESPOSTA: B

17 **(FGV – Câmara Municipal de SP – Consultor Técnico Legislativo – 2024)** Observe o texto abaixo:

"A felicidade depende da destreza que tenhamos naquelas atividades que consideramos importantes para nós: somente se damos um real valor aos pequenos detalhes cotidianos, podemos ter instantes felizes. A felicidade absoluta não existe, e já que só podemos ter acesso aos pequenos detalhes daquilo que nos interessa, devemos contentar-nos também com esses breves momentos felizes. Por isso, a infelicidade é um claro sinal de nossa incompetência na arte de viver."

Sobre esse pequeno texto, assinale a afirmativa que está em ***desacordo*** com a sua estrutura ou sua significação.

a) O tema do texto é a discussão sobre o que viria a ser a felicidade e o que seria oposto a ela.

b) A estrutura básica do texto é a argumentativa, já que o enunciador defende um posicionamento sobre o tema.

c) O argumento básico do texto se fundamenta nas próprias opiniões do argumentador.

d) A tese presente no texto é a de que a infelicidade é fruto de nossa incompetência na arte de viver.

e) O método empregado na construção do raciocínio nesse texto é o indutivo, já que parte dos detalhes para o todo.

COMENTÁRIOS:

Alternativa "a" – Tema: felicidade. Discussão sobre o oposto dela: infelicidade.

Alternativa "b" – Além de defender seu posicionamento, o autor tenta persuadir o leitor.

Alternativa "c" – As opiniões são do autor, tanto que utiliza a primeira pessoa do plural (nós).

Alternativa "d" – O tema, ou seja, o assunto geral é a felicidade. A tese, isto é, a opinião sobre o tema é: *a infelicidade é um claro sinal de nossa incompetência na arte de viver.*

Alternativa "e" – É dedutivo porque parte do geral para o particular.

Geral: A felicidade depende da destreza que tenhamos naquelas atividades que consideramos importantes.

Particular: A felicidade absoluta não existe [...] devemos contentar-nos também com esses breves momentos felizes.

RESPOSTA: E

18 **(FGV – Câmara Municipal de SP – Consultor Técnico Legislativo – 2024)** "Nos países da Europa oriental, a queda dos regimes comunistas esteve associada à emergência de amplos movimentos sociais que lutavam por mudanças definitivas no sistema econômico como por preocupação com a vigência de direitos cidadãos."

Entre as afirmações abaixo, assinale aquela que é defendida clara ou implicitamente pelo autor desse fragmento textual.

a) Os regimes comunistas nos países da Europa oriental perderam valor em face de movimentos sociais opostos.

b) A queda dos regimes comunistas na Europa oriental trouxe implicações na área política e econômica.

c) O regime comunista não mostrava a vigência dos direitos cidadãos como uma de suas prioridades.

d) As sociedades da Europa oriental começaram a mover-se política e socialmente a partir da queda dos regimes comunistas.

e) As tentativas de mudança socialmente procuradas, tanto no âmbito econômico como no social acabaram por modificar a estrutura política da Europa oriental.

COMENTÁRIOS:

Alternativa "a" – Não perderam valor **devido a** movimentos opostos: a queda do regime comunista esteve associada à emergência de movimentos sociais, ou seja, estava ligada a eles. Não foi a causa.

Alternativa "b" – Não trouxe resultado ou consequência: a queda esteve associada à emergência de amplos movimentos sociais.

Alternativa "c" – Em momento algum foram citadas as prioridades.

Alternativa "d" – Começaram a mover-se política e socialmente: *amplos* ***movimentos sociais*** *que lutavam por* ***mudanças*** *definitivas* ***no sistema econômico*** *como por preocupação com a vigência de* ***direitos cidadãos****.*

A partir da queda dos regimes comunistas: ***a queda dos regimes comunistas*** *esteve associada à emergência de amplos movimentos sociais.*

Alternativa "e" – Primeiro a estrutura política foi modificada, depois ocorreram movimentos sociais.

RESPOSTA: D

19 **(FGV – Câmara Municipal de SP – Consultor Técnico Legislativo – 2024)** Observe o seguinte texto narrativo:

"Seguia caminhando lado da menina, mas sua mente estava ocupada com o problema da ponte, que agora lhe aparecia com toda a clareza e precisão, como quando a lente da câmera está bem focada..."

Assinale a afirmação abaixo, a respeito do gênero narrativo a que pertence esse fragmento textual, que mostra ***erro***.

a) Na narrativa histórica predomina a função referencial da linguagem.
b) O narrador possui diversos graus de restrição na informação que possui.
c) Na narrativa não pode estar presente o diálogo, que é próprio do gênero teatral.
d) A narrativa pode misturar ficção e realidade.
e) Um relato inclui ações e acontecimentos em ordem cronológica.

COMENTÁRIOS:

Alternativa "a" – Há predominância da função referencial (denotativa) porque existem várias informações.

Alternativa "b" – Restrições: não há informações sobre a ponte nem sobre a lente da câmera bem focada. As informações são vagas.

Alternativa "c" – O diálogo pode ser expresso em textos narrativos, entrevistas jornalísticas, textos dramáticos, debates etc. Não é próprio do gênero teatral.

Alternativa "d" – A narrativa pode ser ficcional ou não ficcional (real).

Ficcional: cria ou recria fatos. Exemplos: romance, conto, fábula, novela, lenda.

Não ficcional: conta fatos sem recriá-los, isto é, são fatos reais mostrados como realmente aconteceram. Exemplos: Biografia, resenha, relato, artigo de opinião, ensaio, reportagem, notícia.

Alternativa "e" – O objetivo do relato é expor, narrar fatos, acontecimentos ou experiências seguindo uma sequência lógica. Foca na documentação histórica. Inicia-se com uma introdução (possui tema e o objetivo do relato). Em seguida, **são apresentados os acontecimentos de forma cronológica, organizados em parágrafos ou tópicos**. No final, pode concluir com uma reflexão sobre os fatos narrados ou com uma mensagem.

RESPOSTA: C

20 **(FGV – Câmara Municipal de SP – Consultor Técnico Legislativo – 2024)** "A mãe de Pedrinho fumou enquanto estava grávida e por isso ele é uma criança fraca e de baixo peso."

Assinale a opção que aponta o tipo de argumento lógico racional que foi utilizado neste fragmento textual.

a) Argumento com base na autoridade científica.
b) Raciocínio com base na experiência profissional.
c) Pensamento que relaciona causa e consequência.
d) Afirmação fundamentada no bom-senso geral.
e) Argumentação apoiada na generalização.

COMENTÁRIOS:

Alternativa "a" – É impossível afirmar que a frase seja de um cientista ou de um pesquisador.

Dica: nada indica que houve pesquisa.

Alternativa "b" – Não se pode assegurar que seja embasado em experiência profissional.

Alternativa "c" – A pergunta é a consequência (o efeito), e a resposta é a causa.

Por que Pedrinho é uma criança fraca e de baixo peso? = consequência.

Porque a mãe dele fumou enquanto estava grávida. = causa.

Alternativa "d" – Pode ter sido fundamentada no bom-senso (julgamento razoável e equilibrado), mas não é geral porque não é comum a todos os indivíduos.

Alternativa "e" – Como mencionado na alternativa anterior, não se trata de conhecimento geral.

RESPOSTA: C

21 **(FGV – Câmara Municipal de SP – Consultor Técnico Legislativo – 2024)** Todos os segmentos abaixo se inserem entre os textos explicativos; assinale aquele que apela para o processo explicativo da analogia.

a) O processo de aterrissagem é tal qual o pouso de um pássaro, mas com mais peso.
b) A forma das asas de um avião é semelhante à das asas de um pássaro.
c) Em outras palavras, o desenho das asas obedece à necessidade de deslocamento mais rápido no espaço.
d) Vejamos, por exemplo, o pouso de um grande pássaro, como um gavião ou uma águia.
e) O aerodinamismo é a marca de formas concebidas para oferecer um mínimo de resistência ao ar.

COMENTÁRIOS:

➲ **Nota da autora: Analogia** é semelhança, é comparação, é similaridade.

Alternativa "a" – Compara o processo de aterrissagem com o pouso de um pássaro e explica que o processo de aterrissagem é mais pesado.

Alternativa "b" – Compara a forma das asas de um avião com a forma das asas de um pássaro, mas não explica.

Alternativa "c" – Não existe analogia, apenas explica.

Alternativa "d" – Menciona exemplo de um pouso, não compara. A conjunção "como" é conformativa, não é comparativa.

Alternativa "e" – Existe apenas o significado de um vocábulo.

RESPOSTA: A

22 **(FGV – Câmara Municipal de SP – Consultor Técnico Legislativo – 2024)** Observe o seguinte texto explicativo:

"As coisas de que o corpo precisa são facilmente obtidas por todos sem trabalho ou dificuldade; as coisas que exigem labor e são difíceis de obter e oneram a vida são desejadas, não pelo corpo, mas por um estado ruim da mente."

Abaixo estão várias marcas linguísticas desse tipo de texto (explicativo); assinale a que está em ***desacordo*** com o exemplo dado acima.

a) Reduzida quantidade de verbos de imaginação.
b) Pouca presença de palavras que expressam sentimento.
c) Ausência total de pronomes pessoais.
d) Construção sem a presença do enunciador.
e) Preferência por linguagem clara e precisa.

COMENTÁRIOS:

Alternativa "a" – Os verbos de imaginação são ligados à ideia de idear, sonhar, julgar, supor, figurar, perceber.

Verbos usados no texto: precisar, ser, exigir, obter, onerar. Isso indica que há objetividade.

Alternativa "b" – Se expressasse sentimento, seria subjetivo. É objetivo, não é prolixo.

Alternativa "c" – Não há pronomes pessoais nem do caso reto, nem do caso oblíquo. É impessoal.

Alternativa "d" – Existe a presença de quem enuncia, de quem expõe, de quem manifesta, de quem demonstra.

Observação: em texto expositivo-explicativo, pode ocorrer o apagamento do sujeito enunciador para tornar o discurso impessoal, para evitar que a opinião ou o ponto de vista do autor fiquem evidentes.

Alternativa "e" – A linguagem é clara e precisa porque facilita a compreensão. Foram evitadas palavras desnecessárias e jargão – linguagem truncada, restrita a determinado(s) grupo(s). Síntese: objetividade, imparcialidade.

RESPOSTA: D

23 **(FGV – Câmara Municipal de SP – Consultor Técnico Legislativo – 2024)** Entre os fragmentos textuais abaixo, assinale o que pertence a um modo de organização discursiva (descrição, narração, argumentação, exposição e injunção) diferente dos demais.

a) Numa decisão rápida, segurou-se a uma saliência do rochedo deixando a vaga passar sobre ele.
b) O vão da caverna que era iluminado pela tocha era ainda mais amplo do que o imaginara. Sua cúpula imensa era alta, coberta es estalactites .
c) A estátua de Atena estava de pé, com a deusa vestindo uma túnica que descia até os pés, e sobre seu peito estava esculpida uma cabeça da Medusa de marfim.
d) Eu nunca vi tanta graça unida a tanta gravidade. Sua roupa a tornava muito elegante e fazia que parecesse frágil. Um manto marrom que ele trazia ao entrar estava jogado sobre as costas.
e) O computador era dos antigos, com um grande teclado cujas letras estavam dispostas à moda inglesa e com pouca luminosidade na tela pequena.

COMENTÁRIOS:

Nota da autora: Atente-se aos tempos e aos modos verbais.

Alternativa "a" – Verbo no pretérito perfeito do indicativo, há personagem e cenário: narração.

Alternativa "b" – Verbos no pretérito imperfeito do indicativo, isto é, as ações acontecem ao mesmo tempo. Há adjetivos e, consequentemente, efeito fotografia: descrição.

Alternativa "c" – Verbos no pretérito imperfeito do indicativo e efeito fotografia: descrição.

Alternativa "d" – Verbos predominantemente no pretérito imperfeito do indicativo e efeito fotografia: descrição.

Alternativa "e" – Verbos no pretérito imperfeito do indicativo e efeito fotografia: descrição.

RESPOSTA: A

24 **(FGV – Câmara Municipal de SP – Procurador Legislativo – 2024)** Sabendo que o texto argumentativo é aquele que apresenta razões para defender ou atacar uma opinião ou tese, com a finalidade de convencer alguém sobre algo, assinale o segmento que pode ser classificado como argumentativo, pois mostra uma tese e um argumento.

a) Nunca deixe para amanhã o que pode fazer hoje.
b) Melhor do que roubar um banco é fundar um.
c) Quem inventou o trabalho não tinha o que fazer.
d) Viaje sempre entre períodos de férias: é mais barato.
e) Só quem é superficial conhece a si mesmo.

COMENTÁRIOS:

Alternativa "a" – Não existe argumento.

Alternativa "b" – Apenas tese: fundar um banco.

Alternativa "c" – Nem tese nem argumento.

Alternativa "d" – É argumentativo porque tenta convencer (viajar entre períodos de férias).

Tese: viajar sem ser férias.
Argumento: é mais barato.

Alternativa "e" – Apenas tese: quem é superficial conhece a si mesmo. Sem argumento.

RESPOSTA: D

25 **(FGV – Câmara Municipal de SP – Procurador Legislativo – 2024)** Entre os segmentos textuais abaixo, assinale aquele que se enquadra entre os textos expositivos.

a) A mulher ficara sentada à mesa, a ler o Diário de Notícias, no seu roupão de manhã, de fazenda preta, com largos botões de madrepérola; o cabelo louro um pouco desmanchado, com um tom seco do calor do travesseiro...
b) Jorge enrolou um cigarro, e muito repousado, muito fresco na sua camisa de chita, sem colete, o jaquetão de flanela azul aberto, os olhos no teto, pôs-se a pensar na sua jornada ao Alentejo.
c) Para o público de hoje, a leitura de um romance do século XIX pode parecer uma tarefa pouco prazerosa. Além da dificuldade de compreender o sentido de muitas palavras e expressões de épocas passadas, há nessas obras uma sensibilidade artística bem diferente da nossa...
d) Tinham dado onze horas no cuco da sala de jantar e Jorge fechou o volume que estivera folheando devagar, espreguiçou-se, bocejou e disse: – Tu não te vais vestir, Luíza?
e) Se você for convidado pela primeira vez à casa de amigos, não deixe de levar flores para a dona da casa, espere que lhe digam o lugar onde deve sentar à mesa, não seja o primeiro a servir-se nem o último a deixar a mesa.

COMENTÁRIOS:

Nota da autora: O texto expositivo possui o objetivo de informar e esclarecer o leitor sobre um assunto. Possui o objetivo de apresentar ideias e pontos de vista sem, necessariamente, convencer o leitor.

Alternativa "a" – Descrição.

Alternativa "b" – Narração com detalhes descritivos.

Alternativa "c" – É uma informação, um esclarecimento: expositivo.

Alternativa "d" – Narração.

Alternativa "e" – Injuntivo: há verbos no imperativo – não deixe, espere, não seja.

RESPOSTA: C

26 **(FGV – EPE – Advogado – 2024)** Leia o texto a seguir.

Não há dúvida de que nosso currículo escolar está defasado, obrigando professores e alunos a estudarem temas completamente distantes de nossas necessidades culturais; essa foi uma das conclusões a que chegou o "Congresso Escolar: suas necessidades", recomendando uma urgente atualização, o que traria o aumento de motivação por parte dos alunos.

Sobre esse texto, assinale a afirmativa correta.

a) Trata-se de texto argumentativo, cuja tese é a de que o currículo escolar está defasado e necessitando de mudanças.

b) Exemplifica um texto argumentativo que apresenta uma tese sem o apoio de argumentos.

c) Mostra uma tese apoiada em uma opinião (e não uma certeza) por parte do argumentador.

d) Apresenta um texto argumentativo misturado a um texto narrativo.

e) Traz uma tese que se opõe a uma outra também enunciada no texto.

COMENTÁRIOS:

Alternativa "a" – É argumentativo porque defende uma tese sobre um determinado tema e utiliza argumentos para embasar o ponto de vista.

Tese (argumento central): *nosso currículo escolar está defasado [...] recomendando uma urgente atualização, o que traria o aumento de motivação por parte dos alunos.*

Alternativa "b" – A tese possui apoio de argumento: *o "Congresso Escolar: suas necessidades"* chegou a uma conclusão.

Alternativa "c" – A tese é apoiada em uma certeza: no início, escreve que *"Não há dúvida"*, depois menciona que a conclusão foi do Congresso Escolar.

Alternativa "d" – Não há características de narração, não se refere a um fato passado, não há enredo, cenários, personagens nem verbos no pretérito perfeito do indicativo.

Alternativa "e" – Existe apenas uma tese, não há contraposição, contrariedade.

RESPOSTA: A

27 **(FGV – EPE – Advogado – 2024)** Leia o texto descritivo a seguir.

A loja de artesanato ficava em local privilegiado: diante de uma igreja muito visitada por turistas, com um amplo espaço gramado, a fachada da loja mostrava traços coloniais, como tudo no local. Dentro da loja, havia principalmente objetos de madeira descolorida, para dar impressão de velhos, e alguma esculturas em pedra sabão.

Sobre esse trecho descritivo, assinale a afirmativa correta.

a) O observador está imóvel, enquanto o objeto se mostra em movimento.

b) O observador e o objeto da descrição estão imóveis.

c) A descrição é de caráter técnico, com termos específicos de uma área de conhecimento.

d) O observador está em movimento, enquanto o objeto descrito está imóvel.

e) O texto mostra somente aspectos positivos dos objetos descritos.

COMENTÁRIOS:

Nota da autora: O gabarito preliminar indicava como correta a alternativa "b". No definitivo, a banca alterou.

Alternativa "a" – O observador está em movimento; os objetos de madeira e as esculturas, imóveis.

Alternativa "b" – O observador está em movimento porque descreve o local da loja (parte externa) e os objetos que estão dentro da loja (parte interna). Os objetos de madeira e as esculturas estão imóveis (expostos).

Alternativa "c" – Não possui caráter técnico nem termos específicos. Trata-se de uma descrição na qual apresenta características e detalhes.

Alternativa "d" – Como mencionado na alternativa "b": observador em movimento, e os objetos imóveis.

Alternativa "e" – Os aspectos não são positivos nem negativos: ***objetos de madeira descolorida****, para dar impressão de velhos, e alguma*(s) ***esculturas em pedra sabão***.

Nada indica que possuir impressão de velhos seja considerado bom (ou ruim).

RESPOSTA: D

28 **(FGV – Câmara Municipal de SP – Procurador Legislativo – 2024)** Observe o seguinte texto:

"Estava sentada à mesa, a ler o Diário de Notícias, no seu roupão de manhã, de fazenda preta, com largos botões de madrepérola; o cabelo louro um pouco desmanchado, com um tom seco do calor do travesseiro..."

Trata-se de um texto descritivo; assinale a consideração correta sobre o fator "tempo" neste tipo de texto.

a) O texto mostra a mesma realidade em momentos distintos.
b) O texto se apoia em um momento único.
c) Os elementos do texto se mostram em sucessão cronológica.
d) O texto é completamente atemporal.
e) O texto situa a descrição no momento presente.

COMENTÁRIOS:

Alternativa "a" – A realidade é a mesma, mas o momento é idêntico.

Alternativa "b" – O tempo, em textos descritivos, apoia-se em momento único porque as ações são simultâneas.

Dicas para a próxima prova:

o pretérito imperfeito do indicativo (estava) demonstra isso;

em textos descritivos, há adjetivos – preta, largos, louro, desmanchado, seco.

Alternativa "c" – Não há continuação, é uma cena, um momento.

Dica: trata-se de efeito fotografia – tudo é visto de uma só vez.

Alternativa "d" – Não está fora do tempo, não é acrônico.

Alternativa "e" – O verbo está no pretérito imperfeito do indicativo. Isso indica que se situa no passado.

RESPOSTA: B

29 **(FGV – Câmara Municipal de SP – Procurador Legislativo – 2024)** Observe o seguinte texto:

"Jorge enrolou um cigarro, e muito repousado, muito fresco na sua camisa de chita, sem colete, o jaquetão de flanela azul aberto, os olhos no teto, pôs-se a pensar na sua jornada ao Alentejo."

Sobre a estruturação desse segmento textual, é correto afirmar que o texto

a) é predominantemente descritivo, com detalhes pormenorizados das roupas do personagem.
b) é do tipo narrativo, com uma interrupção descritiva.
c) é predominantemente narrativo, com uma interrupção em flash-back.
d) é do tipo expositivo, em que o enunciador fornece dados importantes para a compreensão do que é lido.
e) é argumentativo, com a tese de que é indispensável a reflexão sobre as ações humanas.

COMENTÁRIOS:

Alternativa "a" – É narrativo porque refere-se a algo que já aconteceu. Note que o primeiro verbo está no pretérito perfeito do indicativo e indica uma ação já ocorrida e finalizada.

Dica: cuidado com o advérbio "predominantemente".

Alternativa "b" – É narrativo porque o verbo está no pretérito perfeito (enrolou) e há personagem. Existe descrição porque possui o efeito fotografia (uso de adjetivos): repousado, fresco, aberto.

Alternativa "c" – Não é predominantemente narrativo porque há, também, descrição. Além disso, não existe flashback – *ação ou efeito de lembrar, de reviver uma sensação anterior ou ter uma recordação de algo passado; lembrança; memória, recordação*[3].

Dica: se a jornada ao Alentejo fosse descrita, seria um flashback.

Alternativa "d" – O objetivo do texto não é apresentar um assunto ou acrescentar informações sobre determinado tema. Não explica, não informa.

Alternativa "e" – Não defende uma ideia, hipótese, teoria ou opinião. Não possui, também, o objetivo de convencer o leitor.

RESPOSTA: B

30 **(FGV – Câmara Municipal de SP – Procurador Legislativo – 2024)** Observe um pequeno texto do filósofo John Locke:

3. Dicionário Online de Português. Disponível em <https://www.dicio.com.br/flashback/>. Acesso em 11 abril 2024.

"Pois, tendo resolvido examinar o entendimento humano e os caminhos do conhecimento, não pelas opiniões dos outros, mas pelo que pudesse reunir eu mesmo com base em minhas próprias observações, eu deliberadamente evitei a leitura de todos os livros que tratassem de alguma maneira do meu tema, de modo que nada pudesse enviesar-me de alguma forma."

A afirmação correta sobre o tema principal desse fragmento é:

a) a leitura de livros pode propiciar a presença de erros em nossos trabalhos.
b) em nossos textos devemos evitar a presença de opiniões alheias.
c) as leituras de outros textos podem provocar a perda de originalidade de nossos pensamentos.
d) a escrita sobre algum tema deve ser previamente preparada pela leitura de livros sobre esse tema.
e) os livros publicados estão cheios de informações falsas, o que pode tirar outras mentes do caminho correto.

COMENTÁRIOS:

Alternativa "a" – Não se trata de erros, mas de enviesar, ou seja, alterar, dar outra direção. Isso não é o tema principal, é apenas uma explicação.

Alternativa "b" – Não se trata do assunto principal e nada indica que isso deva acontecer sempre.

Alternativa "c" – O filósofo queria examinar o entendimento humano e os caminhos do conhecimento com base em suas próprias observações. Para isso, evitou a leitura de todos os livros que tratassem de alguma maneira do meu tema.

Alternativa "d" – Até pode ser, mas não é o caso. Ele não quer se enviesar.

Alternativa "e" – Além de haver extrapolação, a informação é assustadora.

RESPOSTA: C

31 **(FGV – Câmara Municipal de SP – Procurador Legislativo – 2024)** Abaixo estão cinco pequenos textos publicitários; assinale o que apela para a sedução do leitor para seu convencimento.

a) Faça como os americanos: beba Brahma!
b) Lave suas roupas com Omo e proteja a sua saúde!
c) Verifique a fama de seu fornecedor antes de comprar.
d) Compre uma camisa e ganhe outra!
e) Use Colgate e tenha dentes brilhantes!

COMENTÁRIOS:

Nota da autora: Para seduzir, é preciso qualificar, ou seja, procure o(s) adjetivo(s).

Alternativa "a" – É apenas uma instrução.

Alternativa "b" – Tenta convencer (é argumentativo), mas não há sedução.

Alternativa "c" – Trata-se, também, de uma instrução.

Alternativa "d" – Também tenta convencer (argumentativo), mas não existe sedução.

Alternativa "e" – Sedução: ter os dentes brilhantes.

RESPOSTA: E

32 **(FGV – Delegado de Polícia – SC – 2024)** Assinale a frase abaixo que ***não*** mostra uma referência crítica.

a) Nós matamos o tempo, mas ele nos enterra.
b) O tempo é infiel para quem dele abusa.
c) A falsidade da história é tão velha como a própria história.
d) A história é uma galeria de quadros com poucos originais e muitas cópias.
e) A história é uma destilação de intrigas.

COMENTÁRIOS:

Nota da autora: A resenha crítica possui um ponto de vista e a sua finalidade é de convencer o leitor através de argumentos e informações.

Dica: precisa haver qualificação, adjetivação.

Alternativa "a" – Não existe termo qualificativo na frase. Trata-se de uma afirmação composta por oposição: nós matamos o tempo x o tempo nos enterra.

Alternativa "b" – Adjetivo: infiel = crítica.

Alternativa "c" – Adjetivo: velha = crítica.

Alternativa "d" – Qualificação: uma galeria de quadros poucos originais e muitas cópias = crítica.

Alternativa "e" – Qualificação: destilação de intrigas = crítica.

RESPOSTA: A

33 **(FGV – Delegado de Polícia – SC – 2024)** As frases abaixo mostram marcas do modo argumentativo de organização discursiva; assinale a frase em que a tese defendida é acompanhada de um argumento.

a) O que prevemos raramente ocorre; o que menos esperamos geralmente acontece.
b) Os prazeres são relâmpagos; os sofrimentos, séculos.
c) É tão absurdo apagar o passado como planejar o futuro.
d) Deixe passar o tempo sem preocupações, como se fazia no mundo maravilhoso do passado.
e) Todo país tem duas histórias: a real e a oficial.

COMENTÁRIOS:

Nota da autora: Para facilitar, verifique se existe o porquê, o motivo de alguém afirmar algo.

Alternativa "a" – Tese: esperamos e raramente acontece / menos esperamos e acontece.

Alternativa "b" – Tese com duas definições: prazeres são relâmpagos / sofrimentos são séculos.

Alternativa "c" – Tese: apagar o passado e planejar o futuro são dois absurdos.

Alternativa "d" – **Por que** é preciso deixar o tempo passar sem preocupações?

A resposta está explícita em seguida.

Tese: Deixe passar o tempo sem preocupações.

Argumento: como se fazia no mundo maravilhoso do passado.

Alternativa "e" – Tese: os países possuem duas histórias.

RESPOSTA: D

34 **(FGV – PJERJ – Programa de Residência – Direito – 2024)** Nas frases a seguir há expressões populares sublinhadas. Assinale a frase em que o significado de uma expressão foi corretamente indicado.

a) Cada vez que o Brasil tira a cabeça fora d'água e mostra que é competitivo, vem bomba. / passa a ver melhor as coisas.

b) Os estrangeiros terão de comer muito feijão para chegar à posição de maior banco do mundo. / terão de trabalhar muito.

c) Se abrirmos a porteira, passa uma boiada e o país pode quebrar. / deixarmos de progredir.

d) Se sinto que estou deixando o sucesso subir à cabeça, vou ao banheiro, pego minha cueca e lavo; enxáguo e deixo lá secando. / atingir o seu ponto máximo.

e) Tem-se que dar muito murro para chegar a comprar um casarão na Flórida. / superar obstáculos.

COMENTÁRIOS:

Nota da autora: A banca quer saber os significados de expressões e ditados populares.

Alternativa "a" – **Tente se salvar** em uma situação difícil.

Alternativa "b" – A expressão indica **esforço, trabalho, coragem, valentia**: terão de trabalhar muito.

Alternativa "c" – Se **desleixar, descuidar.**

Alternativa "d" – É **pretensioso, imodesto.**

Alternativa "e" – O ditado popular completo é "dar murro em ponta de faca" e significa *perder tempo, insistir*. No contexto, foi desmembrada, e significa **esforçar-se.**

RESPOSTA: B

35 **(FGV – PJERJ – Programa de Residência – Direito – 2024)** Assinale a frase em que a linguagem empregada é integralmente formal.

a) Em alguns casos, a gente poderia tachar os juros de assalto.
b) Bom de briga é aquele que cai fora.
c) Lidere, siga ou saia do caminho.
d) Estou me lixando para o cliente.
e) Depois que saí do Banco Central, fiquei pensando onde um cara como eu poderia usar todo o seu potencial.

COMENTÁRIOS:

Nota da autora: Questão de tipos de linguagem.

A **linguagem formal** é pautada no uso correto das normas gramaticais.

A **linguagem informal** representa a linguagem cotidiana, isto é, trata-se de uma linguagem espontânea, regionalista e despreocupada com as normas gramaticais.

Alternativa "a" – Informalidade: *a gente* = nós.

Alternativa "b" – Informalidade: *cai fora* = desiste.

Alternativa "c" – A linguagem é formal.

Alternativa "d" – Informalidade: *me lixando* = não me importando.

Alternativa "e" – Informalidade: *cara* = pessoa, homem.

RESPOSTA: C

36 **(FGV – PJERJ – Programa de Residência – Direito – 2024)** Assinale o texto, cujo tema é a guerra, que mostra uma visão positiva desses conflitos.

a) Façamos a guerra para poder viver em paz.
b) Uma espada obriga a outra a ficar na bainha.
c) Para que não existam mais fuzis, é preciso empunhar o fuzil.
d) Que as armas cedam à toga, o triunfo militar à glória cívica.
e) O homem existe apenas no combate, o homem vive apenas se arrisca a vida.

COMENTÁRIOS:

Alternativa "a" – Fazer a guerra = visão negativa.

Alternativa "b" – Existe pressão = visão negativa.

Alternativa "c" – Empunhar o fuzil = visão negativa.

Alternativa "d" – O triunfo militar à glória cívica = visão negativa.

Alternativa "e" – Para viver é preciso arriscar, e o homem existe apenas no combate = visão positiva.

RESPOSTA: E

37 **(FGV – PJERJ – Programa de Residência – Direito – 2024)** Observe o seguinte texto de um estadista inglês:

"As pessoas de alta sociedade são insensíveis às necessidades e aflições dos homens, do mesmo modo como os cirurgiões são insensíveis às dores físicas."

Assinale a afirmação ***inadequada*** sobre sua estrutura ou significação.

a) O texto exemplifica o discurso informativo, em que o autor aponta características da alta sociedade.

b) O pensamento do autor apela para uma comparação a fim de expressar-se.

c) A analogia presente no texto mostra críticas simultâneas às pessoas de alta sociedade e aos cirurgiões.

d) O traço que une as críticas do texto é a insensibilidade diante de problemas sociais e da dor física.

e) A tese do texto é a de que a alta sociedade é insensível aos problemas sociais.

COMENTÁRIOS:

Alternativa "a" – Não é um discurso informativo porque não simplifica teoria complexa em ideia mais simples. Não depende de fatos, estudos ou estatísticas.

Alternativa "b" – Perceba que a conjunção "como" está explícita. Há comparação.

Alternativa "c" – Analogia é comparação. Perceba que existe crítica porque são insensíveis.

Alternativa "d" – Insensibilidade diante de problemas sociais: *insensíveis às necessidades e aflições dos homens.*

Dor física: *insensíveis às dores físicas.*

Alternativa "e" – É o assunto, é a questão, é a conclusão, ou seja, é a mensagem principal do autor.

RESPOSTA: A

38 **(FGV – PJERJ – Programa de Residência – Direito – 2024)** Observe o seguinte texto de um autor italiano:

"Sob o cinzento dilúvio democrático atual, que submerge miseravelmente muitas coisas belas e raras, também desaparece pouco a pouco aquela classe especial da antiga nobreza italiana, em que se mantinha viva, de geração a geração, uma certa tradição familiar de distinta cultura, de elegância e de arte."

Assinale a afirmação ***inadequada*** sobre sua estrutura ou significação.

a) A palavra "dilúvio" mostra uma visão negativa do avanço generalizado do regime democrático.

b) O texto lamenta a perda de valores tradicionais conservados pela nobreza italiana.

c) O advérbio "miseravelmente" indica o decréscimo de valores econômicos trazido pelas mudanças políticas.

d) Ao designar a antiga nobreza italiana de "classe especial", o autor do texto mostra a valorização dessa classe.

e) A cultura, a elegância e o cultivo da arte são os valores perdidos no mundo pelo "dilúvio democrático".

COMENTÁRIOS:

Alternativa "a" – No sentido denotativo, o vocábulo "dilúvio" significa *alagamento, inundação, enchente*. No texto, foi usado em sentido figurado e indica uma visão negativa porque indica que submerge miseravelmente muitas coisas belas. Possui sentido de *aniquilador, avassalante*.

Alternativa "b" – Período que evidencia a lamentação: *Sob o cinzento dilúvio democrático atual, que* ***submerge miseravelmente muitas coisas belas e raras****, também* ***desaparece pouco a pouco aquela classe especial da antiga nobreza italiana****.*

Alternativa "c" – Não se refere a valores econômicos. Refere-se à cultura: *tradição familiar de distinta cultura, de elegância e de arte*.

Alternativa "d" – Valorização explícita: [...]*se mantinha viva, de geração a geração, uma* ***certa tradição familiar de distinta cultura, de elegância e de arte.***

Alternativa "e" – No texto: ***Sob o cinzento dilúvio democrático atual*** *submerge miseravelmente muitas coisas belas e raras.*

Desaparece, também, a **classe** especial da **antiga nobreza italiana** que possuía ***uma certa tradição familiar de distinta cultura, de elegância e de arte.***

RESPOSTA: C

39 **(FGV – PJERJ – Programa de Residência – Direito – 2024)** O célebre general americano Patton declarou:

"Nunca diga às pessoas como fazer as coisas. Diga-lhes o que deve ser feito e elas surpreenderão você com a sua engenhosidade."

Sobre a estrutura e a significação dessa frase assinale a afirmação inadequada.

a) O argumento apresentado pelo general se fundamenta na sua experiência e conhecimento público.

b) O pronome "você" se refere indistintamente às pessoas que leem o texto.

c) As formas verbais "fazer" e "ser feito" correspondem a formas correspondentes nas vozes ativa e passiva, respectivamente.

d) A frase exemplifica o tipo de texto descritivo, já que fornece um conselho detalhado ao leitor.

e) Segundo o texto, a criatividade é fruto da falta de informações sobre algo.

COMENTÁRIOS:

Alternativa "a" – Pode ser inferida essa ideia porque, no início, menciona: "O célebre general americano Patton declarou".

Fundamenta em conhecimento público pelo fato de ser algo que deverá ser dito a pessoas.

Alternativa "b" – O pronome "você" não separa, não diferencia pessoa alguma, ou seja, pode ser qualquer leitor(a).

Alternativa "c" – "fazer as coisas": voz ativa – as pessoas devem fazer as coisas (sujeito ativo); "ser feito": voz passiva analítica (verbo *ser* + particípio).

Na ativa: [as pessoas] devem fazer.

Alternativa "d" – Não existe riqueza de detalhes, não é descritivo.

Trata-se de um texto argumentativo: defende uma ideia e tenta persuadir.

Alternativa "e" – Se as pessoas não souberem como fazer as coisas, elas serão criativas porque nos surpreenderão por possuírem destreza ao inventar.

RESPOSTA: D

40 **(FGV – PJERJ – Programa de Residência – Direito – 2024)** As frases a seguir são inseridas entre exemplos de texto injuntivo, que indicam ordem, conselho, advertência, instrução ou desejo. Assinale a frase que denota ordem.

a) Desconfiai sempre de experiências alheias.

b) Chega de homenagens. Eu quero o dinheiro.

c) Regra número 1: nunca perca dinheiro. Regra número 2: nunca esqueça a regra número 1.

d) Não emprestes a teu irmão com juros.

e) Não faça de seu cargo uma arma; a vítima pode ser você.

COMENTÁRIOS:

Nota da autora: Atente-se aos tempos e modos verbais. Como a banca não é para brincar, fique de olho, também, no contexto.

Alternativa "a" – Trata-se de uma sugestão, de um conselho.

Alternativa "b" – O verbo "chegar" está no imperativo afirmativo e indica ordem: chega de!

Alternativa "c" – Embora os verbos estejam no imperativo, e pareça ordem, a frase é uma instrução (regra 1, regra 2).

Alternativa "d" – É uma advertência.

Alternativa "e" – É uma advertência, ou um desejo.

RESPOSTA: B

41 **(FGV – AL MA – Consultor Legislativo – Direito/2023)** Em todas as opções abaixo há uma frase, da qual foi retirada uma informação implícita (uma inferência). Assinale a opção em que a inferência apontada está adequada à frase.

a) Quando se é velho, é preciso ser mais ativo do que quando jovem / os velhos trabalham mais que os jovens, por isso precisam de energia.

b) Uma criança mimada nunca ama sua mãe / é indispensável saber educar os filhos.

c) Nunca faças hoje o que podes deixar para amanhã / a pressa é amiga da perfeição.

d) Em toda iniciativa, pensa bem aonde queres chegar / em toda atividade, a disciplina financeira é indispensável.

e) Morrer gloriosamente é melhor do que salvar-se / a disciplina militar ajuda bastante na trajetória da vida.

COMENTÁRIOS:

Alternativa "a" – Quando se é velho, é preciso ser mais ativo do que quando jovem.

Inferência: os velhos precisam se exercitar mais para se manterem saudáveis.

Eliminada: os velhos ~~trabalham~~ mais que os jovens, por isso precisam de energia.

Alternativa "b" – Uma criança mimada nunca ama sua mãe.

Inferência: se a criança não for mimada, ela amará sua mãe, ou seja, é preciso educar os filhos, não os mimar.

Alternativa "c" – Nunca faças hoje o que podes deixar para amanhã.

Inferência: a pressa é inimiga da perfeição. Não precisa fazer apressadamente.

Eliminada: a pressa é ~~amiga~~ da perfeição.

Alternativa "d" – Em toda iniciativa, pensa bem aonde queres chegar.

Inferência: é necessário demonstrar um propósito antes de iniciar algo.

Eliminada: em toda atividade, a disciplina ~~financeira~~ é indispensável.

Alternativa "e" – Morrer gloriosamente é melhor do que salvar-se.

Inferência: Morrer triunfante e vitorioso é melhor do que estar vivo e fracassado.

Eliminada: a disciplina militar ajuda bastante na trajetória da ~~vida~~.

RESPOSTA: B

42 **(FGV – AL MA – Consultor Legislativo – Direito/2023)** Observe o texto a seguir.

"Dvorak aproximou-se da entrada da caverna e procurou observar o seu interior. Havia alguns restos de fogueiras e ossos de animais espalhados. Nas paredes, alguns desenhos ininteligíveis, em cores pálidas. O teto mostrava alguns buracos por onde penetrava a luz do sol. Dvorak aprofundou-se na gruta e notou que ela era muito mais funda do que aparentava. Certamente o grupo que conduzia poderia proteger-se ali, já que havia uma só entrada e algumas saídas poderiam ser arranjadas".

Sobre os diferentes gêneros textuais presentes nesse segmento, é correto afirmar que

a) os segmentos do texto mostram estruturação narrativa, com sua básica evolução cronológica.

b) o texto é integralmente descritivo, tendo por objeto os aspectos visuais do interior da caverna.

c) o texto, após um início narrativo, desvia para a estruturação descritiva, terminando com uma reflexão do personagem.

d) o texto, de caráter dissertativo-expositivo, tenta mostrar as dificuldades de encontrar-se um lugar seguro para morar, na época pré-histórica.

e) o segmento final do texto mostra que sua finalidade é argumentativa.

COMENTÁRIOS:

Nota da autora: Atente-se ao comando da questão e elimine, imediatamente, três opções.

Comando: *Sobre* ***os diferentes gêneros textuais*** *presentes nesse segmento* [...]

Alternativa "a" - Um gênero textual: narração.

Alternativa "b" - Um gênero textual: descrição.

Alternativa "c"

Narração: *Dvorak aproximou-se da entrada da caverna e procurou observar o seu interior.*

Descrição: *Havia alguns restos de fogueiras e ossos de animais espalhados. Nas paredes, alguns desenhos ininteligíveis, em cores pálidas. O teto mostrava alguns buracos por onde penetrava a luz do sol. Dvorak aprofundou-se na gruta e notou que ela era muito mais funda do que aparentava.*

Reflexão da personagem: *Certamente o grupo que conduzia poderia proteger-se ali, já que havia uma só entrada e algumas saídas poderiam ser arranjadas.*

Alternativa "d" - O texto não possui o objetivo de informar e esclarecer o leitor através da exposição de um determinado assunto ou tema.

Opção, também, facilmente eliminada.

Alternativa "e" - Um gênero textual (no final do texto): argumentativo.

RESPOSTA: C

43 **(FGV - AL MA - Consultor Legislativo - Direito/2023)** Assinale a opção que exemplifica um gênero textual diferente dos demais.

a) A ciência comete suicídio quando adota um credo.

b) Não é possível que exista uma moral científica; mas também não é possível que haja uma ciência imoral.

c) Conhecer é um ato. A ciência pertence, portanto, ao âmbito da moral.

d) Não devemos acreditar em tudo que nos contam.

e) Não há nenhum mal no átomo, apenas na alma dos homens.

COMENTÁRIOS:

Nota da autora: Basta atentar-se ao fato de que, em quatro opções, há menções sobre a ciência. Os termos científicos se repetem. Elimine essas opções e encontre facilmente a resposta.

Alternativa "a" - "A ciência" = texto científico.

Alternativa "b" - moral "científica" = texto científico.

Alternativa "c" - "A ciência" = texto científico.

Alternativa "d" - Trata-se de um ditado popular, de sabedoria. Não possui relação alguma com a ciência.

Alternativa "e" - "átomo" = texto científico.

RESPOSTA: D

44 **(FGV- AL MA – Consultor Legislativo – Direito/2023)** Há frases interrogativas que são na verdade afirmações, pois a resposta já está contida implicitamente na pergunta, como no seguinte caso:

a) Onde você acha que eu moro?
b) Pode-me mostrar tua carteira, por favor?
c) Gostaria de comer sobremesa?
d) Quem pode dizer que dessa água eu não beberei?
e) Onde está o meu celular?

COMENTÁRIOS:

Alternativa "a" – Você pode morar em qualquer lugar. Não existe resposta implícita.

Alternativa "b" – A resposta pode ser afirmativa ou negativa. Não está implícita.

Alternativa "c" – A resposta pode ser afirmativa ou negativa. Não está implícita.

Alternativa "d" – A ideia é esta: ninguém pode dizer que dessa água eu não beberei. A resposta está implícita.

Dica para a próxima prova: a banca pode usar a expressão "interrogação retórica".

Alternativa "e" – O celular pode estar em qualquer lugar. Não existe resposta implícita.

RESPOSTA: D

45 **(FGV- AL MA – Consultor Legislativo – Direito/2023)** "Um asno será sempre um asno, mesmo se o cobrires de ouro".

A ideia central dessa frase é a de que

a) os animais nunca deixarão de ser animais.
b) os seres menores costumam apresentar-se como maiores.
c) a riqueza não deve ser desperdiçada.
d) muda-se a aparência, mas não a essência.
e) homens e animais se equiparam.

COMENTÁRIOS:

Nota da autora: Cuidado com o comando da questão. É exigida a ideia central.

Alternativa "a" – Isso até acontece, mas não é a ideia central. Perceba que, provavelmente, o vocábulo "asno" foi empregado no sentido figurado (*pessoa que não possui inteligência; quem não é inteligente; burro*[4]).

Alternativa "b" – Não demonstra hierarquia alguma, escala alguma (maior x menor).

Alternativa "c" – A ideia central é que a essência é mais importante, não a aparência, a riqueza.

4. Dicionário Online de Português. Disponível em < www.dicio.com.br/asno/>. Acesso em 5 outubro de 2023.

Alternativa "d" – Ele pode estar se cobrir de ouro, de diamante, de qualquer coisa, mas continuará sendo um asno. Isso significa que a essência permanece, embora a aparência seja modificada.

Alternativa "e" – Não assemelha nem compara os homens com os animais.

RESPOSTA: D

46 **(FGV- AL MA – Consultor Legislativo – Direito/2023)** Observe o seguinte segmento textual, de autoria do célebre escritor francês Diderot:

"Além do equador um homem não é inglês, holandês, francês, espanhol ou português. Ele se apega somente àqueles princípios e preconceitos de seu país de origem que justificam a sua conduta ou servem de desculpa para esta. Ele rasteja quando está fraco; ele é violento quando forte; ele tem pressa para adquirir, pressa para desfrutar, e é capaz de todo crime que o conduza mais rapidamente a seus objetivos. Ele é um tigre doméstico que retorna à selva; a sede de sangue toma conta dele outra vez. É assim que todos os europeus, cada um deles indistintamente, têm se mostrado nos países do Novo Mundo. Um delírio coletivo toma conta deles – a sede de ouro".

Todas as opções a seguir trazem informações explícitas ou implícitas contidas nesse texto. Assinale a opção que mostra uma informação explícita.

a) quando viajam para o Novo Mundo, todos os europeus pretendem enriquecer.
b) os europeus, quando no Novo Mundo, voltam a um estágio anterior primitivo, não respeitando as leis.
c) os europeus, culturalmente falando, são superiores aos povos do Novo Mundo.
d) os europeus, no Novo Mundo, apesar de diferentes países, se igualam em seu procedimento primitivo e ilegal.
e) os europeus procedem de forma irracional quando, no Novo Mundo, pretendem adquirir riqueza.

COMENTÁRIOS:

Alternativa "a" – A ideia está declara no texto: *É assim que todos os europeus, cada um deles indistintamente, têm se mostrado nos países do Novo Mundo.*

Votando às informações mencionadas, está claro que se refere ao enriquecimento: *é capaz de todo crime que o* ***conduza*** *mais rapidamente* ***a seus objetivos*** (adquirir, desfrutar, sede de ouro).

Alternativa "b" – Ideia **implícita** através deste trecho: rasteja, é violento, é um tigre que retorna à selva, é capaz de todo crime.

Alternativa "c" – Ideia **implícita** através deste trecho: *Além do equador um homem não é inglês, holandês, francês, espanhol ou português.*

Alternativa "d" – Ideia **implícita** de igualaram-se no procedimento primitivo: *Ele rasteja quando está fraco; ele é violento quando forte.* Quanto ao procedimento ilegal, a ideia está implícita aqui: *é capaz de todo crime.*

Alternativa "e" – Ideia **implícita** através deste trecho: *rasteja, é violento, é um tigre doméstico, sede de sangue.*

RESPOSTA: A

47 **(FGV- SEDUC TO – Professor Regente – 2023)**

"No trançado da história, o que interessa, afinal, é o resultado. O fim acaba sempre justificando os meios desde que não esteja demasiado longe – em sacrifícios e tempo – do início."

Millôr Fernandes.

Sobre a estruturação desse pequeno texto, é correto afirmar que se trata de um texto

a) narrativo/descritivo, cujo objeto é a afirmação de que os fins justificam os meios.
b) argumentativo, em que a tese inicial está sujeita a uma condição.
c) injuntivo, em que o objetivo é aconselhar os leitores sobre como proceder.
d) informativo, cujo tema é uma discussão filosófica.
e) puramente narrativo, marcado pela presença de fatos históricos.

COMENTÁRIOS:

Alternativa "a" – Não narra.

Alternativa "b" – Argumenta. Possui tese: o que interessa, afinal, é o resultado.

Condição: **desde que** não esteja demasiado longe do início.

Alternativa "c" – Não instrui, não ordena.

Alternativa "d" – Não se trata de informação, mas de argumentação.

Alternativa "e" – Não narra.

RESPOSTA: B

48 **(FGV – BANESTES – Analista Econômico Financeiro – 2023)** Uma das características de um texto informativo é a sua preocupação com a exatidão dos dados; assinale a frase abaixo que mostra essa preocupação.

a) Por volta das 9h todos os convidados já tinham saído.
b) Chegaram à empresa cerca de 10 caminhões de carga.
c) Muitos dos presentes dados eram de origem estrangeira.
d) As eleições tiveram 36% de abstenções.
e) Todos foram dormir pouco depois do jogo.

COMENTÁRIOS:

Alternativa "a" – Não há precisão: *por volta de.*

Alternativa "b" – Não há precisão: *cerca de.*

Alternativa "c" – Não há precisão: *muitos.* É impossível saber a quantidade dos dados que eram de origem estrangeira.

Alternativa "d" – Os dados são exatos: 36%.

Alternativa "e" – Não há precisão: *todos.* É impossível saber a quantidade de pessoas que foram dormir depois do jogo.

RESPOSTA: D

Texto para responder à questão.

Os alunos de hoje e a escola de sempre

"Há, porém, uma notável diferença entre a escola do passado e a atual. A primeira, sob exclusiva ação do professor, consistia na única fonte de conhecimento de seus alunos, sem a qual não se poderia "saber" nem "conhecer". Mas hoje podemos facilmente perceber que, embora culturalmente a escola não tenha mudado, as pessoas das quais se compõe mudaram, e muito. O professor deixou de ser a única fonte de saber para seus alunos, tornando-se nem mesmo a principal. Os alunos já chegam à escola com uma visão de mundo pré-estabelecida, com opiniões e conceitos formados, com uma cultura estritamente pessoal e diversificada. E isso não poderia ser diferente. "O mundo desses alunos é polifônico e policrômico. É cheio de cores, imagens e sons. Muito distante do espaço quase que exclusivamente monotônico, monofônico, monocromático que a escola está a lhes oferecer".

(FREIRE, 1998)

49 **(FGV – SEAD AP – Pedagogo – 2023)** O texto mostra um segmento retirado de um trabalho de pós-graduação.

Assinale a afirmativa correta sobre a mensagem do texto.

a) Compara a escola do passado com a escola do presente, mostrando as vantagens daquela sobre esta.

b) Indica a superioridade dos alunos de hoje em relação aos seus professores em função dos conhecimentos obtidos fora da escola.

c) Mostra que o mundo fora dos muros escolares se apresenta muito mais rico e diversificado do que o oferecido pela escola.

d) Comprova o eterno valor da escola, apesar das mudanças, já que continua sendo a única fonte do saber e do conhecer.

e) Denuncia o fracasso do ensino nos dias atuais em função da falta de atualização do corpo docente.

COMENTÁRIOS:

Alternativa "a" – Compara, mas não existe vantagem da escola do passado. São mencionadas as diferenças e mudanças.

Alternativa "b" – Não há tal hierarquia. Apenas menciona que *o professor deixou de ser a única fonte de saber para seus alunos, tornando-se nem mesmo a principal* e que *os alunos já chegam à escola com uma visão de mundo pré-estabelecida, com opiniões e conceitos formados, com uma cultura estritamente pessoal e diversificada.*

Alternativa "c" – O mundo fora da escola é mais rico e diversificado: *Os alunos já chegam à escola com uma visão de mundo pré-estabelecida, com opiniões e conceitos formados, com uma cultura estritamente pessoal e diversificada.* [...] "**O mundo desses alunos é polifônico e policrômico. É cheio de cores, imagens e sons.** Muito distante do espaço quase que exclusivamente monotônico, monofônico, monocromático que a escola está a lhes oferecer".

Alternativa "d" – A escola não continua sendo a única fonte do saber e do conhecer, como mencionado na alternativa anterior.

Alternativa "e" – Não se trata de fracasso do ensino, mas sim de mudanças.

RESPOSTA: C

Atenção: o texto a seguir refere-se às duas próximas questões.

No site "Recanto das Letras" apareceu o seguinte texto de Graça Novais: "O ensino se bem-organizado impulsiona, também, o desenvolvimento do estudante, porém esse deve ser visto como alguém que contribui para a sua aprendizagem de forma "ativa", implicando uma revolução na forma de conceber o ensino, alterando a postura do professor e da equipe gestora. Professor mediador entre os alunos e o conhecimento e facilitador da aprendizagem, tornando-se essa, um processo ativo que requer a reconstrução tanto de novos conhecimentos como de formas de pensar e tomar decisões".

50 **(FGV – SEAD AP – Pedagogo – 2023)** O pensamento fundamental contido nesse segmento textual é:

a) "O ensino se bem-organizado impulsiona, também, o desenvolvimento do estudante".

b) "...esse deve ser visto como alguém que contribui para a sua aprendizagem de forma "ativa"".

c) "...implicando uma revolução na forma de conceber o ensino, alterando a postura do professor e da equipe gestora.".

d) "Professor mediador entre os alunos e o conhecimento e facilitador da aprendizagem".

e) "...tornando-se essa, um processo ativo que requer a reconstrução tanto de novos conhecimentos como de formas de pensar e tomar decisões".

COMENTÁRIOS:

Nota da autora: Basta fazer estas indagações: Por que a autora escreveu o texto? Qual foi o objetivo?

Alternativa "a" – Trata-se apenas de uma informação inicial.

Alternativa "b" – O pensamento fundamental é o trecho em que mostra a adversidade: [o aluno] ***deve ser visto como alguém que contribui para a sua aprendizagem de forma "ativa"***, *implicando uma revolução na forma de conceber o ensino, alterando a postura do professor e da equipe gestora*.

Alternativa "c" – É a forma como deve ocorrer a contribuição do aluno para a sua aprendizagem.

Alternativa "d" – Também indica a maneira como deve acontecer.

Alternativa "e" – Mais uma vez, menciona como deve ocorrer.

RESPOSTA: B

51 **(FGV – SEAD AP – Pedagogo – 2023)** O texto do "Recanto das Letras" deve ter seu gênero classificado como

a) descritivo, pois define os vários componentes de uma estrutura moderna de ensino.

b) narrativo, pois mostra uma evolução conceitual na forma de conceber o ensino.
c) dissertativo-expositivo, pois expõe didaticamente como deve ser visto o ensino nos dias de hoje.
d) dissertativo-argumentativo, pois defende uma ideia sobre o ensino, apoiada em argumentos de autoridade.
e) dissertativo-histórico, pois enumera as diversas fases por que já passou a tarefa de ensinar.

COMENTÁRIOS:

Alternativa "a" – O texto descrito não traz definições, ele detalha, descreve objetos, pessoas e lugares.

Alternativa "b" – Não se trata de um fato passado.

Alternativa "c" – Não é didático, não é capaz de facilitar a aprendizagem ou é próprio para ensinar.

Exemplo de texto didático:

Sociedade é a denominação dada ao conjunto de pessoas que compartilha o mesmo espaço geográfico ao mesmo tempo e, por este motivo, também partilham de regras de convivência[5].

Alternativa "d" – Defende uma ideia sobre o ensino e o argumento é de autoridade porque o texto foi publicado no site "Recanto das Letras" e foi escrito por Graça Novais.

Observação: Graça Novais é escritora, de Salvador, e possui mais de 67 textos publicados.

Precisaria saber a biografia da escritora? Não. O fato de ter sido publicado em um site bem-conceituado já indica que possui argumento de autoridade.

Alternativa "e" – Não apresenta diversas fases, portanto, não é histórico.

RESPOSTA: D

52 **(FGV – SEAD AP – Pedagogo – 2023)** Um ditado de autor desconhecido diz: "Se você é tolo, fique rodeado de pessoas inteligentes. Se você é inteligente, fique rodeado de pessoas inteligentes que discordam de você".

Pode-se concluir desse ditado que

a) a recusa do erro é prova de inteligência.
b) a inteligência é indispensável para a vida em sociedade.
c) o debate entre opostos enriquece o conhecimento.
d) a discordância gera antipatias sociais.
e) a tolice é o primeiro passo para a inteligência.

5. Toda matéria. Disponível em <www.todamateria.com.br/texto-didatico/>. Acesso em 31 agosto de 2023

COMENTÁRIOS:

Alternativa "a" – Não se trata de negar ou rejeitar algo.

Alternativa "b" – Não é sobre a inteligência ser indispensável, muito menos sobre a sociedade. Trata-se de enriquecer o conhecimento.

Alternativa "c" – Opostos: **tolo** e **inteligente**; inteligentes que **concordam** com você e inteligentes que **discordam** de você. É óbvio que assim haverá enriquecimento de ideias e pensamentos.

Alternativa "d" – Não gera repulsa nem aversão. Gera conhecimento.

Alternativa "e" – Imagine só! A tolice é o oposto da inteligência.

RESPOSTA: C

Texto – O futuro do plástico *(fragmento)*

Por Bruno Garattoni e Tiago Cordeiro

"[...]

Em setembro, um estudo publicado por cientistas chineses detectou, pela primeira vez, a presença de microplásticos (partículas com menos de 5 milímetros) na placenta humana. Eles analisaram as placentas de 17 gestantes, e todas continham quantidades 'muito abundantes' de microplásticos. [...]

Estamos expostos ao plástico antes mesmo de nascer. E, ao chegar a este mundo, somos bombardeados por ele. Literalmente. Em 2020, cientistas da Universidade Cornell, nos EUA, coletaram amostras de ar em 11 pontos do país – e descobriram que, nelas, 'chovem' mais de 1.000 toneladas de microplásticos por ano, o equivalente a 120 milhões de garrafas PET.

[...]

Mas suas principais fontes são a água e a comida. Um estudo da Universidade de Newcastle analisou a quantidade presente em alguns alimentos, como peixes, mariscos, sal, cerveja, água, mel e açúcar – e concluiu que cada adulto ingere em média 20 gramas de microplásticos, o equivalente a uma pecinha de Lego, por mês. E o cálculo não considera outros alimentos ou fontes, como os microplásticos presentes em cremes dentais ou liberados por panelas com o revestimento antiaderente danificado – que podem soltar mais de 9.000 pedacinhos a cada uso. Ou seja: não estamos apenas sendo soterrados pelo plástico. Ele já está dentro de nós.

[...].

A ilha transparente

Em 1997, o oceanógrafo Charles Moore estava voltando de uma regata entre Los Angeles e Honolulu, no Havaí, quando resolveu testar seu veleiro, o Alguita. Pegou uma rota tranquila, com pouco vento, no Giro do Pacífico Norte [...]. Mas, aí, viu pedaços de plástico boiando a esmo no meio do oceano.

Era a primeira observação da Grande Ilha de Lixo do Pacífico, um fenômeno que havia sido teorizado em 1988 por cientistas do governo americano. A ilha fica entre a costa oeste dos EUA e o Japão, e é formada por mais de 1,8 trilhão de detritos, que somam mais de 80 mil toneladas de plástico e se estendem por 1,6 milhão de quilômetros quadrados – o tamanho do estado do Amazonas.

Só que a ilha não é bem como as pessoas imaginam, com uma gigantesca maçaroca flutuante. Em sua maior parte, ela é invisível a olho nu. Isso porque o lixo vai se fragmentando – e 80% dele já está na forma de microplásticos.

Eles são muito pequenos, e ficam espalhados por uma área gigantesca. Por isso, a ilha é difícil de ver – seja de barco ou por imagens de satélite.

Mas causa um impacto ambiental enorme: afeta mais de 700 espécies. Os animais marinhos podem ficar presos na ilha de lixo, ou ingerir plástico em quantidades nocivas. Além disso, como os pedacinhos de plástico deixam a água ligeiramente turva, reduzem o acesso das algas marinhas à luz do sol, podendo desregular seriamente a cadeia alimentar.

A bactéria mutante

A usina nuclear de Chernobyl é um dos pontos mais contaminados do mundo. Quando seu reator 4 explodiu, em 1986, a radioatividade no local chegou a incríveis 300 sieverts por hora: o equivalente a 3 milhões de exames de raio-X, e suficiente para matar uma pessoa em cerca de 1 minuto. [...]

Mas foi ali que, em 1991, pesquisadores acharam algo incrível: um fungo radiotrófico, ou seja, capaz de se alimentar de radiação. Ele se chama Cryptococcus neoformans, e a ciência já o conhecia; mas essa sua nova habilidade, não. [...] Décadas mais tarde, em 2016, algo parecido aconteceu – só que com o plástico. Um grupo de pesquisadores estava testando amostras do solo perto de uma usina de reciclagem de garrafas PET na cidade de Sakai, no Japão. Eles encontraram uma bactéria capaz de 'comer' esse material, transformando-o em energia para sobreviver.

O micróbio foi batizado de Ideonella sakaiensis, e passou a ser estudado em laboratório. O segredo dessa bactéria está numa enzima que ela produz: a PETase, que decompõe esse tipo de plástico [o plástico produzido a partir do polietileno tereftalato, ou PET, e que pode ser encontrado nas garrafas plásticas que recebem esse nome]. Nos anos seguintes, outras pesquisas descobriram dezenas de PETases, fabricadas por vários micro-organismos. Elas decompõem o plástico em poucos dias – acelerando muito a degradação natural, que leva séculos.

Cientistas da Universidade do Texas criaram uma versão alterada da enzima, que se chama FAST-PETase e funciona incrivelmente bem: basta aplicá-la sobre o plástico, deixar o material numa temperatura de 30 a 50 graus (fácil de atingir e manter num galpão ou tonel levemente aquecido, por exemplo), e a natureza faz todo o resto. Um a sete dias depois, dependendo da temperatura ambiente, você tem plástico novo.

Sem precisar derreter o material, usar aditivos nem lidar com substâncias tóxicas. E a enzima não só decompõe o plástico, ela o refaz: repolimeriza as moléculas do material, montando novamente as cadeias de átomos que formam o PET (e o tornam tão flexível e resistente).

Também há testes com novos métodos de reaproveitamento. A empresa holandesa Ioniqa, por exemplo, inventou uma técnica que permite reciclar as garrafas PET infinitas vezes, como é feito com as latinhas de alumínio. (No método tradicional, isso não acontece: o plástico perde qualidade após cada reciclagem, e você precisa adicionar uma porcentagem cada vez maior de material 'virgem', ou seja, novo, para fazer as garrafas.)

[...]

Em suma: vem aí uma série de inovações que podem aumentar muito a reciclagem. 'Agora dá para começar a enxergar uma verdadeira economia circular em torno do plástico', disse o químico Hal Alper, um dos criadores da enzima FAST-PETase, ao anunciá-la.

[...]"

Disponível em: https://super.abril.com.br/ciencia/o-futuro-do-plastico. Acesso em: 04/01/2023

53 **(FGV – CGM RJ – Contador – 2023)** O texto acima, cujo tema central é o *plástico*, está organizado estruturalmente em três blocos: o primeiro bloco vai do parágrafo 1 ao 4 (e não tem subtítulo próprio); o segundo bloco vai do parágrafo 5 ao 9 (sob o subtítulo *A ilha transparente*); e o terceiro bloco vai do parágrafo 10 ao 17 (sob o subtítulo A bactéria mutante).

A alternativa que melhor captura, respectivamente, o subtema específico de cada bloco é:

a) impacto do microplástico sobre a gestação / efeitos nocivos do plástico sobre a saúde humana / importância da conscientização do consumidor;
b) quantidade de microplástico circulante / impacto do plástico sobre o meio ambiente / soluções tecnológicas para combater os problemas causados pelo plástico;
c) relação entre o capitalismo e o consumo de plástico / legislações e acordos multilaterais de proteção ambiental / importância da conscientização do consumidor;
d) impacto do microplástico sobre a gestação / impacto do plástico sobre o meio ambiente / descobertas científicas fortuitas;
e) relação entre ingestão de plástico e saúde / existência de ameaças invisíveis / descobertas científicas fortuitas.

COMENTÁRIOS:

Nota da autora: Subtema é a delimitação, a restrição, a demarcação de um assunto geral. Possui a função de enriquecer o tema geral, no caso, o plástico.

Alternativa "a" – cientistas analisaram placentas e encontraram quantidades abundantes de microplásticos, isto é, não se refere ao impacto do microplástico sobre a gestação / efeitos nocivos do plástico sobre o meio ambiente, não sobre a saúde humana / importância das pesquisas e dos estudos para combater os problemas.

Alternativa "b"

– nas placentas: *quantidades 'muito abundantes'* de microplásticos; em amostras de ar: 'chovem' mais de 1.000 toneladas de microplásticos por ano; em alimentos: cada adulto ingere em média 20 gramas de microplásticos; em cremes dentais e panelas com revestimento antiaderente: podem soltar mais de 9.000 pedacinhos a cada uso = quantidade de microplástico circulante /

– o oceanógrafo viu pedaços de plástico boiando a esmo no meio do oceano; a ilha é formada por mais de 1,8 trilhão de detritos, que somam mais de 80 mil toneladas de plástico e se estendem por 1,6 milhão de quilômetros quadrados; o lixo vai se fragmentando – e 80% dele já está na forma de microplásticos; afeta mais de 700 espécies; os animais marinhos podem ficar presos na ilha de lixo, ou ingerir plástico em quantidades nocivas; reduzem o acesso das algas marinhas à luz do sol, podendo desregular seriamente a cadeia alimentar = impacto do plástico sobre o meio ambiente /

– pesquisadores encontraram no solo, próximo a uma usina de reciclagem de garrafas PET, uma bactéria capaz de 'comer' esse material, transformando-o em energia para sobreviver; Cientistas da Universidade do Texas criaram uma versão alterada da enzima, que se chama FAST-PETase e funciona incrivelmente bem; um a sete dias depois, dependendo da temperatura ambiente, você tem plástico novo; também há testes com novos métodos de reaproveitamento; vem aí uma série de inovações que podem aumentar muito a reciclagem = soluções tecnológicas para combater os problemas causados pelo plástico.

Alternativa "c" – nem capitalismo nem consumo de plástico / não a legislações e acordos multilaterais / importância das pesquisas e dos estudos para combater os problemas.

Alternativa "d" – como mencionado na alternativa "a", não é impacto / impacto do plástico sobre o meio ambiente: sim / as descobertas científicas não são fortuitas, ou seja, por acaso.

Alternativa "e" – o subtema é a quantidade de plástico, não a ingestão de plástico / existência de ameaças invisíveis: sim / as descobertas científicas não são fortuitas.

RESPOSTA: B

54 **(FGV – CGM RJ – Contador – 2023)** No texto *O futuro do plástico*, o segundo bloco estrutural (A ilha transparente, parágrafos 5 a 9) pode ser internamente dividido em três partes menores: primeira parte (parágrafo 5); segunda parte (parágrafos 6 a 8); e terceira parte (parágrafo 9). O fator que individualiza cada uma dessas partes é seu modo de organização discursiva predominante.

Os modos de organização discursiva predominantes em cada uma dessas três partes são, respectivamente:

a) narração, narração e descrição;
b) exposição, narração e injunção;
c) descrição, narração e argumentação;
d) narração, descrição e exposição;
e) descrição, descrição e exposição.

COMENTÁRIOS:

Alternativa "a" – 5: narração (verbos predominantemente no pretérito perfeito); 6, 7, 8: descrição (verbos no presente do indicativo e no pretérito imperfeito do indicativo + adjetivos); 9: exposição (apresenta uma ideia).

Alternativa "b" – O parágrafo 5 não apresenta uma ideia, os posteriores não narram, e o 9 não indica um procedimento para realizar algo.

Alternativa "c" – No 5, não há adjetivos ou características; os posteriores não narram; no 9, não tenta persuadir o leitor.

Alternativa "d" – Narração no parágrafo 5: data (1997), o oceanógrafo, voltando da regata em Havaí, testou o veleiro, mudou a rota e viu pedaços de plástico boiando.

Dica: existe encadeamento de ideias, sequência.

- Descrição nos três parágrafos posteriores: localização da ilha, quantidade de detritos, maçaroca flutuante invisível a olho nu, os microplásticos são pequenos e ficam espalhados em uma gigantesca área.
- Exposição no parágrafo 9 porque apresenta uma ideia: causa um impacto ambiental enorme; os animais marinhos podem ficar presos na ilha de lixo, ou ingerir plástico em quantidades nocivas; reduzem o acesso das algas marinhas à luz do sol, podendo desregular seriamente a cadeia alimentar.

Alternativa "e" – O parágrafo 5 é narrativo.

RESPOSTA: D

55 **(FGV – CGM RJ – Contador – 2023)** "E a enzima não só decompõe o plástico, ela o refaz: repolimeriza as moléculas do material, montando novamente as cadeias de átomos que formam o PET (e o tornam tão flexível e resistente)." (15º parágrafo)

A informação expressa no fragmento acima já havia sido antecipada – com menor grau de detalhamento – em uma passagem anterior do texto.

A alternativa que contém essa passagem é:

a) "Um grupo de pesquisadores estava testando amostras do solo perto de uma usina de reciclagem de garrafas PET na cidade de Sakai, no Japão." (12º parágrafo);
b) "O segredo dessa bactéria está numa enzima que ela produz: a PETase, que decompõe esse tipo de plástico." (13º parágrafo);
c) "Nos anos seguintes, outras pesquisas descobriram dezenas de PETases, fabricadas por vários microorganismos." (13º parágrafo);
d) "Cientistas da Universidade do Texas criaram uma versão alterada da enzima" (14º parágrafo);
e) "Um a sete dias depois, dependendo da temperatura ambiente, você tem plástico novo." (14º parágrafo).

COMENTÁRIOS:

Alternativa "a" – Não há informação sobre o efeito da enzima, apenas sobre testes no solo.

Alternativa "b" – A enzima decompõe e refaz: falta uma informação (refazer o plástico).

Alternativa "c" – Refere-se à descoberta de PETase, não se refere ao fato de a enzima decompor e refazer o plástico.

Alternativa "d" – Informa que houve uma criação alterada da enzima, não especifica os objetivos da criação.

Alternativa "e" – Decompõe o plástico, aplicando e enzima; sete dias depois, o plástico é refeito.

RESPOSTA: E

56 **(FGV – CGM RJ – Contador – 2023)** "e descobriram que, nelas, 'chovem' mais de 1.000 toneladas de microplásticos por ano, o equivalente a 120 milhões de garrafas PET." (2º parágrafo) "e concluiu que cada adulto ingere em média 20 gramas de microplásticos, o equivalente a uma pecinha de Lego, por mês" (3º parágrafo)

As duas passagens acima ilustram o emprego de uma mesma estratégia discursiva, bastante comum em textos que buscam gerar impacto emocional. Essa estratégia consiste no recurso a:

a) um raciocínio dialético, a fim de se obter uma síntese final;

b) uma referência histórica, a fim de tornar o argumento mais concreto para o leitor;

c) uma comparação, a fim de transpor uma determinada medida para a escala humana;

d) uma frase em ordem direta, a fim de tornar o texto mais claro;

e) sentenças ambíguas, a fim de incrementar a expressividade textual.

COMENTÁRIOS:

Nota da autora: Questão de interpretação textual, período composto e semântica.

Alternativa "a" – Não busca a verdade através da contraposição e reconciliação de contradições.

Alternativa "b" – Não se trata de um processo histórico.

Alternativa "c" – Na primeira e na segunda passagem, foi usada a expressão "equivalente a" que indica comparação. Significa *que tem igual valor.*

Alternativa "d" – Os dois períodos (não são frases) estão após o travessão e há coordenação (ideia de adição) e subordinação, ou seja, não são frases que estão na ordem direta.

→ Ordem direta: sujeito + verbo + complemento (ou predicativo ou adjunto adverbial).

Análise completa:

1. *e descobriram*: coordenada aditiva (em relação à oração anterior) / *que, nelas, 'chovem' mais de 1.000 toneladas de microplásticos por ano, o equivalente a 120 milhões de garrafas PET:* oração subordinada substantiva objetiva direta;

2. *e concluiu*: coordenada aditiva (em relação à oração anterior) / *que cada adulto ingere em média 20 gramas de microplásticos, o equivalente a uma pecinha de Lego, por mês*: oração subordinada substantiva objetiva direta.

Alternativa "e" – Além de não haver ambiguidade, essa não é uma estratégia discursiva comum em textos que buscam gerar impacto emocional.

RESPOSTA: C

57 **(FGV – CGM RJ – Contador – 2023)** "Estamos expostos ao plástico antes mesmo de nascer. E, ao chegar a este mundo, somos bombardeados por ele. Literalmente." (2º parágrafo)

Nesta passagem, retirada do segundo parágrafo do texto *O futuro do plástico*, o advérbio "literalmente" não significa "de modo literal". Em vez disso, ele é empregado para:

a) enfatizar a urgência do enfrentamento aos impactos ambientais do plástico;
b) suavizar uma expressão potencialmente violenta;
c) restringir o conjunto de referentes abarcados pela frase anterior;
d) indicar que a afirmação anterior não é exagerada;
e) marcar o reconhecimento de que o problema do plástico se tornou irreversível.

COMENTÁRIOS:

Alternativa "a" – Perceba que o advérbio está após o ponto final e refere-se à ideia mencionada nos períodos antepostos. Tais ideias não possuem relação com a urgência de enfrentar os impactos ambientais do plástico.

Alternativa "b" – Além de não atenuar, não existe expressão violenta.

Alternativa "c" – Amplia o conjunto de referentes, não restringe. No dicionário, "literalmente" significa ***de modo total; em que há totalidade; totalmente.*** Por isso é impossível restringir.

Alternativa "d" – O advérbio "literalmente" foi usado para indicar que não existe exagero por se tratar de um fato real: somos bombardeados pelo plástico ao chegarmos a este mundo.

Alternativa "e" – Não existe relação com não poder reverter.

RESPOSTA: D

58 **(FGV – DPE RS – Analista/Contabilidade – 2023)** Observe o texto a seguir.

"A boneca Marilu traz um vestido de baile, traz brincos nas orelhas, calça sapatos de salto alto, que podem ser retirados dos seus delicados pés, e um par de luvas longas. Seu cabelo é uma peruca, que pode ser trocada por outros modelos disponíveis na embalagem."

A função da descrição nesse texto é:

a) informativa, caracterizando o ambiente onde se situa uma ação;
b) argumentativa, atribuindo valor ao objeto descrito;
c) metafórica, passando a imagem de uma outra realidade;
d) explicativa, mostrando o funcionamento de um brinquedo;
e) documental, fixando uma fase de brincadeiras infantis.

COMENTÁRIOS:

Alternativa "a" – Caracteriza a boneca, não o ambiente. Nem sabemos onde está Marilu.

Alternativa "b" – A descrição detalhada da boneca almeja **convencer** o leitor de que ela é bonita e valiosa, ou seja, é uma descrição argumentativa.

Atribuição de valor: *um vestido de baile, traz brincos nas orelhas, calça sapatos de salto alto,* ***que podem ser retirados*** *dos seus delicados pés, e um par de luvas longas. Seu cabelo é uma peruca,* ***que pode ser trocada por outros modelos disponíveis*** *na embalagem.*

Alternativa "c" – A imagem é real, as palavras são usadas no sentido denotativo.

Alternativa "d" – Não menciona o funcionamento da boneca, mas sim a sua roupa, os seus brincos, os seus sapatos, as suas luvas e os seus cabelos.

Alternativa "e" – Não possui relação alguma com descrição documental.

RESPOSTA: B

59 **(FGV – DPE RS – Analista/Contabilidade – 2023)** Observe o texto a seguir.

"Joaquim Carneiro nasceu em 1910, em Vila Nova, Portugal, uma pequena cidade onde seu pai possuía uma carpintaria de pequena importância, a qual pretendia deixar como herança ao filho único; mas as disposições que ele manifestou prematuramente para os estudos modificaram as expectativas paternas."

Sobre esse segmento, é correto afirmar que se trata de um texto:

a) narrativo, com narrador onisciente;
b) narrativo cujo narrador é personagem do relato;
c) descritivo cujo objeto é um personagem;
d) descritivo inserido numa narrativa;
e) argumentativo cuja tese é o valor dos estudos.

COMENTÁRIOS:

Nota da autora: Relembre os **tipos de narrador** para não titubear na próxima prova. Teoria na parte IX – capítulo 1, item 8.

Alternativa "a" – É narrativo porque possui personagens, local, data e verbos no pretérito.

O narrador é onisciente porque conhece a história e os detalhes. Tem conhecimento sobre as personagens, desde sentimentos, emoções e pensamentos.

A história é narrada em terceira pessoa e o narrador não participa das ações.

Alternativa "b" – É narrativo, mas o narrador não é personagem.

Alternativa "c" – Não é descritivo – perceba que os verbos não estão, predominantemente, no pretérito imperfeito nem indicam estado – e o objeto é a história narrada.

Alternativa "d" – Não é descritivo.

Dica: confira, a seguir, as principais características do texto descritivo.

- Utilização de muitos **substantivos, adjetivos e locuções adjetivas**, que ajudam o leitor a ter uma ideia exata do que está sendo detalhado;
- Uso de **verbos de estado**, como *ser, estar, permanecer, parecer, ficar, continuar*, entre outros;
- **Linguagem dinâmica** e clara, com uso também de figuras de linguagem, comparações e enumerações;

Nesse tipo de texto também são pontuados detalhes físicos, como altura, textura, peso, comprimento, dimensões, clima, função, como também aspectos psicológicos e comportamentais, como personalidade, caráter e humor.[6]

Alternativa "e" – O texto argumentativo tem o objetivo principal de defender uma tese ou opinião e convencer o leitor a respeito disso. O autor inicia com a apresentação da sua ideia e se utiliza de justificativas para sustentar o que está sendo exposto.

Não é o caso.

RESPOSTA: A

60 **(FGV – DPE RS – Analista/Contabilidade – 2023)** Observe a seguinte frase argumentativa: "Você não é um ser humano em busca de uma experiência espiritual. Você é um ser espiritual imerso em uma experiência humana". (Teilhard de Chardin)

Sobre a estruturação desse pensamento, é correto afirmar que ele:

a) mostra duas teses em sequência, sem a apresentação de qualquer argumento;
b) apresenta uma tese oposta, seguida de uma tese própria, sem a inclusão de argumentos;
c) traz uma tese antecedida de um argumento, apoiado na autoridade de seu autor, um famoso filósofo;
d) parte de uma negação para uma afirmação, empregando termos antônimos nessa oposição;
e) constrói o texto com uma premissa inicial, seguida de uma conclusão.

COMENTÁRIOS:

Alternativa "a" – Não se trata de continuação ou segmento, isto é, não estão em sequência porque as ideias são distintas, há oposição.

Observação: poderia afirmar que existe sequência pelo fato de estar uma seguida da outra, mas a próxima alternativa está bem mais completa. Confira.

Alternativa "b" – Tese oposta: *Você **não é** um ser humano em busca de uma experiência espiritual.*

Tese própria: *Você é um ser espiritual imerso em uma experiência humana.*

Não há argumentos.

Alternativa "c" – A segunda frase não é um argumento, é outra tese.

Alternativa "d" – Parte de uma negação para uma afirmação, mas não existem termos antônimos.

Ser **humano** = ser **desumano, inumano**;

Experiência **espiritual** = experiência **carnal**;

---

6. Educa + Brasil. Disponível em <www.educamaisbrasil.com.br/enem/lingua-portuguesa/texto-descritivo>. Acesso em 3 de agosto 2023, com adaptações.

Ser **espiritual** = ser **carnal**;

Experiência **humana** = experiência **desumana, inumana.**

Alternativa "e" – Opção facilmente eliminada porque não há premissa nem conclusão.

RESPOSTA: B

61 **(FGV – DPE RS – Analista/Contabilidade – 2023)** Observe as seguintes frases, retiradas de um dicionário de citações:

"Para você sua religião e para mim minha religião" (Alcorão)

"Deus não tem religião" (Gandhi)

"Se o mundo fosse bom, o dono morava nele" (anônimo)

Considerando as frases acima, a afirmação adequada sobre esse tipo de texto é:

a) as frases mostram predominantemente um tom satírico;
b) os autores das frases dão autoridade ao que é dito;
c) os emissores das citações são intelectuais conhecidos;
d) o conteúdo das frases é sempre de preceitos morais;
e) os receptores das citações são indeterminados.

COMENTÁRIOS:

Alternativa "a" – A primeira frase é uma citação do livro sagrado dos muçulmanos que contém a doutrina de Maomé: sem ironia.

A segunda frase é uma citação de um ativista indiano que defendia a independência da Índia: sem ironia.

Apenas na terceira frase há ironia, há sátira.

Alternativa "b" – É impossível um autor anônimo dar poder, domínio, soberania a algo.

Alternativa "c" – O emissor da terceira frase é desconhecido.

Alternativa "d" – A primeira e a segunda frases são sobre preceitos religiosos.

Alternativa "e" – As frases foram escritas por autores distintas, incluindo origens distintas, e podem ser lidas por quaisquer pessoas, ou seja, os receptores são ilimitados, indefinidos, indeterminados.

RESPOSTA: E

62 **(FGV – DPE RS – Analista/Contabilidade – 2023)** Um adesivo de carro mostrava a frase a seguir.

"Eu acredito na vida antes da morte."

A afirmação adequada à estruturação e ao significado dessa frase é:

a) trata-se de uma frase argumentativa, com uma tese e argumentos que a defendem;
b) mostra uma posição ideológica favorável à crença tradicional de que há vida após a morte;

c) apresenta um caráter humorístico, valorizando a riqueza material;
d) indica uma visão realista da vida humana, desprezando valores espirituais;
e) faz uma referência implícita aos numerosos acidentes de trânsito.

COMENTÁRIOS:

Nota da autora: Questão de interpretação textual, é necessário ir além do texto, deduzir. Elimine as opções descabidas para facilitar.

Alternativa "a" – Não tenta convencer sobre uma ideia ou opinião.

Exemplos de inícios de frases argumentativas: "Por isso tudo,...", "Levando-se em consideração esses aspectos,...", "Dessa forma,...", "Em vista dos argumentos apresentados,...", "Dado o exposto,...", "Tendo em vista os aspectos observados,...", "Levando-se em conta o que foi observado,...", "Em virtude do que foi mencionado,..."

Alternativa "b" – A posição é desfavorável. Ele não acredita na vida após a morte.

Alternativa "c" – Não há ironia, comicidade, graça.

Alternativa "d" – Existe vida enquanto se está vivo. Após a morte, não há vida. Isso significa que existe desprezo dos valores espirituais e a visão é realista.

Observação: *De acordo com a doutrina espírita, o espírito – a essência do ser – continua vivo depois da morte, que só atinge o corpo. O que encontramos do outro lado reflete o que realizamos na Terra. É uma consequência justa, baseada no merecimento.* Desencarnação *é o processo de libertação do espírito*[7].

Alternativa "e" – Não se trata apenas de extrapolação textual, mas de uma imensa extrapolação. Alternativa facilmente descartada.

RESPOSTA: D

63 **(FGV – DPE RS – Analista/Contabilidade – 2023)** Observe o texto a seguir.

"Não se surpreenda se o verão deste ano for muito rigoroso. A última vez em que o verão foi muito quente ocorreu há doze anos e a vez anterior também ocorreu doze anos antes. Prepare-se, portanto, para o calor!"

A opção que indica um meio eficiente de apoiar a argumentação acima é:

a) um gráfico mostrando as temperaturas médias do verão nos últimos onze anos;
b) um gráfico que compare as temperaturas deste verão com as dos últimos 36 meses;
c) um gráfico com as temperaturas médias dos verões dos últimos 36 anos;
d) as previsões meteorológicas trazidas pelos noticiários especializados;
e) uma discussão sobre os elementos causadores dos verões mais rigorosos.

---

7. Casa Abril. Disponível em <https://encurtador.com.br/cfyBl>. Acesso em 3 de Agosto 2023, com adaptações.

COMENTÁRIOS:

Nota da autora: E assim seguimos na prova de Língua Portuguesa da GV.

Alternativa "a" – Nos últimos 36 anos. Eliminada facilmente porque nem foram citados onze anos, apenas doze.

Alternativa "b" – Que banca malvada! Não são meses, são anos.

Alternativa "c" – Na argumentação, há períodos exatos em relação ao tempo:

1. A última vez = há 12 anos;
2. Vez anterior = há 12 anos;
3. Agora (+ 12 anos) = há 36 anos.

Alternativa "d" – Previsões meteorológicas de noticiários nem sempre são eficientes.

Alternativa "e" – Não menciona a causa, menciona apenas quando o verão foi muito rigoroso.

RESPOSTA: C

64 **(FGV – DPE RS – Analista/Contabilidade – 2023)** Observe o texto a seguir.

"Nos Estados Unidos, aumentar o limite de velocidade de 80 km para 100 km nas rodovias interestaduais é muito perigoso e eleva o número de acidentes fatais. Cada vez em que foi aumentado esse limite nas rodovias, o número de mortes também cresceu. O Estado do Maine, por exemplo, aumentou o limite de velocidade para 100 km em novembro último, e em dezembro ocorreram mais acidentes que em todos os demais meses desse mesmo ano. O número de mortos em dezembro e em janeiro seguinte foi 18% maior do que no mês de novembro."

Entre as críticas abaixo sobre a argumentação apresentada nesse pequeno texto, a única impertinente é:

a) não foi explicado o porquê de a limitação de velocidade anterior ser de 80 km;
b) não foi explicitado se o número de acidentes no Maine se refere às rodovias interestaduais ou a todas as rodovias;
c) há festas importantes no Maine que atraem muitos turistas nessa época, que não foram consideradas;
d) são apresentadas unicamente as estatísticas de um estado;
e) atribui-se unicamente à velocidade o aumento do número de mortes, esquecendo-se de outros motivos.

COMENTÁRIOS:

Alternativa "a" – O texto critica o fato de aumentar o limite de velocidade de 80 km para 100 km nas rodovias interestaduais. Não existe motivo para explicar o porquê de a limitação de velocidade ser menor, já que era algo que estava dando. Importante seria explicar o motivo do **aumento** do limite de velocidade.

Alternativa "b" – Foi explicitado: *Nos Estados Unidos, aumentar o limite de velocidade de 80 km para 100 km nas* ***rodovias interestaduais*** *é muito perigoso [...] O Estado do Maine, por exemplo, aumentou o limite de velocidade para 100 km em novembro último, e em dezembro ocorreram mais acidentes que em todos os demais meses desse mesmo ano.*

Alternativa "c" – Deduz-se que as festas aconteçam em dezembro e em janeiro (como acontecem no mundo todo): ***em dezembro*** *ocorreram mais acidentes que em todos os demais meses desse mesmo ano. O número de mortos em dezembro e* ***em janeiro*** *seguinte foi 18% maior do que no mês de novembro.*

Alternativa "d" – Apenas citou Maine – um dos 50 estados dos Estados Unidos, localizado na região da Nova Inglaterra, no extremo nordeste do país.

Alternativa "e" – É o principal motivo: *aumentar o limite de velocidade é muito perigoso e eleva o número de acidentes fatais. Cada vez em que foi aumentado esse limite nas rodovias, o número de mortes também cresceu.*

RESPOSTA: A

65 **(FGV – DPE RS – Analista/Contabilidade – 2023)** A frase abaixo que exemplifica o raciocínio indutivo é:

a) Marcos sobe na mesa, Filipe não trouxe seu material de aula, Márcia discute com as amigas: é a baderna na escola atual;

b) Os alunos desta sala devem fazer os deveres e como você é aluno, deve fazer também;

c) Os meninos da minha idade ficam na rua até as 22h, eu também quero ficar na rua até essa hora;

d) Os adjetivos concordam em gênero e número com os substantivos e, assim, o termo correto é "meninos atenciosos";

e) O roubo é punido com prisão e por isso ele foi preso.

COMENTÁRIOS:

Nota da autora:

raciocínio indutivo = particular para o geral;

raciocínio dedutivo = geral para o particular.

Alternativa "a" – Particular (Marcos, Filipe, Márcia) para o geral (amigas).

Alternativa "b" – Geral (os alunos) para o particular (você).

Alternativa "c" – Geral (os meninos) para o particular (eu).

Alternativa "d" – Geral (os adjetivos) para o particular (atenciosos).

Alternativa "e" – Geral (punição do roubo) para o particular (punição de uma pessoa por roubar).

RESPOSTA: A

66 **(FGV – DPE RS – Analista/Contabilidade – 2023)** Observe o texto a seguir.

Câncer de pulmão e o fumo

No início dos anos 1930, o câncer de pulmão assume um lugar de cada vez maior importância entre as causas de mortes. Estudos aprofundados mostraram de forma irretocável as relações existentes entre esse tipo de câncer e o hábito de fumar:

1. Se é certo que algumas pessoas, ainda que nunca tenham fumado, podem ser atingidas por esse mal, não é menos verdade que, entre os fumantes inveterados, a proporção de doentes é vinte vezes mais elevada que nos outros;

2. O câncer de pulmão é verificado de forma mais frequente entre os habitantes das grandes cidades do que nos que habitam a zona rural. O aumento da taxa de mortes se localiza sobretudo entre os fumantes de cigarros, porque sabemos que eles são mais numerosos nas cidades que no campo;

3. Finalmente, as pesquisas referentes ao câncer de pulmão entre os fumantes levaram ao estudo de outras doenças causadoras de mortes. Foi percebido que, entre estas últimas, duas atingiam particularmente os fumantes de cigarros: a bronquite e a trombose coronariana.

Conclusão: De fato, o homem que fuma vinte cigarros por dia, ou mais, vê sua expectativa de vida diminuir cinco anos. Se ele fuma quarenta cigarros ou mais, a diferença pode atingir oito anos.

Sobre esse texto, é correto afirmar que:

a) os três parágrafos numerados (1, 2 e 3) são apresentados partindo do menos importante para o mais importante;

b) o início do parágrafo com o nº 2 traz inicialmente um contra-argumento;

c) o parágrafo com o nº 3 introduz uma opinião do autor do texto e não proveniente dos estudos citados;

d) a conclusão do texto introduz elementos que apelam para a sedução do fumante;

e) os argumentos que apoiam a tese do texto são argumentos de autoridade.

COMENTÁRIOS:

Alternativa "a" – Não há tal hierarquia porque primeiro informa que *a proporção de doentes* (entre os fumantes inveterados) *é vinte vezes mais elevada que nos outros;* depois cita *que o aumento da taxa de mortes se localiza sobretudo entre os fumantes de cigarros;* no terceiro parágrafo, menciona as doenças que *atingiam particularmente os fumantes de cigarros: a bronquite e a trombose coronariana.*

Alternativa "b" – Não há oposição ou negação da ideia anterior. Há acréscimo de informação.

Alternativa "c" – É proveniente de uma pesquisa, não expressa subjetividade: ***as pesquisas referentes ao câncer de pulmão*** *entre os fumantes levaram ao estudo de outras doenças causadoras de mortes.*

Alternativa "d" – Não tenta induzir ao mal ou ao erro, pelo contrário. Trata-se de um alerta, um aviso para tomar cuidado.

Alternativa "e" – São argumentos de autoridade por se tratar de estudos aprofundados e de pesquisas: ***Estudos aprofundados*** *mostraram de forma irretocável as relações existentes entre esse tipo de câncer e o hábito de fumar. [...]* ***as pesquisas referentes ao câncer de pulmão*** *entre os fumantes levaram ao estudo de outras doenças causadoras de mortes.*

RESPOSTA: E

67 **(FGV – MPE SP – Analista de Promotoria – 2023)** Em uma de suas crônicas, Machado de Assis escreve:

"Vede uma floresta! Que potente liberdade e que ordem segura! A natureza, liberal e pródiga na produção, é conservadora por excelência na harmonia em que aquela vertigem de troncos, folhas e cipós e que aquela passarada estrídula se unem para formar a floresta. Que exemplo às sociedades!"

Segundo o texto, a floresta é um exemplo para as sociedades por uma série de motivos; assinale a opção que apresenta um motivo que **não** está presente no texto.

a) A capacidade produtiva.

b) A harmonia entre seus participantes.

c) A liberdade de seus componentes.

d) A beleza de alguns elementos formadores.

e) A união dos seus membros.

COMENTÁRIOS:

Alternativa "a" – *A natureza, liberal e* ***pródiga*** *na produção.*

Alternativa "b" – ***é conservadora por excelência na harmonia.***

Alternativa "c" – ***Que potente liberdade*** *e que ordem segura!*

Alternativa "d" – A beleza da floresta não é a razão de a floresta ser um exemplo para as sociedades: **vertigem** de troncos, folhas e cipós, passarada **estrídula** (som excessivamente agudo).

Alternativa "e" – *...* ***se unem*** *para formar a floresta.*

RESPOSTA: D

Atenção: o texto a seguir refere-se às duas próximas questões.

"Homem morre eletrocutado ao tentar furtar fios de linha de trem em SP – Situação aconteceu nas proximidades da estação Itapevi da Linha 8-Diamante nesta sexta-feira (27)

Nesta sexta-feira, por volta das 5h40, um homem morreu eletrocutado tentando furtar fios da estação Itapevi da Linha 8- Diamante, na região metropolitana de São Paulo.

A Via Mobilidade informou que o Corpo de Bombeiros e o Serviço Atendimento Móvel de Urgência (Samu) foram acionados, mas o homem já estava morto. O caso foi registrado no 1°DP de Itapevi.

Ainda de acordo com a responsável pelo trecho, a circulação de trens não foi afetada porque o incidente aconteceu longe dos trilhos."

(RedeTV – 28/01/2023 – adaptado)

68 **(FGV – MPE SP – Analista de Promotoria – 2023)** O trecho exemplifica o que designamos como texto informativo; sobre a estruturação desse texto, assinale a afirmação **inadequada**.

a) O primeiro período do texto funciona como manchete e resume os dados mais importantes da notícia.
b) O segundo parágrafo repete informações já dadas na manchete, fornecendo novos detalhes do ocorrido.
c) O terceiro parágrafo concentra o foco informativo sobre as decorrências do fato já relatado.
d) O último parágrafo não obedece cronologicamente à exposição dos fatos.
e) Os parágrafos do texto mostram a preocupação com a precisão dos vocábulos, característica do texto informativo.

COMENTÁRIOS:

Alternativa "a" – Manchete é um título extenso: *Homem morre eletrocutado ao tentar furtar fios de linha de trem em SP – Situação aconteceu nas proximidades da estação Itapevi da Linha 8-Diamante nesta sexta-feira (27).*

Alternativa "b"

Repetições: *Nesta sexta-feira, um homem morreu eletrocutado tentando furtar fios da estação Itapevi da Linha 8- Diamante, São Paulo.*

Detalhes: *por volta das 5h40, na região metropolitana.*

Alternativa "c" – Consequências do fato: *o homem já estava morto. O caso foi registrado no 1°DP de Itapevi.*

Alternativa "d" – O último parágrafo não obedece à ordem cronológica porque primeiro aconteceu o acidente longe dos trilhos e por isso (depois) a circulação de trens não foi afetada.

Alternativa "e" – Não houve preocupação com a precisão dos vocábulos porque existe palavra grafada incorretamente: *o **incidente** aconteceu longe dos trilhos.*

Incidente: *episódio inesperado ou circunstância acidental, não esperada, que altera a ordem normal das coisas.* Como mencionado no texto, a ordem normal das coisas não foi alterada. Além disso, houve morte.

Deveria ser **acidente**: *desastre; acontecimento trágico, infeliz que ocasione dano, perda, dor ou morte*[8].

RESPOSTA: E

69 **(FGV – MPE SP – Analista de Promotoria – 2023)** Assinale a orientação sobre textos informativos que **não** foi seguida nesse caso.

a) Clareza na exposição da ideia central.
b) Ausência de generalidades dispensáveis.
c) Informação ordenada e hierarquizada.
d) Preocupação com a legibilidade do texto.
e) Citação de fontes das informações dadas.

8. Dicionário Online de Português. Disponível em <www.dicio.com.br/acidente/>. Acesso em 10 agosto 2023.

COMENTÁRIOS:

Alternativa "a" – Está clara a exposição do fato ocorrido.

Alternativa "b" – Abrangeu o necessário apenas.

Alternativa "c" – A informação não é ordenada nem hierarquizada:

- no primeiro parágrafo = o homem morre + local + data;
- no segundo parágrafo = data + horário + morte + local;
- no terceiro parágrafo = bombeiros acionados + homem morto + caso registrado;
- no último parágrafo = a consequência.

Alternativa "d" – É de fácil entendimento.

Alternativa "e" – ***A Via Mobilidade*** *informou que o Corpo de Bombeiros e o Serviço Atendimento Móvel de Urgência (Samu) foram acionados [...]. O* ***caso*** *foi* ***registrado*** *no* ***1°DP de Itapevi.***

RESPOSTA: C

70 **(FGV – MPE SP – Analista de Promotoria – 2023)** Um jornalista fez a seguinte declaração:

"No Líbano, os livros são lidos de trás para a frente. É por isso que os autores de romances policiais não vendem por lá".

Assinale a afirmação adequada sobre esse pensamento.

a) A afirmação é verdadeira, pois, de fato, nesse caso, os leitores passam a saber o final da história logo ao início da leitura.
b) O segundo período do texto funciona como consequência lógica do primeiro.
c) O pensamento tem finalidade humorística, pois há uma relação inesperada entre os dois períodos.
d) O trecho mostra uma estrutura argumentativa, com uma tese, seguida de argumentos.
e) O segmento se filia aos textos informativos, pois traz uma informação nova para a maioria dos leitores.

COMENTÁRIOS:

Alternativa "a" – A primeira informação até pode ser verdadeira, mas a segunda não o é.

Alternativa "b" – Não existe relação entre um conjunto de proposições e uma proposição na qual o primeiro acarreta o segundo. Existe comicidade.

Alternativa "c" – Há humor porque há ironia. É no final dos romances policiais que a saga é desvendada, ou seja, perde o impacto, o suspense.

Alternativa "d" – Não há argumentos.

Alternativa "e" – Não é informativo porque possui opinião pessoal e as informações não são sólidas.

RESPOSTA: C

71 **(FGV – MPE SP – Analista de Promotoria – 2023)** Compare as duas frases a seguir, a primeira expressa na forma da língua falada e a segunda, na de língua escrita:

(Falada) Puxa, cara! O cinema tava assim de gente pelo lançamento do filme.

(Escrita) O cinema estava com sua lotação esgotada em função do lançamento do novo filme.

Assinale a opção que mostra uma afirmação adequada em relação a essas duas formas de expressão.

a) A estruturação sintática da língua falada é bem mais precisa que a da língua escrita.

b) A língua falada não supõe um interlocutor presente, o que exige do enunciador maior cuidado na formulação.

c) A língua falada supõe uma preparação anterior, o que a torna menos espontânea que a língua escrita.

d) A língua escrita traz um refinamento progressivo de expressões imprecisas, o que a torna mais culta.

e) A língua falada é geralmente acompanhada da linguagem textual, que empresta sentido ao que é dito.

COMENTÁRIOS:

Alternativa "a" – É o contrário: A estruturação sintática da língua **escrita** é bem mais precisa que a da língua **falada**.

Alternativa "b" – A língua falada **supõe** um interlocutor presente.

Alternativa "c" – A língua **escrita** supõe uma preparação anterior, o que a torna menos espontânea que a língua **falada**.

Alternativa "d" – Não se trata de refinamento progressivo porque a língua escrita deve seguir, sempre, as normas gramaticais e as expressões devem ser precisas.

A língua escrita **não** traz um refinamento progressivo de expressões imprecisas.

Alternativa "e" – A primeira frase foi falada e está repleta de expressões coloquiais, ou seja, não segue a norma culta. A segunda frase foi escrita e isso indica, no contexto, que a língua falada é acompanhada pela linguagem textual e que esta possui sentido ao que foi dito.

Em síntese, a banca queria apenas esta análise:

(Falada) Puxa, cara! / tava / assim de gente / pelo lançamento do filme.

(Escrita) retirar a interjeição e o vocativo / estava / lotação esgotada / em função do lançamento do filme.

RESPOSTA: E

72 **(FGV – MPE SP – Analista de Promotoria – 2023)** Machado de Assis escreveu certa vez que "Quando um homem se põe a escrever uma história, sem estar de olho no dinheiro, mas por simples amor da verdade e do estilo, é natural que despenda cinco anos ou mais no trabalho!".

Nesse pensamento, há um conceito implícito do que seja "escrever bem", que é o de escrever

a) de forma gramaticalmente correta.
b) com preocupação no emprego de linguagem erudita.
c) de modo estruturalmente organizado.
d) em adequação com a linguagem dos interlocutores.
e) com a utilização da linguagem popular.

COMENTÁRIOS:

Alternativa "a" – Não se trata apenas de seguir as normas gramaticais.

Alternativa "b" – A linguagem erudita é usada em livros técnicos e científicos. Não é o caso.

Alternativa "c" – Ao mencionar que quando um homem escreve uma história por **amor da verdade**, está implícita a ideia de que o texto possuirá uma *relação de harmonia entre o que é subjetivo ao intelecto e aquilo que acontece numa realidade mais concreta*[9].

Ao mencionar que escreve por **amor do estilo**, está implícita a ideia que será um texto requintado, com apuro excessivo, ou seja, com refinamento. É óbvio que será escrito corretamente.

Juntando essas duas informações, deduz-se que para escrever bem é necessário utilizar um modo estruturalmente organizado.

Alternativa "d" – Nada indica que haverá diálogo.

Alternativa "e" – A linguagem popular não possui requinte.

RESPOSTA: C

73 **(FGV – MPE SP – Analista de Promotoria – 2023)** Observe o seguinte fragmento de um texto narrativo:

"Assim que entrou na loja, o turista passou a observar o homem que vagava entre os corredores com uma sacola aberta a tiracolo. Quando viu que ele retirou um objeto da prateleira e enfiou-o na bolsa, decidiu denunciá-lo por roubo".

Assinale a opção que mostra uma marca adequada a esse gênero textual (narrativo).

a) Quanto ao conteúdo do texto, ocorre a atenção do observador por seres, objetos e cenas.
b) Quanto ao tempo, ocorre a apreensão de um momento único.
c) Quanto ao objetivo, sua finalidade está em identificar, localizar e qualificar os fatos narrados.
d) Quanto às classes de palavras predominantes, há a preferência por verbos e conjunções temporais.

9. É fundamental saber que Machado de Assis usa definições filosóficas em suas obras.

e) Quanto ao emprego de tempos verbais, ocorre a preferência pelo presente ou pretérito imperfeito do indicativo.

COMENTÁRIOS:

Alternativa "a" – Pode ser uma característica de texto narrativo e de texto descritivo.

Alternativa "b" – Texto narrativo possui sequência cronológica, como ocorreu no fragmento: entrou, passou a observar, o homem vagava, viu, ele retirou um objeto, enfiou-o na bolsa, decidiu denunciá-lo.

Alternativa "c" – O objetivo principal do texto narrativo é contar algum fato. Outro objetivo é que esse fato sirva como aprendizado, informação ou entretenimento.

Alternativa "d" – Características de texto narrativo:

Predominância de verbos – entrou, passou a observar, vagava, viu, retirou, enfiou, decidiu denunciá-lo.

Predominância de conjunções e locuções temporais – *Assim que entrou na loja, Quando viu.*

Alternativa "e" – Ocorre a preferência pelo pretérito perfeito em texto narrativo – como mencionado no comentário da alternativa "b".

Pretérito imperfeito em descrição; presente do indicativo em dissertação.

RESPOSTA: D

74 **(FGV – TJ RN – Analista Judiciário – Área Judiciária – Direito/2023)** No romance Dom Casmurro, o narrador faz uma descrição de um personagem do seguinte modo:

"Levantou-se para ir buscar o gamão, que estava no interior da casa. Cosi-me muito à parede, e vi-o passar com as suas calças brancas engomadas, presilhas, rodaque e gravata de mola. Foi dos últimos que usaram presilhas no Rio de Janeiro, e talvez neste mundo. Trazia as calças curtas para que lhe ficassem bem esticadas. A gravata de cetim preto, com um arco de aço por dentro, imobilizava-lhe o pescoço; era então moda (....). Era magro, chupado, com um princípio de calva; teria os seus cinquenta e cinco anos".

A descrição desse personagem tem base:

a) predominantemente física, com traços psicológicos;
b) predominantemente psicológica, com traços físicos;
c) sociológica, explorando sua atividade profissional;
d) física, psicológica e sociológica;
e) predominantemente sociológica, com traços físicos.

COMENTÁRIOS:

Alternativa "a" – Características físicas: *suas calças brancas engomadas, presilhas, rodaque e gravata de mola; calças curtas; gravata de cetim preto, com um arco de aço por dentro; Era magro, chupado, com um princípio de calva; teria os seus cinquenta e cinco anos.*

Observação: é predominantemente física por haver várias descrições.

Traços psicológicos: *Foi dos últimos que usaram presilhas no Rio de Janeiro, e talvez neste mundo; A gravata imobilizava-lhe o pescoço* = era conservador, apegado às tradições, não aceitando inovações.

Observação: os traços psicológicos são compostos por comportamentos, emoções e padrões de pensamento.

Alternativa "b" – Há poucos detalhes psicológicos.

Alternativa "c" – Além de não ter base sociológica, não foi mencionada a atividade profissional.

Alternativa "d" – Física e psicológica sim, mas não sociológica – cultural, econômica e religiosa.

Alternativa "e" – Não à base sociológica, apenas há traços físicos.

RESPOSTA: A

75 **(FGV – TJ RN – Analista Judiciário – Área Judiciária – Direito/2023)** Observe a tradução de um fragmento textual francês:

"Na origem, a casa tinha sido acoplada a um computador, como tantas outras, a um computador previsional encarregado de a fazer evoluir em função dos cálculos de probabilidade de que se alimentava a máquina. A eventualidade de um inverno frio fazia com que surgisse um engrossamento progressivo das paredes, num isolamento reforçado. Uma dupla camada de telhas crescia lentamente sobre o teto, uma lareira suplementar emergia do solo como um legume perfurando a terra de um jardim."

Trata-se, no caso, de uma narrativa de ficção científica; a característica desse gênero narrativo que se aplica a esse segmento textual, é:

a) localização em um tempo futuro, que é visto como passado, a ponto de ser narrado;
b) narrativa que envolve um mundo cujos elementos são completamente desconhecidos do leitor atual;
c) apresentação de uma visão pessimista do mundo futuro, governado por máquinas incontroláveis;
d) sugestão de uma tecnologia avançada, não criada pelos humanos, mas por seres superdotados;
e) narrativa em que o próprio narrador mostra desconhecimento da realidade narrada.

COMENTÁRIOS:

Alternativa "a" – No início: *a casa **tinha sido acoplada** a um computador* = tinha sido (**seria**) – tempo futuro visto como passado.

Seria: futuro do pretérito do indicativo.

Alternativa "b" – Os elementos são conhecidos: casa, computador, cálculos de probabilidade, máquina, inverno frio, engrossamento na parede, telhas, lareira, solo, terra, jardim.

Alternativa "c" – A visão não é do mundo futuro e não há pessimismo.

Alternativa "d" – Tecnologia avançada porque se refere a um computador previsional encarregado de a fazer evoluir em função dos cálculos de probabilidade de que se alimentava a máquina, mas alegar que não foi criada por humanos elimina a alternativa.

Alternativa "e" – O narrador mostra conhecimento da realidade.

RESPOSTA: A

76 **(FGV – TJ RN – Analista Judiciário – Área Judiciária – Direito/2023)** Um escritor espanhol, conhecido por sua preocupação com o idioma, produziu a seguinte frase:

"Estudar latim é como colocar as palavras para fazer ginástica".

Isso significa que:

a) o estudo de latim é hoje uma tarefa inútil, pois os estudos históricos perderam valor;
b) o conhecimento do latim melhora a qualidade redacional de nossos textos;
c) estudar a língua latina faz com que se acrescentem muitos novos vocábulos aos dicionários;
d) o aprendizado da língua latina é indispensável para o conhecimento de nosso próprio idioma;
e) estudar latim faz com que aprofundemos o conhecimento das palavras.

COMENTÁRIOS:

Nota da autora: É fundamental lembrar do objetivo, do significado do vocábulo "ginástica": *arte de fortificar, desenvolver e tornar flexível o corpo por meio de determinados exercícios físicos; conjunto de exercícios apropriados para exercitar qualquer faculdade mental.*

Alternativa "a" – Fazer ginástica não é uma tarefa inútil, é necessária.

Alternativa "b" – Não existe relação com a redação.

Alternativa "c" – Estudar latim não está associado à criação de neologismos.

Alternativa "d" – Pode conhecer o idioma sem estudar latim, não é indispensável o aprendizado.

Alternativa "e" – Se ao fazer ginástica, tornamos flexível o corpo e exercitamos qualquer faculdade mental, ao estudar latim, aprofundamos o conhecimento das palavras.

RESPOSTA: E

77 **(FGV – TJ RN – Analista Judiciário – Área Judiciária – Direito/2023)**

"Por que você escreve? A essa pergunta Balzac respondeu: para ser rico e célebre. Outros responderão certamente: porque é um ato necessário a meu equilíbrio psíquico, eu escreveria mesmo que eu não fosse publicado. Essas são as duas respostas extremas. Eu direi quanto a mim: para ser lido. Eu me considero como um artesão em sua oficina, aperfeiçoando esse objeto manufaturado destinado a ser vendido, um livro. Um livro é uma criação, que comporta um primeiro e um segundo grau. No primeiro, eu invento uma história e personagens. No segundo, o leitor se apoia no que inventei e persegue minha criação para torná-la sua. E como toda criação traz alegria, há para mim uma dupla felicidade: a de criar e a de suscitar uma criação entre meus leitores. Eu acendo um fogo que me dá calor e luz, mas eu o expando e observo milhões de pequenas luzes tremulando sobre toda a terra, feitas nos espíritos e corações por minhas obras" (Michel Tournier, Libération, 1985).

Sobre a significação desse pequeno texto, é correto afirmar que:

a) segundo o texto, no fundo, todos escrevem pelo mesmo motivo: tornarem-se ricos e célebres;
b) em resumo, os escritores pretendem trazer felicidade aos homens, mesmo que não sejam publicados;
c) o autor do texto responde à pergunta inicial, apoiado em sua experiência pessoal, destacando o poder da criação;
d) escrever é uma experiência que requer dedicação e trabalho a fim de que o livro possa ser amplamente consumido;
e) os autores criam histórias e personagens para que os leitores se sintam motivados a criarem os seus.

COMENTÁRIOS:

Alternativa "a" – Os motivos são distintos: Balzac, para ser rico e célebre; outros, porque é um ato necessário ao equilíbrio psíquico; o narrador, para ser lido.

Alternativa "b" – Pretendem trazer felicidade porque toda criação traz alegria, mas precisam ser publicados: "para ser rico e célebre" e "para ser lido".

Alternativa "c" – Ele responde à pergunta "Por que você escreve", apoiado em sua experiência pessoal (uso da primeira pessoa = *eu escreveria, Eu direi quanto a mim, Eu me considero como um artesão, eu invento*).

O texto foi escrito para demonstrar o poder da criação: [escrevo] *para ser rico e célebre,* [escrevo] *porque é um ato necessário a meu equilíbrio psíquico, eu escreveria mesmo que eu não fosse publicado,* [escrevo] para ser lido, *Um livro é uma criação* etc.

Alternativa "d" – Requer dedicação e trabalho, mas o objetivo de todos não é ser amplamente consumido: *eu escreveria mesmo que eu não fosse publicado.*

Alternativa "e" – Quem faz isso é o narrador, não todos os autores. Perceba que está na primeira pessoa do singular (eu).

RESPOSTA: C

78 **(FGV – TJ RN – Analista Judiciário – Área Judiciária – Direito/2023)** "O gerente da empresa comentou que, com a futura chegada dos bombeiros, o incêndio seria controlado e a produção poderia ser entregue dentro do prazo."

A argumentação do gerente mostra um <u>problema</u>, que é:

a) a fuga do assunto, já que o foco deveria ser o incêndio;

b) uma generalização excessiva já que nem todos os incêndios conseguem ser apagados a tempo;
c) um argumento autoritário, já que ele sozinho decide o que fazer com a produção;
d) a apresentação de uma possibilidade como certeza;
e) o estabelecimento de uma relação equivocada entre causa e efeito.

COMENTÁRIOS:

Alternativa "a" – Não foge do assunto.

Alternativa "b" – Não ocorreu generalização excessiva.

Alternativa "c" – Além de não haver autoritarismo, o gerente precisa do apoio dos bombeiros para que a produção seja entregue dentro do prazo, ou seja, não pode ser perdida.

Alternativa "d" – Com a futura chegada dos bombeiros, o incêndio **poderia ser controlado** e a produção poderia ser entregue dentro do prazo.

Ao afirmar que "seria controlado", existe uma certeza e isso pode não acontecer, ou seja, não se sabe se os bombeiros realmente conseguirão controlar o incêndio.

Alternativa "e" – Não há equívoco:

- **Por que** o incêndio seria controlado e a produção poderia ser entregue dentro do prazo? (efeito)

- **Porque** os bombeiros chegariam (e, provavelmente) apagariam o fogo. (causa)

RESPOSTA: D

79 **(FGV – TJ RN – Analista Judiciário – Área Judiciária – Direito/2023)** Observe a seguinte explicação, retirada de uma gramática de língua portuguesa:

"O adjetivo é uma das classes de palavras, caracterizada por ser variável em gênero e número, determinante de um substantivo ou pronome substantivo, expressando estado, característica, qualidade ou relação".

Sobre esse pequeno texto explicativo, é correto afirmar que o texto:

a) se estrutura a partir de uma pergunta explícita, seguida de uma resposta que lhe dá explicação;
b) comporta definições, destacadas por palavras que as apresentam;
c) mostra muitos conectores lógicos, que introduzem explicações;
d) mostra termos especializados não explicados em função de dirigir-se a leitores com certos conhecimentos;
e) mostra comparações e esquemas que permitem visualizar a explicação de forma mais clara.

COMENTÁRIOS:

Alternativa "a" – Não há pergunta explícita.

Alternativa "b" – Define apenas o adjetivo, não define as classes gramaticais tampouco as variações de gênero e de número. O erro está em pluralizar, na alternativa, o substantivo "definição".

Alternativa "c" – Os conectores "e" e "ou" introduzem adição, não explicam.

Alternativa "d" – Termos especializados não explicados: classes gramaticais (substantivo, adjetivo, advérbio, preposição, conjunção, verbo, pronome etc.), variável em gênero (admite masculino e feminino), variável em número (singular e plural).

Alternativa "e" – Sem comparação e sem esquema.

RESPOSTA: D

80 **(FGV – TJ RN – Analista Judiciário – Área Judiciária – Direito/2023)**

"Aconteceu aos verdadeiros sábios o que se verifica com as espigas de milho, que se ergueram orgulhosamente enquanto vazias e, quando se enchem e amadurece o grão, se inclinam e se dobram humildemente. Assim esses homens, depois de tudo terem experimentado, sondado e nada haverem encontrado nesse amontoado considerável de coisas tão diversas, renunciaram à sua presunção e reconheceram a sua insignificância."

Sobre a base argumentativa desse pensamento de Montaigne, é correto afirmar que:

a) a tese do texto é a de que os verdadeiros sábios se inspiram nas espigas de milho;
b) o argumento básico do texto é de base comparativa, citando o exemplo das espigas de milho;
c) a argumentação apresentada é a experiência pessoal do autor, filósofo e escritor;
d) o público-alvo do texto são os verdadeiros sábios, que não interrompem a trajetória do aprendizado;
e) a lição do texto é a de que a humildade, também na natureza, só não é seguida pelos verdadeiros sábios, por já possuírem o conhecimento.

COMENTÁRIOS:

Alternativa "a" – Não se trata de inspiração (imagine só!), mas sim de uma comparação.

Alternativa "b" – Há comparação entre os homens sábios e as espigas de milho.

Exemplos das espigas de milho: erguem-se enquanto vazias, enchem-se e o grão amadurece, inclinam-se e se dobram humildemente.

Alternativa "c" – Montaigne não está se referindo a ele próprio.

Alternativa "d" – O público-alvo são leitores em geral, o assunto são os verdadeiros sábios.

Alternativa "e" – A humidade é seguida pelos verdadeiros sábios, tanto que compara os sábios com as espigas de milho.

RESPOSTA: B

81 **(FGV – TJ RN – Analista Judiciário – Área Judiciária – Direito/2023)** Entre os segmentos abaixo, aquele que se mostra bastante objetivo, sem pormenores inúteis, repetições desnecessárias ou redundâncias, é:

a) Cada candidato, individualmente, terá acesso às informações do concurso por meio de uma senha particular;

b) O governo deve devolver ao povo o valor do empréstimo temporário cobrado no preço dos alimentos;
c) Ocorreu uma verdadeira balbúrdia no momento em que Trump entrou no tribunal;
d) Na volta da guerra, os militares receberam amor e afeto de seus familiares, que os aguardavam ansiosos;
e) Os atletas ficaram desestimulados ao se depararem com a grande quantidade de obstáculos na pista.

COMENTÁRIOS:

Alternativa "a" – Cada candidato individualmente = redundância.

Alternativa "b" – Valor cobrado no preço = redundância.

Alternativa "c" – Verdadeira balbúrdia = o adjetivo é desnecessário.

Alternativa "d" – Amor e afeto = são palavras sinônimas, segundo o *Dicionário Houaiss da Língua Portuguesa*, ou seja, ocorreu repetição desnecessária.

Alternativa "e" – Ficaram desestimulados não apenas por haver obstáculos na pista, mas por haver grande quantidade de obstáculos. Não há redundância nem repetições desnecessárias.

RESPOSTA: E

82 **(FGV – PGM Niterói – Analista Processual – 2023)** Numerosas situações da vida cotidiana ou profissional nos levam a contestar ou a defender um ponto de vista, logo, a produzir uma argumentação.

Todas as opções abaixo mostram sugestões de temas para textos argumentativos; a opção em que é proposta uma estruturação com base em duas teses possíveis, é:

a) Como será o sistema de trabalho no futuro?
b) Os jornais falados e escritos estão em franca disputa por leitores; qual dos dois modelos vai triunfar?
c) Alguns especialistas consideram que o turismo de aventura será a coqueluche do próximo século. Como você imagina esse tipo de turismo?
d) Os ritmos musicais estão ligados a um instrumento básico. A bossa-nova só poderia ser composta no violão, assim como a valsa só poderia ser composta a partir do piano. Você considera válido esse ponto de vista?
e) Como julgar as aulas pela internet? São bastante úteis, sobretudo para os que não dispõem de tempo ou, carecendo da presença física do professor, deixam sempre a desejar?

COMENTÁRIOS:

Alternativa "a" – Uma tese: o sistema de trabalho no futuro.

Alternativa "b" – Uma tese: qual dos dois modelos vai triunfar?

Alternativa "c" – Uma tese: Como você imagina esse tipo de turismo?

Alternativa "d" – Uma tese: Você considera válido esse ponto de vista?

Alternativa "e" – Primeira tese: são bastante úteis; segunda tese: deixam sempre a desejar.

Dica: existe a conjunção "ou" ligando as duas teses.

RESPOSTA: E

83 **(FGV – PGM Niterói – Analista Processual – 2023)** Observe como foi construído o humor na seguinte frase:

"A maneira mais segura de você dobrar o seu dinheiro, é pegar as notas, dobrá-las e guardá-las no bolso".

Como sabemos, o humor é construído pela quebra de uma expectativa; nesse caso, essa quebra provém:

a) da inutilidade de ensinar-se como dobrar o dinheiro;
b) do destaque dado a uma situação que é feita por todos;
c) dos sentidos diversos do verbo "dobrar";
d) da impossibilidade de dobrar o dinheiro, pondo-o no bolso;
e) da proposta inviável contida na frase.

COMENTÁRIOS:

Alternativa "a" – Não é inútil.

Alternativa "b" – Não há destaque algum.

Alternativa "c" – O verbo "dobrar" possui dois sentidos:

– *tornar duas vezes maior, duplicar;*
– *virar um objeto de modo que uma ou mais partes dele fiquem sobrepostas a outra ou outras.*

Alternativa "d" – Não é impossível.

Alternativa "e" – A proposta é viável.

RESPOSTA: C

84 **(FGV – PGM Niterói – Analista Processual – 2023)** Há distintas maneiras de interrogar; a opção abaixo em que a pergunta feita (numa entrevista de emprego) exige uma resposta mais longa e mais pessoal, é:

a) O que o senhor sabe de nossa empresa?
b) Que tipo de função o senhor pretende ocupar?
c) O senhor sabe usar seu poder de sedução?
d) Em que disciplinas universitárias o senhor era melhor?
e) O senhor possui um relacionamento fraterno com os outros?

COMENTÁRIOS:

Nota da autora: Atente-se à informação entre parênteses no comando da questão. A banca indica o contexto, a situação.

Alternativa "a" – A resposta pode ser longa porque ele pode saber muitas coisas sobre a empresa. É pessoal porque quem sabe é ele.

Note que, por ser uma entrevista de emprego, a resposta deve ser bem desenvolvida.

Alternativa "b" – A resposta é pessoal, mas pode ser curta. Por exemplo: chefe.

Alternativa "c" – A resposta é pessoal, mas, também, pode ser curta. Por exemplo: talvez.

Alternativa "d" – A resposta é pessoal, mas pode ser curta. Por exemplo: literatura inglesa.

Alternativa "e" – A resposta é pessoal, mas pode ser curta. Por exemplo: não.

RESPOSTA: A

85 **(FGV – PGM Niterói – Analista Processual – 2023)** O tema de todas as introduções textuais abaixo é o analfabetismo; o tipo de introdução que está adequadamente caracterizado, é:

a) introdução por enumeração: A consulta a agendas, preenchimento de cheques, ler pequenos anúncios de emprego são situações cotidianas que mostram a importância de saber ler;
b) introdução por informação surpreendente: Para reduzir o número de analfabetos, o Exército decidiu criar um plano de estudo de leitura para os recrutados;
c) introdução por um relato: Para a edificação dos fiéis, e para o bem de sua alma, nós proibimos a leitura de qualquer livro, dizia o filósofo Voltaire com ironia;
d) introdução por divisão: Quase dois milhões de brasileiros ainda mostram dificuldades graves de leitura;
e) introdução por citação: O pior aspecto do analfabetismo é o chamado "analfabetismo funcional".

COMENTÁRIOS:

Alternativa "a" – Está especificando, fazendo uma exposição, isto é, enumera as situações cotidianas que mostram a importância de saber ler.

Alternativa "b" – É uma conclusão em que demonstra a solução do problema. Além disso, a informação não é surpreendente.

Alternativa "c" – Introdução por citação: "dizia o filósofo Voltaire com ironia".

Alternativa "d" – Não demonstra divisão. É uma introdução por informação surpreendente: dois milhões é muito.

Alternativa "e" – Introdução por especificação: informa o aspecto do analfabetismo.

RESPOSTA: A

86 **(FGV – SME SP – Professor de Ensino Fundamental II e Médio – 2023)** É raríssimo que se ponha em circulação em uma língua uma palavra inventada caprichosamente por uma pessoa, ainda que ela responda a uma necessidade real da expressão. O normal é que uma palavra nova venha de algum lugar, tenha sua

origem em outra palavra indígena ou estrangeira. Não é difícil "criar" uma palavra; o difícil é que ela seja aceita pela comunidade falante. É frequente, porém, que obtenha uma vida mais ou menos efêmera em âmbitos reduzidos; raras vezes em círculos mais amplos, como ocorreu com *entupigaitado*, termo talvez inventado por Carlos Drummond de Andrade.

A palavra *entupigaitar* está presente nos dicionários, datada do século XX; segundo o texto, o vocábulo é

a) um neologismo importado de origem indígena ou estrangeira.
b) um vocábulo de vida mais ou menos efêmera no idioma.
c) uma palavra que responde a uma necessidade de expressão.
d) um termo que ainda não foi aceito pela comunidade falante.
e) um elemento linguístico desnecessário.

COMENTÁRIOS:

Alternativa "a" – *Entupigaitar*, segundo o texto, é um *termo talvez inventado por Carlos Drummond de Andrade*.

Alternativa "b" – A existência do vocábulo não é breve (efêmera): A palavra *entupigaitar* está presente nos dicionários, datada do século XX.

Alternativa "c" – Foi necessário criá-la: *É raríssimo que se ponha em circulação em uma língua uma* ***palavra inventada*** *caprichosamente por uma pessoa, ainda que ela* ***responda a uma necessidade real da expressão.***

Alternativa "d" – Se o vocábulo existe desde o século XX, foi aceito pela comunidade falante.

Alternativa "e" – A palavra foi necessária.

RESPOSTA: C

87 **(FGV – SME SP – Professor de Ensino Fundamental II e Médio – 2023)** Todas as opções a seguir trazem fragmentos textuais retirados de jornais conhecidos.

Assinale a opção que apresenta o fragmento que traz exemplo de linguagem coloquial.

a) O Flamengo, que teve um jogador expulso, deve recorrer ao STJD.
b) Com o advento do novo governo, a legislação econômica sobre o teto de gastos deve sofrer modificações.
c) Os moradores de algumas comunidades cariocas estão sendo obrigados a fazerem papel de espiões para os traficantes.
d) Os candidatos a prefeito de São Paulo fizeram ontem à noite mais um debate político, mas não atraíram grande número de ouvintes.
e) De olho em novos negócios, algumas empresas estão organizando uma feira internacional de eletrodomésticos.

COMENTÁRIOS:

Alternativa "a" – Linguagem culta: que teve um jogador expulso (oração adjetiva explicativa); deve recorrer ao STJD.

Alternativa "b" – Linguagem culta: advento = *aparecimento de, chegada.*

Alternativa "c" – Cuidado! O vocábulo "papel" significa, segundo o Dicionário Houaiss, "dever, função, obrigação", ou seja, foi empregado na linguagem culta. Possui sentido também de "dever legal, moral ou profissional que uma pessoa é obrigada a desempenhar".

A ideia é esta: Os moradores de algumas comunidades cariocas possuem o dever moral de observar, espiar os traficantes.

Alternativa "d" – Linguagem culta.

Alternativa "e" – A expressão "de olho em" é coloquial, pois é usada no dia a dia para indicar que algo é almejado.

A ideia é esta: Almejando novos negócios.

RESPOSTA: E

88 **(FGV – SME SP – Professor de Ensino Fundamental II e Médio – 2023)** O texto informativo é marcado pela objetividade, tanto de conteúdo quanto de estilo. As opções a seguir mostram frases objetivas, construídas com estratégias de impessoalidade. Assinale a opção que ***foge*** a esse modelo.

a) Só serão admitidos no concurso os candidatos detentores de diplomas de nível superior.
b) Julgadas inaceitáveis, as ofertas foram rejeitadas em bloco.
c) Três encomendas foram devolvidas pelos entregadores.
d) Foi decidido que essa lei seria revogada.
e) Um controle severo foi efetuado na Copa.

COMENTÁRIOS:

Alternativa "a" – Objetivo e impessoal: os candidatos serão admitidos – sentido passivo.

Alternativa "b" – Objetivo e impessoal: as ofertas foram rejeitadas – sentido passivo.

Alternativa "c" – Subjetivo e pessoal: há agente da passiva (entregadores). Na voz ativa: os entregadores devolveram as três encomendas.

Observação: perceba que apenas nesta alternativa existe o agente da passiva.

Alternativa "d" – Objetivo e impessoal: essa lei seria revogada – sentido passivo.

Alternativa "e" – Objetivo e impessoal: um controle severo foi efetuado – sentido passivo.

RESPOSTA: C

89 **(FGV – SME SP – Professor de Ensino Fundamental II e Médio – 2023)** Em todas as frases argumentativas a seguir há uma estratégia de convencimento. Assinale a opção que apresenta a frase que apela para uma **intimidação** do interlocutor.

a) Faça como os americanos: beba Coca-Cola.
b) Não vá à festa de formatura com roupa velha.

c) Compre uma mesa e ganhe duas cadeiras.
d) Dê um carro de presente para sua mulher.
e) Leia livros e se enriqueça.

COMENTÁRIOS:

Alternativa "a" – Através dos verbos no imperativo, há tentativa de convencer, não de intimidar.

Alternativa "b" – Nesse caso, há amedrontamento, ou seja, intimida o interlocutor.

Alternativa "c" – Frase propagandística.

Alternativa "d" – É uma sugestão apenas.

Alternativa "e" – Também é uma sugestão seguida de um objetivo.

RESPOSTA: B

90 **(FGV – SME SP – Professor – 2023)** Em situações de comunicação formal, é conveniente evitar o uso de linguagem informal.

Assinale a opção que apresenta a frase cuja linguagem é inteiramente formal.
a) Caso tivéssemos nessa situação, reagiríamos de forma diferente.
b) Para mim estudar de forma eficiente, é indispensável estar em lugar silencioso.
c) A gente não deve passear à noite por lugares escuros e desconhecidos.
d) Eu lia mais, se tivesse mais dinheiro e tempo.
e) Os presentes que lhes demos custaram caro.

COMENTÁRIOS:

Alternativa "a" – Correção: **estivéssemos**.

Estar: permanecer em determinada circunstância por certo tempo.

Não cabe o verbo "ter" no contexto – *passar a possuir, receber.*

Alternativa "b" – O pronome possui função de sujeito e deve ser usada a forma reta:
- Quem irá estudar de forma eficiente?
- Eu: sujeito.

Correção: Para **eu** estudar de forma eficiente.

Alternativa "c" – A gramática tradicional não admite a forma "a gente".

Correção: **Nós** não devemos passear à noite.

Alternativa "d" – Não há correlação entre os tempos verbais.

Correção: Eu **leria** mais, se tivesse mais dinheiro e tempo.

Tempos condicionais: futuro do pretérito do indicativo (leria) e pretérito imperfeito do subjuntivo (tivesse).

Alternativa "e" – Linguagem formal. É importante desmembrar o período para facilitar:

Oração principal: os presentes custaram caro.

Oração subordinada adjetiva restritiva: que lhe demos – possui pronome relativo (que: retoma "presentes"). O verbo é bitransitivo e o pronome oblíquo "lhe" possui função de objeto indireto.

RESPOSTA: E

91 **(FGV – SME SP – Professor – 2023)** Dois amigos diplomatas encontraram-se no balcão de um bar, antes de chegar ao Ministério.

Tendo em vista o conhecimento das variações linguísticas, a forma mais conveniente de cumprimento inicial seria:

a) Bom dia! Como é que vai?

b) Bom dia! Como estamos?

c) Bom dia! O senhor, como vai?

d) Bom dia! Como vai, Vossa Excelência?

e) Bom dia! Como está Vossa Senhoria?

COMENTÁRIOS:

Alternativa "a" – Se são amigos, podem usar a terceira pessoa do singular (você).

Alternativa "b" – Não há motivo para pluralizar o verbo (estamos).

Alternativa "c" – "Senhor" é um tratamento cerimonioso entre pessoas que não possuem intimidade. Não é caso, pois são amigos.

Alternativa "d" – Pelo contexto, está claro que não é necessário dirigir-se respeitosamente à autoridade, como mencionado na alternativa anterior.

Alternativa "e" – Além de não ser necessário utilizar pronome de tratamento, "Vossa Senhoria" é utilizado para pessoas com grande prestígio – diretores de autarquias federais, estaduais e municipais. Não para um diplomata.

RESPOSTA: A

92 **(FGV – SME SP – Professor – 2023)** Um participante de uma prova náutica se perde com seu barco em função de um forte vento; ao desembarcar em um local desconhecido, pergunta a um habitante do local:

— Onde estou?

— Numa ilha – respondeu o outro.

Sobre a eficiência comunicativa desse diálogo, o comentário correto é que o habitante da ilha

a) prestou as informações necessárias solicitadas.

b) deu informações relevantes ao navegador.

c) foi bastante claro nas informações prestadas.

d) não auxiliou o interlocutor em sua localização.

e) forneceu as informações pedidas de forma clara.

COMENTÁRIOS:

Nota da autora:

Perceba que em quatro opções existe a palavra "informações" (plural) e houve apenas uma informação; mais: tal informação foi incompleta.

Alternativa "a" – A informação essencial não foi dada. Ele precisava saber onde era a ilha.

Alternativa "b" – Ele sabia que era uma ilha, ou seja, a informação dada não foi valiosa.

Alternativa "c" – A informação dada foi evidente, foi óbvia, não clara, pois não disse a localização da ilha.

Alternativa "d" – Ele já sabia que era uma ilha, queria saber a localização da ilha.

Alternativa "e" – Não forneceu a informação pedida.

RESPOSTA: D

93 **(FGV – PC AM – Escrivão/2022)** Observe a pequena fábula:

"Um cão atravessava um pequeno rio com um pedaço de carne na boca. Ao ver a sua imagem refletida na água, pensou que se tratava de um outro cão, com um pedaço de carne muito maior do que o seu. Abandonou o seu pedaço e, por ganância, perdeu o seu almoço."

(Esopo)

O segmento sublinhado corresponde a uma explicação, que tem a função no texto de

a) dar uma informação nova ao leitor.
b) criar uma sensação de realidade e não de ficção.
c) atrasar a ação da fábula, para criar suspense.
d) justificar outra ação da narrativa.
e) caracterizar o cão como ganancioso.

COMENTÁRIOS:

Alternativa "a" – Indica o motivo de ter abandonado seu pedaço.

Alternativa "b" – Não possui a função de demonstrar realidade.

Alternativa "c" – Não atrasa, muito menos cria suspense.

Alternativa "d" – Justifica a ação "abandonou o seu pedaço". Existe uma evidente relação de causa e consequência:

Por que ele abandonou o seu pedaço? (consequência)

Porque viu sua imagem refletida na água e pensou que se tratava de outro cão.

Alternativa "e" – O fato de o cão ser ganancioso está ligado à outra ação: abandonar o pedaço de carne.

RESPOSTA: D

94 **(FGV – PC AM – Escrivão/2022)** O raciocínio a seguir é construído a partir de uma estratégia:

"Examinando as jabuticabeiras de seu terreno, chegou à conclusão de que o melhor seria contratar um engenheiro agrônomo que pudesse auxiliá-lo no controle de pragas".

A estratégia utilizada pode ser explicada do seguinte modo:

a) vai do particular para o geral.

b) parte do todo para as partes.
c) estabelece uma relação de causa e efeito.
d) se fundamenta em experiências pessoais.
e) cria uma analogia entre ideias.

COMENTÁRIOS:

Nota da autora:

Dedução é uma forma de se raciocinar que parte do **geral para o particular.**

Indução parte do **particular para o geral.**

Alternativa "a" – Particular: examinar as jabuticabeiras. Geral: controlar as pragas (não existem apenas em jabuticabeiras). Ocorreu o método de indução.

Alternativa "b" – Examinar jabuticabeiras não é o todo.

Alternativa "c" – Não possui ideia de causalidade.

Alternativa "d" – O fundamento é indutivo, como mencionado na primeira alternativa.

Alternativa "e" – Não há semelhança.

RESPOSTA: A

95 **(FGV – PC AM – Escrivão/2022)** Uma frase de Nietzche diz:

"O aumento da sabedoria pode ser medido com exatidão pela diminuição do mau humor".

Essa frase significa que

a) quanto mais sabemos, mais aumentamos nosso mau humor.
b) quanto menos sabemos, mais aumentamos nosso mau humor.
c) quanto menos sabemos, menos diminui nosso mau humor.
d) o aumento da sabedoria está em relação direta com o mau humor.
e) há uma relação inversa entre o aumento da sabedoria e o do mau humor.

COMENTÁRIOS:

Alternativa "a" – quanto mais sabemos, mais **diminuímos** nosso mau humor.

Alternativa "b" – quanto **mais** sabemos, mais **diminuímos** nosso mau humor.

Alternativa "c" – quanto menos sabemos, **mais aumenta** nosso mau humor.

Alternativa "d" – a diminuição do mau humor possui relação com o aumento da sabedoria.

Alternativa "e" – Relação inversa: **aumento** e **diminuição.** As pessoas mais sábias são bem-humoradas.

RESPOSTA: E

96 **(FGV – Investigador Policial – PC RJ/2022)** A frase abaixo em que todos os vocábulos pertencem à linguagem formal é:

a) Pagar a dívida externa com a desgraça interna não dá pé;

b) O Brasil é um investimento, uma fazenda que o homem da cidade comprou, lá nos confins do Judas, para ganhar dinheiro;
c) O Mundial de Futebol é competição e competição é guilhotina. Quem perder, dança;
d) Temos que fazer sacrifícios de cabo a rabo, ou seja, do governo até o operário;
e) Não me considero um jogador violento. O problema é que às vezes fico nervoso e tenho reações inesperadas.

COMENTÁRIOS:

Alternativa "a" – Linguagem informal: não *dá pé* = não é bom.

Alternativa "b" – Linguagem informal: *nos confins do Judas* = distante.

Alternativa "c" – Linguagem informal: *dança* = é eliminado.

Alternativa "d" – Linguagem informal: *de cabo a rabo* = no todo, em tudo.

Alternativa "e" – Linguagem formal.

RESPOSTA: E

97 **(FGV – SSP AM – Técnico de nível superior/2022)** Como se sabe, um dos elementos que caracterizam a argumentação é a presença de certas estratégias argumentativas, que têm por finalidade convencer, persuadir ou modificar ideias do receptor sobre uma tese.

Abaixo estão nomeadas algumas dessas estratégias, acompanhadas de exemplos; a opção em que a estratégia citada está correta é:

a) "A crise econômica é um problema que preocupa a todos; a Europa tem países com uma alta taxa de inflação, assim como os Estados Unidos" / estratégia de analogia.
b) "Segundo o Greenpeace, a perfuração do Ártico ocasionará um prejuízo irreversível para o planeta" / estratégia de apelo a um testemunho de autoridade.
c) "A campanha eleitoral pode ser definida pela mídia social; 220 milhões de e-mails podem ser enviados em 24 horas" / estratégia de apelo ao absurdo.
d) "Grande parte das crianças não se alimentam de forma saudável, o que mostra o descuido dos pais em relação a esse aspecto da educação dos filhos" / estratégia de citação de estatísticas.
e) "A liberdade de expressão está sendo desrespeitada continuamente, mas esse é um direito dos mais importantes de nossa cultura legal" / estratégia de exemplificação.

COMENTÁRIOS:

Alternativa "a" – Analogia: semelhança entre coisas ou ações diferentes, correspondência. No trecho, há uma exemplificação, não uma analogia.

Alternativa "b" – Testemunho de autoridade: o Greenpeace.

Dica: "segundo" indica conformidade.

Alternativa "c" – Existem dados, não há absurdo algum.

Alternativa "d" – Demonstra um resultado, não uma citação.

Alternativa "e" – Estratégia de oposição, de contraste.

Dica: conjunção adversativa "mas".

RESPOSTA: B

98 **(FGV – SSP AM – Técnico de nível superior/2022)** As frases podem estar escritas em registros variados da língua; a frase abaixo, relacionada à gastronomia, que mostra marcas do registro popular é

a) "Não estou fazendo nenhuma dieta. Eu amo comer. Eu amo comida".
b) "Cozinhar é como amar. Entregue-se ou caia fora".
c) "Eu cozinho com vinho, às vezes até mesmo acrescento comida a ele".
d) "A regra fundamental para um sommelier é fazer as pessoas felizes por meio do vinho".
e) "Quanto mais difícil é ler um cardápio, mais altos são os preços".

COMENTÁRIOS:

Alternativa "a" – Registro culto.

Alternativa "b" – Registro popular: *cair fora*. Equivale a "ir embora".

Alternativa "c" – Registro culto.

Alternativa "d" – Registro culto.

Alternativa "e" – Registro culto.

RESPOSTA: B

99 **(FGV – SSP AM – Técnico de nível superior/2022)** Os textos podem pertencer a diferentes tipos ou gêneros; a opção abaixo que mostra um texto predominantemente expositivo é

a) "Depois desses dias na juventude, meu amigo desapareceu de minha vida e eu só tornei a encontrá-lo na semana passada, em um restaurante".
b) "Defendo a ideia de que as pessoas podem dizer tudo o que querem, e, quando isso trouxer qualquer prejuízo a alguém, que esse alguém as processe".
c) "O barco atracou ontem no Rio de Janeiro, com muitas turistas a bordo, o que certamente vai trazer a alegria para muitos comerciantes".
d) "O rio estava transbordando, em função das fortes chuvas, com as margens derrubadas pela força das águas e muitos detritos levados pela correnteza".
e) "O deputado fez o seu discurso, foi ovacionado, agradeceu os aplausos e dirigiu-se a seu gabinete".

COMENTÁRIOS:

Nota da autora: Atente-se ao comando da questão. O texto deve ser ***predominantemente expositivo***.

Alternativa "a" – Narração: verbos no pretérito perfeito do indicativo.

Alternativa "b" – Dissertação argumentativa e subjetiva – 1ª pessoa.

Alternativa "c" – Ação ocorrida seguida de uma consequência que poderá acontecer.

Alternativa "d" – Descrição: verbos no pretérito imperfeito do indicativo. Há o efeito fotografia.

Alternativa "e" – Narração: verbos no pretérito perfeito do indicativo – sequência de tempo.

RESPOSTA: C

100 **(FGV – TJ DFT – Analista Judiciário – Administração/2022)** "Quando se julga por indução e sem o necessário conhecimento dos fatos, às vezes chega-se a ser injusto até mesmo com os malfeitores."

O raciocínio abaixo que deve ser considerado como indutivo é:

a) Os funcionários públicos folgam amanhã, por isso meu marido ficará em casa;
b) Todos os juízes procuram julgar corretamente, por isso é o que ele também procura;
c) Nos dias de semana os mercados abrem, por isso deixarei para comprar isso amanhã;
d) No inverno, chove todos os dias, por isso vou comprar um guarda-chuva;
e) Ontem nevou bastante, por isso as estradas devem estar intransitáveis.

COMENTÁRIOS:

Nota da autora:

Indução: parte de situações particulares para situações gerais.

Dedução: parte de situações gerais para situações particulares.

Seria possível ir além e pensarmos em silogismos e premissas, mas não há necessidade pelo fato de estarmos estudando Língua Portuguesa, não Raciocínio Lógico. Nosso objetivo é facilitar.

Alternativa "a" – Dedutivo: geral (os funcionários públicos) + particular (meu marido).

Alternativa "b" – Dedutivo: geral (todos os juízes) + particular (ele).

Alternativa "c" – Não pode ser indutivo porque, também, se inicia com o geral (nos dias de semana).

Alternativa "d" – Dedutivo: geral (chove todos os dias) + particular (comprar guarda-chuva).

Alternativa "e" – Indutivo: particular (ontem) + geral (estradas interditadas). Perceba que não se refere a todos os dias, apenas cita um dia, por isso particulariza.

RESPOSTA: E

101 **(FGV – TJ DFT – Analista Judiciário – Administração/2022)** "Todos aqueles que devem deliberar sobre quaisquer questões devem manter-se imunes ao ódio e à simpatia, à ira e ao sentimentalismo."

Tratando-se de um pensamento dirigido àqueles que julgam, o seu autor recomenda que eles:

a) pratiquem a caridade em relação ao próximo;
b) deixem de lado, no julgamento, questões pessoais;
c) não abandonem o sentimento ao julgarem;
d) considerem sempre a realidade do próximo;
e) privilegiem sempre a verdade.

COMENTÁRIOS:

Alternativa "a" – Caridade é benevolência e está relacionada ao sentimentalismo: é para ficarem neutros, imunes, ou seja, não praticarem.

Alternativa "b" – O vocábulo "imune" possui sentido de *isento, desprovido.* Questões pessoais: *ódio, simpatia, ira* e *sentimentalismo.* Isso significa que devem deixar de lado as questões pessoais.

Alternativa "c" – Para manterem-se imunes, é necessário abandonar o sentimentalismo.

Alternativa "d" – A realidade do próximo pode conter juízo de valor, isto é, pode haver sentimentalismo.

Alternativa "e" – Não se trata de privilegiar a verdade, mas sim de abandonarem as questões pessoais.

RESPOSTA: B

102 (FGV – TJ DFT – Analista Judiciário – Administração/2022) "Também leio livros, muitos livros: mas com eles aprendo menos do que com a vida. Apenas um livro me ensinou muito: o dicionário. Oh, o dicionário, adoro-o. Mas também adoro a estrada, um dicionário muito mais maravilhoso."

Depreende-se desse pensamento que seu autor:

a) nada aprende com os livros, com exceção do dicionário;
b) deve tudo que conhece ao dicionário;
c) adquire conhecimentos com as viagens que realiza;
d) conhece o mundo por meio da experiência de vida;
e) constatou que os dicionários registram o melhor da vida.

COMENTÁRIOS:

Alternativa "a" – Aprende menos com os livros, ou seja, aprende algo.

Alternativa "b" – O dicionário ensinou muito, a estrada ensinou mais.

Alternativa "c" – As viagens são experiência de vida, mas a aprendizagem é com livros, dicionário, viagens e com a própria vida.

Alternativa "d" – A vida ensina mais que o dicionário, assim como a estrada (viagens) é mais interessante que o dicionário. A estrada é, portanto, uma experiência de vida.

Alternativa "e" – O dicionário ensinou muito, não afirma que seja o melhor (ou o pior) da vida. Apenas intensifica o quanto o ensinou.

RESPOSTA: D

103 **(FGV – TJ MS – Analista Judiciário – Área Fim/2022)** Observe o texto abaixo:

Chegou ao topo da pequena colina e observou a cena que se lhe apresentava: algumas grandes rochas cercavam uma estreita passagem que conduzia a uma pequena planície. Essas rochas eram bem altas, o que podia facilitar a existência de cavernas junto ao solo, o que lhes daria abrigo e alguma proteção contra animais. Não havia à vista existência humana, mas muitas aves voavam ao redor de árvores que se penduravam nas nesgas de terra das encostas, o que fazia prever a presença de outros animais. Apesar da distância, podia vislumbrar a presença de um rio que cruzava transversalmente a planície...

O personagem desse segmento textual é um homem pré-histórico; sobre a cena observada, pode-se afirmar que seus olhos:

a) destacam sobretudo os perigos oferecidos pelo local;
b) selecionam os fatores para sua sobrevivência;
c) mostram o lado estético da paisagem;
d) abrangem a totalidade dos elementos do local;
e) observam a cena de longe para perto.

COMENTÁRIOS:

Alternativa "a" – Destaca sobretudo os aspectos favoráveis do local.

Alternativa "b" – Fatores para sobrevivência: *Essas rochas eram bem altas, o que podia facilitar a* existência de cavernas *junto ao solo, o que lhes* daria abrigo e alguma proteção *contra animais (...) fazia prever a* presença de outros animais (...) presença de um rio.

Cavernas = abrigo e proteção; animais = alimento; rio = matar a sede.

Alternativa "c" – O lado estético é relacionado com beleza. O texto explicita o que é útil para sobreviver.

Alternativa "d" – É impossível inferir que abrange a totalidade: ele deduziu que havia cavernas entre as rochas imensas, ou seja, a visão foi superficial.

Alternativa "e" – A cena foi vista de perto (rochas) para longe (apesar da distância, vislumbrou o rio).

RESPOSTA: B

104 **(FGV – TJ MS – Analista Judiciário – Área Fim/2022)** Chegou ao topo da pequena colina e observou a cena que se lhe apresentava: algumas grandes rochas cercavam uma estreita passagem que conduzia a uma pequena planície. / Essas rochas eram bem altas, o que podia facilitar a existência de cavernas junto ao solo, o que lhes daria abrigo e alguma proteção contra animais. / Não havia à vista existência humana, mas muitas aves voavam ao redor de árvores que se penduravam nas nesgas de terra das encostas, o que fazia prever a presença de outros animais. / Apesar da distância, podia vislumbrar a presença de um rio que cruzava transversalmente a planície...

Esse segmento textual é composto por quatro períodos, separados por barras inclinadas.

A afirmativa correta sobre sua estruturação é:

a) os quatro períodos apresentam estrutura inteiramente descritiva;
b) os períodos mostram uma sequência temporal;
c) os períodos trazem seguidamente detalhes da paisagem vista anteriormente;
d) os períodos mostram aos leitores uma seleção de elementos estáticos da paisagem;
e) o segundo período é o único que mistura descrição e narração.

COMENTÁRIOS:

Alternativa "a" – Não são inteiramente descritivas porque há passagens duvidosas e os verbos não estão predominantemente no pretérito imperfeito do indicativo: podia facilitar, daria.

Alternativa "b" – Mostra a sequência do olhar, não se refere a tempo.

Alternativa "c" – Detalhes da paisagem

no 1º: grandes rochas, estreita passagem, pequena planície;

no 2º: rochas bem altas, cavernas junto ao solo, abrigo e proteção contra animais;

no 3º: aves voavam ao redor de árvores, árvores que se penduravam nas nesgas de terra das encostas;

no 4º: um rio que cruzava transversalmente a planície.

Alternativa "d" – Há elementos estáticos (colina, rocha, planície) e dinâmicos (aves voavam, rio cruzando a planície).

Alternativa "e" – Não existe narração, apenas descrição. O que mistura é o primeiro período porque utiliza verbos no pretérito perfeito (chegou, observou) com o pretérito imperfeito (cercavam, conduzia).

RESPOSTA: C

105 (FGV – TJ MS – Analista Judiciário – Área Fim/2022) "Como já dizia Millôr Fernandes 'Devagar se vai ao longe, mas quando se chega lá não se encontra mais ninguém', desacreditando alguns ditados populares, que, na verdade, não são veículos de sabedoria."

Nesse caso, a citação de Millôr:

a) fornece, simplesmente, um exemplo do pensamento de Millôr Fernandes;
b) mostra um pensamento que corrobora algo que é dito pelo autor do texto;
c) seleciona uma citação que contraria a opinião expressa no restante do texto;
d) destaca uma citação cuja única função é divertir o leitor;
e) compartilha o prazer do autor com a citação de Millôr.

COMENTÁRIOS:

Alternativa "a" – Não fornece simplesmente um exemplo. A citação é para confirmar que *alguns ditados populares não são veículos de sabedoria.*

Observação: a palavra "simplesmente" extrapola.

Alternativa "b" – Confirma e fortalece a defesa da tese mencionada na alternativa anterior.

Alternativa "c" – Não existe contradição, existe confirmação.

Alternativa "d" – São duas funções: divertir e fortalecer a ideia, ou seja, argumentar.

Observação: a palavra "única" extrapola.

Alternativa "e" – Compartilha o prazer pelo fato de divertir, mas o objetivo não é apenas esse, conforme o comentário da alternativa anterior.

RESPOSTA: B

106 (FGV – TJ MS – Analista Judiciário – Área Fim/2022) Observe o seguinte segmento:

"É preciso ser racional no estudo das questões ambientais. Ou então uma usina vai deixar de ser construída porque há morcegos na caverna."

O autor dessa frase argumentativa tem como argumento:

a) o exemplo de outros povos;
b) uma evidência histórica;
c) a sua opinião pessoal;
d) o fruto de seus estudos;
e) uma citação de autoridade.

COMENTÁRIOS:

Alternativa "a" – Quais povos? Não foram mencionados indivíduos.

Observação: com a inserção o vocábulo "povos", descarta-se essa opção.

Alternativa "b" – O adjetivo "histórica" denota algo que deva ser lembrado. Não é o caso.

Alternativa "c" – Existe opinião do autor e, além disso, é irônica: *uma usina vai deixar de ser construída porque há morcegos na caverna.*

Alternativa "d" – É impossível inferir que houve estudo.

Observação: com a inserção o vocábulo "estudos", descarta-se essa opção.

Alternativa "e" – Que autoridade? Nada indica que alguém possua conhecimento na área, no assunto.

RESPOSTA: C

107 (FGV – TJ MS – Analista Judiciário – Área Fim/2022) Observe o pequeno texto narrativo:

"João e Maria conheceram-se numa festa de aniversário de um amigo comum. Consideraram-se apaixonados desde esse primeiro momento; casaram-se pouco tempo depois e hoje estão separados, mas com dois filhos lindos."

O final dessa narrativa mostra:

a) uma melhora da situação inicial;
b) uma conservação do estado inicial;
c) uma mudança esperada da situação original;
d) uma degradação do estado original;
e) uma transformação humorística da história inicial.

COMENTÁRIOS:

Alternativa "a" – O melhor ocorreu no início: festa, paixão, casamento. A narrativa mostra uma piora da situação inicial.

Alternativa "b" – O estado foi alterado – paixão, casamento e separação.

Alternativa "c" – É impossível inferir que a mudança tenha sido desejada. Quando existe paixão, o desejo é de união, não de separação.

Alternativa "d" – Degradar = destruir. Primeiro eles se apaixonaram, em seguida se casaram, depois se separaram. A paixão e o casamento foram destruídos.

Alternativa "e" – A transformação foi trágica, não cômica.

RESPOSTA: D

108 (FGV – TJ TO – Contador – Distribuidor/2022) "No Brasil, a diferença entre viver de arte e viver de ar é a sílaba 'te'."

Com esse pensamento, seu autor quer mostrar que:

a) trabalhar com arte no Brasil produz muita riqueza;
b) não há diferença entre as duas expressões;
c) a arte é uma atividade economicamente difícil;
d) o trabalho com arte só tem valor social;
e) a arte e a ciência se equivalem.

COMENTÁRIOS:

Nota da autora: Questão de **in**tepretação de texto, é preciso **in**ferir, deduzir.

Alternativa "a" – Indica o contrário: é impossível viver de arte no Brasil.

Alternativa "b" – Se a diferença é a sílaba "te", existe diferença.

Alternativa "c" – É impossível viver apenas de ar, são necessários recursos financeiros para adquirir alimentos. É impossível, também, viver de arte, é necessário investimento, público e recursos financeiros. Se nos dois casos, é necessário ter recursos financeiros, o autor mostra que a arte é uma atividade economicamente difícil.

Alternativa "d" – Não menciona valor, apenas a dificuldade e/ou a impossibilidade.

Alternativa "e" – Não possuem o mesmo valor, existe diferença.

RESPOSTA: C

109 (FGV – TJ TO – Contador – Distribuidor/2022) "Você é um vagabundo, pois seus amigos são todos vagabundos!"

Sobre os elementos componentes desse pequeno texto argumentativo, a opção que traz uma afirmação correta, é:

a) o argumento apresentado pelo locutor é de base racional e lógica, sem dar chance de refutação ao interlocutor;
b) o locutor e o interlocutor são identificados no texto;
c) a conclusão desse texto é que o interlocutor deve procurar melhorar a qualidade de suas companhias;

d) uma refutação eficiente a esse texto é "meus amigos não são vagabundos";

e) o locutor se posiciona como pessoa de autoridade semelhante à do interlocutor.

COMENTÁRIOS:

Alternativa "a" – Não possui base racional e lógica, é apenas um juízo de valor.

Alternativa "b" – O locutor, ou seja, o autor, não é identificado. O interlocutor (receptor) é a terceira pessoa.

Alternativa "c" – A ideia é do provérbio popular (assunto muito exigido pela banca) retirado do versículo bíblico: "Diga-me com quem andas que eu te direi quem tu és". No contexto, o objetivo é demonstrar a influência das más companhias.

Dica: há outros trechos bíblicos que demonstram a mesma ideia e podem ser exigidos em provas posteriores – *O que anda com os sábios ficará sábio, mas o companheiro dos tolos será destruído.* (Provérbios 13:20); *Não vos enganeis! "As más companhias corrompem os bons costumes".* (1 Coríntios 15:33).

Alternativa "d" – Uma resposta eficiente seria negar o fato de o interlocutor também não ser vagabundo: Eu não sou vagabundo.

Alternativa "e" – Pode-se inferir que haja hierarquia, mas o locutor é mais importante que o interlocutor, pois este é chamado de vagabundo. Não se trata de autoridade semelhante.

RESPOSTA: C

110 (FGV – TJ TO – Contador – Distribuidor/2022) Todas as frases abaixo são exemplos de textos argumentativos; a frase que NÃO é apoiada por argumentos, é:

a) O tempo está bom; vamos passear!

b) É bom passear no final do dia, quando o sol se põe!

c) Já que estamos de férias, vamos passear!

d) Eu gosto da sua companhia, vamos passear!

e) Vamos passear pelas ruas próximas!

COMENTÁRIOS:

Nota da autora: Procure elemento modalizador (opinião do autor) e tente encaixar o advérbio "então" (sentido de *nessa circunstância*).

Alternativa "a" – Modalizador: bom = o tempo está bom, então vamos passear.

Alternativa "b" – Modalizador: bom = o sol se põe, então é bom passear.

Alternativa "c" – Modalizador: estamos de férias = estamos de férias, então vamos passear.

Alternativa "d" – Modalizador: gosto = gosto de sua companhia, então vamos passear.

Alternativa "e" – Indica apenas por quais ruas irão passear.

RESPOSTA: E

111 **(FGV – TJ TO – Contador – Distribuidor/2022)** "Ele alegava sua debilidade de saúde para deixar de ir ao trabalho."

Constata-se na organização dessa frase argumentativa que:

a) o argumento apresentado para a ação de não ir ao trabalho é visto como de base racional e lógica;
b) o emprego do verbo "alegar" implica certo distanciamento do argumento apresentado;
c) o argumento apresentado, segundo o contexto, era de base legal;
d) o interlocutor da frase é identificado como um chefe no serviço público;
e) a frase carece de argumentos, pois só mostra a constatação de um fato.

COMENTÁRIOS:

Alternativa "a" – Não pode ser racional e lógica porque ele apenas alegou.

Alternativa "b" – "Alegar" significa *mostrar, apresentar, expor*. É impossível inferir que seja verdadeiro, por isso implica distanciamento, ou seja, falta de comprometimento [no sentido figurado].

Alternativa "c" – A base não é real porque é impossível saber se é verdadeira.

Alternativa "d" – Nada indica que seja chefe ou que seja funcionário público.

Alternativa "e" – Não há confirmação, isto é, não constata.

RESPOSTA: B

112 **(FGV – TJ TO – Contador – Distribuidor/2022)** Um palestrante bastante conceituado e competente, num congresso médico, declarou: "Depois que me formei em Medicina, eu, de fato, nunca mais trabalhei!".

Com essa frase, o médico palestrante:

a) sugere seu prazer pessoal e contínuo de ser médico;
b) ironiza o trabalho árduo dos médicos;
c) alude ao fato de os médicos trabalharem pouco tempo;
d) se refere às múltiplas possibilidades profissionais dos médicos;
e) destaca seu sucesso profissional no exercício da profissão.

COMENTÁRIOS:

Alternativa "a" – A banca parafraseou a frase do filósofo Confúcio: "Escolha um trabalho que você ama e você nunca terá que trabalhar um dia sequer na vida". Isso significa que ser médico lhe dá prazer.

Alternativa "b" – Não menciona se o trabalho é árduo ou não. Infere-se que é prazeroso.

Alternativa "c" – Não se sabe o quanto os médicos trabalham.

Alternativa "d" – Não cita se há várias possibilidades.

Alternativa "e" – É impossível inferir que ele faz sucesso.

RESPOSTA: A

113 (FGV – TJ TO – Contador – Distribuidor/2022) Observe o seguinte diálogo de valor argumentativo:

"– O homenageado fez um discurso fantástico sobre as injustiças sociais.

– Ah, sim, o sujeito que já foi preso por tráfico!"

Nessa situação, a segunda frase se utiliza do seguinte processo argumentativo:

a) revelar dados novos para o debate;
b) desviar o assunto;
c) atacar a pessoa do homenageado;
d) dizer algo que nega a afirmação anterior;
e) indicar um exemplo de autoridade.

COMENTÁRIOS:

Alternativa "a" – O dado pode não ser novo.

Alternativa "b" – O assunto foi mantido.

Alternativa "c" – O sujeito pratica negócios ilegais e clandestinos, ou seja, é uma injustiça social.

Alternativa "d" – Não nega, apenas contraria.

Alternativa "e" – Se fosse exemplo, não infringiria a lei.

RESPOSTA: C

114 (FGV – IMBEL – Advogado – 2021) Um grande filósofo disse:

"Nem todo problema que se tem com a namorada se deve necessariamente ao modo capitalista de produção".

Com essa frase, o autor pretende criticar:

a) o sistema capitalista.
b) a mistura indevida de planos diferentes.
c) o envolvimento pessoal na argumentação.
d) a visão sentimental da economia capitalista.
e) a indicação de uma só causa para todos os fatos.

COMENTÁRIOS:

Alternativa "a" – Não existe crítica.

Alternativa "b" – Nada indica que seja indevida. Ele refere-se à causa.

Alternativa "c" – Não há envolvimento pessoal.

Alternativa "d" – Não há relação com sentimentalismo, pelo contrário.

Alternativa "e" – O problema com a namorada é algo banal se comparado com o sistema capitalista. Isso indica que não existe uma só causa para todos os fatos. Na verdade, o problema é o capital, a obtenção de lucro.

RESPOSTA: E

A questão a seguir deve ser respondida a partir do fragmento a seguir.

"O boi, substantivo masculino, com que nós acudimos às urgências do estômago, pai do rosbife, rival da garoupa, entre pacífico e filantrópico, não é justo que viva... isto é, que morra obscuramente nos matadouros."

(Machado de Assis)

115 **(FGV – IMBEL – Advogado – 2021)** Considerando esse fragmento como argumentativo, sua tese seria:

a) Devemos acabar com os matadouros.
b) Precisamos modificar nossa alimentação.
c) Não é justo matar o boi nos matadouros.
d) É justo matar bois para a alimentação humana.
e) Deve-se usar carne e peixe em nossa alimentação.

COMENTÁRIOS:

Nota da autora: É imprescindível eliminar as opções que possuem a mesma ideia. Perceba que a alimentação foi mencionada em "b", "d" e "e", e essa não é a tese. Você deve analisar as alternativas "a" e "c", lembrando que Machado de Assis é um autor extremamente irônico.

Alternativa "a" – O assunto do fragmento não são os matadouros, mas sim a justiça.

Alternativa "b" – Apenas menciona que o boi nos alimenta, mas não é esse o debate.

Alternativa "c" – Primeiro o autor menciona as qualidades do boi, seu aspecto satisfatório e, em seguida, afirma que é injusto matá-lo. Ao inserir a expressão explicativa "isto é", fica evidente que há injustiça ao massacrá-lo. O trecho "não é justo que viva" demonstra ironia.

Alternativa "d" – Além de alegar que é injusto matar os bois, o autor não põe em discussão nossa alimentação, apenas demonstra que o boi é útil. Esta alternativa é contrária à anterior.

Alternativa "e" – Se as alternativas "b" e "d" demonstram a mesma ideia que esta, significa que também está incorreta.

RESPOSTA: C

116 **(FGV – IMBEL – Advogado – 2021)** Os segmentos machadianos a seguir têm o amor por tema. Assinale a opção que mostra uma visão positiva desse sentimento.

a) "O amor é cego."
b) "O amor é fecundo de ilusões."
c) "Os amores novos fazem esquecer os velhos."
d) "O amor para mim é o idílio de um semestre, um curto período sem chamas nem lágrimas."
e) "O amor não nasce de uma circunstância fortuita, nem de uma longa intimidade, é uma harmonia entre duas naturezas, que se reconhecem e completam."

COMENTÁRIOS:

Alternativa "a" – "Cego": aspecto negativo.

Alternativa "b" – "Ilusão" é falta de entendimento: visão negativa.

Alternativa "c" – "Esquecer" é apagar da memória: aspecto negativo.

Alternativa "d" – "Idílio" é devaneio, utopia, fantasia: visão negativa.

Alternativa "e" – Amor nasce de coisas boas: harmonia, reconhecimento mútuo e complementação. A visão é positiva nesse caso.

RESPOSTA: E

117 (FGV – IMBEL – Advogado – 2021)

"São todos descobridores ruins, que pensam que não há terra quando conseguem ver apenas o mar."

(Francis Bacon)

Assinale a opção que mostra um problema lógico desse pensamento.

a) Não conseguir distinguir causa e consequência.
b) Ser incapaz de organizar cronologicamente os fatos.
c) Fazer uma dedução fundamentada em falsa oposição.
d) Não levar em conta o conhecimento tradicional.
e) Desacreditar as opiniões de autoridades.

COMENTÁRIOS:

Nota da autora: Os descobridores só acreditam no que veem.

Alternativa "a" – Não causa problema lógico: por que eles pensam que não há terra? Porque conseguem ver apenas o mar.

Alternativa "b" – Não há relação com o tempo.

Alternativa "c" – Dedução: só existe o mar. Falsa oposição: não há terra.

Alternativa "d" – Não existe relação com algo recente, contemporâneos (tradicional).

Alternativa "e" – O que as autoridades têm a ver com isso? Alternativa eliminada facilmente.

RESPOSTA: C

118 (FGV – IMBEL – Advogado – 2021) Alguém definiu o especialista como um homem que conhece cada vez mais sobre cada vez menos; essa definição mostra um problema do conhecimento moderno, que é:

a) a falta de critério na análise dos fatos.
b) a incapacidade dos estudiosos de hoje.
c) a impossibilidade de conhecer-se a realidade.
d) a ausência de um estudo verdadeiro dos fatos.
e) a enorme quantidade de informações sobre cada tema.

COMENTÁRIOS:

Alternativa "a" – A falta de critério não faz com que o homem conheça mais.

Alternativa "b" – Seria a capacidade dos estudiosos, não a incapacidade.

Alternativa "c" – A possibilidade de conhecer-se a realidade leva a novos conhecimentos.

Alternativa "d" – Se conhece cada vez mais, não se trata de ausência de estudo.

Alternativa "e" – Existem muitas informações e muitas especialidades. Quanto mais estuda, ou pesquisa, mais tem o que pesquisar e entender, pois há novas informações.

RESPOSTA: E

119 (FGV – IMBEL – Advogado – 2021) Todas as frases a seguir estruturam-se em duas partes. Assinale a opção em que a segunda parte mostra uma intensificação da primeira.

a) "Valoriza-te para mais; os outros se ocuparão em abaixar o preço."
b) "Quem conhece os outros é sábio; quem conhece a si mesmo é iluminado."
c) "Diz-se da melhor companhia: sua conversa é instrutiva, seu silêncio, formativo."
d) "Nenhum homem é uma ilha autossuficiente; cada um é parte do continente."
e) "O problema da vida é este: como romper a própria solidão, como comunicar-se com os outros."

COMENTÁRIOS:

Alternativa "a" – Indica oposição.

Alternativa "b" – O sábio conhece os outros. Se conhece os outros e a si mesmo, é sábio e iluminado – aqui está a intensificação.

Alternativa "c" – Indica explicação.

Alternativa "d" – Define o homem, não ocorre intensificação.

Alternativa "e" – Explica o problema da vida.

RESPOSTA: B

120 (FGV – IMBEL – Advogado – 2021) A frase a seguir que foi estruturada a partir de outra bastante conhecida (intertextualidade) é:

a) "A pressa é inimiga da refeição."
b) "Quem não fez nada, não sabe nada."
c) "A pressa gera o erro em todas as coisas."
d) "Em toda iniciativa pensa bem aonde queres chegar."
e) "Sem entusiasmo nunca se realizou nada de grandioso."

COMENTÁRIOS:

Alternativa "a" – "A pressa é inimiga da perfeição", ou seja, é preciso ter paciência, agir vagarosamente para atingir o objetivo.

Alternativa "b" – Indica consequência.

Alternativa "c" – É necessário ir devagar.

Alternativa "d" – É preciso planejar.

Alternativa "e" – É preciso ter vontade.

RESPOSTA: A

121 (FGV – PC RN – Agente e Escrivão – 2021) "É minha opinião que não se deve dizer mal de ninguém, e ainda menos da polícia. A polícia é uma instituição necessária à ordem e à vida da cidade."

(Machado de Assis, A Semana – 1871)

Sobre a estruturação desse pensamento de Machado de Assis, a única observação correta é:

a) há uma contradição lógica entre os dois períodos que compõem esse pensamento;
b) o texto mostra fraco poder argumentativo por tratar-se de uma opinião;
c) o segundo período é uma explicação que justifica o período anterior;
d) o segmento "e ainda menos da polícia" retifica uma afirmação anterior;
e) os dois períodos do texto poderiam trocar de posição sem alteração do sentido global.

COMENTÁRIOS:

Alternativa "a" – As ideias se complementam, não existe oposição.

Alternativa "b" – Não se trata de fraco poder argumentativo.

Alternativa "c" – A conjunção "porque" pode ser inserida sem que cause alteração de sentido e isso indica que se trata de uma explicação. Explica o motivo de "não se deve dizer mal de ninguém, e ainda menos da polícia".

Alternativa "d" – Não corrige, apenas enfatiza, ou seja, reforça a ideia anterior.

Alternativa "e" – Ocorre mudança de sentido: no fragmento original, o autor primeiro afirma que não se deve falar mal da polícia, depois explica o motivo. Alterando a ordem, a explicação viria antes da opinião/afirmação.

RESPOSTA: C

122 (FGV – PC RN – Agente e Escrivão – 2021) Todas as frases abaixo têm o crime como tema; a frase em que se apresenta uma visão positiva do crime é:

a) O crime não compensa;
b) Vivemos numa época de igualdade. Hoje em dia, por exemplo, todas as classes são criminosas;
c) Não entendo como alguns escolhem o crime, quando há tantas maneiras legais de ser desonesto;
d) O crime é a extensão lógica de um tipo de comportamento perfeitamente respeitável no mundo dos negócios;
e) Há muitos anos cheguei à conclusão de que quase todo crime se deve a um desejo reprimido de expressão estética.

COMENTÁRIOS:

Alternativa "a" – Visão negativa: não gratifica, não recompensa.

Alternativa "b" – Visão negativa: todas as classes são criminosas (essa é a igualdade).

Alternativa "c" – Visão negativa: ser desonesto (há maneiras legais de sê-lo).

Alternativa "d" – Visão negativa: o crime é um comportamento respeitável.

Alternativa "e" – A visão, finalmente, é positiva. Demonstra a conclusão a que ele chegou.

RESPOSTA: E

123 (FGV – Analista – Área Administrativa – MP RJ – 2019) Na "Apresentação" do livro A Origem Curiosa das palavras, o autor Márcio Bueno escreve o seguinte: "Alguém já disse que todo homem é um animal etimologista, o que significa que as pessoas apresentam um interesse natural por conhecer a origem das palavras que usam no cotidiano. Na verdade, o homem sempre se interessou pelas origens de uma maneira geral, incluindo a da humanidade e a do Universo. Essa é a razão do surgimento dos mitos de origem, presentes em todas as civilizações, das que nem sequer dominam a escrita às mais avançadas tecnologicamente".

Sobre esse texto, é correto afirmar que:

a) a expressão inicial "Alguém já disse" mostra a tentativa argumentativa de atribuir autoridade ao texto;

b) o termo "Na verdade" corrige uma informação equivocada que está presente no primeiro período;

c) o segundo período do texto confirma as palavras iniciais do texto, ampliando as informações já fornecidas;

d) o último período do texto mostra uma conclusão retirada dos dois períodos anteriores;

e) as informações finais do texto contrariam as que são dadas no primeiro período.

COMENTÁRIOS:

Alternativa "a" – Demonstra indefinição, não autoridade.

Alternativa "b" – Adiciona ideia, não retifica.

Alternativa "c" – Explica por que todo homem é um animal etimologista. Etimologia é a *ciência que investiga a origem, étimo, das palavras procurando determinar as causas e circunstâncias de seu processo evolutivo.*

Alternativa "d" – Explica a razão do surgimento dos mitos de origem.

Alternativa "e" – Não há contradição no texto, há ideias complementares.

RESPOSTA: C

124 (FGV – Analista – Área Administrativa – MP RJ – 2019) "...os significados apreendidos pelos dicionários são apenas pontos de referência para se atingir significados constantemente variáveis com os contextos em que os sistemas de significação encontram existência concreta" (texto 1).

Deduz-se desse segmento do texto 1 que:

a) os dicionários procuram indicar referências que podem auxiliar na apreensão dos diversos significados nos contextos;

b) os significados das palavras são abstrações, que nunca encontram existência concreta, em função da diversidade de contextos;
c) é a existência concreta dos sistemas de significação que se encontra presente nos melhores dicionários;
d) como os significados das palavras estão em permanente mudança, os dicionários só podem indicar previsões para os futuros significados;
e) todos os significados das palavras encontram-se presentes nos dicionários elaborados por equipes competentes de lexicógrafos.

COMENTÁRIOS:

Alternativa "a" – A significação depende, sempre, do contexto. Afirmação que serve para todas as provas de concursos de públicos.

Alternativa "b" – As palavras podem ser usadas no sentido denotativo e no sentido conotativo, depende do contexto em que estão inseridas. Os significados, então, não são abstrações.

Alternativa "c" – Existência concreta ou abstrata, como visto na alternativa anterior.

Alternativa "d" – Os significados das palavras não são mutáveis no dicionário, podem mudar dependendo do contexto.

Alternativa "e" – Os significados servem apenas como pontos de referência, isto é, nunca todos serão encontrados no dicionário.

RESPOSTA: A

125 (FGV – Analista – Área Administrativa – MP RJ – 2019) Ernest Hemingway, o grande escritor norte-americano, escreveu certa vez que "A cesta de papéis é o primeiro móvel na casa de um escritor".

Com essa frase, o escritor se refere a uma característica da arte de escrever que está expressa também na seguinte frase de outro escritor:

a) "Aprende a escrever bem ou a não escrever de jeito nenhum";
b) "A arte de escrever é a arte de sentar-se numa cadeira";
c) "O que se lê sem esforço foi escrito com muitas dificuldades";
d) "Para escrever bem deve haver uma facilidade natural";
e) "Ainda que seja um intelectual das letras, não deveis supor que eu não tenha tentado ganhar a vida honestamente".

COMENTÁRIOS:

Alternativa "a" – A ideia de que o escritor não escreve de jeito nenhum é ilógica.

Alternativa "b" – É a arte de pensar, de analisar, de errar, de refazer e de repensar.

Alternativa "c" – Para alcançar o objetivo, o escritor rascunha e erra, ou seja, há dificuldade.

Alternativa "d" – Se fosse fácil, não erraria, não reescreveria e não precisaria de uma cesta de papéis.

Alternativa "e" – Não há relação alguma com honestidade, mas sim com dificuldade.

RESPOSTA: C

Texto 2

No livro "Viagens de Gulliver", do grande romancista inglês Jonathan Swift, sobre um dos locais visitados pelo personagem, aparece o seguinte texto: "Passamos então a outra parte da Academia que se destinava mais às pesquisas especulativas, e onde fomos encontrar três profissionais reunidos discutindo sobre o melhoramento da língua. O primeiro projeto consistia em abreviar o discurso, reduzindo os polissílabos a monossílabos, deixando de lado os verbos e particípios, uma vez que todas as coisas imagináveis não passam de substantivos".

126 **(FGV – Analista – Área Administrativa – MP RJ – 2019)** "Pesquisas especulativas" (texto 2) são as que:

a) se preocupam especialmente com a língua;
b) se referem a temas religiosos ou místicos;
c) tratam de problemas futuros;
d) se dedicam a investigações teóricas;
e) abordam situações da realidade concreta.

COMENTÁRIOS:

Nota da autora: Questão de interpretação e ortografia. É necessário saber o significado do adjetivo "especulativo" – *teórico; que analisa algo para conhecer; sem utilização prática.*

Alternativa "a" – Preocupam-se com as teorias da língua, não especialmente com a língua.

Alternativa "b" – Há referências da linguagem, da teoria: polissílabos, monossílabos, verbo e substantivo.

Alternativa "c" – Tratam de teorias e não se referem ao futuro, pois é preciso analisar para conhecer.

Alternativa "d" – Dedicam-se às investigações teóricas sobre o melhoramento da língua.

Alternativa "e" – Teoria é o *conjunto de regras, de leis sistematicamente organizadas, que servem de base a uma ciência.* Não significa que aborda apenas situações da realidade concreta.

RESPOSTA: D

Texto 3

Numa das crônicas de Luis Fernando Verissimo, o cronista aborda um problema de comunicação por meio da língua:

Visita a Praga. Todo turista viaja acompanhado pela danação de Babel. Falar português bem alto e bem explicado não funciona, e o inglês é uma língua universal só até certo ponto. Nunca sentimos tanto a falta de uma língua comum como numa visita que fizemos a Praga, há alguns anos".

127 **(FGV – Analista – Área Administrativa – MP RJ – 2019)** Ao dizer que "o inglês é uma língua universal só até certo ponto", o cronista (texto 3) quer dizer que o inglês:

a) é o idioma de maior alcance universal;
b) não é igualmente conhecido em todos os países;
c) limita sua área de atuação às Américas;
d) sofre limitações nos países não democráticos;
e) restringe suas palavras às realidades ocidentais.

COMENTÁRIOS:

Alternativa "a" – Deveria ser, mas há limite: *até certo ponto*.

Alternativa "b" – Embora seja universal, não é conhecido em todos os países.

Alternativa "c" – Nada indica que se limita às Américas.

Alternativa "d" – Não há relação alguma com países democráticos.

Alternativa "e" – Não indica que está ligado ao ocidente.

RESPOSTA: B

Texto para responder à questão.

"Ler muito não leva necessária e mecanicamente a escrever bem (....). A atitude de ler é a metonímia da vontade de entender o mundo. A atitude de escrever é a metonímia da pretensão legítima e transcendente de transformar o mundo". (Gustavo Bernardo)

128 (FGV – Analista – Área Administrativa – MP RJ – 2019) Nesse caso, o mundo da leitura e da escrita se diferenciam, respectivamente, pelas seguintes posições:

a) compreensão / mudança;
b) contemplação / transformação;
c) entendimento / pretensão;
d) observação / modificação;
e) conhecimento / politização.

COMENTÁRIOS:

Alternativa "a" – Entender o mundo = compreender o mundo; transformar o mundo = mudar o mundo.

Alternativa "b" – No primeiro caso, não possui relação com contemplar.

Alternativa "c" – No segundo caso, não há relação com pretensão – vaidade, presunção.

Alternativa "d" – No primeiro caso, observar não é sinônimo de entender.

Alternativa "e" – Conhecer não possui relação com entender nem politização possui relação com transformar.

RESPOSTA: A

129 (FGV – Analista – Área Administrativa – MP RJ – 2019) Max Jacob escreveu certa vez que "O bom gosto de um escritor se conhece pela importância de suas correções".

Nesse caso, escrever bem corresponde à seguinte definição:

a) escrever de forma adequada à gramática;

b) escrever de forma culta e elaborada;

c) escrever como forma visual de bem pensar;

d) escrever de forma adequada à situação;

e) escrever de forma simples e clara.

COMENTÁRIOS:

Alternativa "a" – Importância de suas correções = seguir as regras gramaticais.

Alternativa "b" – Escrever de forma elaborada, sim, mas não precisa ser de forma culta, pois o texto não precisa ser formal.

Alternativa "c" – A forma visual normalmente está ligada à linguagem coloquial e pode haver desvios gramaticais.

Alternativa "d" – Adequar a linguagem à situação não significa que não existirão erros gramaticais.

Alternativa "e" – Escrever com clareza e concisão são características essenciais de textos oficiais. É imprescindível lembrar que a ideia está ligada ao que Max Jacob escreveu.

RESPOSTA: A

130 **(FGV – Analista – Área Administrativa – MP RJ – 2019)** Abaixo aparecem indicados tipos diversos de textos; entre eles, o tipo que apresenta um modelo adequado é:

a) tipo informativo: livros escolares;

b) tipo normativo: regulamentos de prédios;

c) tipo publicitário: bulas de remédios;

d) tipo didático: requerimentos;

e) tipo instrucional: orações religiosas.

COMENTÁRIOS:

Alternativa "a" – Informativo é uma **produção textual com informação** sobre um determinado assunto, que tem como **objetivo esclarecer uma pessoa** ou conjunto de pessoas sobre essa matéria: **jornalístico ou técnico.**

Alternativa "b" – Normativo é aquele que integra um conjunto de regras, normas e preceitos. Destina-se a reger o funcionamento de um grupo ou de uma determinada atividade: regulamento de prédios, regras de como conviver com outras pessoas, regras para se ter segurança no trânsito, regras de como conseguir uma boa nota ou uma promoção no trabalho.

Alternativa "c" – Publicitário é uma produção textual com o objetivo de **chamar a atenção** de potenciais consumidores quanto a um produto ou serviço, persuadindo a comprar. São alterados de acordo com o meio para o qual eles são criados. Existem textos para a televisão, rádio, imprensa escrita, outdoors, Internet, *mailing*, catálogos etc. Bula de remédio é um texto instrucional.

Alternativa "d" – Didático é aquele que explicitamente visa a instruir, que tem finalidades pedagógicas, que está relacionado ao ensino das ciências, das artes, das técnicas etc. Exemplo: livro didático.

Alternativa "e" – Instrucional possui o objetivo de passar uma informação, de modo que instrua o leitor a fazer algo, é responsável por auxiliar na realização de ações, tanto como uma maneira certa de fazer algo, quanto para montar um móvel: receitas culinárias, manual de instrução, guias de cidades, regras de jogos, folhetos explicativos, instruções de remédio, como manusear um eletrodoméstico, folhetos explicativos etc.

RESPOSTA: B

131 **(FGV – Analista – Área Administrativa – MP RJ – 2019)** O segmento textual abaixo que deve ser classificado predominantemente como dissertativo-argumentativo é:

a) "A cozinha feliz, que consiste no casamento de produtos naturais, um com o outro, é a antítese da cozinha feita para impressionar";

b) "Restaurante sofisticado: aquele que serve comida fria de propósito";

c) "Aprendi que esparramar as ervilhas no prato dá a impressão de que você comeu mais e, por isso, eu as esparramei";

d) "Eu cozinho com vinho, às vezes até mesmo acrescento comida a ele";

e) "A comida era belíssima: folhas verdes com cenouras amarelas, cercadas de carne vermelha e pimentão verde".

COMENTÁRIOS:

Nota da autora: *o texto dissertativo é o tipo de texto que analisa e interpreta dados da realidade por meio de conceitos abstratos. Quando* ***pretende conquistar a adesão do leitor****, torna-se um texto opinativo em que as ideias são desenvolvidas por meio de estratégias argumentativas. Daí o nomeamos de texto* ***dissertativo-argumentativo.***

Alternativa "a" – Interpreta dados da realidade por meio de conceitos abstratos: dissertativo-argumentativo.

Alternativa "b" – Definição.

Alternativa "c" – Em textos dissertativos-argumentativos, não se usa a primeira pessoa: (eu) *aprendi*.

Alternativa "d" – Em textos dissertativos-argumentativos, não se usa a primeira pessoa: *eu cozinho.*

Alternativa "e" – Descrição, ou seja, ocorre o efeito fotografia através do uso de adjetivos: *belíssima, verdes, amarelas, vermelha, verde.*

RESPOSTA: A

Texto 4

Observe o trecho retirado do livro *A vida íntima das frases*, de Deonísio da Silva.

A ocasião faz o ladrão. Frase com certa sutileza malvada embutida. Dá conta implicitamente de que, havendo ocasião, surge inevitavelmente o ladrão. Diversos códigos penais basearam-se em tão triste concepção do gênero humano para vazar seus artigos. Segundo tal hipótese, o que garante não haver ladrões é um eficiente sistema de punição.

132 **(FGV – Analista – Área Administrativa – MP RJ – 2019)** Sobre a estruturação do texto 4, a única afirmação inadequada é:

a) *A ocasião faz o ladrão* – indicação da frase que gera os comentários realizados na continuidade da frase;
b) *Frase com certa sutileza malvada embutida* – segmento opinativo, de responsabilidade do autor do livro;
c) *Dá conta implicitamente de que, havendo ocasião, surge inevitavelmente o ladrão* – inferência retirada dos segmentos anteriores;
d) *Diversos códigos penais basearam-se em tão triste concepção do gênero humano* – ampliação da informação do texto por meio da análise da frase motivadora;
e) *Segundo tal hipótese* – a hipótese referida é a de haver diversos códigos apoiados na concepção aludida.

COMENTÁRIOS:

Alternativa "a" – Nos períodos pospostos, o autor comenta a frase.

Alternativa "b" – O segmento é subjetivo porque o a autor utilizou adjetivos – malvada e embutida.

Alternativa "c" – Sim, pois a ocasião faz o ladrão.

Alternativa "d" – Ampliação da informação: muitos códigos penais.

Alternativa "e" – A hipótese referida é esta: *Dá conta implicitamente de que, havendo ocasião, surge inevitavelmente o ladrão.*

RESPOSTA: E

133 **(FGV – Analista – Área Administrativa – MP RJ – 2019)** "No programa 'O Brasil visto do alto' só se observam as belezas do país". Nesse pequeno texto há uma referência a uma marca dos textos descritivos que é:

a) a impossibilidade de descrever todos os dados do real;
b) a necessidade de só se descreverem alguns dos dados do que é observado;
c) o desejo de se descreverem somente os dados esteticamente positivos;
d) a limitação da posição do observador que o torna incapaz de descrever todos os dados do que observa;
e) a dificuldade de o observador descrever dados que ele desconhece.

COMENTÁRIOS:

Nota da autora: O texto descritivo detalha de maneira pormenorizada os aspectos de um determinado lugar, acontecimento, pessoa, objeto ou animal. O objetivo do autor é justamente transmitir as impressões, qualidades, sensações, características e observações sobre aquilo que está sendo detalhado. Há utilização de muitos substantivos, adjetivos e locuções adjetivas, que ajudam o leitor a ter uma ideia exata do que está sendo detalhado são alguns exemplos. Perceba, a seguir, que em quatro opções foram inseridas palavras descabidas – estão destacadas.

Alternativa "a" – A **impossibilidade** de descrever não pode ser uma marca de textos descritivos.

Alternativa "b" – Não possui a **necessidade** de descrever apenas alguns dados.

Alternativa "c" – Não pode se referir apenas aos detalhes positivos, muito menos pode **desejar** que assim aconteça.

Alternativa "d" – Ao ver "do alto", é impossível observar os detalhes e isso limita a descrição de todos os dados.

Alternativa "e" – A **dificuldade** de descrever não é uma marca de texto descritivo.

RESPOSTA: D

134 (FGV – Analista – Área Administrativa – MP RJ – 2019) As fábulas são textos narrativos que, geralmente, mostram animais humanizados e são acompanhados de uma moral, um ensinamento para os seres humanos.

Esses textos NÃO são situados cronologicamente porque:

a) não é conhecido o momento de sua ocorrência;
b) esse dado não é importante para o entendimento;
c) os fatos são totalmente inverossímeis;
d) são obras muito antigas cuja datação é difícil;
e) a mensagem do texto é atemporal.

COMENTÁRIOS:

Alternativa "a" – Em fábulas são usadas as expressões "certa vez" e "era uma vez". O tempo é desconhecido.

Alternativa "b" – Determinar o tempo não é importante para entender a história.

Alternativa "c" – Os fatos não são verdadeiros por se tratar de uma narração alegórica, fantasiosa, sem compromisso com a realidade.

Alternativa "d" – O gênero é antigo, utilizado com frequência entre povos asiáticos.

Alternativa "e" – O gênero fábula é atemporal, pois as temáticas sempre continuam atualizadas, as formas composicionais e o estilo. O tempo aparece de forma indeterminada ("certa vez", "era uma vez...") e garante a esse gênero sua atualidade, ou seja, é atemporal por servir de lição para qualquer época.

RESPOSTA: E

135 (FGV – Analista – Área Administrativa – MP RJ – 2019) Observe o seguinte texto descritivo a seguir.

"A casa estava situada em centro de terreno; era bastante grande, com duas salas, quatro quartos, dois banheiros e um pequeno quintal. O piso de todos os cômodos era de cerâmica cinzenta e cada um deles possuía uma iluminação diferente".

Nesse caso, a estratégia discursiva parte:

a) de longe para perto;
b) de cima para baixo;
c) das partes para o todo;
d) de baixo para cima;
e) do todo para as partes.

COMENTÁRIOS:

Alternativa "a" – Não demonstra distância.

Alternativa "b" – Não possui ideia de localização.

Alternativa "c" – o vocábulo "casa" não indica parte, mas sim o todo.

Alternativa "d" – Não se refere à localização.

Alternativa "e" – Todo: casa; partes: 1. salas, quartos, banheiros e quintal; 2. piso de cerâmica.

RESPOSTA: E

136 (FGV – Analista – Área Administrativa – MP RJ – 2019) "Observei a paisagem da janela, que se estendia por largo espaço e brilhava sob o sol. Verifiquei que a falta de chuvas havia feito estragos e que seria necessário irrigação urgente, mas abandonei a reflexão quando me chamaram ao portão".

Como a narrativa é marcada por uma sucessão cronológica de fatos, uma sequência de tempos verbais que mostra essa sucessão é:

a) observei / estendia / brilhava;
b) estendia / brilhava / havia feito;
c) verifiquei / havia feito / abandonei;
d) verifiquei / havia feito / seria necessário;
e) observei / verifiquei / abandonei.

COMENTÁRIOS:

Nota da autora: Questão de interpretação e verbo.

Alternativa "a" – Alterou o sujeito e não indica sequência de tempo: **eu** observei; **a paisagem** se estendia; a paisagem brilhava.

Alternativa "b" – Alterou o sujeito e não indica sequência de tempo: **a paisagem** se estendia; a paisagem brilhava; **a falta de chuva** havia feito.

Alternativa "c" – Mais uma vez, o sujeito é distinto e, aqui, a ordem foi alterada: **eu** verifiquei; **a falta de chuva** havia feito; **eu** abandonei.

Alternativa "d" – Sujeitos diferentes: **eu** verifiquei; **a falta de chuva** havia feito; **irrigação urgente** seria necessário.

Alternativa "e" – Esta é a única alternativa em que o sujeito é o mesmo e que indica sequência de tempo e ações: 1. (eu) observei a paisagem; 2. (eu) verifiquei os estragos feitos pela chuva; 3. (eu) abandonei a reflexão.

RESPOSTA: E

137 (FGV – Analista – Área Administrativa – MP RJ – 2019)

Todos os jogadores são elegantes
Eduardinho é jogador
Eduardinho é elegante

O texto acima é um exemplo de silogismo que apresenta uma falha estrutural, que é:

a) ocorre uma relação de causa e efeito defeituosa;
b) é feita uma simplificação exagerada;
c) estabelece-se uma falsa analogia;
d) a premissa inicial não é verdadeira;
e) a conclusão não é fundamentada nas premissas.

COMENTÁRIOS:

Nota da autora: Elimine as opções descabidas a fim de facilitar o raciocínio e encontrar rapidamente a resposta.

Alternativa "a" – Não existe tal relação por não caber a pergunta "por quê?".

Alternativa "b" – Não ocorre simplificação alguma, muito menos exagerada. Ocorre generalização (todos).

Alternativa "c" – Não ocorre falsa comparação ou correspondência.

Alternativa "d" – Não é verdadeira por generalizar: "todos" os jogadores.

Alternativa "e" – É fundamentada na premissa porque há jogadores elegantes.

RESPOSTA: D

138 (FGV – Analista – Área Administrativa – MP RJ – 2019) Observe o raciocínio a seguir.

O médico recomendou-me este xarope. Vou ficar bom logo.

Sempre que passamos de uma premissa diretamente a uma conclusão, assumimos como verdadeira uma ideia intermediária.

A ideia intermediária desse raciocínio é:

a) o médico é bastante competente;
b) o xarope é um medicamento tradicional;
c) o xarope vai ser tomado na dosagem certa;
d) o exame foi demorado e meticuloso;
e) o remédio é de criação recente.

COMENTÁRIOS:

Nota da autora: Premissa é um fato inicial a partir do qual se inicia um raciocínio.

Alternativa "a" – O médico recomendou-me este xarope: premissa; o médico é competente: ideia intermediária; vou ficar bom logo: conclusão.

Alternativa "b" – Poderia ser a explicação da conclusão, ou seja, não é ideia intermediária.

Alternativa "c" – A ideia pode ser uma inferência, nada indica que seja intermediária.

Alternativa "d" – O exame nem foi mencionado, apenas o médico e o remédio.

Alternativa "e" – A única informação que temos é que o médico é bom, não faz referência à data de criação do medicamento.

RESPOSTA: A

139 (FGV – Técnico Superior Jurídico – DPE – RJ/2019) A oposição de termos construída com as preposições com/sem gera um possível paradoxo em:

a) Com dinheiro ou sem dinheiro, vou passar o carnaval em Salvador;
b) Com amigos ou sem amigos, vou divertir-me nas férias;
c) Com bebida ou sem bebida, vou embebedar-me de felicidade;
d) Com motivo ou sem motivo, vou comprar roupas novas;
e) Com vontade ou sem vontade, vou viajar com a família.

COMENTÁRIOS:

Alternativa "a" – Passar o carnaval em Salvador ocorrerá em qualquer uma das situações: com ou sem dinheiro.

Alternativa "b" – A diversão acontecerá independente da companhia de amigos.

Alternativa "c" – O paradoxo estabelece uma contradição de ideias se considerarmos que, para se embebedar, é necessário bebidas. Então, "sem bebidas" não se embebeda.

Alternativa "d" – Comprar roupas novas vai acontecer ainda que não haja motivo.

Alternativa "e" – A viagem com a família vai acontecer de qualquer jeito: com ou sem vontade.

RESPOSTA: C

140 (FGV – Técnico Superior Jurídico – DPE – RJ/2019) Revisores de textos reuniram-se para discutir erros mais comuns cometidos por repórteres em entrevistas, exemplificando esses erros com frases; entre as frases abaixo, aquela que se mostra inteiramente correta e adequada é:

a) O Ministro da Fazenda não estava ao par de tudo;
b) Graças ao déficit orçamentário, o governo parou de investir;
c) A violência, segundo o estudo, nada tinha a haver com a miséria;
d) A princípio, todos devem ser iguais perante a lei;
e) "A mim ninguém me engana", disse o delegado que investiga o caso.

COMENTÁRIOS:

Alternativa "a" – "Ao par" só deve ser usado para indicar equivalência de valores financeiros, especificamente equivalência cambial. "A par" indica estar ciente, ter conhecimento de algo.

Alternativa "b" – O vocábulo de origem latina "deficit" deve ser grafado sem acento e deve figurar entre aspas ou em itálico por ser um estrangeirismo.

Alternativa "c" – "A haver" tem sentido de ter a receber, ter um crédito. "A ver" significa ter relação com algo.

Alternativa "d" – "A princípio" significa inicialmente, no começo, no princípio. "Em princípio" tem sentido de teoricamente, em tese. Todos devem ser iguais perante a lei teoricamente e não só apenas no início, certo?

Alternativa "e" – Temos aqui um caso de objeto direto preposicionado e pleonástico. Preposicionado porque o verbo enganar é transitivo direto e não pede preposição (quem engana, engana algo ou alguém). Usa-se a preposição para atribuir ênfase ao pronome oblíquo "mim". Já o pleonástico ocorre quando há repetição do objeto com sua retomada por um pronome pessoal, geralmente com a intenção de colocá-lo em destaque. Veja:

A mim (objeto direto preposicionado e pleonástico), **ninguém me** (objeto direto) **engana**.

Não se pode deixar de mencionar que a norma culta sugere a separação do objeto indireto pleonástico por vírgula, que não está presente no comando da questão.

RESPOSTA: E

141 **(FGV – Técnico Superior Jurídico – DPE – RJ/2019)** "Um paradoxo é uma provocação à lógica. Considere, por exemplo, a afirmação: 'Eu estou mentindo'. Se ela for falsa, isso quer dizer que eu não estou mentindo, o que contradiz a afirmação feita. Mas, se ela for verdadeira, então a afirmação será falsa – ao dizer que estava mentindo, eu disse a verdade e, logo, não estava mentindo. A afirmação é verdadeira se for falsa e falsa se for verdadeira!" (Eduardo Giannetti, *O paradoxo do brasileiro*).

Considerando o título do artigo de onde foi retirado esse trecho introdutório, a introdução acima pode ser caracterizada como:

a) uma informação de caráter histórico;
b) uma definição inicial de termos;
c) uma alusão à situação atual;
d) uma classificação tipológica;
e) uma argumentação filosófica

COMENTÁRIOS:

Alternativa "a" – O texto não contém informação histórica.

Alternativa "b" – Paradoxo é uma proposição que contraria os princípios lógicos, ou seja, caracteriza-se por ser uma "provocação à lógica". Logo, o texto define os termos.

Alternativa "c" – Extrapolação, pois nada é citado em relação à atualidade.

Alternativa "d" – Tipologia refere-se à narração, descrição, dissertação e injunção. Nada disso presente no texto.

Alternativa "e" – Não há presença de filosofia no texto, mas de definição dos termos.

RESPOSTA: B

142 **(FGV – Técnico Superior Jurídico – DPE – RJ/2019)** O jornal *O Globo* de 10.3.2019 trazia como uma de suas manchetes:

Pouso forçado. Rio perde 25% dos voos domésticos e internacionais em seis anos.

Sobre a relação semântica entre o título – *Pouso forçado* – e o restante da manchete, é correto afirmar que:

a) o título tem relação lógica com o conteúdo expresso na sequência do texto;
b) a expressão do título se refere ao fato de os aviões estarem parados no Rio;

c) a expressão do título se refere vagamente às dificuldades com os voos citados;
d) no título, o adjetivo *forçado* se liga semanticamente a obrigações legais;
e) no título, o substantivo *pouso* é uma metáfora para interrupção dos voos.

COMENTÁRIOS:

Alternativa "a" – Em se tratando de metáfora, não há relação lógica entre os termos.

Alternativa "b" – Os aviões não estão parados. O que houve foi uma redução dos voos.

Alternativa "c" – A informação não é vaga; ao contrário, especifica em 25% a redução ocorrida nos voos.

Alternativa "d" – Não há ligação no campo semântico entre os termos.

Alternativa "e" – A metáfora utiliza uma palavra ou uma expressão em lugar de outra, sem que haja uma relação real e lógica entre elas. Tem um caráter subjetivo e momentâneo. Observe: Pouso forçado = 25% de redução nos voos domésticos.

RESPOSTA: E

143 **(FGV – Técnico Superior Jurídico – DPE – RJ/2019)** Falando das próximas Olimpíadas, um jornal do Rio estampou a seguinte manchete:

A 500 dias. Contagem regressiva para Tóquio e aposta de medalhas em esportes vitoriosos e estreantes.

Entende-se da manchete que:

a) alguns atletas estreantes mostram chances nítidas de medalhas;
b) os atletas brasileiros garantem medalhas em esportes em que já são vitoriosos;
c) a contagem regressiva se refere à preparação física de atletas para Tóquio;
d) os 500 dias se referem ao prazo de convocação dos atletas olímpicos;
e) as Olimpíadas incluirão esportes inéditos no calendário olímpico.

COMENTÁRIOS:

Alternativa "a" – Alguns esportes (e não atletas!) estreantes são apostas (e não chances nítidas!) de medalhas.

Alternativa "b" – Não há garantia de medalhas, mas sim aposta de medalhas.

Alternativa "c" – A contagem regressiva (500 dias) refere-se à realização das Olimpíadas.

Alternativa "d" – Os 500 dias referem-se à realização das Olimpíadas e não à convocação dos atletas.

Alternativa "e" – Estreantes: iniciantes, principiantes, o que é apresentado pela primeira vez (inédito).

RESPOSTA: E

Texto 1.

Dado Preocupante

No primeiro semestre deste ano, 80 mil alunos deixaram de ingressar em faculdades particulares de todo o país, o que representa uma queda de 5% em relação ao mesmo período de 2017. Desde 2015, a fuga de ingressantes é de 20%. Juntos, Rio, Minas e Espírito Santo tiveram redução de 25,7% no número de calouros. O levantamento foi feito pelo Sindicato das Mantenedoras de Ensino Superior (Semesp) com 99 instituições. Desemprego, queda de renda, crise econômica, redução dos programas de financiamento estudantil são as razões apontadas pelo Semesp para a diminuição de matrículas. No Rio, a violência agrava o problema, porque desestimula quem estuda à noite.

(adaptado)

O Globo, 24/07/2018.

144 (FGV – Advogado – AL – RO/2018) "O levantamento foi feito pelo Sindicato das Mantenedoras de Ensino Superior (Semesp) com 99 instituições."

Esse segmento do texto significa que o Semesp:

a) é constituído por 99 instituições.
b) foi ajudado por 99 instituições.
c) verificou a situação de matrículas de 99 instituições.
d) mantém ensino superior em 99 instituições.
e) realizou o levantamento em alguns estados.

COMENTÁRIOS:

Alternativa "a" – Não diz como o Semesp é constituído.

Alternativa "b" – Não houve ajuda, houve uma pesquisa.

Alternativa "c" – O Sindicato fez o levantamento de 99 instituições. Perceba que sem ler o texto, não daria para inferir que se refere à situação das matrículas.

Alternativa "d" – O levantamento foi feito em 99 instituições de ensino superior.

Alternativa "e" – Realizou levantamento em todo o país.

RESPOSTA: C

145 (FGV – Advogado – AL – RO/2018) "No Rio, a violência agrava o problema, porque desestimula quem estuda à noite."

Nesse segmento,

a) há o acréscimo de um fator particular aos já citados.
b) ocorre uma crítica dirigida às autoridades do Rio.
c) aparece a razão principal para a redução de calouros.
d) mostra-se a inconveniência dos estudos à noite.
e) indica-se uma razão geral para a queda citada.

COMENTÁRIOS:

Alternativa "a" – No Rio de Janeiro, em Minas Gerais e no Espirito Santo, a queda no ingresso em faculdades particulares conta com várias razões: desemprego, queda da renda, crise econômica, redução dos programas de financiamento estudantil. Já, especificamente, no Rio de Janeiro agrega-se mais um fator: a violência.

Alternativa "b" – Não há crítica às autoridades.

Alternativa "c" – O segmento não mostra a razão principal, mas apenas mais uma razão que se aplica especificamente ao Rio.

Alternativa "d" – Estudar à noite não é inconveniente, mas perigoso no Rio.

Alternativa "e" – O segmento mostra uma razão específica (e não geral!) para o Rio.

RESPOSTA: A

146 (FGV – Advogado – AL – RO/2018) "No primeiro semestre deste ano, 80 mil alunos deixaram de ingressar em faculdades particulares de todo o país...".

O cálculo de que 80 mil alunos deixaram de se matricular é indicado, no texto 1, a partir de:

a) comparação realizada com o mesmo período do ano anterior.
b) análise de dados do ano de 2015 até hoje.
c) dados informativos sobre três estados importantes.
d) levantamento feito pelo Semesp.
e) projeção de cálculos a partir de dados anteriores.

COMENTÁRIOS:

Alternativa "a" – O cálculo não foi obtido através da comparação com dados de 2017. O resultado (80 mil) é que serviu de parâmetro para se chegar ao índice da redução.

Alternativa "b" – A fuga de ingressantes, desde 2015, é de 20%.

Alternativa "c" – Não foi o cálculo que foi feito em três estados diferentes, mas sim a pesquisa.

Alternativa "d" – O trecho "O levantamento foi feito pelo Sindicato das Mantenedoras de Ensino Superior (Semesp) com 99 instituições." mostra a correta informação desta alternativa.

Alternativa "e" – Não houve projeção de cálculos. Houve cálculos efetivos com números reais.

RESPOSTA: D

147 (FGV – Advogado – AL – RO/2018) "O levantamento foi feito pelo Sindicato das Mantenedoras de Ensino Superior (Semesp) com 99 instituições."

A sigla do Sindicato aparece entre parênteses porque:

a) assim requer a convenção da imprensa escrita.
b) se trata de uma instituição amplamente conhecida.
c) é empregada novamente no desenrolar do texto.
d) economiza espaço gráfico em futuras referências.
e) indica o responsável oficial pelo levantamento citado.

COMENTÁRIOS:

Alternativa "a" – A norma culta indica que uma sigla, ao ser citada pela primeira vez no texto, deve-se escrever primeiramente a forma por extenso, seguida da sigla entre parênteses, ou separada por hífen. Nas próximas aparições, apenas a sigla.

Alternativa "b" – A menção da sigla entre parênteses independe de reconhecimento da instituição.

Alternativa "c" – Independente de aparecer novamente ou não, a sigla deve estar entre parênteses em sua primeira menção no texto.

Alternativa "d" – A economia de espaço é real, já que apenas na primeira aparição deve figurar por extenso seguida da sigla. Nas próximas vezes, apenas a sigla.

Alternativa "e" – Indica o responsável pelo levantamento de dados, isso é fato. Mas não é por essa razão que está entre parênteses.

RESPOSTA: D

148 (FGV – Advogado – AL – RO/2018) "No primeiro semestre deste ano, 80 mil alunos deixaram de ingressar em faculdades particulares de todo o país, o que representa uma queda de 5% em relação ao mesmo período de 2017. Desde 2015, a fuga de ingressantes é de 20%. Juntos, Rio, Minas e Espírito Santo tiveram redução de 25,7% no número de calouros."

As informações fornecidas neste segmento do texto 1 nos mostram que:

a) a redução de matrículas de calouros nas universidades privadas foi mais grave em 2018.
b) o número de calouros nas universidades privadas reduziu-se no biênio 2015/2017.
c) Rio, Minas Gerais e Espírito Santo tiveram redução de calouros menor que nos outros estados.
d) os dados fornecidos tiveram por base as ocorrências de matrículas nos estados do Rio, Minas Gerais e Espírito Santo.
e) os números de matrículas de calouros mostram uma redução ainda maior no próximo ano.

COMENTÁRIOS:

Alternativa "a" – Não é possível inferir que 2018 tenha sido o pior em um cenário que vem em queda desde 2015.

Alternativa "b" – Assim como diz o texto "Desde 2015, a fuga de ingressantes é de 20%."

Alternativa "c" – A redução foi maior e não menor, naqueles três estados (25,7%), considerando que é superior à média nacional (20%).

Alternativa "d" – Matrículas em todo o país e não somente naqueles três estados.

Alternativa "e" – O texto não faz projeções para o futuro.

RESPOSTA: B

Texto 1.

DESEJO DE CONHECER

"É natural no ser humano o desejo de conhecer." Quando li pela primeira vez essa sentença inicial da *Metafísica* de Aristóteles, mais de quarenta anos atrás, ela me pareceu um grosso exagero. Afinal, por toda parte onde olhasse – na escola, em família, nas ruas, em clubes ou igrejas – eu me via cercado de pessoas que não queriam conhecer coisíssima alguma, que estavam perfeitamente satisfeitas com suas ideias toscas sobre todos os assuntos, e que julgavam um acinte a mera sugestão de que, se soubessem um pouco mais a respeito, suas opiniões seriam melhores.

Precisei viajar um bocado pelo mundo para me dar conta de que Aristóteles se referia à natureza humana em geral, e não à cabeça dos brasileiros. De fato, o traço mais conspícuo da mente dos nossos compatriotas era o desprezo humano pelo conhecimento, acompanhado de um neurótico temor reverencial aos seus símbolos exteriores: diplomas, cargos, espaço na mídia. (fragmento adaptado)

Olavo de Carvalho, Diário do Comércio, 10/01/2011.

149 **(FGV – Consultor Legislativo – AL – RO/2018)** Sobre o conteúdo da frase de Aristóteles, no texto, assinale a afirmativa correta.

a) É contrariado pela visão do autor sobre o brasileiro.
b) É mal expresso e traz problemas de entendimento.
c) É portador de uma visão exagerada do filósofo.
d) É veículo de uma visão negativa sobre o ser humano.
e) É confirmado pela experiência do autor com os brasileiros.

COMENTÁRIOS:

Alternativa "a" – O conteúdo da frase se aplica a todos os seres humanos, exceto aos brasileiros. Isso se confirma no trecho "Precisei viajar um bocado pelo mundo para me dar conta de que Aristóteles se referia à natureza humana em geral, e não à cabeça dos brasileiros."

Alternativa "b" – Não há problemas na expressão, tampouco no entendimento. Ocorre que pode haver diferentes interpretações.

Alternativa "c" – O conteúdo retrata aquilo que pensava Aristóteles, sem exagero. Simplesmente a sua visão sobre o assunto.

Alternativa "d" – A visão de Aristóteles, ao contrário de negativa, mostra que a sede pelo conhecimento é inerente ao ser humano.

Alternativa "e" – É contrariado e não confirmado.

RESPOSTA: A

150 **(FGV – Consultor Legislativo – AL – RO/2018)** "É natural no ser humano o desejo de conhecer."

As opções a seguir apresentam justificativas para a presença dessas palavras de Aristóteles no início do texto 1, ***à exceção de uma***. Assinale-a.

a) Trazem autoridade ao tema tratado.
b) Marcam positivamente o nível cultural do texto.
c) Situam a discussão do texto no plano intelectual.
d) Introduzem um tema a ser desenvolvido no corpo do texto.
e) Aportam uma opinião que é contraditada pelo autor do texto.

COMENTÁRIOS:

Alternativa "a" – Aristóteles, filósofo grego, aluno de Platão e professor de Alexandre, o Grande. Isso já basta para que uma citação dele tenha peso de autoridade.

Alternativa "b" – Nível cultural positivo e interessante já que o texto inicia com a citação de alguém cujos escritos abrangem os mais diversos assuntos, como: física, metafísica, leis da poesia e do drama, música, linguística, economia, zoologia, lógica, retórica, governo, ética, biologia, etc.

Alternativa "c" – Sendo Aristóteles um renomado filósofo grego, o texto fica marcado pela intelectualidade, predicativo inerente a quem atua na área da Filosofia.

Alternativa "d" – Abre-se o texto com a citação de Aristóteles e, em seguida, desenvolve-se o texto em torno do tema proposto.

Alternativa "e" – Contraditada: negada, impugnada, contestada, contrariada. O autor inicialmente interpreta equivocadamente as palavras de Aristóteles, o que não significa contrariá-las.

RESPOSTA: E

151 (FGV – Consultor Legislativo – AL – RO/2018) Os argumentos apresentados pelo autor do texto se apoiam:

a) nos textos da cultura clássica.
b) na própria experiência de vida.
c) nas narrativas exemplificadoras.
d) nos estudos filosóficos por ele realizados.
e) nos depoimentos de autoridades no assunto.

COMENTÁRIOS:

Alternativa "a" – Não foram textos clássicos, mas sim as viagens do autor que colaboraram para estabelecer seus argumentos.

Alternativa "b" – Somente após viajar muito pelo mundo, o autor do texto pôde estabelecer seus argumentos.

Alternativa "c" – Não há narrativas exemplificadoras.

Alternativa "d" – Não foram estudos filosóficos, mas a experiência adquirida com suas próprias viagens que estabeleceram os argumentos do autor.

Alternativa "e" – Não há depoimentos de autoridades para que o autor estabeleça seus argumentos.

RESPOSTA: B

152 **(FGV – Consultor Legislativo – AL – RO/2018)** "Quando li pela primeira vez essa sentença inicial da *Metafísica* de Aristóteles, mais de quarenta anos atrás, ela me pareceu um grosso exagero."

Essa opinião do autor do texto foi:

a) originada no seu entendimento equivocado da frase.

b) apoiada na sua visão sobre o povo brasileiro.

c) confirmada, inclusive, por sua experiência familiar.

d) criada a partir de uma visão universal do Homem.

e) negada por suas vivências de viagens.

COMENTÁRIOS:

Alternativa "a" – Quando, há quarenta anos, ele leu a frase de Aristóteles, só pôde comparar com o que o rodeava, que era o comportamento do povo brasileiro.

Alternativa "b" – Pareceu um grosso exagero porque o autor pensou apenas nos brasileiros e não em todos os seres humanos.

Alternativa "c" – Não foi confirmada porque após muitos anos e muitas viagens pelo mundo, ele pôde ver que Aristóteles se referia a todos os seres humanos e não somente aos brasileiros. A experiência familiar do autor não colaborou para o processo.

Alternativa "d" – A partir de uma visão específica do homem brasileiro e não do Homem universal.

Alternativa "e" – Ao contrário, suas vivências de viagens colaboraram para o entendimento.

RESPOSTA: B

153 **(FGV – Consultor Legislativo – AL – RO/2018)** "Precisei viajar um bocado pelo mundo para me dar conta de que Aristóteles se referia à natureza humana em geral, e não à cabeça dos brasileiros."

Essa afirmação do texto traz implícita a informação objetiva de que:

a) as viagens nos fazem considerar melhor nosso patrimônio cultural.

b) nem sempre Aristóteles tem razão.

c) os brasileiros são semelhantes a outros povos.

d) a cultura brasileira se apoia em valores distintos.

e) outros povos valorizam mais a cultura.

COMENTÁRIOS:

Alternativa "a" – As viagens ampliaram o conhecimento do autor, fazendo-o comparar outras culturas com o seu próprio patrimônio cultural.

Alternativa "b" – A afirmação permite inferir que Aristóteles, neste caso específico, tinha razão.

Alternativa "c" – Segundo a afirmação, os brasileiros não se assemelham a outros povos que têm sede de conhecimento.

Alternativa "d" – De acordo com a afirmação, a cultura brasileira não se apoia na busca pelo conhecimento.

Alternativa "e" – Viajando pelo mundo e conhecendo outros povos, ele pôde identificar pessoas que realmente se interessavam pelo conhecimento.

RESPOSTA: E

154 (FGV – Consultor Legislativo – AL – RO/2018) *... eu me via cercado de pessoas que não queriam conhecer coisíssima alguma, que estavam perfeitamente satisfeitas com suas ideias toscas sobre todos os assuntos, e que julgavam um acinte a mera sugestão de que soubessem um pouco mais a respeito suas opiniões seriam melhores."*

Sobre os componentes desse segmento do texto, assinale a afirmativa correta.

a) "ideias toscas" mostra uma boa consideração intelectual sobre os brasileiros em geral.
b) "sobre todos os assuntos" indica uma boa cultura geral de nosso povo.
c) "julgavam um acinte" supõe uma receptividade positiva da opinião alheia.
d) "a mera sugestão" aponta um caráter de simplicidade sobre a intervenção do autor na vida alheia.
e) "a respeito" é um termo que deveria ser seguido por "de Aristóteles".

COMENTÁRIOS:

Alternativa "a" – Mostra uma péssima consideração. Tosca: *inculta, imperfeita, malfeita, grosseira.*

Alternativa "b" – Não possuem boa cultura: *pessoas que não queriam conhecer coisíssima alguma.*

Alternativa "c" – Receptividade negativa. Acinte: *ação, comportamento, discurso, texto, expressão etc. realizados propositalmente com a finalidade de ofender, incitar ou aborrecer alguém.*

Alternativa "d" – O vocábulo "mera" é sinônimo de *simples: julgavam um acinte a mera sugestão de que suas opiniões seriam melhores.*

Alternativa "e" – A expressão está relacionada com as ideias, mas não de Aristóteles e não precisa estar acompanhada de termo algum.

RESPOSTA: D

Texto 1

Stephen Hawking, A Mente Que Superou Tudo

Em reverência ao gênio que revolucionou o estudo da cosmologia, o mundo prestou tributo a Stephen Hawking no dia seguinte a sua morte. O cientista britânico, símbolo da superação, teve papel decisivo na divulgação científica e virou um ícone pop. (O Globo, 15/3/2018)

O texto 1 é uma pequena notícia de primeira página de *O Globo*, cujo conteúdo é ampliado em reportagem no interior do jornal.

155 (FGV – Analista Administrativo – TJ – SC/2018) A marca mais característica de ser este um texto resumido é:

a) a presença marcante de frases curtas;
b) a preferência por sinais de pontuação em lugar de conectivos;
c) a ausência de adjetivos e advérbios;
d) a seleção de temas de destaque;
e) a utilização de verbos indicadores de ação rápida.

COMENTÁRIOS:

Alternativa "a" – As frases não são curtas.

Alternativa "b" – Além da necessária pontuação, temos, também, a presença de conectivos como: "que" e "e".

Alternativa "c" – Há a presença de adjetivos (britânico, decisivo, científica, pop) e de locução adverbial (no dia seguinte).

Alternativa "d" – Um resumo deve conter temas de destaque que estimulem o leitor a buscar pela reportagem completa. Temos: gênio da cosmologia; morte de Stephen Hawking; superação; divulgação cientifica; ícone pop.

Alternativa "e" – Dentre os verbos presentes no texto: revolucionou, prestou, teve e virou, somente este último é um verbo indicador de ação rápida. Os outros não.

RESPOSTA: D

156 (FGV – Analista Administrativo – TJ – SC/2018) Na estruturação da notícia do texto 1, o jornal deu principal destaque ao seguinte papel de Stephen Hawking:

a) possuir uma mente privilegiada;
b) ter revolucionado o estudo da cosmologia;
c) ser um símbolo de superação;
d) ter tido papel decisivo na divulgação científica;
e) ter virado um ídolo pop.

COMENTÁRIOS:

Alternativa "a" – O adjetivo "gênio", utilizado logo no início, faz alusão à mente privilegiada. Mas essa característica passou quase despercebida, sem ter tido lugar de destaque no texto.

Alternativa "b" – A exemplo do adjetivo "gênio", a expressão "que revolucionou o estudo da cosmologia" também não ocupa lugar de destaque no texto.

Alternativa "c" – A presença de um aposto explicativo, aquele marcado pela pontuação, indica que o jornal atribuiu destaque à característica usada para a explicação. Veja: "O cientista britânico**, símbolo da superação,** teve papel decisivo...".

Alternativa "d" – No trecho "teve papel decisivo na divulgação científica **e** virou um ícone pop.", ambas as informações, ligadas pelo conectivo "e", ocupam lugares comuns no texto. Nada que fizesse a primeira se destacar em relação à segunda.

Alternativa "e" – Como explicado na alternativa anterior, virar um ídolo pop divide posição com o primeiro trecho ligado pelo conectivo "e", não exercendo destaque no texto.

RESPOSTA: C

157 **(FGV – Analista Administrativo – TJ – SC/2018)** Ao dizer que o cientista inglês "virou um ícone pop", o autor do texto 1 quer dizer que ele:

a) tornou-se temática de muitos filmes modernos;
b) realizou tarefas ligadas à arte popular;
c) alcançou popularidade acima das expectativas;
d) obteve uma fama comparável à de artistas populares;
e) conquistou um espaço nas artes plásticas.

COMENTÁRIOS:

Alternativa "a" – Ainda que tenha sido tema de filmes e seriados modernos, não é essa a razão de ter virado um ícone pop. A causa disso foi ter atingido as massas populares com um assunto tão restrito à ciência como é a cosmologia.

Alternativa "b" – Suas tarefas eram ligadas restritamente ao mundo científico.

Alternativa "c" – Não se pode inferir que havia expectativas para sua popularidade. Isso simplesmente aconteceu.

Alternativa "d" – Ícone pop: artista que atinge as massas populares, sendo aclamado e adorado pelas multidões. Stephen Hawking conquistou essa posição, ainda que atuasse numa área nada popular como a cosmologia, ramo da astronomia que estuda a estrutura e a evolução do universo. Ele foi responsável por popularizar alguns temas complexos para o público comum por meio dos seus livros, palestras e depoimentos.

Alternativa "e" – O espaço conquistado foi na área das ciências.

RESPOSTA: D

Observe a charge a seguir:

158 (FGV – Analista Administrativo – TJ – SC/2018) Essa charge traz elementos verbais – a fala de Einstein – e elementos imagísticos; entre os significados construídos pelos dados da imagem, NÃO está correta a seguinte afirmação:

a) as asas na cadeira de rodas indicam a pureza angelical do cientista falecido;
b) a aparência da cadeira de rodas indica a alta tecnologia de que dispunha o cientista morto;
c) a gestualidade de Einstein mostra alegria na recepção a Stephen Hawking;
d) a espécie de luneta em uma das mãos de Galileu se refere à sua atividade de observador astronômico;
e) as roupas dos cientistas estão adequadas à época em que viveram.

COMENTÁRIOS:

Alternativa "a" – As asas indicam apenas que o cientista faleceu. É comum imaginar que, ao morrer, ganhamos asas e vamos para o céu.

Alternativa "b" – A cadeira que ele usava era toda equipada e através dela ele se comunicava.

Alternativa "c" – Linguagem não verbal: ela acena com tom de felicidade, parece que sorri também.

Alternativa "d" – Galileu foi físico, matemático, filósofo e astrônomo. Melhorou o telescópio refrator e com ele descobriu as manchas solares, as montanhas da Lua, as fases de Vênus, quatro dos satélites de Júpiter, os anéis de Saturno e as estrelas da Via Láctea.

Alternativa "e" – Mesmo não sabendo precisamente as datas, daria para supor tal informação. Stephen Hawking: 1942 - 2018; Albert Einstein: 1879 - 1955; Galileu: 1564 - 1642.

RESPOSTA: A

159 (FGV – Analista Administrativo – TJ – SC/2018) A charge acima é uma homenagem a Stephen Hawking, destacando o fato de o cientista:

a) ter alcançado o céu após sua morte;
b) mostrar determinação no combate à doença;
c) ser comparado a cientistas famosos;
d) ser reconhecido como uma mente brilhante;
e) localizar seus interesses nos estudos de Física.

COMENTÁRIOS:

Alternativa "a" – A homenagem não prende a aspectos espiritualistas, mas a dados concretos como uma mente extraordinária.

Alternativa "b" – Embora a determinação na resistência à doença tenha sido um traço marcante em sua personalidade, não é esse aspecto que figura na homenagem feita na *charge*.

Alternativa "c" – Não houve comparação, mas sim o reconhecimento de sua mente brilhante.

Alternativa "d" – A homenagem é caracterizada por ter sido reconhecido como uma mente brilhante, especialmente, por outras duas mentes, não contemporâneas, tão brilhantes quanto à sua: os também físicos Galileu Galilei (século XVI) e Albert Einstein (século XIX).

Alternativa "e" – Não pelo fato de localizar seus estudos na Física, mas pelo brilhantismo de suas teorias que tratam de buracos negros e da origem do universo.

RESPOSTA: D

Texto 2.

Inteligência e sabedoria não são a mesma coisa. Entretanto, na linguagem cotidiana, usamos os dois termos indistintamente. Vivemos em uma sociedade onde a eficiência e os resultados são valorizados. Aparentemente, apenas os mais inteligentes estão destinados a obter sucesso. No entanto, apenas os sábios conseguem uma felicidade autêntica. Eles são guiados por valores e preocupados em fazer uso da bondade, aplicando uma visão mais otimista à vida.

Se procurarmos agora no dicionário o termo sabedoria, será encontrada uma definição simples: a faculdade das pessoas de agir de maneira sensata, prudente ou correta. Sendo assim, a primeira pergunta que vem à mente é: a inteligência não nos dá a capacidade de nos movimentarmos no nosso dia a dia da mesma maneira? Um QI médio ou alto não nos garante a capacidade de tomar decisões acertadas?

É claro que sim. Também é claro que quando falamos de inteligência surgem diferentes nuances. Por isso, o tipo de personalidade e a maturidade emocional são fatores que influenciam mais concretamente as realizações das pessoas. Isso também é verdadeiro em relação à capacidade de investir mais ou menos em seu próprio bem-estar e no dos outros.

Em vista disso, inteligência e sabedoria são dois conceitos interessantes. Assim, poderemos ter uma ideia mais precisa e útil do que realmente são. Afinal, se queremos algo, além de ter um alto QI, é necessário desenvolver uma sabedoria excepcional e moldar uma personalidade virtuosa. Isso vai um passo além do cognitivo e do emocional. "A verdadeira sabedoria está em reconhecer a própria ignorância." Sócrates.

Disponível em: https:amentemaravilhosa.com.br/inteligencia-e-sabedoria/.

160 **(FGV – Analista Administrativo – TJ – SC/2018)** "Inteligência e sabedoria não são a mesma coisa".

Essa frase tem a função textual de:

a) introduzir tematicamente o assunto do texto 2, sem preocupações, no momento, de explicar a afirmativa;
b) indicar uma questão que será resolvida no restante do texto 2;
c) propor uma reflexão conjunta com o leitor;
d) despertar o interesse do leitor pela leitura do texto 2;
e) mostrar o posicionamento do autor diante de uma questão polêmica no terreno da psicologia.

COMENTÁRIOS:

Alternativa "a" – A frase inicial do texto funciona como se fosse o título, carregando o tema que será desenvolvido no decorrer das ideias. Por isso, nesse momento introdutório, não há a preocupação de explicar ou justificar os termos, o que, de fato, ocorrerá no desenvolvimento.

Alternativa "b" – Será discutida com embasamento em argumentos e não resolvida.

Alternativa "c" – A frase inicial tem a função de introduzir o tema a ser discutido e não de uma reflexão conjunta.

Alternativa "d" – Em princípio, a frase tem a função de informar o leitor sobre o que tratará o texto. Despertar o interesse do leitor poderá ser uma consequência.

Alternativa "e" – A frase inicial indica apenas o tema a ser discutido. O posicionamento do autor pode ser observado no decorrer do texto.

RESPOSTA: A

161 **(FGV – Analista Administrativo – TJ – SC/2018)** "Inteligência e sabedoria não são a mesma coisa. Entretanto, na linguagem cotidiana, usamos os dois termos indistintamente".

Esse segmento do texto 2 mostra que nossa linguagem cotidiana:

a) falha em determinar especificidades da realidade;
b) é empregada de diferentes formas em função da situação comunicativa em que se insere;
c) não possui todos os vocábulos necessários à perfeita comunicação humana;
d) engloba todo o conhecimento humano, mas não é usada de forma coerente por todos;
e) não é capaz de mostrar a diferença entre realidades próximas.

COMENTÁRIOS:

Alternativa "a" – A linguagem cotidiana é carregada de subjetividade, de impressões momentâneas, de sentidos figurados. Isso, muitas vezes, pode causar equívocos quanto a definições da realidade, ou seja, quanto ao sentido denotativo das coisas.

Alternativa "b" – Não é empregada de diferentes formas, mas de forma equivalente, ou seja, com sentido idêntico, ocupando o mesmo espaço no campo semântico.

Alternativa "c" – A linguagem cotidiana tem a maleabilidade de possuir todos os vocábulos de que necessitam os falantes. E se não houver, o falante tem a possibilidade de criá-los. Isso é uma prerrogativa da linguagem coloquial que pode contar com regionalismos, neologismos, marcas da oralidade, entre outros recursos.

Alternativa "d" – Não se pode dizer que a linguagem cotidiana engloba todos os conhecimentos humanos. Isso seria um exagero! Ela retrata a linguagem informal de que os falantes necessitam para se comunicar, independente do conhecimento.

Alternativa "e" – Não se trata de mostrar as realidades, mas apenas de colocar no mesmo campo semântico os dois vocábulos distintos.

RESPOSTA: A

162 **(FGV – Analista Administrativo – TJ – SC/2018)** "Vivemos em uma sociedade onde a eficiência e os resultados são valorizados. Aparentemente, apenas os mais inteligentes estão destinados a obter sucesso. No entanto, apenas os sábios conseguem uma felicidade autêntica".

Inferimos da leitura desse segmento do texto 2 que:

a) a eficiência e os resultados estão mais ligados à sabedoria que à inteligência;
b) a sociedade não valoriza a sabedoria, mas somente a inteligência;
c) inteligentes e sábios podem atingir a plena felicidade;
d) na vida humana, a inteligência é dom superior à sabedoria;
e) os inteligentes não conseguem ser autenticamente felizes.

COMENTÁRIOS:

Alternativa "a" – Eficiência e resultados estão mais ligados à inteligência: "**apenas** os mais **inteligentes** estão destinados a obter **sucesso**."

Alternativa "b" – O trecho diz que a sociedade valoriza a eficiência e os resultados. No entanto, não se pode inferir que ela não valorize a sabedoria.

Alternativa "c" – Somente os sábios podem atingir a felicidade plena.

Alternativa "d" – Na vida humana, inteligência e sabedoria estão equiparadas. Já a sociedade valoriza mais a eficiência e os resultados (inteligência).

Alternativa "e" – O advérbio destacado no trecho: "...**apenas** os sábios conseguem uma felicidade autêntica.", restringe a felicidade aos sábios e exclui os inteligentes.

RESPOSTA: E

163 **(FGV – Analista Administrativo – TJ – SC/2018)** A frase final do texto 2, atribuída a Sócrates, liga a sabedoria:

a) ao orgulho;
b) à bondade;
c) à temperança;
d) à humildade;
e) à justiça.

COMENTÁRIOS:

Alternativa "a" – Quem é orgulhoso não admite ser ignorante.

Alternativa "b" – Quem possui sabedoria não precisa, necessariamente, ser bondoso.

Alternativa "c" – Quem é comedido não é, necessariamente, sábio.

Alternativa "d" – Quem reconhece a própria ignorância é humilde.

Alternativa "e" – Não há relação alguma com ser, ou não ser, justo.

RESPOSTA: D

164 **(FGV – Analista Administrativo – TJ – SC/2018)** Na comparação entre inteligência e sabedoria, realizada no texto 2, a afirmação adequada ao que é expresso no texto é:

a) inteligência e sabedoria são interdependentes;
b) sabedoria mostra valores nas relações humanas;
c) inteligência é a ferramenta da felicidade autêntica;
d) inteligência e sabedoria aparecem sempre juntas;
e) inteligência é superior a sabedoria.

COMENTÁRIOS:

Alternativa "a" – Não são interdependentes: *Inteligência e sabedoria não são a mesma coisa.*

Alternativa "b" – A inteligência está ligada ao sucesso profissional: *Vivemos em uma sociedade onde a eficiência e os resultados são valorizados. Aparentemente, apenas os mais inteligentes estão destinados a obter sucesso.* A sabedoria está ligada às pessoas, à vida, aos valores: *apenas os sábios conseguem uma felicidade autêntica. Eles são guiados por valores e preocupados em fazer uso da bondade, aplicando uma visão mais otimista à vida.*

Alternativa "c" – A sabedoria é a ferramenta: *apenas os sábios conseguem uma felicidade autêntica.*

Alternativa "d" – Como mencionado na alternativa "a", esses vocábulos não possuem interdependência.

Alternativa "e" – Se queremos inteligência, é necessário ter sabedoria, não existe hierarquia.

RESPOSTA: B

Texto para responder às questões.

Texto 1 – Além do celular e da carteira, cuidado com as figurinhas da Copa

Gilberto Porcidônio – *O Globo*, 12/04/2018

A febre do troca-troca de figurinhas pode estar atingindo uma temperatura muito alta. Preocupados que os mais afoitos pelos cromos possam até roubá-los, muitos jornaleiros estão levando seus estoques para casa quando termina o expediente. Pode parecer piada, mas há até boatos sobre quadrilhas de roubo de figurinha espalhados por mensagens de celular.

165 **(FGV – TJ AL – Analista Judiciário – Oficial de Justiça Avaliador – 2018)** Sobre a estrutura do título dado ao texto 1, a afirmativa adequada é:

a) as figurinhas da Copa passaram a ocupar o lugar do celular e da carteira nos roubos urbanos;
b) as figurinhas da Copa se somaram ao celular e à carteira como alvo de desejo dos assaltantes;
c) o alerta dado no título se dirige aos jornaleiros que vendem as figurinhas da Copa;
d) os ladrões passaram a roubar as figurinhas da Copa nas bancas de jornais;
e) as figurinhas da Copa se transformaram no alvo principal dos ladrões.

COMENTÁRIOS:

Alternativa "a" – A ideia é de soma, não há preocupação mais relevante.

Alternativa "b" – É necessário ter cuidado com o celular, com a carteira e com as figurinhas da Copa. A locução adverbial "além de" possui ideia de adição, igualmente, também, do mesmo modo.

Alternativa "c" – O alerta não é às pessoas que possuem figurinhas. Para alertar, o autor cita como os jornaleiros estão se prevenindo.

Alternativa "d" – Nada indica que roubam apenas nas bancas de jornais.

Alternativa "e" – Como já comentado, os alvos dos ladrões são: celular, carteira e figurinhas da Copa. Não há saliência entre os três.

RESPOSTA: B

166 (FGV – TJ AL – Analista Judiciário – Oficial de Justiça Avaliador – 2018) "A febre do troca-troca de figurinhas pode estar atingindo uma temperatura muito alta".

Sobre os componentes dessa primeira frase do texto 1, a afirmativa adequada é:

a) a forma diminutiva "figurinhas" tem valor afetivo;

b) o vocábulo "febre" mostra que a atenção dada às figurinhas da Copa é vista pelo autor do texto como uma doença;

c) a linguagem figurada presente em "febre" tem continuidade no termo "temperatura muito alta";

d) o termo "troca-troca" mostra a presença de elementos negativos no ato de colecionar as figurinhas da Copa;

e) a expressão "temperatura muito alta" indica o final de um processo doentio, ou seja, essa moda de colecionar figurinhas está próxima do fim.

COMENTÁRIOS:

Alternativa "a" – O vocábulo não indica afetividade, pois significa *pequenas gravuras seriadas, que se colecionam, geralmente para a obtenção de prêmios.*

Alternativa "b" – Febre, no sentido figurado, significa agitação, paixão viva e desordenada; volúpia, mania, desejo ardente.

Alternativa "c" – O autor utiliza linguagem conotativa para se aproximar do leitor, tornando a leitura mais leve. No sentido denotativo, febre é *elevação anormal da temperatura constante.* Eis o motivo de usar em seguida "atingindo uma temperatura muito alta". O sentido, no contexto, é: a mania pode estar causando problema.

Alternativa "d" – Não há negatividade no fato de trocar figurinhas, pois une as pessoas, socializam-nas.

Alternativa "e" – Não possui relação alguma com doença. Isso seria o sentido denotativo.

RESPOSTA: C

Texto para responder às questões.

Além do celular e da carteira, cuidado com as figurinhas da Copa

Gilberto Porcidônio – O Globo, 12/04/2018

A febre do troca-troca de figurinhas pode estar atingindo uma temperatura muito alta. Preocupados que os mais afoitos pelos cromos possam até roubá-los, muitos jornaleiros estão levando seus estoques para casa quando termina o expediente. Pode parecer piada, mas há até boatos sobre quadrilhas de roubo de figurinha espalhados por mensagens de celular.

167 **(FGV – Analista Judiciário – Oficial de Justiça Avaliador – TJ – AL/2018)** Em relação ao segmento "Pode parecer piada..." do texto 1, o que justifica a possibilidade de "piada" é que:

a) haja a divulgação por mensagens de celular alertando para a existência de quadrilhas de roubos de figurinhas;

b) ocorra a necessidade de jornaleiros levarem para casa o estoque de figurinhas de suas bancas;

c) existam notícias falsas, como ocorrem com crimes mais sérios, sobre formação de quadrilhas de roubos de figurinhas;

d) aconteçam roubos que envolvam coisas de nenhum valor econômico, como as figurinhas da Copa;

e) sejam divulgados fatos que envolvam quadrilhas de roubos de figurinhas pela internet.

COMENTÁRIOS:

Alternativa "a" – O que justifica a piada é a situação inusitada de formação de quadrilhas para roubo de figurinha e não pelo fato de boatos estarem sendo espalhados por mensagens de celular.

Alternativa "b" – A piada estaria na possibilidade de ser uma notícia falsa sobre a formação de quadrilha e não pelo fato de o jornaleiro levar o estoque para casa.

Alternativa "c" – É tão incomum a formação de quadrilhas para roubo de figurinhas (supostamente algo de baixo valor econômico) que até parece piada.

Alternativa "d" – Parecer piada consiste na possibilidade de serem notícias falsas. Além do mais, as figurinhas têm baixo valor econômico (e não nenhum como afirma esta alternativa).

Alternativa "e" – Quadrilhas de roubos de figurinhas pela internet? Seria um roubo cibernético? Extrapolação.

RESPOSTA: C

168 **(FGV – Analista Judiciário – Oficial de Justiça Avaliador – TJ – AL/2018)** Sobre a estrutura do título dado ao texto 1, a afirmativa adequada é:

a) as figurinhas da Copa passaram a ocupar o lugar do celular e da carteira nos roubos urbanos;

b) as figurinhas da Copa se somaram ao celular e à carteira como alvo de desejo dos assaltantes;
c) o alerta dado no título se dirige aos jornaleiros que vendem as figurinhas da Copa;
d) os ladrões passaram a roubar as figurinhas da Copa nas bancas de jornais;
e) as figurinhas da Copa se transformaram no alvo principal dos ladrões.

COMENTÁRIOS:

Alternativa "a" – As figurinhas somaram-se ao celular e à carteira e não ocuparam os seus lugares.

Alternativa "b" – A locução adverbial "além de" confere o valor de soma aos elementos, objetos de desejo dos assaltantes: carteira, celular e figurinhas da Copa.

Alternativa "c" – O alerta é geral, ou seja, a todos que leem o texto, e não apenas aos jornaleiros.

Alternativa "d" – Não só nas bancas de jornais, como também quando em posse de seus proprietários, a exemplo de carteiras e celulares.

Alternativa "e" – Alvo principal, não. Alvo compartilhado com carteiras e celulares.

RESPOSTA: B

169 (FGV – Analista Judiciário – Oficial de Justiça Avaliador – TJ – AL/2018 – adaptada) Os fatos abaixo – referidos no texto – que se encontram em sequência cronológica são:

a) febre do troca-troca / possibilidade de roubo / transferência de estoques;
b) preocupação com os roubos / transferência de estoques / informações sobre quadrilhas organizadas;
c) informações sobre quadrilhas organizadas / preocupação com os roubos / transferência de estoques;
d) febre do troca-troca / transferência de estoques / preocupação com possíveis roubos;
e) preocupação com os roubos / boatos sobre formação de quadrilhas / transferência de estoques.

COMENTÁRIOS:

Alternativa "a" – Primeiro ocorreu a febre do troca-troca, depois veio a preocupação com os roubos e, consequentemente, a transferência dos estoques para casa (resolução do suposto problema).

Alternativa "b" – Antes da preocupação, ocorreu a febre do troca-troca.

Alternativa "c" – Os boatos da existência de quadrilhas vieram após a febre.

Alternativa "d" – Após a febre, ocorreu a preocupação com os roubos.

Alternativa "e" – Antes da preocupação, ocorreu a febre do troca-troca.

RESPOSTA: A

Texto 2 – A Copa do Mundo da Rússia só começa no dia 22 de junho, mas a febre dos álbuns com os jogadores das seleções já se espalhou e chegou até ao plenário de uma assembleia legislativa brasileira. O flagrante de dois assessores trocando figurinhas durante uma sessão foi divulgado pelas redes sociais e a cena se espalhou.

No post, que teve mais de 16 mil compartilhamentos e 26 mil curtidas no Twitter, o internauta chega a especular que seriam deputados, mas a direção da casa esclareceu tratarem-se de assessores. "Votação importante hoje (19/02) e os deputados ao invés de estarem trabalhando e fazendo jus ao salário superior a 25 mil reais, estão trocando e colando figurinha da Copa do Mundo em meio à votação. Se eu falasse, ninguém acreditaria", diz o post.

Outro post com mais de 40 mil compartilhamentos traz um vídeo mostrando que a troca ocorreu enquanto uma deputada discursava sobre uma proposta.

A direção da casa legislativa confirmou que as imagens foram feitas durante a sessão da quarta feira e esclareceu que elas mostram dois "assessores de deputados" trocando figurinhas durante a sessão. "O comportamento não é justificável. Os gabinetes dos deputados aos quais os assessores pertencem, já foram informados, e cabe aos parlamentares decidir como proceder". (adaptado)

170 (FGV – Analista Judiciário – Oficial de Justiça Avaliador – TJ – AL/2018) Considerando as informações do texto 2, na divulgação das redes sociais há um conjunto de informações falsas; a informação verdadeira abaixo é:

a) deputados trocam figurinhas numa assembleia legislativa;
b) salário de deputados é de mais de 25 mil reais;
c) troca de figurinhas ocorre durante votação;
d) assessores de deputados serão exonerados;
e) os assessores trocavam figurinhas para os deputados.

COMENTÁRIOS:

Alternativa "a" – Assessores trocavam figurinhas e não os deputados.

Alternativa "b" – De acordo com o portal de transparência do Legislativo, o salário de um deputado federal, em 2018, era de R$ 33.763,00. E, considerando que, de acordo com o artigo 27 da Constituição Federal, os deputados estaduais recebem o equivalente a 75% do salário dos deputados federais, também em 2018, esse valor equivalia a R$ 25.322,25. Logo, trata-se de uma informação verdadeira.

Alternativa "c" – A troca das figurinhas ocorreu enquanto uma deputada discursava sobre uma proposta e não durante a votação.

Alternativa "d" – O procedimento acerca de punição ou não dos assessores cabe aos deputados. Não se pode inferir se foram exonerados, sequer se foram punidos de alguma fora.

Alternativa "e" – Os assessores trocavam figurinhas. Para quem? Extrapola-se ao dizer que era para os deputados.

RESPOSTA: B

171 **(FGV – Analista Judiciário – Oficial de Justiça Avaliador – TJ – AL/2018)** "A direção da casa legislativa confirmou que as imagens foram feitas durante a sessão de quarta-feira e esclareceu que elas mostram dois 'assessores de deputados' trocando figurinhas durante a sessão. '**O comportamento não é justificável. Os gabinetes dos deputados aos quais os assessores pertencem, já foram informados, e cabe aos parlamentares decidir como proceder**'".

O segmento sublinhado do texto 2 reproduz palavras:

a) do jornalista autor do texto;
b) do autor do post;
c) dos deputados a que pertencem os assessores;
d) de alguém não identificado;
e) da assembleia legislativa.

COMENTÁRIOS:

Alternativa "a" – O jornalista autor de texto utiliza, inclusive, aspas para demarcar palavras de terceiros.

Alternativa "b" – A fala do autor do post está, entre aspas, no 2º parágrafo.

Alternativa "c" – Não houve fala de deputados no texto.

Alternativa "d" – As palavras são da "direção da casa legislativa".

Alternativa "e" – É possível confirmar no trecho a seguir que as palavras são da assembleia legislativa (no texto nomeada "casa legislativa"): "A **direção da casa legislativa** [...]esclareceu que elas [as imagens] mostram dois 'assessores de deputados' trocando figurinhas...[...] '**O comportamento não é justificável. Os gabinetes...**'"

RESPOSTA: E

172 **(FGV – Analista Judiciário – Oficial de Justiça Avaliador – TJ – AL/2018)** Observe a tira.

O humor da tira é conseguido através de uma quebra de expectativa, que é:

a) o fato de um adulto colecionar figurinhas;
b) as figurinhas serem de temas sociais e não esportivos;
c) a falta de muitas figurinhas no álbum;
d) a reclamação ser apresentada pelo pai e não pelo filho;
e) uma criança ajudar a um adulto e não o contrário.

COMENTÁRIOS:

Alternativa "a" – Muitos adultos colecionam figurinhas. Isso não caracteriza quebra de expectativa.

Alternativa "b" – A expectativa é que o pai, assim como o filho, colecione figurinhas esportivas e não sociais. Aqui, sim, há a quebra de expectativa com efeito de humor.

Alternativa "c" – Não há expectativa quanto ao número de figurinhas contidas no álbum.

Alternativa "d" – É natural que o adulto (o pai) reclame sobre a falta de educação, saúde, segurança e transporte. Não seria natural que uma criança (o filho) o fizesse.

Alternativa "e" – Já que, normalmente, coleção de figurinhas é uma atividade infantil, não há quebra de expectativa quando o filho ajuda o pai.

RESPOSTA: B

173 **(FGV – Analista Judiciário – Oficial de Justiça Avaliador – TJ – AL/2018)** "O paisagista pinta tranquilo porque a paisagem defronte não se pode aproximar do quadro para ver se está parecida" (Ramón Gómez de La Serna).

O conceito de boa pintura que essa frase revela está presente em:

a)

A noite estrelada – Van Gogh;

b)

A noite estrelada – Van Gogh;

c)

O grito – Munch;

d)

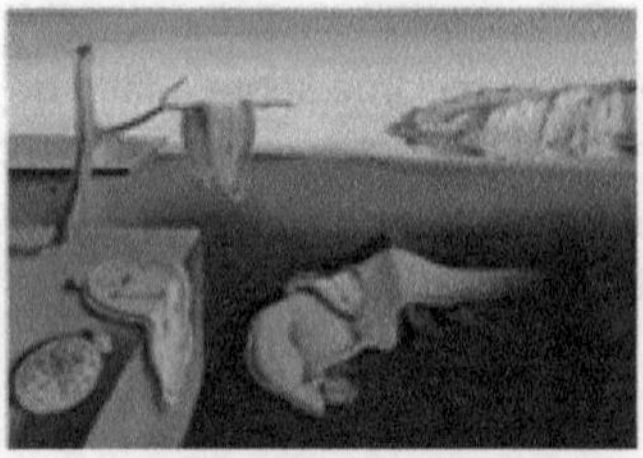

e)

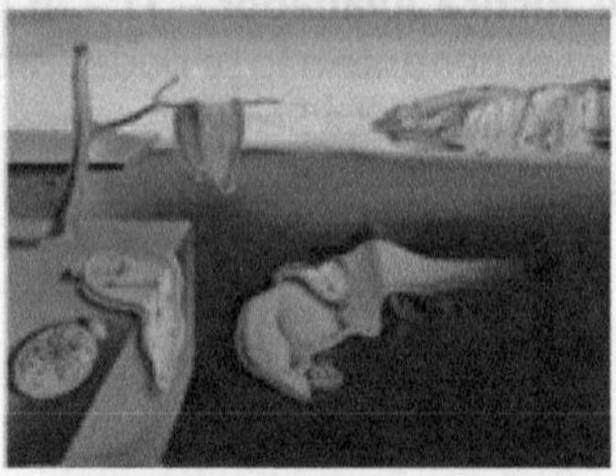

A persistência da memória – Salvador Dalí.

COMENTÁRIOS:

Alternativa "a" – Cuidado: o comando da questão é reverso ao conceito dado. O comando pede: o que é uma boa pintura? O conceito mostra o que não é boa pintura (o paisagista pinta tranquilo. Tranquilo = não preocupado com o resultado; logo, pode ser realístico – bom – ou não realístico – não tão bom –. Perceba que o conceito de "boa pintura" está ligado à retração da realidade e não à qualidade indiscutível da obra. Prova disso é que todas as alternativas apresentam obras de arte muito valorizadas. Vejamos: o conceito diz que o paisagista pinta tranquilo (sem se preocupar com detalhes, exatidão e "boa pintura"), já que a paisagem não pode se aproximar do quadro e comparar se a retratação é mesmo fiel ao original. Isso, reversamente ao que diz o conceito, indica a pintura não tão boa, no sentido de não ter sido objeto de grandes preocupações se o resultado seria real ou apenas próximo da realidade. Já o pintor que retrata algo que pode ser aproximado do trabalho, como uma pessoa (Monalisa), e compará-lo às dimensões, detalhes e características reais, deve estar profundamente atento à exatidão e fidedignidade do que pinta, resultando em "boa pintura". Parece filosófico, mas é isso!

Alternativa "b" – Uma paisagem, uma noite estrelada, não pode ser aproximada da pintura para ser comparada!

Alternativa "c" – Algo não palpável, abstrato, assim como o grito, não pode ser comparado à pintura que o retratou.

Alternativa "d" – Uma obra encomendada pelo governo espanhol que retratasse a Guerra Civil Espanhola. O pintor optou por retratar o bombardeio à cidade de Guernica. Trata-se de uma das obras mais emblemáticas do artista. Possivelmente as formas retorcidas queiram mostrar a dor e o sofrimento de quem suportou ou não os horrores da guerra. Isso não pode, absolutamente, ser comparado ao que teria sido a realidade.

Alternativa "e" – A abstração presente em algo como "a persistência da memória" não pode ser objeto de uma comparação realística, uma vez que mostra as impressões e subjetividade do pintor.

RESPOSTA: A

Texto 1 – Quem protege os cidadãos do Estado?

Renato Mocellin & Rosiane de Camargo, História em Debate

O conjunto de leis nacionais, assim como de tratados e declarações internacionais ratificadas pelos países, busca garantir aos cidadãos o acesso pleno aos direitos conquistados. Há, no entanto, inúmeras situações em que o Estado coloca a população em risco, estabelecendo políticas públicas autoritárias, investindo poucos recursos nos serviços públicos essenciais e envolvendo civis em conflitos armados, por exemplo.

Existem diversas organizações internacionais que atuam de forma a evitar que haja risco para a vida das pessoas nesses casos, como a Anistia Internacional, a Cruz Vermelha e os Médicos sem Fronteiras. Por meio de acordos internacionais, essas instituições conseguem atuar em regiões de conflito onde há perigo para a população.

Os Médicos sem Fronteiras, por exemplo, nasceram de uma experiência de voluntariado em uma guerra civil nigeriana, no fim dos anos 1960. Um grupo de médicos e jornalistas decidiu criar uma organização que pudesse oferecer atendimento médico a toda população envolvida em conflitos e guerras, sem que essa ação fosse entendida como uma posição política favorável ou contrária aos lados envolvidos. Assim, seus membros conseguem chegar a regiões remotas e/ou sob forte bombardeio para atender os que estão feridos e sob risco de vida.

Para que a imparcialidade dos Médicos sem Fronteiras seja possível, é preciso que as partes envolvidas no conflito respeitem os direitos dos pacientes atendidos. Assim, a organização informa a localização de suas bases e o tipo de atendimento que deve ocorrer ali; o objetivo é proporcionar uma atuação transparente, que sublinhe o caráter humanitário da ação dos profissionais da organização.

174 **(FGV – Analista Legislativo – Câmara de Salvador – BA/2018)** O título do texto 1 adota a forma de pergunta: *Quem protege os cidadãos do Estado?*

Sobre essa pergunta, é correto afirmar que:

a) se trata de uma pergunta retórica, que não espera uma resposta;

b) não é respondida no desenvolvimento do texto;

c) é respondida de forma parcial por meio da citação de organizações que exercem o papel protetor;

d) é abandonada como tema textual, pois não há uma resposta possível;

e) é considerada como uma questão motivadora e incentivadora de leitura mais do que um questionamento real.

COMENTÁRIOS:

Alternativa "a" – A expectativa pela resposta leva o leitor a conhecer algumas organizações que fazem o papel protetor.

Alternativa "b" – É respondida, ainda que parcialmente, no segundo parágrafo do texto.

Alternativa "c" – O segundo parágrafo responde à pergunta: "Existem **diversas organizações** internacionais que **atuam de forma a evitar que haja risco** para a vida das pessoas nesses casos, **como a Anistia Internacional, a Cruz Vermelha e os Médicos sem Fronteiras.** Por meio de acordos internacionais, **essas instituições conseguem atuar em regiões de conflito** onde há perigo para a população.

Alternativa "d" – A pergunta, cuja resposta se encontra no segundo parágrafo, figura como tema do texto.

Alternativa "e" – O questionamento é absolutamente real: as pessoas colocadas em risco pelo Estado recebem o cuidado de quem? Isso é uma preocupação real.

RESPOSTA: C

175 **(FGV – Analista Legislativo – Câmara de Salvador – BA/2018)** O jornal *Destak Rio* de 5/12/2017 mostrava a seguinte manchete: "Jovem baleada no morro do Alemão em estado gravíssimo e já perdeu o bebê de seis meses, ao ser baleada no sábado".

Entre as situações citadas no texto 1, esse fato se prende:

a) ao estabelecimento de políticas públicas autoritárias;

b) ao reduzido investimento em educação;

c) aos poucos recursos destinados à segurança;

d) ao envolvimento de civis em conflitos armados;

e) às verbas escassas para o setor da saúde.

COMENTÁRIOS:

Alternativa "a" – As políticas públicas, sobretudo as de segurança, não estão protegendo os cidadãos.

Alternativa "b" – Educação não faz parte do tema do texto 1, tampouco da manchete do jornal.

Alternativa "c" – O texto e a manchete se ligam pelo descaso com a proteção, de maneira geral, do cidadão e não só no quesito recursos.

Alternativa "d" – Civis, pessoas comuns expostas aos riscos de uma bala perdida, quer em decorrência de uma ação de bandidos e traficantes ou originária do confronto entre esses meliantes e a polícia, que representa o Estado. Quem protege os cidadãos do Estado, diz o título do texto 1.

Alternativa "e" – Saúde não faz parte do tema. A segurança sim.

RESPOSTA: D

176 **(FGV – Analista Legislativo – Câmara de Salvador – BA/2018)** Sobre a estruturação geral do texto 1, é correto afirmar que:

a) o final do primeiro parágrafo cita todos os casos em que o Estado interfere com a segurança e tranquilidade da população;

b) o segundo período do primeiro parágrafo se opõe à ideia central do primeiro período do mesmo parágrafo;

c) o terceiro e o quarto parágrafos contemplam particularmente as organizações citadas no segundo parágrafo;

d) o último parágrafo indica um projeto futuro da organização Médicos sem Fronteiras;

e) entre o primeiro e o segundo parágrafos há uma relação lógica de causa/consequência.

COMENTÁRIOS:

Alternativa "a" – Ao contrário de interferir com a segurança e tranquilidade, o Estado coloca a população em risco.

Alternativa "b" – A conjunção coordenativa adversativa em destaque no trecho revela a ideia de oposição, contraste, adversidade com o período anterior: "Há, **no entanto**, inúmeras situações em que o Estado coloca a população em risco..."

Alternativa "c" – O terceiro e o quarto parágrafos contemplam exclusivamente a organização chamada Médico sem Fronteiras.

Alternativa "d" – Indica o que a organização faz (atualmente e não no futuro!) quando se instala para acolher os necessitados.

Alternativa "e" – O segundo parágrafo cita as organizações internacionais que atuam a proteger os civis dos riscos de vida. Isso não estabelece uma relação de causa x consequência.

RESPOSTA: B

TEXTO – Sem tolerância com o preconceito

Átila Alexandre Nunes, *O Globo*, 23/01/2018 (adaptado)

Diante do número de casos de preconceito explícito e agressões, somos levados ao questionamento se nossa sociedade corre o risco de estar tornando-se irracionalmente intolerante. Ou, quem sabe, intolerantemente irracional. Intolerância é a palavra do momento. Da religião à orientação sexual, da cor da pele às convicções políticas.

O tamanho desse problema rompeu fronteiras e torna-se uma praga mundial. Líderes políticos, em conluio com líderes religiosos, ignoram os conceitos de moral, ética, direitos, deveres e justiça. As redes sociais assumiram um papel cruel nesse sistema. Se deveriam servir para mostrar indignação, mostram, muitas vezes, um preconceito medieval.

No campo da religiosidade, o fanatismo se mostra cada dia mais presente no Rio de Janeiro. No último ano, foram registradas dezenas de casos de intolerância religiosa por meio da Secretaria de Estado de Direitos Humanos. Um número ainda **subnotificado**, pois, muitas ocorrências que deveriam ser registradas como "intolerância religiosa" são consideradas brigas de vizinhos.

A subnotificação desses casos é um dos maiores entraves na luta contra a intolerância religiosa. O registro incorreto e a descrença de grande parte da população na punição a esse tipo de crime colaboram para maquiar o retrato dos ataques promovidos pelo fanatismo religioso em nossa sociedade. A perseguição às minorias religiosas está cada vez mais organizada com braços políticos e até de milícias armadas como o tráfico de drogas.

No último ano recebemos denúncias de ataques contra religiões de matriz africana praticados pelo tráfico de drogas, que não só destruíam terreiros, como também proibiam a realização de cultos em determinada região, segundo o desejo do chefe da facção local.

Não podemos regredir a um estado confessional. A luta de agora pela liberdade religiosa é um dever de todos para garantir o cumprimento da Constituição Federal. Quando uma pessoa de fé é humilhada, agredida ou discriminada devido à sua crença, ela tem seus direitos humanos e constitucionais violados. Hoje, fala-se muito sobre intolerância religiosa, mas, muito mais do que sermos tolerantes, precisamos aprender a respeitar a individualidade e as crenças de cada um.

Até porque, nessa toada, a intolerância irracional ganha terreno, e nós vamos ficando cada vez mais irracionalmente intolerantes com aquilo que não deveríamos ser. Numa sociedade onde o preconceito se mostra cada dia mais presente, a única saída é a incorporação da cultura do respeito. Preconceito não se tolera, se combate.

177 **(FGV – Analista Judiciário – Área Judiciária – TJ – AL/2018)** O título dado ao texto é "Sem tolerância com o preconceito"; esse posicionamento presente no título se liga:

a) à maioria absoluta da sociedade moderna;

b) à opinião pessoal do autor do texto;

c) às redes sociais;

d) aos fanáticos religiosos em nossa sociedade;

e) a grande parte de nossa população.

COMENTÁRIOS:

Alternativa "a" – A opinião da maioria é contrária: *O tamanho desse problema rompeu fronteiras e torna-se uma praga mundial.*

Alternativa "b" – O texto é um **artigo de opinião**, pois o autor expõe seu posicionamento diante de um tema atual e de interesse de muitos. É um texto dissertativo que apresenta argumentos sobre o assunto abordado, portanto, o escritor além de expor seu ponto de vista, sustenta-o através de informações coerentes e admissíveis. Uma característica muito peculiar deste tipo de gênero textual é a **persuasão**, que consiste na tentativa do emissor de convencer o destinatário, neste caso, o leitor, a adotar a opinião apresentada.

Alternativa "c" – As redes sociais prejudicam: *As redes sociais assumiram um papel cruel nesse sistema. Se deveriam servir para mostrar indignação, mostram, muitas vezes, um preconceito medieval.*

Alternativa "d" – Na argumentação, menciona que os fanáticos sofrem com o preconceito e que *precisamos aprender a respeitar a individualidade e as crenças de cada um.*

Alternativa "e" – Na conclusão, cita que é necessário respeito: ***Numa sociedade onde o preconceito se mostra cada dia mais presente****, a única saída é a incorporação da cultura do respeito. Preconceito não se tolera, se combate.*

RESPOSTA: B

178 **(FGV – Analista Judiciário – Área Judiciária – TJ – AL/2018)** "Diante do número de casos de preconceito explícito e agressões, / somos levados ao questionamento se nossa sociedade corre o risco de estar tornando-se irracionalmente intolerante".

Os segmentos que compõem essa parte inicial do texto indicam, respectivamente:

a) consequência / causa;
b) fatos / explicação;
c) opinião / justificativa;
d) problema / reflexão;
e) informação / discussão.

COMENTÁRIOS:

Alternativa "a" – É o contrário: causa e consequência.

Por que somos levados ao questionamento se nossa sociedade corre o risco de estar tornando-se irracionalmente intolerante? = consequência.

Porque há casos de preconceito explícito e agressões = causa.

Alternativa "b" – São fatos, mas não há explicação.

Alternativa "c" – Não é opinião, muito menos existe justificativa.

Alternativa "d" – Problema: preconceito explícito e agressões. Reflexão: será que nossa sociedade corre o risco de estar tornando-se irracionalmente intolerante?

Alternativa "e" – Informação sim, mas não existe discussão, apenas reflexão.

RESPOSTA: D

179 **(FGV – Analista Judiciário – Área Judiciária – TJ – AL/2018)** "No último ano, foram registradas dezenas de casos de intolerância religiosa..."; considerando-se objetivamente o termo "dezenas", devem ter sido registrados:

a) entre 10 e 99 casos;
b) entre 1 e 10 casos;
c) entre 20 e 99 casos;
d) menos de 100 casos;
e) um número indeterminado de casos.

COMENTÁRIOS:

Nota da autora: A banca ajudou muito ao colocar quatro opções totalmente descabidas.

Alternativa "a" – Nove dezenas.

Alternativa "b" – Uma dezena.

Alternativa "c" – Oito dezenas.

Alternativa "d" – Menos de dez dezenas.

Alternativa "e" – *Dezenas de casos,* no texto, refere-se a **muitos casos**, isto é, um número indeterminado, não se sabe quantos casos.

RESPOSTA: E

180 **(FGV – Analista Judiciário – Área Judiciária – TJ – AL/2018)** "Um número ainda **subnotificado**..."; o adjetivo sublinhado, no texto, se refere ao número de ocorrências de preconceitos que:

a) foram registradas como fatos distintos;
b) nunca foram registradas;
c) foram oficialmente registradas;
d) receberam registro oficial com atraso;
e) foram notificadas com precisão.

COMENTÁRIOS:

Alternativa "a" – O substantivo *subnotificação* é uma notificação **não formalizada** e consequentemente **não é real**. No contexto, pela explicação posterior ao adjetivo, fica claro que se refere a fatos diferentes: *muitas ocorrências que* ***deveriam ser registradas como "intolerância religiosa"*** *são consideradas brigas de vizinhos. A subnotificação desses casos é um dos maiores entraves na luta contra a intolerância religiosa.* ***O registro incorreto*** *e a descrença de grande parte da população na punição a esse tipo de crime colaboram para maquiar o retrato dos ataques promovidos pelo fanatismo religioso em nossa sociedade.*

Alternativa "b" – Foram registradas, mas incorretamente.

Alternativa "c" – Se é subnotificada, não foi registrada.

Alternativa "d" – Não receberam registro.

Alternativa "e" – Foi sem precisão.

RESPOSTA: A

181 **(FGV – Analista Judiciário – Área Judiciária – TJ – AL/2018)** No texto, a intolerância preconceituosa se deve a uma série de fatores; NÃO se inclui entre eles:

a) lideranças políticas;
b) fanatismo religioso;
c) secretarias de Estado;
d) redes sociais;
e) lideranças religiosas.

COMENTÁRIOS:

Alternativa "a" – *Líderes políticos, em conluio com líderes religiosos,* ***ignoram os conceitos de moral, ética, direitos, deveres e justiça****.*

Alternativa "b" – *O registro incorreto e a descrença de grande parte da população na punição a esse tipo de crime colaboram para maquiar o retrato dos ataques promovidos pelo* ***fanatismo religioso*** *em nossa sociedade.*

Alternativa "c" – Na Secretaria de Estado, os dados foram apenas coletados: *foram registradas dezenas de casos de intolerância religiosa por meio da Secretaria de Estado de Direitos Humanos.*

Alternativa "d" – *As* ***redes sociais*** *assumiram um papel cruel nesse sistema. Se deveriam servir para mostrar indignação,* ***mostram****, muitas vezes, um preconceito medieval.*

Alternativa "e" – Líderes religiosos também ***ignoram os conceitos de moral, ética, direitos, deveres e justiça****.*

RESPOSTA: C

182 **(FGV – Analista Judiciário – Área Judiciária – TJ – AL/2018)** Ainda que, no título, o texto fale de "preconceito", no corpo do artigo ocorre:

a) a focalização de preconceito religioso entre grupos de fé distinta;
b) uma discussão ampla sobre vários tipos de preconceito;
c) uma particularização do preconceito voltado para as religiões de matriz africana;
d) uma apreciação sociológica do preconceito, sem particularizações;
e) um debate sobre o preconceito religioso em geral.

COMENTÁRIOS:

Alternativa "a" – Não cita preconceito entre grupos religiosos.

Alternativa "b" – A discussão ampla é em relação apenas ao preconceito religioso.

Alternativa "c" – No penúltimo parágrafo: *No último ano recebemos* ***denúncias de ataques contra religiões de matriz africana praticados pelo tráfico de drogas****, que não só destruíam terreiros, como também proibiam a realização de cultos em determinada região, segundo o desejo do chefe da facção local.*

Alternativa "d" – Há particularização quanto ao preconceito religioso.

Alternativa "e" – O erro está ao afirmar que debate o preconceito religioso em geral, pois refere-se apenas ao Rio de Janeiro.

RESPOSTA: C

Charge para responder à questão.

183 **(FGV – Analista Judiciário – Área Judiciária – TJ – AL/2018)** O texto abaixo que se refere mais diretamente aos elementos representados na imagem acima é:

a) "A perseguição às minorias religiosas está cada vez mais organizada com braços políticos e até de milícias armadas";

b) "Até porque, nessa toada, a intolerância irracional ganha terreno, e nós vamos ficando cada vez mais irracionalmente intolerantes com aquilo que não deveríamos ser";

c) "Quando uma pessoa de fé é humilhada, agredida ou discriminada devido à sua crença, ela tem seus direitos humanos e constitucionais violados";

d) "Numa sociedade onde o preconceito se mostra cada dia mais presente, a única saída é a incorporação da cultura do respeito";

e) "Hoje, fala-se muito sobre intolerância religiosa, mas, muito mais do que sermos tolerantes, precisamos aprender a respeitar a individualidade e as crenças de cada um".

COMENTÁRIOS:

Alternativa "a" – O religioso é que está armado.

Alternativa "b" – Demonstra a intolerância do religioso e do ateu e não a nossa, ou seja, dos leitores.

Alternativa "c" – O ateu também tem seus direitos violados.

Alternativa "d" – Deve haver respeito tanto com o ateu quanto com o religioso, isso fica claro na charge.

Alternativa "e" – O ateu não possui crença alguma. Aqui está a pegadinha da banca que gerou tanta polêmica.

RESPOSTA: D

184 **(FGV – TRT 12 – 2017 – Analista Judiciário – Áreas Administrativa e Judiciária)** As frases abaixo são compostas por uma afirmação inicial, seguida por segmentos de tipos diversos. Aquela frase em que a afirmação inicial sublinhada mostra a seguir um argumento que a defende é:

a) <u>Os automóveis brasileiros são muito ruins</u>, foi o que disse o ex-presidente Collor, impedido durante seu mandato.

b) <u>A automedicação é um hábito perigoso</u>, e é o que fazem milhares de brasileiros irresponsáveis.

c) <u>A venda de computadores de mesa está caindo</u>, as empresas passaram a dar mais atenção à venda de portáteis.

d) <u>As provas de concursos públicos reduziram em número este ano</u>, embora o desemprego tenha aumentado.

e) <u>Mesmo os restaurantes de luxo passaram a oferecer pratos executivos mais baratos</u>; a crise atingiu também a mesa.

COMENTÁRIOS

Nota da autora: Argumentar é a capacidade de relacionar fatos, teses, estudos, opiniões, problemas e possíveis soluções a fim de embasar determinado pensamento ou ideia.

Alternativa "e" – Os restaurantes de luxo abaixaram o preço e isso significa que a crise chegou também ao setor alimentício = o argumento defende a ideia, sem dúvida alguma.

Alternativa "a" – Cita a fonte.

Alternativa "b" – Conclusão: **logo** faz milhares de brasileiros irresponsáveis.

Alternativa "c" – Exprime causa: **porque** as empresas passaram a dar mais atenção à venda de portáteis.

Alternativa "d" – Concessão: mesmo – ideias opostas.

RESPOSTA: E

185 (FGV – TRT 12 – 2017 – Analista Judiciário – Áreas Administrativa e Judiciária) Um shopping mostrava o seguinte aviso na entrada de um dos seus elevadores: 'É permitida a entrada de cães no elevador social e de serviço, apenas".

A redação do texto mostra problemas estruturais, mas depreende-se do texto e da situação, que:

a) cães não podem entrar nas lojas ou andar pelos corredores;
b) os cachorros não podem subir pelas escadas rolantes;
c) os donos de cães só podem subir com os animais pelo elevador de serviço;
d) o transporte de animais deve ser obrigatoriamente realizado com acompanhantes no elevador social;
e) cães não são bem-vindos ao shopping.

COMENTÁRIOS

Alternativa "b" – Se os cães podem ter acesso ao elevador social e ao elevador de serviço, não podem apenas usar as escadas rolantes.

Alternativa "a" – A entrada é permitida = podem entrar nas lojas.

Alternativa "c" – Podem subir pelo elevador social também.

Alternativa "d" – Pode ser realizado pelo elevador de serviço também.

Alternativa "e" – Se podem usar os elevadores, a entrada não é proibida.

RESPOSTA: B

186 (FGV – TRT 12 – 2017 – Analista Judiciário – Áreas Administrativa e Judiciária) O primeiro capítulo do livro A evolução da escrita, de Carlos M. Horcades, diz o seguinte:

Letras são como abelhas. Uma abelha sozinha é apenas um inseto irracional. Mas, se observarmos uma colmeia com seu funcionamento extremamente complexo, com operárias, soldados, babás, faxineiras, zangões e rainha, veremos que esses insetos primitivos desempenham funções bem determinadas. A abelha não tem inteligência individual, mas a colmeia é dotada de inteligência coletiva.

Isso acontece também com as letras. Uma letra sozinha não vale nada. Mas letras juntas formam palavras, e palavras são pensamento. (p.15)

Ao fazer uma analogia entre letras e abelhas, o autor do texto permite ao leitor uma série de inferências; entre as inferências abaixo, aquela que se mostra INADEQUADA é:

a) as letras devem ser diferentes entre si;
b) as letras juntas registram ideias;

c) o alfabeto permite a representação do pensamento organizado;
d) cada letra possui uma função específica nas palavras;
e) letra/palavra/frase/texto mostra uma evolução de complexidade.

COMENTÁRIOS

Nota da autora: Inferência é *raciocínio concluído ou desenvolvido a partir de indícios.*

Alternativa "c" – O alfabeto é uma série de letras (soltas) usadas na escrita de uma língua e *uma letra sozinha não vale nada.* Para representar o pensamento organizado, é necessário juntar as letras e formar palavras. Apenas as palavras são pensamentos.

Alternativa "a" – As letras, assim como as abelhas, devem ser diferentes: *operárias, soldados, babás, faxineiras, zangões e rainha.*

Alternativa "b" – Sim: *letras juntas formam palavras, e palavras são pensamento* (ideias).

Alternativa "d" – Possui função específica assim como a abelha.

Alternativa "e" – Exatamente como a colmeia: *com seu funcionamento extremamente complexo.*

RESPOSTA: C

187 (FGV – TRT 12 – 2017 – Analista Judiciário – Áreas Administrativa e Judiciária)
O slogan publicitário *Se dirigir, não beba!* apela argumentativamente para um(a):

a) estrutura dialógica que coloca em discussão julgamentos de valor;
b) convencimento racional através do entendimento lógico;
c) intimidação do leitor, provocando constrangimento ou medo;
d) sedução do leitor por meio do destaque de alguma de suas qualidades, como a prudência;
e) tentativa de competição com os cidadãos mais responsáveis.

COMENTÁRIOS

Alternativa "c" – Amedronta o leitor. O uso da exclamação e do verbo no imperativo reforçam a intimidação.

Alternativa "a" – Não se trata de um diálogo.

Alternativa "b" – É uma ordem, não um convencimento.

Alternativa "d" – A qualidade seria não beber, não a prudência.

Alternativa "e" – Não demonstra competição alguma.

RESPOSTA: C

Texto 1

A revista *Scientific American Brasil* publicou, em seu n. 18, o seguinte texto:

Analgésico espinhoso. Embora a medicina tenha avançado o suficiente para tratar de dores de cabeça comuns, lesões musculares e procedimentos desagradáveis como obturação dentária, a dor inflamatória, da osteoartrite, de câncer ósseo e de lesões nas costas, provou ser um alvo muito mais elusivo. Os medicamentos atuais, entre eles a morfina e outros opiáceos, afetam todo o organismo e provocam efeitos colaterais perigosos. Remédios mais localizados, como injeções de esteroides, perdem efeito com o tempo. Recentemente, pesquisadores começaram a trabalhar com uma toxina encontrada em uma planta marroquina parecida com um cacto, que talvez possa proporcionar alívio permanente de dores locais com uma única injeção.

(Arlene Weintraub)

188 **(FGV – TRT 12 – 2017 – Analista Judiciário – Áreas Administrativa e Judiciária)** Como outros textos jornalísticos, o texto 1 também apresenta uma estrutura segmentada em partes diferentes; dessa estrutura, no texto lido, só NÃO está presente:

a) apresentação de uma situação difícil;
b) confirmação da apresentação por meio de exemplos;
c) análise das causas que levaram à situação citada;
d) indicação de uma solução possível;
e) informação sobre as vantagens da solução indicada.

COMENTÁRIOS

Alternativa "c" – Não menciona as causas, muito menos as analisa. O texto foi iniciado com uma ideia concessiva (de oposição) demonstrada pela conjunção adverbial *embora.*

Alternativa "a" – *Os medicamentos atuais, entre eles a morfina e outros opiáceos, afetam todo o organismo e provocam efeitos colaterais perigosos.*

Alternativa "b" – *Remédios mais localizados, como injeções de esteroides, perdem efeito com o tempo.*

Alternativa "d" – *Recentemente, pesquisadores começaram a trabalhar com uma toxina encontrada em uma planta marroquina parecida com um cacto.*

Alternativa "e" – (...) *uma toxina, que talvez possa proporcionar alívio permanente de dores locais com uma única injeção.*

RESPOSTA: C

189 **(FGV – TRT 12 – 2017 – Analista Judiciário – Áreas Administrativa e Judiciária)** Um professor de Sociologia solicitou a seus alunos que indicassem argumentos pertinentes ao seguinte tema: *Os árbitros esportivos deveriam aceitar auxílio de meios eletrônicos?* Entre os argumentos listados abaixo, aquele que se mostra **menos** pertinente ao terreno sociológico é:

a) a possibilidade de serem reparados os erros cometidos;
b) o esporte deve continuar como espetáculo e não como espaço de especialistas;
c) o novo meio criaria uma discriminação entre países ricos e pobres;

d) o processo constituiria um progresso na área esportiva;
e) o homem seria dominado pela técnica.

COMENTÁRIOS

Nota da autora: Antes, é preciso saber um pouco mais sobre a sociologia.

A **Sociologia** é a disciplina que se ocupa de **estudar a vida social humana, analisando as dinâmicas da sociedade** como um todo **e dos grupos singulares** que a compõem. Utilizando de suas ferramentas específicas, é o campo do conhecimento que **investiga as relações sociais entre diferentes grupos humanos, seus conflitos e conexões**. A Sociologia nos ensina a **observar o mundo a nossa volta sob um novo ângulo**. Comportamentos e instituições que aparecem como naturais – como algo que sempre foi igual – aos olhos do sociólogo são fenômenos dotados de influências históricas e sociais. Ser sociólogo é **aprender que algumas coisas**, que percebemos como experiências individuais, na verdade **são ações influenciadas pelo meio social em que crescemos e vivemos**. As formas como refletimos essas profundas influências é objeto de estudo da Sociologia.

Alternativa "a" – Para um sociólogo, os meios eletrônicos não podem reparar erros cometidos pelo ser humano, pois ele é quem os cria.

Alternativa "b" – O esporte é um espetáculo por juntar pessoas: análise sociológica.

Alternativa "c" – Os países pobres provavelmente não teriam acesso a tais meios.

Alternativa "d" – Analisa-se o progresso no esporte.

Alternativa "e" – Observa a relação entre o ser humano e a tecnologia.

RESPOSTA: A

190 (FGV – TRT 12 – 2017 – Analista Judiciário – Áreas Administrativa e Judiciária)
Um político declarou certa vez que a televisão é a causa do aumento da violência entre os jovens e, por isso, as leis devem cuidar de impor limites à sua programação. No caso desse raciocínio, o erro está em:

a) utilizar defeituosamente o método dedutivo;
b) estabelecer uma analogia inadequada;
c) produzir uma digressão a partir de um dado desimportante;
d) criar um estereótipo;
e) mostrar uma relação causa/efeito defeituosa.

COMENTÁRIOS

Alternativa "e" – O defeito (erro) está na construção ambígua causada pelo pronome possessivo "sua": impor limites à programação da TV ou dos jovens?

Alternativa "a" – Não se pode concluir que a televisão seja a causa do aumento da violência.

DICA – *Método dedutivo* **é um método científico que considera que a conclusão está implícita nas premissas. Supõe que as conclusões seguem necessariamente**

as premissas: se o raciocínio dedutivo for válido e as premissas forem verdadeiras, a conclusão não pode ser mais nada senão verdadeira.

Alternativa "b" – Analogia é comparação, semelhança. Não ocorreu na declaração do político.

Alternativa "c" – Estabeleceu relação e não afastamento – digressão.

Alternativa "d" – Trata-se de uma ideia subjetiva e não de *estereótipo* – padrão estabelecido pelo senso comum (de um pensamento compartilhado) e baseado na ausência de conhecimento sobre o assunto em questão.

RESPOSTA: E

3. NÍVEL DIFÍCIL

01 **(FGV – Prefeitura Canaã dos Carajás – Analista de Controle Interno – 2025)**
Analise a charge a seguir.

Sobre a charge, assinale a afirmativa correta.

a) A cena deve ter ocorrido durante a noite.
b) A fala do guarda traz implícito o motivo da multa.
c) As falas dos personagens ocorrem simultaneamente.
d) A finalidade da charge é colaborar com as autoridades.
e) A pergunta do motorista se refere à razão de ter sido parado.

COMENTÁRIOS:

Alternativa "a" – A cena ocorreu na estrada, ou seja, independente do horário (dia ou noite), é obrigatório acender o farol.

Alternativa "b" – Ao pedir para acender o farol, fica evidente que o farol estava apagado e esse foi o motivo da multa.

Alternativa "c" – É um diálogo: primeiro o motorista pergunta o que significa o papel; depois o guarda, ironicamente, explica que é uma multa.

Alternativa "d" – A finalidade é demonstrar a imprudência do condutor. Ele não obedece à Lei 14.282.

Alternativa "e" – O motorista quer saber o que está escrito no papel. Percebe-se que ele não se atentou ao fato de estar cometendo uma infração.

RESPOSTA: B

02 **(FGV – Prefeitura Canaã dos Carajás – Analista de Controle Interno – 2025)**
Leia o trecho a seguir.

Agradeço aos poderes divinos me terem dado boca para sentir sabor, pele para gostar de água e sabão, nariz para fungar o bom perfume e fugir do mau, mão para pegar em dorso de livro e em rosto de criança, pernas para caminhar muito, noite adentro, em conversa muda ou mesmo bradada, com as árvores, com as casas, com as coisas.

AMADO, Gilberto. Mocidade no Rio e primeira viagem à Europa. Rio de Janeiro: 1956.

Nesse trecho, o autor agradece uma série de aspectos de sua vida.

Assinale a opção em que o comentário sobre o aspecto destacado ***não*** corresponde ao que diz o texto.

a) "me terem dado boca para sentir sabor" / apreço pela capacidade de degustar.
b) "pele para gostar de água e sabão" / prazer em tomar banho.
c) "nariz para fungar o bom perfume" / capacidade de poder sentir bons cheiros.
d) "e fugir do mau" / evitar más ações.
e) "mão para pegar em dorso de livro" / apreço pela cultura.

COMENTÁRIOS:

Alternativa "a" – Degustar: avaliar o sabor, provar.

Alternativa "b" – Tomar banho: usar água e sabão na pele.

Alternativa "c" – Fungar: aspirar pelo nariz; bom perfume: bom cheiro.

Alternativa "d" – No texto, o "mau" refere-se ao perfume: fungar o bom perfume e fugir do mau [perfume]. Não há relação com más ações, mas sim com maus cheiros.

Alternativa "e" – Pegar na parte superior do livro: cultura.

RESPOSTA: D

03 **(FGV – Prefeitura Canaã dos Carajás – Analista de Controle Interno – 2025)**
Assinale o fragmento textual a seguir que deve ser classificado como injuntivo por representar um desejo, conselho ou uma ordem.

a) Quem não aguenta o trote, não monta o burro.
b) Enquanto o poço não seca, não sabemos dar valor à água.
c) Como seriam venturosos os agricultores, se conhecessem sua sorte.

d) É maior glória fugir dos agravos calando-se, que vencê-los, respondendo.
e) Em nosso país, ao contrário dos outros, a agricultura se inicia tendo por base a grande propriedade.

COMENTÁRIOS:

Alternativa "a" – Frase do ex-Presidente Getúlio Vargas. Não é desejo nem conselho nem ordem.

Alternativa "b" – Frase de Thomas Fuller – historiador Britânico.

Alternativa "c" – É um conselho aos agricultores: conheçam sua sorte para que sejam venturosos, afortunados, abençoados.

Alternativa "d" – É uma frase valorativa, ou seja, expressa opinião.

Alternativa "e" – Frase informativa, não é ordem, desejo ou conselho.

RESPOSTA: C

04 (FGV – Auditor Público Interno CGM – Prefeitura de Cuiabá – 2025) Observe a tirinha abaixo e identifique a afirmativa correto sobre ela:

a) A pergunta do personagem à direita da imagem pretende debochar do outro personagem.
b) O personagem da direita chama de "conclusão" uma frase que nada conclui.
c) O humor da tirinha se localiza numa contradição interna das falas do personagem da esquerda.
d) A palavra "pesquisa" foi utilizada duas vezes, com o mesmo sentido.
e) A tirinha tem por objetivo mostrar a inutilidade das pesquisas eleitorais.

COMENTÁRIOS:

Alternativa "a" – Não se trata de desprezo ou desdém. Ele quer saber como ele descobriu que o resultado das pesquisas é mentiroso.

Alternativa "b" – A frase conclui que o resultado das pesquisas é mentiroso.

Alternativa "c" – Contradição: não acredita no resultado das pesquisas x chega a essa conclusão fazendo uma pesquisa. Não existe coerência na fala do personagem.

Alternativa "d" – No primeiro quadrinho, refere-se à pesquisa eleitoral; no segundo, refere-se à pesquisa pessoal: ele fez a pesquisa.

Alternativa "e" – O objetivo da tirinha é mostrar a utilidade das pesquisas eleitorais. Tanto que para tentar invalidá-la, o cidadão fez outra pesquisa.

RESPOSTA: C

05 **(FGV – Auditor Público Interno CGM – Prefeitura de Cuiabá – 2025)** A frase abaixo que mostra uma visão positiva da justiça é:

a) A justiça é cega, mas não devemos fazê-la paralítica. (Mark Berg)
b) Uma alma nobre faz justiça mesmo aos que a recusam. (Marquês de Condorcet)
c) É impossível sermos justos, pois somos humanos. (Marquês de Vauvernagues)
d) É claro que a justiça, sendo cega, não vê se é vista, e então não se envergonha. (Machado de Assis)
e) O preço da justiça está no canhoto do meu talão de cheques. (Sérgio Naya)

COMENTÁRIOS:

Alternativa "a" – Visão negativa: a justiça é cega.

Alternativa "b" – Visão positiva: de qualquer maneira, uma alma nobre faz justiça.

Alternativa "c" – Visão negativa: é impossível ser justo: os humanos são injustos.

Alternativa "d" – Visão negativa: a justiça é cega.

Alternativa "e" – Visão negativa: a justiça possui preço: pode ser comprada.

RESPOSTA: B

06 **(FGV – Auditor Público Interno CGM – Prefeitura de Cuiabá – 2025)** Nosso grande pensador Rui Barbosa declarou:

"O direito não se impõe somente com o peso dos exércitos. Também se impõe, e melhor, com a pressão dos povos."

A respeito desse pensamento, assinale a afirmativa correta.

a) O direito também pode, segundo Rui Barbosa, ser imposto pela força.
b) O direito, segundo esse pensamento, só é imposto pela força popular.
c) O direito é um bem abstrato, sem interferência do poder dos homens.
d) os termos "dos exércitos" e "dos povos" representam os pacientes dos termos anteriores.
e) o termo "e melhor" mostra a correção de um erro anterior.

COMENTÁRIOS:

Alternativa "a" – Rui Barbosa declarou que o direito se impõe de duas formas: com o peso dos exércitos e com a **pressão dos povos** – representa a força da voz popular.

Dica: atente-se ao advérbio "também".

Alternativa "b" – Como mencionado na alternativa anterior, é imposto pelo exército e pelos povos.

Alternativa "c" – Nada indica que seja um bem abstrato, muito menos que não haja interferência do poder dos homens.

Alternativa "d" – Representam os agentes: os exércitos pesam (possuem peso), os povos pressionam (fazem a pressão).

Alternativa "e" – Não se trata de correção, mas sim de intensidade, de ratificação: impõe-se **melhor** com a pressão dos povos.

Dica: "melhor" possui sentido de *superior, excelente, ideal.*

RESPOSTA: A

07 **(FGV – Auditor Público Interno CGM – Prefeitura de Cuiabá – 2025)** O grande filósofo grego Platão disse:

"A punição que os bons sofrem, quando se recusam a tomar parte do governo, é viver sob o governo dos maus".

Com essa frase, Platão valoriza.

a) a solidariedade com os mais pobres.
b) a bondade mesmo em relação aos inimigos.
c) a vigilância constante dos atos governamentais.
d) a participação política na sociedade.
e) a revolta contra os maus.

COMENTÁRIOS:

Alternativa "a" – Não se trata de solidariedade, mas sim de participação. Também não se refere aos pobres, apenas aos indivíduos bons.

Alternativa "b" – Não é a valorização da bondade, é a valorização da participação no governo.

Alternativa "c" – Não basta ser prudente ou cauteloso, é necessário participar.

Alternativa "d" – Se os bons sofrem punição ao se recusarem a tomar parte do governo, é necessário que participem da política.

Alternativa "e" – Em hipótese alguma, há valorização da revolta.

RESPOSTA: D

08 **(FGV – 2025 – TCE RR – Auditor Substituto de Conselheiro)** Observe a charge a seguir.

O humor é normalmente obtido por uma quebra de expectativa.

Nesse caso, a quebra é a de esperar-se

a) uma redução de uso do computador e ela não acontecer.

b) um computador desligado e ele permanecer ligado todo o tempo.

c) um blogueiro acomodado e ele aparecer em atividade constante.

d) um blogueiro em atividade constante e ele mostrar-se parado.

e) um computador desligado por 4 dias e ele só aparecer ligado no último dia.

COMENTÁRIOS:

Alternativa "a" – Ele está tentando diminuir a dependência de ligar o computador, não se refere ao uso do computador. Para não ligar, não o desligou.

Alternativa "b" – Ele não ligará o computador porque não o desligou, ou seja, está ligado o tempo todo. Eis a quebra da expectativa.

Alternativa "c" – O blogueiro não é acomodado (sossegado, quieto), é ativo.

Alternativa "d" – Ele não se mostra parado porque o computador nem é desligado.

Alternativa "e" – Um computador ligado por 4 dias, ele não o desligou.

RESPOSTA: B

09 **(FGV – 2025 – TCE RR – Auditor Substituto de Conselheiro)** Assinale a frase que se enquadra entre os textos injuntivos.

a) Muitas pessoas são dotadas de razão, poucas de bom senso.
b) Com a razão tudo se prova e tudo se impugna.
c) Nós estamos sempre com a razão, o destino está sempre errado.
d) A razão do melhor é sempre a mais forte.
e) Procuremos ter sempre razão.

COMENTÁRIOS:

Nota da autora: O **texto injuntivo ou instrucional** é o tipo de texto que contém instruções ou explica como fazer alguma coisa. A linguagem é simples e objetiva. Um dos recursos linguísticos recorrentes nesse tipo de texto é a utilização dos **verbos no imperativo**, que indicam uma ordem ou um desejo.

Alternativa "a" – Expositivo: explana, explica, discute um assunto. O verbo está no presente do indicativo.

Alternativa "b" – Expositivo-argumentativo: defende uma opinião. Verbos no presente.

Alternativa "c" – Expositivo-argumentativo. Verbos no presente.

Alternativa "d" – Expositivo-argumentativo. Verbo no presente.

Alternativa "e" – É um conselho e o verbo está conjugado no imperativo: procuremos.

RESPOSTA: E

10 **(FGV – Auditor do Estado – SEFAZ RS – 2025)** Analise o cartaz a seguir.

O cartaz mostra um protesto contra o *bullying*.

Sobre os termos e as imagens do cartaz, assinale a afirmativa correta.

a) A forma de imperativo no cartaz (diga) representa uma ordem.
b) Os termos do cartaz se dirigem aos estudantes que sofreram *bullying* no passado.
c) A imagem central mostra alguém tendo seus livros e cadernos jogados fora por aqueles que fazem *bullying*.
d) A imagem do cartaz prega a não violência contra os que fazem *bullying*.
e) O cartaz divulga a ideia de que é necessária punição mais severa para os praticantes de *bullying*.

COMENTÁRIOS:

Alternativa "a" – Verbos no imperativo podem designar ordem, pedido, sugestão ou conselho. No cartaz, é um conselho, um pedido, uma sugestão.

Note a diferença: Entre pela porta ao lado.

Nesse caso, é uma ordem.

Alternativa "b" – Fica nítido que se refere ao passado neste trecho: ***o que você não conseguiu evitar**, sozinho, **no passado.***

Alternativa "c" – Mostra alguém sofrendo *bullying* – sendo empurrado e, consequentemente, deixando cair livros, cadernos e caneta.

Alternativa "d" – Prega a não violência a quem sofre *bullying*.

Alternativa "e" – A ideia divulgada é de não deixar que as pessoas sofram *bullying*. Trata-se de combate ao *bullying*, não à punição.

RESPOSTA: B

11 **(FGV – Auditor do Estado – SEFAZ RS – 2025)** Observe o fragmento abaixo, que serve de introdução a um texto:

A fórmula da estabilidade política da democracia da Europa está na polarização equilibrada entre duas forças políticas: os social democratas e os liberais.

Essa introdução apresenta o seguinte o esquema estrutural:

a) uma declaração inicial neutra.
b) uma narrativa de suspense.
c) uma divisão de elementos.
d) uma alusão histórica.
e) uma definição etimológica.

COMENTÁRIOS:

Alternativa "a" – Não é neutra, possui um ponto de vista: *A fórmula da estabilidade política da democracia da Europa está na polarização equilibrada entre duas forças políticas.*

Alternativa "b" – Não é narrativa, é uma argumentação. Além disso, não existe suspense.

Dicas:

1. o verbo está conjugado no presente do indicativo;

2. a narrativa de suspense cria tensão e expectativa no leitor, mantendo-o intrigado e ansioso para descobrir o desfecho da história.

Alternativa "c" – Divisão de dois elementos: social democratas e liberais.

Significado de "polarização": *[Política] Divisão da sociedade em dois polos, entre dois únicos grupos, cujas convicções não dialogam entre si, ou seja, estes dois grupos não estão dispostos ou abertos ao diálogo*[10].

Alternativa "d" – O verbo está no presente, refere-se ao momento atual.

Dica: pode ser usado o presente histórico para indicar algo que ocorreu no passado, mas não é o caso.

Exemplo de presente histórico (usado para dar maior vivacidade ao fato): Em 1969, o homem pisa na lua.

Alternativa "e" – Não se trata da origem das palavras nem do modo como elas se formam.

RESPOSTA: C

12 **(FGV – Auditor do Estado – SEFAZ RS – 2025)** Observe a interrogação inicial de um texto:

Existe alguma forma de reduzirem-se os prejuízos causados pelas queimadas no Norte do Brasil? O único caminho viável é o da educação ambiental, que pode ser lento e demorado, não os evitando de imediato.

Sobre essa interrogação no texto, é correto afirmar que

a) possui mais de uma resposta viável.
b) indica uma resposta apoiada em autoridades do assunto.
c) mostra uma resposta implícita, inferida do texto.
d) aponta uma resposta direta.
e) não apresenta qualquer resposta possível.

COMENTÁRIOS:

Alternativa "a" – Possui uma resposta viável: *O único caminho viável.*

Alternativa "b" – Não se sabe quem respondeu.

Alternativa "c" – A resposta está explícita, clara, evidente.

Alternativa "d" – Resposta direta: *O único caminho viável é o da educação ambiental.*

Alternativa "e" – Apresenta uma única resposta, e está explícita.

RESPOSTA: D

---

10. Dicionário Online de Português. Disponível em <www.dicio.com.br/polarizacao>. Acesso em 12 março 2025, com adaptações.

13 **(FGV – Auditor do Estado – SEFAZ RS – 2025)** Assinale a frase que foi construída com base em outra frase bastante conhecida, ou seja, com marcas de intertextualidade.

a) Bem-aventurado aquele que nada espera, porque nunca sofrerá desengano.
b) Um homem sem paciência é uma lâmpada sem óleo.
c) O mal da igualdade é que só a queremos em relação a nossos superiores.
d) Metas são sonhos com prazos definidos.
e) Um perigo previsto está metade evitado.

COMENTÁRIOS:

Alternativa "a" – A frase original é mencionada no Livro Sagrado, a Bíblia: *Bem-aventurado o homem que suporta a provação; porque, depois de aprovado, receberá a coroa da vida, que o Senhor prometeu aos que o amam.*

Alternativa "b" – Frase escrita por Alfred de Musset – poeta, novelista e dramaturgo francês do século XIX.

Alternativa "c" – Frase escrita por Henry Becque – dramaturgo francês.

Alternativa "d" – Frase escrita por Dana Scharf-Hunt – autora.

Alternativa "e" – Frase escrita por Thomas Fuller – religioso e historiador britânico.

RESPOSTA: A

14 **(FGV – Auditor do Estado – SEFAZ RS – 2025)** Observe a descrição a seguir.

Tiradentes é uma cidade pequena e em sua parte mais antiga é calçada com pedras irregulares. As ruas são estreitas e tortuosas, as casas bem juntinhas e com amplos quintais. A praça central tem charme especial, com suas casas centenárias.

O processo descritivo empregado no texto é

a) do alto para baixo.
b) de longe para perto.
c) de fora para dentro.
d) do geral para o particular.
e) de cima para baixo.

COMENTÁRIOS:

Alternativa "a" – A visão é horizontal, não vertical.

Alternativa "b" – Não se refere a distância nem a espaço.

Alternativa "c" – Não há indicação de algo dentro ou fora, não é espaço.

Alternativa "d" – Visão geral: cidade pequena. Visão particular: detalhamento de ruas, casas e praça.

Alternativa "e" – A visão é horizontal, não vertical.

RESPOSTA: D

15 **(FGV – Auditor do Estado – SEFAZ RS – 2025)** Analise o parágrafo a seguir.

Os regimes autoritários odeiam quem escreve, essa é a verdade. Ainda agora, nas vésperas do terceiro milênio, golpeiam com mão de ferro escritores e jornalistas, mantendo sua intransigência, como ocorria na Espanha de Franco.

Esse parágrafo mostra o seguinte desenvolvimento:

a) resposta a uma pergunta.
b) ilustração ou exemplificação.
c) enumeração de detalhes.
d) apresentação de motivos de uma ação.
e) indicação de semelhanças e diferenças.

COMENTÁRIOS:

Alternativa "a" – Trata-se de uma afirmação. Não há pergunta nem resposta.

Alternativa "b" – Ilustração: *Ainda agora, nas vésperas do terceiro milênio, golpeiam com mão de ferro escritores e jornalistas, mantendo sua intransigência.*

Exemplificação: *como ocorria na Espanha de Franco.*

Alternativa "c" – São exemplos, não detalhes, pois a exposição não é feita de maneira minuciosa, pormenorizada.

Alternativa "d" – Não são motivos, são exemplos, conforme mencionado na alternativa "b".

Alternativa "e" – Para haver semelhanças e diferenças, deveria comparar. Isso não ocorre no texto.

No final, a conjunção "como" é conformativa, não comparativa.

RESPOSTA: B

16 **(FGV – Auditor de Controle Externo – TCE PI – 2025)**

...a Justiça sustenta numa das mãos a balança e que pesa o Direito, e na outra a espada de que se serve para o defender. A espada sem a balança é a força brutal; a balança sem a espada é a impotência do Direito.

(Rudolf von Ihering. Metáfora da balança da Justiça.)

Sobre o texto acima, assinale a afirmativa ***incorreta***.

a) Segundo o texto, as punições são indispensáveis no exercício da justiça.
b) O emprego da vírgula no segundo período se deve à omissão do verbo.
c) O primeiro período do texto podia mostrar entre vírgulas o termo "numa das mãos".
d) O texto não cita o fato de a justiça também ser cega, o que aparece representado na imagem.
e) O texto pode ser interpretado como uma crítica à justiça.

COMENTÁRIOS:

Notas da autora:

1. Questão de interpretação textual e pontuação;

2. O gabarito preliminar foi alternativa "e". No definitivo, anularam a questão porque houve erro na descrição da alternativa "b".

Alternativa "a" – No texto: *a balança sem a espada é a impotência do Direito.*

Alternativa "b" – A alternativa deveria ser retificada: trocar "no segundo período" por "na segunda oração". Lê-se: o Direito sustenta na outra a espada.

Além disso, não poderia existir a conjunção "e" posposta à vírgula.

Alternativa "c" – Poderia porque o adjunto adverbial está intercalado entre o verbo transitivo direto e o complemento direto: sustenta, numa das mãos, a balança. Ocorre deslocamento.

Alternativa "d" – Realmente não foi mencionado o fato de a justiça ser cega.

Observação: Os olhos vendados simbolizam a imparcialidade e transmitem a ideia de que, diante da lei, todos são iguais.

Alternativa "e" – O texto não é crítico. O texto demonstra que é necessário haver equilíbrio entre a balança (Direito) e a espada (direito de defesa).

RESPOSTA: ANULADA

17 **(FGV – Auditor de Controle Externo – TCE PI – 2025)** Leia a frase em discurso direto a seguir.

— Amanhã estarei saindo daqui com minha irmã.

Assinale a opção que apresenta essa frase em discurso indireto.

(Começando por *Ele disse que*...)

a) amanhã estará saindo de lá com sua irmã.
b) amanhã estaria saindo de lá com a irmã dele.
c) amanhã estava saindo de lá com a irmã dele.
d) no dia seguinte estaria saindo de lá com sua irmã.
e) no dia seguinte ele estaria saindo de lá com a irmã dele.

COMENTÁRIOS:

Nota da autora: É necessário transpor a frase da primeira pessoa (eu) para a terceira pessoa (ele), alterar os advérbios de tempo e lugar, o verbo e o pronome possessivo.

Discurso direto	amanhã	estarei saindo	daqui	com minha irmã.
Discurso indireto	no dia seguinte	estaria saindo	de lá	com sua irmã.

Alternativa "a" – Dois erros: manteve o advérbio *amanhã* e não alterou o verbo – do futuro do presente para o futuro do pretérito.

Alternativa "b" – Dois erros: Manteve o advérbio *amanhã* e substituiu o pronome possessivo por pronome pessoal.

Alternativa "c" – Três erros: manteve o advérbio *amanhã* e não alterou o verbo – do futuro do presente para o futuro do pretérito – e substituiu o pronome possessivo por pronome pessoal.

Alternativa "d" – Amanhã = no dia seguinte; estarei = estaria; daqui = de lá; com minha irmã = com sua irmã.

Alternativa "e" – Erro: substituição do pronome possessivo pelo pronome pessoal.

Observação: não há necessidade de repetir o sujeito (ele disse, ele estaria).

RESPOSTA: D

18 **(FGV – Auditor de Controle Externo – TCE PI – 2025)** Assinale a opção que indica o fragmento textual que pertence ao modo narrativo de organização discursiva.

a) "A iluminação era fraca, mas, como havia luz externa, o problema era de pouca monta."

b) "Alguns clientes conversavam em diversas mesas e pareciam contentes com alguma coisa."

c) "O restaurante era pequeno, com muitas mesas espalhadas pelo salão, com velas sobre elas."

d) "Restaurantes são lugares públicos e devem estar sempre com boa aparência para atrair os clientes."

e) "Estava com fome. Dobrei a esquina, dirigi-me a um restaurante que estava aberto e sentei-me na primeira mesa."

COMENTÁRIOS:

Alternativa "a" – Descrição de um local: verbos no pretérito imperfeito e adjetivos.

Alternativa "b" – Descrição de uma cena: verbos no pretérito imperfeito (ações simultâneas) e adjetivos.

Alternativa "c" – Descrição de um local: verbo no pretérito imperfeito e adjetivos.

Alternativa "d" – Dissertação: verbos no presente do indicativo. Apresenta uma opinião.

Alternativa "e" – Narração: há personagem, sequência de ações e enredo – início, meio e fim.

RESPOSTA: E

19 **(FGV – Auditor de Controle Externo – TCE PI – 2025)** Todo texto argumentativo mostra uma tese e os argumentos que a defendem.

Assinale a frase em que o argumento apresentado é caracterizado como testemunho de autoridade. (a) Não deixe para amanhã o que pode fazer depois de amanhã.

b) Se quiser consertar o país, basta fazer com que todos creiam em Deus.

c) Sigo tomando o ônibus em lugar do metrô, pois assim faz a maioria dos cidadãos.

d) Já dizia meu pai que o samba brasileiro ia perder espaço para a música estrangeira.

e) Ontem choveu e as ruas ficaram alagadas; hoje, choveu de novo, logo as ruas ficarão alagadas.

COMENTÁRIOS:

Alternativa "a" – A frase contém ironia e não se sabe quem a escreveu.

Alternativa "b" – Trata-se de uma opinião e, também, não se sabe quem a escreveu.

Alternativa "c" – É uma opinião pública – *o somatório das opiniões pessoais de todos, quase todos, da maioria ou da minoria dos cidadãos que compõem uma sociedade.*

Alternativa "d" – O que "meu pai" dizia sobre o samba é um testemunho de autoridade: fonte respeitável, pessoa mais velha.

Alternativa "e" – Trata-se de uma conclusão (método indutivo) e não se sabe quem a escreveu.

RESPOSTA: D

20 **(FGV – Prefeitura de Nova Iguaçu RJ – Auditor Fiscal do Tesouro Municipal – 2024)** Leia o fragmento a seguir, do livro Quarto de despejo: diário de uma favelada, de Carolina Maria de Jesus:

As oito e meia da noite eu já estava na favela respirando o odor dos excrementos que mescla com o barro podre. Quando estou na cidade tenho a impressão que estou na sala de visita com seus lustres de cristais, seus tapetes de viludos, almofadas de sitim. E quando estou na favela tenho a impressão que sou um objeto fora de uso, digno de estar num quarto de despejo.

Sobre o trecho, é correto afirmar que

a) as metáforas usadas em referência à cidade e à favela evidenciam uma consciência crítica sobre os espaços públicos.

b) o uso do registro não padrão prejudica o desenvolvimento da narrativa e o entendimento do sentido global do texto.

c) as imagens que fazem referência ao espaço da favela demonstram uma visão realista e que traduzem afeto em relação a este ambiente.

d) o uso do registro não padrão revela a identidade linguística da periferia.

e) a expressão da fala popular se manifesta, exclusivamente, por meio de usos em desacordo com a norma padrão.

COMENTÁRIOS:

Alternativa "a" – Através de metáforas, a autora critica a diferença entre a favela e a cidade.

Metáforas referentes à cidade: *ala de visita com seus lustres de cristais, seus tapetes de viludos, almofadas de sitim.*

Metáforas referentes à favela: *odor dos excrementos que mescla com o barro podre, ou um objeto fora de uso, digno de estar num quarto de despejo.*

Alternativa "b" – O sentido do texto é entendido. O uso da linguagem não padrão é proposital.

Alternativa "c" – A visão da favela não é realista porque a autora usou metáforas para descrevê-la. Não é, também, uma visão afetuosa, é desprezível, sórdida.

Alternativa "d" – A identidade linguística da periferia é marcada por gírias. Não há registro desse dialeto peculiar no texto.

Alternativa "e" – Não se manifesta somente por meio de usos em desacordo com a norma padrão. Nesse caso, o advérbio exclui outros usos.

RESPOSTA: A

21 **(FGV – Prefeitura de Nova Iguaçu RJ – Auditor Fiscal do Tesouro Municipal – 2024)** Observe o trecho a seguir, retirado de uma redação de aluno do Ensino Médio:

A democracia é um sistema que permite a cada cidadão expressar suas opiniões sem medo de represálias e escolher quem representará nossos ideais. Tornando-a um dos melhores meios de organização governamental.

O trecho destacado apresenta problemas em sua estrutura, que dizem respeito

a) à utilização de oração subordinada separada da oração principal por ponto final.

b) à ausência de paralelismo sintático.

c) ao uso de orações adjetivas explicativas com pontuação inadequada.

d) à falta de fluidez das ideias pela reiteração dos mesmos conceitos.

e) à pobreza vocabular, observada pela repetição de termos.

COMENTÁRIOS:

Alternativa "a" – No texto: <u>A democracia é um</u> sistema [...] escolher *quem representará nossos ideais.* ***Tornando-a um dos melhores meios de organização governamental.***

A oração é subordinada adverbial e deveria estar separada por vírgula, não por ponto final.

Está ligada à oração principal: *A democracia é um* sistema.

Alternativa "b" – Existe paralelismo sintático: dois objetos diretos ligados ao verbo bitransitivo "permitir":

permite (a cada cidadão = objeto indireto)

expressar suas opiniões sem medo de represálias

e [permite] *escolher quem representará nossos ideais.*

Alternativa "c" – Existe uma oração adjetiva e a pontuação está adequada:

A democracia é um sistema <u>que permite a cada cidadão</u>: oração adjetiva restritiva (sem pontuação). Não se trata de todos os sistemas, mas sim do sistema que permite a cada cidadão expressar suas opiniões.

Alternativa "d" – Há clareza e espontaneidade, ou seja, há fluidez.

Alternativa "e" – O vocabulário não é pobre, e não há prolixidade. Há concisão – antônimo de prolixo.

RESPOSTA: A

22 **(FGV – ADAB – Fiscal Estadual Agropecuário – 2024)** A interpretação de textos procura decodificar as informações e os sentidos neles presentes. Leia o texto a seguir:

> "As certezas da física crescem em número, mas as suas incertezas crescem mais rapidamente. A experiência da economia durante as seis ou sete gerações em que ela vem sendo seriamente estudada tem sido semelhante, ainda que em menor escala. Adam Smith resolveu muitas obscuridades e incertezas, mas a área de sua incerteza consciente era muito maior que a de seus antecessores".
>
> (Alfred Marshall)

Assinale a opção que traz uma informação correta sobre o texto.

a) O primeiro período do texto mostra a ausência de crescimento dos conhecimentos na Física.

b) A comparação entre a Física e a Economia serve para demonstrar a superioridade daquela sobre esta.

c) A semelhança entre a Física e a Economia está em que ambas veem crescer as incertezas em seu domínio de conhecimento.

d) A informação básica do texto é a de que mais cresce o desconhecimento, mais cresce o conhecimento.

e) A expressão "incerteza consciente" mostra uma contradição interna.

COMENTÁRIOS:

Alternativa "a" – Se as certezas da física crescem, significa que há crescimento dos conhecimentos, embora haja, também, incertezas.

Alternativa "b" – É impossível afirmar que haja superioridade, ou inferioridade entre a Física e a Economia.

Alternativa "c" – Exatamente: as incertezas da física crescem mais rapidamente; a área da incerteza consciente de Adam Smith, quanto à economia, era muito maior que a de seus antecessores.

No texto: *tem sido **semelhante***.

Alternativa "d" – Quanto mais cresce o conhecimento, mais crescem as incertezas.

Alternativa "e" – Consciente: possui conhecimento sobre alguma coisa. A incerteza consciente nada mais é do que a dúvida do conhecimento. Não é uma contradição interior.

RESPOSTA: C

23 **(FGV – ADAB – Fiscal Estadual Agropecuário – 2024)** A compreensão de textos pretende indicar os processos de produção dos significados neles presentes. Leia o texto a seguir:

"Os muçulmanos têm vários deveres básicos. As orações devem ser feitas cinco vezes ao dia, com os fiéis sempre voltados para Meca (leste, no Brasil). Às sextas-feiras, todos os homens devem assistir a uma cerimônia na mesquita e ouvir o sermão do meio-dia. Durante o ramadã (nono mês do seu calendário), é obrigatório o jejum e a abstinência de bebida, tabaco e relações sexuais. Além disso, os muçulmanos dão 10% de seus bens para a caridade e procuram fazer pelo menos uma peregrinação a Meca na vida".

(O Guia dos Curiosos, Marcelo Duarte)

Marque a opção que mostra uma observação correta sobre a sua estruturação.

a) A enumeração dos deveres básicos dos muçulmanos tem a intenção de criticar o exagero das cobranças do Islamismo.

b) Entre os parênteses, nas duas ocorrências, aparecem as traduções dos termos árabes anteriormente mencionados.

c) Por tratar-se de um texto informativo, onde a clareza é importante, todos os períodos do texto se mostram em ordem direta.

d) Após o primeiro período, todo o restante do texto destina-se à explicitação dos deveres básicos dos muçulmanos.

e) Depreende-se do texto que a peregrinação a Meca é o mais importante de todos os deveres citados.

COMENTÁRIOS:

Alternativa "a" – Possui a intenção de enumerar quais são os deveres. Há, também, explicações.

Alternativa "b" – No primeiro caso, indica localização; no segundo, aposto explicativo de ramadã.

Alternativa "c" – Apenas alguns períodos se mostram na ordem direta; outros não.

24 Ordem inversa: Às sextas-feiras, / Durante o ramadã (nono mês do seu calendário), / Além disso, ...

Alternativa "d" – Os deveres são estes: fazer orações cinco vezes ao dia, voltados para Meca; assistir a uma cerimônia na mesquita e ouvir o sermão do meio-dia às sextas-feiras; fazer jejum e abstinência de bebida, tabaco e relações sexuais; doar 10% dos bens para a caridade.

Alternativa "e" – Todos os deveres mencionados são básicos, não existe hierarquia.

RESPOSTA: D

25 **(FGV – ADAB – Fiscal Estadual Agropecuário – 2024)** Todo texto pertence a um modo de organização discursiva: descrição, narração, exposição, argumentação e injunção.

Assinale a opção em que o texto está devidamente identificado.

a) "Todos os deputados se aproximavam das urnas enquanto os discursos ocorriam". / narração.

b) "Não deixe para amanhã o que pode fazer depois de amanhã". / descrição.

c) "Os adjetivos são muito importantes na estruturação dos textos literários". / injunção.

d) "Nem todos os homens pertencem à raça humana, bastando observar suas atitudes". / argumentação.

e) "Compre hoje o novo Renault e obtenha um desconto apreciável!". / exposição.

COMENTÁRIOS:

Alternativa "a" – As ações são simultâneas, os verbos estão no pretérito imperfeito do indicativo: descrição.

Alternativa "b" – Texto injuntivo, é um conselho e o verbo *deixar* está no imperativo.

Alternativa "c" – Exposição: apresenta um conceito, uma definição.

Alternativa "d" – Defende uma ideia e tenta convencer o leitor.

Alternativa "e" – Texto injuntivo, é um conselho e o verbo *comprar* está no imperativo.

RESPOSTA: D

26 **(FGV – ADAB – Fiscal Estadual Agropecuário – 2024)** Os textos injuntivos mostram ordens, conselhos, avisos de alerta etc.

Assinale a opção em que a injunção traz uma ordem.

a) Amar a Deus sobre todas as coisas!

b) Se não vos converterdes e não vos tornardes como crianças, de modo algum entrareis no reino dos céus!

c) As crianças não devem receber a religião; têm de pegá-la no meio ambiente, como se pega o sarampo!

d) Toma cuidado com o homem cujo Deus está no céu!

e) Se não credes quando vos falo das coisas da terra, como ireis crer quando vos falar das coisas do céu?

COMENTÁRIOS:

Alternativa "a" – A ideia é: ame a Deus! Trata-se de uma ordem.

Alternativa "b" – Indica condição, hipótese: se não...

Alternativa "c" – Trata-se de uma sugestão.

Alternativa "d" – É um conselho, uma advertência, não é uma ordem.

Alternativa "e" – Também indica condição, hipótese – como na alternativa "b": se não...

RESPOSTA: A

27 **(FGV – ADAB – Fiscal Estadual Agropecuário – 2024)** Observe o seguinte início de um texto argumentativo: "Não se deve dirigir após ingerir bebida alcoólica...".

Assinale a opção em que o argumento apresentado na defesa dessa tese está corretamente identificado.

a) as estatísticas mostram que grande parte das mortes no trânsito são causadas por motoristas bêbedos / argumento apoiado na maioria das pessoas.

b) os médicos dizem que a ingestão de bebidas alcoólicas faz com que haja perda de reflexos nos motoristas / argumento apoiado na autoridade profissional dos médicos.

c) como se pôde ver no acidente ocorrido no centro da cidade na última semana / argumento apoiado na opinião do enunciador.

d) muitas famílias perdem entes queridos e muito importantes para a segurança familiar / argumento apoiado na intimidação dos possíveis motoristas que insistem em beber.

e) todo mundo sabe que a bebida deve ser condenada pelos males que causa em todas as áreas / argumento apoiado na evidência de fatos citados.

COMENTÁRIOS:

Alternativa "a" – Argumento apoiado nas estatísticas.

Alternativa "b" – Médicos são autoridades para falarem sobre as consequências.

Alternativa "c" – Argumento apoiado no acidente ocorrido.

Alternativa "d" – Argumento apoiado na perda de entes queridos e importantes para a segurança familiar.

Alternativa "e" – Argumento apoiado no conhecimento dos males da bebida.

RESPOSTA: B

28 **(FGV – ADAB – Fiscal Estadual Agropecuário – 2024)** Há uma diferença entre textos publicitários e textos de propaganda.

Assinale o texto que se enquadra entre as propagandas e não sobre a publicidade.

a) Compre Omo! Lava mais branco!

b) Viaje Air France! Tradição e segurança!

c) Colabore com a Apae! Todos agradecem!

d) Aumente seu capital. Invista em ações!

e) Não acredite em boatos. Invista em criptomoedas!

COMENTÁRIOS:

Nota da autora:

A **propaga**nda **propaga** uma ideia, é um anúncio, ou seja, há indicação de finalidade.

A **publicidade** busca a aceitação, **vende** algo, isto é, influencia o comportamento de alguém.

Alternativa "a" – Vende Omo = compre.

Alternativa "b" – Vende passagem da Air France: viaje = compre.

Alternativa "c" – Propaga uma ideia. Não está vendendo algo.

Finalidade: para que todos agradeçam.

Alternativa "d" – Vende algo: invista = compre ações.

Alternativa "e" – Vende algo: invista = compre criptomoedas.

RESPOSTA: C

29 **(FGV – ADAB – Fiscal Estadual Agropecuário – 2024)** Os textos podem ser estruturados em diversos registros de linguagem: erudita, formal, informal etc. Assinale a frase que mostra marcas de linguagem informal.

a) Místico é o sujeito que quer gozar com a alma ao invés do corpo.
b) Nenhum homem chegou a ser grande senão impelido por divina inspiração.
c) Quando o apocalipse vier, Senhor, que eu tenha, pelo menos, escovado os dentes.
d) Um devoto é aquele que, sob um rei ateu, seria ateu.
e) Não acredito em astrologia. Acho horóscopo uma tremenda bobagem e todos nós de Libra sentimos o mesmo.

COMENTÁRIOS:

Nota da autora: A linguagem erudita é um conjunto de práticas linguísticas que se caracteriza por ser a forma mais rebuscada de um idioma. A linguagem formal é o modo mais formal de se falar e escrever, sendo utilizada em situações mais sérias e oficiais. Preocupa-se com as normas de gramática e pronúncia. A linguagem informal é menos restrita pelas regras gramaticais, é utilizada em situações corriqueiras e descontraídas, como conversas diárias, mensagens de texto e redes sociais.

Alternativa "a" – O verbo "gozar" está no sentido de *possuir ou ter usufruto de; desfrutar.* A linguagem é formal.

Alternativa "b" – A preposição "senão" significa *exceto.* A linguagem é formal.

Alternativa "c" – Linguagem formal com resquício de informalidade em "escovado os dentes".

Alternativa "d" – Linguagem formal.

Alternativa "e" – O texto está na primeira pessoa e é subjetivo, por isso é informal: eu não acredito, eu acho.

RESPOSTA: E

30 **(FGV – Receita Federal – Analista-Tributário – 2023)** Os textos argumentativos podem apoiar-se em tipos diferentes de argumentos. Assinale a opção em que o argumento empregado pelo enunciador é apoiado na intimidação do receptor.

a) Não deixe para amanhã o que pode fazer hoje.
b) Ganhe muito e gaste menos.
c) Trabalhe pouco e ganhe muito.
d) Conserte seu carro em mecânicos competentes, é mais caro, mas é mais seguro.
e) Alimente-se de forma saudável e você chegará atrasado à outra vida.

COMENTÁRIOS:

Nota da autora: Intimidar é *ameaçar, amedrontar.*

Alternativa "a" – Não foi mencionada a consequência de não fazer hoje, isto é, não intimida.

Alternativa "b" – É apenas um conselho, não há, também, consequência.

Alternativa "c" – É impossível haver intimidação com tal informação.

Alternativa "d" – Trata-se também de um conselho: gaste mais, mas fique seguro.

Alternativa "e" – Caso você não se alimente de forma saudável, a chance de morrer é iminente. Isso é assustador, não é?

RESPOSTA: E

31 **(FGV – Receita Federal – Analista-Tributário – 2023)** Observe o relato de uma testemunha de um processo de auditoria fiscal, num diálogo com um fiscal: "Aí o empresário tentou misturar o documento falsificado com outros negócios que estavam numa gaveta, mas ele deu azar e o documento caiu e como eu tava lá, pude apanhar o papel no chão, que é esse que tá aí."
Tendo esse texto como referência, assinale a opção que marca uma característica da língua culta e não da língua popular.

a) O emprego de vocábulos de conteúdo geral, como, por exemplo, o vocábulo "negócios".
b) O emprego de conectores em lugar de outros de significados mais específicos, como, por exemplo, "Aí", na frase inicial.
c) A presença de repetições de palavras em busca de precisão, como, por exemplo, a repetição de "documento".
d) A utilização de um hiperônimo para evitar-se a repetição de palavras idênticas, como, por exemplo, "papel".
e) A utilização de expressões da linguagem popular, como, por exemplo, "deu azar".

COMENTÁRIOS:

Alternativa "a" – Linguagem popular: "negócios" está no sentido de *qualquer coisa cujo nome não se sabe ou não se quer dizer; troço.*

Alternativa "b" – Linguagem popular: *expressa continuidade, ligação entre uma coisa e outra; então, em seguida, depois.*

Alternativa "c" – A repetição da palavra "documento" demonstra que a linguagem é informal. Na formal, usaria recursos de coesão para evitar.

Alternativa "d" – O vocábulo "papel" é, no contexto, hiperônimo de "documento". Trata-se de um recurso coesivo para evitar repetições.

Alternativa "e" – Já informa que é característica da linguagem popular, não da linguagem culta – conforme exigido no comando da questão.

RESPOSTA: D

32 **(FGV – Receita Federal – Analista-Tributário – 2023)** *"Renda é o produto ou resultado do trabalho, do capital ou dos dois. De forma simples, um empregado que trabalha um mês recebe um salário que é o resultado da função que ele exerce. É como se ele "vendesse" sua atividade pelo salário. No caso do emprego do capital, o raciocínio é parecido: quando uma pessoa empresta dinheiro, ela não espera somente o pagamento do empréstimo, no mesmo valor. Ela possui a expectativa de receber os juros deste empréstimo, que são a remuneração do capital aplicado. Da mesma* *forma, o empresário, ao exercer sua atividade empresarial, não "troca" dinheiro. Ele investe seu capital na expectativa de auferir lucro – que é a remuneração da atividade empresarial, superior ao capital investido."*

A respeito desse segmento, assinale a afirmativa correta.

a) Trata-se de um texto jornalístico que procura informar aos leitores as últimas novidades na área do imposto de renda.

b) Identifica-se como um verbete de dicionário, com a preocupação de definir uma série de termos pertinentes ao mesmo campo semântico.

c) Faz parte de um texto normativo, pois mostra os princípios legais que regem atividades econômicas.

d) Aproxima-se de um texto didático que tem a preocupação de simplificar conhecimentos técnicos da área econômica.

e) Mostra-se como um texto argumentativo, defendendo a tese de tornar os conhecimentos econômicos mais populares.

COMENTÁRIOS:

Alternativa "a" – Pode ser considerado jornalístico pelo fato de informar algo, mas, em momento algum, menciona imposto de renda. O assunto é a renda.

Alternativa "b" – Não há identificação com verbete de dicionário porque não registra os vários sentidos da palavra *renda* nem há explicações gramaticais sobre essa palavra – características de verbete.

Alternativa "c" – Os textos normativos são regulatórios, sistematizam leis e códigos que asseguram os direitos e os deveres do ser humano, ordena as normas funcionais de uma determinada comunidade, instituição, igreja, escola, empresas provadas ou instituições públicas. Não é o caso do texto acima.

Alternativa "d" – O objetivo do texto é explicar o significado de "renda", simplificando conhecimentos da área econômica.

Observação: o texto didático possui objetivos pedagógicos, é objetivo, impessoal e possui linguagem acessível a todos os leitores.

Alternativa "e" – Não apresenta uma opinião, um ponto de vista. Ele conceitua o vocábulo *renda*.

RESPOSTA: D

33 **(FGV – Receita Federal – Analista-Tributário – 2023)** Leia com atenção o pequeno texto abaixo:

"Pagamos mais impostos em remédios do que em revistas e filmes pornográficos – Sim, isso mesmo. Enquanto revistas eróticas sofrem uma taxação de 19%, nossos remédios possuem uma carga tributária de incríveis 34%. Além de dar prioridade ao conteúdo adulto, nosso sistema tributário ainda nos trata pior do que animais: segundo o Instituto Brasileiro de Planejamento e Tributação (IBPT), medicamentos veterinários possuem uma carga tributária de 13%, quase um terço dos impostos embutidos em remédios de uso humano."

(Sete fatos impressionantes sobre os impostos no Brasil – Emanuel Steffen)

Nesse texto, a crítica realizada é a de que os impostos

a) demonstram a insanidade do sistema tributário, que incentiva o consumo de revistas e filmes pornográficos.

b) mostram desequilíbrio na tributação, pois provocam aumento de preços em setores menos importantes.

c) indicam a absoluta falta de critério na taxação de produtos mais importantes, em detrimento de outros de menor importância social.

d) comprovam a ilogicidade da cobrança, já que tributam mais os produtos em que deveriam cobrar menos, em comparação com outros.

e) privilegiam setores de menor interesse social, ao passo que cobram bastante de outros em que há interesse humano.

COMENTÁRIOS:

Alternativa "a" – Os impostos não demonstram insanidade (ocorreu extrapolação textual) nem podemos afirmar que haja incentivo para o consumo de produtos eróticos.

Alternativa "b" – O aumento de preços ocorre no setor mais importante.

Alternativa "c" – Não é "em detrimento" (desvantagem, prejuízo, perda) de produtos de menor importância, é vantagem.

Alternativa "d" – Não existe lógica, ou seja, coerência ao pagar uma carga tributária de 34% em remédios humanos e pagar 19% e 13% em revistas eróticas e em medicamentos veterinários, respectivamente.

Alternativa "e" – Não se trata de menor ou maior interesse social nem de interesse humano. Medicamentos veterinários e produtos eróticos podem fazer parte de interesses humanos.

RESPOSTA: D

34 (FGV – Receita Federal – Analista-Tributário – 2023) Num artigo interessante sobre os impostos no Brasil, intitulado Sete fatos impressionantes sobre os impostos no Brasil, o autor, Emanuel Steffen, cita como um desses fatos:

"Não bastasse a complexidade existente, todos os dias são criadas mais 46 leis tributárias – Desde a promulgação da Constituição de 1988, o Brasil criou 320.343 leis tributárias. Sim: trezentos e vinte mil, trezentos e quarenta e três leis tributárias. Levando-se em conta o número de dias úteis no período, foram criadas 46 novas leis todos os dias, segundo um levantamento do IBPT. Se continuarmos nesse ritmo, nossa complexidade tributária só tende a piorar e complicar ainda mais os negócios do país, que já precisam seguir 40.865 artigos legais para poderem funcionar."

O fato citado é considerado "impressionante" pelo autor do texto em função

a) da alta complexidade do sistema tributário, acrescido do grande número de novas leis, criadas diariamente.

b) do grande número de novas leis diariamente publicadas, o que torna o trabalho dos administradores impossível de ser realizado.

c) da complicação legal trazida pelas novas leis, que contrariam leis já previamente existentes, fazendo com que o funcionamento de negócios se complique demasiadamente.

d) do enorme espaço de tempo dispendido no aprendizado das novas leis, que são rapidamente substituídas por outras.

e) da impossibilidade da criação de novos negócios já que é inexequível a obediência a mais de 40.865 artigos legais.

COMENTÁRIOS:

Alternativa "a" – Alta complexidade: *Não bastasse a complexidade existente*; grande número de novas leis: *todos os dias são criadas mais 46 leis tributárias.*

Alternativa "b" – Não torna impossível o trabalho dos administradores, apenas dificulta.

Alternativa "c" – Não menciona leis já previamente existentes.

Alternativa "d" – Não menciona aprendizado, apenas menciona que a complexidade tributária tende a piorar.

Alternativa "e" – Nada indica que seja impossível criar novos negócios.

RESPOSTA: A

35 **(FGV – SEFAZ MT – Fiscal de Tributos Estaduais – 2023)** Assinale a opção que apresenta o segmento textual que deve ser incluído entre os <u>textos descritivos</u>.

a) "Nós estamos em meio a uma corrida entre a destreza humana quanto aos meios e a sandice humana quanto aos fins."

b) "Conhecimento é poder, mas poder para o mal não menos que para o bem."

c) "A felicidade é a satisfação ulterior de um desejo pré-histórico."

d) "Não se pode sustentar que a civilização por si mesma faz os homens mais felizes do que eles são na condição selvagem."

e) "Antes de os portugueses descobrirem o Brasil, o Brasil tinha descoberto a felicidade."

COMENTÁRIOS:

Nota da autora: Quando a banca exigir **texto descritivo**, lembre-se de que é necessário haver um **conceito**, uma **definição**.

O **texto argumentativo** defende uma ideia, uma teoria, uma hipótese ou uma opinião. Possui o objetivo de convencer o leitor.

Alternativa "a" – Argumentação: defende uma ideia.

Alternativa "b" – Argumentação: defende uma opinião – <u>mas</u> poder para o mal <u>não menos que</u> para o bem.

Alternativa "c" – Existe claramente um conceito: A felicidade **é** a satisfação ulterior.

Alternativa "d" – Argumentação: defende uma opinião – <u>não se pode sustentar</u> ...<u>mais felizes do que ele são</u>.

Alternativa "e" – Argumentação: defende uma ideia – <u>o Brasil tinha descoberto a felicidade</u>.

RESPOSTA: C

36 **(FGV – SEFAZ MT – Fiscal de Tributos Estaduais – 2023)**

"Trabalhar pelo preço oferecido por outro e para o lucro deste, sem interesse algum pelo trabalho – sendo o preço do trabalho ajustado pela competição hostil, com um lado pedindo o mais possível e o outro pagando o menos que puder –, não é, mesmo quando os salários são elevados, um estado satisfatório para seres humanos de inteligência cultivada, que deixaram de julgar-se inferiores àqueles a quem servem."

John Stuart Mill (1848)

No fragmento acima, Stuart Mill afirma que

a) todos os que trabalham para outros julgam-se inferiores a eles.
b) o preço do trabalho é fruto de uma disputa legal entre patrões e empregados.
c) a competição citada é hostil porque cada um só enxerga os seus interesses.
d) os salários pagos nunca são satisfatórios para seres humanos de inteligência cultivada.
e) as relações trabalhistas tendem a se tornar mais problemáticas em um futuro próximo.

COMENTÁRIOS:

Alternativa "a" – Não são todos: *para* ***seres humanos de inteligência cultivada****, que deixaram de julgar-se inferiores àqueles a quem servem.*

Alternativa "b" – A disputa não é legal, é ofensiva, é agressiva: *o preço do trabalho ajustado pela* ***competição hostil****.*

Alternativa "c" – Ideia clara neste trecho: *com um lado pedindo o mais possível e o outro pagando o menos que puder.*

Alternativa "d" – É impossível afirmar que nunca são satisfatórios, houve extrapolação textual. O estado satisfatório mencionado no texto está ligado ao ato de trabalhar pelo preço oferecido por outro, não ao salário.

Alternativa "e" – Stuart menciona as relações trabalhistas no presente, não se refere, a momento algum, ao futuro.

RESPOSTA: C

37 **(FGV – SEFAZ MT – Fiscal de Tributos Estaduais – 2023)** As opções a seguir mostram frases de campanhas publicitárias cuja argumentação se apoia em um valor social qualquer.

Assinale a opção que apresenta a frase em que esse valor social está corretamente identificado.

a) Tenha sucesso na vida! Estude na UFMT e ganhe os melhores salários! / *vaidade.*
b) Faça amizade com seus vizinhos: você e eles podem precisar de ajuda amanhã. / *compreensão.*
c) Escute seus avós: eles não estudaram na universidade, mas possuem experiência. / *tradição.*

d) Não deixe para amanhã o que pode fazer hoje: pague hoje mesmo o seu imposto sobre a renda! / *prudência.*

e) Faça o que fez Cabral: descubra coisas novas! / *coragem.*

COMENTÁRIOS:

Alternativa "a" – Ostentação e ambição não são valores sociais.

Alternativa "b" – Cooperação, correspondência entre um e outro (reciprocidade).

Alternativa "c" – Costume transmitido de geração para geração. Não se trata de valor social.

Alternativa "d" – O vocábulo "prudência" está ligado a valor social porque significa *qualidade da pessoa que age de maneira a evitar perigos ou consequências ruins, com precaução; cautela, atenção, sensatez.*

Se você é cauteloso, não deixará para fazer amanhã.

Alternativa "e" – Influência, inspiração: também não são valores sociais.

RESPOSTA: D

Texto 1 – Como sabemos que o aquecimento global é real?

Por Carlos Tosi

"A primeira coisa a dizer a respeito disso é que a ciência básica por trás do mecanismo do aquecimento global – ou mudança climática, para quem quiser a versão mais sofisticada do problema – é bem simples, direta, nada controversa e está estabelecida há séculos.

O fato de que a atmosfera terrestre aprisiona energia solar já havia sido deduzido por Joseph Fourier há quase 200 anos. Svante Arrhenius já estabeleceu que os principais responsáveis por esse processo são o CO_2 e o vapor d'água, há mais de 100.

Não existe, aliás, nenhuma controvérsia quanto à capacidade do dióxido de carbono de capturar calor: ela é levada em conta, por exemplo, no design de mísseis termoguiados, aqueles que perseguem o avião acrobático do herói nos filmes de ação.

Some-se a esses fatos bem estabelecidos apenas mais um, também nada polêmico – o de que a queima de petróleo, carvão e outros hidrocarbonetos produz CO_2 – e temos uma cadeia de premissas que leva a deduções lógicas que não requerem nenhum 'Xeroque Rolmes': o CO_2 impede que a Terra devolva ao espaço o calor recebido do Sol. Quanto mais CO_2, mais calor fica aprisionado. Quanto mais petróleo usamos, mais CO_2 emitimos. Usamos bastante petróleo. Logo, estamos esquentando o planeta.

Claro que, em se tratando de ciências físicas, cadeias dedutivas não bastam: é preciso confrontá-las com observações e experimentos. Afinal, mesmo que o encadeamento lógico, construído a partir das premissas conhecidas, seja perfeito, sempre é possível que a natureza tenha deixado alguma premissa oculta pelo caminho.

No caso do aquecimento global causado por atividade humana, é verdade que, pelo menos até os anos 70 do século passado, muitos cientistas especulavam se o efeito não seria autolimitante: talvez outras formas de poluição emitidas junto com o CO_2 fizessem 'sombra' na Terra e reduzissem a radiação solar incidente (o mesmo princípio, ainda que numa escala bem menos dramática, do Inverno Nuclear). Ou talvez o aumento na evaporação de água produzisse mais nuvens e essas nuvens, sendo brancas, refletissem a luz do Sol de volta ao espaço.

Mas hoje sabemos que essas válvulas de escape e controle, com que imaginávamos poder contar, 40 anos atrás, simplesmente não funcionam. Mesmo a cobertura de nuvens pode, na verdade, acelerar o aquecimento.

Observações e experimentos conduzidos nas últimas décadas mostraram que o efeito estufa não é autolimitante e, sim, autoacelerante! Não só o ganho em nuvens e sujeira falha em equilibrar o aumento de temperatura, como a perda do gelo (branco, refletor de luz solar) nos oceanos expõe a água (escura), e o aquecimento dos solos congelados libera metano, outro gás do efeito estufa.

Também não faz sentido negar que o planeta esteja aquecendo. Há medições científicas do conteúdo de calor aprisionado nos oceanos e na superfície terrestre, e elas mostram clara elevação. As temperaturas globais também têm aumentado, e são as maiores, pelo menos, dos últimos mil anos. Um argumento ingênuo contra essa constatação é o de que ainda ocorrem invernos rigorosos. Mas, da mesma forma que um eventual dia frio no verão não nega o fato de que esta é uma estação, no geral, mais quente que as demais, eventuais períodos de frio intenso não desfazem a tendência geral, de longo prazo, de aquecimento do globo terrestre.

Pode-se argumentar, ainda, que o clima global responde a outros fatores – cientistas chamam-nos de 'forçantes' – para além da concentração de gases emitidos pela atividade industrial humana, como a intensidade do brilho do Sol. É verdade. A questão, portanto, é determinar quais as forçantes que predominam dentro do cenário atual.

Acontece que a atividade solar tem estado em declínio desde os anos 80, e ainda assim as temperaturas seguem subindo. Variações periódicas na órbita da Terra também deveriam estar nos encaminhando para um período de resfriamento e, a despeito disso, as temperaturas seguem subindo.

Um trabalho exaustivo de avaliação e teste da hipótese de que diferentes forçantes climáticas poderiam explicar o cenário atual deixa, como principal responsável pelo aquecimento, o acúmulo de CO_2 gerado por atividade humana na atmosfera nos últimos 200 anos.

A saída que resta para quem insiste em negar esses fatos é apostar em alguma espécie de ilusão coletiva ou conspiração envolvendo praticamente todos os cientistas – mais de 90%, na verdade – que têm o estudo do clima e de suas variações de longo prazo como principal foco de pesquisa.

Dada a forma como a atividade científica é conduzida, com a rotina de críticas duras por parte de colegas e competidores, a constante reanálise de dados e a exigência de revisão dos resultados pelos pares, a ocorrência de um fenômeno assim é algo bem próximo do inconcebível.

Esse apelo desesperado à ilusão ou à conspiração é comum em círculos pseudocientíficos – criacionistas usam-no para explicar a exclusão de suas crenças do currículo das ciências e homeopatas, acuados, também começam a se valer dele – mas não deveria ter lugar no debate sério sobre o que a melhor ciência disponível realmente diz."

Disponível em: https://revistaquestaodeciencia.com.br/questionador-questionado/2018/12/09/como-sabemos-que-o-aquecimento-global-e-real-e-causado-por-nos. Acesso em: 04/01/2023

38 **(FGV – CGM RJ – Técnico de Controle Externo – 2023)** Do ponto de vista da sua macroestrutura, o texto 1 pode ser dividido em dois grandes blocos:

o bloco 1, que vai do primeiro até o quarto parágrafo;

e o bloco 2, que vai do sexto até o penúltimo parágrafo.

Entre eles, o quinto parágrafo funciona como um parágrafo de transição.

A diferença entre os dois blocos, no que diz respeito à contribuição que eles oferecem para a construção da argumentação, é corretamente capturada pela seguinte dicotomia:

a) percurso histórico (bloco 1) X situação atual (bloco 2);
b) plausibilidade teórica (bloco 1) X validade empírica (bloco 2);
c) raciocínio lógico (bloco 1) X forçantes climáticas (bloco 2);
d) ciências físicas (bloco 1) X cadeias dedutivas (bloco 2);
e) consenso científico (bloco 1) X ilusão coletiva (bloco 2).

COMENTÁRIOS:

Nota da autora: Dicotomia é *oposição entre duas coisas, geralmente entre dois conceitos.*

Alternativa "a" – 1. Apenas cita que houve uma dedução de Joseph Fourier há quase 200 anos e que, há mais de 100, Svante Arrhenius já estabeleceu que os principais responsáveis por esse processo são o CO_2 e o vapor d'água. Não possui percurso histórico.

2. Começa se referindo ao tempo "até os anos 70", depois menciona "40 anos atrás", ou seja, não é uma situação atual.

Alternativa "b"

1. **Plausibilidade teórica** (teoria aceitável, admissível): *a ciência básica por trás do mecanismo do aquecimento global é bem simples, direta, nada controversa e está estabelecida há séculos. O fato de que a atmosfera terrestre aprisiona energia solar já havia sido deduzido por Joseph Fourier há quase 200 anos. Svante Arrhenius já estabeleceu que os principais responsáveis por esse processo são o CO_2 e o vapor d'água, há mais de 100* etc.
2. **Validade empírica** (resulta de experiência, é desenvolvida a partir da prática): *hoje sabemos que essas válvulas de escape e controle, com que imaginávamos poder contar, 40 anos atrás, simplesmente não funcionam.* (...) *Observações e experimentos conduzidos nas últimas décadas mostraram que o efeito estufa não é autolimitante e,*

sim, autoacelerante! (...) Há medições científicas do conteúdo de calor aprisionado nos oceanos e na superfície terrestre, e elas mostram clara elevação etc.

Alternativa "c" – 1. Poderia ser raciocínio lógico; 2. Menciona as forçantes climáticas. O problema está ao afirmar que existe oposição entre essas ideias.

Alternativa "d" – 2. Não são cadeias dedutivas.

Alternativa "e" – 2. Não se trata de ilusão coletiva.

RESPOSTA: B

39 **(FGV – CGM RJ – Técnico de Controle Externo – 2023)** A concessão é uma estratégia argumentativa caracterizada por dois movimentos retóricos: inicialmente (movimento 1), o enunciador parece conceder razão ao seu oponente; em seguida (movimento 2), o enunciador refuta a tese desse mesmo oponente.

No que se refere ao texto 1, é correto afirmar que esses dois movimentos estão presentes, nessa ordem, no seguinte par de parágrafos:

a) 1 e 2;
b) 4 e 5;
c) 6 e 7;
d) 10 e 11;
e) 14 e 15.

COMENTÁRIOS:

Nota da autora: Questão de interpretação textual e de período composto.

Ao mencionar "concessão", imediatamente você precisa pensar em período composto, nas conjunções e locuções conjuntivas adverbiais concessivas.

Alternativa "a" – Não há concessão. 1 e 2: o enunciador parece conceder razão ao seu oponente.

Alternativa "b" – Não há concessão. 1: acréscimo de informação; 2: sugestão + conclusão (afinal).

Alternativa "c" – 1. Razão ao oponente: ***é verdade que***. 2. Refuta a tese: *Mas hoje sabemos que essas válvulas de escape e controle não funcionam.* O problema é que não ocorreu uma concessão nesse caso.

Alternativa "d" – 1. Razão ao oponente: ***Pode-se argumentar***; 2. Refuta a tese: *Acontece que a atividade solar tem estado em declínio desde os anos 80, e* ***ainda assim*** *as temperaturas seguem subindo. Variações periódicas na órbita da Terra também deveriam estar nos encaminhando para um período de resfriamento e,* ***a despeito disso***, *as temperaturas seguem subindo.*

Aqui ocorre concessão, note as locuções subordinativas adverbiais utilizadas.

Alternativa "e" – Além de não haver concessão, em 1 exige a reanálise, isto é, não dá razão ao oponente.

RESPOSTA: D

40 **(FGV – CGM RJ – Técnico de Controle Externo – 2023)** "A primeira coisa a dizer a respeito disso é que a ciência básica por trás do mecanismo do aquecimento global – ou mudança climática, para quem quiser a versão mais sofisticada do problema – **é bem simples, direta, nada controversa e está estabelecida há séculos**." (Texto 1, 1º parágrafo)

No trecho sublinhado acima, são enumeradas quatro palavras ou expressões que funcionam como sinônimos contextuais: "bem simples", "direta", "nada controversa" e "estabelecida há séculos".

No contexto do texto 1, o enfileiramento desses quatro itens produz o efeito de:

a) preparar o leitor para uma conclusão incômoda;

b) relativizar uma afirmação polêmica;

c) explicitar um argumento subentendido;

d) evidenciar uma falácia argumentativa;

e) enfatizar a validade de um conjunto de premissas.

COMENTÁRIOS:

Alternativa "a" – A conclusão não pode ser incômoda, perturbante ou embaraçosa, pois as palavras e expressões são apropriadas, são oportunas.

Alternativa "b" – Não relativiza e a informação não é controvérsia.

Alternativa "c" – O argumento está explícito, claro, manifesto.

Alternativa "d" – Não se trata de algo falso ou enganoso.

Alternativa "e" – Os quatro itens servem de base para a criação de opiniões, ponto de vista e raciocínio e dão ênfase, óbvio.

RESPOSTA: E

41 **(FGV – CGM RJ – Técnico de Controle Externo – 2023)** Textos argumentativos são tipicamente polifônicos – isto é, eles nos permitem "ouvir a voz" de diferentes atores e grupos sociais, e não apenas a do seu autor.

A alternativa em que a posição expressa NÃO pode ser atribuída ao autor do texto 1 é:

a) "O fato de que a atmosfera terrestre aprisiona energia solar já havia sido deduzido por Joseph Fourier há quase 200 anos." (2º parágrafo);

b) "Não existe, aliás, nenhuma controvérsia quanto à capacidade do dióxido de carbono de capturar calor" (3º parágrafo);

c) "Ou talvez o aumento na evaporação de água produzisse mais nuvens e essas nuvens, sendo brancas, refletissem a luz do Sol de volta ao espaço." (6º parágrafo);

d) "As temperaturas globais também têm aumentado, e são as maiores, pelo menos, dos últimos mil anos." (9º parágrafo);

e) "Acontece que a atividade solar tem estado em declínio desde os anos 80, e ainda assim as temperaturas seguem subindo." (11º parágrafo).

COMENTÁRIOS:

Alternativa "a" – É o autor quem escreve e cita Joseph Fourier para demonstrar que a dedução aconteceu há quase 200 anos.

Alternativa "b" – A ideia também é do autor.

Alternativa "c" – A afirmação é de "muitos cientistas", não o autor do texto: ***muitos cientistas*** *especulavam se o efeito não seria autolimitante:* talvez outras formas de poluição emitidas junto com o CO2 fizessem 'sombra' na Terra e reduzissem a radiação solar incidente [...]. ***Ou talvez o aumento na evaporação de água produzisse mais nuvens e essas nuvens, sendo brancas, refletissem a luz do Sol de volta ao espaço.***

Alternativa "d" – Ideia atribuída ao autor de texto.

Alternativa "e" – Ideia atribuída ao autor de texto.

RESPOSTA: C

Texto 2 – O jornalismo de opinião pode perpetuar negacionismos?

(adaptado) Por Matheus Cervo

"No dia 9 de agosto de 2021, o Painel Intergovernamental sobre Mudanças Climáticas (IPCC, na sigla em inglês) emitiu um dos mais completos e conclusivos relatórios sobre a grave crise ecológica e planetária que enfrentamos. O documento tem mais de 3 mil páginas, que foram escritas por aproximadamente 200 cientistas oriundos de 60 países diferentes a partir de anos de pesquisa sobre o tema, citando mais de 14 mil estudos que dão base às conclusões feitas.

Após apenas um mês de emissão do relatório, o jornal Zero Hora (ZH) publicou um infeliz artigo de opinião de Flávio Juarez Feijó chamado 'Aquecimento Natural'. Apesar de ser geólogo e ser mestre em geociências, Flávio foi abraçado pelo jornal da capital gaúcha por suas opiniões descabidas, que não possuem nenhum embasamento científico.

Nesse artigo aprovado por ZH, ele ousou dizer que o relatório do IPCC é alarmista e que tem como meta o impedimento do crescimento de países subdesenvolvidos como o Brasil. Como supostos argumentos científicos, afirma que as mudanças climáticas atuais fazem parte de um ciclo natural da terra e que não é necessário reduzir a emissão de gases de efeito estufa. Ainda, opina que as metas de carbono zero fariam a sociedade voltar a andar a cavalo e que a agricultura do nosso país voltaria a ser movida por arados a boi.

Em letras miúdas quase imperceptíveis ao(à) leitor(a), o jornal ZH escreve no rodapé da página do artigo: 'Os textos não representam a opinião do Grupo RBS'. Contudo, essa não é a primeira vez que ZH abraça as opiniões de Flávio, já que publicou outro texto do geólogo em 2018 chamado 'Descarbonizar não é preciso'. Neste texto, sem nenhuma referência científica, diz que o derretimento das geleiras não acrescentaria uma 'gota no oceano', que o gelo da Antártica está protegido e que o nível do mar não irá subir. Ainda assim, não se contém e diz que, caso várias áreas do planeta derretam devido ao 'aquecimento natural', deve-se aproveitar as 'benesses' do contexto e criar novas rotas de navegação e vastas áreas de agricultura (!).

Não é preciso dizer mais nada para afirmar que escolhas editoriais como essa são perigosas e devem ser apontadas como tal. Pequenas notas em rodapé não devem justificar a falta de responsabilidade de veículos de comunicação para com a pauta do colapso climático. É importante dizer que essas escolhas estão sendo feitas por muitos jornais brasileiros, como Folha de São Paulo, que publicou um péssimo texto de Leandro Narloch chamado 'Negacionistas e aceitacionistas se equivalem na reação histérica contra quem questiona seus dogmas'. A publicação foi feita apenas 8 dias depois da emissão do relatório do IPCC e apenas 3 dias após manifestação do ombudsman da Folha contra o mesmo colunista.

Esse pronunciamento do ombudsman só ocorreu devido à grande polêmica que os diversos textos negacionistas de Narloch causaram na opinião pública através das redes sociais. Por isso, devemos nos manter alerta às decisões editoriais como as de Zero Hora e nos manifestar criticamente para que o jornalismo brasileiro não aja como se o colapso climático fosse questão de opinião."

Disponível em: https://jornalismoemeioambiente.com/2021/09/13/o-jornalismo-de-opiniao-pode-perpetuar-negacionismos- %ef%bf%bc/. Acesso em: 04/01/2023

42 **(FGV- CGM RJ – Técnico de Controle Externo – 2023)** O texto 2 apresenta não apenas o mesmo tema geral do texto 1 (o negacionismo em relação ao aquecimento global), mas também o mesmo modo de organização discursiva predominante: em ambos os casos, trata-se de textos argumentativos, como se pode verificar pela presença de uma tese central e de argumentos que a sustentam.

A passagem do texto 2 que melhor sintetiza sua tese central é:

a) "No dia 9 de agosto de 2021, o Painel Intergovernamental sobre Mudanças Climáticas (IPCC, na sigla em inglês) emitiu um dos mais completos e conclusivos relatórios sobre a grave crise ecológica e planetária que enfrentamos." (1º parágrafo);

b) "Apesar de ser geólogo e ser mestre em geociências, Flávio foi abraçado pelo jornal da capital gaúcha por suas opiniões descabidas que não possuem nenhum embasamento científico." (2º parágrafo);

c) "ele ousou dizer que o relatório do IPCC é alarmista e que tem como meta o impedimento do crescimento de países subdesenvolvidos como o Brasil." (3º parágrafo);

d) "o derretimento das geleiras não acrescentaria uma 'gota no oceano', que o gelo da Antártica está protegido e que o nível do mar não irá subir." (4º parágrafo);

e) "Não é preciso dizer mais nada para afirmar que escolhas editoriais como essa são perigosas e devem ser apontadas como tal." (5º parágrafo).

COMENTÁRIOS:

Nota da autora: Tese central é a ideia mais importante do texto, é o motivo pelo qual ele foi escrito.

Dica: atente-se ao título do texto – *O jornalismo de opinião pode perpetuar negacionismos?*

Alternativa "a" – O relatório não é a tese central.

Alternativa "b" – O fato de Flávio escrever para o jornal da capital e ter opiniões descabidas não é a tese principal.

Alternativa "c" – A ousadia dele não é a tese central.

Alternativa "d" – É apenas uma informação sem referência científica.

Alternativa "e" – Tese central: *Não é preciso dizer mais nada para afirmar que* ***escolhas editoriais como essa são perigosas e devem ser apontadas como tal****. Pequenas notas em rodapé não devem justificar a falta de responsabilidade de veículos de comunicação para com a pauta do colapso climático.*

RESPOSTA: E

43 **(FGV – CGM RJ – Técnico de Controle Externo – 2023)** "Por isso, devemos nos manter alerta às decisões editoriais como as de Zero Hora e nos manifestar criticamente para que o jornalismo brasileiro não aja como se o colapso climático fosse questão de opinião." (Texto 2, 6º parágrafo, último período) O texto 2 é predominantemente argumentativo (no que se refere ao seu modo de organização discursiva) e desempenha majoritariamente as funções referencial e emotiva (no que se refere ao seu propósito comunicativo).

Seu último período, no entanto, subverte esse padrão, na medida em que evidencia uma predominância:

a) do modo narrativo e da função metalinguística;
b) do modo descritivo e da função fática;
c) do modo injuntivo e da função conativa;
d) do modo argumentativo e da função poética;
e) do modo expositivo e da função fática.

COMENTÁRIOS:

Nota da autora: Questão de tipologia textual e de funções da linguagem.

Alternativa "a" – Não é narração nem existe função metalinguística – *o emissor explica um código utilizando o próprio código.*

Alternativa "b" – Não é uma descrição e não predomina a função fática – *estabelecer ou interromper a comunicação.*

Alternativa "c" – Modo injuntivo porque ordena: ***devemos nos manter alerta*** *às decisões editoriais.* A função conativa (ou apelativa) possui o objetivo de convencer o leitor.

Alternativa "d" – É argumentativo porque tenta convencer o leitor, mas não há predominância da função poética – *possui como marca a utilização do sentido conotativo das palavras.*

Alternativa "e" – Não é expositivo porque não apresenta definição ou conceito. É argumentativo, como mencionado na alternativa anterior. Além disso, não predomina a função fática – *estabelecer ou interromper a comunicação.*

RESPOSTA: C

44 **(FGV – CGM RJ – Técnico de Controle Externo – 2023)** "O documento tem mais de **3 mil páginas**, que foram escritas por aproximadamente **200 cientistas** oriundos de **60 países diferentes** a partir de anos de pesquisa sobre o tema, citando mais de **14 mil estudos** que dão base às conclusões feitas." (Texto 2, 1º parágrafo)

Na passagem transcrita acima, chama a atenção o acúmulo de quatro dados numéricos ("3 mil páginas", "200 cientistas", "60 países diferentes" e "14 mil estudos") em um único período.

No contexto do texto 2, esse acúmulo produz o efeito de:

a) minimizar a importância do aquecimento global;
b) reforçar um argumento de autoridade;
c) revelar um raciocínio circular;
d) expor o caráter controverso das mudanças climáticas;
e) ressaltar a importância de conscientizar os consumidores.

COMENTÁRIOS:

Alternativa "a" – É para aumentar, enfatizar a importância do relatório sobre a grave crise ecológica.

Alternativa "b" – Cita números para justificar a conclusão, ou seja, é um argumento de autoridade. Antes disso, menciona que o IPCC emitiu um dos mais completos e conclusivos relatórios sobre a crise ecológica planetária.

Dica: argumento de autoridade *é aquele no qual citamos um especialista, autoridade em determinado assunto, para justificar uma conclusão. Esse pode ser um cientista, um filósofo, uma instituição de pesquisa entre outros*[11].

Alternativa "c" – Não se trata de um discurso falso, ou de ilusão. É o oposto.

Alternativa "d" – Não é um argumento questionável, duvidoso.

Alternativa "e" – Não se refere à conscientização de consumidores. Os números são para apresentar dados reais do relatório do IPCC e critica o jornal ZH por abraçar as opiniões de uma pessoa que escreve artigos sem referência científica.

RESPOSTA: B

Texto para responder à questão.

A origem dos tributos

Atualmente a atividade tributária tem assumido o papel de prover os recursos destinados ao governo para a realização dos fins almejados e revertidos para o bem-estar da coletividade, porém nem sempre foi assim.

Na antiguidade a tributação se destinava basicamente a custear guerras e a prover o sustento de uma classe governante que excedia em seus gastos com luxo e obras suntuosas para o seu mero deleite.

11. Filosofia na escola. Disponível em <filosofianaescola.com/logica/argumento-de-autoridade/>. Acesso em 1º de agosto 2023.

Em comunidades primitivas, quando a terra passou a ser um bem de muito valor e objeto constante de disputa entre diversas tribos, as tribos vencedoras exigiam vantagens tributárias tais como, contribuições em ouro, escravos e mercadorias a título de despojos de Guerra.

Na Pérsia no governo de Ciro, no século VI a. C foi implantado um eficiente sistema de correio que permitia o acompanhamento da arrecadação e controle. Tem origem na Pérsia a mais antiga taxa de prestação de serviço público, referente à expedição de carta de correspondência.

Nos antigos impérios a população pagava a "décima", que correspondia a 10% sobre a produção devida ao Estado para as obras públicas.

No Egito antigo o império instituiu uma administração altamente especializada e centralizada e dentre as carreiras públicas, a de escriba real que controlavam a arrecadação de tributos, estava no topo da carreira. O regime tributário no Egito incidia sobre os camponeses que tinham a obrigação de pagarem a título de imposto uma contribuição sobre o montante da produção.

Na Grécia antiga os tributos serviam para custear as despesas de guerra e para isso o Estado cobrava impostos sobre estrangeiros, assim como a conquista de novas áreas servia para aumentar o controle da arrecadação tributária naquela região.

No império Romano a arrecadação de impostos também teve grande importância, pois sua riqueza e expansão foram conquistadas sobre bases tributárias. A expansão do império Romano resultou na anexação de territórios fora da Itália, sendo que as cidades provinciais pagavam os tributos diretos e permanentes sobre as pessoas, e sobre a produção da terra, bem como sobre exploração das minas. O atual sistema de múltiplos impostos foi herdado dos romanos.

(Alessandro Leôncio Frazão)

45 **(FGV – Receita Federal – Auditor-Fiscal – 2023)** Um texto obedece a uma determinada estruturação, que, segundo seu autor, é mais conveniente.
Assinale a observação adequada sobre a estruturação desse texto.

a) Tratando-se de um texto histórico, cada parágrafo mostra sucessão cronológica e uma contínua retomada de informações anteriormente fornecidas.

b) O critério de paragrafação do texto é fundamentado na diferença cronológica e na noção de progresso aplicada aos impostos.

c) O parágrafo final do texto mostra um ponto de chegada do sistema de impostos, caracterizado pela multiplicidade e pela ligação mais próxima ao sistema atual de cobrança.

d) O primeiro parágrafo mostra a etapa mais antiga do sistema de impostos, em oposição a todos os citados na sequência do texto.

e) O título selecionado para o texto abrange todos os tópicos abordados nos diversos parágrafos, encaminhados a justificar o sistema atual de cobrança de impostos.

COMENTÁRIOS:

Alternativa "a" – Não há sequência cronológica. No primeiro parágrafo: **atualmente**; no segundo: na antiguidade; no terceiro: em comunidades primitivas; no quarto: no século VI a. C; no quinto: nos antigos impérios; no sexto: no Egito antigo; no sétimo: na Grécia antiga; no último: no império Romano.

Alternativa "b" – Não existe sequência cronológica, como mencionado na alternativa anterior.

Alternativa "c" – Na última frase do texto, é demonstrado o ponto de chegada, a multiplicidade e a ligação próxima ao sistema atual de cobrança: *O atual sistema de múltiplos impostos foi herdado dos romanos.*

Alternativa "d" – Não mostra a etapa mais antiga, refere-se ao tempo atual.

Alternativa "e" – Não justifica o sistema atual de cobranças de impostos. Mostra como surgiram os tributos.

RESPOSTA: C

Texto para responder à questão.

"Os tributos são tão antigos quanto a própria humanidade, sua origem não pode ser definida com exatidão, mas acompanha a própria evolução humana, desde épocas pré-históricas quando o homem passou a fixar-se em apenas um local para caça e guarda de alimentos, sendo, portanto, dono daquele pedaço de terra. No início os tributos eram ofertas voluntárias dos homens como forma de presentear ou homenagear seus Deuses e Líderes. Com o passar do tempo, pelo que se pode ver, as disputas por terras por meio de centenas de guerras foram responsáveis pela evolução da humanidade com o surgimento de grandes civilizações. A partir dessa época os tributos passaram a ser obrigatórios e exigidos pelos reis para financiar seus exércitos e com isso conquistar mais terras."

(Ederson Leandro Pereira Farias)

46 **(FGV – Receita Federal – Auditor-Fiscal – 2023)** O texto mostra a opinião e as informações do autor do texto sobre alguns temas ligados aos tributos.

Sobre a estruturação envolvendo informações e opiniões, assinale a opção adequada.

a) O enunciador reivindica a paternidade das informações prestadas, como frutos da sua própria opinião.

b) O autor do texto apresenta sua própria opinião travestida de uma aparência de opinião geral.

c) O autor do texto o apresenta como fruto de seu próprio trabalho de pesquisa, não identificando as fontes.

d) O enunciador apresenta informações de origem alheia, acompanhadas de comentários sobre elas.

e) O autor do texto apresenta informações diversas, colocando as divergências em destaque.

COMENTÁRIOS:

Alternativa "a" – O autor não criou as informações.

Alternativa "b" – Aparentemente se trata de opinião geral, mas a opinião do autor está subentendida.

Alternativa "c" – Nada indica que houve um trabalho de pesquisa do autor.

Alternativa "d" – Não menciona a origem das informações.

Alternativa "e" – Não há discordância de opiniões ou desentendimentos.

RESPOSTA: B

47 **(FGV – Receita Federal – Auditor-Fiscal – 2023)** *"A sonegação é muito antiga no Brasil e até já criou expressões na língua popular brasileira que muitos nem se dão conta de que surgiram por conta dos tributos, como o 'Quinto dos Infernos' que se referia à quinta parte ou os 20% que os demais países deveriam pagar para Portugal quando compravam produtos do Brasil na época da colônia. Ou ainda o 'Santo do Pau Oco' que eram as imagens de santos feitas em madeira 'oca' pois no interior delas os garimpeiros saíam com ouro dos garimpos sem pagar os tributos."*

Sobre a construção desse parágrafo, assinale a observação **inadequada**.

a) O corpo do parágrafo corresponde à explicitação do conteúdo da tese argumentativa do mesmo parágrafo.
b) O conteúdo básico do parágrafo mostra expressões enumeradas, acompanhadas das explicações etimológicas de seus termos.
c) As expressões citadas, por serem de ocorrência historicamente antiga, comprovam a afirmação inicial.
d) As expressões citadas no parágrafo estão organizadas em confrontação, documentando a tese exposta.
e) O ato de sonegar está presente nas duas expressões selecionadas para o texto.

COMENTÁRIOS:

Alternativa "a" – As ideias estão explícitas, evidentes.

Alternativa "b" – Enumera e explica as expressões "Quinto dos infernos" e "Santo do pau oco".

Alternativa "c" – Confirma a verdade sobre o fato de a sonegação ser muito antiga.

Alternativa "d" – Confrontação é comparação. Existem apenas exemplificações.

Alternativa "e" – Existe sonegação nos dois casos. "Quinto dos infernos": *referia-se à quinta parte ou os 20% que os demais países deveriam pagar para Portugal quando compravam produtos do Brasil*; "Santo do pau oco": *os garimpeiros saíam com ouro dos garimpos sem pagar os tributos.*

RESPOSTA: D

48 **(FGV – Receita Federal – Analista-Tributário – 2023)** *"A Receita Federal, em conjunto com o Ministério Público do Estado de São Paulo e Polícia Rodoviária Federal, deflagrou na manhã desta segunda-feira (7), a Operação Ceres, que visa combater complexa fraude fiscal promovida por organização criminosa atuante no segmento de produção e distribuição de cervejas. Houve a identificação da ocorrência de diversos crimes que culminaram em sonegação de tributos federais, tais como falsidade documental, falsidade ideológica e uso de interpostas pessoas jurídicas no intuito de ocultar os reais beneficiários das fraudes combatidas."*

(https://www.gov.br/receitafederal/pt-br/assuntos/noticias/2022/novembro/operacao-ceres-receita-federal-executa-operacao-de-combate-a-fraudes-fiscais-estruturadas)

Esse texto pertence ao gênero informativo, caracterizado predominantemente pela objetividade, que é construída pela estruturação geral do texto, com o objetivo de fornecer claramente dados da realidade.

Assinale a opção que apresenta uma informação adequadamente retirada do segmento destacado.

a) "A Receita Federal, em conjunto com o Ministério Público do Estado de São Paulo e Polícia Rodoviária Federal, deflagrou na manhã desta segunda-feira (7), a Operação Ceres..." / a operação Ceres foi iniciada de forma inesperada, com um aparato de segurança bastante forte, em função da gravidade do crime detectado.

b) "...a Operação Ceres, que visa combater complexa fraude fiscal promovida por organização criminosa atuante no segmento de produção e distribuição de cervejas." / o nome mitológico Ceres designa uma deusa mitológica relacionada ao trigo e a cereais, tendo sido escolhido aleatoriamente, sem qualquer relação lógica com os fatos informados.

c) "A Receita Federal, em conjunto com o Ministério Público do Estado de São Paulo e Polícia Rodoviária Federal..." / a operação realizada envolve investigação de atividades criminosas ligadas a espaços diversos.

d) "...tais como falsidade documental, falsidade ideológica e uso de interpostas pessoas jurídicas no intuito de ocultar os reais beneficiários das fraudes combatidas." / o segmento já mostra o resultado da operação deflagrada, com a descoberta de vários tipos de fraudes.

e) "Houve a identificação da ocorrência de diversos crimes que culminaram em sonegação de tributos federais," / Foram identificados vários e variados crimes, que encobriam o crime mais grave de sonegação de tributos.

COMENTÁRIOS:

Alternativa "a" – Nada indica que houve aparato de segurança bastante forte.

Alternativa "b" – O vocábulo "ceres" é sinônimo de *cereais*. Está evidente que o nome possui relação lógica com os fatos informados.

Alternativa "c" – Investigação de atividades criminosas: Receita Federal e Ministério Público do Estado de São Paulo; espaços diversos: Polícia Rodoviária Federal.

Alternativa "d" – Resultado da operação: houve diversos crimes. O ponto mais importante foi a sonegação de tributos federais. O segmento não mostra todo o resultado, faltam informações.

Alternativa "e" – Os crimes não encobriam a sonegação de tributos, a sonegação foi identificada.

RESPOSTA: C

49 **(FGV – Receita Federal – Analista-Tributário – 2023)** A língua escrita, desde que foi criada, tem uma série de distintas funções. Assim, por exemplo, a língua escrita é o veículo de muitas declarações de renda, que são armazenadas em arquivos especializados na Receita Federal.

Nesse caso, a função predominante da escrita é

a) a de transferência: transferir a realização do ato comunicativo para outro lugar ou momento
b) a de preservação: armazenar informações para possíveis consultas futuras.
c) a de memorização: preservar dados para consultas no momento de pagamento.
d) a sócio-político-cultural: relacionar o pagamento de impostos com dados de uma sociedade civilizada.
e) a histórica: conservar textos de valor documentativo da evolução dos impostos no país.

COMENTÁRIOS:

Alternativa "a" – Não se trata de cedência, delegação, transferência.

Alternativa "b" – Se a língua escrita é o veículo de muitas declarações de renda, ela armazena, preserva, informações para consultas futuras.

Alternativa "c" – Não há relação alguma com decorar ou lembrar.

Alternativa "d" – Sociedade civilizada? Alternativa facilmente descartada.

Alternativa "e" – Conserva textos, mas não necessariamente com valor documentativo da evolução dos impostos.

RESPOSTA: B

Atenção: o texto a seguir refere-se às duas próximas questões

Um site da Internet fala o seguinte sobre a carreira de auditor:

"Quando a gente fala em auditoria, muita gente fica de orelha em pé.

A profissão é bastante badalada no mercado de trabalho e geralmente associada a altos salários.

No serviço público, então, é um dos cargos mais desejados!

Mas você sabe qual são as atribuições desses profissionais? Quanto eles ganham? Onde trabalham?

Descubra o que faz um auditor e o que estudar para se tornar um!"

50 **(FGV – CGE SC – Auditor do Estado – Direito/2023)** Assinale a expressão que caracteriza mais a oralidade que a linguagem informal.

a) a gente.
b) de orelha em pé.
c) badalada.
d) altos salários.
e) então.

COMENTÁRIOS:

Nota da autora:

A linguagem informal não apresenta restrições quanto ao uso de gírias e expressões da oralidade. Caracteriza-se pelo relaxamento das normas gramaticais e pode conter regionalismo.

Alternativa "a" – Linguagem informal: uso da expressão "a gente" no lugar do pronome pessoal "nós".

Alternativa "b" – Linguagem informal: "ficar de orelha em pé" é uma expressão idiomática que significa "ficar atento", "estar desconfiado".

Alternativa "c" – Linguagem informal: a profissão tornou-se conhecida, muito falada.

Alternativa "d" – Linguagem informal: equivale a elevados salários.

Observação: o adjetivo "alto" refere-se, na linguagem formal, à altura ou à altitude.

Alternativa "e" – É uma **interjeição** muito utilizada na linguagem oral para indicar espanto, admiração.

RESPOSTA: E

51 **(FGV – CGE SC – Auditor do Estado – Direito/2023)** Assinale a frase mais proximamente ligada ao texto injuntivo.

a) Quando a gente fala em auditoria, muita gente fica de orelha em pé.

b) A profissão é bastante badalada no mercado de trabalho e geralmente associada a altos salários.

c) No serviço público, então, é um dos cargos mais desejados!

d) Mas você sabe qual são as atribuições desses profissionais? Quanto eles ganham? Onde trabalham?

e) Descubra o que faz um auditor e o que estudar para se tornar um!

COMENTÁRIOS:

Nota da autora:

O texto instrutivo oferece instruções e recomendações.

Dica: há verbos no imperativo.

Alternativa "a" – Verbos no presente do indicativo: fala, fica.

Alternativa "b" – Verbo no presente do indicativo: é.

Alternativa "c" – Verbo no presente do indicativo: é.

Alternativa "d" – Verbos no presente do indicativo: sabe, são, ganham, trabalham.

Alternativa "e" – Trata-se de uma instrução e o verbo está no "descobrir" está conjugado na terceira pessoa do singular do modo imperativo afirmativo.

RESPOSTA: E

52 **(FGV – CGE SC – Auditor do Estado – Direito/2023)** Observe o seguinte texto:

"A **auditoria ambiental** é uma ferramenta de gestão ambiental definida pela norma NBR ISO 14.010 como um "processo sistemático e documentado de verificação, executado para obter e avaliar, de forma objetiva, evidências de auditoria para determinar se as atividades, eventos, sistemas de gestão e condições ambientais específicos ou as informações relacionadas a estes estão em conformidade com os critérios de auditoria e para comunicar os resultados deste processo ao cliente". Assim, é considerado um procedimento realizado por profissionais técnicos ou empresas terceirizadas, gerido por um auditor líder e executado por uma equipe preparada, visando avaliar o desempenho e o comprometimento ambiental de empresas e indústrias." (Auditoria ambiental – M.C.R.Manzano)

O texto começa por uma definição do que é "auditoria ambiental".

Assinale a afirmação incorreta sobre a forma dessa definição.

a) Uma definição se inicia sempre por um vocábulo de conteúdo geral que, nesse caso, é "ferramenta".
b) Após o termo geral, há uma especificação de seu significado que, nesse caso, é "de gestão ambiental".
c) Dentro da definição inicial ocorre a presença de uma segunda definição mais específica do termo inicial.
d) A indicação da norma legal tem a função de garantir a existência desse tipo de auditoria.
e) Após o texto da segunda definição, há uma maior explicitação dos termos da definição legal.

COMENTÁRIOS:

Alternativa "a" – Definição: *A auditoria ambiental **é uma ferramenta de gestão ambiental definida pela norma NBR ISO 14.010**...*

Alternativa "b" – Indica o tipo de ferramenta: de gestão ambiental.

Alternativa "c" – A segunda definição está entre aspas: *"processo sistemático e documentado de verificação, executado para obter e avaliar, de forma objetiva, evidências de auditoria para determinar se as atividades, eventos, sistemas de gestão e condições ambientais específicos ou as informações relacionadas a estes estão em conformidade com os critérios de auditoria e para comunicar os resultados deste processo ao cliente".*

Alternativa "d" – A indicação da norma legal não garante a existência desse tipo de auditoria, ela define: *A auditoria ambiental é uma ferramenta de gestão ambiental **definida** pela norma NBR ISO 14.010.*

Alternativa "e" – Explicação maior: *um procedimento realizado por profissionais técnicos ou empresas terceirizadas, gerido por um auditor líder e executado por uma equipe preparada, visando avaliar o desempenho e o comprometimento ambiental de empresas e indústrias.*

RESPOSTA: D

Atenção: o texto a seguir refere-se à próxima questão.

"Quando deve ocorrer uma auditoria empresarial?

É preciso se livrar da convicção de que uma auditoria só é necessária quando as coisas não vão bem – porque ela deve ser feita quando está tudo bem, quando tudo está em perfeitas condições, pois isso pode garantir a ordem nos negócios a longo prazo.

Quanto maior a empresa, mais provável é que os pontos-chave exijam auditorias completas e frequentes – isso pode ser feito por especialistas internos qualificados ou consultores externos.

Para determinar se sua empresa precisa de uma auditoria, considere se as informações em uma área específica são suficientemente transparentes, claras e seguras. Se não, definitivamente indica a necessidade de uma análise aprofundada.

Outra orientação muito importante é conversar com os funcionários. Eles sabem melhor do que ninguém se os processos são seguidos e se os requisitos burocráticos e legais são cumpridos. Portanto, comece uma conversa."

(Redator Ponto Tel / 20/10/2021)

53 **(FGV – CGE SC – Auditor do Estado – Direito/2023)** Sobre a pergunta que dá título ao texto, é correto afirmar que a resposta a ela dada

a) afirma a necessidade de solicitar aos funcionários a permissão de realizar-se uma auditoria válida.

b) contraria uma ideia amplamente aceita.

c) aconselha a realização de auditorias quando as informações de uma área específica são transparentes, claras e precisas.

d) mostra a geral desinformação sobre o tema.

e) indica que há necessidade de auditoria mesmo que as coisas não vão bem na empresa.

COMENTÁRIOS:

Alternativa "a" – Não são os funcionários que dão permissão para a realização de uma autoria. Afirma-se apenas que é preciso conversar com eles pelo fato de saberem se os processos são seguidos e se os requisitos burocráticos e legais são cumpridos.

Alternativa "b" – Ideia amplamente aceita: a auditoria é necessária quando as coisas não vão bem.

O que deve, realmente, acontecer: *ela* [a auditoria] *deve ser feita quando está tudo bem, quando tudo está em perfeitas condições, pois isso pode garantir a ordem nos negócios a longo prazo.*

Alternativa "c" – Para saber se a auditoria é necessária, é preciso considerar se as informações em uma área específica são suficientemente transparentes, claras e seguras. A informação dada nesta alternativa extrapola a ideia mencionada no texto.

Alternativa "d" – Mostra um equívoco, uma oposição, não a "geral" desinformação. A banca exagera, e você consegue facilmente eliminar a opção.

Alternativa "e" – Se não vão bem, é normal que haja auditoria. Indica que ela é necessária *quando está tudo bem, quando tudo está em perfeitas condições.*

Elimine esta opção pelo uso da locução conjuntiva concessiva "mesmo que".

RESPOSTA: B

Atenção: o texto a seguir refere-se à próxima questão.

"Estamos em 2022 e, neste momento, a maioria das transações bancárias, segundo o Banco Central, é realizada na modalidade Pix. Essa modalidade já superou a TED e o DOC.

Sabemos que no Brasil existe muita sonegação, muitas empresas, principalmente as menores, não declaram tudo aquilo que movimentam. Porém, do outro lado da mesa, está a Receita Federal — com supercomputadores e com analistas bem treinados para auditar as milhares de informações que chegam aos bancos de dados do órgão.

As Secretarias de Fazenda Estaduais e as Prefeituras estão se modernizando cada vez mais (é o caso do DF, que possui a Malha Fiscal), com o uso de tecnologia para tratamento das informações recebidas através das obrigações acessórias, a fim de evitar a sonegação fiscal por parte das empresas e não deixar de arrecadar tributos.

A Receita Federal, através do sistema SPED (Sistema Público de Escrituração Digital), montou uma verdadeira armadilha para as pessoas físicas e jurídicas que não declaram suas movimentações financeiras.

O que antes era feito em papel passou a ser digital e online, ou seja, hoje em dia a Receita Federal pode identificar uma operação clandestina antes mesmo de ser concluída.

E, a partir de 2023, será possível cruzar a movimentação bancária gerada pelas empresas (de qualquer porte) com as informações repassadas pelas instituições financeiras, intermediadores financeiros e instituições de pagamento para arrecadar os tributos devidos nessas operações.

Não importa a forma de transferência utilizada pelas empresas, TED, DOC, Pix etc. Tudo será informado para o fisco e, como já dissemos, no caso do Pix, a informação será retroativa."

(Arvi Consultoria)

54 **(FGV – CGE SC – Auditor do Estado – Direito/2023)** Observe o primeiro parágrafo desse texto:

"Estamos em 2022 e, neste momento, a maioria das transações bancárias, segundo o Banco Central, é realizada na modalidade Pix. Essa modalidade já superou a TED e o DOC."

Sua função textual é a de

a) informar aos leitores menos avisados sobre as diversas modalidades de operações financeiras.

b) destacar a importância do Pix como operação financeira, no momento em que vivemos.

c) mostrar o descrédito de algumas modalidades de operações financeiras diante do sucesso do Pix.

d) antecipar alguns perigos advindos da grande movimentação financeira por meio do Pix.

e) localizar uma discussão no momento presente, a fim de mostrar a atualização das instituições no processo de fiscalização.

COMENTÁRIOS:

Alternativa "a" – Informar aos leitores que o Pix é a modalidade mais realizada em 2022.

Observação: "leitores menos avisados"? Elimine essa opção.

Alternativa "b" – Importância do Pix: *a maioria das transações bancárias, segundo o Banco Central, é realizada na modalidade Pix.*

No momento em que vivemos: *Estamos em 2022 e, neste momento.*

Alternativa "c" – Em momento algum deprecia outras modalidades, ou sugere perda de confiança.

Alternativa "d" – Apenas cita que já superou *a TED e o DOC*. Perigos não são mencionados.

Alternativa "e" – Cuidado! Menciona sonegação e fiscalização nos parágrafos posteriores, não no primeiro.

Comando da questão: "Observe o **primeiro parágrafo** desse texto".

RESPOSTA: B

55 **(FGV – TCE ES – Analista de Controle Externo – Direito/2023)** Um provérbio sueco diz o seguinte:

"Se procuras uma mão disposta a te ajudar, tu a encontrarás no final do teu braço".

Sobre esse provérbio, é correto afirmar que:

a) a primeira frase representa uma causa para a realização da ação indicada na segunda frase;
b) a mensagem da frase mostra, implicitamente, que as pessoas devem contar com os demais para o cumprimento de tarefas pessoais;
c) a frase tem a finalidade de chamar a atenção do leitor para uma reflexão sobre o trabalho;
d) as duas frases mostram ações que se realizam simultaneamente;
e) o termo "mão" corresponde a "uma pessoa", exemplificando o emprego de um termo que representa a parte pelo todo.

COMENTÁRIOS:

Nota da autora:

Questão de interpretação, período composto e figura de linguagem.

Alternativa "a" – A primeira representa uma condição: se procuras = caso procures.

Alternativa "b" – Há dois erros: mostra que as pessoas não devem contar com os demais; o ato de ajudar não está com relacionado com o cumprimento de tarefas pessoais, pode não ser tarefa.

Alternativa "c" – A reflexão é sobre a ajuda.

Alternativa "d" – As ações não acontecem ao mesmo tempo, a indicação da primeira frase é condicional.

Alternativa "e" – Trata-se de metonímia: substitui um termo (uma pessoa) por outro (mão).

RESPOSTA: E

56 **(FGV – TCE ES – Analista de Controle Externo – Direito/2023)** Observe o início de um conto de autoria desconhecida:

"Na esquina da av. Copacabana com a rua República do Peru decidiram parar a motocicleta, pois havia ali vários restaurantes e estavam com fome. Escolheram uma pizzaria, após analisarem o cardápio exposto à entrada. O local era modesto, com mesinhas de madeira espalhadas em torno de uma reprodução menor da Torre de Pisa. Sobre cada mesinha, uma garrafa, coberta de cera das velas que eram inseridas continuamente no gargalo, fazia o papel de abajur. Os jovens, trajando jeans e camisetas coloridas sentaram-se a uma mesa perto do muro e abriram imediatamente o cardápio".

Em relação aos componentes textuais desse fragmento, é correto afirmar que:

a) a despreocupação com a localização dos personagens permite a ancoragem do relato no terreno da ficção;
b) a imagem dos personagens é dada aos leitores de forma indireta, sugerindo traços psicológicos por meio de uma série de detalhes;
c) alguns detalhes do texto localizam os personagens numa classe de alto poder econômico;
d) a descrição de alguns detalhes do local mostra tratar-se de uma pizzaria de tipo popular;
e) a ação narrativa transcorre com lentidão exagerada a fim de que os leitores possam ambientar-se com o narrado.

COMENTÁRIOS:

Alternativa "a" – Existe localização exata: *Na esquina da av. Copacabana com a rua República do Peru*. Além disso, o relato não é uma invenção fabulosa, ou seja, não é ficção.

Alternativa "b" – A imagem dos personagens são diretas e não possuem relação alguma com traços psicológicos, mas físicos: *Os jovens, trajando jeans e camisetas coloridas.*

Alternativa "c" – Antes de escolherem o restaurante, analisaram o cardápio. Com essa ação, infere-se que queriam saber o preço, isto é, não pertenciam à classe de alto poder econômico.

Alternativa "d" – Trechos que evidenciam o tipo popular da pizzaria: *cardápio exposto à entrada; o local era modesto, com mesinhas de madeira espalhadas em torno de uma reprodução menor da Torre de Pisa; uma garrafa fazia o papel de abajur.*

Alternativa "e" – A ação narrativa não é lenta: *decidiram parar a motocicleta, estavam com fome, analisaram o cardápio, escolheram uma pizzaria, os jovens sentaram-se a uma mesa, abriram imediatamente o cardápio.*

Observação: ao utilizar o advérbio "imediatamente", deduz-se que as ações foram rápidas.

RESPOSTA: D

57 **(FGV – SEFAZ AM – Auditor de Finanças e Controle/2022)** "Em certa ocasião, George Bernard Shaw (dramaturgo) enviou a Winston Churchill (primeiro ministro inglês) dois ingressos para a estreia de uma de suas peças, a ocorrer nesse mesmo dia, com a seguinte mensagem: '*Traga um amigo, se você tiver um*'.

Churchill respondeu com uma nota dizendo que não poderia comparecer naquela noite. '*Mas*', acrescentou, '*ficarei honrado de comparecer a uma segunda apresentação, se houver uma*."

Sobre a significação e a estruturação desse pequeno texto, assinale a única afirmativa correta.

a) Trata-se de um pequeno texto descritivo de uma situação humorística.
b) Com a resposta, Churchill aludia ao possível fracasso da peça apresentada.
c) A nota de Bernard Shaw fazia uma homenagem a Churchill, que não foi bem interpretada.
d) O emprego de aspas simples dentro do texto marca a existência de um diálogo.
e) As notas dos dois personagens foram escritas em rigoroso paralelismo.

COMENTÁRIOS:

Alternativa "a" – O texto não é descritivo, ou seja, não detalha características de algo ou de alguém. É narrativo: fato passado.

Alternativa "b" – Existe dúvida se haverá, ou não, outra apresentação. Isso está relacionado ao fato de a peça fazer, ou não, sucesso.

Alternativa "c" – Não fazia homenagem alguma.

Alternativa "d" – Marca citação direta.

Alternativa "e" – Existem orações condicionais nos dois períodos, mas a estrutura sintática das orações iniciais (principais) são distintas. Não há paralelismo rigoroso.

RESPOSTA: B

58 **(FGV – SEFAZ AM – Auditor de Finanças e Controle/2022)** "*Os piores inimigos do capitalismo não são os socialistas e os comunistas. São os capitalistas que abusam do capitalismo.*"

Sobre esse fragmento, assinale a única afirmativa correta.

a) A tese desse pequeno texto argumentativo é a de que socialistas e comunistas são os piores inimigos do capitalismo.
b) O argumento principal na defesa da tese é uma constatação apoiada em estudos.
c) A segunda frase do texto expressa uma opinião que retifica o que foi expresso anteriormente.
d) A tese desse pequeno texto representa um acréscimo a uma opinião alheia.
e) A primeira frase atua como contra-argumentação, opondo-se a uma ideia generalizada.

COMENTÁRIOS:

Alternativa "a" – Não são os piores inimigos: *Os piores inimigos do capitalismo* ***não*** *são os socialistas e os comunista.*

Alternativa "b" – Não foi apoiada em estudos.

Alternativa "c" – Não há correção, há explicação.

Alternativa "d" – Tese: *São os capitalistas que abusam do capitalismo.* Trata-se de uma negação.

Alternativa "e" – Na primeira frase, há negação (*não são*) de uma ideia generalizada.

RESPOSTA: E

59 **(FGV – SEFAZ AM – Auditor de Finanças e Controle/2022)** *"Um diamante é um pedaço de carvão que se saiu bem sob pressão."*

Essa frase, que faz parte de um conjunto de citações sobre "negócios", faz referência ao(à)

a) método de trabalhar com pressão sobre os demais.
b) modificação que pode ocorrer com as pessoas.
c) processo real da formação de um diamante.
d) mudança que o trabalho pode fazer nas pessoas.
e) valor do trabalho para o progresso humano.

COMENTÁRIOS:

Alternativa "a" – As **pessoas** trabalham com pressão: sentido conotativo (com pressão).

Alternativa "b" – Modificação que pode ocorrer com as **pessoas**: sentido conotativo (modificação).

Alternativa "c" – Sentido denotativo e não possui relação com "pessoas", mas sim com "negócios", como explícito no comando da questão.

Alternativa "d" – Mudança que o trabalho pode fazer nas **pessoas**: sentido conotativo (mudança).

Alternativa "e" – Valor do trabalho para o progresso **humano**: sentido conotativo (valor).

RESPOSTA: C

60 **(FGV – SEFAZ AM – Auditor de Finanças e Controle/2022)** Um restaurante tem a seguinte placa na parede:

wi-fi ?
Só depois de meia hora
de conversa.

Os dizeres da placa

a) elogiam o status tecnológico dos clientes.
b) exigem a conversa fraterna entre cliente e garçom.
c) criticam a falta de mútua atenção entre os clientes.
d) mostram o desperdício de tempo das pessoas.
e) exibem o nível de atendimento do restaurante.

COMENTÁRIOS:

Alternativa "a" – Não existe elogio algum, há crítica.

Alternativa "b" – A conversa é entre os clientes:

Alternativa "c" – A atenção entre os clientes deve ser recíproca, e isso não ocorre se houver *wi-fi*, pois não haverá interação entre as pessoas, elas usarão o celular.

Alternativa "d" – Não se refere ao tempo.

Alternativa "e" – Nem menciona o atendimento.

RESPOSTA: C

61 **(FGV – SEFAZ AM – Auditor de Finanças e Controle/2022)** Leia o texto publicitário a seguir.

"Acho que a atração pela nossa marca... deve-se à transparência das coisas que fazemos. Os investidores podem tocar, ver e sentir o produto. Você não tem que ser um técnico para descobrir a vantagem que a lingerie oferece."

Nesse caso, a maior vantagem do produto oferecido é

a) a perfeição nos processos de fabricação.
b) a possibilidade do contato físico antes da compra.
c) a honestidade seguida na publicidade do produto.
d) o conhecimento intuitivo da qualidade do produto.
e) a utilização de material de qualidade superior.

COMENTÁRIOS:

Alternativa "a" – Não menciona os processos de fabricação.

Alternativa "b" – A maior vantagem é a transparência e isso ocorre porque *os investidores podem **tocar**, ver **e sentir o produto***. Isso significa que existe a possibilidade do contato físico.

Alternativa "c" – A honestidade não foi mencionada e não se pode inferir.

Alternativa "d" – Intuição: *você não tem que ser um técnico.* Não é a maior vantagem da *lingerie*.

Alternativa "e" – É uma vantagem, mas não "a maior".

RESPOSTA: B

62 **(FGV – SEFAZ AM – Auditor de Finanças e Controle/2022)** A frase a seguir está formulada no discurso indireto:

"Churchill respondeu com uma nota dizendo que não poderia comparecer naquela noite."

Em discurso direto, a nota de Churchill deveria estar escrita do seguinte modo:

a) Não poderei comparecer esta noite.
b) Naquela noite não poderei comparecer.
c) Nesta noite não vou poder comparecer.
d) Não vou poder comparecer esta noite.
e) Essa noite não vou poder comparecer.

COMENTÁRIOS:

Nota da autora: Atente-se ao tempo verbal, à locução adverbial e ao acréscimo de verbo indevido.

Alternativa "a" – Passa a terceira pessoa para a primeira: [ele] não poderia comparecer (futuro do pretérito) → [eu] não poderei comparecer (futuro do presente). Locução verbal: "naquela noite" → "esta noite" ou "nesta noite". A preposição "em" é facultativa.

Alternativa "b" – A locução adverbial não foi transposta para o direto: naquela noite → esta noite.

Alternativa "c" – Acrescentou o verbo "ir" (vou) na locução verbal, ou seja, passa a utilizar três verbos.

Alternativa "d" – Acrescentou o verbo "ir" (vou) na locução verbal.

Alternativa "e" – **Esta** noite + acréscimo do verbo "ir".

RESPOSTA: A

63 **(FGV – TCU – Auditor Federal de Controle Externo/2022)** Seria importante que alguns dos textos que produzimos fossem lidos com atenção pelos destinatários; para isso, a introdução desses textos pode apelar para estratégias diversas a fim de conseguir essa atenção.

Abaixo estão reproduzidas cinco introduções textuais; aquela que mostra sua estratégia de atração corretamente identificada é:

a) Começo por uma pequena narrativa: "Um homem sem coluna vertebral é como uma tenda de lona sem o mastro. O eixo de nosso corpo, denominado também coluna vertebral, cumpre exatamente as mesmas funções que o mastro de uma tenda. De forma idêntica, mantém-se ereto o corpo por obra de numerosas tensões. Se o mastro falha, a tenda vem abaixo";

b) Começo por uma afirmação surpreendente, de caráter opinativo: "Quando Paulinho mexe em sua coleção de selos, seus lábios incham de uma forma alarmante; Margarida sofre de asma quando visita o tio farmacêutico; Tomás, entusiasta do alpinismo, sofre de erupção cutânea cada vez que inicia uma escalada. Os casos citados são exemplos dessa misteriosa enfermidade chamada alergia";

c) Começo por um ou vários exemplos: "O novo dicionário vai ser lançado esta semana e traz informações preciosas, como a evolução semântica de cada uma das palavras nele inseridas, desde o seu nascimento até o estágio atual de significação, além de datação das ocorrências dessas palavras";

d) Começo por uma alusão histórica: "As passeatas de motivação política, particularmente as que pretendem protestar contra algo, trazem sempre em seu bojo pessoas interessadas em tumultuá-las além do razoável";

e) Começo por um questionamento: "Não sei bem o que fazer quando meu neto me pergunta o significado de uma palavra 'perigosa'; não sei se digo claramente o seu significado ou se invento algo mais palatável. Como sua curiosidade está aumentando, prevejo momentos de grandes dificuldades".

COMENTÁRIOS:

Nota da autora: Veja, a seguir, a diferença entre narração e descrição.

Narração: existe um enredo, no qual são desenvolvidas as ações das personagens, marcadas pelo tempo e pelo espaço. Os elementos da narrativa são enredo, narrador, personagens tempo e espaço.

Descrição: apresenta a descrição de algo, seja de uma pessoa, um objeto, um local etc. Expõe apreciações, impressões e observações de algo indicando os aspectos, as características, os detalhes singulares e os pormenores.

Alternativa "a" – Trata-se de uma descrição, não de uma narração.

Alternativa "b" – Menciona fatos, ou seja, situações concretas e não possuem caráter opinativo.

Alternativa "c" – Chama a atenção do leitor porque cita o lançamento do dicionário e acrescenta "informações preciosas" da obra e "datação" das palavras.

Alternativa "d" – Não há referência histórica.

Alternativa "e" – Ao mencionar "não sei bem o que fazer" e "não sei se digo claramente o seu significado" fica evidente que existe dúvida e questionamento. **A banca refere-se, provavelmente, a não existência de questionamento direto**, ou seja, as frases não são interrogativas. Há questionamento de maneira indireta e a questão poderia ser anulada porque esta alternativa mostra, também, estratégia de atração corretamente identificada.

RESPOSTA: C

64 **(FGV – TCU – Auditor Federal de Controle Externo/2022)** Observe o texto argumentativo a seguir.

"Certas espécies animais e vegetais desaparecem cada vez mais rapidamente, o que tornou grave a situação. Primeiramente, várias espécies foram extintas por causa da caça. Assim, no século XVII, uma espécie de mamíferos era extinta a cada cinco anos.

Posteriormente, no século XX, a população mundial aumentou de tal modo que, para encontrar novas terras, os homens invadiram os espaços selvagens. Foram derrubadas imensas florestas e, assim, numerosos animais desapareceram em função da destruição de seus hábitats. Também a poluição e a instalação de linhas elétricas mataram muitas espécies de peixes e aves.

Por fim, uma nova caça intensiva, destinada ao comércio, suprimiu certas espécies, como a dos rinocerontes, cujos chifres eram empregados na fabricação de afrodisíacos.

O homem sabe hoje que a vida sobre a terra é uma vasta cadeia em que cada ser vivo é um elo. Quando uma espécie desaparece, outros animais e outras plantas passam a ficar ameaçadas. Progressivamente, a vida humana se empobrece."

Esse texto foi didaticamente estruturado; a única afirmativa abaixo inadequada em relação à sua estruturação é:

a) a conclusão do texto é constituída a partir de um rápido resumo das ideias anteriormente expressas;

b) o último parágrafo do texto se liga estruturalmente ao primeiro, ampliando-o tematicamente;

c) a tese do texto foi devidamente comprovada pelos argumentos expressos em seus vários parágrafos;

d) os argumentos empregados na defesa da tese do texto foram dispostos em organização cronologicamente progressiva;

e) cada um dos parágrafos que serve de argumento é introduzido por um marcador discursivo, que, em seu conjunto, organizam o texto.

COMENTÁRIOS:

Alternativa "a" – O último parágrafo não resume o que foi mencionado.

1º: espécies animais e vegetais desaparecem;

2º: no século XVII, os mamíferos;

3º: no século XX, florestas foram derrubadas e animais desapareceram;

4º: extinção dos rinocerontes – destinados ao comércio;

5º (conclusão): a vida humana é empobrecida porque o elo é desfeito. Nesse parágrafo, o autor demonstra as trágicas consequências da vida do homem sobre a terra.

Alternativa "b" – As espécies animais e vegetais desaparecem, e a vida humana se empobrece.

Alternativa "c" – Na argumentação, o autor comprova o desaparecimento mencionando as datas em que ocorreu.

Alternativa "d" – O processo é evolutivo: século XVII, XX e hoje (XXI).

Alternativa "e" – Marcadores discursivos: *primeiramente, posteriormente, por fim.*

RESPOSTA: A

Observe a charge a seguir.

Chargeonline.com.br - © Copyright do autor

65 **(FGV – TCU – Auditor Federal de Controle Externo/2022)** A interpretação de texto refere-se à decodificação dos significados dos componentes textuais, enquanto a compreensão diz respeito aos processos geradores de significação.

A pergunta abaixo que diz respeito à interpretação, e não à compreensão, é:

a) O que mostra na charge a intenção de viajar da família?
b) Como se pode notar que a família está em um lugar alto?
c) De que forma a pandemia está presente na charge?
d) O que demonstra o laço na mão do chefe da família?
e) Qual a expectativa da família representada na charge?

COMENTÁRIOS:

Nota da autora: *Interpretar* é **in**ferir, ou seja, a ideia está além do texto, no caso, da charge. *Compreender* refere-se ao que está explícito na charge. A banca pede para deduzir, para concluir.

Alternativa "a" – Compreensão: as malas.

Alternativa "b" – Compreensão: está evidente que a família está na parte mais elevada de um morro.

Alternativa "c" – Compreensão: as máscaras.

Alternativa "d" – Compreensão: com o laço, é possível laçar, ou seja, prender-se a algo.

Alternativa "e" – Interpretação: a família tenta fugir do lugar em que está por causa da pandemia, isto é, procura uma saída. Nesse caso, é necessário inferir, deduzir.

RESPOSTA: E

66 **(FGV – TCU – Auditor Federal de Controle Externo/2022)** Abaixo aparecem opiniões variadas, todas elas expressas de um modo impessoal. A citação a seguir que contém elementos de personalização é:

a) Os educadores são constantemente interrogados sobre o papel da televisão na educação das crianças; parece hoje estabelecido que esse papel é benéfico;

b) Está universalmente estabelecido que a eficiência das regras de segurança depende da boa vontade dos que as utilizam;

c) Parece a todos que a eficácia das vacinas está definitivamente comprovada, bastando ver-se a grande diminuição de internações hospitalares;

d) Quanto a Grande sertão: veredas, se só se observam os grandes pensamentos que essa obra contém, é certamente um livro impressionante;

e) Só se pode esperar que a equipe local de salvamento possa atuar de forma eficiente a fim de que muitas vidas sejam salvas.

COMENTÁRIOS:

Nota da autora: Personalizar significa *individualizar, tornar pessoal, atribuir qualidade*. É preciso encontrar a opção em que esteja evidente uma opinião. Normalmente a personalização ocorre com o uso de adjetivos ou de advérbios.

Alternativa "a" – Impessoalidade: *constantemente* indica tempo, não é uma opinião – os educadores sempre são interrogados.

Alternativa "b" – Impessoalidade: *universalmente* indica que está estabelecido em toda parte.

Alternativa "c" – Impessoalidade: *definitivamente* indica que está comprada de maneira conclusiva, sem retorno.

Alternativa "d" – Ao utilizar o advérbio "certamente" e o adjetivo "impressionante", o autor demonstra seu ponto de vista.

Alternativa "e" – Impessoalidade: o adjetivo *eficiente* refere-se à forma como a equipe de salvamento pode atuar.

RESPOSTA: D

67 **(FGV – TCU – Auditor Federal de Controle Externo/2022)** Deparamo-nos diariamente com uma série de textos que tentam convencer-nos a adquirir determinado produto: são os chamados textos publicitários.

Vejamos a seguir um exemplo desses textos.

É festa na fazenda!

Para tratar a Tristeza Parasitária e fazer a alegria tomar conta do rebanho.

A Tristeza Parasitária pode afetar o rebanho a qualquer momento e em qualquer fase da vida. Contudo, existe uma dupla capaz de reanimar e proteger o potencial produtivo dos animais.

Com você, Ganaseg™ 7% & Kinetomax®

Ganaseg™ 7%

Combate da Babesiose (Piroplasmose)

Curto período de carência para o leite (apenas 96 horas)

Ótimo índice de segurança

Kinetomax®

Rápida ação contra a Anaplasmose

Dose única

Curto período de carência (Leite: 5 dias/Carne: 8 dias para animais tratados via intramuscular e 4 dias para animais tratados via subcutânea)

Xô, tristeza!

Sobre os elementos estruturais desse texto e suas estratégias de produção, é correto afirmar que:

a) o texto segue a estrutura clássica dos textos publicitários: um título, um subtítulo, o conteúdo da informação e uma recomendação à aquisição do produto;

b) o final do texto dirige-se particularmente às emoções dos leitores, de modo que eles continuem a pensar na mensagem veiculada;

c) o texto veicula a mensagem, tendo em vista o seu público alvo, selecionando informações, não explicitando termos supostamente conhecidos e utilizando uma linguagem adequada;

d) o produto anunciado deve ter destacadas as suas características principais e as vantagens explícitas sobre os concorrentes;

e) o texto é construído segundo um roteiro: chamar a atenção para o tema, despertar o interesse dos leitores, transformar o interesse em desejo de aquisição e apelar para a ação.

COMENTÁRIOS:

Alternativa "a" – Não finaliza com recomendação. "Xô, tristeza" significa que existe cura para a doença – Tristeza Parasitária.

Alternativa "b" – O final do texto demonstra que a doença pode ser curada.

Alternativa "c" – Os fazendeiros sabem os significados de *Babesiose* e *Anaplasmose.*

Alternativa "d" – As características foram mencionadas, mas as vantagens sobre os concorrentes não.

Alternativa "e" – Não apela para a ação, apenas demonstra que existe cura para a doença.

RESPOSTA: C

68 **(FGV – TCU – Auditor Federal de Controle Externo/2022)** "Acabo de ler o trecho a seguir num livro de História: 'Os cristãos tinham uma moral, mas os pagãos, não'. Ah! Senhor autor desta obra: onde o senhor aprendeu essa tolice? O que dizer da moral de Sócrates, de Cícero, de Marco Antônio e de tantos outros? Leitor: reflita e tire suas conclusões."

A afirmativa inadequada sobre esse depoimento a respeito da leitura de uma obra histórica é:

a) o argumentador do texto mostra sua presença desde a primeira linha por meio da desinência verbal da forma "acabo";
b) o adversário argumentativo que o argumentador deseja refutar está identificado pela expressão "Senhor autor desta obra";
c) a palavra "tolice" serve de qualificação da tese adversária;
d) o leitor, que é visto como árbitro do debate, é invocado na última frase do texto;
e) o argumentador julga a tese apresentada, mas não expõe argumentos que a contradigam.

COMENTÁRIOS:

Alternativa "a" – O verbo está conjugado na primeira pessoa do singular (eu).

Alternativa "b" – O autor se dirige ao autor da obra inserindo o vocativo.

Alternativa "c" – A tolice é este trecho: 'Os cristãos tinham uma moral, mas os pagãos, não'.

Alternativa "d" – O autor, mais uma vez, insere o vocativo: "Leitor".

Alternativa "e" – Expõe argumentos contraditórios: Sócrates, de Cícero, de Marco Antônio e de tantos outros eram pagãos e tinham moral.

RESPOSTA: E

69 **(FGV – TCU – Auditor Federal de Controle Externo/2022)** Um relatório produzido em determinada seção do serviço público trazia, inadequadamente, uma série de frases em discurso direto. O chefe da seção solicitou, então, ao funcionário autor do relatório que modificasse tais frases para o discurso indireto, o que foi imediatamente feito; a frase em que essa modificação solicitada foi realizada de forma adequada é:

a) O funcionário respondeu ao chefe: "Não cometi essa falha ocorrida ontem" / O funcionário respondeu ao chefe que não cometera aquela falha ocorrida no dia anterior;
b) O chefe retrucou: "Iremos terminar a tarefa e voltar para casa" / O chefe retrucou que irão terminar a tarefa e voltar para suas casas;
c) O cidadão explicou ao segurança: "Não estou preocupado, é que estou pensando" / O cidadão explicou ao segurança que não estava preocupado, era que estava pensando;
d) A funcionária pensava: "Como podes deixar que te usem?" / A funcionária pensava como podia deixar que a usem;

e) O funcionário explicou: "O relatório só ficará pronto depois de amanhã" / O funcionário explicou que o relatório só ficaria pronto depois de amanhã.

COMENTÁRIOS:

Nota da autora: Dicas na parte IX.

Alternativa "a" – Verbo no pretérito imperfeito ou perfeito (cometi) passa para o mais-que-perfeito: cometera.

Alternativa "b" – A primeira pessoa (plural) do direto passa para a terceira (plural) no indireto e o tempo presente passa para o pretérito imperfeito: iriam.

Alternativa "c" – A expressão expletiva "é que" não sofre alteração na transposição por não fazer parte do discurso: O cidadão explicou ao segurança que não estava preocupado, estava pensando.

Alternativa "d" – Verbo no presente do indicativo passa para o imperfeito do indicativo: podia. O presente do subjuntivo passa para o pretérito imperfeito do subjuntivo: usassem.

Alternativa "e" – Quanto à noção temporal, o advérbio *"amanhã"* deve ser substituído por "dia seguinte".

RESPOSTA: A

Texto 1 – O tribunal do júri

"São pagos todos os que compõem o tribunal do júri. O presidente, o procurador da justiça, os advogados, os porteiros, possivelmente as testemunhas; a que título só os jurados, que deixam seus negócios, hão de trabalhar de graça?"

(Machado de Assis)

70 **(FGV – TCE AM – Auditor Técnico Controle Externo – MP – 2021)** Nessa frase (texto 1), Machado de Assis questiona o fato de os jurados trabalharem de graça no tribunal do júri; como argumento em defesa de sua ideia, Machado só NÃO se utiliza do seguinte:

a) mostra-os como uma exceção a uma regra;
b) realiza comparações entre componentes do tribunal;
c) apela para a necessidade de pagamento por serviço prestado;
d) indica a possibilidade de prejuízo causado pelo encargo;
e) comprova a injustiça por contrariar uma exigência legal.

COMENTÁRIOS:

Alternativa "a" – É uma exceção, pois todos ganham, exceto os jurados.

Alternativa "b" – Compara os que são pagos e compõem o tribunal (O presidente, o procurador da justiça, os advogados, os porteiros, possivelmente as testemunhas) com os jurados (não pagos).

Alternativa "c" – Apela ao mencionar que deixam seus negócios e não são remunerados.

Alternativa "d" – "Trabalhar de graça" é um prejuízo.

Alternativa "e" – Pagar aos jurados não é uma exigência legal.

RESPOSTA: E

71 (FGV – TCE AM – Auditor Técnico Controle Externo – MP – 2021) Nesse pensamento de Machado de Assis (texto 1), há um segmento de claro valor irônico, que é:

a) "São pagos todos os que compõem o tribunal do júri";
b) "O presidente, o procurador da justiça, os advogados, os porteiros";
c) "...possivelmente as testemunhas";
d) "...só os jurados, que deixam seus negócios";
e) "...hão de trabalhar de graça?"

COMENTÁRIOS:

Alternativa "a" – Trata-se de uma constatação.

Alternativa "b" – Todos eles são remunerados, não há ironia.

Alternativa "c" – Podem pagar às testemunhas para depor.

Alternativa "d" – Deixar de trabalhar não é ironia.

Alternativa "e" – Isso é triste, não irônico.

RESPOSTA: C

72 (FGV – TCE AM – Auditor Técnico Controle Externo – MP – 2021) Na argumentação de Machado de Assis (texto 1) foi utilizado um processo de raciocínio que:

a) parte do geral para o particular, caracterizando o que se denomina método dedutivo;
b) cita um depoimento de autoridade incontestável para, em seguida, propor obediência a esse depoimento;
c) demonstra historicamente uma verdade para mostrar o que questiona como um absurdo;
d) indica uma situação particular, generalizando-a, o que se denomina método indutivo;
e) cria uma situação absurda para opor-se a ela.

COMENTÁRIOS:

Alternativa "a" – Geral: todos (o presidente, o procurador da justiça, os advogados, os porteiros, as testemunhas) são remunerados. Particular: apenas os jurados não são remunerados.

Método dedutivo: a premissa maior, ou seja, o geral é o axioma; a hipótese é o teorema – possivelmente as testemunhas sejam remuneradas; conclusão: os jurados deveriam ser remunerados também.

Alternativa "b" – Não cita um depoimento de autoridade muito menos há obediência. Machado critica.

Alternativa "c" – Pagar as testemunhas não é historicamente uma verdade, é uma hipótese.

Alternativa "d" – É o inverso, como mencionado na primeira alternativa.

Alternativa "e" – Não é absurdo o presidente, o procurador da justiça, os advogados, os porteiros receberem. Absurdo é os jurados não serem remunerados.

RESPOSTA: A

73 **(FGV – TCE AM – Auditor Técnico Controle Externo – MP – 2021)** "A majestosa igualdade das leis, que proíbe tanto o rico como o pobre de dormir sob as pontes, de mendigar nas ruas e de roubar pão".

(Anatole France)

Esse pensamento tem a finalidade de:

a) elogiar a igualdade de ricos e pobres perante a lei;
b) ironizar a pretensa igualdade de todos perante a lei;
c) destacar a importância da justiça para os pobres;
d) defender a aplicação igualitária da justiça;
e) criticar a justiça por só perseguir os pobres.

COMENTÁRIOS:

Alternativa "a" – Além de não haver elogio, não há igualdade.

Alternativa "b" – Se existisse igualdade, o rico também deveria dormir sob as pontes, mendigar e roubar pão.

Alternativa "c" – Se houvesse justiça, não passariam por tais constrangimentos.

Alternativa "d" – Critica e ironiza a falta de igualdade das leis.

Alternativa "e" – Critica a justiça, mas não menciona perseguição aos pobres, mas sim o abandono.

RESPOSTA: B

74 **(FGV – TCE AM – Auditor Técnico Controle Externo – MP – 2021)** A frase abaixo que NÃO se refere a uma outra frase bastante conhecida (intertextualidade) é:

a) "A justiça tarda, mas não chega";
b) "Depois da impunidade vem a bonança";
c) "Assim tropeça a humanidade";
d) "Não existe o herói sem a plateia";
e) "Saio da História para cair na vida".

COMENTÁRIOS:

Alternativa "a" – A justiça tarde, mas não **falha**.

Alternativa "b" – Depois da **tempestade** vem a bonança.

Alternativa "c" – Assim **caminha** a humanidade.

Alternativa "d" – Frase de André Malraux, escritor francês.

Alternativa "e" – É o contrário: Saio da **vida** para entrar na **história**.

RESPOSTA: D

75 **(FGV – TCE AM – Auditor Técnico Controle Externo – MP – 2021)** "De tanto ver triunfar as nulidades, de tanto ver prosperar a desonra, de tanto ver crescer a injustiça, de tanto ver agigantarem-se os poderes nas mãos dos maus, // o homem chega a desanimar da virtude, a rir-se da honra, a ter vergonha de ser honesto." – Ruy Barbosa, político, escritor e jurista brasileiro (1849-1923).

Fonte: https://citacoes.in/citacoes-de-justica/?page=2

Esse famoso texto de Ruy Barbosa pode ser segmentado em duas partes, como indicam as duas barras inclinadas. Sobre essa segmentação, é correto afirmar que:

a) enquanto o primeiro segmento mostra aspectos negativos, o segundo segmento mostra aspectos positivos opostos;
b) o primeiro segmento mostra a situação política causada pelas atitudes do homem citadas no segundo segmento;
c) o segundo segmento indica as consequências negativas das causas citadas no primeiro segmento;
d) o primeiro segmento apresenta várias explicações para os fatos citados no segundo segmento;
e) o segundo segmento enumera conclusões retiradas dos pensamentos expressos no primeiro segmento.

COMENTÁRIOS:

Alternativa "a" – Nos dois segmentos, há aspectos negativos.

Alternativa "b" – O primeiro segmento mostra as atitudes políticas que são as causas de o homem desanimar da virtude, rir da honra e ter vergonha de ser honesto.

Alternativa "c" – Há uma evidente relação de causa e efeito:
Por que o homem chega a **desanimar da virtude**, a **rir-se da honra**, a **ter vergonha de ser honesto**? (1 = consequências negativas);

Porque vê triunfar as nulidades, vê prosperar a desonra, vê crescer a injustiça, vê agigantarem-se os poderes nas mãos dos maus. (2);

A pergunta é a consequência (1), a resposta é a causa (2).

Alternativa "d" – Como mencionado na alternativa anterior, o primeiro segmento apresenta a causas, e o segundo apresenta as consequências.

Alternativa "e" – O segundo segmento enumera as consequências das atitudes dos políticos mencionadas no primeiro segmento.

RESPOSTA: C

76 **(FGV – TCE AM – Auditor Técnico Controle Externo – MP – 2021)** "Desde que, adulto, comecei a escrever romances, tem-me animado até hoje a ideia de que o menos que o escritor pode fazer, numa época de atrocidades e injustiças como a nossa, é acender a sua lâmpada, fazer luz sobre a realidade de seu mundo, evitando que sobre ele caia a escuridão, propícia aos ladrões, aos assassinos e aos tiranos. Sim, segurar a lâmpada, a despeito da náusea e do horror. Se não tivermos uma lâmpada elétrica, acendamos o nosso toco de vela ou, em último caso, risquemos fósforos repetidamente, como um sinal de que não desertamos nosso posto." – Erico Verissimo, escritor brasileiro (1905-1975)

Fonte: https://citacoes.in/citacoes-de-justica/

Segundo esse pequeno texto, a função do escritor no mundo é:

a) revelar realidades aos menos cultos;
b) denunciar crimes contra os mais pobres;
c) esclarecer fatos circunstantes;
d) iluminar a consciência das autoridades;
e) escrever sobre temas desconhecidos.

COMENTÁRIOS:

Alternativa "a" – Revelar realidade aos leitores. Denominá-los de menos cultos é extrapolar o teor do texto.

Alternativa "b" – O autor menciona que a escuridão é propícia aos ladrões, assassinos e tiranos. Não cita que os crimes são contra os mais pobres.

Alternativa "c" – Trechos que evidenciam a função do escritor: acender a sua lâmpada, fazer luz sobre a realidade de seu mundo; segurar a lâmpada, a despeito da náusea e do horror; risquemos fósforos repetidamente. Isso indica que esclarece fatos os quais estão à volta.

Alternativa "d" – Iluminar a consciência dos leitores, não das autoridades.

Alternativa "e" – Escrever sobre temas conhecidos.

RESPOSTA: C

Texto 2

"Não sou nem otimista, nem pessimista. Os otimistas são ingênuos, e os pessimistas amargos. Sou um realista esperançoso. Sou um homem da esperança. Sei que é para um futuro muito longínquo. Sonho com o dia em que o sol de Deus vai espalhar justiça pelo mundo todo."

Ariano Suassuna (1927 – 2014).
Fonte: https://citacoes.in/citacoes-de-justica/

77 **(FGV – TCE AM – Auditor Técnico Controle Externo – MP – 2021)** Apesar de dizer-se não pessimista, a frase do texto 2 que demonstra pessimismo é:

a) "Sonho com o dia em que o sol de Deus vai espalhar justiça";
b) "Sei que é para um futuro muito longínquo";
c) "Sou um homem da esperança";
d) "Sou um realista esperançoso";
e) "Os otimistas são ingênuos".

COMENTÁRIOS:

Alternativa "a" – A frase demonstra otimismo.

Alternativa "b" – Possui esperança, mas sabe que isso demorará a acontecer.

Alternativa "c" – Se possui esperança, é otimista.

Alternativa "d" – Mais uma vez cita a esperança, ou seja, é otimista.

Alternativa "e" – O fato de os otimistas serem inocentes não demonstra pessimismo, é apenas uma "qualidade".

RESPOSTA: B

78 **(FGV – TCE AM – Auditor Técnico Controle Externo – MP – 2021)** "Não nos damos conta, de fato, de que a literatura e os saberes humanísticos, a cultura e a educação constituem o líquido amniótico ideal no qual podem se desenvolver vigorosamente as ideias de democracia, liberdade, justiça, laicidade, igualdade, direito à crítica, tolerância, solidariedade e bem comum." – Nuccio Ordine

Ao compor a metáfora de a literatura, os saberes humanísticos, a cultura e a educação serem o líquido amniótico ideal de todas as ideias citadas logo em seguida, o autor compara esse processo com o(a):

a) maternidade;
b) revolução;
c) fábrica;
d) reflexão;
e) aboratório.

COMENTÁRIOS:

Nota da autora: é imprescindível saber o significado de "amniótico" – *que pertence ao âmnio, saco membranoso que, repleto de líquido, envolve e protege o embrião dos vertebrados superiores (mamíferos, aves e répteis).*

Alternativa "a" – Percebe-se que a metáfora está diretamente ligada à maternidade por ter mencionado o líquido amniótico.

Alternativa "b" – Não quis demonstrar uma mudança completa.

Alternativa "c" – Não há relação alguma com mercadoria (fábrica).

Alternativa "d" – Não se trata de uma análise detalhada.

Alternativa "e" – Não é uma experiência ou teste científico.

RESPOSTA: A

79 **(FGV – TCE AM – Auditor Técnico Controle Externo – MP – 2021)** Observemos o raciocínio a seguir.

– Todo tribunal de júri contém jurados

– Este tribunal contém jurados

– Este tribunal é um tribunal de júri

Este silogismo mostra um problema, que é:

a) possuir mais de três termos;
b) mostrar uma premissa falsa;
c) conter uma ambiguidade;
d) ter uma errada distribuição de termos;
e) concluir sem ligação lógica com as premissas.

COMENTÁRIOS:

Nota de Daniel Klug Nogueira:

Um silogismo tem três partes:

Premissa maior: "Todo homem é mortal."

Premissa menor: "João é homem."

Conclusão: "João é mortal."

Agora, os TERMOS do silogismo são os seguintes:

Termo maior: é o predicado da conclusão, que aparece também como predicado SÓ NA PREMISSA MAIOR (além da conclusão, claro): mortal.

Termo menor: é o sujeito da conclusão, que aparece também como sujeito SÓ NA PREMISSA MENOR (além da conclusão, claro): João.

Termo médio: aparece nas duas premissas e desaparece na conclusão: homem.

Alternativa "a" – São três termos: tribunal, jurados e júri.

Alternativa "b" – As premissas não são falsas, a ordem é que está incorreta.

Alternativa "c" – Não há mais de um sentido.

Alternativa "d" – O termo maior deveria ser "contém jurados", mas ele desaparece na conclusão. Logo, há uma confusão na distribuição dos termos.

Alternativa "e" – Existe ligação lógica, apenas não segue a ordem de maior, médio e menor.

RESPOSTA: D

80 **(FGV – TCE AM – Auditor Técnico Controle Externo – MP – 2021)** Observe o raciocínio a seguir.

– Os juízes acertam em suas decisões

– A população deve acatar as decisões judiciais

Nesse caso, a conclusão deve ser recusada porque:

a) a premissa não é verdadeira;
b) a conclusão não tem relação lógica com a premissa;
c) a conclusão provém de uma só premissa;
d) a premissa não contém os termos da conclusão;
e) a premissa é verdadeira, mas não é suficiente.

COMENTÁRIOS:

Alternativa "a" – A premissa deveria generalizar e isso não ocorre porque não são todos os juízes que acertam em suas decisões. Se não acertam, não há como concluir que a população deva acatar suas decisões.

Alternativa "b" – A conclusão possui lógica, embora a premissa seja falsa.

Alternativa "c" – A conclusão provém de uma premissa falsa. Faltou acrescentar o adjetivo nesta alternativa.

Alternativa "d" – Contém: juízes (premissa) e decisões judiciais (conclusão).

Alternativa "e" – A premissa é falsa, como mencionado na alternativa "a".

RESPOSTA: A

Texto 3

"Nenhum ser humano é uma ilha... por isso não perguntem por quem os sinos dobram. Eles dobram por cada um, por cada uma, por toda a humanidade. Se grandes são as trevas que se abatem sobre nossos espíritos, maiores ainda são as nossas ânsias por luz. (....) As tragédias dão-nos a dimensão da inumanidade de que somos capazes. Mas também deixam vir à tona o verdadeiramente humano que habita em nós, para além das diferenças de raça, de ideologia e de religião. E esse humano em nós faz com que juntos choremos, juntos nos enxuguemos as lágrimas, juntos oremos, juntos busquemos a justiça, juntos construamos a paz e juntos renunciemos à vingança."

Leonardo Boff

81 **(FGV – TCE AM – Auditor Técnico Controle Externo – MP – 2021)** Nesse segmento (texto 3), o autor:

a) apresenta sua própria opinião;
b) apresenta uma opinião como geral;
c) apresenta uma opinião alheia e a comenta;
d) apresenta e comenta sua opinião;
e) confronta diversas opiniões.

COMENTÁRIOS:

Alternativa "a" – Comenta a opinião de outra pessoa.

Alternativa "b" – Não generaliza.

Alternativa "c" – *John Donne* – poeta jacobita inglês – escreveu: "**Nenhum ser humano é uma ilha**, completo em si próprio; cada ser humano é uma parte do continente, uma parte de um todo". O autor apresenta uma opinião de outra pessoa e em seguida a comenta.

Alternativa "d" – A opinião não é do autor.

Alternativa "e" – Apresenta uma opinião e depois comenta. Não há comparação através de semelhanças e diferenças.

RESPOSTA: C

82 **(FGV – TCE AM – Auditor Técnico Controle Externo – MP – 2021)** "Nenhum ser humano é uma ilha... por isso não perguntem por quem os sinos dobram. Eles dobram por cada um, por cada uma, por toda a humanidade."

A marca característica do discurso moderno nesse segmento do texto 3 é:

a) a presença da intertextualidade;
b) a metaforização com um acidente geográfico;
c) a indicação separada de "cada um" e "cada uma";
d) a utilização de vocábulos desusados como "dobrar";
e) o emprego de reticências no meio da frase.

COMENTÁRIOS:

Alternativa "a" – Intertextualidade existe, mas não é marca característica do discurso moderno.

Alternativa "b" – A metáfora não possui relação alguma com **acidente** geográfico. Ele cita a frase de John Donne para se referir à solidão.

Alternativa "c" – Utilizar masculino e feminino é uma forma de evitar o machismo, segundo o discurso moderno. Daí surge a linguagem neutra – assunto muito discutido atualmente.

Alternativa "d" – Não há vocábulos arcaicos, ou que não são usados habitualmente.

Alternativa "e" – As reticências foram utilizadas para demonstrar que existe continuidade na frase e isso não é moderno. Trata-se de uma das regras do emprego das reticências – criada há décadas.

RESPOSTA: C

Texto 4

"Em oposição aos meus apaixonados sentimentos de justiça e deveres sociais, sempre experimentei a total ausência de me aproximar dos homens e das sociedades humanas. Apraz-me sentir-me só. Nunca me entreguei de corpo e alma a um círculo de amigos, ao Estado, nem à minha própria família. Pelo contrário, sempre senti nesses laços o indefinível sentimento de ser um estranho em seu desejo de solidão."

Albert Einstein

83 **(FGV – TCE AM – Auditor Técnico Controle Externo – MP – 2021)** Considerando o conteúdo global desse segmento (texto 4), podemos definir o pensamento de Einstein como:

a) contraditório;
b) egoísta;
c) sentimental;
d) materialista;
e) solidário.

COMENTÁRIOS:

Alternativa "a" – Note que o texto se inicia com a expressão "em oposição". Contradições: apaixonados sentimentos de justiça **versus** não me aproximar dos homens e das sociedades humanas; apaixonados sentimentos de deveres sociais **versus** apraz-me sentir-me só.

Alternativa "b" – Se indicasse egoísmo, não possuiria apaixonados sentimentos de justiça e deveres sociais.

Alternativa "c" – Não é sentimental: *sempre experimentei a total ausência de me aproximar dos homens e das sociedades humanas.*

Alternativa "d" – Nem se refere a bens materiais, não pode ser materialista.

Alternativa "e" – Não é solidário, basta reler o trecho mencionado na alternativa "c".

RESPOSTA: A

84 **(FGV – TCE AM – Auditor Técnico Controle Externo – MP – 2021)** Um teólogo russo, V. S. Soloviev, declarou: "Sinto vergonha, logo existo".

A afirmação INADEQUADA sobre essa frase:

a) é parte de um silogismo em que falta a conclusão;
b) mostra intertextualidade com uma frase famosa;
c) emite uma opinião pessoal do seu autor;
d) exemplifica um texto de caráter argumentativo;
e) não traz as duas premissas de um silogismo.

COMENTÁRIOS:

Alternativa "a" – A conclusão existe: *logo existo.*

Alternativa "b" – Intertextualidade com René Descartes: "Penso, logo existo".

Alternativa "c" – Está escrito na primeira pessoa do singular (eu).

Alternativa "d" – Argumento: *sinto vergonha.* Em seguida, conclui tal argumento.

Alternativa "e" – Existe uma premissa e a conclusão, não são duas premissas.

RESPOSTA: A

Texto 1

"A Estrada de Ferro Mauá é a primeira ferrovia do Brasil e uma das principais estradas de ferro antigas. Implementada em 1852 e com início das operações, 2 anos depois, em 1854, a ferrovia teve papel essencial para o avanço econômico para o país, que viveria uma transição para se tornar uma república.

A estrada tinha a função de ligar o Porto de Mauá, em Magé (RJ), até o município de Fragoso. Na época, foi construída com uma capacidade de 14,5 km de extensão.

Essa ferrovia, que faz parte do quadro de estradas de ferro antigas, e é uma das mais importantes, justamente por dar início às operações desse setor, foi construída por Irineu Evangelista de Sousa, o Barão de Mauá.

O setor ferroviário já se apresentava como uma importante solução em outros países, principalmente na Europa e nos Estados Unidos. Justamente por isso é que o empresário Irineu decidiu implementar esse novo negócio, trazendo uma nova perspectiva para a produção nacional, visto que a partir disso se tornou possível levar os insumos produzidos com mais facilidade.

A Estrada de Ferro Mauá seguia um trajeto específico: abastecia os trens nas plantações de café no Vale do Paraíba, seguindo até a cidade de Magé. A partir daí, os produtos eram posicionados em embarcações para chegar até a cidade do Rio de Janeiro.

Essa prática facilitou muito o transporte do café, que era o principal produto do mercado interno e externo nacional. Antes, esse transporte era feito por tração animal, demorando muito tempo e enfrentando dificuldades maiores do que nas estradas de ferro antigas.

A operação da Estrada de Ferro Mauá durou até o fim do período imperial, em meados de 1888, já tendo perdido a sua importância."

(Massa, 23/06/2021)

85 **(FGV – Auditor de Controle Externo – TCE – PI/2021)** O texto 1 está estruturado em 7 parágrafos; a opção abaixo que mostra corretamente a temática do parágrafo destacado é:

a) parágrafo 1 – resumo da história completa da Estrada de Ferro Mauá;
b) parágrafo 2 – indicação da função econômica da Estrada de Ferro Mauá;
c) parágrafo 3 – importância atual da Estrada de Ferro Mauá;
d) parágrafo 4 – razões da implementação da Estrada de Ferro Mauá no Brasil;
e) parágrafo 5 – roteiro, extensão e função da Estrada de Ferro Mauá.

COMENTÁRIOS:

Alternativa "a" – Menciona quando foi criada e algumas características. Nos parágrafos posteriores, continua descrevendo. Não se trata de um resumo completo.

Alternativa "b" – Indicação da extensão.

Alternativa "c" – Importância da Estrada de Ferro em 1852, quando foi criada.

Alternativa "d" – O Barão de Mauá decidiu implementar a Estrada e Ferro **porque** *o setor ferroviário **já se apresentava como uma importante solução em outros países** (...) **trazendo uma nova perspectiva para a produção nacional** (...) a partir disso **se tornou possível levar os insumos produzidos com mais facilidade.***

Alternativa "e" – Indica apenas o roteiro, demonstra o trajeto específico. A extensão está no 2º §; a função, no 4º §.

RESPOSTA: D

86 **(FGV – Auditor de Controle Externo – TCE – PI/2021)** No parágrafo 4 do texto 1 há uma referência à Europa e aos Estados Unidos; essa referência tem a finalidade de:

a) informar sobre nossa dependência política;
b) implementar mudanças em nossa estrutura econômica;
c) mostrar os responsáveis pela construção da Estrada;
d) revelar a origem do financiamento da construção;
e) indicar um modelo a ser seguido.

COMENTÁRIOS:

Alternativa "a" – Não há relação com a política, mas sim com a economia, e não menciona dependência alguma.

Alternativa "b" – Barão de Mauá, empresário brasileiro, decidiu implementar o setor ferroviário a fim de melhorar a produção nacional.

Alternativa "c" – A Europa e os Estados Unidos não foram os responsáveis pela construção da Estrada. Quem construiu foi o empresário Irineu, como mencionado na alternativa anterior.

Alternativa "d" – Em momento algum é mencionado que houve financiamento para construir a estrada, muito menos que a Europa ou os Estados ajudaram.

Alternativa "e" – Se na Europa e nos Estados Unidos, o setor ferroviário já se apresentava como uma importante solução, era necessário seguir o exemplo, isto é, seguir o modelo deles.

RESPOSTA: E

87 **(FGV – SEFAZ ES – Auditor Fiscal – 2021)** No fragmento a seguir, há uma série de conselhos implícitos.

"Assim como é boa economia guardar um pão para a velhice, assim também é de boa prática social acautelar um ofício para a hipótese de que outros falhem, ou não indenizem suficientemente o esforço de nossa ambição."

ASSIS, Machado de. Teoria do Medalhão, Gazeta de Notícias. RJ. 1881.

Assinale a opção que apresenta o conselho que não faz parte dessa série.

a) Devemos ter prudência nos gastos.

b) Devemos economizar para mais tarde.
c) Devemos investir em nossas relações sociais.
d) Devemos sempre procurar melhores remunerações.
e) Devemos estar preparados para mudanças profissionais.

COMENTÁRIOS:

Alternativa "a" – Prudência nos gastos: *é boa economia guardar.*

Alternativa "b" – Economizar para mais tarde: *guardar um pão para a velhice.*

Alternativa "c" – Machado não menciona nem deixa subentendida a ideia de investimento nas relações sociais.

Alternativa "d" – Melhores remunerações: *não indenizem suficientemente o esforço de nossa ambição.*

Alternativa "e" – Mudanças profissionais: *acautelar um ofício para a hipótese de que outros falhem.*

"Acautelar" significa *prevenir-se, precaver.*

RESPOSTA: C

88 (FGV – SEFAZ ES – Auditor Fiscal – 2021)

"A riqueza não deve ser dissipada, mas é certo que impõe obrigações imprescindíveis, e seria da maior conveniência viver a gente abaixo dos seus meios."

ASSIS, Machado de. Helena. Ed. MEC (digital). Rio de Janeiro. 2020.

Ao dizer que "seria da maior conveniência viver a gente abaixo dos seus meios", Machado quer dizer que todos nós devemos:

a) gastar menos do que ganhamos.
b) procurar meios de ganhar mais.
c) evitar demonstrações públicas de riqueza.
d) pesquisar sobre preços antes das compras.
e) economizar continuamente por toda a vida.

COMENTÁRIOS:

Alternativa "a" – A riqueza não pode acabar, para isso é imprescindível viver abaixo dos seus meios, ou seja, não gastar tudo o que ganhamos.

Alternativa "b" – Não se trata de ganhar mais, mas sim de gastar menos.

Alternativa "c" – Não menciona se deve ou não demonstrar.

Alternativa "d" – Você pode pesquisar e gastar. A ideia é de que é preciso gastar menos, não se refere à pesquisa.

Alternativa "e" – Deve economizar, mas "continuamente" e "por toda vida" extrapolam o conselho do autor. Não é mencionado o tempo.

RESPOSTA: A

89 **(FGV – SEFAZ ES – Auditor Fiscal – 2021)** Assinale a opção que mostra completa originalidade, sem referência a um texto ou expressão célebre anterior.

a) "Abençoados os jovens, pois deles será a herança da dívida nacional."

b) "Dinheiro: chave universal que abre todas as portas."

c) "No mundo existem aqueles que choram e os que vendem lenços: eu vendo lenços."

d) "A ocasião não só faz o ladrão como também os grandes homens."

e) "Às vezes, a alegria do dono do circo é ver o palhaço pegar fogo."

COMENTÁRIOS:

Alternativa "a" – Frase de Herbert Hoover – 31º Presidente dos Estados Unidos.

Alternativa "b" – Frase de Calderón de la Barca – dramaturgo e poeta espanhol.

Alternativa "c" – A frase não mostra completa originalidade. O empresário Nizan Guanaes disse: "No mundo existem aqueles que choram. Eu vendo lenços."

Alternativa "d" – Frase de Georg Christoph Lichtenberg – físico alemão, cientista.

Alternativa "e" – Trata-se de um ditado popular e foi transcrito de forma original.

RESPOSTA: C

Texto 3

"Um dos grandes problemas enfrentados pelos moradores das grandes cidades brasileiras é a deficiente infraestrutura de transportes. As pessoas demoram muito tempo para se deslocarem, sem condições mínimas de conforto, tendo muitas vezes que encarar longas distâncias em pé, em ônibus lotados.

Este problema tem origem em meados do século XX, quando o Brasil passou por um processo de industrialização que aconteceu de forma rápida e descontrolada. Houve migração muito grande de pessoas para as cidades, o que levou à supervalorização do preço dos terrenos e imóveis.

A solução, para as pessoas de renda mais baixa, foi estabelecer moradia em zonas mais afastadas, além de favelas e ocupações irregulares. As ofertas de empregos e serviços, no entanto, ficou concentrada nos bairros mais nobres, o que exige deslocamento de grandes distâncias pelos trabalhadores."

90 **(FGV – TCE PI – Auditor Controle Externo – 2021)** Pela sua estruturação, o texto 3 deve ser classificado como:

a) dissertativo-informativo;

b) expositivo-didático;

c) descritivo-argumentativo;

d) narrativo-dissertativo;

e) narrativo-descritivo.

COMENTÁRIOS:

Alternativa "a" – É dissertativo porque informa um assunto ao leitor – o processo de industrialização. É informativo porque relata informações de maneira objetiva e verossímil e não possui juízo de valor.

Alternativa "b" – Não possui juízo de valor, então não pode ser expositivo. Além disso, não é didático, ou seja, não possui objetivos pedagógicos.

Alternativa "c" – Não descreve, não expõe apreciações, impressões ou observações de algo nem indica os aspectos, as características, os detalhes singulares e os pormenores.

Alternativa "d" – Não possui enredo nem personagens.

Alternativa "e" – Não narra e não descreve – como mencionado na alternativa "c"

RESPOSTA: A

91 **(FGV – Auditor de Controle Externo – TCE – PI/2021)** "Este problema tem origem em meados do século XX, quando o Brasil passou por um processo de industrialização que aconteceu de forma rápida e descontrolada. Houve migração muito grande de pessoas para as cidades, o que levou à supervalorização do preço dos terrenos e imóveis."

Na verdade, o problema detectado pelo autor do texto 3 foi:

a) o processo de industrialização;
b) a grande migração de pessoas para as cidades;
c) a supervalorização dos preços dos terrenos;
d) o aumento descontrolado dos preços dos imóveis;
e) o descontrole no processo de industrialização.

COMENTÁRIOS:

Alternativa "a" – O processo de industrialização não foi um problema, mas sim a forma como ele aconteceu.

Alternativa "b" – A grande migração de pessoas para as cidades foi o que causou o problema do processo de industrialização – ocorreu de forma rápida e descontrolada.

Alternativa "c" – A supervalorização dos terrenos ocorreu porque muitas pessoas migraram para as cidades. Esse não foi o problema.

Alternativa "d" – O adjetivo "descontrolada", no texto, refere-se à forma como ocorreu o processo de industrialização, não à supervalorização dos imóveis.

Alternativa "e" – Em meados do século XX, *o Brasil passou por um* ***processo de industrialização*** *que aconteceu* ***de forma rápida e descontrolada***.

RESPOSTA: E

Texto 4 – O transporte público

"O responsável primário pelo transporte público urbano é o poder público municipal. É isso que prevê o inciso V do artigo 30 da Constituição Federal:

'[Cabe ao município] organizar e prestar, diretamente ou sob regime de concessão ou permissão, os serviços públicos de interesse local, incluído o de transporte coletivo, que tem caráter essencial'.

Entretanto, como você pode observar, esse dispositivo da Constituição dá liberdade aos municípios quanto a como ofertar esse serviço. Primeiro, o município pode escolher cuidar do transporte coletivo por conta própria. A prefeitura se responsabiliza diretamente pela gestão do sistema e desembolsa 100% dos recursos para mantê-lo.

É claro que o modelo direto é pouco adotado, já que o orçamento municipal costuma ser apertado e há outras áreas que as prefeituras devem suprir (saúde e educação, por exemplo). Nesse caso, quais opções restam?

A saída mais comum é contratar empresas para desempenhar essa função. Para fazer isso, é preciso realizar uma licitação, procedimento padrão para que uma empresa desempenhe um serviço público. As empresas vencedoras da licitação atuam sob regime de concessão ou permissão. A diferença entre os dois é sutil e pouco relevante; o que importa saber é que a empresa firma um contrato com a prefeitura por certo período de tempo, para administrar a maior parte do sistema de transporte coletivo municipal."

92 **(FGV – TCE PI – Auditor Controle Externo – 2021)** O texto 4 está expresso em linguagem culta, com obediência às normas gramaticais; o segmento em que ocorre um exemplo de linguagem popular é:

a) "É claro que o modelo direto é pouco adotado, já que o orçamento municipal costuma ser apertado e há outras áreas que as prefeituras devem suprir (saúde e educação, por exemplo)";

b) "A saída mais comum é contratar empresas para desempenhar essa função";

c) "Para fazer isso, é preciso realizar uma licitação, procedimento padrão para que uma empresa desempenhe um serviço público";

d) "O responsável primário pelo transporte público urbano é o poder público municipal";

e) "É isso que prevê o inciso V do artigo 30 da Constituição Federal".

COMENTÁRIOS:

Alternativa "a" – O adjetivo *apertado* foi usado no sentido de "difícil". Esse termo é utilizado na linguagem falada, isto é, na linguagem popular. Na linguagem culta, significa *estreito, sem extensão, sem largura; exíguo, curto*. Note que se refere a tamanho, não à dificuldade.

Observação: basta lembrar que é comum ouvir "estou apertado este mês". Isso significa que está com poucos recursos financeiros. Eis outro exemplo de linguagem popular.

Alternativa "b" – O substantivo "saída" foi usado no sentido figurado (*maneira de superar uma dificuldade; recurso, expediente*), não se refere, obrigatoriamente, à linguagem popular.

Alternativa "c" – Linguagem culta. Padrão: *norma determinada e aprovada consensualmente pela maioria, ou por uma autoridade.*

Alternativa "d" – Linguagem culta. Primário: *que está em primeiro.*

Alternativa "e" – Linguagem culta. Inciso: *subdivisão de um dispositivo legal, sob a forma de parágrafo que é complemento de outro e que vem geralmente marcada por algarismos romanos ou arábicos.*

RESPOSTA: A

93 **(FGV – Auditor de Controle Externo – TCE – PI/2021)** No texto 4, ocorre a citação de um trecho da Constituição de nosso país; no caso das leis, a função da língua escrita é a:

a) de transferência, ou seja, marca a transferência do ato comunicativo para outro local ou momento;

b) de preservação, ou seja, visa ao armazenamento de informações importantes para os diversos momentos históricos;

c) de memorização, ou seja, preservação de uma informação para o momento da elocução e não para o futuro;

d) de produção do conhecimento, ou seja, a expressão escrita produz, simultaneamente à sua estruturação, conhecimento novo;

e) artística, ou seja, a produção de textos com finalidade estética.

COMENTÁRIOS:

Nota da autora: A banca exige as **funções da língua escrita**. Por se tratar de um assunto novo – a banca ainda não tinha exigido –, confira as definições e exemplos a seguir.

Função de transferência – motivada pela ausência do interlocutor no momento da enunciação, marca a transferência da realização do ato comunicativo para um outro local ou para um outro momento.

O poema Os Lusíadas, escrito em 1570, faz com que Camões, seu autor, permaneça "vivo" até os dias de hoje.

Função de preservação – consiste no armazenamento de informações.

A biblioteca.

Função sócio-político-cultural – enfatiza que há uma estreita relação entre língua escrita e nacionalidade; as culturas preocupam-se em manter sua identidade cultural e nacional por meio da preservação da própria língua.

No Brasil, apesar de se empregar o idioma de Portugal, o brasileiro afirma sua nacionalidade, muitas vezes, opondo-se à língua de além-mar, como no caso de nossos autores retratando a nossa pátria.

Função de memorização – de certo modo semelhante à função de preservação, com a diferença de que o que se preserva é algo que se dirige ao momento presente.

As agendas diárias.

Função artística – mostra que a língua escrita é o veículo das grandes obras da literatura universal.

O conto de fadas A Bela Adormecida.

Função de produção de conhecimento – revela que a manutenção do prestígio da língua escrita se deve fundamentalmente a essa função.

Ao escrevermos, não estamos expressando um pensamento já formado, mas o estamos formando à medida que escrevemos.

Alternativa "a" – Não há transferência do ato comunicativo para outro local ou momento.

Alternativa "b" – Como mencionado no comando da questão, trata-se de um trecho da Constituição de nosso país e possui o objetivo de armazenar informações importantes, ou seja, a língua possui função de preservação.

Alternativa "c" – Não é para o momento da elocução.

Alternativa "d" – Não se trata de expressar um pensamento já formado, trata-se de informações.

Alternativa "e" – A Constituição não possui finalidade estética.

RESPOSTA: B

94 **(FGV – Fiscal – Nível Superior – Pref. de Salvador – BA/2019)** No prefácio de um livro de Jorge Amado, Vinícius de Moraes escreveu o seguinte:

"Em dois textos simples, Jorge Amado acaba de escrever o que para mim é o melhor romance e a melhor novela da literatura brasileira".

O segmento "o melhor romance e a melhor novela da literatura brasileira" refere-se

a) a uma narrativa que poderia ser considerada como romance ou novela.
b) a duas obras distintas publicadas em um só livro.
c) à publicação de dois textos de valor na obra de Jorge Amado.
d) à escrita simultânea de dois livros por Jorge Amado.
e) à notícia do relançamento de novos livros de nossa literatura.

COMENTÁRIOS:

Alternativa "a" – Não se fala em narrativa, mas em dois textos.

Alternativa "b" – São dois textos distintos e não duas obras distintas.

Alternativa "c" – "Em dois textos...": um representando o melhor romance e outro, a melhor novela.

Alternativa "d" – São dois textos e não dois livros.

Alternativa "e" – Não se fala em relançamento de livros.

RESPOSTA: C

95 **(FGV – Fiscal – Nível Superior – Pref. de Salvador – BA/2019)** Uma das marcas do discurso jornalístico é a impessoalidade. Assinale a opção que, ao contrário, mostra traços de pessoalidade.

a) Tornou-se habitual a ocorrência de assaltos nos túneis.
b) Sabe-se que a vida nas grandes cidades é mais cara.
c) Tem sido generalizada a ideia de que a polícia comete falhas.

d) É de consenso que os professores ganhamos pouco.

e) Comumente ouve-se falar de acidentes com motos.

COMENTÁRIOS:

Alternativa "a" - O verbo de ligação + se marca a impessoalidade = sujeito indeterminado.

Alternativa "b" - O uso do verbo na 3ª pessoa do singular + se imprime impessoalidade ao discurso.

Alternativa "c" - A locução verbal (verbo auxiliar + particípio = tem sido) confere impessoalidade ao texto.

Alternativa "d" - O que marca a pessoalidade do período é a flexão do verbo na 1ª pessoa do plural: (nós) ganhamos. Isso insere o emissor na categoria de professorado.

Alternativa "e" - Novamente o uso da 3ª pessoa do singular + SE = impessoalidade.

RESPOSTA: D

O desmatamento da Floresta Amazônica: causas e soluções

O debate sobre o problema do desmatamento da Floresta Amazônica, que tem se expresso, entre outros, nos debates sobre as mudanças no Código Florestal, tem-se caracterizado por sua superficialidade e pelo seu caráter ideológico. Inicialmente, há a necessidade de se identificar o processo de forma clara, após isto buscar as suas causas, e, finalmente, pensar nas soluções no curto, médio e longo prazos.

Política Ambiental, nº 8, junho de 2011.

96 **(FGV - Fiscal - Nível Superior - Pref. de Salvador - BA/2019)** Assinale a opção em que a relação do título com o texto está corretamente identificada.

a) O título fala de causas e soluções do desmatamento, mas só indica as soluções.

b) O título indica causas e soluções, mas só indica as causas.

c) O texto não fala nem de umas nem de outras, apesar de falar de causas a soluções do desmatamento.

d) O texto explicita as causas e soluções do desmatamento falando de causas e soluções no título.

e) O texto indica somente uma causa e uma solução, apesar de indicar uma quantidade plural de causas e soluções.

COMENTÁRIOS:

Alternativa "a" - Soluções não são indicadas. Serão pensadas!

Alternativa "b" - As causas serão buscadas.

Alternativa "c" - Apesar de as palavras **causas** e **soluções** fazerem parte do texto, não se desenvolve o assunto sobre isso. Observe: "...após isto buscar as suas **causas**, e, finalmente, pensar nas **soluções...**" As causas serão buscadas e as soluções pensadas.

Alternativa "d" - O texto não explica as causas (que serão buscadas) e as soluções (que serão pensadas).

Alternativa "e" – causas e soluções não foram indicadas.

RESPOSTA: C

97 **(FGV – Fiscal – Nível Superior – Pref. de Salvador – BA/2019)** *"A ideia de que a natureza existe para servir o homem seria apenas ingênua, se não fosse perigosamente pretensiosa.*

Essa crença lançou raízes profundas no espírito humano, reforçada por doutrinas que situam corretamente o Homo Sapiens no ponto mais alto da evolução, mas incidem no equívoco de fazer dele uma espécie de finalidade da criação. Pode-se dizer com segurança que nada na natureza foi feito para alguma coisa, mas pode-se crer em permuta e equilíbrio entre seres e coisas".

Lisboa, Luiz Carlos. Olhos de ver; ouvidos de ouvir. Ed. DIFEL. 2013.

Esse trecho critica basicamente:

a) a visão da criação trazida pela Bíblia.
b) uma visão biológica sobre o *Homo Sapiens.*
c) a ingenuidade de grande parte da população.
d) a ignorância humana sobre suas próprias origens.
e) a existência de crenças infundadas na humanidade.

COMENTÁRIOS:

Alternativa "a" – Pode-se considerar uma questão polêmica já que aborda religiosidade, especificamente a Bíblia. Mas, para não entrarmos nos campos ideológico e religioso, e acertarmos a questão, que, aliás, é o nosso principal objetivo, podemos usar a tática de eliminação. Esta é a que parece mais razoável.

Seguiremos o seguinte raciocínio: sabendo-se que o homem foi criado no último dia, quando todos os outros elementos da natureza já tinham sido criados, a ideia é que ele, o homem, seria imbuído com o poder da dominação, ou seja, a natureza teria sido criada para servir o homem, o que é objeto de crítica pelo autor do texto.

"Façamos o **homem** a nossa imagem, conforme a nossa semelhança; e **domine sobre os peixes do mar, e sobre as aves dos céus, e todo o réptil da terra conforme a sua espécie.** E viu Deus que era bom". (Gênesis 1:26).

Alternativa "b" – Não há crítica sobre a visão biológica.

Alternativa "c" – O autor fala da ingenuidade da ideia de que a natureza foi criada para servir o homem e não da ingenuidade da população.

Alternativa "d" – Não se trata de crítica à ignorância das origens.

Alternativa "e" – O autor não critica as crenças infundadas na humanidade, mas a crença de que a natureza deve servir o homem.

RESPOSTA: A

98 **(FGV – Fiscal – Nível Superior – Pref. de Salvador – BA/2019)** O jornal *O Estado de São Paulo* publicou, em 6/10/2016, a seguinte manchete:

Avanço do desmatamento na Amazônia causa alerta no governo

Infere-se dessa manchete que:

a) o desmatamento na Amazônia tem aumentado progressivamente nos últimos tempos.
b) em relação aos anos anteriores, tem havido um aumento no desmatamento da floresta.
c) o aumento do desmatamento na Amazônia traz instabilidade política ao governo.
d) o desmatamento da Amazônia traz preocupações ao Governo.
e) as preocupações econômicas aumentam com o desmatamento da Amazônia.

COMENTÁRIOS:

Alternativa "a" – Avanço (aumento) não é sinônimo de aumento progressivo (aumento pouco a pouco).

Alternativa "b" – O avanço mencionado não é contextualizado em relação ao anos anteriores.

Alternativa "c" – Traz preocupações e não instabilidade política.

Alternativa "d" – Causar alerta: causar atenção, cautela, cuidados, prevenção, preocupação. "...desmatamento [...] causa alerta (preocupações) no governo."

Alternativa "e" – O que aumenta são as preocupações gerais e não especificamente preocupações econômicas.

RESPOSTA: D

Texto para responder às questões.

Texto 1 – Há sempre o inesperado

Quem não nasceu de novo por causa de um inesperado?

Iniciei-me no exílio antropológico quando – de agosto a novembro de 1961 – fiz trabalho de campo entre os índios gaviões no sul do Pará. Mas, como os exilados também se comunicam, solicitei a uma respeitável figura do último reduto urbano que visitamos, uma cidadezinha na margem esquerda do rio Tocantins, que cuidasse da correspondência que Júlio César Melatti, meu companheiro de aventura, e eu iríamos receber. Naquele mundo sem internet, telefonemas eram impossíveis e cartas ou pacotes demoravam semanas para ir e vir.

Recebemos uma rala correspondência na aldeia do Cocal. E, quando chegamos à nossa base, no final da pesquisa, descobrimos que nossa correspondência havia sido violada.

Por quê? Ora, por engano, respondeu o responsável, arrolando em seguida o inesperado e ironia que até hoje permeiam a atividade de pesquisa de Brasil. Foi quando soubemos que quem havia se comprometido a cuidar de nossas cartas não acreditava que estávamos "estudando índios". Na sua mente, éramos bons demais para perdermos tempo com uma atividade tão inútil quanto estúpida. Éramos estrangeiros disfarçados – muito provavelmente americanos – atrás de urânio e outros metais preciosos. Essa plausível hipótese levou o nosso intermediário ao imperativo de "conferir" a correspondência.

Mas agora que os nossos rostos escalavrados pelo ordálio do trabalho de campo provavam como estava errado, ele, pela primeira vez em sua vida, acreditou ter testemunhado dois cientistas em ação.

Há sempre o inesperado.

Roberto da Matta. O GLOBO. Rio de Janeiro, 18/10/2017

99 **(FGV – Auditor Fiscal de Tributos Estaduais – SEFIN – RO/2018)** "... fiz trabalho de campo entre os índios gaviões no sul do Pará". Com a expressão sublinhada, o enunciador do texto quer dizer que:

a) realizou pesquisa *in loco*.
b) pesquisou a relação dos índios com o meio-ambiente.
c) estudou a agricultura entre os selvagens referidos.
d) observou os hábitos indígenas no meio florestal.
e) coletou amostras para futuros estudos.

COMENTÁRIOS:

Alternativa "a" – A expressão latina "in loco" significa **no próprio local.**

Alternativa "b" – Não menciona o meio-ambiente, apenas os índios: *fiz trabalho de campo entre os índios gaviões no sul do Pará.*

Alternativa "c" – Não cita a agricultura.

Alternativa "d" – Indica apenas que a pesquisa foi feita entre os índios gaviões no sul do Pará.

Alternativa "e" – Em momento algum cita que colheu amostras.

RESPOSTA: A

100 **(FGV – Auditor Fiscal de Tributos Estaduais – SEFIN – RO/2018)** O texto começa por uma pergunta, cuja finalidade básica é:

a) interagir com o leitor do texto, a fim de que ele participe com mais interesse da leitura.
b) provocar uma reflexão pessoal do leitor, que possa ligá-lo à temática do texto.
c) dirigir-se a um leitor particular, que já tenha refletido sobre a questão.
d) realizar uma questão de ordem geral, que possa aumentar o número de leitores do texto.
e) selecionar um tipo de leitor que tenha interesse pela temática abordada no texto.

COMENTÁRIOS:

Alternativa "a" – A finalidade não é interagir com leitor, mas sim fazê-lo refletir.

Alternativa "b" – Trata-se de uma pergunta retórica – *uma interrogação que* ***não tem como objetivo obter uma resposta****, mas sim estimular a reflexão do indivíduo sobre* *determinado assunto. A pessoa que faz uma pergunta retórica já sabe a resposta do questionamento feito. Pode possuir um caráter de ironia ou sarcasmo*[12].

Alternativa "c" – Dois erros: não se dirige a um leitor particular e nada indica que esse leitor já tenha pensado no assunto.

Alternativa "d" – Não há apelação para que aumente o número de leitores, mas sim uma reflexão sobre algo inesperado.

Alternativa "e" – Não seleciona o tipo de leitor, apenas demonstra o que será discutido.

RESPOSTA: B

101 (FGV – Auditor Fiscal de Tributos Estaduais – SEFIN – RO/2018) A pergunta inicial do texto utiliza a expressão "nasceu de novo", que mostra claramente que a linguagem humana

a) não pode prescindir da coerência.
b) representa integralmente a realidade.
c) comunica-se com o sentido dicionarizado dos vocábulos.
d) apela para recursos ilógicos e figurados.
e) é eficiente com recursos gráficos, visuais e auditivos.

COMENTÁRIOS:

Alternativa "a" – Não se refere a não dispensar a coerência, mas sim ao sentido conotativo.

Alternativa "b" – Nada indica que represente integralmente a realidade, já que a expressão está no sentido metafórico e não possui lógica.

Alternativa "c" – O sentido não é denotativo, é conotativo.

Alternativa "d" – Ilógico: é impossível alguém nascer de novo; figurado: o sentido é de renovar-se, não é o sentido literal de nascer – *passar a ter existência.*

Alternativa "e" – A expressão não possui relação com tais recursos.

RESPOSTA: D

102 (FGV – Auditor Fiscal de Tributos Estaduais – SEFIN – RO/2018) Tendo em vista o conteúdo do texto, o autor se refere à tarefa do antropólogo como um "exílio" pelo fato de ser essa uma atividade que

a) afasta o profissional de áreas mais povoadas.
b) é pouco procurada por estudiosos.
c) estuda temas de pouco interesse geral.
d) necessita de tranquilidade e tempo para sua eficiência.
e) se concentra em temas sobre as sociedades primitivas.

---

12. Significados. Disponível em: <https://www.significados.com.br/pergunta-retorica/>. Acesso em: 03 jan. 2020, com adaptações.

COMENTÁRIOS:

Nota da autora: "Exílio" significa *região desabitada; lugar distante; local solitário.*

Alternativa "a" – Se a região é distante e solitária, ocorre afastamento de áreas mais povoadas.

Alternativa "b" – Não se pode afirmar que os estudiosos a procurem menos.

Alternativa "c" – O "inesperado" indica exatamente o contrário e não há relação com "exílio".

Alternativa "d" – Ocorre extrapolação textual, pois isso não pode ser inferido.

Alternativa "e" – Não se refere a sociedades primitivas, mas sim a um local pouco povoado.

RESPOSTA: A

103 (FGV – Auditor Fiscal de Tributos Estaduais – SEFIN – RO/2018) No texto, o "inesperado" é representado

a) pela seriedade do trabalho dos dois cientistas.
b) pelo pensamento errado do intermediário.
c) pelo descrédito geral pelo trabalho dos antropólogos.
d) pela violação da correspondência dos estudiosos.
e) pelo trabalho de antropólogos entre índios do Pará.

COMENTÁRIOS:

Alternativa "a" – A seriedade é algo esperado.

Alternativa "b" – Basta reler este fragmento: *Ora, por engano, respondeu o responsável, arrolando em seguida o inesperado e ironia que até hoje permeiam a atividade de pesquisa de Brasil. Foi quando soubemos que quem havia se comprometido a cuidar de nossas cartas não acreditava que estávamos "estudando índios".* **Quem havia se comprometido?** O intermediário. Qual era o pensamento errado do intermediário? *Não acreditar que estávamos "estudando índios".*

Alternativa "c" – O descrédito não é pelo trabalho dos antropólogos, mas sim pelo assunto estudado.

Alternativa "d" – Inesperado é estudar os índios, não violar a correspondência.

Alternativa "e" – O trabalho de antropólogos não é inesperado.

RESPOSTA: B

104 (FGV – Auditor Fiscal de Tributos Estaduais – SEFIN – RO/2018) "Na sua mente, éramos bons demais para perdermos tempo com uma atividade tão inútil quanto estúpida". No contexto, esse fragmento representa o que pensa(m)

a) o intermediário da correspondência.
b) a sociedade em geral.
c) os antropólogos modernos.

d) o enunciador do texto.

e) o autor do texto e seu amigo.

COMENTÁRIOS:

Alternativa "a" – No terceiro parágrafo fica claro que se trata do intermediário: *Foi quando soubemos que* ***quem havia se comprometido a cuidar de nossas cartas não acreditava que estávamos "estudando índios"****. Na sua mente, éramos bons demais para perdermos tempo com uma atividade tão inútil quanto estúpida. Éramos estrangeiros disfarçados – muito provavelmente americanos – atrás de urânio e outros metais preciosos.* ***Essa plausível hipótese levou o nosso intermediário ao imperativo de "conferir" a correspondência.*** "Na sua mente" = a mente do intermediário.

Alternativa "b" – Não há relação com a sociedade.

Alternativa "c" – Não se refere aos antropólogos.

Alternativa "d" – Não é o enunciador.

Alternativa "e" – Não é o autor, muito menos seu amigo.

RESPOSTA: A

105 **(FGV – Auditor Fiscal de Tributos Estaduais – SEFIN – RO/2018)** Assinale a opção que apresenta o segmento do texto em que não ocorre a presença da ironia.

a) " Iniciei-me no exílio antropológico ".

b) " solicitei a uma respeitável figura do último reduto urbano ".

c) "... uma atividade tão inútil quanto estúpida ".

d) " Essa plausível hipótese levou o nosso intermediário ...".

e) "... acreditou ter testemunhado dois cientistas em ação ".

COMENTÁRIOS:

Nota da autora: A ironia é mostrada através de adjetivos.

Alternativa "a" – Ironia: antropológico.

Alternativa "b" – Ironia: respeitável.

Alternativa "c" – Ironia: inútil e estúpida.

Alternativa "d" – Ironia: plausível.

Alternativa "e" – Não foi usado adjetivo e não denota ironia alguma.

RESPOSTA: E

Texto 1 – Dados Primários

Há cerca de 15 anos, um grupo de pesquisadores do Imazon (Instituto do Homem e Meio Ambiente da Amazônia) preparava um estudo sobre indicadores de sustentabilidade da cidade de Belém e precisava saber quantos metros quadrados de praças e áreas verdes havia em cada bairro da região metropolitana. Durante três meses, os pesquisadores buscaram o dado junto a órgãos públicos.

Protocolo para cá, ofício para lá, o máximo que conseguiram foi uma estimativa de que existiam "umas cem praças". Beto Veríssimo, líder de estudo, reuniu a equipe e propôs; vamos medir nós mesmos. Armados de GPS, trena e suor, em dois meses mapearam quase duas mil praças e áreas verdes na capital paraense.

Lembrei-me desse episódio ao participar do debate recente sobre os dados de cobertura e uso da terra no Brasil.

Em artigo recente no "Valor Econômico", o autor conclui, após, segundo ele, cruzar várias fontes de dados, que entre 1990 e 2016 a área ocupada pela atividade agropecuária no Brasil teria sido reduzida em 4,2 milhões de hectares, a despeito de 38 milhões de hectares terem sido desmatados no mesmo período. Afirma que a regeneração da mata nativa teria alcançado 50 milhões de hectares no período e que, portanto, para cada hectare desmatado, 1,3 hectare era recuperado. A expansão da produção agropecuária teria se dado, então, exclusivamente pelos extraordinários ganhos de produtividade.

O incauto, ao ler tal informação, poderia concluir que a área das matas brasileiras teria aumentado nas últimas décadas, e a agropecuária reduzido a área ocupada. Portanto, a expansão da agropecuária não teria causado desmatamento e degradação. Ou seja, tudo ótimo, nada a mudar, basta seguirmos no rumo em que estamos.

Nestas horas, é importante voltar às fontes de dados primários sólidas e abrangentes no tempo e no espaço.

Existem atualmente três iniciativas de mapeamento de cobertura e uso da terra no Brasil. [...] Ainda que todos possam ser melhorados e, embora tenham diferenças de abordagem metodológica, legenda e resolução, os dados gerados por esses três projetos indicam de forma inequívoca:

• o Brasil perdeu cobertura florestal e vegetação nativa durante todos os períodos analisados;

• a área ocupada pela atividade agropecuária cresceu em todos os períodos;

• houve regeneração em larga escala no Brasil, mas ela ainda representa menos de um terço das áreas desmatadas;

• mais de 90% das áreas desmatadas se convertem em agropecuária.

Esta é a realidade nua e crua dos dados primários. Eles, decerto, estão sujeitos a muitas análises e interpretações. Estas só não podem ir de encontro aos fatos.

Tasso Azevedo, O GLOBO, 28/02/2018.

106 **(FGV – Auditor de Controle Interno – Pref. de Niterói – RJ/2018)** As opções a seguir mostram informações do texto que indicam imprecisão, ***à exceção de uma***. Assinale-a.

a) "Há cerca de 15 anos".

b) "... a área ocupada pela atividade agropecuária no Brasil teria sido reduzida em 4,2 milhões de hectares".

c) "Afirma que a regeneração de mata nativa teria alcançado 50 milhões de hectares".

d) "... foi uma estimativa de que existiam 'umas cem praças'".

e) "...e precisava saber quantos metros quadrados de praças e áreas verdes havia em cada bairro".

COMENTÁRIOS:

Alternativa "a" – Passaram 15 anos: precisão.

Alternativa "b" – O futuro do pretérito do indicativo, tempo verbal aplicado no verbo principal da locução (teria) é um tempo condicional, utilizado para indicar uma ação que é consequência de outra, encontrando-se condicionada. Expressa também incerteza que, no texto, pode ser entendida como imprecisão.

Alternativa "c" – Novamente o verbo principal no futuro do pretérito, tempo condicional, impreciso.

Alternativa "d" – O artigo indefinido "**umas** cem praças" indica a imprecisão desse número.

Alternativa "e" – A necessidade era saber quantos metros quadrados (exatamente) de praças e áreas verdes existiam em cada bairro.

RESPOSTA: E

107 **(FGV – Auditor de Controle Interno – Pref. de Niterói – RJ/2018)** "Durante três meses, os pesquisadores buscaram o dado junto a órgãos públicos. Protocolo para cá, ofício para lá, o máximo que conseguiram foi uma estimativa de que existiam 'umas cem praças'."

O segmento "o máximo que conseguiram" mostra:

a) um erro implícito na pesquisa realizada.
b) que os dados estavam bem abaixo da expectativa.
c) tudo o que havia sido feito pelos órgãos públicos.
d) o grande esforço do órgão gerador da informação prestada.
e) que o cidadão brasileiro precisa esforçar-se muito para ser atendido pelos órgãos oficiais.

COMENTÁRIOS:

Alternativa "a" – Não indica erro na pesquisa, mas um número abaixo do que se esperava para a capital.

Alternativa "b" – A expectativa era que o número de praças e áreas verdes fosse bem maior e não apenas uma estimativa de" **umas** cem praças", o que estaria muito abaixo das expectativas.

Alternativa "c" – Os órgãos conseguiram apenas uma estimativa.

Alternativa "d" – Não houve grande esforço, mas sim muita burocracia: "...protocolo para cá, ofício para lá..."

Alternativa "e" – Cuidado: embora isso possa retratar uma verdade em muitos casos, não é sobre o esforço da população para receber atendimento público, mas sobre a quebra de expectativa pelo baixo número estimado.

RESPOSTA: B

108 (FGV – Auditor de Controle Interno – Pref. de Niterói – RJ/2018) Considerando o texto lido, podemos afirmar que sua finalidade principal é

a) debater um problema bastante polêmico.
b) criticar os órgãos públicos por sua ineficiência.
c) esclarecer os leitores sobre o tema discutido.
d) revelar uma verdade oculta ao público em geral.
e) denunciar a falta de dados oficiais sobre a agropecuária.

COMENTÁRIOS:

Alternativa "a" – Não há debate, mas informação.

Alternativa "b" – Os órgãos públicos não são criticados, ainda que não obtivessem as informações que deveriam ter. A finalidade do texto é esclarecer o leitor sobre o assunto.

Alternativa "c" – Esclarecer o leitor sobre os fatos com números, percentuais e datas, esse é o objetivo central do texto que finaliza assim: "Esta é a realidade nua e crua dos dados primários."

Alternativa "d" – Só se oculta aquilo que se conhece. A realidade não estava oculta, era apenas desconhecida em decorrência da falta de atitude dos responsáveis em aprimorar a pesquisa.

Alternativa "e" – Não houve denúncia. Houve esclarecimento ao leitor.

RESPOSTA: C

109 (FGV – Auditor de Controle Interno – Pref. de Niterói – RJ/2018) Para a defesa de sua tese, o autor do texto apela para:

a) estatísticas oficiais.
b) opiniões de caráter pessoal.
c) autoridade dos órgãos públicos.
d) credibilidade de algumas iniciativas.
e) afirmações dos órgãos de comunicação.

COMENTÁRIOS:

Alternativa "a" – Por ser a estatística oficial um bem público, genericamente, a tarefa de manter os sistemas estatísticos costuma ser atribuída aos governos, uma vez que o custo para isso é bastante alto. Assim, fica claro que o autor não pôde apelar para estatísticas oficiais, se o próprio governo não tinha informações concretas sobre as áreas verdes.

Alternativa "b" – Nada pessoal, ele apela para dados concretos e reais.

Alternativa "c" – As autoridades dos órgãos públicos não obtinham os dados necessários.

Alternativa "d" – Para defender sua tese, o autor usa o chamado argumento de provas concretas ou princípio: ao empregar os argumentos baseados em provas concretas, busca-se evidenciar a tese por meio de informações concretas, extraídas da realidade, o que atribui credibilidade aos fatos. Podem ser usados dados estatísticos como lacunas temporais, números e percentuais. Além de ter usado sua iniciativa de medir, com sua própria equipe, as áreas verdes e praças da capital do Pará.

Alternativa "e" – Os órgãos de comunicação apenas veicularam os dados concretos obtidos através de pesquisas de profissionais da área.

RESPOSTA: D

110 **(FGV – Auditor de Controle Interno – Pref. de Niterói – RJ/2018)** "A expansão da produção agropecuária teria se dado, então, exclusivamente pelos extraordinários ganhos de produtividade."

Esse fragmento do texto indica:

a) uma conclusão do autor do texto em "Valor Econômico".
b) uma hipótese vista como absurda pelo autor do texto 1.
c) uma informação real presente no texto do jornal "Valor Econômico".
d) uma possibilidade desconsiderada pelo autor do artigo em "Valor Econômico".
e) uma opinião veiculada pelo autor do artigo em "Valor Econômico".

COMENTÁRIOS:

Alternativa "a" – Essa conclusão é de Tasso Azevedo, autor do texto publicado em "O Globo", e não do autor da matéria publicada em "Valor Econômico", que está no parágrafo anterior.

Alternativa "b" – A expansão da agropecuária exclusivamente pelos ganhos de produtividade, desconsiderando e minimizando a gravidade do desmatamento é tão absurda que o autor desabafa no trecho em negrito: "O incauto [ingênuo, descuidado, aquele que não te cautela] ao ler tal informação, poderia concluir que a área das matas brasileiras teria aumentado nas últimas décadas, e a agropecuária reduzido a área ocupada. Portanto, **a expansão da agropecuária não teria causado desmatamento e degradação. Ou seja, tudo ótimo, nada a mudar, basta seguirmos no rumo em que estamos."**

Alternativa "c" – Está no texto de "O Globo".

Alternativa "d" – Essa possibilidade sequer foi abordada.

Alternativa "e" – Veiculada pelo autor do artigo em "O Globo".

RESPOSTA: B

111 **(FGV – Auditor de Controle Interno – Pref. de Niterói – RJ/2018)** Leia o trecho a seguir.

- "O Brasil perdeu cobertura florestal e vegetação nativa durante todos os períodos analisados;
- A área ocupada pela atividade agropecuária cresceu em todos os períodos;
- Houve regeneração em larga escala no Brasil, mas ela ainda representa menos de um terço das áreas desmatadas;"

Assinale a opção em que o significado do termo sublinhado está apresentado de forma correta.

a) **cobertura florestal** / tipo de floresta que predominava sobre todas as demais vegetações.

b) **vegetação nativa** / vegetação que foi iniciada pelos primitivos habitantes do Brasil.

c) **atividade agropecuária** / atividade econômica que se refere a cultivos e pastagens.

d) **regeneração** / substituição de um tipo de vegetação pouco produtivo por outro, mais rentável.

e) **áreas desmatadas** / áreas cuja vegetação foi queimada a fim de servir de adubo para outras plantações.

COMENTÁRIOS:

Nota da autora: Questão de interpretação e semântica.

Alternativa "a" – Cobertura que contém florestas. Não há referência sobre a predominância.

Alternativa "b" – Vegetação do próprio do lugar onde nasce; oriundo de determinado local. Não iniciada que foi iniciada pelos primitivos habitantes.

Alternativa "c" – Agropecuária: *estudo, teoria e prática da agricultura e da pecuária, em suas relações recíprocas.* Agricultura: *lavoura; atividade de cultivo do solo; ações que buscam produzir vegetais consumíveis, ou para serem usados como matérias-primas na indústria.* Pecuária: *técnicas, atividades, práticas usadas no processo de criação de gado, especialmente falando dos bovinos (vaca, boi, touro etc.).*

Alternativa "d" – Regeneração: reforma no sentido de melhorar; renovação. Não se refere, necessariamente, à substituição.

Alternativa "e" – Áreas que se conseguiram desmatar; que foram alvos de desmatamento; sem mato. Não se sabe se servirão de adubo.

RESPOSTA: C

112 (FGV – Auditor de Controle Interno – Pref. de Niterói – RJ/2018) Analise a charge a seguir.

A charge tem em comum com o texto 1:

a) a demonstração de que a fiscalização sobre o desmatamento é imprescindível.
b) a denúncia de aproveitamento econômico indevido pela indústria madeireira.
c) a referência à atividade agropecuária como fator de desagregação econômica.
d) a crítica ao desmatamento e ao aproveitamento da terra para a atividade pecuária.
e) a informação de que o desmatamento não é uma preocupação importante do governo federal.

COMENTÁRIOS:

Alternativa "a" - No texto e na charge não se aborda o tema fiscalização.

Alternativa "b" - Também não se fala em indústria madeireira.

Alternativa "c" - A agropecuária como fator de desagregação não tem espaço nos dois textos.

Alternativa "d" - Agricultura e pecuária: ambas têm sua importante participação na economia e devem caminhar como coadjuvantes no processo econômico-produtivo, já que dependem, as duas, do solo. Uma não pode sobrepujar a outra.

Alternativa "e" - Não se pode inferir que o desmatamento não seja preocupação importante do governo federal.

RESPOSTA: D

PARTE VII

Figuras e Funções da linguagem

CAPÍTULO 1

Figuras e funções da linguagem

» **Nos editais:** Estilística – Figuras de linguagem; funções da linguagem.

1. NÍVEL MÉDIO

01 **(FGV – Prefeitura de Vitória ES – Coordenador de Turno – 2024)** Nas opções abaixo há exemplos de metáforas; assinale a opção em que essa metáfora se encontra explicitada.

a) O moço que não chorou é um selvagem, e o velho que não quer rir é um tolo.

b) O suicídio é um roubo ao gênero humano.

c) Nossa morte é nossa boda com a eternidade.

d) O povo é como uma cera mole, tudo depende da mão que o modele.

e) A verdadeira pátria do homem é a infância.

COMENTÁRIOS:

Nota da autora: Metáfora é uma comparação implícita que possui sentido figurado, ou seja, não usa conjunção para marcar a comparação e não pode ser entendida literalmente.

Se a banca quer a metáfora explícita, significa que haverá a conjunção comparativa "como".

Alternativa "a" – Metáfora implícita: *selvagem* – sentido conotativo.

Alternativa "b" – Metáfora implícita: *roubo* – sentido conotativo.

Alternativa "c" – Metáfora implícita: *boda* – sentido conotativo.

Alternativa "d" – O povo é **como** uma cera mole – conjunção comparativa explícita = metáfora explicitada.

Alternativa "e" – Metáfora implícita: *pátria* – sentido conotativo.

RESPOSTA: D

02 **(FGV – TJ AP – Técnico Judiciário – 2024)** A frase abaixo que mostra uma estrutura de antíteses, ou seja, mostra palavras de significados opostos, é:

a) Quanto menos tempo se tem, mais tempo se encontra;
b) As pessoas que não fazem nada nunca têm tempo;
c) Nós matamos o tempo, mas ele nos enterra;
d) Os amigos se mantêm perto; os adversários, mais perto ainda;
e) O tempo perdido não se encontra nunca mais.

COMENTÁRIOS:

Alternativa "a" – Antítese: menos x mais = palavras opostas.

Alternativa "b" – Ironia: *nada fazem* e *não têm tempo.*

Alternativa "c" – Paradoxo: nós matamos o tempo x o tempo nos enterra = ideias opostas.

Alternativa "d" – Ênfase: *perto* e *mais perto ainda.*

Alternativa "e" – Sinonímia: tempo perdido = tempo não encontrado.

RESPOSTA: A

03 **(FGV – MPE SP – Oficial de Promotoria – 2023)** Numa de suas famosas crônicas, Machado de Assis faz o seguinte comentário: "Há um bom costume na Índia que eu quisera ver adotado no resto do mundo, ou pelo menos aqui no Rio de Janeiro. A visita não é que se despede; é o dono da casa que a manda embora".

Como ocorre em todo ato comunicativo, a linguagem nele empregada mostra uma função predominante; neste caso, a função predominante da linguagem é

a) metalinguística, pois concentra o foco no significante linguístico.
b) fática, pois focaliza o contato social entre os interlocutores.
c) referencial, pois reproduz dados da realidade.
d) conativa, pois seu interesse está no convencimento do leitor.
e) emotiva, pois se dirige às emoções do emissor.

COMENTÁRIOS:

Nota da autora: Questão de funções da linguagem.

Alternativa "a" – Não usa o código para explicar o próprio código.

Alternativa "b" – O foco não é o contato.

Alternativa "c" – Transmite dados da realidade: a realidade na Índia (o costume) poderia ser realidade no Brasil (Rio de Janeiro).

Alternativa "d" – Não tenta convencer o leitor, nem se dirige a ele.

Alternativa "e" – Não há emoções.

RESPOSTA: C

04 **(FGV – MPE SP – Oficial de Promotoria – 2023)** Assinale a frase que se estrutura a partir de uma **antítese** entre seus componentes.

a) A agricultura planta e os bancos colhem.
b) Quanto mais eu trabalho, mais sorte eu tenho.
c) Trabalho é para as pessoas que não sabem pescar.
d) Todo homem trabalhador tem sempre uma oportunidade.
e) A gente ganha pouco, mas se diverte.

COMENTÁRIOS:

Nota da autora: Antítese aproxima palavras ou expressões de sentido contrário.

Alternativa "a" - Plantar e colher possuem sentido contrário no período. No contexto: "plantar" possui sentido de *cultivar, semear, introduzir um vegetal na terra;* "colher" está no sentido de *apanhar, recolher.* Existe oposição nas ideias: introduzir e retirar.

Alternativa "b" - Indica ações simultâneas, isto é, proporcionalidade.

Alternativa "c" - Trabalhar e pescar não são ações opostas.

Observação: o sentido de "trabalho", no contexto é de *grande dificuldade.*

Alternativa "d" - Existe generalização, não oposição: todos que trabalham têm oportunidade.

Alternativa "e" - Embora haja a conjunção adversativa "mas", não há antítese. Pode se divertir quem ganha pouco e quem ganha muito. Como pode não se divertir quem ganha pouco e quem ganha muito.

RESPOSTA: A

05 **(FGV - Técnico Judiciário - Área Judiciária - TJ CE - 2019)** A frase abaixo cuja estrutura NÃO se apoia em uma comparação ou metáfora é:

a) Leis são como salsichas. É melhor não ver como são feitas;
b) A compra de autoridades ocorreu do mesmo modo como se compra bacalhau na feira: pelo cheiro;
c) Encontrei Roma como uma cidade de tijolos e a deixei como uma cidade de mármore;
d) Cuidar da casa e da família é como presidir um pequeno país: é muito duro;
e) Fazer política é a arte de dividir o bolo de tal maneira que cada um pensa ter ficado com o pedaço maior.

COMENTÁRIOS:

Nota da autora: Na comparação, a conjunção "como" está explícita; na metáfora, implícita.

Alternativa "a" - Comparação: leis e salsichas.

Alternativa "b" - Comparação: compra de autoridades e compra de bacalhau.

Alternativa "c" - Indica o modo como encontrou e deixou Roma.

Alternativa "d" - Comparação: cuidar da casa e da família e presidir um pequeno país.

Alternativa "e" - Metáfora (sem a conjunção com): fazer política e dividir o bolo.

RESPOSTA: C

06 **(FGV – Técnico Médio – DPE – RJ/2019)** Muitas frases publicitárias ou poéticas utilizam repetições ou semelhanças fônicas a fim de melhorar o seu efeito; a frase em que essa utilização NÃO está presente é:

a) "Quem te viu, quem te vê";
b) "Príncipe veste hoje o homem de amanhã";
c) "O rato roeu a roupa do rei de Roma";
d) "Air France: vá e volte voando";
e) "Um rei fraco faz fraca a forte gente".

COMENTÁRIOS:

Nota da autora: Questão de figuras de linguagem. **Aliteração:** repetição de consoantes. **Assonância:** repetição de vogais.

Alternativa "a" – Aliteração (q, t, v) e assonância (e).

Alternativa "b" – Não ocorre aliteração nem assonância.

Alternativa "c" – Aliteração (r) e assonância (a, o, e).

Alternativa "d" – Aliteração (v) e assonância (a, o, e).

Alternativa "e" – Aliteração (f) e assonância (a, o, e).

RESPOSTA: B

07 **(FGV – TJ AL – Técnico Judiciário – Área Judiciária – 2018)** "Como digo repetidas vezes, me valendo do óbvio, a comunicação virtual está em sua pré-história". A utilização do termo "pré-história" mostra um tipo de linguagem figurada denominado:

a) metáfora;
b) metonímia;
c) pleonasmo;
d) paradoxo;
e) hipérbole.

COMENTÁRIOS

Nota da autora: Se exigir figuras de linguagem no edital, além de fazer as questões anteriores da banca, é aconselhável relembrar a teoria.

Alternativa "a" – O sentido é: a comunicação virtual é **antiga**. Ocorre metáfora por usar o vocábulo em sentido figurado (conotativo) e por não haver comparação.

Metáfora: *consiste em empregar um termo com significado diferente do habitual, com base numa relação de similaridade entre o sentido próprio e o sentido figurado. Na metáfora pode ocorrer uma comparação, mas o conectivo comparativo fica sempre subentendido.*

Alternativa "b" – *Assim como a metáfora, consiste numa transposição de significado, ou seja, uma palavra que usualmente significa uma coisa passa a ser utilizada com outro* *sentido. Ou seja, é o emprego de um nome por outro em virtude de haver entre eles algum relacionamento. A metonímia ocorre quando se emprega:*

- *A causa pelo efeito: vivo do meu trabalho (do produto do trabalho = alimento);*
- *O efeito pela causa: aquele poeta bebeu a morte (= veneno);*
- *O instrumento pelo usuário: os microfones corriam no pátio = repórteres).*

Alternativa "c" – *É uma redundância cuja finalidade é reforçar a mensagem.*

"E rir meu riso e derramar meu pranto...." (Vinicius de Moraes)

Alternativa "d" – *Consiste no uso de palavras de sentido oposto que parecem excluir-se mutuamente, mas, no contexto se completam, reforçam uma ideia e/ou expressão.*

Estou cego, mas agora consigo ver.

Alternativa "e" – *Trata-se de exagerar uma ideia com finalidade enfática.*

Estou morrendo de sede!

Não vejo você há séculos![1]

RESPOSTA: A

08 **(FGV – TRT 12 – 2017 – Técnico Judiciário – Área Administrativa)** A frase de César Augusto – *Apressa-te devagar* – traz um exemplo de linguagem figurada que se repete em:

a) Quem não gosta de estar consigo mesmo em geral está certo.
b) É muito difícil distinguir entre um homem de gênio e um louco.
c) Amor é ferida que dói e não se sente.
d) O mundo não será salvo pelos caridosos, mas pelos eficientes.
e) É preferível conhecer coisas inúteis que não saber nada.

COMENTÁRIOS

Nota da autora: Questão de estilística – figura de linguagem.

A questão gerou polêmica pelo fato de a banca ter utilizado o verso clássico de Camões "Amor é ferida que dói e não se sente". Em vários livros didáticos o trecho faz parte de exemplificação de paradoxo (ideias opostas), mas, nesse caso, são usados dois versos: *Amor é um fogo que arde sem se ver / É ferida que dói, e não se sente.* Enfim, a figura de linguagem existente no comando da questão e no verso da alternativa "c" é antítese e não paradoxo. Leia o comentário a seguir.

Alternativa "c" – Em *Apressa-te devagar,* ocorre antítese, ou seja, aproximação de palavras de sentido contrário (apressar x devagar). A mesma ideia ocorre em doer x não sentir.

Alternativas "a", "b", "c", "d", "e" – Não há figura de linguagem nem oposição.

RESPOSTA: C

1. TERRA, Ernani. Minigramática. São Paulo: Scipione, 2007.

Charge para a questão.

09 **(FGV – Técnico do MP – Administrativa – MP – RJ/2016)** A charge acima apresenta uma estrutura que poderia ser representada pelo seguinte tipo de linguagem figurada:

a) antítese;
b) paradoxo;
c) metonímia;
d) pleonasmo;
e) eufemismo.

COMENTÁRIOS

Alternativa "a" – *Antítese* é uma figura de linguagem (figuras de estilo) que consiste na exposição de ideias opostas. Ocorre quando há uma aproximação de palavras ou expressões de sentidos opostos, no caso, são imagens opostas: o primata que caça e ingere alimento cru versus o executivo com uma pizza (assada), refrigerante e celular. Quanto à vestimenta: um nu e outro de calça, camisa e gravata.

Alternativa "b" – *Paradoxo* também se fundamenta na oposição, só que esta ocorre entre o mesmo referente, por isso é mais profundo, pois permeia o âmbito das ideias, não simplesmente das palavras ou orações, como na antítese. Perceba que há dois referentes na charge.

Alternativa "c" – *Metonímia* consiste em empregar um termo no lugar de outro, havendo entre ambos estreita afinidade ou relação de sentido. Autor pela obra: Gosto de ler **Machado de Assis**.

Alternativa "d" – O *pleonasmo caracteriza-se, basicamente, pelo emprego de palavras que produzem redundância. Ele pode ser dois tipos: literário ou vicioso.*

• ***Pleonasmo literário*** – *O pleonasmo literário consiste no uso de palavras redundantes com o objetivo de enfatizar o que está sendo dito. É chamado de literário porque é frequentemente empregado por escritores, poetas e compositores como recurso estilístico.*

• ***Pleonasmo vicioso*** – *Também chamado de* ***perissologia****. Acontece quando palavras redundantes são utilizadas sem nenhuma função, já que o sentido completo da* *mensagem já foi expresso por outras palavras que vieram antes. Como o próprio nome indica, o pleonasmo vicioso é um vício de linguagem.*[2]

Alternativa "e" - *Eufemismo* é um mecanismo que **tem o objetivo de suavizar uma palavra ou expressão** que possa ser rude ou desagradável: *"Você é desprovido de beleza."* (é feia); *"Você faltou com a verdade."* (mentiu); *"Ele virou uma estrelinha."* (morreu).

RESPOSTA: A

2. NÍVEL SUPERIOR

01 **(FGV - Delegado de Polícia - SC - 2024)** Assinale a frase que mostra uma estrutura de antíteses, ou seja, uma oposição semântica de palavras.

a) Não há cura para o nascimento e para a morte a não ser usufruir o intervalo.
b) Amanhã não será como ontem.
c) Eu gosto dos sonhos do futuro mais do que da história do passado.
d) Os eventos futuros projetam suas sombras muito antes.
e) Escreve-se a história para narrar e não para provar.

COMENTÁRIOS:

Alternativa "a" - Nascimento e morte: vocábulos opostos.

Antônimos de "nascimento": morte, óbito.
Sinônimos: princípio, início, origem.
Antônimos de "morte": existência, vida.
Sinônimos: falecimento, óbito.

Alternativa "b" - Amanhã e ontem: tempos diferentes, não opostos.

Alternativa "c" - Futuro e passado: tempos diferentes, não opostos.

Alternativa "d" - Futuros e antes: tempos diferentes, não opostos.

Alternativa "e" - Narrar e provar: há distinção, não oposição.

RESPOSTA: A

02 **(FGV - TJ SC - Analista Administrativo - 2024)** A frase machadiana abaixo em que NÃO estão presentes traços de metalinguagem é:

a) Não consultes dicionários. *Casmurro* não está aqui no sentido que eles lhe dão, mas no que lhe pôs o vulgo de homem calado e metido consigo;
b) José Dias amava os superlativos. Era um modo de dar feição monumental às ideias; não as havendo, servia a prolongar as frases;
c) A mim mesmo perguntei se ela não estaria destinada a passar dos gelos às flores pela ação daquele bacharel Osório... Ponho aqui a reticência que deixei então no meu espírito;

---

2. Figuras de Linguagem. Disponível em: <http://www.figurasdelinguagem.com/pleonasmo/>. Acesso em: 22 julho 2017.

d) Melchior passeava de um para outro lado, com um livro nas mãos, algum *Tertuliano* ou *Agostinho*, ou qualquer outro da mesma estatura;

e) Ui! Lá me ia a pena escorregar para o enfático. Sejamos simples, como era simples a vida que levei na Tijuca...

COMENTÁRIOS:

Nota da autora: Questão de funções da linguagem.

A metalinguagem possui o propósito de descrever ou falar da própria ou de qualquer outra linguagem.

Alternativa "a" – Metalinguagem: dicionários, sentido.

Alternativa "b" – Metalinguagem: superlativos, ideias, frase.

Alternativa "c" – Metalinguagem: reticência.

Alternativa "d" – Metonímia: utiliza um termo no lugar de outro (o autor no lugar da obra) = passeava com algum *Tertuliano* ou *Agostinho*.

Alternativa "e" – Metalinguagem: a pena escorregar (refere-se a escrever), enfático.

RESPOSTA: D

03 **(FGV – AL SC – Analista Legislativo III – 2024)** Assinale a frase em que predomina a função metalinguística da linguagem.

a) Mentes criativas são conhecidas por resistirem a todo tipo de mau treinamento.
b) Nada revela com tanta segurança o caráter de uma pessoa como a sua voz.
c) Comida saudável é tudo o que se come antes do término da data de validade.
d) A ginástica é vulgar porque faz as pessoas cheirarem mal.
e) A caixa cerebral de um homem rotineiro é um porta-joias vazio.

COMENTÁRIOS:

Nota da autora: Questão de funções da linguagem.

Alternativa "a" – Não define "mente criativa". É uma função referencial, ou seja, informa algo.

Alternativa "b" – Função emotiva: há subjetividade, é a opinião de alguém.

Alternativa "c" – O código explica o próprio código: saudável = o que se come antes do término da data de validade.

Alternativa "d" – Função emotiva: há subjetividade.

Alternativa "e" – Função poética: linguagem conotativa, figurada.

RESPOSTA: C

04 **(FGV – BANESTES – Analista Econômico Financeiro – 2023)** Assinale a frase abaixo que exemplifica a função conativa da linguagem.

a) A sorte favorece a mente bem-preparada.
b) Se você acha que tem 50% de chance de sucesso, vá atrás.

c) Sucesso é uma palavra à procura de definição pessoal.
d) Minha terra tem palmeiras onde cantavam os sabiás.
e) A disciplina é a parte mais importante da vida militar.

COMENTÁRIOS:

Nota da autora: Questão de funções da linguagem. Relembre a teoria na Parte IX – capítulo 1, item 9.

Alternativa "a" – Função referencial, é uma informação.

Alternativa "b" – Tenta convencer o leitor e utiliza o verbo no imperativo: **vá** atrás.

Alternativa "c" – Função referencial, é uma informação.

Alternativa "d" – Função emotiva, é escrita em primeira pessoa, ou seja, possui caráter pessoal.

Alternativa "e" – Função referencial, é uma informação.

RESPOSTA: B

05 **(FGV – AL MA – Consultor Legislativo – Direito/2023)** Assinale a frase cujo tema é a própria linguagem.
a) Uma casa é feita de tijolo e pedra. Um lar é feito apenas de amor.
b) O destino normal das novas verdades é começar como heresias e terminar como superstições.
c) Se um homem não descobriu nada pelo que morreria, não está pronto para viver.
d) Tantas cabeças, quantas sentenças: cada um tem o seu modo de ver.
e) O medo segue o crime e é seu castigo.

COMENTÁRIOS:

Nota da autora: Se o tema da frase é a linguagem, trata-se do código sendo usado para explicar o próprio código, ou seja, função metalinguística.

Outros exemplos de metalinguagem: o autorretrato de um fotógrafo; a foto de uma câmera nas propagandas publicitárias; a pintura de um artista pintando; o filme que descreve sobre o cinema; o desenho de alguém desenhando.

Alternativa "a" – Explica como é feita a casa e como é feito um lar.

Casa: tijolo e pedra; lar: amor.

Usou palavras para explicar o significado de outra palavra – função metalinguística.

Alternativa "b" – Função referencial: a frase centra-se em uma informação. A intenção é transmitir dados da realidade de forma direta e objetiva, com palavras empregadas no sentido denotativo.

Alternativa "c" – A intenção do autor está voltada para a própria mensagem, ou seja, para a construção da mensagem com uma melhor organização das palavras na combinação entre elas.

Na frase: *não descobriu nada pelo que morreria;* morrer e viver. A função é poética.

Alternativa "d" – A intenção também está voltada para a mensagem: função poética.

Alternativa "e" – A intenção está voltada para a mensagem: função poética.

RESPOSTA: A

06 **(FGV – TJ RN – Analista Judiciário – Área Judiciária – Direito/2023)** Todas as frases abaixo trazem metáforas ou comparações; a opção em que o motivo da comparação está identificado de forma adequada, é:

a) Meu pai sempre trabalhou como um escravo / com baixos salários;
b) O carro passou pela avenida como um foguete / soltando fogo pelo cano traseiro;
c) O menino declarou que a avó parecia uma bruxa / andava com uma vassoura;
d) Em sala de aula, meu professor de História parecia uma biblioteca / carregava muitos livros consigo;
e) A sala de jantar dos meus avós era tal qual um museu / cheia de coisas velhas e malcuidadas.

COMENTÁRIOS:

Alternativa "a" – Escravo não possui salário.

Alternativa "b" – O foguete é rápido, não, necessariamente, solta fogo pelo cano traseiro.

Alternativa "c" – Bruxa é uma pessoa que, supostamente, pode evocar forças ou seres sobrenaturais para influenciar o curso dos acontecimentos, para prejudicar algo ou alguém, ou para prever o futuro; feiticeira.

Observação: segundo a lenda, ela pode voar com uma vassoura, não andar.

Alternativa "d" – Ele parecia uma biblioteca porque carregava muitos livros.

Alternativa "e" – Um museu possui coisas antigas, mas não malcuidadas.

RESPOSTA: D

07 **(FGV – TJ RN – Analista Judiciário – Área Judiciária – Direito/2023)** Uma das estratégias de diminuir o ser humano é usar para ele vocábulos empregados somente ou também para coisas (reificação); a frase abaixo em que foi empregado esse processo, é:

a) Apesar de craque, em alguns jogos Pelé parecia desligado;
b) Nem toda pessoa domina os nervos;
c) Os professores não perdem a paciência facilmente;
d) Havia grande quantidade de pessoas na festa;
e) Os artistas prometeram fazer um bom show.

COMENTÁRIOS:

Nota da autora: Na personificação, há atributos de pessoas a coisas. Nesta questão, a banca quer o oposto.

Alternativa "a" – O adjetivo "desligado" refere-se a algo que deixou de funcionar, que não está ligado. Se Pelé estava desligado, usou-se uma característica de coisa ao ser humano: reificação.

Alternativa "b" – O ser humano possui nervos.

Alternativa "c" – O ser humano possui (ou não) paciência.

Alternativa "d" – As pessoas vão a festas.

Alternativa "e" – Os artistas (pessoas) fazem o show.

RESPOSTA: A

08 **(FGV – TJ DFT – Analista Judiciário – Administração/2022)** "A liberdade, como a vida, só a merece quem deve conquistá-la a cada dia!"

Essa frase exemplifica um caso de linguagem figurada que é um(a):

a) pleonasmo, com a repetição da palavra "liberdade" por meio do pronome pessoal em "a merece";

b) hipérbole, com a expressão "deve conquistá-la a cada dia", já que indica um exagero;

c) elipse do termo "liberdade" no segmento "só a merece quem deve conquistá-la";

d) ironia na comparação "como a vida", igualando duas realidades muito diferentes: a liberdade e a vida;

e) anacoluto com o termo inicial "liberdade", já que ele não mostra continuidade sintática na frase.

COMENTÁRIOS:

Nota da autora: Questão de figuras de linguagem e análise sintática.

Alternativa "a" – A ideia é: só merece a liberdade quem deve conquistá-la. O vocábulo "liberdade" possui função sintática de objeto direto do verbo *merecer*, e o pronome pessoal oblíquo "a" retoma "liberdade", isto é, trata-se de um objeto direto pleonástico. Se é pleonástico, repete.

Alternativa "b" – Não há exagero. A locução adverbial "cada dia" refere-se a tempo: quando deve ser conquistada.

Alternativa "c" – Não ocorre omissão de palavra alguma. O pronome pessoal retoma o substantivo "liberdade". Trata-se de coesão textual e de pleonasmo, como mencionado na primeira alternativa.

Alternativa "d" – Não há sarcasmo nem contradição.

Alternativa "e" – Não há ruptura na ordem lógica do período. Há apenas repetição.

RESPOSTA: A

09 **(FGV – TJ MS – Analista Judiciário – Área Fim/2022)** A linguagem tem múltiplas funções; a frase abaixo em que a função da linguagem empregada é a de abordar a própria linguagem (metalinguagem) é:

a) Para salvar seu crédito, você deve esconder a sua ruína;

b) Colhe as rosas enquanto estão vivas; amanhã, já não estarão como hoje;

c) Em geral, logo que uma coisa se torna útil deixa de ser bela;

d) Se você tiver que ser atropelado por um carro, é melhor que seja por uma Ferrari;

e) O não produz inimigos; o sim, falsos amigos.

COMENTÁRIOS:

Alternativa "a" – Linguagem apelativa ou conativa: possui função de convencer.

Alternativa "b" – Verbos no imperativo: linguagem apelativa ou conativa.

Alternativa "c" – Função referencial, informativa.

Alternativa "d" – Linguagem apelativa ou conativa.

Alternativa "e" – Utiliza as palavras "não" e "sim" substantivadas – "o não" e "o sim" e, em seguida as define.

RESPOSTA: E

10 **(FGV – Analista – Área Administrativa – MP RJ – 2019)** "No meio do terreno, as abelhas zumbiam debaixo de uma árvore".

Nessa frase há uma relação direta entre o verbo *zumbir* e o som produzido pelas abelhas; o exemplo abaixo em que o som representado pelo verbo NÃO está adequado ao substantivo indicado é:

a) tilintar / moedas;

b) farfalhar / folhas pisadas;

c) estalar / as juntas do corpo;

d) zurrar / os burros;

e) crepitar / os galhos quebrados.

COMENTÁRIOS:

Alternativa "a" – Tilintar: *soar (o sino, campainha ou **dinheiro**).*

Alternativa "b" – Farfalhar: *ruído provocado pela fricção de **folhas**, tecidos, papéis etc.*

Alternativa "c" – Estalar: *dar estalos* – as articulações estalam.

Alternativa "d" – Zurrar: *soltar zurros, ornejar* – os burros zurram.

Alternativa "e" – Crepitar é *estourar, produzindo pequenos ruídos que se sucedem rapidamente; estalar*. Os galhos quebrados não crepitam. O carvão crepita.

RESPOSTA: E

Charge para responder à questão.

O Colégio Bom Conselho, em Porto Alegre, promoveu um concurso de charges sobre o trânsito e o primeiro lugar foi dado à charge abaixo:

11 **(FGV – Analista Judiciário – Escrivão Judicial – TJ – PI/2016)** A charge anterior apoia-se na estrutura de uma figura de linguagem, que é:

a) a hipérbole;

b) o eufemismo;

c) a catacrese;

d) o pleonasmo;

e) a metáfora.

COMENTÁRIOS

Alternativa "e" – *Metáfora* é uma **figura de linguagem** em que se usa uma palavra ou uma expressão em um sentido que não é comum, revelando uma **relação de semelhança entre dois termos**: o trânsito e a cadeia alimentar.

Alternativa "a" – Hipérbole é exagero.

Alternativa "b" – Eufemismo é a suavização de uma ideia negativa.

Alternativa "c" – Catacrese é o mau uso das palavras.

Alternativa "d" – Pleonasmo é a repetição de significação de vocábulos ou termos da oração.

RESPOSTA: E

12 **(FGV – Analista – Auditoria – IBGE/2016)** A frase em que a redundância está ausente é:

a) "Ninguém jamais se afogou em seu próprio suor". (Ann Landers);

b) "Embora ninguém possa voltar atrás e fazer um novo começo, qualquer um pode começar agora e fazer um novo fim". (Chico Xavier);

c) "Espero que sua vida seja tão inteira como duas metades". (anônimo);

d) "Todos os funcionários receberam um prêmio adicional extra por seu desempenho". (Cartaz em lanchonete);

e) "Os cemitérios estão cheios de gente insubstituível". (Charles De Gaulle).

COMENTÁRIOS

Alternativa "e" – Não ocorre repetição de ideia, ou de palavra, logo não há redundância.

Alternativa "a" – Afogar-**se** só pode no **seu** próprio suor.

Alternativa "b" – Voltar só pode ser atrás.

Alternativa "c" – Duas metades = inteira.

Alternativa "d" – Adicional é extra.

RESPOSTA: E

13 **(FGV – Analista da Defensoria Pública – Analista Jurídico – DPE – RO/2016)** A charge abaixo, publicada no jornal O Dia (PI) em 1 de abril de 2015, produz humor apoiada numa figura de linguagem expressa graficamente, figura essa denominada:

a) metáfora;
b) metonímia;
c) hipérbole;
d) pleonasmo;
e) catacrese.

COMENTÁRIOS

Alternativa "c" – *Hipérbole* é uma figura de linguagem, classificada como figura de pensamento, que consiste em exagerar uma ideia. Se cada vez mais a maioridade penal é reduzida, a criança poderá ir para o banco dos réus assim que nascer – eis o exagero – e por isso o policial exige que coloque as mãos na cabeça.

Alternativa "a" – Não há metáfora – figura de linguagem em que se usa uma palavra ou uma expressão em um sentido que não é muito comum, revelando uma relação de semelhança entre dois termos. Exemplo: "Amor é fogo que arde sem se ver".

Alternativa "b" – Sem metonímia – substituição de uma palavra por outra, quando entre ambas existe uma relação de proximidade de sentidos que permite essa troca. Exemplo: Leu Camões.

Alternativa "d" – Não existe pleonasmo: figura de linguagem usada para intensificar o significado de um termo através da repetição da própria palavra ou da ideia contida nela. Exemplo: Entra logo para dentro!

Alternativa "e" – Não há catacrese: figura de linguagem que conceitua a utilização de determinado termo fora do seu contexto original para nomear, de modo figurativo, algo que não possui um nome. Exemplos: pé da cadeira, dente de alho.

RESPOSTA: C

14 **(FGV – Oficial de Cartório – RJ/2009)** Assinale a alternativa em que o termo sublinhado está empregado no sentido lógico e não no sentido figurado.

a) "...para discutir os agravos ao meio ambiente da Amazônia.".
b) "Cerradas as cortinas do Fórum Social Mundial,...".
c) "...saltaram do palco armado em Belém...".
d) "...para o desfile de líderes de movimentos...".
e) "Num clima em que cada movimento...".

COMENTÁRIOS

Alternativa "a" – Meio ambiente: *comumente chamado apenas de* ***ambiente****, envolve todas as coisas vivas e não vivas que ocorrem na Terra, ou alguma região dela, que afetam os ecossistemas e a vida dos humanos. É o conjunto de condições, leis, influências e infraestrutura de ordem física, química e biológica, que permite, abriga e rege a vida em todas as suas formas.* (Wikipedia)

Alternativa "b" - Cerradas as cortinas = finalizar.

Alternativa "c" - palco = conotação, sentido figurado.

Alternativa "d" - Os líderes não desfilam.

Alternativa "e" - Clima = momento.

RESPOSTA: A

15 **(FGV - Oficial de Cartório - RJ/2009)** Sobre o problema do desmatamento, explorado nesse texto, um poeta francês, Jacques Prévert, dizia: "Tantas florestas arrancadas à terra /e trucidadas /acabadas /rotativizadas /Tantas florestas sacrificadas para a pasta de papel de bilhões de jornais chamando anualmente a atenção dos leitores sobre os perigos do desmatamento dos bosques e das florestas". A estrutura significativa do texto se baseia num tipo de linguagem figurada denominado:

a) sinestesia.
b) pleonasmo.
c) paradoxo.
d) antítese.
e) metonímia.

COMENTÁRIOS

Alternativa "c" - Conceito que é ou parece contrário ao comum; contrassenso, absurdo, disparate.

Alternativa "a" - Relaciona planos sensoriais diferentes.

Alternativa "b" - Redundância de termos no âmbito das palavras.

Alternativa "d" - Ocorre quando há uma aproximação de palavras ou expressões de sentidos opostos.

Alternativa "e" - emprego de um termo por outro, dada a relação de semelhança ou a possibilidade de associação entre eles. A substituição de um termo pelo outro.

Autor pela obra – Exemplo: Li Camões e adorei... (Li a obra de Camões)

RESPOSTA: C

3. NÍVEL DIFÍCIL

16 **(FGV – Auditor do Estado – SEFAZ RS – 2025)** Assinale a frase que mostra a presença da função metalinguística de linguagem.

a) Uma tarefa fácil se torna difícil quando você a realiza com má vontade.

b) É mais fácil levantar castelos no ar do que sobre a terra.

c) Os ideais são como as estrelas: estão fora de nosso alcance.

d) Inocente como uma mosca que aceita convite de aranha.

e) Quanto mais impertinente, maior prazer me dá.

COMENTÁRIOS:

Nota da autora: A função metalinguística se caracteriza por dar enfoque ao código usado para expressar a mensagem.

Exemplos: na poesia que reflete sobre o próprio fazer poético ou sobre a função da poesia; na prosa em que o narrador (ou o personagem) escreve um livro sobre a sua própria história; na crônica em que o autor escreve sobre a função da crônica; na música que fala sobre a música; no cinema que fala sobre o filme etc.

Alternativa "a" – Antítese: tarefa **fácil** e tarefa **difícil**.

Alternativa "b" – A frase possui expressão no sentido conotativo, ou seja, há metáfora. "Levantar castelo no ar" refere-se à criação de textos. A linguagem explica a própria linguagem: função metalinguística.

Observação: como a função pode não ser reconhecida a princípio, elimine as opções descabidas.

Alternativa "c" – Comparação: ideia e estrelas.

Dica: a conjunção "como" está explícita, por isso não pode ser metáfora.

Alternativa "d" – Comparação: a conjunção "como" está explícita.

Alternativa "e" – Antítese: impertinente e prazer.

Dica: algo impertinente causa incômodo, desconforto.

RESPOSTA: B

17 **(FGV – 2025 – TCE RR – Auditor de Controle Externo)** Assinale a frase que **não** exemplifica a função conativa de linguagem.

a) Não deixe para amanhã o que pode fazer hoje.

b) Faz o bem sem olhar a quem.

c) Siga em frente que atrás vem gente.

d) Fiz o que pude para ajudar os demais.

e) Veja bem o que você vai fazer.

COMENTÁRIOS:

Nota da autora: A função conativa, ou apelativa, foca no receptor da mensagem e seu objetivo é convencer o leitor. Busca resposta ou ação.

Dica: verbo no imperativo e utilização de vocativo.

Alternativa "a" – Foco no receptor, tenta persuadi-lo, verbo no imperativo negativo (não deixe).

Alternativa "b" – Foco no receptor, tenta persuadi-lo, verbo no imperativo (faz).

Alternativa "c" – Foco no receptor, tenta persuadi-lo, verbo no imperativo (siga).

Alternativa "d" – O verbo está conjugado no pretérito perfeito do indicativo, e a mensagem está focada no emissor. A linguagem não é conativa.

Alternativa "e" – Foco no receptor, tenta persuadi-lo, verbo no imperativo (veja).

RESPOSTA: D

01 **(FGV – TCE ES – Analista de Controle Externo – Direito/2023)** Em todas as frases abaixo há uma antítese. Aquela frase em que as palavras em antítese estão, respectivamente, no sentido lógico e no sentido figurado, é:

a) Um homem cheio de si é sempre vazio;
b) Provar que eu estou certo seria admitir que eu poderia estar errado;
c) Encontrar defeito é fácil, mas fazer melhor pode ser difícil;
d) As pessoas não são contra você; são apenas a favor delas;
e) O marido saiu de casa para entrar numa nova relação.

COMENTÁRIOS:

Alternativa "a" – Antítese: cheio e vazio; nos dois casos, o sentido é figurado.

Alternativa "b" – Antítese: certo e errado; nos dois casos, o sentido é literal.

Alternativa "c" – Antítese: fácil e difícil; nos dois casos, o sentido é literal.

Alternativa "d" – Antítese: contra e a favor; nos dois casos, o sentido é literal.

Alternativa "e" – Antítese: sair e entrar; sair de casa: sentido literal, entrar numa nova relação: sentido figurado.

RESPOSTA: E

PARTE VIII

CAPÍTULO 1

Redação Oficial

» **Nos editais:** Correspondência oficial (conforme Manual de Redação da Presidência da República); adequação da linguagem ao tipo de documento; adequação do formato do texto ao gênero.

Caro(a) leitor(a), foi lançada, no final de 2018, a terceira edição do **Manual de Redação da Presidência da República** – revista, atualizada e ampliada.

Com o intuito de facilitar seu estudo, foram disponibilizadas aqui as mudanças ocorridas e que podem (devem) ser exigidas nas próximas provas. Ficou mais fácil consultar e entender o MRPR.

A principal alteração foi a **EXTINÇÃO** dos documentos **MEMORANDO** e **AVISO**.

Os **ATRIBUTOS** também foram alterados. *A redação oficial deve caracterizar-se por: clareza e precisão; objetividade; concisão; coesão e coerência; impessoalidade; formalidade e padronização; e uso da norma padrão da língua portuguesa.*

A **FONTE** usada alterou de *Times New Roman* para **Calibri** ou **Carlito**.

Houve importantes **acréscimos**: **SIGNATÁRIOS** – cargos interinos e substitutos, signatárias do sexo feminino –, **GRAFIA DE CARGOS COMPOSTOS**, emprego do **VOCATIVO** e **VARIAÇÕES DOS DOCUMENTOS OFICIAIS.**

1. NÍVEL MÉDIO

01 **(FGV - 2024 - AL PR - Técnico Legislativo - Administrativo)** Um parecer tem por primeira finalidade

a) mostrar o resultado de uma pesquisa sobre um tema.

b) indicar falhas de trabalhos anteriores.

c) dar uma opinião oficial sobre algo.

d) oferecer contribuições para um projeto de lei.

e) apontar novas sugestões numa discussão.

COMENTÁRIOS:

Alternativa "a" – Não é a primeira finalidade do parecer.

Observação: o artigo científico comunica métodos, resultados e interpretações de uma pesquisa científica.

Alternativa "b" – Não é a primeira finalidade do parecer.

Alternativa "c" – Parecer é um documento oficial que expressa um juízo, o qual pode conter um pronunciamento, uma recomendação e uma opinião sobre determinado assunto que foi submetido a uma análise e decisão. Possui o objetivo explanar dúvidas.

Alternativa "d" – O Parecer expressa opinião, o projeto de lei é uma ideia, uma proposta que pode vir a se transformar em lei.

Alternativa "e" – Apontar novas sugestões é a finalidade de texto argumentativo.

RESPOSTA: C

02 **(FGV – AL PR – Técnico Legislativo - 2024)** A redação oficial exige a utilização da linguagem culta.

Assinale a opção que apresenta uma frase ***inadequada***, por conter marcas de linguagem popular.

a) Não estou fazendo nenhuma dieta. Eu amo comer. Eu amo comida.

b) Cozinhar é como amar. Entregue-se ou caia fora.

c) Eu cozinho com vinho, às vezes até mesmo acrescento comida a ele.

d) Aprendi que espalhar as ervilhas no prato dá a impressão de que você comeu mais.

e) Restaurante sofisticado: aquele que serve sopa fria de propósito.

COMENTÁRIOS:

Alternativa "a" – Linguagem culta.

Alternativa "b" – A expressão "cair fora" é usada na linguagem coloquial e significa "afastar-se", "fugir".

Alternativa "c" – Linguagem culta.

Alternativa "d" – Linguagem culta.

Alternativa "e" – Linguagem culta.

RESPOSTA: B

03 **(FGV – SEPOG – RO – 2017)** Com relação aos *atos administrativos*, correlacione os tipos apresentados com as respectivas definições.

1. Ofício.
2. Circular.
3. Portaria.

4. Despacho.

( ) meio de comunicação formal entre agentes administrativos.

( ) meio pela qual autoridades transmitem ordens uniformes.

( ) fórmula pela qual, autoridades inferiores ao chefe do executivo, expedem orientações gerais ou específicas.

( ) fórmula pela qual autoridades administrativas manifestam decisões finais em processos administrativos submetidos à sua apreciação.

Assinale a opção que apresenta a correlação correta, de cima para baixo.

a) 1, 2, 3 e 4.
b) 4, 1, 2 e 3.
c) 3, 4, 1 e 2.
d) 2, 3, 4 e 1.
e) 2, 1, 4 e 3.

COMENTÁRIOS:

Nota da autora: Trabalhe por eliminação para ganhar tempo e evitar erro.

RESPOSTA: A

✓ meio de comunicação formal entre agentes administrativos = ofício. Eliminadas B, C, D e E.

OFÍCIO: uma **comunicação escrita, formal e cerimoniosa, utilizada no serviço público**, trocada entre autoridades que exercem as mesmas funções ou de funcionários com cargos inferiores, para seus superiores hierárquicos, com o propósito de fazer uma solicitação ou reivindicação oficial. Os ofícios podem ser feitos com o objetivo de pedir alguma coisa para um juiz, vereador, prefeito etc.

✓ meio pela qual autoridades transmitem ordens uniformes = circular.

CIRCULAR: é uma carta destinada a funcionários de um determinado setor, remetida pelo chefe da repartição ou do departamento. Tem o objetivo de transmitir normas, ordens, avisos, pedidos, ou seja, de delimitar comportamentos e homogeneizar condutas de um grupo de pessoas. Tem o nome de circular porque indica a função de divulgar as informações entre todos os destinatários.

✓ fórmula pela qual, autoridades inferiores ao chefe do executivo, expedem orientações gerais ou específicas = portaria.

PORTARIA: Segundo Paulo Flávio Ledur, em Manual de Redação Oficial dos Municípios, "Portarias são atos administrativos internos pelos quais autoridades expedem determinações gerais ou especiais aos seus subordinados, com vistas à execução de leis e serviços, designam servidores para funções e cargos secundários, servindo ainda para aplicar medidas de ordem disciplinar e abrir sindicâncias e processos administrativos. Apesar de ato interno, os efeitos da Portaria podem atingir o público externo, como é o caso das que fixam taxas, entre outras."

✓ fórmula pela qual autoridades administrativas manifestam decisões finais em processos administrativos submetidos à sua apreciação = despacho.

DESPACHO: decisão judicial em que uma autoridade aprova ou recusa um requerimento, uma solicitação.

- **Após a atualização** – São considerados documentos oficiais: **ofício, exposição de motivos, mensagem, correio eletrônico**.

04 **(FGV – SEPOG – RO – 2017)** Sobre os tipos de correspondência, classificados segundo a sua natureza, analise as afirmativas a seguir.

I. *Correspondência Interna* é a correspondência mantida entre as unidades do órgão.

II. *Correspondência Oficial* é mantida entre os órgãos ou entidades da administração pública ou destes para outros órgãos públicos ou para empresas privadas.

III. *Correspondência recebida* é a correspondência de origem interna ou externa registrada pelo protocolo geral do órgão ou entidade.

Está correto o que se afirma em

a) II, apenas.
b) I e II, apenas.
c) II e III, apenas.
d) I e III, apenas.
e) I, II e III.

COMENTÁRIOS:

RESPOSTA: E – todos os itens estão corretos.

I. Certo. Correspondência interna: exemplo clássico é o memorando. Eliminadas A e C.

II. Certo. Correspondência Oficial: é a comunicação entre os órgãos do serviço público. ou autárquico, na troca de informações de interesse comum ou das partes. Eliminada D.

Correspondência recebida: há registro, óbvio. Eliminada B.

Após a atualização – Foi abolida a distinção entre aviso, ofício e memorando. Passou-se a utilizar o termo **ofício** nas três hipóteses.

05 **(FGV – SEPOG – RO – 2017)** Relacione os tipos de documentos listados a seguir às suas características.

1. Ata.
2. Memorando.
3. Requerimento.
4. Relatório.

( ) é o resumo escrito dos fatos e decisões de uma assembleia, sessão ou reunião para um determinado fim.

( ) é a modalidade de comunicação entre unidades administrativas de um mesmo órgão, que podem estar hierarquicamente em mesmo nível ou não.

( ) é o instrumento utilizado para os mais diferentes tipos de solicitações às autoridades ou órgãos públicos.

( ) é a modalidade de comunicação pela qual se faz a narração ou descrição, ordenada, mais ou menos minuciosa, daquilo que se viu, ouviu ou observou.

Assinale a opção que apresenta a correlação correta, de cima para baixo.

a) 4, 3, 2 e 1.

b) 1, 3, 2 e 4.

c) 1, 2, 3 e 4.

d) 2, 3, 4 e 1.

e) 4, 2, 3 e 1.

COMENTÁRIOS:

RESPOSTA: C

✓ é o resumo escrito dos fatos e decisões de uma assembleia, sessão ou reunião para um determinado fim = ata. Eliminadas A, D e E.

ATA: utilizada principalmente no contexto profissional para manter o registro de decisões e argumentos que foram previamente apresentados durante as reuniões.

✓ é a modalidade de comunicação entre unidades administrativas de um mesmo órgão, que podem estar hierarquicamente em mesmo nível ou não = memorando. Eliminada B, resposta encontrada.

MEMORANDO: constitui um tipo de comunicação eminentemente interna estabelecida entre as unidades administrativas de um mesmo órgão, de níveis hierárquicos iguais ou distintos.

✓ é o instrumento utilizado para os mais diferentes tipos de solicitações às autoridades ou órgãos públicos = requerimento.

REQUERIMENTO: é o instrumento por meio do qual o requerente dirige-se à autoridade administrativa para solicitar um direito ou a concessão de pedido, sob o amparo de lei ou norma reguladora.

✓ é a modalidade de comunicação pela qual se faz a narração ou descrição, ordenada, mais ou menos minuciosa, daquilo que se viu, ouviu ou observou = relatório.

RELATÓRIO: documento que contém o que foi decidido e debatido durante o processo, ou seja, é um conjunto de informações utilizado para reportar resultados parciais ou totais de uma determinada atividade, experimento, projeto, ação, pesquisa, ou outro evento que esteja acabado ou em andamento.

✓ **Após a atualização** – São considerados documentos oficiais: **ofício, exposição de motivos, mensagem, correio eletrônico**.

06 **(FGV – Prefeitura de Salvador – 2017)** A modalidade de comunicação interna entre unidades administrativas de um mesmo órgão, que podem estar hierarquicamente em um mesmo nível ou em níveis diferentes, é denominada

a) ofício.

b) aviso.
c) protocolo.
d) memorando.
e) ata.

COMENTÁRIOS:

Alternativa "d" – Segundo o Manual de Redação da Presidência da República, *o memorando é a modalidade de comunicação entre unidades administrativas de um mesmo órgão, que podem estar hierarquicamente em mesmo nível ou em nível diferente. Trata-se, portanto, de uma forma de comunicação eminentemente interna.*

Alternativa "a" – uma **comunicação escrita, formal e cerimoniosa, utilizada no serviço público**, trocada entre autoridades que exercem as mesmas funções ou de funcionários com cargos inferiores, para seus superiores hierárquicos, com o propósito de fazer uma solicitação ou reivindicação oficial. Os ofícios podem ser feitos com o objetivo de pedir alguma coisa para um juiz, vereador, prefeito etc.

Alternativa "b" – Conforme o MRPR, *aviso e ofício são modalidades de comunicação oficial praticamente idênticas. A única diferença entre eles é que o aviso é expedido exclusivamente por Ministros de Estado, para autoridades de mesma hierarquia, ao passo que o ofício é expedido para e pelas demais autoridades. Ambos têm como finalidade o tratamento de assuntos oficiais pelos órgãos da Administração Pública entre si e, no caso do ofício, também com particulares.*

Alternativa "c" – Subdivisão de uma repartição pública (ou empresa privada) em que se registram e/ou se recebem os requerimentos, documentos ou processos.

Alternativa "e" – É o resumo escrito dos fatos e decisões de uma assembleia, sessão ou reunião para um determinado fim.

- **Após a atualização** – **Foi abolida a distinção entre aviso, ofício e memorando**. Passou-se a utilizar o termo **ofício** nas três hipóteses.

RESPOSTA: D

2. NÍVEL SUPERIOR

01 **(FGV – 2025 – PC MG – Médico Legista)** Entre os *tipos de documentos* a seguir selecionados, assinale o que mostra uma definição adequada.

a) *Ofício*: comunicação escrita e formal entre autoridades da mesma categoria, ou de inferiores a superiores hierárquicos.
b) *Memorando*: petição redigida dentro das formalidades legais.
c) *Requerimento*: narração mais ou menos minuciosa daquilo que se viu ou observou.
d) *Relatório*: opinião fundamentada sobre determinado assunto, emitido por especialista.
e) *Parecer*: nota diplomática de uma nação para outra sobre o estado de uma questão.

COMENTÁRIOS:

Alternativa "a" - Ofício é utilizado a fim de comunicar, requerer ou solicitar algo para determinado órgão público ou privado ou mesmo entre autoridades. É utilizado entre autoridades da mesma categoria, ou de inferiores a superiores hierárquicos.

Alternativa "b" - O memorando é um texto profissional de curto tamanho utilizado para enviar ágeis mensagens para todos os funcionários, para determinados setores da empresa ou ainda para filiais e parcerias. Sua principal característica é a rapidez e objetividade na comunicação.

Alternativa "c" - O requerimento é utilizado para pedir, solicitar ou requerer algo, judicialmente amparado, para alguém em cargo de poder.

Alternativa "d" - O relatório é um relato, um resumo de uma determinada atividade e seus resultados.

Alternativa "e" - O parecer é um documento oficial que expressa um juízo o qual pode conter um pronunciamento, uma recomendação e uma opinião sobre determinado assunto que foi submetido a uma análise e decisão. Possui o objetivo explanar dúvidas.

RESPOSTA: A

02 **(FGV - 2024 - AL SC - Analista Legislativo)** A Redação Oficial se apoia em alguns pilares, entre os quais a correção, a clareza e a brevidade. Assinale a frase em que foram seguidas todas essas normas.

a) A cura é uma questão de tempo, mas às vezes também é uma questão de oportunidade repentina.
b) Estar doente, considero, um dos grandes prazeres da vida, contanto que não se esteja doente demais.
c) Nossa mãe lhe preveniu várias vezes de que deveria economizar para a velhice.
d) Quem disse que ganhar ou perder não importa provavelmente perdeu.
e) Os jogos das crianças são ocupações sérias, pois somente os adultos jogam jogos de crianças.

COMENTÁRIOS:

Alternativa "a" - Sem brevidade (concisão): repete o vocábulo "questão".

Alternativa "b" - Além de faltar brevidade (repetição de "doente"), há erro de pontuação.

Alternativa "c" - Erro de regência: preveniu alguém de algo - verbo transitivo direto e indireto.
Correção: ... o preveniu várias vezes de que...

Alternativa "d" - Informação correta, clara e concisa.

Alternativa "e" - Sem brevidade: repete "jogos" e "crianças".

RESPOSTA: D

03 **(FGV – AL SC – Analista Legislativo III - 2024)** A Redação Oficial se apoia em alguns pilares, entre os quais a correção, a clareza e a brevidade. Assinale a frase em que foram seguidas todas essas normas.

a) A cura é uma questão de tempo, mas às vezes também é uma questão de oportunidade repentina.

b) Estar doente, considero, um dos grandes prazeres da vida, contanto que não se esteja doente demais.

c) Nossa mãe lhe preveniu várias vezes de que deveria economizar para a velhice.

d) Quem disse que ganhar ou perder não importa provavelmente perdeu.

e) Os jogos das crianças são ocupações sérias, pois somente os adultos jogam jogos de crianças.

COMENTÁRIOS:

Alternativa "a" – Não possui brevidade porque repete o vocábulo "questão".

Alternativa "b" – Não possui brevidade porque repete o vocábulo "doente".

Não possui correção porque há vírgula entre o verbo (considerar) e o complemento.

Alternativa "c" – Não possui correção porque o verbo "prevenir" é bitransitivo e o pronome oblíquo possui função de objeto direto: o preveniu.

Alternativa "d" – Possui correção, clareza e brevidade.

Alternativa "e" – Não possui brevidade porque repete "jogo de crianças".

RESPOSTA: D

04 **(FGV – AL PR – Analista Legislativo - 2024)** Os pronomes de tratamento têm empregos e formas de abreviação bastante específicos. Assinale a forma de abreviação abaixo que está mal formulada.

a) Vossa Senhoria: V. Sª.

b) Vossa Excelência: V. Ex ª.

c) Vossa Santidade: V. S.

d) Vossa Eminência: V. Emª.

e) Vossa Reverendíssima: V. Rev.

COMENTÁRIOS:

Nota da autora: No edital, foram mencionados os itens a seguir.

1. Redação Oficial: 1.1. Aspectos gerais, características fundamentais e padrões. 1.2. Emprego e concordância dos pronomes de tratamento. 1.3. Ofícios, memorandos, requerimentos, pareceres e outras correspondências.

Alternativa "a" – Certo. Endereçamento: Ao Senhor. Vocativo: Senhor + Posto,

Alternativa "b" – Certo. Endereçamento: A Sua Excelência o Senhor.

Alternativa "c" – Certo. Usado para o Papa.

Observação: não foi mencionado esse pronome de tratamento do Manual de Redação da Presidência da República.

Alternativa "d" - Certo. Usado para cardeais.

Observação: não foi mencionado esse pronome de tratamento do Manual de Redação da Presidência da República.

Alternativa "e" - Correção: **V. Rer.ma**

Usado para sacerdotes e bispos.

Observação: não foi mencionado esse pronome de tratamento do Manual de Redação da Presidência da República.

RESPOSTA: E

05 **(FGV - AL PR - Analista Legislativo - 2024)** A redação oficial exige que os textos estejam gramaticalmente corretos. Assinale-a frase que mostra um erro em sua construção.

a) Em certa idade da vida, se sua casa não se encher de crianças, ela se encherá de manias e de vícios.
b) Toda idade tem seus frutos; o que falta é saber recolhê-los.
c) A primeira metade de nossas vidas é arruinada por nossos pais e a segunda por nossos filhos.
d) Pensar não tem nada a ver com existir.
e) Comportamo-nos como quem deve viver sempre e não vivemos nunca.

COMENTÁRIOS:

Alternativa "a" - Para fixar: a primeira vírgula demarca deslocamento do adjunto adverbial; a segunda, inversão da oração adverbial condicional.

Alternativa "b" - Para fixar: o sinal de ponto e vírgula é usado para separar contraste.

Alternativa "c" - Faltou vírgula para demarcar omissão de termos, ou seja, indicação de zeugma.

Lê-se: A primeira metade de nossas vidas é arruinada por nossos pais e a segunda [é arruinada] por nossos filhos.

Correção: A primeira metade de nossas vidas é arruinada por nossos pais e a segunda, por nossos filhos.

Alternativa "d" - Para fixar:

A ver = *está relacionado, diz respeito.*

Haver = *existir, ocorrer, acontecer.*

Alternativa "e" - Para fixar: a conjunção "e" é aditiva e não é necessário utilizar vírgula.

Dica: usa-se vírgula antes de "e" se indicar oposição, isto é, se for coordenada adversativa.

RESPOSTA: C

06 **(FGV – AL PR – Analista Legislativo - 2024)** Uma das qualidades procuradas na redação oficial é a clareza e um dos meios de consegui-la é a construção das frases em ordem direta. Assinale a citação abaixo que se encontra em ordem direta.

a) A primeira condição da imortalidade é a morte.
b) Tal como nasce o homem morre: sem cabelo, sem dentes, sem ilusões.
c) Depois dos 40 anos, a vida é um réquiem.
d) É melhor morrer de vodca do que de tédio.
e) O cisne, quanto mais envelhece, mais belo fica.

COMENTÁRIOS:

Nota da autora: Para estar na ordem direta, a oração deve começar com o sujeito.

Alternativa "a" – Ordem direta:

A primeira condição da imortalidade	é	a morte
sujeito	verbo de ligação	predicativo do sujeito

Alternativa "b" – Ordem direta: o homem morre tal como nasce.

Alternativa "c" – Ordem direta: a vida é um réquiem depois dos 40.

Alternativa "d" – Ordem direta: morrer de vodca é melhor do que morrer de tédio.

Alternativa "e" – Ordem direta: o cisne fica mais velho quanto mais envelhece.

RESPOSTA: A

07 **(FGV – TRT 12 – 2017 – Analista Judiciário – Áreas Administrativa e Judiciária)** Nos itens abaixo aparecem: a designação da autoridade, o tratamento utilizado para essa autoridade, em forma abreviada, e o vocativo correspondente em casos de correspondência. A alternativa em que, segundo o Manual de Redação da Presidência da República, todas as informações estão corretas é:

a) Senador – V. Exa. – Excelentíssimo Senador;
b) Papa – V. Se. – Santíssimo Padre;
c) Chefe de Repartição – V. Sa. – Senhor;
d) Deputado Federal – V. Excia. – Excelentíssimo Senhor;
e) Reitor de Universidade – V. M. – Magnífico Reitor.

COMENTÁRIOS:

Alternativa "c" – Designação: Chefe de Repartição; pronome de tratamento: Vossa Senhoria; abreviatura: V. Sa.; vocativo: Senhor.

Correções:

Alternativa "a" – Senador – V. Exa. – **Senhor** Senador;

Alternativa "b" – Papa – **V. S.** – Santíssimo Padre;

Alternativa "d" – **Deputado Federal - V.Ex.ª – Senhor;**

Alternativa "e" – Reitor de Universidade - V.Mag.ª - Magnífico Reitor.

- **Após a atualização** – Não houve alteração.

RESPOSTA: C

08 **(FGV – ALERJ – 2017)** Na redação oficial, em caso de um aluno dirigir um requerimento ao Reitor de uma universidade, o tratamento adequado é o de:

a) Vossa Senhoria;
b) Vossa Magnificência;
c) Vossa Excelência;
d) Vossa Reverendíssima;
e) Vossa Alteza.

COMENTÁRIOS:

Alternativa "b" – ***Vossa Magnificência***, empregada por força da tradição, em comunicações dirigidas a reitores de universidade. Corresponde-lhe o vocativo: Magnífico Reitor.

Alternativa "a" – Tratamento cerimonioso.

Alternativa "c" – Altas autoridades e oficiais-generais.

Alternativa "d" – Sacerdotes e bispos.

Alternativa "e" – Príncipes, duques.

Após a atualização – Não houve alteração.

RESPOSTA: B

PARTE IX

Quadros-Resumo

CAPÍTULO 1

Interpretação e compreensão textual

1. INTERPRETAR E COMPREENDER

INTERPRETAÇÃO	ligada às conclusões a que se pode chegar ao conectar as ideias do texto com a realidade. ➜ Entendimento **subjetivo**. ➜ **In**ferir.	**Expressões:** *Pode-se concluir...* *Infere-se do texto...* *O texto permite deduzir...* *O texto possibilita o entendimento...*
COMPREENSÃO	é a análise do que realmente está escrito no texto, dos períodos, das ideias. ➜ Entendimento **objetivo**. ➜ **E**stá **e**xplícito.	**Expressões:** *Segundo o texto...* *De acordo com o autor...* *No texto...* *O texto informa...*

2. INDUÇÃO E DEDUÇÃO

INDUÇÃO	parte de situações particulares para situações gerais. ➜ dos efeitos para a definição das causas.	*Foram observados 100 cisnes, todos eram brancos. Logo, todos os cisnes são brancos.* *Em uma pesquisa de opinião, das 1000 pessoas ouvidas, 800 afirmaram determinada posição. Isso leva a crer que 80% da população teria o mesmo posicionamento.*

DEDUÇÃO	parte de situações gerais para situações particulares. ➔ das causas para a interpretação dos efeitos.	*Todo homem é mortal; João é um homem; logo, João é mortal.* *Um médico, ao realizar uma consulta, parte de seus conhecimentos prévios (universais) e busca interpretar os sintomas do paciente (particulares) e definir o tratamento mais adequado.*[1]

3. PRESSUPOSTO E SUBENTENDIDO

PRESSUPOSTOS	são **informações implícitas** adicionais, facilmente compreendidas. O enunciado depende da pressuposição para que faça sentido. ➔ são **verdadeiros** e **irrefutáveis.**	*Decidiu parar de trabalhar.* *P = A pessoa trabalhava antes.* *Depois que ele mudou de bairro, nunca mais o vi.* ***P** = Costumava vê-lo antes de ele mudar.*
SUBENTENDIDOS	são **insinuações**, informações escondidas, dependentes da interpretação do leitor. São deduzidos através do contexto e do conhecimento de mundo. **➔ podem ser verdadeiros ou não ➔ podem ser negados.**	*Quando sair de casa, leve um casaco.* *S = Está frio lá fora.* *Estou com a garganta seca de tanto falar.* ***S 1** = Quero beber água.* ***S 2** = Quero parar de falar.*

4. TIPOLOGIA TEXTUAL

TEXTO NARRATIVO	um narrador relata fatos que ocorreram com certos personagens num determinado tempo e lugar. Apresenta enredo com uma sequência lógica – linear ou não.	*Texto em verso ou prosa* *Narrador em 1ª ou 3ª pessoa* *Presença de personagens* *Enredo com uma sucessão de fatos que chegam a um conflito (clímax) o qual se desenvolve do meio para o final da história* *Tempo cronológico (horas, dias e anos) ou tempo psicológico (lembranças e vivências das personagens)* *Predominam verbos no pretérito* *Pode apresentar discurso direto, indireto ou indireto livre.*

1. MENEZES, Pedro. Disponível em <www.diferenca.com>. Acesso 28 agosto 2022, com adaptações.

TEXTO DESCRITIVO	apresenta características de um indivíduo, de um objeto, de um lugar, de um animal, de um pensamento, de um sentimento etc. Objetivo: permite que o leitor consiga construir da forma mais detalhada possível a imagem do que é descrito.	*Rico em adjetivos ou expressões qualificativas* *Descrição objetiva ou subjetiva* *Noção temporal estática* *Predominam verbos de ligação* *Geralmente está em um texto narrativo.*
TEXTO DISSERTATIVO	apresenta fatos, opiniões ou pensamentos sobre um assunto específico.	
1. DISSERTAÇÃO EXPOSITIVA	Não é persuasiva, mas, sim, informativa e explicativa Estrutura constituída por introdução, desenvolvimento e conclusão Predominam verbos no presente e na terceira pessoa Linguagem objetiva, clara e imparcial.	*Notícias* *Reportagens* *Seminários* *Resenhas descritivas* *Artigos científicos* *Verbetes de dicionário*
2. DISSERTAÇÃO ARGUMENTATIVA	Linguagem persuasiva, culta, clara e objetiva Na estrutura, a introdução apresenta a tese, o desenvolvimento apresenta as estratégias argumentativas e a conclusão apresenta uma solução ou sugestão Pode apresentar verbos na 1ª ou na 3ª pessoa Predominam verbos no presente do indicativo e no futuro do presente.	*Artigos de opinião* *Carta do leitor* *Resenhas críticas* *Discursos de defesa ou acusação* *Redação de concursos, de vestibulares etc.*
TEXTO INJUNTIVO	dá comandos em forma de aconselhamento, instrução ou imposição para que o interlocutor possa tomar determinadas atitudes.	*Geralmente apresenta frases curtas e objetivas e perguntas reflexivas* *Ordenação seriada das informações* *Predominam verbos no imperativo* *Predominam verbos e pronomes de 2ª pessoa ou 1ª pessoa do plural.*

TEXTO DIALOGAL	apresenta uma conversa entre locutores. A diferença dessa tipologia para a narração é que nem sempre há narrador no texto dialogal, e quando há, sua função é apenas apresentar o diálogo que ocorrerá em primeira pessoa.	*Marcas de oralidade* *Predominam verbos na primeira pessoa do singular* *Discurso direto: uso de verbos elocutivos e dois-pontos para sinalizar o início de uma fala e travessões ou aspas para marcá-las.*[2]

4.1. Síntese

NARRAÇÃO	verbos no pretérito perfeito, personagens, enredo, cenário, espaço.
DESCRIÇÃO	ações simultâneas, verbos no pretérito imperfeito do indicativo, enumeração, comparação, retrato verbal etc.
DISSERTAÇÃO	verbos no presente do indicativo, expositiva ou argumentativa
INJUNÇÃO	verbos no imperativo, é instrucional = manuais, receitas, bulas etc.

5. GÊNEROS TEXTUAIS

NEOLOGISMO	É o processo de criação de uma nova palavra na língua devido à necessidade de designar novos objetos ou novos conceitos ligados às diversas áreas.	tchurma todxs deletar escanear
ARCAÍSMO	É uma palavra ou uma expressão antiga que já caiu em desuso. Pode ser linguístico ou literário.	uso do pronome "vós", vosmecê (você), à guisa de (à maneira de), magote (grande quantidade).
ESTRANGEIRISMO	Palavras vindas de outras línguas que se integram ao português.	abajur (abat-jour); baguete (baguette); balé (ballet); batom (bâton); bufê (buffet); buquê (bouquet); cabaré (cabaret); garçom (garçon).

2. Clube do Português. Disponível em <www.clubedoportugues.com.br>. Acesso 29 Agosto 2022, com adaptações.

LATINISMO	É o uso de palavras, locuções, construções gramaticais, frases ou expressões latinas podendo ser utilizadas para fins etimológicos, escrita técnica ou criação de neologismos, pela Ciência Convencional e pela Conscienciologia[3].	***ab absurdum:*** por absurdo; ***ab alio expectes, alteri quod feceris:*** espera dos outros aquilo feito a outrem; ***aberratio delicti ou ictus:*** erro de delito ou de golpe.

TIPOS DE NEOLOGISMO		
Semântico	O vocábulo já existe, mas é atribuído a ele um novo significado.	Laranja: falso proprietário Gato: roubo de energia
Lexical	Criação de um novo vocábulo.	Deletar: eliminar Clicar: pressionar o botão do mouse
Científico ou técnico	Vocábulos criados para nomear novos equipamentos, procedimentos, invenções etc.	Smartphone, cupcake
Popular	Vocábulos usados por pessoas que falam a mesma língua.	Apê, refri
Completo	Representa um vocábulo que foi completamente criado, seja em relação à forma ou sentido.	Cardápio, microfone
Incompleto	Vocábulo já existente na língua, mas que recebe uma nova definição.	Picareta, papudo

6. TIPOS DE DISCURSO

DISCURSO DIRETO	é a transcrição exata das falas das personagens, sem a participação do narrador. ➔ 1ª pessoa	**verbo de elocução* – dois-pontos – mudança de linha – parágrafo – travessão.**
DISCURSO INDIRETO	é a apresentação das falas das personagens feita pelas palavras do narrador. ➔ 3ª pessoa	**fala do narrador + verbo de elocução + conjunção + fala da personagem pelas palavras do narrador.**
DISCURSO INDIRETO LIVRE	é a apresentação das falas das personagens inseridas dentro do discurso do narrador. ➔ 1ª pessoa ➔ 3ª pessoa	não é introduzido por verbos de elocução, nem por sinais de pontuação ou conjunções. É um discurso dinâmico.[4]

3. Enciclopédia da Conscienciologia. Disponível em <http://www.projetarium.com/enciclopedia>. Acesso em 17 dezembro 2022.
4. Norma Culta. Disponível em <www.normaculta.com.br>. Acesso 29 Agosto 2022, com adaptações.

***Verbos de elocução:** introduzem uma fala, indicando as atitudes e ações das personagens. Os mais usados pela banca são: *dizer, perguntar, responder, indagar, exclamar, ordenar, falar, comentar, observar, gritar, murmurar.*

6.1. Exemplos em provas da Fundação Getulio Vargas

DISCURSO DIRETO	O funcionário respondeu ao chefe: "Não cometi essa falha ocorrida ontem" - *Não poderei comparecer esta noite.*
DISCURSO INDIRETO	O funcionário respondeu ao chefe que não cometera aquela falha ocorrida no dia anterior *"Churchill respondeu com uma nota dizendo que não poderia comparecer naquela noite."*

6.2. Mudanças ocorridas na transposição dos discursos

	DISCURSO DIRETO	DISCURSO INDIRETO
PESSOAS E PRONOMES	Eu Nós Meu	→ Ele, ela → Eles, elas → Seu
TEMPOS DO INDICATIVO	Presente (sou) Pretérito imperfeito ou perfeito (fazia) Futuro do presente (farei)	→ Pretérito imperfeito (era) → Pretérito mais-que-perfeito (fizera) → Futuro do pretérito (faria)
TEMPOS DO SUBJUNTIVO	Presente e futuro (faça – fizer)	→ Pretérito imperfeito (fizesse)
TEMPOS NO IMPERATIVO	Imperativo (faça)	→ Pretérito imperfeito do subjuntivo (fizesse)
PONTUAÇÃO	Frases interrogativas, exclamativas e imperativas	→ Frases declarativas
Noções temporais	Ontem Hoje Amanhã	→ No dia anterior → Naquele dia → No dia seguinte
Noções espaciais	Aqui Aí Este Isto	→ Ali → Lá → Aquele → Aquilo

7. TIPOS DE ARGUMENTAÇÃO

ARGUMENTO DE AUTORIDADE **ou** **ARGUMENTO POR CITAÇÃO**	utiliza-se uma personalidade de determinada área ou instituição conceituada de pesquisa para reforçar as ideias e persuadir o leitor sobre uma opinião.	*As crianças estimuladas desde a infância têm maior probabilidade de ter sucesso uma vez que a vida escolar inicial, de acordo com a UNICEF.*
ARGUMENTO HISTÓRICO	utiliza como forma de comprovação uma série de acontecimentos e fatos históricos que remetem ao tema em discussão.	*Os problemas de desigualdade social no país nos remetem às práticas racistas herdadas pelas instituições e pela população desde o período escravista, com início no século XVI.*
ARGUMENTO DE EXEMPLIFICAÇÃO	pode apresentar narrativas cotidianas para evidenciar um problema e, assim, ajudar na fundamentação do ponto de vista.	*A violência contra a mulher pode ser percebida, em termos práticos, por exemplo, nas sucessivas agressões sofridas por Maria da Penha durante o seu casamento; hoje, além de ela ser uma ativista pela causa, tem seu nome designando a lei de proteção às mulheres.*
ARGUMENTO DE COMPARAÇÃO	faz um comparativo entre ideias distintas a fim de construir um ponto de vista apontando semelhanças ou diferenças entre as noções comparadas.	*A jornada do herói é a fórmula narrativa usada em grande parte dos filmes de ação, como a trilogia Star Wars...*
ARGUMENTO DE CAUSA E CONSEQUÊNCIA	revela as possíveis relações de causa e consequência por trás de fatos da atualidade.	*Em decorrência da pandemia da Covid-19, a taxa de desemprego se elevou, intensificando a crise econômica e aumentando o fosso social entre pobres e ricos no Brasil.*
ARGUMENTO POR RACIOCÍNIO LÓGICO	uma forma de compor as ideias com base nas relações de causa e efeito, gerando uma interpretação que pode ir de encontro com a tese defendida.	*O aumento da pena e da lógica punitiva no sistema penal em outras regiões do globo não resultou em uma diminuição da violência, logo, o aumento da pena e a maior rigidez no sistema brasileiro devem gerar as mesmas consequências.*[5]

8. TIPOS DE NARRADOR

TIPOS	PARTICIPAÇÃO E PESSOA	CONHECIMENTO
Narrador personagem	**Presente** na história como personagem, participa da ação. Narração em **1ª pessoa.**	Seu conhecimento das coisas se limita ao que vê e sabe sobre os outros personagens.

5. Brasil Escola. Disponível em <www.brasilescola.uol.com.br>. Acesso 29 Agosto 2022, com adaptações.

Narrador testemunha	**Participa da história** como **personagem secundário.** Não está no centro dos acontecimentos e se dedica a narrar principalmente as ações do protagonista.	Seu conhecimento dos fatos é limitado ao que vê, ouve ou toma conhecimento.
Narrador onisciente	**Não participa** da história. Narração em **3ª pessoa**.	**Sabe tudo** sobre a história que conta, o passado e o futuro, o visível e o invisível, inclusive o que se passa na subjetividade das personagens, seus pensamentos e emoções mais profundas.
Narrador onisciente intruso	**Não participa** da história como personagem. Narração em **3ª pessoa**.	Sabe o que se passa na mente dos personagens, seus pensamentos e estados psicológicos. Possui liberdade de **tecer comentários** ou **fazer críticas** sobre aspectos da narrativa (digressões).
Narrador onisciente neutro	**Não participa** da história como personagem.	Possui conhecimento ilimitado sobre as personagens. **Não intervém** com comentários sobre o que as personagens fazem ou pensam. **Não busca influenciar a opinião do leitor sobre elas.**
Narrador observador	**Não participa** da história, narra-a de fora, como **observador.** Narração: **3ª pessoa.**	Relata os fatos objetiva e imparcialmente. Conta apenas o que vê.[6]

9. FUNÇÕES DA LINGUAGEM

REFERENCIAL ou INFORMATIVA	tem como objetivo principal **informar,** referenciar algo. Voltada para o contexto da comunicação, o texto é escrito na **terceira pessoa** (singular ou plural). ➔ **é impessoal.**	*Materiais didáticos, textos jornalísticos e científicos.*
EMOTIVA ou EXPRESSIVA	o emissor tem como objetivo principal **transmitir** suas **emoções,** sentimentos e subjetividades por meio da própria opinião. Escrito em **primeira pessoa,** está voltado para o emissor. ➔ **caráter pessoal.**	*Textos poéticos, as cartas, os diários – marcados por sinais de pontuação (reticências, exclamação etc.)*

6. Significados – Língua Portuguesa. Disponível em <https://encurtador.com.br/eALY9>. Acesso em 3 agosto 2023, com adaptações.

POÉTICA	é característica das obras literárias que possui como marca a utilização do **sentido conotativo** das palavras. O emissor preocupa-se de que maneira a mensagem será transmitida por meio da escolha das palavras, das expressões, das figuras de linguagem. ➔ foco na **mensagem**.	*Textos literários, publicidade, expressões cotidianas, provérbios, anedotas, músicas.*
FÁTICA	tem como objetivo **estabelecer ou interromper a comunicação** de modo que o mais importante é a relação entre o emissor e o receptor da mensagem. ➔ foco no canal da comunicação.	*Diálogos, saudações, discursos ao telefone etc.*
CONATIVA ou APELATIVA	caracterizada por uma linguagem persuasiva que tem o **intuito de convencer o leitor**. ➔ foco no receptor da mensagem. ➔ verbos no imperativo ➔ vocativo	*Propaganda, publicidade e discursos políticos.*
METALINGUÍSTICA	o emissor explica um código utilizando o próprio código.	*Texto que descreva sobre a linguagem textual* *Documentário cinematográfico que fala sobre a linguagem do cinema* *Dicionário, gramática.*

10. ELEMENTOS DOS ATOS DA COMUNICAÇÃO

EMISSOR	é aquele que emite a mensagem para um ou mais receptores.
RECEPTOR	é quem recebe a mensagem emitida pelo emissor.
MENSAGEM	é o objeto utilizado na comunicação, de forma que representa o conteúdo, o conjunto de informações transmitidas pelo locutor.
CÓDIGO	representa o conjunto de signos que serão utilizados na mensagem.
CANAL DE COMUNICAÇÃO	corresponde ao local (meio) onde a mensagem será transmitida, por exemplo, jornal, livro, revista, televisão etc.
CONTEXTO	trata-se da situação comunicativa em que estão inseridos o emissor e receptor.
RUÍDO NA COMUNICAÇÃO	ele ocorre quando a mensagem não é decodificada de forma correta pelo interlocutor: o código utilizado pelo locutor, desconhecido pelo interlocutor, barulho do local, voz baixa etc.

11. FIGURAS DE LINGUAGEM

FIGURAS DE PALAVRAS (OU FIGURAS SEMÂNTICAS)		
METÁFORA	é um tipo de comparação implícita, feita com base em uma característica em comum entre os elementos comparados.	*Ele tem um coração de ouro.*
COMPARAÇÃO	é a própria comparação feita de maneira explícita, usando palavras que tornam nítido que se trata de uma comparação.	*Ele tem um coração tão valioso quanto ouro.*
METONÍMIA	ocorre quando se usa um termo para substituir outro, sendo que o termo usado representa uma parte do que seria o termo completo (uma parte do corpo para representar o corpo todo, o artista para representar sua produção artística etc.).	*Eles têm muitas cabeças de gado.* (não apenas cabeças, mas bois).
CATACRESE	são palavras ou termos usados na falta de outros mais adequados para o contexto, ou seja, em casos em que não existe uma expressão apropriada, sendo tomadas outras de empréstimo.	*Dente de alho, maçã do rosto, pele do tomate.*
ANTONOMÁSIA (OU PERÍFRASE)	é a substituição de um termo por outra expressão famosa que o identifique.	*Rei da selva* (leão) *País do samba* (Brasil).
SINESTESIA	é o uso de expressões que misturam dois ou mais dos cinco sentidos do corpo humano.	*Olhar frio, palavras ásperas, cheiro doce.*
FIGURAS DE PENSAMENTO		
GRADAÇÃO	É o desenvolvimento de expressões e ideias que progridem de modo crescente (clímax) ou decrescente (anticlímax).	*Sussurrei, mas ele não ouviu. Falei mais alto, mas ele ainda não ouviu. Então, gritei bem alto, e todo mundo ouviu.*
HIPÉRBOLE	é o uso de expressões exageradas, feito de maneira proposital.	*Estou morrendo de vontade de brincar na rua!*
EUFEMISMO	é o uso de expressões que tornam o enunciado menos agressivo e mais suave, geralmente para falar algo muito chocante ou desconfortável.	*Nosso cachorrinho está no céu agora.*
LITOTE	também usada para suavizar uma ideia, a litote se caracteriza por fazer a negação do contrário.	*Ele não é o melhor dos atletas* (sentido: alguém é um atleta ruim).
ANTÍTESE	é o uso de palavras de sentidos opostos, estando próximas no enunciado.	*A alegria e a tristeza fazem parte da vida.*
PARADOXO	é a combinação de ideias que tenham sentidos opostos.	*Aquele silêncio era ensurdecedor.*
IRONIA	ocorre quando se afirma algo querendo dizer o seu completo oposto.	*Nossa, acho tão engraçado quando vocês fazem piadas sobre mim* (sentido: as piadas não têm graça nenhuma).

PERSONIFICAÇÃO (OU PROSOPOPEIA)	ocorre quando traços e características humanas são atribuídos a objetos, seres inanimados e animais irracionais.	*Os brinquedos começaram a discutir quem era o preferido da garota.*
APÓSTROFE	é um vocativo, ou seja, quando se chama algo ou alguém, geralmente em uma exclamação que interrompe ou que inicia um enunciado.	*Nossa! Você não sabe o que me aconteceu!*
FIGURAS DE SINTAXE (OU FIGURAS DE CONSTRUÇÃO)		
ELIPSE	é a omissão de uma palavra ou expressão que, embora omitida, é facilmente subentendida pelo contexto.	*Em alguns domingos, fomos àquele lugar estranho* (**Nós** fomos) .
ZEUGMA	é a omissão de uma palavra ou expressão já usada no enunciado. O termo omitido costuma ser marcado por uma vírgula.	*Eu vivo falando de filosofia e ele, de política* (...e ele **vive falando** de política).
ASSÍNDETO	é a omissão proposital de conectivos em contextos em que eles normalmente ocorreriam.	*Corria, brincava, chorava, sem se importar com nada além da infância.*
POLISSÍNDETO	é a repetição proposital de conectivos em contextos em que eles normalmente não ocorreriam.	*E corria, e brincava e chorava, sem se importar com nada além da infância.*
ANÁFORA	é a repetição proposital de uma mesma palavra ou expressão na construção de um período.	*Se vier hoje, eu lhe esperarei. Se vier amanhã, eu lhe esperarei. Se vier no próximo mês, eu lhe esperarei.*
PLEONASMO	é um tipo de redundância feita de maneira proposital para enfatizar uma ideia.	*O caçador vai caçar a sua caça.*
HIPÉRBATO (OU INVERSÃO)	é a inversão na ordem dos elementos do enunciado, fugindo do esquema típico: sujeito – predicado – complemento.	*Às quartas, usamos nós roupas cor-de-rosa.*
ANACOLUTO	ocorre quando há uma quebra na estrutura do enunciado, que muda de modo repentino.	*Ela, eu sei que era meio esquisita.*
SILEPSE	ocorre quando algum termo concorda em gênero, número e pessoa com a ideia implícita, e não com os termos explícitos no enunciado.	**Silepse de gênero**: A Salvador que conhecemos é maravilhosa! (*A cidade de Salvador* que conhecemos é maravilhosa!). **Silepse de número**: Era uma plateia imensa, e aplaudiram de pé. (Era uma plateia imensa, e *aplaudiu* de pé). **Silepse de pessoa**: Todos estamos estudando muito. (Todos *estão* estudando muito).

FIGURAS DE SOM (OU FIGURAS DE HARMONIA)		
ASSONÂNCIA	é a repetição proposital de sons vocálicos, ou seja, sons de uma mesma vogal no enunciado.	*Ó o auê aí, ó!*
ALITERAÇÃO	é a repetição proposital de sons consonantais, ou seja, sons de uma mesma consoante no enunciado.	*O vovô veio com a vela para ver o vazio.*
PARONOMÁSIA	é o uso de palavras com som muito similar, gerando efeito sonoro no enunciado.	*A aranha arranha o jarro, o jarro arranha a aranha.*
ONOMATOPEIA	é a escrita de palavras para tentar reproduzir sons e barulhos diversos.	*Tique-taque, cabrum, tchibum.*

CAPÍTULO 2

Coesão e coerência textual

1. COESÃO TEXTUAL

Possui como foco a **articulação interna**, ou seja, as questões gramaticais.

- anáfora: retoma
- catáfora: cita.

TIPOS DE COESÃO	**Referência Pessoal**	utilização de pronomes pessoais e possessivos.
	Referência Demonstrativa	utilização de pronomes demonstrativos e advérbios.
	Referência Comparativa	utilização de comparações através de semelhanças.
	Substituição	substitui um elemento (nominal, verbal, frasal) por outro é uma forma de evitar as repetições.
	Elipse	um componente textual, quer seja um nome, um verbo ou uma frase, que é omitido.
	Conjunção	liga orações estabelecendo relação entre elas.
	Lexical	consiste na utilização de palavras que possuem sentido aproximado ou que pertencem a um mesmo campo lexical. São elas: sinônimos, hiperônimos, nomes genéricos, entre outros.

2. COERÊNCIA TEXTUAL

É a **relação lógica das ideias** de um texto que decorre da sua argumentação – resultado especialmente dos conhecimentos do transmissor da mensagem.

TIPOS DE COERÊNCIA	**Sintática**	relacionada com a estrutura linguística, como termo de ordem dos elementos, seleção lexical, coesão etc. *Quando empregada, eliminamos estruturas ambíguas, bem como o uso inadequado dos conectivos.*
	Semântica	relação de sentido entre as estruturas.
	Temática	os enunciados de um texto precisam ser coerentes e relevantes para o tema, com exceção das inserções explicativas.
TIPOS DE COERÊNCIA	**Pragmática**	refere-se ao texto visto como uma sequência de atos de fala. *Quando fazemos uma pergunta para alguém, esperamos receber como resposta uma afirmação ou uma negação, jamais uma sequência de fala desconectada daquilo que foi indagado.*
	Estilística	diz respeito ao emprego de uma variedade de língua adequada, que deve ser mantida do início ao fim de um texto para garantir a coerência estilística.
	Genérica	refere-se à escolha adequada do gênero textual, que deve estar de acordo com o conteúdo do enunciado.
	Narrativa	é obedecida uma lógica entre ações e personagens. *Cada ação obedece a um tempo que permite conhecer a ordem dos acontecimentos sem contradições.*
	Argumentativa	são apresentados exemplos, opiniões e dados utilizados como argumento para sustentar a conclusão.
	Descritiva	nesses textos é promovido um retrato das pessoas, coisas e ambientes com detalhes sobre suas particularidades.

3. PARALELISMO

<table>
<tr><td colspan="3">É a relação de correspondência ou simetria no texto feita entre ideias, estruturas verbais ou segmentos textuais que funcionam de maneira coordenada na composição de um enunciado.[1]</td></tr>
<tr><td rowspan="6">TIPOS DE PARALELISMO</td><td>SINTÁTICO</td><td>é entendido como a perfeita correlação na estruturação sintática da frase em uma sequência de enumeração ou exemplificação.</td></tr>
<tr><td colspan="2">Com: O formulário está disponível no endereço eletrônico e na sede da loja.
Sem: O formulário está disponível no endereço eletrônico e sede da loja.</td></tr>
<tr><td>MORFOLÓGICO</td><td>é entendido como o perfeito uso de classes gramaticais na frase em uma sequência de enumeração ou exemplificação.</td></tr>
<tr><td colspan="2">Com: Proibido fumar e comer no local.
Sem: Proibido fumar e comida no local.

Com: Espero da viagem: diversão, praia e visitas a lugares novos.
Sem: Espero da viagem: diversão, praia e visitar lugares novos.</td></tr>
<tr><td>SEMÂNTICO</td><td>é a correlação entre um conjunto de ideias considerando a composição lógico-semântica na frase.[2]</td></tr>
<tr><td colspan="2">Com: Amo Beatles, Legião Urbana e Pink Floyd.
Sem: Amo Beatles, Legião Urbana e Fernando Pessoa.</td></tr>
</table>

1. AZEREDO, José Carlos de. Gramática Houaiss de Língua Portuguesa. Editora Publifolha, 2008.
2. Brasil Escola. Disponível em <www.brasilescola.uol.com.br>. Acesso 29 Agosto 2022, com adaptações.

CAPÍTULO 3

Semântica

1. EM EDITAIS RECENTES

NEOLOGISMO	É o processo de criação de uma nova palavra na língua devido à necessidade de designar novos objetos ou novos conceitos ligados às diversas áreas.	*tchurma* *todxs* *deletar* *escanear*
ARCAÍSMO	É uma palavra ou uma expressão antiga que já caiu em desuso. Pode ser linguístico ou literário.	uso do pronome "vós", vosmecê (você), à guisa de (à maneira de), magote (grande quantidade).
ESTRANGEIRISMO	Palavras vindas de outras línguas que se integram ao português.	abajur (abat-jour); baguete (baguette); balé (ballet); batom (bâton); bufê (buffet); buquê (bouquet); cabaré (cabaret); garçom (garçon).
LATINISMO	É o uso de palavras, locuções, construções gramaticais, frases ou expressões latinas podendo ser utilizadas para fins etimológicos, escrita técnica ou criação de neologismos, pela Ciência Convencional e pela Conscienciologia[1].	***ab absurdum:*** por absurdo**;** ***ab alio expectes, alteri quod feceris:*** espera dos outros aquilo feito a outrem; ***aberratio delicti ou ictus:*** erro de delito ou de golpe**.**

1. Enciclopédia da Conscienciologia. Disponível em <http://www.projetarium.com/enciclopedia>. Acesso em 17 dezembro 2022.

TIPOS DE NEOLOGISMO		
Semântico	O vocábulo já existe, mas é atribuído a ele um novo significado.	Laranja: falso proprietário Gato: roubo de energia
Lexical	Criação de um novo vocábulo.	Deletar: eliminar Clicar: pressionar o botão do mouse
Científico ou técnico	Vocábulos criados para nomear novos equipamentos, procedimentos, invenções etc.	Smartphone, cupcake
Popular	Vocábulos usados por pessoas que falam a mesma língua.	Apê, refri
Completo	Representa um vocábulo que foi completamente criado, seja em relação à forma ou sentido.	Cardápio, microfone
Incompleto	Vocábulo já existente na língua, mas que recebe uma nova definição.	Picareta, papudo

CAPÍTULO 4

Abreviação, Abreviatura e Sigla

1. EM EDITAIS RECENTES

ABREVIAÇÃO	É **forma reduzida da palavra** e compreende na redução da palavra até um limite, de modo que não haja prejuízo ao entendimento.	Moto – motocicleta Micro – microcomputador Fone – telefone Foto – fotografia Pneu – pneumático Cine – cinema
ABREVIATURA	É a **representação de uma palavra através de suas sílabas** (geralmente iniciais) ou de letras. Para saber abreviar corretamente uma palavra é simples: escreva a primeira sílaba e a primeira letra, seguidas de ponto final abreviativo. Se a primeira letra da segunda sílaba for uma vogal, a abreviação irá até a consoante. Caso a palavra tenha acento gráfico na primeira sílaba, será mantido, e se a segunda sílaba se iniciar por duas consoantes, serão mantidas na abreviatura.	Gram. – Gramática m – metro adj. – adjetivo num. – numeral núm. – número gên. – gênero pess. – pessoa a. C. – antes de Cristo apto. – apartamento
SIGLA	A sigla é muito comum em textos científicos e os jornalísticos em geral. Há regras quanto ao uso das siglas: todas as letras devem ser escritas com letra maiúscula se a sigla tiver até três letras ou se todas as letras tiverem um significado independente.	CEP – Código de Endereçamento Postal ONU – Organização das Nações Unidas ONG – Organização Não Governamental MEC – Ministério da Educação e Cultura CEF – Caixa Econômica Federal

SIGLA	Caso a sigla possua mais de três letras, somente a inicial será escrita em letra maiúscula.	Detran – Departamento Estadual de trânsito Unesco (United Nations Educational, Scientific and Cultural Organization) Embrapa – Empresa Brasileira de pesquisa agropecuária[1]

1. Mundo Educação. Disponível em <https://mundoeducacao.uol.com.br/gramatica/abreviacao-abreviatura-siglaqual-diferenca.htm>. Acesso em 16 fevereiro 2025, com adaptações.

EDITORA
JusPODIVM
www.editorajuspodivm.com.br

COLOR
system

JUS4544